머리말

전기재해로부터 국민‌‍‎‏ 선공사는 2024년에 신입 사원을 채용할 예정이‌‍‎‏ 전공사의 채용절차는 「원서접수 ➡ 서류전형 ➡ 시험전형 ➡ 면접전형 ➡ 최종합격자 발표」 순서로 이루어지며, 기술직의 경우 일정 자격요건을 갖춰야만 응시가 가능하므로 지원 전 자격 충족 여부를 점검해야 한다. 시험전형은 모든 직렬에서 인성검사와 직업기초능력평가로 진행되며, 직업기초능력평가는 의사소통능력, 자원관리능력, 문제해결능력, 정보능력, 조직이해능력, 수리능력 6가지 영역으로 진행한다. 또한 경영관리, 기술직렬에서는 직무수행능력평가도 진행되며, 특히 기술직렬에서는 전기 전공지식 및 최신 개정된 한국전기설비규정(KEC) 문제가 출제되므로 반드시 관련 내용을 숙지하고 시험에 응해야 한다.

한국전기안전공사의 시험전형 합격을 위해 SD에듀에서는 한국전기안전공사 판매량 1위의 출간 경험을 토대로 다음과 같은 특징을 가진 도서를 출간하였다.

도서의 특징

❶ **기출복원문제를 통한 출제 유형 확인!**
  • 2023년 주요 공기업 NCS 및 전기 전공 기출문제를 복원하여 공기업별 출제경향을 파악할 수 있도록 하였다.

❷ **한국전기안전공사 필기전형 출제 영역 맞춤 문제를 통한 실력 상승!**
  • 직업기초능력평가 출제유형분석&실전예제를 수록하여 유형별로 대비할 수 있도록 하였다.
  • 전기 전공 이론 및 적중예상문제를 수록하여 직무수행능력평가까지 준비할 수 있도록 하였다.

❸ **최종점검 모의고사를 통한 완벽한 실전 대비!**
  • 철저한 분석을 통해 실제 유형과 유사한 최종점검 모의고사를 수록하여 자신의 실력을 점검할 수 있도록 하였다.

❹ **다양한 콘텐츠로 최종 합격까지!**
  • 채용 가이드와 한국전기안전공사 면접 기출질문을 수록하여 채용 전반을 준비할 수 있도록 하였다.
  • 온라인 모의고사를 무료로 제공하여 필기전형을 준비하는 데 부족함이 없도록 하였다.

끝으로 본 도서를 통해 한국전기안전공사 채용을 준비하는 모든 수험생 여러분이 합격의 기쁨을 누리기를 진심으로 기원한다.

SDC(Sidae Data Center) 씀

한국전기안전공사 이야기 INTRODUCE

⟳ **미션**

> 전기재해로부터 국민의 생명과 재산 보호

⟳ **비전**

> 에너지 안전을 이끄는 국민의 KESCO

⟳ **경영이념**

> 안전을 넘어 안심까지

⟳ **인재상**

지합인 (知合人)	창조인 (創造人)	전문인 (專門人)
동반자 정신에 기반하여 고객을 존중하고 동료를 신뢰하는 소통형 인재	국제적 안목으로 통섭을 지향하는 자기주도적 창의형 인재	전략적으로 사고하고 열정적으로 학습하는 성과 지향형 인재

○ 핵심가치

책임감 / 전문성 / 혁신 / 소통 · 신뢰

○ 경영목표

전기화재
인명피해 감축

신에너지 설비
안전성 확보

안전관리 체계
디지털 전환

국민신뢰
최우수기관 도약

○ 전략방향 & 전략과제

국민이 안심하는
선제 · 예방적 안전관리 구축

- 검사 · 점검 강화로 안전사각지대 해소
- 전기안전 진단사업 기술역량 확대
- 재난대응 역량 강화 및 관리체계 구축

국민과 함께하는
에너지 안전 생태계 선도

- 신에너지 안전관리 체계 고도화
- 에너지안전관리 정책 · 기준 선도
- 민간협력 기반 산업생태계 활성화

국민이 체감하는
안전기술 혁신 선도

- ICT 기반 상시 · 통합적 안전관리 전환
- 디지털 혁신을 통한 국민서비스 품질 제고
- 신기술 연구개발 및 미래사업 발굴

국민이 신뢰하는
ESG로 지속가능경영 실현

- KESCO형 ESG 경영 실천
- 경영혁신으로 효율성 제고
- 상생 · 협력의 조직문화 구현 및 미래 전문
  인력 양성

지원자격

❶ 학력 및 연령 : 만 18세 이상 만 60세 미만

❷ 병역법 제76조에서 정한 병역의무 불이행 사실이 있지 아니한 자

❸ 공사 인사규정 제6조에 해당하지 않는 자

❹ 기술직 : 다음 중 1개 이상의 자격을 갖춘 자

• 전기분야 기능사 이상의 자격이 있는 자

• 고등학교에서 전기 관련 학과를 졸업했거나 이와 같은 수준 이상의 학력이 있는 자

시험전형

교시	구분	분야	내용	문항 수
1교시	인성검사	공통	동반자 마인드, 통합적 사고, 전문성 추구	210문항
2교시	직업기초능력평가	공통	의사소통능력, 자원관리능력, 문제해결능력, 정보능력, 조직이해능력, 수리능력	50문항
3교시	직무수행능력평가	경영관리	경영, 경제, 행정, 회계, 법률 등	50문항
		기술직	전기자기학, 전기기기, 전력공학, 회로이론, 전기응용, 전기 관련 법령, 전기설비기술기준 및 한국전기설비규정(KEC) 등	50문항

※ 합격 인원 : 분야별·직종별 채용예정인원수의 2배수(단, 연구직은 3배수)

※ 인성검사 합격자 중 직업기초능력평가(30%)+직무수행능력평가(70%)로 성적순 결정(단, 각 과목 40점 미만 득점자는 결격 처리)

면접전형

• 구조화된 면접 실시

• 면접위원 합산점수가 평균 60점 미만인 자는 결격 처리
  (연구직은 개인 연구 실적을 PPT로 작성하여 전공PT 발표면접 실시)

최종합격자 결정

시험전형(50%)+면접전형(50%)을 합산하여 성적순으로 결정

❖ 위 채용 안내는 2023년 채용공고를 기준으로 작성하였으므로 세부내용은 반드시 확정된 채용공고를 확인하기 바랍니다.

한국전기
안전공사

NCS + 전공 + 최종점검 모의고사 4회

SD에듀
(주)시대고시기획

2024 최신판 SD에듀 한국전기안전공사
NCS+전공+최종점검 모의고사 4회+무료NCS특강

Always **with you**

사람의 인연은 길에서 우연하게 만나거나 함께 살아가는 것만을 의미하지는 않습니다.
책을 펴내는 출판사와 그 책을 읽는 독자의 만남도 소중한 인연입니다.
SD에듀는 항상 독자의 마음을 헤아리기 위해 노력하고 있습니다. 늘 독자와 함께하겠습니다.

2023년 기출분석 ANALYSIS

총평

한국전기안전공사 시험전형의 경우, 직업기초능력평가는 고난도의 피셋형 문항이 다수 출제되어 어려웠다는 후기가 많았다. 직무수행능력평가에서는 사무직의 경우 전공 구분 없이 경영, 경제, 행정, 회계, 법률 문항이 고루 출제되었으며, 기술직의 경우 전기기사시험에 준하는 난도의 전기문항이 출제되었으며, 한국전기설비규정(KEC) 및 전기 관련 법령 문항 또한 출제되었다.

의사소통능력

출제 특징	• 지문에 적절한 제목을 찾는 유형의 문제가 출제됨 • 지문의 내용과 일치·불일치하는 것을 찾는 문제가 출제됨 • 지문을 읽고 추론할 수 있는 내용으로 적절한 것을 찾는 문제가 출제됨
출제 키워드	• 이산화탄소 특허 등

문제해결능력

출제 특징	• SWOT 분석 문제가 출제됨 • 논리적 오류에 대한 문제가 출제됨 • 제시된 문자를 암호화하거나, 암호를 복호화하는 문제가 출제됨
출제 키워드	• SWOT 분석, 허수아비 공격의 오류 등

정보능력

출제 특징	• EXCEL 프로그램 활용능력을 묻는 문제가 출제됨
출제 키워드	• 지식/지혜/정보/데이터, XLOOKUP 함수 등

수리능력

출제 특징	• 사칙연산에 대한 개념을 묻는 문제가 출제됨 • 진법을 변환하는 문제가 출제됨 • 가능한 경로의 경우의 수를 계산하는 문제가 출제됨 • 자료 해석 문항이 평이한 난이도로 출제됨
출제 키워드	• 교환법칙/결합법칙/분배법칙, 8진법 등

NCS 문제 유형 소개 NCS TYPES

PSAT형

※ 다음은 K공단의 국내 출장비 지급 기준에 대한 자료이다. 이어지는 질문에 답하시오. [15~16]

<국내 출장비 지급 기준>

① 근무지로부터 편도 100km 미만의 출장은 공단 차량 이용을 원칙으로 하며, 다음 각호에 따라 "별표 1"에 해당하는 여비를 지급한다.
　㉠ 일비
　　ⓐ 근무시간 4시간 이상 : 전액
　　ⓑ 근무시간 4시간 미만 : 1일분의 2분의 1
　㉡ 식비 : 명령권자가 근무시간이 모두 소요되는 1일 출장으로 인정한 경우에는 1일분의 3분의 1 범위 내에서 지급
　㉢ 숙박비 : 편도 50km 이상의 출장 중 출장일수가 2일 이상으로 숙박이 필요할 경우, 증빙자료 제출 시 숙박비 지급
② 제1항에도 불구하고 공단 차량을 이용할 수 없어 개인 소유 차량으로 업무를 수행한 경우에는 일비를 지급하지 않고 이사장이 따로 정하는 바에 따라 교통비를 지급한다.
③ 근무지로부터 100km 이상의 출장은 "별표 1"에 따라 교통비 및 일비는 전액을, 식비는 1일분의 3분의 2 해당액을 지급한다. 다만, 업무 형편상 숙박이 필요하다고 인정할 경우에는 출장기간에 대하여 숙박비, 일비, 식비 전액을 지급할 수 있다.

<별표 1>

구분	교통비				일비 (1일)	숙박비 (1박)	식비 (1일)
	철도임	선임	항공임	자동차임			
임원 및 본부장	1등급	1등급	실비	실비	30,000원	실비	45,000원
1, 2급 부서장	1등급	2등급	실비	실비	25,000원	실비	35,000원
2, 3, 4급 부장	1등급	2등급	실비	실비	20,000원	실비	30,000원
4급 이하 팀원	2등급	2등급	실비	실비	20,000원	실비	30,000원

1. 교통비는 실비를 기준으로 하되, 실비 정산은 국토해양부장관 또는 특별시장·광역시장·도지사·특별자치도지사 등이 인허한 요금을 기준으로 한다.
2. 선임 구분표 중 1등급 해당자는 특등, 2등급 해당자는 1등을 적용한다.
3. 철도임 구분표 중 1등급은 고속철도 특실, 2등급은 고속철도 일반실을 적용한다.
4. 임원 및 본부장의 식비가 위 정액을 초과하였을 경우 실비를 지급할 수 있다.
5. 운임 및 숙박비의 할인이 가능한 경우에는 할인 요금으로 지급한다.
6. 자동차임 실비 지급은 연료비와 실제 통행료를 지급한다.
　(연료비)=[여행거리(km)]×(유가)÷(연비)
7. 임원 및 본부장을 제외한 직원의 숙박비는 70,000원을 한도로 실비를 정산할 수 있다.

특징
▶ 대부분 의사소통능력, 수리능력, 문제해결능력을 중심으로 출제(일부 기업의 경우 자원관리능력, 조직이해능력을 출제)
▶ 자료에 대한 추론 및 해석 능력을 요구

대행사
▶ 엑스퍼트컨설팅, 커리어넷, 태드솔루션, 한국행동과학연구소(행과연), 휴노 등

모듈형

│ 대인관계능력

60 다음 자료는 갈등해결을 위한 6단계 프로세스이다. 3단계에 해당하는 대화의 예로 가장 적절한 것은?

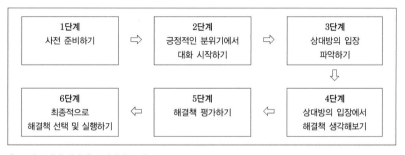

① 그럼 A씨의 생각대로 진행해 보시죠.

특징
▶ 이론 및 개념을 활용하여 푸는 유형
▶ 채용 기업 및 직무에 따라 NCS 직업기초능력평가 10개 영역 중 선발하여 출제
▶ 기업의 특성을 고려한 직무 관련 문제를 출제
▶ 주어진 상황에 대한 판단 및 이론 적용을 요구

대행사 ▶ 인트로맨, 휴스테이션, ORP연구소 등

피듈형(PSAT형 + 모듈형)

│ 문제해결능력

60 P회사는 직원 20명에게 나눠 줄 추석 선물 품목을 조사하였다. 다음은 유통업체별 품목 가격과 직원들의 품목 선호도를 나타낸 자료이다. 이를 참고하여 P회사에서 구매하는 물품과 업체를 바르게 연결한 것은?

〈업체별 품목 금액〉

구분		1세트당 가격	혜택
A업체	돼지고기	37,000원	10세트 이상 주문 시 배송 무료
	건어물	25,000원	
B업체	소고기	62,000원	20세트 주문 시 10% 할인
	참치	31,000원	
C업체	스팸	47,000원	50만 원 이상 주문 시 배송 무료
	김	15,000원	

〈구성원 품목 선호도〉

특징
▶ 기초 및 응용 모듈을 구분하여 푸는 유형
▶ 기초인지모듈과 응용업무모듈로 구분하여 출제
▶ PSAT형보다 난도가 낮은 편
▶ 유형이 정형화되어 있고, 유사한 유형의 문제를 세트로 출제

대행사 ▶ 사람인, 스카우트, 인크루트, 커리어케어, 트리피, 한국사회능력개발원 등

주요 공기업 적중 문제 TEST CHECK

SWOT 분석 ▶ 유형

07 다음은 중국에 진출한 프랜차이즈 커피전문점에 대해 SWOT 분석을 한 것이다. (가) ~ (라)에 들어갈 전략으로 올바른 것은?

S(Strength)	W(Weakness)
• 풍부한 원두커피의 맛 • 독특한 인테리어 • 브랜드 파워 • 높은 고객 충성도	• 낮은 중국 내 인지도 • 높은 시설비 • 비싼 임대료
O(Opportunity)	T(Threat)
• 중국 경제 급성장 • 서구문화에 대한 관심 • 외국인 집중 • 경쟁업체 진출 미비	• 중국의 차 문화 • 유명 상표 위조 • 커피 구매 인구의 감소

(가)	(나)
• 브랜드가 가진 미국 고유문화 고수 • 독특하고 차별화된 인테리어 유지 • 공격적 점포 확장	• 외국인이 많은 곳에 점포 개설 • 본사 직영 인테리어로 시설비 감축
(다)	(라)
• 고품질 커피로 상위 소수고객에 집중	• 녹차 향 커피 개발로 인지도 상승 • 개발 상표 도용 감시

	(가)	(나)	(다)	(라)
①	SO전략	ST전략	WO전략	WT전략
②	WT전략	ST전략	WO전략	SO전략

전결 ▶ 키워드

09 다음은 A회사의 직무전결표의 일부분이다. 이에 따라 문서를 처리하였을 경우 올바르지 않은 것은?

직무 내용	대표이사	위임 전결권자		
		전무	이사	부서장
정기 월례 보고				○
각 부서장급 인수인계		○		
3천만 원 초과 예산 집행	○			
3천만 원 이하 예산 집행		○		
각종 위원회 위원 위촉	○			
해외 출장			○	

① 인사부장의 인수인계에 관하여 전무에게 결재받은 후 시행하였다.
② 인사징계위원회 위원을 위촉하기 위하여 대표이사 부재중에 전무가 전결하였다.
③ 영업팀장의 해외 출장을 위하여 이사에게 사인을 받았다.
④ 3천만 원에 해당하는 물품 구매를 위하여 전무 전결로 처리하였다.

글의 제목 ▶ 유형

05 다음 기사의 제목으로 가장 적절한 것은?

> K공사는 7 ~ 8월 두 달간 주택용 전기요금 누진제를 한시적으로 완화하기로 했다. 금액으로 치면 모두 2,761억 원가량으로, 가구당 평균 19.5%의 인하 효과가 기대된다. 이를 위해 K공사는 현행 3단계인 누진 구간 중 1단계와 2단계 구간을 확대하는 내용이 담긴 누진제 완화 방안을 발표했다. 사상 유례 없는 폭염 상황에서 7월과 8월 두 달간 누진제를 한시적으로 완화하기로 한 것이다. 누진제 완화는 현재 3단계인 누진 구간 중 1단계와 2단계 구간을 확대하는 방식으로 진행된다. 각 구간별 상한선을 높이게 되면 평소보다 시간당 100kW 정도씩 전기를 더 사용해도 상급 구간으로 이동하지 않기 때문에 누진제로 인해 높은 전기요금이 적용되는 걸 피할 수 있다.
>
> K공사는 누진제 완화와는 별도로 사회적 배려계층을 위한 여름철 냉방 지원 대책도 마련했다. 기초 생활수급자와 장애인, 사회복지시설 등에 적용되는 K공사의 전기요금 복지할인 규모를 7 ~ 8월 두 달간 추가로 30% 확대하기로 한 것이다. 또한, 냉방 복지 지원 대상을 출생 1년 이하 영아에서 3년 이하 영·유아 가구로 늘려 모두 46만 가구에 매년 250억 원을 추가 지원하기로 했다.
>
> K공사는 "폭염이 장기간 지속되면서 사회적 배려계층이 가장 큰 영향을 받기 때문에 특별히 기존 복지할인제도에 더해 추가 보완대책을 마련했다."고 설명했다. 누진제 한시 완화와 사회적 배려계층 지원 대책에 소요되는 재원에 대해서는 재난안전법 개정과 함께 재해대책 예비비 등을 활용해 정부 재정으로 지원하는 방안을 적극 강구하기로 했다.

① 사상 유례없이 장기간 지속되는 폭염
② 1단계와 2단계의 누진 구간 확대
③ 폭염에 대비한 전기요금 대책
④ 주택용 전기요금 누진제 한시적 완화

추론 ▶ 유형

03 다음 글을 읽고 추론할 수 없는 것은?

> 동물의 행동을 선하다거나 악하다고 평가할 수 없는 이유는 동물이 단지 본능적 욕구에 따라 행동할 뿐이기 때문이다. 오직 인간만이 욕구와 감정에 맞서서 행동할 수 있다. 인간만이 이성을 가지고 있다. 그러나 인간이 전적으로 이성적인 존재는 아니다. 다른 동물과 마찬가지로 인간 또한 감정과 욕구를 가진 존재다. 그래서 인간은 이성과 감정의 갈등을 겪게 된다.
>
> 그러한 갈등에도 불구하고 인간이 도덕적 행위를 할 수 있는 까닭은 이성이 우리에게 도덕적인 명령을 내리기 때문이다. 도덕적 명령에 따를 때에야 비로소 우리는 의무에서 비롯된 행위를 한 것이다. 만약 어떤 행위가 이성의 명령에 따른 것이 아닐 경우 그것이 결과적으로 의무와 부합할지라도 의무에서 나온 행위는 아니다. 의무에서 나온 행위가 아니라면 심리적 성향에서 비롯된 행위가 되는데, 심리적 성향에서 비롯된 행위는 도덕성과 무관하다. 불쌍한 사람을 보고 마음이 아파서 도움을 주었다면 이는 결국 심리적 성향에 따라 행동한 것이다. 그것은 감정과 욕구에 따른 것이기 때문에 도덕적 행위일 수가 없다.
>
> 감정이나 욕구와 같은 심리적 성향에 따른 행위가 도덕적일 수 없는 또 다른 이유는, 그것이 상대적이기 때문이다. 감정이나 욕구는 주관적이어서 사람마다 다르며, 같은 사람이라도 상황에 따라 변하기 마련이다. 때문에 이는 시공간을 넘어 모든 인간에게 적용될 수 있는 보편적인 도덕의 원리가 될 수 없다. 감정이나 욕구가 어떠하든지 간에 이성의 명령에 따르는 것이 도덕이다. 이러한 입장이 사랑이나 연민과 같은 감정에서 나온 행위를 인정하지 않는다 거나 가치가 없다고 평가하는 것은 아니다. 단지 사랑이나 연민은 도덕적 차원의 문제가 아닐 뿐이다.

① 동물의 행위는 도덕적 평가의 대상이 될 수 없다.
② 감정이나 욕구는 보편적인 도덕의 원리가 될 수 없다.
③ 심리적 성향에서 비롯된 행위는 도덕적 행위일 수 없다.

한국전력공사

증감률 ▶ 키워드

19 다음은 양파와 마늘의 재배에 관한 자료의 일부이다. 이에 대한 설명으로 적절하지 않은 것은?

〈연도별 양파 재배면적 조사 결과〉

(단위: ha, %)

구분	2019년	2020년(A)	2021년(B)	증감(C=B-A)	증감률(C/A)	비중
양파	18,015	19,896	19,538	-358	-1.8	100.0
조생종	2,013	2,990	2,796	-194	-6.5	14.3
중만생종	16,002	16,906	16,742	-164	-1.0	85.7

〈연도별 마늘 재배면적 및 가격 추이〉

※ 마늘 가격은 연평균임(2021년은 1~4월까지 평균임)

① 2021년 양파 재배면적의 증감률은 조생종이 중만생종보다 크다.
② 마늘 가격은 마늘 재배면적에 반비례한다.
③ 마늘의 재배면적은 2017년이 가장 넓다.
④ 2021년 재배면적은 작년보다 양파는 감소하였고, 마늘은 증가하였다.
⑤ 마늘 가격은 2018년 이래로 계속 증가하였다.

할인 금액 ▶ 유형

13 S회사는 18주년을 맞이해 기념행사를 하려고 한다. 이에 걸맞은 단체 티셔츠를 구매하려고 하는데, A회사는 60장 이상 구매 시 20% 할인이 되고 B회사는 할인이 안 된다고 한다. A회사에서 50장을 구매하고 B회사에서 90장을 구매했을 때 가격은 약 399,500원이고, A회사에서 100장을 구매하고 B회사에서 40장을 구매했을 때 가격은 약 400,000원이다. A회사와 B회사의 할인 전 티셔츠 가격은?

	A회사	B회사
①	3,950원	2,100원
②	3,900원	2,200원
③	3,850원	2,300원
④	3,800원	2,400원
⑤	3,750원	2,500원

한국동서발전

17 다음 중 스마트미터에 대한 내용으로 올바르지 않은 것은?

스마트미터는 소비자가 사용한 전력량을 일방적으로 보고하는 것이 아니라, 발전사로부터 전력 공급 현황을 받을 수 있는 양방향 통신, AMI(AMbient Intelligence)로 나아간다. 때문에 부가적인 설비를 더하지 않고 소프트웨어 설치만으로 집안의 통신이 가능한 각종 전자기기를 제어하는 기능까지 더할 수 있어 에너지를 더욱 효율적으로 관리하게 해주는 전력 시스템이다.

스마트미터는 신재생에너지가 보급되기 위해 필요한 스마트그리드의 기초가 되는 부분으로 그 시작은 자원 고갈에 대한 걱정과 환경 보호 협약 때문이었다. 하지만 스마트미터가 촉구되었던 더 큰 이유는 안정적으로 전기를 이용할 수 있느냐 하는 두려움 때문이었다. 사회는 끊임없는 발전을 이뤄왔지만 천재지변으로 인한 시설 훼손이나 전력 과부하로 인한 블랙아웃 앞에서는 어쩔 도리가 없었다. 태풍과 홍수, 산사태 등으로 막대한 피해를 보았던 2000년대 초반 미국을 기점으로, 전력 정보의 신뢰도를 위해 스마트미터 산업이 크게 주목받기 시작했다. 대중은 비상시 전력 보급 현황을 알기 원했고, 미 정부는 전력 사용 현황을 파악함은 물론, 소비자가 전력 사용량을 확인할 수 있도록 제공하여 소비자 스스로 전력 사용을 줄이길 바랐다.

한편, 스마트미터는 기존의 전력 계량기를 교체해야 하는 수고와 비용이 들지만, 실시간으로 에너지 사용량을 알 수 있기 때문에 이용하는 순간부터 공급자인 발전사와 소비자 모두가 전력 정보를 편리하게 접할 수 있을 뿐만 아니라 효율적으로 관리가 가능해진다. 앞으로는 소비처로부터 멀리 떨어진 대규모 발전 시설에서 생산하는 전기뿐만 아니라, 스마트 그린시티에 설치된 발전설비를 통한 소량의 전기들까지 전기 가격을 하나의 정보로 규합하여 소비자가 필요에 맞게 전기를 소비할 수 있게 하였다. 또한, 소형 설비로 생산하거나 에너지 저장 시스템에 사용하다 남은 소량의 전기는 전력 시장에 역으로 제공해 보상을 받을 수도 있게 된다.

미래 에너지는 신재생에너지로의 완전한 전환이 중요하지만, 산업체는 물론 개개인이 에너지를 절약하는 것 역시

한국중부발전

11 다음 ㉠ ~ ㉣의 수정사항으로 적절하지 않은 것은?

오늘날 인류가 왼손보다 오른손을 ㉠ 더 선호하는 경향은 어디서 비롯되었을까? 오른손을 귀하게 여기고 왼손을 천대하는 현상은 어쩌면 산업화 이전 사회에서 배변 후 사용할 휴지가 없었다는 사실과 관련이 있을 법하다. 맨손으로 배변 뒤처리를 하는 것은 ㉡ 불쾌할 뿐더러 병균을 옮길 위험을 수반하는 일이었다. 이런 위험의 가능성을 낮추는 간단한 방법은 음식을 먹거나 인사할 때 다른 손을 사용하는 것이었다. 기술 발달 이전의 사회는 대개 왼손을 배변 뒤처리에, 오른손을 먹고 인사하는 일에 사용했다.

나는 이런 배경이 인간 사회에 널리 나타나는 '오른쪽'에 대한 긍정과 '왼쪽'에 대한 ㉢ 반감을 어느 정도 설명해 줄 수 있으리라고 생각한다. 그러나 이 설명은 왜 애초에 오른손이 먹는 일에, 그리고 왼손이 배변 처리에 사용되었는지 설명해주지 못한다. 동서양을 막론하고, 왼손잡이 사회는 확인된 바가 없기 때문이다. ㉣ 하지만 왼손잡이 사회가 존재할 가능성도 있으므로 만약 왼손잡이를 선호하는 사회가 발견된다면 이러한 논란은 종결되고 왼손잡이와 오른손잡이에 대한 새로운 이론이 등장할 것이다. 그러므로 근본적인 설명은 다른 곳에서 찾아야 할 것 같다.

한쪽 손을 주로 쓰는 경향은 뇌의 좌우반구의 기능 분화와 관련되어 있는 것으로 보인다. 보고된 증거에 따르면, 왼손잡이는 읽기와 쓰기, 개념적 · 논리적 사고 같은 좌반구 기능에서 오른손잡이보다 상대적으로 미약한 대신 상상력, 패턴 인식, 창의력 등 전형적인 우반구 기능에서는 상대적으로 기민한 경우가 많다.

나는 이성 대 직관의 힘겨루기, 뇌의 두 반구 사이의 힘겨루기가 오른손과 왼손의 힘겨루기로 표면화된 것이 아닐까 생각한다. 즉, 오른손이 원래 왼손보다 더 능숙했기 때문이 아니라 뇌의 좌반구가

도서 200% 활용하기 STRUCTURES

1 기출복원문제로 출제경향 파악

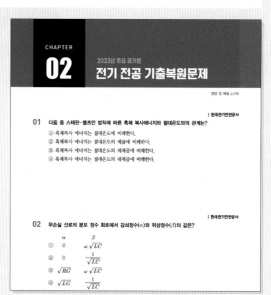

▶ 2023년 주요 공기업 NCS 및 전기 전공 기출문제를 복원하여 공기업별 출제경향을 파악할 수 있도록 하였다.

2 출제유형분석 + 유형별 실전예제로 필기전형 완벽 대비

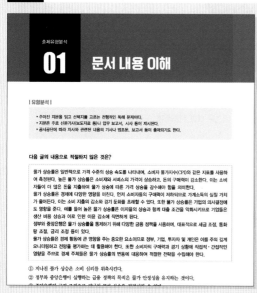

▶ NCS 출제 영역에 대한 출제유형분석과 유형별 실전예제를 수록하여 NCS 문제에 대한 접근 전략을 익힐 수 있도록 하였다.

3 전기 전공 핵심이론 + 적중예상문제로 빈틈없는 학습

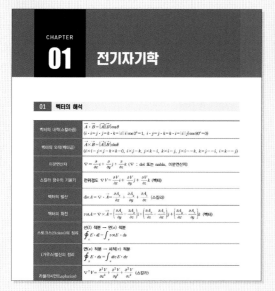

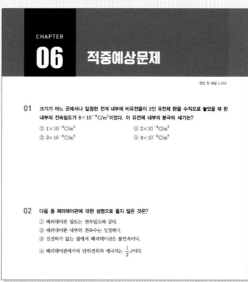

▶ 전기 전공 핵심이론과 적중예상문제를 수록하여 효과적으로 학습할 수 있도록 하였다.
▶ 개정된 한국전기설비규정(KEC)을 수록하여 변경된 시험에 완벽히 대비할 수 있도록 하였다.

4 최종점검 모의고사 + OMR을 활용한 실전 연습

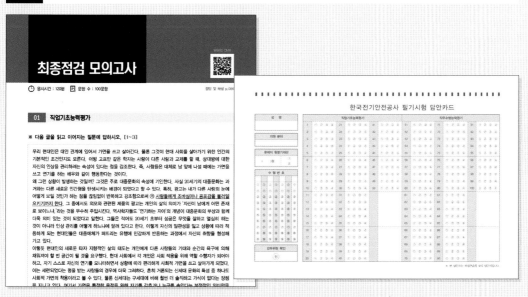

▶ 최종점검 모의고사와 OMR 답안카드를 수록하여 실제로 시험을 보는 것처럼 최종 마무리 연습을 할 수 있도록 하였다.
▶ 모바일 OMR 답안채점/성적분석 서비스를 통해 필기시험에 대비할수 있도록 하였다.

이 책의 차례 CONTENTS

Add+ 특별부록

CHAPTER 01 2023년 주요 공기업 NCS 기출복원문제   2

CHAPTER 02 2023년 주요 공기업 전기 전공 기출복원문제   36

PART 1 직업기초능력평가

CHAPTER 01 의사소통능력   4
출제유형분석 01 문서 내용 이해
출제유형분석 02 주제 · 제목 찾기
출제유형분석 03 문단 나열
출제유형분석 04 추론하기
출제유형분석 05 빈칸 삽입

CHAPTER 02 자원관리능력   32
출제유형분석 01 시간 계획
출제유형분석 02 비용 계산
출제유형분석 03 품목 확정
출제유형분석 04 인원 선발

CHAPTER 03 문제해결능력   52
출제유형분석 01 명제 추론
출제유형분석 02 SWOT 분석
출제유형분석 03 규칙 적용
출제유형분석 04 자료 해석

CHAPTER 04 정보능력   70
출제유형분석 01 정보 이해
출제유형분석 02 엑셀 함수

CHAPTER 05 조직이해능력   78
출제유형분석 01 경영 전략
출제유형분석 02 조직 구조
출제유형분석 03 업무 종류

CHAPTER 06 수리능력   88
출제유형분석 01 응용 수리
출제유형분석 02 자료 계산
출제유형분석 03 자료 이해

PART 2 전기 전공

CHAPTER 01 전기자기학   104
CHAPTER 02 전력공학   118
CHAPTER 03 전기기기   144
CHAPTER 04 회로이론   169
CHAPTER 05 한국전기설비규정(KEC)   188
CHAPTER 06 적중예상문제   272

PART 3 최종점검 모의고사   292

PART 4 채용 가이드

CHAPTER 01 블라인드 채용 소개   344
CHAPTER 02 서류전형 가이드   346
CHAPTER 03 인성검사 소개 및 모의테스트   353
CHAPTER 04 면접전형 가이드   360
CHAPTER 05 한국전기안전공사 면접 기출질문   370

별 책 정답 및 해설

Add+ 특별부록   2
PART 1 직업기초능력평가   28
PART 2 전기 전공   54
PART 3 최종점검 모의고사   66
OMR 답안카드

Add+

특별부록

CHAPTER 01 2023년 주요 공기업 NCS 기출복원문제

CHAPTER 02 2023년 주요 공기업 전기 전공 기출복원문제

※ 기출복원문제는 수험생들의 후기를 통해 SD에듀에서 복원한 문제로 실제 문제와 다소 차이가 있을 수 있으며, 본 저작물의 무단전재 및 복제를 금합니다.

┃ 코레일 한국철도공사 / 의사소통능력

01 다음 글의 내용으로 가장 적절한 것은?

> 한국철도공사는 철도시설물 점검 자동화에 '스마트 글라스'를 활용하겠다고 밝혔다. 스마트 글라스란 안경처럼 착용하는 스마트 기기로, 검사와 판독, 데이터 송수신과 보고서 작성까지 모든 동작이 음성인식을 바탕으로 작동한다. 이를 활용하여 작업자는 스마트 글라스 액정에 표시된 내용에 따라 철도시설물을 점검하고, 음성 명령을 통해 시설물의 사진을 촬영한 후 해당 정보와 검사 결과를 전송해 보고서로 작성한다.
>
> 작업자들은 스마트 글라스의 사용을 통해 직접 자료를 조사하고 측정한 내용을 바탕으로 시스템 속에서 여러 단계를 거쳐 수기 입력하던 기존 방식으로부터 벗어날 수 있게 되었고, 이 일련의 과정들을 중앙 서버를 통해 한 번에 처리할 수 있게 되었다.
>
> 이와 같은 스마트 기기의 도입은 중앙 서버의 효율적 종합 관리를 가능하게 할 뿐만 아니라 작업자의 안전성 향상에도 크게 기여하였다. 이는 작업자들이 음성인식이 가능한 스마트 글라스를 사용함으로써 두 손이 자유로워져 추락 사고를 방지할 수 있게 되었기 때문이며, 스마트 글라스 내부 센서가 충격과 기울기를 감지할 수 있어 작업자에게 위험한 상황이 발생하면 지정된 컴퓨터에 위험 상황을 바로 통보하는 시스템을 갖추었기 때문이다.
>
> 한국철도공사는 주요 거점 현장을 시작으로 스마트 글라스를 보급하여 성과 분석을 거치고 내년부터는 보급 현장을 확대하겠다고 밝혔으며, 국내 철도 환경에 맞춰 스마트 글라스 시스템을 개선하기 위해 현장 검증을 진행하고 스마트 글라스를 통해 측정된 데이터를 총괄 제어할 수 있도록 안전점검 플랫폼망도 마련할 예정이다.
>
> 이와 더불어 스마트 글라스를 통해 기존의 인력 중심 시설점검을 간소화하여 효율성과 안전성을 향상시키고, 나아가 철도 맞춤형 스마트 기술을 도입하여 시설물 점검뿐만 아니라 유지보수 작업도 가능하도록 철도기술 고도화에 힘쓰겠다고 전했다.

① 작업자의 음성인식을 통해 철도시설물의 점검 및 보수 작업이 가능해졌다.
② 스마트 글라스의 도입으로 철도시설물 점검의 무인작업이 가능해졌다.
③ 스마트 글라스의 도입으로 철도시설물 점검 작업 시 안전사고 발생 횟수가 감소하였다.
④ 스마트 글라스의 도입으로 철도시설물 작업 시간 및 인력이 감소하고 있다.
⑤ 스마트 글라스의 도입으로 작업자의 안전사고 발생을 바로 파악할 수 있게 되었다.

02 다음 글에 대한 설명으로 적절하지 않은 것은?

2016년 4월 27일 오전 7시 20분경 임실역에서 익산으로 향하던 열차가 전기 공급 중단으로 멈추는 사고가 발생해 약 50분간 열차 운행이 중단되었다. 바로 전차선에 지어진 까치집 때문이었는데, 까치가 집을 지을 때 사용하는 젖은 나뭇가지나 철사 등이 전선과 닿거나 차로에 떨어져 합선과 단전을 일으킨 것이다.

비록 이번 사고는 단전에서 끝났지만, 고압 전류가 흐르는 전차선인 만큼 철사와 젖은 나뭇가지만으로도 자칫하면 폭발사고로 이어질 우려가 있다. 지난 5년간 까치집으로 인한 단전사고는 한 해 평균 3 ~ 4건 발생해 왔으며, 한국철도공사는 사고방지를 위해 까치집 방지 설비를 설치하고 설비가 없는 구간은 작업자가 육안으로 까치집 생성 여부를 확인해 제거하고 있는데, 이렇게 제거해 온 까치집 수가 연평균 8,000개에 달한다. 하지만 까치집은 빠르면 불과 4시간 만에 완성되어 작업자들에게 큰 곤욕을 주고 있다.

이에 한국철도공사는 전차선로 주변 까치집 제거의 효율성과 신속성을 높이기 위해 인공지능(AI)과 사물인터넷(IoT) 등 첨단 기술을 활용하기에 이르렀다. 열차 운전실에 영상 장비를 설치해 달리는 열차에서 전차선을 촬영한 화상 정보를 인공지능으로 분석함으로써 까치집 등의 위험 요인을 찾아 해당 위치와 현장 이미지를 작업자에게 실시간으로 전송하는 '실시간 까치집 자동 검출 시스템'을 개발한 것이다. 하지만 시속 150km로 빠르게 달리는 열차에서 까치집 등의 위험 요인을 실시간으로 판단해 전송하는 것이다 보니 그 정확도는 65%에 불과했다.

이에 한국철도공사는 전차선과 까치집을 정확하게 식별하기 위해 인공지능이 스스로 학습하는 '딥러닝' 방식을 도입했고, 전차선을 구성하는 복잡한 구조 및 까치집과 유사한 형태를 빅데이터로 분석해 이미지를 구분하는 학습을 실시한 결과 까치집 검출 정확도는 95%까지 상승했다. 또한 해당 이미지를 실시간 문자메시지로 작업자에게 전송해 위험 요소와 위치를 인지시켜 현장에 적용할 수 있다는 사실도 확인했다. 현재는 이와 더불어 정기열차가 운행하지 않거나 작업자가 접근하기 쉽지 않은 차량 정비 시설 등에 드론을 띄워 전차선의 까치집을 발견 및 제거하는 기술도 시범 운영하고 있다.

① 인공지능도 학습을 통해 그 정확도를 향상시킬 수 있다.
② 빠른 속도에서 인공지능의 사물 식별 정확도는 낮아진다.
③ 사람의 접근이 불가능한 곳에 위치한 까치집의 제거도 가능해졌다.
④ 까치집 자동 검출 시스템을 통해 실시간으로 까치집 제거가 가능해졌다.
⑤ 인공지능 등의 스마트 기술 도입으로 까치집 생성의 감소를 기대할 수 있다.

03 다음 글을 이해한 내용으로 적절하지 않은 것은?

> 열차 내에서의 범죄가 급격하게 증가함에 따라 한국철도공사는 열차 내 범죄 예방과 안전 확보를 위해 2023년까지 현재 운행하고 있는 열차의 모든 객실에 CCTV를 설치하고, 모든 열차 승무원에게 바디캠을 지급하겠다고 밝혔다.
>
> CCTV는 열차 종류에 따라 운전실에서 비상시 실시간으로 상황을 파악할 수 있는 '네트워크 방식'과 각 객실에서의 영상을 저장하는 '개별 독립 방식'이라는 2가지 방식으로 사용 및 설치가 진행될 예정이며, 객실에는 사각지대를 없애기 위해 4대가량의 CCTV가 설치된다. 이 중 2대는 휴대 물품 도난 방지 등을 위해 휴대 물품 보관대 주변에 위치하게 된다.
>
> 이에 따라 한국철도공사는 CCTV 제품 품평회를 가져 제품의 형태와 색상, 재질 등에 대한 의견을 나누고 각 제품이 실제로 열차 운행 시 진동과 충격 등에 적합한지 시험을 거친 후 도입할 예정이다.

① 현재는 모든 열차의 객실 전부에 CCTV가 설치되어 있진 않을 것이다.

② 과거에 비해 승무원에 대한 승객의 범죄행위 증거 취득이 유리해질 것이다.

③ CCTV 설치를 통해 인적 피해와 물적 피해 모두 예방할 수 있을 것이다.

④ CCTV 설치를 통해 실시간으로 모든 객실을 모니터링할 수 있을 것이다.

⑤ CCTV의 내구성뿐만 아니라 외적인 디자인도 제품 선택에 영향을 줄 수 있을 것이다.

04 작년 K대학교에 재학 중인 학생 수는 6,800명이었고 남학생과 여학생의 비는 8 : 9였다. 올해 남학생 수와 여학생 수의 비가 12 : 13만큼 줄어들어 7 : 8이 되었다고 할 때, 올해 K대학교의 전체 재학생 수는?

① 4,440명 ② 4,560명

③ 4,680명 ④ 4,800명

⑤ 4,920명

05 다음 자료에 대한 설명으로 가장 적절한 것은?

- KTX 마일리지 적립
  - KTX 이용 시 결제금액의 5%가 기본 마일리지로 적립됩니다.
  - 더블적립(×2) 열차로 지정된 열차는 추가로 5%p가 적립됩니다(결제금액의 총 10%).
    ※ 더블적립 열차는 홈페이지 및 코레일톡 애플리케이션에서만 승차권 구매 가능
  - 선불형 교통카드 Rail+(레일플러스)로 승차권을 결제하는 경우 1%p 보너스 적립도 제공되어 최대 11% 적립이 가능합니다.
  - 마일리지를 적립받고자 하는 회원은 승차권을 발급받기 전에 코레일 멤버십카드 제시 또는 회원번호 및 비밀번호 등을 입력해야 합니다.
  - 해당 열차 출발 후에는 마일리지를 적립받을 수 없습니다.
- 회원 등급 구분

구분	등급 조건	제공 혜택
VVIP	• 반기별 승차권 구입 시 적립하는 마일리지가 8만 점 이상인 고객 또는 기준일부터 1년간 16만 점 이상 고객 중 매년 반기 익월 선정	• 비즈니스 회원 혜택 기본 제공 • KTX 특실 무료 업그레이드 쿠폰 6매 제공 • 승차권 나중에 결제하기 서비스 (열차 출발 3시간 전까지)
VIP	• 반기별 승차권 구입 시 적립하는 마일리지가 4만 점 이상인 고객 또는 기준일부터 1년간 8만 점 이상인 고객 중 매년 반기 익월 선정	• 비즈니스 회원 혜택 기본 제공 • KTX 특실 무료 업그레이드 쿠폰 2매 제공
비즈니스	• 철도 회원으로 가입한 고객 중 최근 1년간 온라인에서 로그인한 기록이 있거나, 회원으로 구매실적이 있는 고객	• 마일리지 적립 및 사용 가능 • 회원 전용 프로모션 참가 가능 • 열차 할인상품 이용 등 기본서비스와 멤버십 제휴서비스 등 부가서비스 이용
패밀리	• 철도 회원으로 가입한 고객 중 최근 1년간 온라인에서 로그인한 기록이 없거나, 회원으로 구매실적이 없는 고객	• 멤버십 제휴서비스 및 코레일 멤버십 라운지 이용 등의 부가서비스 이용 제한 • 휴면 회원으로 분류 시 별도 관리하며, 본인 인증 절차로 비즈니스 회원으로 전환 가능

  - 마일리지는 열차 승차 다음 날 적립되며, 지연료를 마일리지로 적립하신 실적은 등급 산정에 포함되지 않습니다.
  - KTX 특실 무료 업그레이드 쿠폰 유효기간은 6개월이며, 반기별 익월 10일 이내에 지급됩니다.
  - 실적의 연간 적립 기준일은 7월 지급의 경우 전년도 7월 1일부터 당해 연도 6월 30일까지 실적이며, 1월 지급은 전년도 1월 1일부터 전년도 12월 31일까지의 실적입니다.
  - 코레일에서 지정한 추석 및 설 명절 특별수송기간의 승차권은 실적 적립 대상에서 제외됩니다.
  - 회원 등급 조건 및 제공 혜택은 사전 공지 없이 변경될 수 있습니다.
  - 승차권 나중에 결제하기 서비스는 총 편도 2건 이내에서 제공되며, 3회 자동 취소 발생(열차 출발 전 3시간 내 미결제) 시 서비스가 중지됩니다. 리무진+승차권 결합 발권은 2건으로 간주되며, 정기권, 특가상품 등은 나중에 결제하기 서비스 대상에서 제외됩니다.

① 코레일에서 운행하는 모든 열차는 이용 때마다 결제금액의 최소 5%가 KTX 마일리지로 적립된다.
② 회원 등급이 높아져도 열차 탑승 시 적립되는 마일리지는 동일하다.
③ 비즈니스 등급은 기업회원을 구분하는 명칭이다.
④ 6개월간 마일리지 4만 점을 적립하더라도 VIP 등급을 부여받지 못할 수 있다.
⑤ 회원 등급이 높아도 승차권을 정가보다 저렴하게 구매할 수 있는 방법은 없다.

※ 다음 자료를 보고 이어지는 질문에 답하시오. [6~8]

〈2023년 한국의 국립공원 기념주화 예약 접수〉

- 우리나라 자연환경의 아름다움과 생태 보전의 중요성을 널리 알리기 위해 K공사는 한국의 국립공원 기념주화 3종(설악산, 치악산, 월출산)을 발행할 예정임
- 예약 접수일 : 3월 2일(목) ~ 3월 17일(금)
- 배부 시기 : 2023년 4월 28일(금)부터 예약자가 신청한 방법으로 배부
- 기념주화 상세

화종	앞면	뒷면
은화Ⅰ – 설악산		
은화Ⅱ – 치악산		
은화Ⅲ – 월출산		

- 발행량 : 화종별 10,000장씩 총 30,000장
- 신청 수량 : 단품 및 3종 세트로 구분되며 단품과 세트에 중복신청 가능
  - 단품 : 1인당 화종별 최대 3장
  - 3종 세트 : 1인당 최대 3세트
- 판매 가격 : 액면금액에 판매 부대비용(케이스, 포장비, 위탁판매수수료 등)을 부가한 가격
  - 단품 : 각 63,000원(액면가 50,000원＋케이스 등 부대비용 13,000원)
  - 3종 세트 : 186,000원(액면가 150,000원＋케이스 등 부대비용 36,000원)
- 접수 기관 : 우리은행, 농협은행, K공사
- 예약 방법 : 창구 및 인터넷 접수
  - 창구 접수
    신분증[주민등록증, 운전면허증, 여권(내국인), 외국인등록증(외국인)]을 지참하고 우리·농협은행 영업점을 방문하여 신청
  - 인터넷 접수
    ① 우리·농협은행의 계좌를 보유한 고객은 개시일 9시부터 마감일 23시까지 홈페이지에서 신청
    ② K공사 온라인 쇼핑몰에서는 가상계좌 방식으로 개시일 9시부터 마감일 23시까지 신청
- 구입 시 유의사항
  - 수령자 및 수령지 등 접수 정보가 중복될 경우 단품별 10장, 3종 세트 10세트만 추첨 명단에 등록
  - 비정상적인 경로나 방법으로 접수할 경우 당첨을 취소하거나 배송을 제한

06 다음 중 한국의 국립공원 기념주화 발행 사업의 내용으로 옳은 것은?

① 국민들을 대상으로 예약 판매를 실시하며, 외국인에게는 판매하지 않는다.

② 1인당 구매 가능한 최대 주화 수는 10장이다.

③ 기념주화를 구입하기 위해서는 우리·농협은행 계좌를 사전에 개설해 두어야 한다.

④ 사전예약을 받은 뒤, 예약 주문량에 맞추어 제한된 수량만 생산한다.

⑤ K공사를 통한 예약 접수는 온라인에서만 가능하다.

07 외국인 A씨는 이번에 발행되는 기념주화를 예약 주문하려고 한다. 다음 상황을 참고했을 때 A씨가 기념주화 구매 예약을 할 수 있는 방법으로 옳은 것은?

〈외국인 A씨의 상황〉

• A씨는 국내 거주 외국인으로 등록된 사람이다.
• A씨의 명의로 국내은행에 개설된 계좌는 총 2개로, 신한은행, 한국씨티은행에 1개씩이다.
• A씨는 우리은행이나 농협은행과는 거래이력이 없다.

① 여권을 지참하고 우리은행이나 농협은행 지점을 방문한다.

② K공사 온라인 쇼핑몰에서 신용카드를 사용한다.

③ 계좌를 보유한 신한은행이나 한국씨티은행의 홈페이지를 통해 신청한다.

④ 외국인등록증을 지참하고 우리은행이나 농협은행 지점을 방문한다.

⑤ 우리은행이나 농협은행의 홈페이지에서 신청한다.

08 다음은 기념주화를 예약한 5명의 신청내역이다. 이 중 가장 많은 금액을 지불한 사람의 구매 금액은?

(단위 : 세트, 장)

구매자	3종 세트	단품		
		은화Ⅰ – 설악산	은화Ⅱ – 치악산	은화Ⅲ – 월출산
A	2	1	–	–
B	–	2	3	3
C	2	1	1	–
D	3	–	–	–
E	1	–	2	2

① 558,000원

③ 563,000원

⑤ 567,000원

② 561,000원

④ 564,000원

척추는 신체를 지탱하고, 뇌로부터 이어지는 중추신경인 척수를 보호하는 중요한 뼈 구조물이다. 보통 사람들은 허리에 심한 통증이 느껴지면 허리디스크(추간판탈출증)를 떠올리는데, 디스크 이외에도 통증을 유발하는 척추 질환은 다양하다. 특히 노인 인구가 증가하면서 척추관협착증(요추관협착증)의 발병 또한 늘어나고 있다. 허리디스크와 척추관협착증은 사람들이 혼동하기 쉬운 척추 질환으로, 발병 원인과 치료법이 다르기 때문에 두 질환의 차이를 이해하고 통증 발생 시 질환에 맞춰 적절하게 대응할 필요가 있다.

허리디스크는 척추 뼈 사이에 쿠션처럼 완충 역할을 해주는 디스크(추간판)에 문제가 생겨 발생한다. 디스크는 찐득찐득한 수핵과 이를 둘러싸는 섬유륜으로 구성되는데, 나이가 들어 탄력이 떨어지거나, 젊은 나이에도 급격한 충격에 의해서 섬유륜에 균열이 생기면 속의 수핵이 빠져나오면서 주변 신경을 압박하거나 염증을 유발한다. 허리디스크가 발병하면 초기에는 허리 통증으로 시작되어 점차 허벅지에서 발까지 찌릿하게 저리는 방사통을 유발하고, 디스크에서 수핵이 흘러나오는 상황이기 때문에 허리를 굽히거나 앉아 있으면 디스크에 가해지는 압력이 높아져 통증이 더욱 심해진다. 허리디스크는 통증이 심한 질환이지만, 흘러나온 수핵은 대부분 대식세포에 의해 제거되고, 자연치유가 가능하기 때문에 병원에서는 주로 통증을 줄이고, 안정을 취하는 방법으로 보존치료를 진행한다. 하지만 염증이 심해져 중앙 척수를 건드리게 되면 하반신 마비 등의 증세가 나타날 수 있는데, 이러한 경우에는 탈출된 디스크 조각을 물리적으로 제거하는 수술이 필요하다.

반면, 척추관협착증은 대표적인 척추 퇴행성 질환으로 주변 인대(황색 인대)가 척추관을 압박하여 발생한다. 척추관은 척추 가운데 신경 다발이 지나갈 수 있도록 속이 빈 공간인데, 나이가 들면서 척추가 흔들리게 되면 흔들리는 척추를 붙들기 위해 인대가 점차 두꺼워지고, 척추 뼈에 변형이 생겨 결과적으로 척추관이 좁아지게 된다. 이렇게 오랜 기간 동안 변형된 척추 뼈와 인대가 척추관 속의 신경을 눌러 발생하는 것이 척추관협착증이다. 척추관 속의 신경이 눌리게 되면 통증과 함께 저리거나 당기게 되어 보행이 힘들어지며, 지속적으로 압박받을 경우 척추 신경이 경색되어 하반신 마비 증세로 악화될 수 있다. 일반적으로 서 있을 경우보다 허리를 구부렸을 때 척추관이 더 넓어지므로 허리디스크 환자와 달리 앉아 있을 때 통증이 완화된다. 척추관협착증은 자연치유가 되지 않고 척추관이 다시 넓어지지 않으므로 발병 초기를 제외하면 일반적으로 변형된 부분을 제거하는 수술을 하게 된다.

이와 같이 허리디스크와 척추관협착증은 똑같이 허리 통증을 유발하지만 원인과 증상, 치료법이 서로 상이하다. 비교적 고령인 60대 이상의 사람이 만성적으로 서 있을 때 통증이 나타난다면 ____㉠____ 을/를 의심해야 하며, 비교적 젊은 20 ~ 50대의 사람이 앉아 있을 때 통증이 급작스럽게 나타날 때는 ____㉡____ 을/를 의심해야 한다. 척추는 우리의 몸을 지탱하는 중요한 골격이며, 신경계와 밀접한 관련이 있으므로 통증이 발생한다면 자신의 몸 상태를 잘 파악하고, 초기에 치료를 받는 것이 중요하다.

| 국민건강보험공단 / 의사소통능력

09 다음 중 윗글의 내용으로 적절하지 않은 것은?

① 일반적으로 허리디스크는 척추관협착증에 비해 급작스럽게 증상이 나타난다.

② 허리디스크는 서 있을 때 통증이 더 심해진다.

③ 허리디스크에 비해 척추관협착증은 외과적 수술 빈도가 높다.

④ 허리디스크와 척추관협착증 모두 증세가 심해지면 하반신 마비의 가능성이 있다.

10 다음 중 빈칸 ㉠과 ㉡에 들어갈 단어가 바르게 연결된 것은?

	㉠	㉡
①	허리디스크	추간판탈출증
②	허리디스크	척추관협착증
③	척추관협착증	요추관협착증
④	척추관협착증	허리디스크

11 다음 문단을 논리적 순서대로 바르게 나열한 것은?

(가) 주장애관리는 장애정도가 심한 장애인이 의원뿐만 아니라 병원 및 종합병원급에서 장애 유형별 전문의에게 전문적인 장애관리를 받을 수 있는 서비스이다. 이전에는 대상 관리 유형이 지체장애, 시각장애, 뇌병변장애로 제한되어 있었으나, 3단계부터는 지적장애, 정신장애, 자폐성장애까지 확대되어 더 많은 중증장애인들이 장애관리를 받을 수 있게 되었다.

(나) 이와 같이 3단계 장애인 건강주치의 시범사업은 기존 1·2단계 시범사업보다 더욱 확대되어 많은 중증장애인들의 참여를 예상하고 있다. 장애인 건강주치의 시범사업에 신청하기 위해서는 국민건강보험공단 홈페이지의 건강IN에서 장애인 건강주치의 의료기관을 찾은 후 해당 의료기관에 방문하여 장애인 건강주치의 이용 신청사실 통지서를 작성하면 신청할 수 있다.

(다) 장애인 건강주치의 제도가 제공하는 서비스는 일반건강관리, 주(主)장애관리, 통합관리로 나누어진다. 일반건강관리 서비스는 모든 유형의 중증장애인이 만성질환 등 전반적인 건강관리를 받을 수 있는 서비스로, 의원급에서 원하는 의사를 선택하여 참여할 수 있다. 1·2단계까지의 사업에서는 만성질환관리를 위해 장애인 본인이 검사비용의 30%를 부담해야 했지만, 3단계부터는 본인부담금 없이 질환별 검사바우처로 제공한다.

(라) 마지막으로 통합관리는 일반건강관리와 주장애관리를 동시에 받을 수 있는 서비스로, 동네에 있는 의원급 의료기관에 속한 지체·뇌병변·시각·지적·정신·자폐성 장애를 진단하는 전문의가 주장애관리와 만성질환관리를 모두 제공한다. 이 3가지 서비스들은 거동이 불편한 환자를 위해 의사나 간호사가 직접 집으로 방문하는 방문 서비스를 제공하고 있으며 기존까지는 연 12회였으나, 3단계 시범사업부터 연 18회로 증대되었다.

(마) 보건복지부와 국민건강보험공단은 2021년 9월부터 3단계 장애인 건강주치의 시범사업을 진행하였다. 장애인 건강주치의 제도는 중증장애인이 인근 지역에서 주치의로 등록 신청한 의사 중 원하는 의사를 선택하여 장애로 인한 건강문제, 만성질환 등 건강상태를 포괄적이고 지속적으로 관리받을 수 있는 제도로, 2018년 5월 1단계 시범사업을 시작으로 2단계 시범사업까지 완료되었다.

① (다) - (마) - (가) - (나) - (라)
② (다) - (가) - (라) - (마) - (나)
③ (마) - (가) - (라) - (나) - (다)
④ (마) - (다) - (가) - (라) - (나)

12 다음은 K지역의 연도별 건강보험금 부과액 및 징수액에 대한 자료이다. 직장가입자 건강보험금 징수율이 가장 높은 해와 지역가입자의 건강보험금 징수율이 가장 높은 해를 바르게 짝지은 것은?

〈건강보험금 부과액 및 징수액〉

(단위 : 백만 원)

구분		2019년	2020년	2021년	2022년
직장가입자	부과액	6,706,712	5,087,163	7,763,135	8,376,138
	징수액	6,698,187	4,898,775	7,536,187	8,368,972
지역가입자	부과액	923,663	1,003,637	1,256,137	1,178,572
	징수액	886,396	973,681	1,138,763	1,058,943

※ [징수율(%)] = $\dfrac{(징수액)}{(부과액)} \times 100$

	직장가입자	지역가입자
①	2022년	2020년
②	2022년	2019년
③	2021년	2020년
④	2021년	2019년

13 다음은 K병원의 하루 평균 이뇨제, 지사제, 진통제 사용량에 대한 자료이다. 이에 대한 설명으로 옳지 않은 것은?

〈하루 평균 이뇨제, 지사제, 진통제 사용량〉

구분	2018년	2019년	2020년	2021년	2022년	1인 1일 투여량
이뇨제	3,000mL	3,480mL	3,360mL	4,200mL	3,720mL	60mL/일
지사제	30정	42정	48정	40정	44정	2정/일
진통제	6,720mg	6,960mg	6,840mg	7,200mg	7,080mg	60mg/일

※ 모든 의약품은 1인 1일 투여량을 준수하여 투여했다.

① 전년 대비 2022년 사용량 감소율이 가장 큰 의약품은 이뇨제이다.

② 5년 동안 지사제를 투여한 환자 수의 평균은 18명 이상이다.

③ 이뇨제 사용량은 증가와 감소를 반복하였다.

④ 매년 진통제를 투여한 환자 수는 이뇨제를 투여한 환자 수의 2배 이하이다.

14 다음은 분기별 상급병원, 종합병원, 요양병원의 보건인력 현황에 대한 자료이다. 분기별 전체 보건인력 중 전체 사회복지사 인력의 비율로 옳지 않은 것은?

<중략>〈상급병원, 종합병원, 요양병원의 보건인력 현황〉

(단위 : 명)

구분		2022년 3분기	2022년 4분기	2023년 1분기	2023년 2분기
상급병원	의사	20,002	21,073	22,735	24,871
	약사	2,351	2,468	2,526	2,280
	사회복지사	391	385	370	375
종합병원	의사	32,765	33,084	34,778	33,071
	약사	1,941	1,988	2,001	2,006
	사회복지사	670	695	700	720
요양병원	의사	19,382	19,503	19,761	19,982
	약사	1,439	1,484	1,501	1,540
	사회복지사	1,887	1,902	1,864	1,862
계		80,828	82,582	86,236	86,707

※ 보건인력은 의사, 약사, 사회복지사 인력 모두를 포함한다.

① 2022년 3분기 : 약 3.65%
② 2022년 4분기 : 약 3.61%
③ 2023년 1분기 : 약 3.88%
④ 2023년 2분기 : 약 3.41%

15 다음은 건강생활실천지원금제에 대한 자료이다. 〈보기〉의 신청자 중 예방형과 관리형에 해당하는 사람을 바르게 분류한 것은?

〈건강생활실천지원금제〉

- 사업설명 : 참여자 스스로 실천한 건강생활 노력 및 건강개선 결과에 따라 지원금을 지급하는 제도
- 시범지역

지역	예방형	관리형
서울	노원구	중랑구
경기・인천	안산시, 부천시	인천 부평구, 남양주시, 고양일산(동구, 서구)
충청권	대전 대덕구, 충주시, 충남 청양군(부여군)	대전 동구
전라권	광주 광산구, 전남 완도군, 전주시(완주군)	광주 서구, 순천시
경상권	부산 중구, 대구 남구, 김해시, 대구 달성군	대구 동구, 부산 북구
강원・제주권	원주시, 제주시	원주시

- 참여대상 : 주민등록상 주소지가 시범지역에 해당되는 사람 중 아래에 해당하는 사람

구분	조건
예방형	만 20 ~ 64세인 건강보험 가입자(피부양자 포함) 중 국민건강보험공단에서 주관하는 일반건강검진 결과 건강관리가 필요한 사람*
관리형	고혈압・당뇨병 환자

*건강관리가 필요한 사람 : 다음에 모두 해당하거나 ①, ② 또는 ①, ③에 해당하는 사람

① 체질량지수(BMI) 25kg/m² 이상
② 수축기 혈압 120mmHg 이상 또는 이완기 혈압 80mmHg 이상
③ 공복혈당 100mg/dL 이상

보기

신청자	주민등록상 주소지	체질량지수	수축기 혈압 / 이완기 혈압	공복혈당	기저질환
A	서울 강북구	22kg/m²	117mmHg / 78mmHg	128mg/dL	–
B	서울 중랑구	28kg/m²	125mmHg / 85mmHg	95mg/dL	–
C	경기 안산시	26kg/m²	142mmHg / 92mmHg	99mg/dL	고혈압
D	인천 부평구	23kg/m²	145mmHg / 95mmHg	107mg/dL	고혈압
E	광주 광산구	28kg/m²	119mmHg / 78mmHg	135mg/dL	당뇨병
F	광주 북구	26kg/m²	116mmHg / 89mmHg	144mg/dL	당뇨병
G	부산 북구	27kg/m²	118mmHg / 75mmHg	132mg/dL	당뇨병
H	강원 철원군	28kg/m²	143mmHg / 96mmHg	115mg/dL	고혈압
I	제주 제주시	24kg/m²	129mmHg / 83mmHg	108mg/dL	–

※ 단, 모든 신청자는 만 20 ~ 64세이며, 건강보험에 가입하였다.

	예방형	관리형		예방형	관리형
①	A, E	C, D	②	B, E	F, I
③	C, E	D, G	④	F, I	C, H

16 K동에서는 임신한 주민에게 출산장려금을 지원하고자 한다. 출산장려금 지급 기준 및 K동에 거주하는 임산부에 대한 정보가 다음과 같을 때, 출산장려금을 가장 먼저 받을 수 있는 사람은?

〈K동 출산장려금 지급 기준〉

• 출산장려금 지급액은 모두 같으나, 지급 시기는 모두 다르다.
• 지급 순서 기준은 임신일, 자녀 수, 소득 수준 순서이다.
• 임신일이 길수록, 자녀가 많을수록, 소득 수준이 낮을수록 먼저 받는다(단, 자녀는 만 19세 미만의 아동 및 청소년으로 제한한다).
• 임신일, 자녀 수, 소득 수준이 모두 같으면 같은 날에 지급한다.

〈K동 거주 임산부 정보〉

임산부	임신일	자녀	소득 수준
A	150일	만 1세	하
B	200일	만 3세	상
C	100일	만 10세, 만 6세, 만 5세, 만 4세	상
D	200일	만 7세, 만 5세, 만 3세	중
E	200일	만 20세, 만 16세, 만 14세, 만 10세	상

① A임산부
② B임산부
③ D임산부
④ E임산부

17 다음 글의 주제로 가장 적절한 것은?

현재 우리나라의 진료비 지불제도 중 가장 주도적으로 시행되는 지불제도는 행위별수가제이다. 행위별수가제는 의료기관에서 의료인이 제공한 의료서비스(행위, 약제, 치료 재료 등)에 대해 서비스별로 가격(수가)을 정하여 사용량과 가격에 의해 진료비를 지불하는 제도로, 의료보험 도입 당시부터 채택하고 있는 지불제도이다. 그러나 최근 관련 전문가들로부터 이러한 지불제도를 개선해야 한다는 목소리가 많이 나오고 있다.

조사에 의하면 우리나라의 국민의료비를 증대시키는 주요 원인은 고령화로 인한 진료비 증가와 행위별수가제로 인한 비용의 무한 증식이다. 현재 우리나라의 국민의료비는 OECD 회원국 중 최상위를 기록하고 있으며 앞으로 더욱 심화될 것으로 예측된다. 특히 행위별수가제는 의료행위를 할수록 지불되는 진료비가 증가하므로 CT, MRI 등 영상검사를 중심으로 의료 남용이나 과다 이용 문제가 발생하고 있고, 병원의 이익 증대를 위하여 환자에게는 의료비 부담을, 의사에게는 업무 부담을, 건강보험에는 재정 부담을 증대시키고 있다.

이러한 행위별수가제의 문제점을 개선하기 위해 일부 질병군에서는 환자가 입원해서 퇴원할 때까지 발생하는 진료에 대하여 질병마다 미리 정해진 금액을 내는 제도인 포괄수가제를 시행 중이며, 요양병원, 보건기관에서는 입원 환자의 질병, 기능 상태에 따라 입원 1일당 정액수가를 적용하는 정액수가제를 병행하여 실시하고 있지만 비용 산정의 경직성, 의사 비용과 병원 비용의 비분리 등 여러 가지 문제점이 있어 현실적으로 효과를 내지 못하고 있다는 지적이 나오고 있다.

기획재정부와 보건복지부는 시간이 지날수록 건강보험 적자가 계속 증대되어 머지않아 고갈될 위기에 있다고 발표하였다. 당장 행위별수가제를 전면적으로 폐지할 수는 없으므로 기존의 다른 수가제의 문제점을 개선하여 확대하는 등 의료비 지불방식의 다변화가 구조적으로 진행되어야 할 것이다.

① 신포괄수가제의 정의
② 행위별수가제의 한계점
③ 의료비 지불제도의 역할
④ 건강보험의 재정 상황
⑤ 다양한 의료비 지불제도 소개

18 다음 중 제시된 단어와 그 뜻이 바르게 연결되지 않은 것은?

① 당위(當爲) : 마땅히 그렇게 하거나 되어야 하는 것

② 구상(求償) : 자연적인 재해나 사회적인 피해를 당하여 어려운 처지에 있는 사람을 도와줌

③ 명문(明文) : 글로 명백히 기록된 문구 또는 그런 조문

④ 유기(遺棄) : 어떤 사람이 종래의 보호를 거부하여 그를 보호받지 못하는 상태에 두는 일

⑤ 추계(推計) : 일부를 가지고 전체를 미루어 계산함

19 질량이 2kg인 공을 지표면으로부터 높이가 50cm인 지점에서 지표면을 향해 수직으로 4m/s의 속력으로 던져 공이 튀어 올랐다. 다음 〈조건〉을 보고 가장 높은 지점에서 공의 위치에너지를 구하면?(단, 에너지 손실은 없으며, 중력가속도는 10m/s^2으로 가정한다)

> **조건**
>
> - (운동에너지)$=\left[\dfrac{1}{2}\times(\text{질량})\times(\text{속력})^2\right]$J
> - (위치에너지)$=[(\text{질량})\times(\text{중력가속도})\times(\text{높이})]$J
> - (역학적 에너지)$=[(\text{운동에너지})+(\text{위치에너지})]$J
> - 에너지 손실이 없다면 역학적 에너지는 어떠한 경우에도 변하지 않는다.
> - 공이 지표면에 도달할 때 위치에너지는 0이고, 운동에너지는 역학적 에너지와 같다.
> - 공이 튀어 오른 후 가장 높은 지점에서 운동에너지는 0이고, 위치에너지는 역학적 에너지와 같다.
> - 운동에너지와 위치에너지를 구하는 식에 대입하는 질량의 단위는 kg, 속력의 단위는 m/s, 중력가속도의 단위는 m/s^2, 높이의 단위는 m이다.

① 26J   ② 28J

③ 30J   ④ 32J

⑤ 34J

20 A부장이 시속 200km의 속력으로 달리는 기차로 1시간 30분 걸리는 출장지에 자가용을 타고 출장을 갔다. 시속 60km의 속력으로 가고 있는데, 속력을 유지한 채 가면 약속시간보다 1시간 늦게 도착할 수 있어 도중에 시속 90km의 속력으로 달려 약속시간보다 30분 일찍 도착하였다. A부장이 시속 90km의 속력으로 달린 거리는?(단, 달리는 동안 속력은 시속 60km로 달리는 도중에 시속 90km로 바뀌는 경우를 제외하고는 그 속력을 유지하는 것으로 가정한다)

① 180km
② 210km
③ 240km
④ 270km
⑤ 300km

21 S공장은 어떤 상품을 원가에 23%의 이익을 남겨 판매하였으나, 잘 팔리지 않아 판매가에서 1,300원 할인하여 판매하였다. 이때 얻은 이익이 원가의 10%일 때, 상품의 원가는?

① 10,000원
② 11,500원
③ 13,000원
④ 14,500원
⑤ 16,000원

22 A ~ G 7명이 일렬로 배치된 의자에 다음 〈조건〉과 같이 앉았다. 이때 가능한 경우의 수는?

> 조건
> • A는 양 끝에 앉지 않는다.
> • G는 가운데에 앉는다.
> • B는 G의 바로 옆에 앉는다.

① 60가지
② 72가지
③ 144가지
④ 288가지
⑤ 366가지

23 S유치원에 다니는 아이 11명의 평균 키는 113cm이다. 키가 107cm인 원생이 유치원을 나가게 되어 원생이 10명이 되었을 때, 남은 유치원생 10명의 평균 키는?

① 113cm

② 113.6cm

③ 114.2cm

④ 114.8cm

⑤ 115.4cm

24 다음 글의 한자어 및 우리말로 외래어를 순화한 것으로 적절하지 않은 것은?

> 열차를 타다 보면 한 번쯤은 다음과 같은 안내방송을 들어 봤을 것이다.
> "○○역 인근 '공중사상사고' 발생으로 KTX 열차가 지연되고 있습니다."
> 이때 들리는 안내방송 중 한자어인 '공중사상사고'를 한 번에 알아듣기란 일반적으로 쉽지 않다. 실제로 S교통공사 관계자는 승객들로부터 안내방송 문구가 적절하지 않다는 지적을 받아 왔다고 밝혔으며, 이에 S교통공사는 국토교통부와 협의를 거쳐 보다 이해하기 쉬운 안내방송을 전달하기 위해 문구를 바꾸는 작업에 착수하기로 결정하였다고 전했다.
> 우선 가장 먼저 수정하기로 한 것은 한자어 및 외래어로 표기된 철도 용어이다. 그중 대표적인 것이 '공중사상사고'이다. S교통공사 관계자는 이를 '일반인의 사상사고'나 '열차 운행 중 인명사고' 등과 같이 이해하기 쉬운 말로 바꿀 예정이라고 밝혔다. 이 외에도 열차 지연 예상 시간, 사고복구 현황 등 열차 내 안내방송을 승객에게 좀 더 알기 쉽고 상세하게 전달할 것이라고 전했다.

① 열차시격 → 배차간격

② 전차선 단전 → 선로 전기 공급 중단

③ 우회수송 → 우측 선로로 변경

④ 핸드레일(Handrail) → 안전손잡이

⑤ 키스 앤 라이드(Kiss and Ride) → 환승정차구역

25 다음 글에서 언급되지 않은 내용은?

전 세계적인 과제로 탄소중립이 대두되자 친환경적 운송 수단인 철도가 주목받고 있다. 특히 국제에너지기구는 철도를 에너지 효율이 가장 높은 운송 수단으로 꼽으며, 철도 수송을 확대하면 세계 수송 부문에서 온실가스 배출량이 그렇지 않을 때보다 약 6억 톤이 줄어들 수 있다고 하였다.

특히 철도의 에너지 소비량은 도로의 22분의 1이고, 온실가스 배출량은 9분의 1에 불과해, 탄소 배출이 높은 도로 운행의 수요를 친환경 수단인 철도로 전환한다면 수송 부문 총배출량이 획기적으로 감소될 것이라 전망하고 있다.

이에 발맞춰 우리나라의 S철도공단도 '녹색교통'인 철도 중심 교통체계를 구축하기 위해 박차를 가하고 있으며, 정부 역시 '2050 탄소중립 실현' 목표에 발맞춰 저탄소 철도 인프라 건설・관리로 탄소를 지속적으로 감축하고자 노력하고 있다.

S철도공단은 철도 인프라 생애주기 관점에서 탄소를 감축하기 위해 먼저 철도 건설 단계에서부터 친환경・저탄소 자재를 적용해 탄소 배출을 줄이고 있다. 실제로 중앙선 안동 ~ 영천 간 궤도 설계 당시 철근 대신에 저탄소 자재인 유리섬유 보강근을 콘크리트 궤도에 적용했으며, 이를 통한 탄소 감축효과는 약 6,000톤으로 추정된다. 이 밖에도 저탄소 철도 건축물 구축을 위해 2025년부터 모든 철도건축물을 에너지 자립률 60% 이상(3등급)으로 설계하기로 결정했으며, 도심의 철도 용지는 지자체와 협업을 통해 도심 속 철길 숲 등 탄소 흡수원이자 지역민의 휴식처로 철도부지 특성에 맞게 조성되고 있다.

S철도공단은 이와 같은 철도로의 수송 전환으로 약 20%의 탄소 감축 목표를 내세웠으며, 이를 위해서는 정부의 노력도 필요하다고 강조하였다. 특히 수송 수단 간 공정한 가격 경쟁이 이루어질 수 있도록 도로 차량에 집중된 보조금 제도를 화물차의 탄소배출을 줄이기 위한 철도 전환교통 보조금으로 확대하는 등 실질적인 방안의 필요성을 제기하고 있다.

① 녹색교통으로 철도 수송이 대두된 배경
② 철도 수송 확대를 통해 기대할 수 있는 효과
③ 국내의 탄소 감축 방안이 적용된 설계 사례
④ 정부의 철도 중심 교통체계 구축을 위해 시행된 조치
⑤ S철도공단의 철도 중심 교통체계 구축을 위한 방안

26 다음 글의 주제로 가장 적절한 것은?

> 지난 5월 아이슬란드에 각종 파이프와 열교환기, 화학물질 저장탱크, 압축기로 이루어져 있는 '조지 올라 재생가능 메탄올 공장'이 등장했다. 이곳은 이산화탄소로 메탄올을 만드는 첨단 시설로, 과거 2011년 아이슬란드 기업 '카본리사이클링인터내셔널(CRI)'이 탄소 포집·활용(CCU) 기술의 실험을 위해서 지은 곳이다.
>
> 이곳에서는 인근 지열발전소에서 발생하는 적은 양의 이산화탄소(CO_2)를 포집한 뒤 물을 분해해 조달한 수소(H_2)와 결합시켜 재생 메탄올(CH_3OH)을 제조하였으며, 이때 필요한 열과 냉각수 역시 지열발전소의 부산물을 이용했다. 이렇게 만들어진 메탄올은 자동차, 선박, 항공 연료는 물론 플라스틱 제조 원료로 활용되는 등 여러 곳에서 활용되었다.
>
> 하지만 이렇게 메탄올을 만드는 것이 미래 원료 문제의 근본적인 해결책이 될 수는 없었다. 왜냐하면 메탄올이 만드는 에너지보다 메탄올을 만드는 데 들어가는 에너지가 더 필요하다는 문제점에 더하여 액화천연가스(LNG)를 메탄올로 변환할 경우 이전보다 오히려 탄소배출량이 증가하고, 탄소배출량을 감소시키기 위해서는 태양광과 에너지 저장장치를 활용해 메탄올 제조에 필요한 에너지를 모두 조달해야만 하기 때문이다.
>
> 또한 탄소를 포집해 지하에 영구 저장하는 탄소포집 저장방식과 달리, 탄소를 포집해 만든 연료나 제품은 사용 중에 탄소를 다시 배출할 가능성이 있어 이에 대한 논의가 분분한 상황이다.

① 탄소 재활용의 득과 실
② 재생 에너지 메탄올의 다양한 활용
③ 지열발전소에서 탄생한 재활용 원료
④ 탄소 재활용을 통한 미래 원료의 개발
⑤ 미래의 에너지 원료로 주목받는 재활용 원료, 메탄올

27 다음은 A ~ C철도사의 연도별 차량 수 및 승차인원에 대한 자료이다. 이에 대한 설명으로 옳지 않은 것은?

〈철도사별 차량 수 및 승차인원〉

구분	2020년			2021년			2022년		
	A	B	C	A	B	C	A	B	C
차량 수(량)	2,751	103	185	2,731	111	185	2,710	113	185
승차인원 (천 명/년)	775,386	26,350	35,650	768,776	24,746	33,130	755,376	23,686	34,179

① C철도사가 운영하는 차량 수는 변동이 없다.

② 3년간 전체 승차인원 중 A철도사 철도를 이용하는 승차인원의 비율이 가장 높다.

③ A ~ C철도사의 철도를 이용하는 연간 전체 승차인원 수는 매년 감소하였다.

④ 3년간 차량 1량당 연간 평균 승차인원 수는 B철도사가 가장 적다.

⑤ C철도사의 차량 1량당 연간 승차인원 수는 200천 명 미만이다.

28 다음은 A ~ H국의 연도별 석유 생산량에 대한 자료이다. 이에 대한 설명으로 옳은 것은?

〈연도별 석유 생산량〉

(단위 : bbl/day)

국가	2018년	2019년	2020년	2021년	2022년
A	10,356,185	10,387,665	10,430,235	10,487,336	10,556,259
B	8,251,052	8,297,702	8,310,856	8,356,337	8,567,173
C	4,102,396	4,123,963	4,137,857	4,156,121	4,025,936
D	5,321,753	5,370,256	5,393,104	5,386,239	5,422,103
E	258,963	273,819	298,351	303,875	335,371
F	2,874,632	2,633,087	2,601,813	2,538,776	2,480,221
G	1,312,561	1,335,089	1,305,176	1,325,182	1,336,597
H	100,731	101,586	102,856	103,756	104,902

① 석유 생산량이 매년 증가한 국가의 수는 6개이다.

② 2018년 대비 2022년에 석유 생산량 증가량이 가장 많은 국가는 A이다.

③ 매년 E국가의 석유 생산량은 H국가 석유 생산량의 3배 미만이다.

④ 연도별 석유 생산량 상위 2개 국가의 생산량 차이는 매년 감소한다.

⑤ 2018년 대비 2022년에 석유 생산량 감소율이 가장 큰 국가는 F이다.

29 A씨는 최근 승진한 공무원 친구에게 선물로 개당 12만 원인 수석을 보내고자 한다. 다음 부정청탁 및 금품 등 수수의 금지에 관한 법률에 따라 선물을 보낼 때, 최대한 많이 보낼 수 있는 수석의 수는?(단, A씨는 공무원인 친구와 직무 연관성이 없는 일반인이며, 선물은 한 번만 보낸다)

> **금품 등의 수수 금지(부정청탁 및 금품 등 수수의 금지에 관한 법률 제8조 제1항)**
> 공직자 등은 직무 관련 여부 및 기부·후원·증여 등 그 명목에 관계없이 동일인으로부터 1회에 100만 원 또는 매 회계연도에 300만 원을 초과하는 금품 등을 받거나 요구 또는 약속해서는 아니 된다.

① 7개 ② 8개
③ 9개 ④ 10개
⑤ 11개

30 S대리는 업무 진행을 위해 본사에서 거래처로 외근을 가고자 한다. 본사에서 거래처까지 가는 길이 다음과 같을 때, 본사에서 출발하여 C와 G를 거쳐 거래처로 간다면 S대리의 최소 이동거리는?(단, 어떤 곳을 먼저 가도 무관하다)

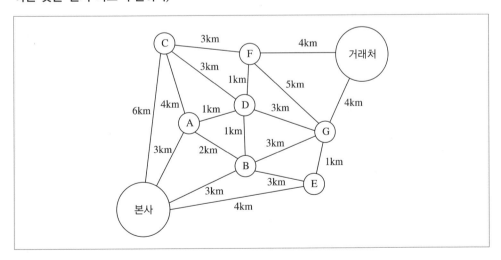

① 8km ② 9km
③ 13km ④ 16km
⑤ 18km

31 총무부에 근무하는 A사원은 각 부서에 필요한 사무용품을 조사한 결과, 볼펜 30자루, 수정테이프 8개, 연필 20자루, 지우개 5개가 필요하다고 한다. 다음 〈조건〉에 따라 비품을 구매할 때, 지불할 수 있는 가장 저렴한 금액은?(단, 필요한 비품 수를 초과하여 구매할 수 있고, 지불하는 금액은 배송료를 포함한다)

> **조건**
>
> • 볼펜, 수정테이프, 연필, 지우개의 판매 금액은 다음과 같다(단, 모든 품목은 낱개로 판매한다).
>
> | 품목 | 가격(원/1EA) | 비고 |
> |---|---|---|
> | 볼펜 | 1,000 | 20자루 이상 구매 시 개당 200원 할인 |
> | 수정테이프 | 2,500 | 10개 이상 구매 시 개당 1,000원 할인 |
> | 연필 | 400 | 12자루 이상 구매 시 연필 전체 가격의 25% 할인 |
> | 지우개 | 300 | 10개 이상 구매 시 개당 100원 할인 |
>
> • 품목당 할인을 적용한 금액의 합이 3만 원을 초과할 경우, 전체 금액의 10% 할인이 추가로 적용된다.
> • 전체 금액의 10% 할인 적용 전 금액이 5만 원 초과 시 배송료는 무료이다.
> • 전체 금액의 10% 할인 적용 전 금액이 5만 원 이하 시 배송료 5,000원이 별도로 적용된다.

① 51,500원

② 51,350원

③ 46,350원

④ 45,090원

⑤ 42,370원

32 S사는 개발 상품 매출 순이익에 기여한 직원에게 성과급을 지급하고자 한다. 기여도에 따른 성과급 지급 기준과 〈보기〉를 참고하여 성과급을 차등지급할 때, 가장 많은 성과급을 지급받는 직원은? (단, 팀장에게 지급하는 성과급은 기준 금액의 1.2배이다)

〈기여도에 따른 성과급 지급 기준〉

매출 순이익	개발 기여도			
	1% 이상 5% 미만	5% 이상 10% 미만	10% 이상 20% 미만	20% 이상
1천만 원 미만	-	-	매출 순이익의 1%	매출 순이익의 2%
1천만 원 이상 3천만 원 미만	5만 원	매출 순이익의 1%	매출 순이익의 2%	매출 순이익의 5%
3천만 원 이상 5천만 원 미만	매출 순이익의 1%	매출 순이익의 2%	매출 순이익의 3%	매출 순이익의 5%
5천만 원 이상 1억 원 미만	매출 순이익의 1%	매출 순이익의 3%	매출 순이익의 5%	매출 순이익의 7.5%
1억 원 이상	매출 순이익의 1%	매출 순이익의 3%	매출 순이익의 5%	매출 순이익의 10%

보기

직원	직책	매출 순이익	개발 기여도
A	팀장	4,000만 원	25%
B	팀장	2,500만 원	12%
C	팀원	1억 2,500만 원	3%
D	팀원	7,500만 원	7%
E	팀원	800만 원	6%

① A
② B
③ C
④ D
⑤ E

33 다음은 S시의 학교폭력 상담 및 신고 건수에 대한 자료이다. 이에 대한 설명으로 옳지 않은 것은?

〈학교폭력 상담 및 신고 건수〉

(단위 : 건)

구분	2022년 7월	2022년 8월	2022년 9월	2022년 10월	2022년 11월	2022년 12월
상담	977	805	3,009	2,526	1,007	871
상담 누계	977	1,782	4,791	7,317	8,324	9,195
신고	486	443	1,501	804	506	496
신고 누계	486	929	2,430	3,234	3,740	4,236
구분	2023년 1월	2023년 2월	2023년 3월	2023년 4월	2023년 5월	2023년 6월
상담	( )	( )	4,370	3,620	1,004	905
상담 누계	9,652	10,109	14,479	18,099	19,103	20,008
신고	305	208	2,781	1,183	557	601
신고 누계	4,541	4,749	7,530	( )	( )	( )

① 2023년 1월과 2023년 2월의 학교폭력 상담 건수는 같다.

② 학교폭력 상담 건수와 신고 건수 모두 2023년 3월에 가장 많다.

③ 전월 대비 학교폭력 상담 건수가 가장 크게 감소한 월과 학교폭력 신고 건수가 가장 크게 감소한 월은 다르다.

④ 전월 대비 학교폭력 상담 건수가 증가한 월은 학교폭력 신고 건수도 같이 증가하였다.

⑤ 2023년 6월까지의 학교폭력 신고 누계 건수는 10,000건 이상이다.

34 다음은 5년 동안 발전원별 발전량 추이에 대한 자료이다. 이에 대한 설명으로 옳지 않은 것은?

〈2018 ~ 2022년 발전원별 발전량 추이〉

(단위 : GWh)

발전원	2018년	2019년	2020년	2021년	2022년
원자력	127,004	138,795	140,806	155,360	179,216
석탄	247,670	226,571	221,730	200,165	198,367
가스	135,072	126,789	138,387	144,976	160,787
신재생	36,905	38,774	44,031	47,831	50,356
유류·양수	6,605	6,371	5,872	5,568	5,232
계	553,256	537,300	550,826	553,900	593,958

① 매년 원자력 자원 발전량과 신재생 자원 발전량의 증감 추이는 같다.

② 석탄 자원 발전량의 전년 대비 감소폭이 가장 큰 해는 2021년이다.

③ 신재생 자원 발전량 대비 가스 자원 발전량이 가장 큰 해는 2018년이다.

④ 매년 유류·양수 자원 발전량은 전체 발전량의 1% 이상을 차지한다.

⑤ 전체 발전량의 전년 대비 증가폭이 가장 큰 해는 2022년이다.

35 다음 중 〈보기〉에 해당하는 문제해결방법이 바르게 연결된 것은?

보기

ⓐ 중립적인 위치에서 그룹이 나아갈 방향과 주제에 대한 공감을 이룰 수 있도록 도와주어 깊이 있는 커뮤니케이션을 통해 문제점을 이해하고 창조적으로 해결하도록 지원하는 방법이다.
ⓑ 상이한 문화적 토양을 가진 구성원이 사실과 원칙에 근거한 토론을 바탕으로 서로의 생각을 직설적인 논쟁이나 협상을 통해 의견을 조정하는 방법이다.
ⓒ 구성원이 같은 문화적 토양을 가지고 서로를 이해하는 상황에서 권위나 공감에 의지하여 의견을 중재하고, 타협과 조정을 통해 해결을 도모하는 방법이다.

	ⓐ	ⓑ	ⓒ
①	하드 어프로치	퍼실리테이션	소프트 어프로치
②	퍼실리테이션	하드 어프로치	소프트 어프로치
③	소프트 어프로치	하드 어프로치	퍼실리테이션
④	퍼실리테이션	소프트 어프로치	하드 어프로치
⑤	하드 어프로치	소프트 어프로치	퍼실리테이션

36 A ~ G 7명은 주말 여행지를 고르기 위해 투표를 진행하였다. 다음 〈조건〉과 같이 투표를 진행하였을 때, 투표를 하지 않은 사람을 모두 고르면?

조건

• D나 G 중 적어도 한 명이 투표하지 않으면, F는 투표한다.
• F가 투표하면, E는 투표하지 않는다.
• B나 E 중 적어도 한 명이 투표하지 않으면, A는 투표하지 않는다.
• A를 포함하여 투표한 사람은 모두 5명이다.

① B, E ② B, F
③ C, D ④ C, F
⑤ F, G

37 다음과 같이 G마트에서 파는 물건을 상품코드와 크기에 따라 엑셀 프로그램으로 정리하였다. 상품
코드가 S3310897이고, 크기가 '중'인 물건의 가격을 구하는 함수로 옳은 것은?

	A	B	C	D	E	F
1						
2		상품코드	소	중	대	
3		S3001287	18,000	20,000	25,000	
4		S3001289	15,000	18,000	20,000	
5		S3001320	20,000	22,000	25,000	
6		S3310887	12,000	16,000	20,000	
7		S3310897	20,000	23,000	25,000	
8		S3311097	10,000	15,000	20,000	
9						

① =HLOOKUP(S3310897,$B$2:$E$8,6,0)

② =HLOOKUP("S3310897",$B$2:$E$8,6,0)

③ =VLOOKUP("S3310897",$B$2:$E$8,2,0)

④ =VLOOKUP("S3310897",$B$2:$E$8,6,0)

⑤ =VLOOKUP("S3310897",$B$2:$E$8,3,0)

38 다음 중 Windows Game Bar 녹화 기능에 대한 설명으로 옳지 않은 것은?

① 〈Windows 로고 키〉+〈Alt〉+〈G〉를 통해 백그라운드 녹화 기능을 사용할 수 있다.

② 백그라운드 녹화 시간은 변경할 수 있다.

③ 녹화한 영상의 저장 위치는 변경할 수 없다.

④ 각 메뉴의 단축키는 본인이 원하는 키 조합에 맞추어 변경할 수 있다.

⑤ 게임 성능에 영향을 줄 수 있다.

※ 다음 글을 읽고 이어지는 질문에 답하시오. [39~41]

우리나라에서 500MW 규모 이상의 발전설비를 보유한 발전사업자(공급의무자)는 신재생에너지 공급의무화 제도(RPS; Renewable Portfolio Standard)에 의해 의무적으로 일정 비율 이상을 기존의 화석연료를 변환시켜 이용하거나 햇빛·물·지열·강수·생물유기체 등 재생 가능한 에너지를 변환시켜 이용하는 에너지인 신재생에너지로 발전해야 한다. 이에 따라 공급의무자는 매년 정해진 의무공급비율에 따라 신재생에너지를 사용하여 전기를 공급해야 하는데 의무공급비율은 매년 확대되고 있으므로 여기에 맞춰 태양광, 풍력 등 신재생에너지 발전설비를 추가로 건설하기에는 여러 가지 한계점이 있다.   ㉠   공급의무자는 의무공급비율을 외부 조달을 통해 충당하게 되는데 이를 인증하는 것이 신재생에너지 공급인증서(REC; Renewable Energy Certificate)이다. 공급의무자는 신재생에너지 발전사에서 판매하는 REC를 구매하는 것으로 의무공급비율을 달성하게 되며, 이를 이행하지 못할 경우 미이행 의무량만큼 해당 연도 평균 REC 거래가격의 1.5배 이내에서 과징금이 부과된다.

신재생에너지 공급자가 공급의무자에게 REC를 판매하기 위해서는 먼저 「신에너지 및 재생에너지 개발·이용·보급 촉진법(신재생에너지법)」 제12조의7에 따라 공급인증기관(에너지관리공단 신재생에너지센터, 한국전력거래소 등)으로부터 공급 사실을 증명하는 공급인증서를 신청해야 한다. 인증 신청을 받은 공급인증기관은 신재생에너지 공급자, 신재생에너지 종류별 공급량 및 공급기간, 인증서 유효기간을 명시한 공급인증서를 발급해 주는데, 여기서 공급인증서의 유효기간은 발급받은 날로부터 3년이며, 공급량은 발전방식에 따라 실제 공급량에 가중치를 곱해 표기한다. 이렇게 발급받은 REC는 공급인증기관이 개설한 거래시장인 한국전력거래소에서 거래할 수 있으며, 거래시장에서 공급의무자가 구매하여 의무공급량에 충당한 공급인증서는 효력을 상실하여 폐기하게 된다.

RPS 제도를 통한 REC 거래는 최근 더욱 확대되고 있다. 시행 초기에는 전력거래소에서 신재생에너지 공급자와 공급의무자 간 REC를 거래하였으나, 2021년 8월 이후 에너지관리공단에서 운영하는 REC 거래시장을 통해 한국형 RE100에 동참하는 일반기업들도 신재생에너지 공급자로부터 REC를 구매할 수 있게 되었고 여기서 구매한 REC는 기업의 온실가스 감축실적으로 인정되어 인센티브 등 다양한 혜택을 받을 수 있게 된다.

| 한국남동발전 / 의사소통능력

39 다음 중 윗글의 내용으로 적절하지 않은 것은?

① 공급의무자는 의무공급비율 달성을 위해 반드시 신재생에너지 발전설비를 건설해야 한다.

② REC 거래를 위해서는 먼저 공급인증기관으로부터 인증서를 받아야 한다.

③ 일반기업도 REC 구매를 통해 온실가스 감축실적을 인정받을 수 있다.

④ REC에 명시된 공급량은 실제 공급량과 다를 수 있다.

40 다음 중 빈칸 ㉠에 들어갈 접속부사로 가장 적절한 것은?

① 한편
② 그러나
③ 그러므로
④ 예컨대

41 다음 자료를 토대로 신재생에너지법상 바르게 거래된 것은?

〈REC 거래내역〉

(거래일 : 2023년 10월 12일)

설비명	에너지원	인증서 발급일	판매처	거래시장 운영소
A발전소	풍력	2020.10.06	E기업	에너지관리공단
B발전소	천연가스	2022.10.12	F발전	한국전력거래소
C발전소	태양광	2020.10.24	G발전	한국전력거래소
D발전소	수력	2021.04.20	H기업	한국전력거래소

① A발전소
② B발전소
③ C발전소
④ D발전소

N전력공사가 밝힌 에너지 공급비중을 살펴보면 2022년 우리나라의 발전비중 중 가장 높은 것은 석탄(32.51%)이고, 두 번째는 액화천연가스(27.52%) 즉 LNG 발전이다. LNG의 경우 석탄에 비해 탄소 배출량이 적어 화석연료와 신재생에너지의 전환단계인 교량 에너지로서 최근 크게 비중이 늘었지만, 여전히 많은 양의 탄소를 배출한다는 문제점이 있다. 지구 온난화 완화를 위해 어떻게든 탄소 배출량을 줄여야 하는 상황에서 이에 대한 현실적인 대안으로 수소혼소 발전이 주목받고 있다. _____(가)_____

수소혼소 발전이란 기존의 화석연료인 LNG와 친환경에너지인 수소를 혼합 연소하여 발전하는 방식이다. 수소는 지구에서 9번째로 풍부하여 고갈될 염려가 없고, 연소 시 탄소를 배출하지 않는 친환경에너지이다. 발열량 또한 1kg당 142MJ로, 다른 에너지원에 비해 월등이 높아 같은 양으로 훨씬 많은 에너지를 생산할 수 있다. _____(나)_____

그러나 수소를 발전 연료로서 그대로 사용하기에는 여러 가지 문제점이 있다. 수소는 LNG에 비해 7~8배 빠르게 연소되므로 제어에 실패하면 가스 터빈에서 급격하게 발생한 화염이 역화하여 폭발할 가능성이 있다. 또한 높은 온도로 연소되므로 그만큼 공기 중의 질소와 반응하여 많은 질소산화물(NOx)을 발생시키는데, 이는 미세먼지와 함께 대기오염의 주요 원인이 된다. 마지막으로 연료로 사용할 만큼 정제된 수소를 얻기 위해서는 물을 전기분해해야 하는데, 여기에는 많은 전력이 들어가므로 수소 생산 단가가 높아진다는 단점이 있다. _____(다)_____

이러한 수소의 문제점을 해결하기 위한 대안이 바로 수소혼소 발전이다. 인프라적인 측면에서 기존의 LNG 발전설비를 활용할 수 있기 때문에 수소혼소 발전은 친환경에너지로 전환하는 사회적·경제적 충격을 완화할 수 있다. 또한 수소를 혼입하는 비율이 많아질수록 그만큼 LNG를 대체하게 되므로 기술발전으로 인해 혼입하는 수소의 비중이 높아질수록 발전으로 인한 탄소의 발생을 줄일 수 있다. 아직 많은 기술적·경제적 문제점이 남아있지만, 세계의 많은 나라들은 탄소 배출량 저감을 위해 수소혼소 발전 기술에 적극적으로 뛰어들고 있다. 우리나라 또한 2024년 세종시에 수소혼소 발전이 가능한 열병합발전소가 들어설 예정이며, 한화, 포스코 등 많은 기업들이 수소혼소 발전 실현을 위해 사업을 추진하고 있다. _____(라)_____

| 한국남동발전 / 의사소통능력

42 다음 중 윗글의 내용으로 적절하지 않은 것은?

① 수소혼소 발전은 기존 LNG 발전설비를 활용할 수 있다.

② 수소를 연소할 때에도 공해물질은 발생한다.

③ 수소혼소 발전은 탄소를 배출하지 않는 발전 기술이다.

④ 수소혼소 발전에서 수소를 더 많이 혼입할수록 탄소 배출량은 줄어든다.

| 한국남동발전 / 의사소통능력

43 다음 중 〈보기〉의 문장이 들어갈 위치로 가장 적절한 곳은?

> **보기**
>
> 따라서 수소는 우리나라의 2050 탄소중립을 실현하기 위한 최적의 에너지원이라 할 수 있다.

① (가)　　　　　　　　　② (나)

③ (다)　　　　　　　　　④ (라)

44 다음은 N사의 비품 구매 신청 기준이다. 부서별로 비품 수량 현황과 기준을 참고하여 비품을 신청해야 할 때, 비품 신청 수량이 바르게 연결되지 않은 부서는?

〈비품 구매 신청 기준〉

비품	연필	지우개	볼펜	수정액	테이프
최소 수량	30자루	45개	60자루	30개	20개

- 팀별 비품 보유 수량이 비품 구매 신청 기준 이하일 때, 해당 비품을 신청할 수 있다.
- 각 비품의 신청 가능한 개수는 최소 수량에서 부족한 수량 이상 최소 보유 수량의 2배 이하이다.
- 예 연필 20자루, 지우개 50개, 볼펜 50자루, 수정액 40개, 테이프 30개가 있다면 지우개, 수정액, 테이프는 신청할 수 없고, 연필은 10자루 이상 60자루 이하, 볼펜은 10자루 이상 120자루 이하를 신청할 수 있다.

〈N사 부서별 비품 수량 현황〉

팀＼비품	연필	지우개	볼펜	수정액	테이프
총무팀	15자루	30개	20자루	15개	40개
연구개발팀	45자루	60개	50자루	20개	30개
마케팅홍보팀	40자루	40개	15자루	5개	10개
인사팀	25자루	50개	80자루	50개	5개

	팀	연필	지우개	볼펜	수정액	테이프
①	총무팀	15자루	15개	40자루	15개	0개
②	연구개발팀	0자루	0개	100자루	20개	0개
③	마케팅홍보팀	20자루	10개	50자루	50개	40개
④	인사팀	45자루	0개	0자루	0개	30개

※ 다음은 N사 인근의 지하철 노선도 및 관련 정보이다. 이어지는 질문에 답하시오. **[45~47]**

〈N사 인근 지하철 노선도〉

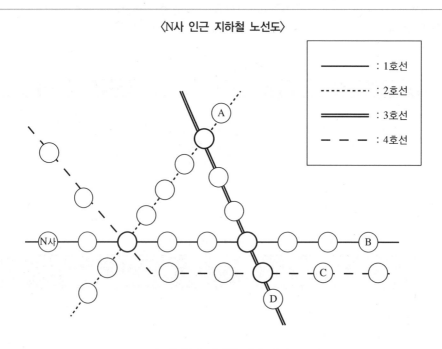

〈N사 인근 지하철 관련 정보〉

• 역 간 거리 및 부과요금은 다음과 같다.

지하철 노선	역 간 거리	기본요금	거리비례 추가요금
1호선	900m	1,200원	5km 초과 시 500m마다 50원 추가
2호선	950m	1,500원	5km 초과 시 1km마다 100원 추가
3호선	1,000m	1,800원	5km 초과 시 500m마다 100원 추가
4호선	1,300m	2,000원	5km 초과 시 1.5km마다 150원 추가

• 모든 노선에서 다음 역으로 이동하는 데 걸리는 시간은 2분이다.
• 모든 노선에서 환승하는 데 걸리는 시간은 3분이다.
• 기본요금이 더 비싼 노선으로 환승할 때에는 부족한 기본요금을 추가로 부과하며, 기본요금이 더 저렴한 노선으로 환승할 때에는 요금을 추가로 부과하거나 공제하지 않는다.
• 1회 이상 환승할 때의 거리비례 추가요금은 이용한 노선 중 기본요금이 가장 비싼 노선을 기준으로 적용한다.
　예 1호선으로 3,600m 이동 후 3호선으로 환승하여 3,000m 더 이동했다면, 기본요금 및 거리비례 추가요금은 3호선 기준이 적용되어 1,800+300=2,100원이다.

45 다음 중 N사와 A지점을 왕복하는 데 걸리는 최소 이동시간은?

① 28분   ② 34분

③ 40분   ④ 46분

46 다음 중 N사로부터 이동거리가 가장 짧은 지점은?

① A지점   ② B지점

③ C지점   ④ D지점

47 다음 중 N사에서 이동하는 데 드는 비용이 가장 적은 지점은?

① A지점   ② B지점

③ C지점   ④ D지점

SF 영화나 드라마에서만 나오던 3D 푸드 프린터를 통해 음식을 인쇄하여 소비하는 모습은 더 이상 먼 미래의 모습이 아니게 되었다. 2023년 3월 21일 미국의 컬럼비아 대학교에서는 3D 푸드 프린터와 땅콩버터, 누텔라, 딸기잼 등 7가지의 반죽형 식용 카트리지로 7겹 치즈케이크를 만들었다고 국제학술지 'NPJ 식품과학'에 소개하였다. (가) 특히 이 치즈케이크는 베이킹 기능이 있는 레이저와 식물성 원료를 사용한 비건식 식용 카트리지를 통해 만들어졌다. ㉠ 그래서 이번 발표는 대체육과 같은 다른 관련 산업에서도 많은 주목을 받게 되었다.

3D 푸드 프린터는 산업 현장에서 사용되는 일반적인 3D 프린터가 사용자가 원하는 대로 3차원의 물체를 만드는 것처럼 사람이 섭취가 가능한 페이스트, 반죽, 분말 등을 카트리지로 사용하여 사용자가 원하는 디자인으로 압출·성형하여 음식을 만들어 내는 것이다. (나) 현재 3D 푸드 프린터는 산업용 3D 프린터처럼 페이스트를 층층이 쌓아서 만드는 FDM(Fused Deposition Modeling) 방식, 분말형태로 된 재료를 접착제로 굳혀 찍어내는 PBF(Powder Bed Fusion), 레이저로 굳혀 찍어내는 SLS(Selective Laser Sintering) 방식이 주로 사용된다.

(다) 3D 푸드 프린터는 아직 대중화되지 않았지만, 많은 장점을 가지고 있어 미래에 활용가치가 아주 높을 것으로 예상되고 있다. ㉡ 예를 들어 증가하는 노령인구에 맞춰 쉽고 삼키는 것이 어려운 사람을 위해 질감과 맛을 조정하거나, 개인별로 필요한 영양소를 첨가하는 등 사용자의 건강관리를 수월하게 해 준다. ㉢ 또한 우주 등 음식을 조리하기 어려운 곳에서 평소 먹던 음식을 섭취할 수 있게 하는 등 활용도는 무궁무진하다. 특히 대체육 부분에서 주목받고 있는데, 3D 푸드 프린터로 육류를 제작하게 된다면 동물을 키우고 도살하여 고기를 얻는 것보다 환경오염을 줄일 수 있다. (라) 대체육은 식물성 원료를 소재로 하는 것이므로 일반적인 고기보다는 맛은 떨어지게 된다. 실제로 대체육 전문 기업인 리디파인 미트(Redefine Meat)에서는 대체육이 축산업에서 발생하는 환경오염을 일반 고기보다 95% 줄일 수 있다고 밝히고 있다.

㉣ 따라서 3D 푸드 프린터는 개발 초기 단계이므로 아직 개선해야 할 점이 많다. 가장 중요한 것은 맛이다. 3D 푸드 프린터에 들어가는 식용 카트리지의 주원료는 식물성 재료이므로 실제 음식의 맛을 내기까지는 아직 많은 노력이 필요하다. (마) 디자인의 영역도 간과할 수 없는데, 길쭉한 필라멘트(3D 프린터에 사용되는 플라스틱 줄) 모양으로 성형된 음식이 '인쇄'라는 인식과 함께 음식을 섭취하는 데 심리적인 거부감을 주는 것도 해결해야 하는 문제이다. ㉤ 게다가 현재 주로 사용하는 방식은 페이스트, 분말을 레이저나 압출로 성형하는 것이므로 만들 수 있는 요리의 종류가 매우 제한적이며, 전력 소모 또한 많다는 것도 해결해야 하는 문제이다.

48 윗글의 내용에 대한 추론으로 적절하지 않은 것은?

① 설탕케이크 장식 제작은 SLS 방식의 3D 푸드 프린터가 적절하다.

② 3D 푸드 프린터는 식감 등으로 발생하는 편식을 줄일 수 있다.

③ 3D 푸드 프린터는 사용자 맞춤 식단을 제공할 수 있다.

④ 현재 3D 푸드 프린터로 제작된 음식은 거부감을 일으킬 수 있다.

⑤ 컬럼비아 대학교에서 만들어 낸 치즈케이크는 PBF 방식으로 제작되었다.

49 윗글의 (가) ~ (마) 중 삭제해야 할 문장으로 가장 적절한 것은?

① (가)　　　　　　　　　　② (나)

③ (다)　　　　　　　　　　④ (라)

⑤ (마)

50 윗글의 접속부사 ㉠ ~ ㉤ 중 문맥상 적절하지 않은 것은?

① ㉠　　　　　　　　　　② ㉡

③ ㉢　　　　　　　　　　④ ㉣

⑤ ㉤

정답 및 해설 p.016

┃ 한국전기안전공사

01 다음 중 스테판 – 볼츠만 법칙에 따른 흑체 복사에너지와 절대온도와의 관계는?

① 흑체 복사에너지는 절대온도에 비례한다.
② 흑체 복사에너지는 절대온도의 제곱에 비례한다.
③ 흑체 복사에너지는 절대온도의 세제곱에 비례한다.
④ 흑체 복사에너지는 절대온도의 네제곱에 비례한다.

┃ 한국전기안전공사

02 무손실 선로의 분포 정수 회로에서 감쇠정수(α)와 위상정수(β)의 값은?

	α	β
①	0	$\omega\sqrt{LC}$
②	0	$\dfrac{1}{\sqrt{LC}}$
③	$\sqrt{RG}$	$\omega\sqrt{LC}$
④	$\sqrt{LG}$	$\dfrac{1}{\sqrt{LC}}$

┃ 한국전기안전공사

03 다음 중 3상 3선식 배전선로에서 대지정전용량이 C_s, 선간정전용량이 C_m일 때, 작용정전용량은?

① $2C_s + C_m$
② $C_s + 2C_m$
③ $2C_s + C_m$
④ $C_s + 3C_m$

04 다음 분포권과 집중권을 비교한 글에서 빈칸에 들어갈 말이 바르게 연결된 것은?

> 동기발전기는 전기자 권선법에 따라 단절권과 분포권 등으로 나뉜다. 여기서 분포권은 집중권에 비하여 합성 유기기전력이 ___㉠___ 한다. 또한 기전력의 고조파가 ___㉡___ 하여 파형을 개선할 수 있다. 또한 권선의 누설 리액턴스가 ___㉢___ 한다.

	㉠	㉡	㉢
①	감소	감소	감소
②	감소	감소	증가
③	증가	감소	증가
④	증가	증가	증가

05 다음 리플프리(Ripple-Free) 직류를 설명한 글에서 빈칸에 들어갈 수로 옳은 것은?

> 리플프리 직류란 직류 성분에 대하여 ___㉠___ %를 넘지 않는 실효값을 갖는 직류 전압을 말한다. 공칭 전압 120V 리플프리 직류 전원 시스템에서 최고 첨두치 전압은 140V를 넘지 않으며, 리플프리 직류 전원 60V에서 최고 첨두치 전압은 70V를 넘지 않는다.

① 1 ② 2
③ 5 ④ 10

06 다음 중 전기사업자에 해당하는 자를 〈보기〉에서 모두 고르면?

> **보기**
> ㄱ. 발전사업자
> ㄴ. 송전사업자
> ㄷ. 배전사업자
> ㄹ. 전기판매사업자

① ㄱ, ㄴ, ㄹ ② ㄱ, ㄷ, ㄹ
③ ㄴ, ㄷ, ㄹ ④ ㄱ, ㄴ, ㄷ, ㄹ

07 평면이 24m×10m인 사무실에 40W, 전광속 2,000lm인 형광등을 사용하여 평균 조도 120lx로 유지하도록 설계하고자 할 때, 이 사무실에 필요한 형광등 수는?(단, 유지율은 0.8, 조명률은 50% 이다)

① 34개
② 36개
③ 38개
④ 40개

08 다음 난조 현상에 대한 설명에서 빈칸에 들어갈 말이 바르게 연결된 것은?

> 난조 현상이란 부하의 급변, 조속기가 너무 예민하거나, 송전 계통의 이상현상, 계자에 고조파가 유기될 때 발전기 회전자가 동기속도를 찾지 못하고 심하게 진동하여 탈조가 일어나는 현상이다. 이를 방지하기 위해서 ___㉠___ 을 설치하고, 관성모멘트를 ___㉡___ 해준다.

	㉠	㉡
①	제동권선	작게
②	제동권선	크게
③	보상권선	작게
④	보상권선	크게

09 7,000/260V, 10kVA 단상 변압기의 퍼센트 전압강하가 4.8%이고, 리액턴스 강하가 3.6%일 때, 임피던스 전압의 크기는?

① 270V
② 340V
③ 420V
④ 500V

10 원점에 크기가 6nC인 점전하가 있을 때, 점 (0.9, 0, 1.2)에서 작용하는 전계를 벡터로 표현한 것은?

① $14.4\hat{i} + 19.2\hat{j}$
② $14.4\hat{i} + 19.2\hat{k}$
③ $21.3\hat{i} + 28.4\hat{j}$
④ $21.3\hat{i} + 28.4\hat{k}$

11 역률이 0.8, 출력이 300kW인 3상 평형유도부하가 3상 배전선로에 접속되어 있다. 부하단의 수전전압이 6,000V이고 배전선 1조의 저항 및 리액턴스가 각각 5Ω, 4Ω일 때, 송전단 전압은 몇 V인가?

① 6,100V
② 6,200V
③ 6,300V
④ 6,400V
⑤ 6,500V

12 어떤 변압기의 단락시험에서 %저항강하 3.8%와 %리액턴스강하 4.9%를 얻었다. 부하역률이 80%일 때, 뒤진 경우의 전압 변동률은?

① 5.98%
② 6.12%
③ 7.09%
④ −5.98%
⑤ −6.12%

13 다음 〈보기〉 중 직류 직권전동기에 대한 설명으로 옳은 것을 모두 고르면?

> **보기**
> ㄱ. 부하에 따라 속도가 심하게 변한다.
> ㄴ. 전동차, 기중기 크레인 등 기동 토크가 큰 곳에 사용된다.
> ㄷ. 무여자로 운전할 시 위험속도에 달한다.
> ㄹ. 공급전원 방향을 반대로 해도 회전 방향이 바뀌지 않는다.

① ㄱ, ㄴ
② ㄱ, ㄴ, ㄹ
③ ㄴ, ㄷ
④ ㄴ, ㄷ, ㄹ
⑤ ㄱ, ㄴ, ㄷ, ㄹ

14 다음 중 비정현파의 구성으로 옳은 것은?

① 기본파, 왜형파, 고조파　　　　② 직류분, 기본파, 고조파

③ 직류분, 기본파, 왜형파　　　　④ 기본파, 왜형파

⑤ 직류분, 고조파

15 다음 중 가공지선의 설치 목적으로 옳은 것을 〈보기〉에서 모두 고르면?

> **보기**
>
> ㄱ. 직격뢰로부터의 차폐　　　　　　ㄴ. 선로정수의 평형
> ㄷ. 유도뢰로부터의 차폐　　　　　　ㄹ. 통신선유도장애 경감

① ㄴ, ㄹ　　　　　　　　　　② ㄱ, ㄴ, ㄹ

③ ㄱ, ㄷ, ㄹ　　　　　　　　④ ㄴ, ㄷ, ㄹ

⑤ ㄱ, ㄴ, ㄷ, ㄹ

16 설비용량이 500kW, 부등률이 1.2, 수용율이 60%일 때, 변전시설 용량은 최대 몇 kVA 이상이어야 하는가?(단, 역률은 90% 이상 유지되어야 한다)

① 약 254kVA　　　　　　　　② 약 278kVA

③ 약 289kVA　　　　　　　　④ 약 312kVA

⑤ 약 324kVA

17 다음 중 리액터 기동에 대한 설명으로 옳지 않은 것은?

① 제5고조파를 제거하려면 병렬로 연결한다.

② 기동 시 기동 전류를 작게 하는 만큼 기동 토크도 현저히 저하된다.

③ Y－△기동에서 가속이 불가능하거나 기동 시 단락을 방지할 때에도 리액터 기동을 사용한다.

④ 모터에 비해 기동 시 토크의 부족이 지속되면 모터에 무리가 갈 수 있다.

⑤ 기동 전류는 전압 강하 비율로 감소하며, 기동 토크는 전압 강하의 제곱 비율로 감소한다.

18 다음 중 단상 유도 전압 조정기에서 단락권선의 역할로 옳은 것은?

① 철손 감소   ② 절연 보호

③ 전압조정 용이   ④ 전압강하 감소

⑤ 동손 감소

19 다음 중 단락비가 큰 기기의 특성으로 옳지 않은 것은?

① 동기 임피던스가 크다.   ② %Z의 크기가 작다.

③ 전압강하가 작다.   ④ 전압 변동률이 작다.

⑤ 안정도가 좋다.

20 직류기에서 사용하는 단중 파권 병렬회로의 수는?

① 2개   ② 4개

③ 6개   ④ 8개

⑤ 극수와 같다.

21 다음 중 비례추이에 대한 설명으로 옳지 않은 것은?

① 슬립은 2차 저항에 비례한다.

② 저항이 클수록 기동 토크는 커지고 기동전류는 감소한다.

③ 권선형 유도 전동기에서만 사용한다.

④ 슬립이 증가하면 최대 토크도 변화한다.

⑤ 1, 2차 전류는 비례추이가 가능하다.

22 다음 중 SF_6에 대한 설명으로 옳은 것은?

① 소호능력이 작다.

② 가스가 누출될 수 있다.

③ 열적 안정성이 불안정하다.

④ 아크가 불안정하다.

⑤ 열전달성이 공기보다 불량하다.

23 다음 중 직렬 콘덴서 설치 시 특징으로 옳지 않은 것은?

① 선로의 전압강하가 감소한다.

② 수전단 전압변동이 감소한다.

③ 송전전력이 증가한다.

④ 부하역률이 불량한 선로일수록 효과적이다.

⑤ 선로개폐기 고장이 발생하여도 이상 현상이 발생하지 않는다.

24 다음 중 제3고조파를 제거할 수 없는 결선은?

① Y－Y 결선

② Y－V 결선

③ △－Y 결선

④ △－V 결선

⑤ △－△ 결선

25 다음 중 직접접지 방식에 대한 장점으로 옳지 않은 것은?

① 1선 지락 시 전위 상승량이 낮다.

② 소용량 차단기가 필요하다.

③ 선로 및 기기의 절연레벨을 경감시킨다.

④ 보호계전기 동작이 확실하다.

⑤ 가격이 저렴하여 경제적이다.

26 변전소에서 비접지 선로의 접지 보호용으로 사용되는 계전기에 영상전류를 공급하는 계전기는?

① PT

② COS

③ MOF

④ ZCT

⑤ OCR

27 다음 중 코로나 방지대책인 복도체 방식을 사용할 때의 장점으로 옳은 것은?

① 인덕턴스는 증가하고 정전 용량은 감소한다.

② 송전 용량이 감소한다.

③ 단락 시 대전류 등이 흐르면 소도체 사이에 반발력이 작용한다.

④ 코로나 임계전압이 상승한다.

⑤ 전선의 허용전류가 감소한다.

28 다음 중 유역 변경식 수력발전소의 특징으로 옳지 않은 것은?

① 인공적으로 수로를 만든 후 큰 낙차를 얻어 발전시키는 방식이다.

② 강릉 수력발전소는 유역 변경식을 적용한 발전소이다.

③ 유량이 적고 하천의 기울기가 큰 자연낙차를 이용한 발전 방식이다.

④ 유입된 물은 유입 경로와 다른 경로로 흘러나간다.

⑤ 고지대에 댐을 설치 후 도수터널을 통해 산 너머 경사가 급한 저지대로 떨어뜨려 발생하는 낙차로 터빈을 돌린다.

29 어떤 시스템의 상태방정식 $\dot{x} = Ax(t) + Br(t)$에서 시스템 행렬이 $A = \begin{pmatrix} -1 & 5 \\ -3 & -1 \end{pmatrix}$일 때, 이 시스템의 최대오버슈트시간은?

① $\dfrac{\pi}{4\sqrt{15}}$

② $\dfrac{\pi}{2\sqrt{15}}$

③ $\dfrac{\pi}{\sqrt{15}}$

④ $\dfrac{2\pi}{\sqrt{15}}$

⑤ $\dfrac{4\pi}{\sqrt{15}}$

30 다음 중 AVR 등의 제어장치가 갖는 제어 능력까지 고려한 안정도는?

① 정태 안정도　　　　　　　　　② 과도 안정도
③ 동태 안정도　　　　　　　　　④ 상태 안정도

31 다음 중 피뢰기 단자에 충격파 인가 시 방전을 개시하는 전압은?

① 충격방전개시전압　　　　　　　② 제한전압
③ 정격전압　　　　　　　　　　　④ 방전내량

32 어떤 공장의 소모전력이 200kW이고 이 부하의 역률이 0.6이다. 역률을 0.9로 개선하기 위한 전력용 콘덴서의 용량은 몇 kVA인가?

① 약 165.4kVA　　　　　　　　② 약 169.8kVA
③ 약 173.4kVA　　　　　　　　④ 약 178kVA

33 다음 중 SCR을 이용한 단상 전파 정류 회로에서 평균 출력 전압은 전원 전압의 몇 %인가?

① 약 65%

② 약 77.7%

③ 약 86.6%

④ 약 90%

34 단자전압 200V, 부하전류 50A인 분권 발전기의 유기기전력은 몇 V인가?(단, 전기자 저항은 0.2Ω 이고 계자전류 및 전기자 반작용은 무시한다)

① 205V

② 210V

③ 220V

④ 225V

35 다음 중 이중농형 유도 전동기에 대한 설명으로 옳지 않은 것은?

① 전동기 외측 도체는 저항이 낮은 황동 또는 동니켈 합금도체를 사용한다.

② 전동기 내측 도체는 저항이 낮은 동을 사용한다.

③ 회전자의 농형권선을 내외 이중으로 설치한 것이다.

④ 기동 시 외측 도체로 흐르는 전류에 의하여 큰 기동 토크를 얻는다.

36 다음 중 권선형 유도 전동기의 속도를 제어하는 방법으로 옳지 않은 것을 〈보기〉에서 모두 고르면?

> **보기**
>
> ㄱ. 극수 변환법　　　　　　　　ㄴ. 2차 저항 제어법
> ㄷ. 전압 제어법　　　　　　　　ㄹ. 주파수 변환법

① ㄱ, ㄷ　　　　　　　　　　② ㄷ, ㄹ

③ ㄱ, ㄴ, ㄹ　　　　　　　　④ ㄱ, ㄷ, ㄹ

37 전선 지지점의 고저차가 없는 경간 900m인 송전선로에서 이도를 45m로 유지할 때, 지지점 간 전선의 총 길이는?

① 902m　　　　　　　　　　② 904m

③ 906m　　　　　　　　　　④ 908m

38 서로 접촉한 두 종류의 금속 사이에 온도차가 생기면 기전력이 발생하는 현상은?

① 펠티에 효과　　　　　　　　② 톰슨 효과

③ 제어백 효과　　　　　　　　④ 볼타 효과

39 회전수가 260rpm이고 슬롯수가 192인 800kW/500V 직류 발전기가 있다. 각 슬롯의 도체수가 6이고 극수가 12일 때, 전부하에서의 자속수는?(단, 전기자 저항은 0.01Ω이고 전기자권선은 단중 중권이다)

① 약 0.712Wb

② 약 0.456Wb

③ 약 0.275wb

④ 약 0.103Wb

40 화력발전소에서 석탄 1kg로 생산할 수 있는 전력량은?(단, 석탄의 발열량은 4,500kcal/kg이고 발전효율은 38%이다)

① 약 1.99kWh

② 약 2.43kWh

③ 약 3.14kWh

④ 약 3.78kWh

41 역률이 0.8이고 유효전력이 1,600kW인 부하의 역률을 100%로 개선하기 위한 콘덴서 용량은?

① 1,000kVA

② 1,200kVA

③ 1,600kVA

④ 2,000kVA

42 다음 중 전기자 반작용에 대한 설명으로 옳지 않은 것은?

① 발전기는 회전 방향으로 기하학적 중성축이 형성된다.

② 전동기는 회전 방향과 반대 방향으로 기하학적 중성축이 형성된다.

③ 정류자 편간 불꽃 섬락이 발생하여 정류 불량의 원인이 된다.

④ 전기자 중성축이 이동하여 주자속은 증가하고 정류자편 사이의 전압은 상승한다.

43 다음 중 직접접지 방식에 대한 설명으로 옳지 않은 것은?

① 전선로, 기기의 절연레벨을 낮출 수 있다.

② 지락전류가 커서 보호계전기의 동작이 확실하다.

③ 지락전류는 지상 및 대전류이므로 과도 안정도가 나쁘다.

④ 지락전류가 커서 인접 통신선에 대한 전자 유도장해가 없다.

44 다음 중 상자성체가 아닌 것은?

① 마그네슘　　　　　　　　② 백금

③ 니켈　　　　　　　　　　④ 알루미늄

45 다음과 같이 고압 터빈에서 나온 증기를 모두 추출하여 보일러의 재열기로 보내어 다시 과열 증기로 만들어 이것을 저압 터빈으로 보내는 열 사이클은?

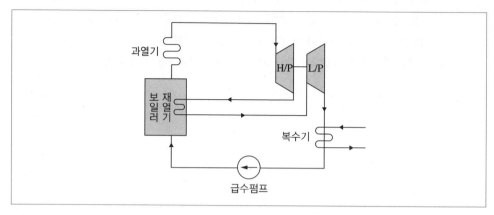

① 재생 사이클
② 랭킨 사이클
③ 재열 사이클
④ 카르노 사이클

46 다음 중 애자가 갖춰야 할 조건으로 옳지 않은 것은?

① 상규 송전전압에서 코로나 방전이 발생하지 않을 것
② 외력에 대비하여 기계적 강도를 충분히 확보할 것
③ 이상전압 발생 시 즉시 파괴될 것
④ 경제적일 것

47 다음 중 이상적인 연산증폭기 모델에 대한 설명으로 옳지 않은 것은?

① 개루프 전압이득은 무한대(∞)이다.
② 입력 임피던스는 0이다.
③ 출력 전압 범위는 무한대(∞)이다.
④ 주파수 범위 폭의 제한이 없다.

48 자극당 유효자속이 0.8Wb인 4극 중권 직류 전동기가 1,800rpm의 속도로 회전할 때, 전기자 도체 1개에 유도되는 기전력의 크기는?

① 24V

② 48V

③ 240V

④ 480V

49 다음 그림과 같은 블록선도에서의 전달함수는?

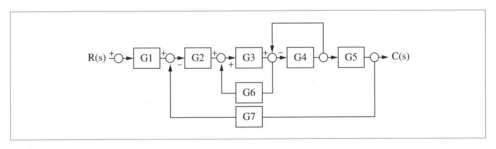

① $\dfrac{G_1 G_2 G_3 G_4 G_5}{1 - G_2 G_3 G_4 G_5 G_7 + G_3 G_6 - G_4}$

② $\dfrac{G_1 G_2 G_3 G_4 G_5}{1 + G_2 G_3 G_4 G_5 G_7 - G_3 G_6 + G_4}$

③ $\dfrac{G_2 G_3 G_4 G_5}{1 - G_2 G_3 G_4 G_5 G_7 + G_3 G_{6_4}}$

④ $\dfrac{G_2 G_3 G_4 G_5}{1 + G_2 G_3 G_4 G_5 G_7 - G_3 G_6}$

50   다음 그림과 같은 회로의 전달함수는?

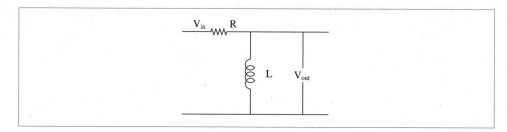

① $\dfrac{1}{R+sL}$

② $\dfrac{sL}{R+sL}$

③ $\dfrac{1}{sLR+1}$

④ $\dfrac{R}{sLR+1}$

PART 1

직업기초능력평가

CHAPTER 01	의사소통능력
CHAPTER 02	자원관리능력
CHAPTER 03	문제해결능력
CHAPTER 04	정보능력
CHAPTER 05	조직이해능력
CHAPTER 06	수리능력

01

의사소통능력

합격 Cheat Key

의사소통능력은 평가하지 않는 공사·공단이 없을 만큼 필기시험에서 중요도가 높은 영역으로, 세부 유형은 문서 이해, 문서 작성, 의사 표현, 경청, 기초 외국어로 나눌 수 있다. 문서 이해·문서 작성과 같은 지문에 대한 주제 찾기, 내용 일치 문제의 출제 비중이 높으며, 문서의 특성을 파악하는 문제도 출제되고 있다.

1 문제에서 요구하는 바를 먼저 파악하라!

의사소통능력에서 가장 중요한 것은 제한된 시간 안에 빠르고 정확하게 답을 찾아내는 것이다. 의사소통능력에서는 지문이 아니라 문제가 주인공이므로 지문을 보기 전에 문제를 먼저 파악해야 하며, 문제에 따라 전략적으로 빠르게 풀어내는 연습을 해야 한다.

2 잠재되어 있는 언어 능력을 발휘하라!

세상에 글은 많고 우리가 학습할 수 있는 시간은 한정적이다. 이를 극복할 수 있는 방법은 다양한 글을 접하는 것이다. 실제 시험장에서 어떤 내용의 지문이 나올지 아무도 예측할 수 없으므로 평소에 신문, 소설, 보고서 등 여러 글을 접하는 것이 필요하다.

3 상황을 가정하라!

업무 수행에 있어 상황에 따른 언어 표현은 중요하다. 같은 말이라도 상황에 따라 다르게 해석될 수 있기 때문이다. 그런 의미에서 자신의 의견을 효과적으로 전달할 수 있는 능력을 평가하는 것이다. 업무를 수행하면서 발생할 수 있는 여러 상황을 가정하고 그에 따른 올바른 언어표현을 정리하는 것이 필요하다.

4 말하는 이의 입장에서 생각하라!

잘 듣는 것 또한 하나의 능력이다. 상대방의 이야기에 귀 기울이고 공감하는 태도는 업무를 수행하는 관계 속에서 필요한 요소이다. 그런 의미에서 다양한 상황에서 듣는 능력을 평가하는 것이다. 말하는 이가 요구하는 듣는 이의 태도를 파악하고, 이에 따른 판단을 할 수 있도록 언제나 말하는 사람의 입장이 되는 연습이 필요하다.

01 문서 내용 이해

| 유형분석 |

- 주어진 지문을 읽고 선택지를 고르는 전형적인 독해 문제이다.
- 지문은 주로 신문기사(보도자료 등)나 업무 보고서, 시사 등이 제시된다.
- 공사공단에 따라 자사와 관련된 내용의 기사나 법조문, 보고서 등이 출제되기도 한다.

다음 글의 내용으로 적절하지 않은 것은?

물가 상승률은 일반적으로 가격 수준의 상승 속도를 나타내며, 소비자 물가지수(CPI)와 같은 지표를 사용하여 측정된다. 높은 물가 상승률은 소비재와 서비스의 가격이 상승하고, 돈의 구매력이 감소한다. 이는 소비자들이 더 많은 돈을 지출하여 물가 상승에 따른 가격 상승을 감수해야 함을 의미한다.

물가 상승률은 경제에 다양한 영향을 미친다. 먼저 소비자들의 구매력이 저하되므로 가계소득의 실질 가치가 줄어든다. 이는 소비 지출의 감소와 경기 둔화를 초래할 수 있다. 또한 물가 상승률은 기업의 의사결정에도 영향을 준다. 예를 들어 높은 물가 상승률은 이자율의 상승과 함께 대출 조건을 악화시키므로 기업들은 생산 비용 상승과 이로 인한 이윤 감소에 직면하게 된다.

정부와 중앙은행은 물가 상승률을 통제하기 위해 다양한 금융 정책을 사용하며, 대표적으로 세금 조정, 통화량 조절, 금리 조정 등이 있다.

물가 상승률은 경제 활동에 큰 영향을 주는 중요한 요소이므로 정부, 기업, 투자자 및 개인은 이를 주의 깊게 모니터링하고 전망을 평가하는 데 활용해야 한다. 또한 소비자의 구매력과 경기 상황에 직접적·간접적인 영향을 주므로 경제 주체들은 물가 상승률의 변동에 대응하여 적절한 전략을 수립해야 한다.

① 지나친 물가 상승은 소비 심리를 위축시킨다.
② 정부와 중앙은행이 실행하는 금융 정책의 목적은 물가 안정성을 유지하는 것이다.
③ 중앙은행의 금리 조정으로 지나친 물가 상승을 진정시킬 수 있다.
④ 소비재와 서비스의 가격이 상승하므로 기업의 입장에서는 물가 상승률이 커질수록 이득이다.

정답 ④

높은 물가 상승률은 이자율의 상승과 함께 대출 조건을 악화시키므로 기업들은 생산 비용 상승과 이로 인한 이윤 감소에 직면하게 된다.

풀이 전략!

주어진 선택지에서 키워드를 체크한 후, 지문의 내용과 비교해 가면서 내용의 일치 유무를 빠르게 판단한다.

01 다음 글의 내용으로 가장 적절한 것은?

우리는 재활용이라고 하면 생활 속에서 자주 접하는 종이, 플라스틱, 유리 등을 다시 활용하는 것만을 생각한다. 하지만 에너지도 재활용이 가능하다고 한다.

에너지는 우리가 인지하지 못하는 일상생활 속 움직임을 통해 매 순간 만들어지고 사라진다. 문제는 이렇게 생산되고 사라지는 에너지의 양이 적지 않다는 것이다. 이처럼 버려지는 에너지를 수집해 우리가 사용할 수 있도록 하는 기술이 에너지 하베스팅이다.

에너지 하베스팅은 열, 빛, 운동, 바람, 진동, 전자기 등 주변에서 버려지는 에너지를 모아 전기를 얻는 기술을 의미한다. 이처럼 우리 주위 자연에 존재하는 청정에너지를 반영구적으로 사용하기 때문에 공급의 안정성, 보안성 및 지속 가능성이 높고, 이산화탄소를 배출하는 화석연료를 사용하지 않기 때문에 환경공해를 줄일 수 있어 친환경 에너지 활용 기술로도 각광받고 있다.

이처럼 에너지원의 종류가 많은 만큼, 에너지 하베스팅의 유형도 매우 다양하다. 체온, 정전기 등 신체의 움직임을 이용하는 신체 에너지 하베스팅, 태양광을 이용하는 광에너지 하베스팅, 진동이나 압력을 가해 이용하는 진동 에너지 하베스팅, 산업 현장에서 발생하는 수많은 폐열을 이용하는 열에너지 하베스팅, 방송전파나 휴대전화 전파 등의 전자파 에너지를 이용하는 전자파 에너지 하베스팅 등이 폭넓게 개발되고 있다.

영국의 어느 에너지기업은 사람의 운동 에너지를 전기 에너지로 바꾸는 기술을 개발했다. 사람이 많이 다니는 인도 위에 버튼식 패드를 설치하여 사람이 밟을 때마다 전기가 생산되도록 하는 것이다. 이 장치는 2012년 런던올림픽에서 테스트를 한 이후 현재 영국의 12개 학교 및 미국 뉴욕의 일부 학교에서 설치하여 활용중이다.

이처럼 전 세계적으로 화석 연료에서 신재생 에너지로 전환하려는 노력이 계속되고 있는 만큼, 에너지 전환 기술인 에너지 하베스팅에 대한 관심은 계속될 것이며 다양한 분야에 적용될 것으로 예상되고 있다.

① 재활용은 유체물만 가능하다.
② 태양광과 폐열은 같은 에너지원에 속한다.
③ 에너지 하베스팅은 버려진 에너지를 또 다른 에너지로 만드는 것이다.
④ 에너지 하베스팅을 통해 열, 빛, 전기 등 여러 에너지를 얻을 수 있다.

02 다음 글의 내용으로 적절하지 않은 것은?

기업은 많은 이익을 남기길 원하고, 소비자는 좋은 제품을 저렴하게 구매하길 원한다. 그 과정에서 힘이 약한 저개발국가의 농민, 노동자, 생산자들은 무역상품의 가격 결정 과정에 참여하지 못하고, 자신이 재배한 식량과 상품을 매우 싼값에 팔아 겨우 생계를 유지한다. 그 결과, 세계 인구의 20% 정도가 한화 약 1,000원으로 하루를 살아가고, 세계 노동자의 40%가 하루 2,000원 정도의 소득으로 살아가고 있다.

이러한 무역 거래의 한계를 극복하고자 공평하고 윤리적인 무역 거래를 통해 저개발국가 농민, 노동자, 생산자들이 겪고 있는 빈곤 문제를 해결하기 위해 공정무역이 생겨났다. 공정무역은 기존 관행 무역으로부터 소외당하며 불이익을 받고 있는 생산자와 지속가능한 파트너십을 통해 공정하게 거래하는 것으로, 생산자들과 공정무역 단체의 직거래를 통한 거래 관계에서부터 단체나 제품 등에 대한 인증시스템까지 모두 포함하는 무역을 의미한다.

이와 같은 공정무역은 국제 사회 시민운동의 일환으로, 1946년 미국의 시민단체 텐사우전드빌리지(Ten Thousand Villages)가 푸에르토리코의 자수 제품을 구매하고, 1950년대 후반 영국의 옥스팜(Oxfam)이 중국 피난민들의 수공예품과 동유럽국가의 수공예품을 팔면서 시작되었다. 이후 1960년대에는 여러 시민 단체들이 조직되어 아프리카, 남아메리카, 아시아의 빈곤한 나라에서 본격적으로 활동을 전개하였다. 이 단체들은 가난한 농부와 노동자들이 스스로 조합을 만들어 환경친화적으로 농산물을 생산하도록 교육하고, 이에 필요한 자금 등을 지원했다. 2000년대에는 자본주의의 대안활동으로 여겨지며 공정무역이 급속도로 확산되었고, 공정무역 단체나 회사가 생겨남에 따라 저개발국가 농부들의 농산물이 공정한 값을 받고 거래되었다. 이러한 과정에서 공정무역은 저개발국 생산자들의 삶을 개선하기 위한 중요한 시장 메커니즘으로 주목을 받게 된 것이다.

① 기존 관행 무역에서는 저개발국가의 농민, 노동자, 생산자들이 무역상품의 가격 결정 과정에 참여하지 못했다.

② 시민 단체들은 조합을 만들어 환경친화적인 농산물을 직접 생산하고, 이를 회사에 공정한 값으로 판매하였다.

③ 세계 노동자의 40%가 하루 2,000원 정도의 소득으로 살아가며, 세계 인구의 20%는 약 1,000원으로 하루를 살아간다.

④ 공정무역에서는 저개발국가의 생산자들과 지속가능한 파트너십을 통해 그들을 무역 거래 과정에서 소외시키지 않는다.

※ 다음 글의 내용으로 가장 적절한 것을 고르시오. [3~5]

03

BMO 금속 및 광업 관련 리서치 보고서에 따르면 최근 가격 강세를 지속해 온 알루미늄, 구리, 니켈 등 산업금속들의 4분기 중 공급부족 심화와 가격 상승세가 전망된다. 산업금속이란 산업에 필수적으로 사용되는 금속들을 말하는데, 앞서 제시한 알루미늄, 구리, 니켈뿐만 아니라 비교적 단단한 금속에 속하는 은이나 금 등도 모두 산업에 많이 사용될 수 있는 금속이므로 산업금속의 카테고리에 속한다고 할 수 있다. 이러한 산업금속은 물품을 생산하는 기계의 부품으로서 필요하기도 하고, 전자제품 등의 소재로 쓰이기도 하기 때문에 특정 분야의 산업이 활성화되면 특정 금속의 가격이 뛰거나 심각한 공급난을 겪기도 한다.

지난 4일 금융투자업계에 따르면 최근 전 세계적인 경제 회복 조짐과 함께 탈탄소 트렌드, 즉 '그린 열풍'에 따른 수요 증가로 산업금속 가격이 초강세이다. 런던금속거래소에서 발표한 자료에 따르면 올해 들어 지난달까지 알루미늄은 20.7%, 구리는 47.8%, 니켈은 15.9% 가격이 상승했다. 이를 통해 알 수 있듯이 구리 수요를 필두로 알루미늄, 니켈 등 전반적인 산업금속 섹터의 수요량이 증가하였다. 이는 전기자동차 산업의 확충과 관련이 있다. 전기자동차의 핵심적인 부품인 배터리를 만드는 데 구리와 니켈이 사용되기 때문이다. 이때, 배터리 소재 중 니켈의 비중을 높이면 배터리의 용량을 키울 수 있으나 배터리의 안정성이 저하된다. 기존의 전기자동차 배터리는 니켈의 사용량이 높았기 때문에 더욱 안정성 문제가 제기되어 왔다. 그래서 연구 끝에 적정량의 구리를 배합하는 것이 배터리 성능과 안정성을 모두 향상시키기 위해서 중요하다는 것을 밝혀내었다. 구리가 전기자동차 산업의 핵심 금속인 셈이다.

이처럼 전기자동차와 배터리 등 친환경 산업에 필수적인 금속들의 수요는 증가하는 반면, 세계 각국의 환경 규제 강화로 인해 금속의 생산은 오히려 감소하고 있기 때문에 산업금속에 대한 공급난과 가격 인상이 우려되고 있다.

① 세계적인 '그린 열풍' 현상 발생의 원인
② 필수적인 산업금속 공급난으로 인한 문제
③ 전기자동차의 배터리 성능을 향상하는 기술
④ 전기자동차 산업 확충에 따른 산업금속 수요의 증가

04

온갖 사물이 뒤섞여 등장하는 사진들에서 고양이를 틀림없이 알아보는 인공지능이 있다고 해보자. 그러한 식별 능력은 고양이 개념을 이해하는 능력과 어떤 관계가 있을까? 고양이를 실수 없이 가려내는 능력이 고양이 개념을 이해하는 능력의 필요충분조건이라고 할 수 있을까?

먼저, 인공지능이든 사람이든 고양이 개념에 대해 이해하면서도 영상 속의 짐승이나 사물이 고양이인지 정확히 판단하지 못하는 경우는 있을 수 있다. 예를 들어, 누군가가 전형적인 고양이와 거리가 먼 희귀한 외양의 고양이를 보고 "좀 이상하게 생긴 족제비로군요."라고 말했다고 해보자. 이것은 틀린 판단이지만, 그렇다고 그가 고양이 개념을 이해하지 못하고 있다고 평가하는 것은 부적절한 일일 것이다.

이번에는 다른 예로 누군가가 영상자료에서 가을에 해당하는 장면들을 실수 없이 가려낸다고 해보자. 그는 가을 개념을 이해하고 있다고 보아야 할까? 그 장면들을 실수 없이 가려낸다고 해도 그가 가을이 적잖은 사람들을 왠지 쓸쓸하게 하는 계절이라든가, 농경문화의 전통에서 수확의 결실이 있는 계절이라는 것, 혹은 가을이 지구 자전축의 기울기와 유관하다는 것 등을 반드시 알고 있는 것은 아니다. 심지어 가을이 지구의 1년을 넷으로 나눈 시간 중 하나를 가리킨다는 사실을 모르고 있을 수도 있다. 만일 가을이 여름과 겨울 사이에 오는 계절이라는 사실조차 모르는 사람이 있다면, 우리는 그가 가을 개념을 이해하고 있다고 인정할 수 있을까? 그것은 불합리한 일일 것이다.

가을이든 고양이든 인공지능이 그런 개념들을 충분히 이해하는 것은 영원히 불가능하다고 단언할 이유는 없다. 하지만 우리가 여기서 확인한 점은 개념의 사례를 식별하는 능력이 개념을 이해하는 능력을 함축하는 것은 아니고, 그 역도 마찬가지라는 것이다.

① 날아가는 비둘기를 참새로 오인했다고 해서 비둘기 개념을 이해하지 못하고 있다고 평가할 수는 없다.

② 영상자료에서 가을의 장면을 제대로 가려내지 못한 사람은 가을의 개념을 명확히 이해하지 못한 사람이다.

③ 인공지능이 자동차와 사람의 개념을 제대로 이해했다면, 영상 속의 자동차를 사람으로 착각할 리 없다.

④ 다양한 형태의 크고 작은 상자들 가운데 정확하게 정사각형의 상자를 찾아낸다면, 정사각형의 개념을 이해한 것이라고 볼 수 있다.

방사성 오염 물질은 크기가 초미세먼지($2.5\mu m$)의 1만 분의 1 정도로 작은 원자들이다. Xe-125처럼 독립된 원자 상태로 존재하는 경우도 있지만, 대부분은 다른 원소들과 화학적으로 결합한 분자 상태로 존재한다. 전기적으로 중성인 경우도 있고, 양전하나 음전하를 가진 이온의 상태로 존재하기도 한다. 기체 상태로 공기 중에 날아다니기도 하고, 물에 녹아있기도 하고, 고체에 섞여있는 경우도 있다.

후쿠시마 원전 사고 부지에서 흘러나오는 오염수도 마찬가지다. 후쿠시마 원전 오염수는 2011년 3월 동일본 대지진으로 발생한 지진해일로 인해 파괴되어 땅에 묻혀있는 원자로 3기의 노심에서 녹아나온 200여 종의 방사성 핵종이 들어있는 지하수다. 섭씨 1,000도 이상으로 뜨거웠던 노심은 시간이 지나면서 천천히 차갑게 식어있는 상태가 되었다. 사고 직후에는 하루 470t씩 흘러나오던 오염수도 이제는 하루 140t으로 줄어들었다. 단단한 합금 상태의 노심에서 녹아나오는 방사성 핵종의 양도 시간이 지나면서 점점 줄어들고 있으며, 현재 후쿠시마 사고 현장의 탱크에는 125만 t의 오염수가 수거되어 있다.

일본은 처리수를 충분히 희석시켜서 삼중수소의 농도가 방류 허용기준보다 훨씬 낮은 리터당 1,500Bq로 저감시킬 계획이다. 125만 t의 오염수를 5억 t으로 희석한 후 약 30년에 걸쳐서 느린 속도로 방류하겠다는 것이다. 파괴된 노심을 완전히 제거하는 2051년까지 흘러나오는 오염수도 같은 방법으로 정화 및 희석하여 방류하겠다는 것이 일본의 계획이다.

희석하더라도 시간이 지나면 방사성 오염물질이 다시 모여들 수 있어 위험하다는 주장이 있는데, 이는 열역학 제2법칙인 엔트로피 증가의 법칙을 간과한 주장이다. 물에 잉크를 떨어뜨렸을 때, 떨어뜨린 잉크는 시간이 지나면 균일하게 퍼진다. 퍼진 잉크는 아무리 시간이 지나도 다시 모여들어서 진해지지 않는다. 태평양으로 방류한 삼중수소도 마찬가지. 시간이 지나면 태평양 전체로 퍼져버리게 된다. 태평양 전체에 퍼져버린 삼중수소가 방출하는 모든 방사선에 노출될 확률은 거의 불가능에 가깝다.

① 방사성 오염 물질은 초미세먼지와 비슷한 크기이다.
② 방사성 오염 물질은 보통 독립된 원자 상태로 존재한다.
③ 2011년 일본 대지진 당시 노심은 섭씨 1,000도까지 올랐다가 바로 차갑게 식었다.
④ 오염수를 희석시켜 방류하면 일정 시간 후 다시 오염물질이 모여들 걱정을 하지 않아도 된다.

| 유형분석 |

- 주어진 지문을 파악하여 전달하고자 하는 핵심 주제를 고르는 문제이다.
- 정보를 종합하고 중요한 내용을 구별하는 능력이 필요하다.
- 설명문부터 주장, 반박문까지 다양한 성격의 지문이 제시되므로 글의 성격별 특징을 알아두는 것이 좋다.

다음 글의 주제로 가장 적절한 것은?

멸균이란 곰팡이, 세균, 박테리아, 바이러스 등 모든 미생물을 사멸시켜 무균 상태로 만드는 것을 의미한다. 멸균 방법에는 물리적, 화학적 방법이 있으며, 멸균 대상의 특성에 따라 적절한 멸균 방법을 선택하여 실시할 수 있다. 먼저 물리적 멸균법에는 열이나 화학약품을 사용하지 않고 여과기를 이용하여 세균을 제거하는 여과법, 병원체를 불에 태워 없애는 소각법, 100℃에서 10 ~ 20분간 물품을 끓이는 자비소독법, 미생물을 자외선에 직접 노출시키는 자외선 소독법, 160 ~ 170℃의 열에서 1 ~ 2시간 동안 건열 멸균기를 사용하는 건열법, 포화된 고압증기 형태의 습열로 미생물을 파괴시키는 고압증기 멸균법 등이 있다. 다음으로 화학적 멸균법은 화학약품이나 가스를 사용하여 미생물을 파괴하거나 성장을 억제하는 방법으로, E.O 가스, 알코올, 염소 등 여러 가지 화학약품이 사용된다.

① 멸균의 중요성
② 뛰어난 멸균 효과
③ 다양한 멸균 방법
④ 멸균 시 발생할 수 있는 부작용
⑤ 멸균 시 사용하는 약품의 종류

정답 ③

제시문에서는 멸균에 대해 언급하며, 멸균 방법을 물리적·화학적으로 구분하여 다양한 멸균 방법에 대해 설명하고 있다. 따라서 글의 주제로는 ③이 가장 적절하다.

풀이 전략!

'결국', '즉', '그런데', '그러나', '그러므로' 등의 접속어 뒤에 주제가 드러나는 경우가 많다는 것에 주의하면서 지문을 읽는다.

※ 다음 글의 제목으로 가장 적절한 것을 고르시오. [1~3]

01

일반적으로 소비자들은 합리적인 경제 행위를 추구하기 때문에 최소 비용으로 최대 효과를 얻으려한다는 것이 소비의 기본 원칙이다. 그들은 '보이지 않는 손'이라고 일컬어지는 시장 원리 아래에서 생산자와 만난다. 그러나 이러한 일차적 의미의 합리적 소비가 언제나 유효한 것은 아니다. 생산보다는 소비가 화두가 된 소비 자본주의 시대에 소비는 단순히 필요한 재화, 그리고 경제학적으로 유리한 재화를 구매하는 행위에 머물지 않는다. 최대 효과 자체에 정서적이고 사회 심리학적인 요인이 개입하면서, 이제 소비는 개인이 세계와 만나는 다분히 심리적인 방법이 되어버린 것이다. 곧 인간의 기본적인 생존 욕구를 충족시켜 주는 합리적 소비 수준에 머물지 않고, 자신을 표현하는 상징적 행위가 된 것이다. 이처럼 오늘날의 소비문화는 물질적 소비 차원이 아닌 심리적 소비 형태를 띠게된다.

소비 자본주의의 화두는 과소비가 아니라 과시 소비로 넘어간 것이다. 과시 소비의 중심에는 신분의 논리가 있다. 신분의 논리는 유용성의 논리, 나아가 시장의 논리로 설명되지 않는 것들을 설명해준다. 혈통으로 이어지던 폐쇄적 계층 사회는 소비 행위에 대해 계급에 근거한 제한을 부여했다. 먼 옛날 부족 사회에서 수장들만이 걸칠 수 있었던 장신구에서부터, 제아무리 권문세가의 정승이라도 아흔아홉 칸을 넘을 수 없던 집이 좋은 예이다. 권력을 가진 자는 힘을 통해 자기의 취향을 주위 사람들과 분리시킴으로써 경외감을 강요하고, 그렇게 자기 취향을 과시함으로써 잠재적 경쟁자들을 통제한 것이다.

가시적 신분 제도가 사라진 현대 사회에서도 이러한 신분의 논리는 여전히 유효하다. 이제 개인은 소비를 통해 자신의 물질적 부를 표현함으로써 신분을 과시하려 한다.

① 계층별 소비 규제의 필요성
② 신분사회에서 의복 소비와 계층의 관계
③ 소비가 곧 신분이 되는 과시 소비의 원리
④ 보이지 않는 손에 의한 합리적 소비의 필요성

02

딸기에는 비타민 C가 귤의 1.6배, 레몬의 2배, 키위의 2.6배, 사과의 10배 정도 함유되어 있어 딸기 5 ~ 6개를 먹으면 하루에 필요한 비타민 C를 전부 섭취할 수 있다. 비타민 C는 신진대사 활성화에 도움을 줘 원기를 회복하고 체력을 증진시키며, 멜라닌 색소가 축적되는 것을 막아 기미, 주근깨를 예방해준다. 멜라닌 색소가 많을수록 피부색이 검어지므로 미백 효과도 있는 셈이다. 또한 비타민 C는 피부 저항력을 높여줘 알레르기성 피부나 홍조가 짙은 피부에도 좋다. 비타민 C가 내는 신맛은 식욕 증진 효과와 스트레스 해소 효과가 있다.

한편, 딸기에 비타민 C만큼 풍부하게 함유된 성분이 항산화 물질인데, 이는 암세포 증식을 억제하는 동시에 콜레스테롤 수치를 낮춰주는 기능을 한다. 그래서 심혈관계 질환, 동맥경화 등에 좋고 눈의 피로를 덜어주며 시각기능을 개선해주는 효과도 있다.

딸기는 식물성 섬유질 함량도 높은 과일이다. 섬유질 성분은 콜레스테롤을 낮추고, 혈액을 깨끗하게 만들어준다. 뿐만 아니라 소화 기능과 장운동을 촉진시켜 변비를 예방한다. 딸기 속 철분은 빈혈 예방 효과가 있어 혈색이 좋아지게 한다. 더불어 모공을 축소시켜 피부 탄력도 증진시킨다. 딸기와 같은 붉은 과일에는 라이코펜이라는 성분이 들어있는데, 이 성분은 면역력을 높이고 혈관을 튼튼하게 해 노화 방지 효과를 낸다. 달달한 맛에 비해 칼로리는 100g당 27kcal로 높지 않아 다이어트 식품으로 선호도가 높지만, 당도가 높으므로 하루에 5 ~ 10개 정도만 먹는 것이 적당하다.

① 비타민 C의 신맛의 비밀 　　　　　② 다양한 효능을 가진 딸기
③ 딸기 속 비타민 C를 찾아라 　　　　④ 제철과일, 딸기 맛있게 먹는 법

03

동물성 지방은 혈중 콜레스테롤을 높일 수 있으므로 특히 주의하는 것이 좋습니다. 콜레스테롤은 두 종류가 있는데, LDL 콜레스테롤은 나쁜 콜레스테롤이라고 부르며, HDL 콜레스테롤은 혈관 건강에 도움이 되는 착한 콜레스테롤로 알려져 있습니다. 소고기, 돼지고기 등 육류와 튀김을 먹으면 LDL 콜레스테롤이 몸에 흡수되어 혈중 콜레스테롤 농도를 높입니다. 하지만 몸속 콜레스테롤 농도에 가장 많은 영향을 미치는 것은 음식보다 간에서 합성되는 LDL 콜레스테롤입니다. 이때 간의 LDL 콜레스테롤 합성을 촉진하는 것이 포화지방입니다. LDL 콜레스테롤이 들어간 음식을 적게 먹어도, 포화지방을 많이 먹으면 혈중 LDL 콜레스테롤 수치가 높아지게 됩니다. 불포화지방은 포화지방과 달리 간세포의 기능을 높여 LDL 콜레스테롤의 분해를 도와 혈중 수치를 낮추는 데 도움이 됩니다. 특히 생선기름에 들어있는 불포화지방인 EPA, DHA는 콜레스테롤을 감소시키는 효과가 있습니다. 트랜스지방은 불포화지방에 수소를 첨가하여 구조를 변형시켜 만든 것입니다. 식물성 기름을 고형화시키면 액상 기름보다 운송과 저장이 손쉽고 빨리 상하지 않기 때문에 트랜스지방이 생기게 되는 거죠. 트랜스지방은 혈중 LDL 콜레스테롤을 상승하게 하고, HDL 콜레스테롤을 감소하게 만들어 심혈관질환의 발생위험을 높입니다.

① 혈중 콜레스테롤의 비밀 　　　　　② 비만의 원인, 지방을 줄여라
③ 심혈관질환의 적, 콜레스테롤 　　　④ 몸에 좋은 지방과 좋지 않은 지방

※ 다음 글의 주제로 가장 적절한 것을 고르시오. [4~6]

04

맹자는 다음과 같은 이야기를 전한다. 송나라의 한 농부가 밭에 나갔다 돌아오면서 처자에게 말한다. "오늘 일을 너무 많이 했다. 밭의 싹들이 빨리 자라도록 하나하나 잡아당겨줬더니 피곤하구나." 아내와 아이가 밭에 나가보았더니 싹들이 모두 말라 죽어 있었다. 이렇게 자라는 것을 억지로 돕는 일, 즉 조장(助長)을 하지 말라고 맹자는 말한다. 싹이 빨리 자라기를 바란다고 싹을 억지로 잡아 올려서는 안 된다. 목적을 이루기 위해 가장 빠른 효과를 얻고 싶겠지만 이는 도리어 효과를 놓치는 길이다. 억지로 효과를 내려고 했기 때문이다. 싹이 자라기를 바라 싹을 잡아당기는 것은 이미 시작된 과정을 거스르는 일이다. 효과가 자연스럽게 나타날 가능성을 방해하고 막는 일이기 때문이다. 당연히 싹의 성장 가능성은 땅 속의 씨앗에 들어있는 것이다. 개입하고 힘을 쏟고자 하는 대신에 이 잠재력을 발휘할 수 있도록 하는 것이 중요하다.

피해야 할 두 개의 암초가 있다. 첫째는 싹을 잡아당겨서 직접적으로 성장을 이루려는 것이다. 이는 목적성이 있는 적극적 행동주의로써 성장의 자연스러운 과정을 존중하지 않는 것이다. 달리 말하면 효과가 숙성되도록 놔두지 않는 것이다. 둘째는 밭의 가장자리에 서서 자라는 것을 지켜보는 것이다. 싹을 잡아당겨서도 안 되고 그렇다고 단지 싹이 자라는 것을 지켜만 봐서도 안 된다. 그렇다면 무엇을 해야 하는가? 싹 밑의 잡초를 뽑고 김을 매주는 일을 해야 하는 것이다. 경작이 용이한 땅을 조성하고 공기를 통하게 함으로써 성장을 보조해야 한다. 기다리지 못함도 삼가고 아무것도 안 함도 삼가야 한다. 작동 중에 있는 자연스런 성향이 발휘되도록 기다리면서도 전력을 다할 수 있도록 돕는 노력도 멈추지 말아야 한다.

① 인류사회는 자연의 한계를 극복하려는 인위적 노력에 의해 발전해 왔다.
② 싹이 스스로 성장하도록 그대로 두는 것이 수확량을 극대화하는 방법이다.
③ 어떤 일을 진행할 때 가장 중요한 것은 명확한 목적성을 설정하는 것이다.
④ 잠재력을 발휘하도록 하려면 의도적 개입과 방관적 태도 모두를 경계해야 한다.

최근에 사이버공동체를 중심으로 한 시민의 자발적 정치 참여 현상이 많은 관심을 끌고 있다. 이러한 현상과 관련하여 A의 연구가 새삼 주목 받고 있다. A의 연구에 따르면 공동체의 구성원이 됨으로써 얻게 되는 사회적 자본이 시민사회의 성숙과 민주주의 발전을 가져오는 원동력이다. A의 이론에서는 공동체에 대한 자발적 참여를 통해 사회 구성원 간의 상호 의무감과 신뢰, 구성원들이 공유하는 규칙과 관행, 사회적 유대 관계와 같은 사회적 자본이 늘어나면 사회 구성원 간의 협조적인 행위가 가능하게 된다고 보았다. 더 나아가 A는 자원봉사자와 같이 공동체 참여도가 높은 사람이 투표할 가능성이 높고 정부 정책에 대한 의견 개진도 활발해지는 등 정치 참여도가 높아진다고 주장하였다.

몇몇 학자들은 A의 이론을 적용하여 면대면 접촉에 따른 인간관계의 산물인 사회적 자본이 사이버공동체에서도 충분히 형성될 수 있다고 보았다. 그리고 사이버공동체에서 사회적 자본의 증가가 정치 참여도 활성화시킬 것으로 기대했다. 하지만 이러한 기대와는 달리 정치 참여는 활성화되지 않았다. 요즘 젊은이들을 보면 각종 사이버공동체에 자발적으로 참여하는 수준은 높지만 투표나 다른 정치 활동에는 무관심하거나 심지어 정치를 혐오하기도 한다. 이런 측면에서 A의 주장은 사이버공동체가 활성화된 오늘날에는 잘 맞지 않는다.

이러한 이유 때문에 오늘날 사이버공동체를 중심으로 한 정치 참여를 더 잘 이해하기 위해서 정치적 자본 개념의 도입이 필요하다. 정치적 자본은 사회적 자본의 구성 요소와는 달리 정치 정보의 습득과 이용, 정치적 토론과 대화, 정치적 효능감 등으로 구성된다. 정치적 자본은 사회적 자본과 마찬가지로 공동체 참여를 통해서 획득되지만, 정치 과정에의 관여를 촉진한다는 점에서 사회적 자본과는 구분될 필요가 있다. 사회적 자본만으로는 정치 참여를 기대하기 어렵고, 사회적 자본과 정치 참여 사이를 정치적 자본이 매개할 때 비로소 정치 참여가 활성화된다.

① 사이버공동체를 통해 축적된 사회적 자본에 정치적 자본이 더해질 때 정치 참여가 활성화된다.
② 사회적 자본은 정치적 자본을 포함하기 때문에 그 자체로 정치 참여의 활성화를 가져온다.
③ 사회적 자본이 많은 사회는 정치 참여가 활발하기 때문에 민주주의가 실현된다.
④ 사이버공동체의 특수성으로 인해 시민들의 정치 참여가 어렵게 되었다.

동양 사상이라 해서 언어와 개념을 무조건 무시하는 것은 결코 아니다. 만약 그렇다면 동양 사상은 경전이나 저술을 통해 언어화되지 않고 순전히 침묵 속에서 전수되어 왔을 것이다. 물론 이것은 사실이 아니다. 동양 사상도 끊임없이 언어적으로 다듬어져 왔으며 논리적으로 전개되어 왔다. 흔히 동양 사상은 신비주의적이라고 말하지만, 이것은 동양 사상의 한 면만을 특정 지우는 것이지 결코 동양의 철인(哲人)들이 사상을 전개함에 있어 논리를 무시했다거나 항시 어떤 신비적인 체험에 호소해서 자신의 주장들을 폈다는 것을 뜻하지는 않는다. 그러나 역시 동양 사상은 신비주의적임에 틀림없다. 거기서는 지고(至高)의 진리란 언제나 언어화될 수 없는 어떤 신비한 체험의 경지임이 늘 강조되어 왔기 때문이다. 최고의 진리는 언어 이전, 혹은 언어 이후의 무언(無言)의 진리이다. 엉뚱하게 들리겠지만, 동양 사상의 정수(精髓)는 말로써 말이 필요 없는 경지를 가리키려는 데에 있다고 해도 과언이 아니다. 말이 스스로를 부정하고 초월하는 경지를 나타내도록 사용된 것이다. 언어로써 언어를 초월하는 경지를 나타내고자 하는 것이야말로 동양 철학이 지닌 가장 특징적인 정신이다. 동양에서는 인식의 주체를 심(心)이라는 매우 애매하면서도 포괄적인 말로 이해해 왔다. 심(心)은 물(物)과 항시 자연스러운 교류를 하고 있으며, 이성은 단지 심(心)의 일면일 뿐인 것이다. 동양은 이성의 오만이라는 것을 모른다. 지고의 진리, 인간을 살리고 자유롭게 하는 생동적 진리는 언어적 지성을 넘어선다는 의식이 있었기 때문일 것이다. 언어는 언제나 마음을 못 따르며 둘 사이에는 항시 괴리가 있다는 생각이 동양인들의 의식 저변에 깔려 있는 것이다.

① 동양 사상은 신비주의적인 요소가 많다.
② 언어와 개념을 무시하면 동양 사상을 이해할 수 없다.
③ 동양 사상은 언어적 지식을 초월하는 진리를 추구한다.
④ 동양 사상에서는 언어는 마음을 따르므로 진리는 마음속에 있다고 주장한다.

03 문단 나열

| 유형분석 |

- 각 문단의 내용을 파악하고 논리적 순서에 맞게 배열하는 복합적인 문제이다.
- 전체적인 글의 흐름을 이해하는 것이 중요하며, 각 문장의 지시어나 접속어에 주의한다.

다음 문단을 논리적 순서대로 바르게 나열한 것은?

(가) 여기에 반해 동양에서는 보름달에 좋은 이미지를 부여한다. 예를 들어, 우리나라의 처녀귀신이나 도깨비는 달빛이 흐린 그믐 무렵에나 활동하는 것이다. 그런데 최근에는 동서양의 개념이 마구 뒤섞여 보름달을 배경으로 악마의 상징인 늑대가 우는 광경이 동양의 영화에 나오기도 한다.

(나) 동양에서 달은 '음(陰)'의 기운을, 해는 '양(陽)'의 기운을 상징한다는 통념이 자리를 잡았다. 그래서 달을 '태음', 해를 '태양'이라고 불렀다. 동양에서는 해와 달의 크기가 같은 덕에 음과 양도 동등한 자격을 갖춘다. 즉, 음과 양은 어느 하나가 좋고 다른 하나는 나쁜 것이 아니라 서로 보완하는 관계를 이루는 것이다.

(다) 옛날부터 형성된 이러한 동서양 간의 차이는 오늘날까지 영향을 끼치고 있다. 동양에서는 달이 밝으면 달맞이를 하는데, 서양에서는 달맞이를 자살 행위처럼 여기고 있다. 특히 보름달은 서양인들에게 거의 공포의 상징과 같은 존재이다. 예를 들어, 13일의 금요일에 보름달이 뜨게 되면 사람들이 외출조차 꺼린다.

(라) 하지만 서양의 경우는 다르다. 서양에서 낮은 신이, 밤은 악마가 지배한다는 통념이 자리를 잡았다. 따라서 밤의 상징인 달에 좋지 않은 이미지를 부여하게 되었다. 이는 해와 달의 명칭을 보면 알 수 있다. 라틴어로 해를 'Sol', 달을 'Luna'라고 하는데 정신병을 뜻하는 단어 'Lunacy'의 어원이 바로 'Luna'이다.

① (가) - (나) - (라) - (다)
② (나) - (라) - (가) - (다)
③ (나) - (라) - (다) - (가)
④ (나) - (다) - (가) - (라)
⑤ (다) - (나) - (라) - (가)

정답 ③

제시문은 동양과 서양에서 서로 다른 의미를 부여하고 있는 달에 대해 설명하고 있는 글이다. 따라서 (나) 동양에서 나타나는 해와 달의 의미 → (라) 동양과 상반되는 서양에서의 해와 달의 의미 → (다) 최근까지 지속되고 있는 달에 대한 서양의 부정적 의미 → (가) 동양에서의 변화된 달의 이미지의 순서대로 나열하는 것이 적절하다.

풀이 전략!

상대적으로 시간이 부족하다고 느낄 때는 선택지를 참고하여 문장의 순서를 생각해 본다.

※ 다음 글을 논리적 순서대로 바르게 나열한 것을 고르시오. [1~5]

01

(가) 또 그는 현대 건축 이론 중 하나인 '도미노 이론'을 만들었는데, 도미노란 집을 뜻하는 라틴어 '도무스(Domus)'와 혁신을 뜻하는 '이노베이션(Innovation)'을 결합한 단어다.

(나) 그는 이 이론의 원칙을 통해 인간이 효율적으로 살 수 있는 집을 꾸준히 연구해왔으며, 그가 제안한 건축방식 중 필로티와 옥상정원 등이 최근 우리나라 주택에 많이 쓰이고 있다.

(다) 최소한의 철근콘크리트 기둥들이 모서리를 지지하고 평면의 한쪽에서 각 층으로 갈 수 있게 계단을 만든 개방적 구조가 이 이론의 핵심이다. 건물을 돌이나 벽돌을 쌓아 올리는 조적식 공법으로만 지었던 당시에 이와 같은 구조는 많은 이들에게 적지 않은 충격을 주었다.

(라) 스위스 출신의 프랑스 건축가 르 꼬르뷔지에(Le Corbusier)는 근대주택의 기본형을 추구했다는 점에서 현대 건축의 거장으로 불린다. 그는 현대 건축에서의 집의 개념을 '거주 공간'에서 '더 많은 사람이 효율적으로 살 수 있는 공간'으로 바꿨다.

① (가) - (라) - (다) - (나)   ② (라) - (다) - (가) - (나)
③ (라) - (가) - (다) - (나)   ④ (라) - (나) - (다) - (가)

02

(가) 상품의 가격은 기본적으로 수요와 공급의 힘으로 결정된다. 시장에 참여하고 있는 경제 주체들은 자신이 가진 정보를 기초로 하여 수요와 공급을 결정한다.

(나) 이런 경우에는 상품의 가격이 우리의 상식으로는 도저히 이해하기 힘든 수준까지 일시적으로 뛰어오르는 현상이 나타날 가능성이 있다. 이런 현상은 특히 투기의 대상이 되는 자산의 경우 자주 나타나는데, 우리는 이를 거품 현상이라고 부른다.

(다) 그러나 현실에서는 사람들이 서로 다른 정보를 갖고 시장에 참여하는 경우가 많다. 어떤 사람은 특정한 정보를 갖고 있는데 거래 상대방은 그 정보를 갖고 있지 못한 경우도 있다.

(라) 일반적으로 거품 현상이란 것은 어떤 상품, 자산의 가격이 지속해서 급격히 상승하는 현상을 가리킨다. 이와 같은 지속적인 가격 상승이 일어나는 이유는 애초에 발생한 가격 상승이 추가적인 가격 상승의 기대로 이어져 투기 바람이 형성되기 때문이다.

(마) 이들이 똑같은 정보를 함께 갖고 있으며 이 정보가 아주 틀린 것이 아닌 한, 상품의 가격은 어떤 기본적인 수준에서 크게 벗어나지 않을 것이라고 예상할 수 있다.

① (가) - (다) - (나) - (라) - (마)   ② (가) - (마) - (다) - (나) - (라)
③ (라) - (가) - (다) - (나) - (마)   ④ (라) - (다) - (가) - (나) - (마)

03

(가) 결국 이를 다시 생각하면, 과거와 현재의 문화 체계와 당시 사람들의 의식 구조, 생활상 등을 역추적할 수 있다는 말이 된다. 즉, 동물의 상징적 의미가 문화를 푸는 또 하나의 열쇠이자 암호가 되는 것이다. 그리고 동물의 상징적 의미를 통해 인류의 총체인 문화의 실타래를 푸는 것은 우리는 어떤 존재인가라는 정체성에 대한 답을 하는 과정이 될 수 있다.

(나) 인류는 선사시대부터 생존을 위한 원초적 본능에서 동굴이나 바위에 그림을 그리는 일종의 신앙 미술을 창조했다. 신앙 미술은 동물에게 여러 의미를 부여하기 시작했고, 동물의 상징적 의미는 현재까지도 이어지고 있다. 1억 원 이상 복권 당첨자의 23%가 돼지꿈을 꿨다거나, 황금돼지해에 태어난 아이는 만복을 타고난다는 속설 때문에 결혼과 출산이 줄을 이었고, 대통령 선거에서 '두 돼지가 나타나 두 뱀을 잡아 먹는다.'는 식으로 후보들이 홍보를 하기도 했다. 이렇게 동물의 상징적 의미는 우리 시대에도 여전히 유효한 관념으로 남아 있는 것이다.

(다) 동물의 상징적 의미는 시대나 나라에 따라 변하고 새로운 역사성을 담기도 했다. 예를 들면, 뱀은 다산의 상징이자 불사의 존재이기도 했지만, 사악하고 차가운 간사한 동물로 여겨지기도 했다. 하지만 그리스에서 뱀은 지혜의 신이자, 아테네의 상징물이었고, 논리학의 상징이었다. 그리고 과거에 용은 숭배의 대상이었으나, 상상의 동물일 뿐이라는 현대의 과학적 사고는 지금의 용에 대한 믿음을 약화시키고 있다.

(라) 동물의 상징적 의미가 이렇게 다양하게 변하는 것은 문화가 살아 움직이기 때문이다. 문화는 인류의 지식, 신념, 행위의 총체로서, 동물의 상징적 의미 또한 문화에 속한다. 문화는 항상 현재 진행형이기 때문에 현재의 생활이 바로 문화이며, 이것은 미래의 문화로 전이된다. 문화는 과거, 현재, 미래가 따로 떨어진 게 아니라 뫼비우스의 띠처럼 연결되어 있는 것이다. 다시 말하면 그 속에 포함된 동물의 상징적 의미 또한 거미줄처럼 얽히고설켜 형성된 것으로, 그 시대의 관념과 종교, 사회·정치적 상황에 따라 의미가 달라질 수밖에 없다는 말이다.

① (가) - (다) - (라) - (나)
② (나) - (라) - (다) - (가)
③ (나) - (다) - (라) - (가)
④ (다) - (나) - (라) - (가)

04

(가) 친환경 농업은 최소한의 농약과 화학비료만을 사용하거나 전혀 사용하지 않은 농산물을 일컫는다. 친환경 농산물이 각광받는 이유는 우리가 먹고 마시는 것들이 우리네 건강과 직결되기 때문이다.

(나) 사실상 병충해를 막고 수확량을 늘리는 데 있어, 농약은 전 세계에 걸쳐 관행적으로 사용됐다. 깨끗이 씻어도 쌀에 남아있는 잔류농약을 완전히 제거하기는 어렵다. 잔류농약은 아토피와 각종 알레르기를 유발한다. 또한 출산율을 저하하고 유전자 변이의 원인이 되기도 한다. 특히 제초제 성분이 체내에 들어올 경우, 면역체계에 치명적인 손상을 일으킨다.

(다) 미국 환경보호청은 제초제 성분의 60%를 발암물질로 규정했다. 결국 더 많은 농산물을 재배하기 위한 농약과 제초제 사용이 오히려 인체에 치명적인 피해를 줄지 모를 잠재적 위험요인으로 자리매김한 셈이다.

① (가) - (나) - (다)
② (가) - (다) - (나)
③ (나) - (다) - (가)
④ (다) - (가) - (나)

05

(가) 칸트의 무관심성에 대한 논의에서 이에 대한 단서를 얻을 수 있다. 칸트는 미적 경험의 주체가 '객체가 존재한다.'는 사실성 자체로부터 거리를 둔다고 주장한다. 이에 따르면, 영화관에서 관객은 영상의 존재 자체에 대해 무관심한 상태에 있다. 영상의 흐름을 냉정하고 분석적인 태도로 받아들이는 것이 아니라, 영상의 흐름이 자신에게 말을 걸어오는 듯이, 자신이 미적 경험의 유희에 초대된 듯이 공감하며 체험하고 있다. 미적 거리 두기와 공감적 참여의 상태를 경험하는 것이다. 주체와 객체가 엄격하게 분리되거나 완전히 겹쳐지는 것으로 이해하는 통상적인 동일시 이론과 달리, 칸트는 미적 지각을 지각 주체와 지각 대상 사이의 분리와 융합의 긴장감 넘치는 '중간 상태'로 본 것이다.

(나) 관객은 영화를 보면서 영상의 흐름을 어떻게 지각하는 것일까? 그토록 빠르게 변화하는 앵글, 인물, 공간, 시간 등을 어떻게 별 어려움 없이 흥미진진하게 따라가는 것일까? 흔히 영화의 수용에 대해 설명할 때 관객의 눈과 카메라의 시선 사이에 일어나는 동일시 과정을 내세운다. 그러나 동일시 이론은 어떠한 조건을 기반으로, 어떠한 과정을 거쳐서 동일시가 일어나는지, 영상의 흐름을 지각할 때 일어나는 동일시의 고유한 방식이 어떤 것인지에 대해 의미 있는 설명을 제시하지 못하고 있다.

(다) 이렇게 볼 때 영화 관객은 자신의 눈을 단순히 카메라의 시선과 직접적으로 동일시하는 것이 아니다. 관객은 영화를 보면서 영화 속 공간, 운동의 양상 등을 유희적으로 동일시하며, 장소 공간이나 방향 공간 등 다양한 공간의 층들을 동시에 인지할 뿐만 아니라 감정 공간에서 나오는 독특한 분위기의 힘을 감지하고, 이를 통해 영화 속의 공간과 공감하며 소통하고 있는 것이다.

(라) 관객이 영상의 흐름을 생동감 있게 체험할 수 있는 이유는, 영화 속의 공간이 단순한 장소로서의 공간이라기보다는 '방향 공간'이기 때문이다. 카메라의 다양한 앵글 선택과 움직임, 자유로운 시점 선택이 방향 공간적 표현을 용이하게 해 준다. 두 사람의 대화 장면을 보여 주는 장면을 생각해 보자. 관객은 단지 대화에 참여한 두 사람의 존재와 위치만 확인하는 것이 아니라, 두 사람의 시선 자체가 지닌 방향성의 암시, 즉 두 사람의 얼굴과 상반신이 서로를 향하고 있는 방향 공간적 상황을 함께 지각하고 있는 것이다.

(마) 영화의 매체적 강점은 방향 공간적 표현이라는 데에만 그치지 않는다. 영상의 흐름에 대한 지각은 언제나 생생한 느낌을 동반한다. 관객은 영화 속 공간과 인물의 독특한 감정에서 비롯된 분위기의 힘을 늘 느끼고 있다. 따라서 영화 속 공간은 근본적으로 이러한 분위기의 힘을 느끼도록 해 주는 '감정 공간'이라 할 수 있다.

① (가) – (라) – (나) – (마) – (다)
② (다) – (라) – (마) – (나) – (가)
③ (나) – (다) – (가) – (라) – (마)
④ (나) – (가) – (라) – (마) – (다)

| 유형분석 |

- 주어진 지문을 바탕으로 도출할 수 있는 내용을 찾는 문제이다.
- 선택지의 내용을 정확하게 확인하고 지문의 정보와 비교하여 추론하는 능력이 필요하다.

다음 글을 읽고 추론한 내용으로 적절하지 않은 것은?

1977년 개관한 퐁피두 센터의 정식명칭은 국립 조르주 퐁피두 예술문화 센터로, 공공정보기관(BPI), 공업창작센터(CCI), 음악·음향의 탐구와 조정연구소(IRCAM), 파리 국립 근현대 미술관(MNAM) 등이 있는 종합문화예술 공간이다. 퐁피두라는 이름은 이 센터의 창설에 힘을 기울인 조르주 퐁피두 대통령의 이름을 딴 것이다.

1969년 당시 대통령이었던 퐁피두는 파리의 중심지에 미술관이면서 동시에 조형예술과 음악, 영화, 서적 그리고 모든 창조적 활동의 중심이 될 수 있는 문화 복합센터를 지어 프랑스 미술을 더욱 발전시키고자 했다. 요즘 미술관들은 미술관의 이러한 복합적인 기능과 역할을 인식하고 변화를 시도하는 곳이 많다. 미술관은 더 이상 전시만 보는 곳이 아니라 식사도 하고 영화도 보고 강연도 들을 수 있는 곳으로, 대중과의 거리 좁히기를 시도하고 있는 것도 그리 특별한 일은 아니다. 그러나 이미 40년 전에 21세기 미술관의 기능과 역할을 미리 내다볼 줄 아는 혜안을 가지고 설립된 퐁피두 미술관은 프랑스가 왜 문화강국이라 불리는지를 알 수 있게 해준다.

① 퐁피두 미술관의 모습은 기존 미술관의 모습과 다를 것이다.
② 퐁피두 미술관을 찾는 사람들의 목적은 다양할 것이다.
③ 퐁피두 미술관은 전통적인 예술작품들을 선호할 것이다.
④ 퐁피두 미술관은 파격적인 예술작품들을 배척하지 않을 것이다.
⑤ 퐁피두 미술관은 현대 미술관의 선구자라는 자긍심을 가지고 있을 것이다.

정답 ③

제시문에 따르면 퐁피두 미술관은 모든 창조적 활동을 위한 공간이므로, 퐁피두가 전통적인 예술작품을 선호할 것이라는 내용은 추론할 수 없다.

풀이 전략!

주어진 지문이 어떠한 내용을 다루고 있는지 파악한 후 선택지의 키워드를 확실하게 체크하고, 지문의 정보에서 도출할 수 있는 내용을 찾는다.

01 다음 글을 읽고 추론할 수 없는 것은?

> 삼국통일을 이룩한 신라는 경덕왕(742~765)대에 이르러 안정된 왕권과 정치제도를 바탕으로 문화적인 면 역시 황금기를 맞이하게 되었다. 불교문화 역시 융성기를 맞이하여 석굴암, 불국사를 비롯한 많은 건축물과 조형물을 건립함으로써 당시의 문화적 수준과 역량을 지금까지 전하고 있다. 석탑에 있어서도 시원 양식과 전형기를 거치면서 성립된 양식이 이때에 이르러 통일된 수법으로 정착되어, 이후 건립되는 모든 석탑의 근원적인 양식이 되고 있다. 건립된 석탑으로는 나원리 오층석탑, 구황동 삼층석탑, 장항리 오층석탑, 불국사 삼층석탑, 갈항사지 삼층석탑, 원원사지 삼층석탑 그리고 경주지방 외에 청도 봉기동 삼층석탑과 창녕 술정리 동삼층석탑 등이 있다. 이들은 대부분 불국사 삼층석탑의 양식을 모형으로 건립되었다. 이러한 석탑이 경주지방에 밀집되어 있는 이유는 통일된 석탑양식이 아직은 지방으로까지 파급되지 못하였음을 보여주고 있다.
>
> 이 통일된 수법을 가장 대표하는 석탑이 불국사 삼층석탑이다. 부재의 단일화를 통해 규모는 축소되었으나, 목조건축의 양식을 완벽하게 재현하고 있고, 양식적인 면에서도 초기적인 양식을 벗어나 높은 완성도를 보이고 있다.
>
> 그 특징은 첫 번째, 이층기단으로 상·하층기단부에 모두 2개의 탱주와 우주를 마련하고 있다. 또한 하층기단갑석의 상면에는 호각형 2단의 상층기단면석 받침이, 상층기단갑석의 상면에는 각형 2단의 1층탑신석 받침이 마련되었고, 하면에는 각형 1단의 부연이 마련되었다. 두 번째로 탑신석과 옥개석은 각각 1석으로 구성되었다. 또한 1층 탑신에 비해 2·3층 탑신이 낮게 만들어져 체감율에 있어 안정감을 주고 있다. 옥개석은 5단의 옥개받침과 각형 2단의 탑신받침을 가지고 있으며, 낙수면의 경사는 완만하고, 처마는 수평을 이루다가 전각에 이르러 날렵한 반전을 보이고 있다.

① 이전에는 시원 양식을 사용해 석탑을 만들었다.

② 장항리 오층석탑은 불국사 삼층 석탑과 동일한 양식으로 지어졌다.

③ 경덕왕 때 통일된 석탑양식은 경주뿐만 아니라 전 지역으로 유행했다.

④ 경덕왕 때 불교문화가 번창할 수 있었던 것은 안정된 정치 체제가 바탕이 되었기 때문이다.

사회적 관계에 있어서 상호주의란 '행위자 갑이 을에게 베푼 바와 같이 을도 갑에게 똑같이 행하라.' 라는 행위 준칙을 의미한다. 상호주의의 원형은 '눈에는 눈, 이에는 이'로 표현되는 탈리오의 법칙에서 발견된다. 그것은 일견 피해자의 손실에 상응하는 가해자의 처벌을 정당화한다는 점에서 가혹하고 엄격한 성격을 드러낸다. 만약 상대방의 밥그릇을 빼앗았다면 자신의 밥그릇도 미련 없이 내주어야 하는 것이다. 그러나 탈리오 법칙은 온건하고도 합리적인 속성을 동시에 함축하고 있다. 왜냐하면 누가 자신의 밥그릇을 발로 찼을 경우 보복의 대상은 밥그릇으로 제한되어야지 밥상 전체를 뒤엎는 것으로 확대될 수 없기 때문이다. 이러한 일대일 방식의 상호주의를 (가) 대칭적 상호주의라 부른다. 하지만 엄밀한 의미의 대칭적 상호주의는 우리의 실제 일상생활에서 별로 흔하지 않다. 오히려 되로 주고 말로 받거나, 말로 주고 되로 받는 교환 관계가 더 일반적이다. 이를 대칭적 상호주의와 대비하여 (나) 비대칭적 상호주의라 일컫는다.

그렇다면 교환되는 내용이 양과 질의 측면에서 정확한 대등성을 결여하고 있음에도 불구하고, 교환에 참여하는 당사자들 사이에 비대칭적 상호주의가 성행하는 이유는 무엇인가? 그것은 셈에 밝은 이른바 경제적 인간(Homo Economicus)들에게 있어서 선호나 기호 및 자원이 다양하기 때문이다. 말하자면 교환에 임하는 행위자들이 각인각색인 까닭에 비대칭적 상호주의가 현실적으로 통용될 수밖에 없으며, 어떤 의미에서는 그것만이 그들에게 상호 이익을 보장할 수 있는 것이다.

① (가) : A국과 B국 군대는 접경지역에서 포로를 5명씩 맞교환했다.
② (가) : 동생이 내 발을 밟아서 볼을 꼬집어 주었다.
③ (나) : 필기노트를 빌려준 친구에게 고맙다고 밥을 샀다.
④ (나) : 옆집 사람이 우리 집 대문을 막고 차를 세웠기 때문에 타이어에 펑크를 냈다.

03 다음 글의 화자가 〈보기〉의 작성자에게 할 수 있는 말로 가장 적절한 것은?

행랑채가 퇴락하여 지탱할 수 없게끔 된 것이 세 칸이었다. …(중략)… 그중의 두 칸은 앞서 장마에 비가 샌 지 오래되었으나, 나는 그것을 알면서도 이럴까 저럴까 망설이다가 손을 대지 못했던 것이고, 나머지 한 칸은 비를 한 번 맞고 샜던 것이라 서둘러 기와를 갈았던 것이다. 이번에 수리하려고 본즉 비가 샌 지 오래된 것은 그 서까래, 추녀, 기둥, 들보가 모두 썩어서 못 쓰게 되었던 까닭으로 수리비가 엄청나게 들었고, 한 번밖에 비를 맞지 않았던 한 칸의 재목들은 완전하여 다 쓸 수 있었던 까닭으로 그 비용이 많지 않았다.

나는 이에 느낀 것이 있었다. 사람의 몸에 있어서도 마찬가지라는 사실을. 잘못을 알고서도 바로 고치지 않으면 곧 그 자신이 나쁘게 되는 것이 마치 나무가 썩어서 못쓰게 되는 것과 같으며, 잘못을 알고 고치기를 꺼리지 않으면 해(害)를 받지 않고 다시 착한 사람이 될 수 있으니, 저 집의 재목처럼 말끔하게 다시 쓸 수 있는 것이다. 뿐만 아니라 나라의 정치도 이와 같다. 백성을 좀먹는 무리들을 내버려 두었다가는 백성들이 도탄에 빠지고 나라가 위태롭게 된다. 그런 연후에 급히 바로잡으려 하면 이미 썩어버린 재목처럼 때는 늦은 것이다. 어찌 삼가지 않겠는가.

> **보기**
>
> 임금은 하늘의 뜻을 받드는 존재다. 그가 정치를 잘 펴서 백성들을 평안하게 하는 것은 하늘의 뜻을 바르게 펴는 증거요, 임금이 정치를 바르게 하지 않는 것 역시 하늘의 뜻이다. 하늘의 뜻은 쉽게 판단할 수는 없기 때문이다. 임금이 백성들을 괴롭게 하더라도 그것에 대한 평가는 그가 죽은 뒤에 할 일이다.

① 태평천하(太平天下)인 상황에서도 한가롭게 하늘의 뜻을 생각할 겁니까?
② 가렴주구(苛斂誅求)의 결과 나라가 무너지고 나면 그때는 어떻게 할 겁니까?
③ 과유불급(過猶不及)이라고 하지 않습니까? 무엇이든 적당히 해야 좋은 법입니다.
④ 대기만성(大器晚成)이라고 했습니다. 결과는 나중에 확인하는 것이 바람직합니다.

04 다음 글을 바탕으로 〈보기〉의 내용을 바르게 이해한 것은?

뇌가 받아들인 기억 정보는 그 유형에 따라 각각 다른 장소에 저장된다. 우리가 기억하는 것들은 크게 서술 정보와 비서술 정보로 나뉜다. 서술 정보란 학교 공부, 영화의 줄거리, 장소나 위치, 사람의 얼굴처럼 말로 표현할 수 있는 정보이다. 이 중에서 서술 정보를 처리하는 중요한 기능을 담당하는 것은 뇌의 내측두엽에 있는 해마로 알려져 있다. 교통사고를 당해 해마 부위가 손상된 이후 서술 기억 능력이 손상된 사람의 예가 그 사실을 뒷받침한다. 그렇지만 그는 교통사고 이전의 오래된 기억을 모두 회상해냈다. 해마가 장기 기억을 저장하는 장소는 아닌 것이다.

서술 정보가 오랫동안 저장되는 곳으로 많은 학자들은 대뇌피질을 들고 있다. 내측두엽으로 들어온 서술 정보는 해마와 그 주변 조직들에서 일시적으로 머무는 동안 쪼개져 신경정보 신호로 바뀌고 어떻게 나뉘어 저장될 것인지가 결정된다. 내측두엽은 대뇌피질의 광범위한 영역과 신경망을 통해 연결되어 이런 기억 정보를 대뇌피질의 여러 부위로 전달한다. 다음 단계에서는 기억과 관련된 유전자가 발현되어 단백질이 만들어지면서 기억 내용이 공고해져 오랫동안 저장된 상태를 유지한다.

그러면 비서술 정보는 어디에 저장될까? 운동 기술은 대뇌의 선조체나 소뇌에 저장되며, 계속적인 자극에 둔감해지는 습관화나 한 번 자극을 받은 뒤 그와 비슷한 자극에 계속 반응하는 민감화 기억은 감각이나 운동 체계를 관장하는 신경망에 저장된다고 알려져 있다. 감정이나 공포와 관련된 기억은 편도체에 저장된다.

보기

얼마 전 교통사고로 뇌가 손상된 김씨는 뇌의 내측두엽 절제 수술을 받았다. 수술을 받고 난 뒤 김씨는 새로 바뀐 휴대폰 번호를 기억하지 못하고 수술 전의 기존 휴대폰 번호만을 기억하는 등 금방 확인한 내용은 몇 분 동안밖에 기억하지 못했다. 그러나 수술 후 배운 김씨의 탁구 실력은 제법 괜찮았다. 하지만 언제 어떻게 누가 가르쳐 주었는지는 전혀 기억하지 못했다.

---

① 김씨는 교통사고로 내측두엽의 해마와 함께 대뇌의 선조체가 모두 손상되었을 것이다.

② 김씨는 어릴 적 놀이기구를 타면서 느꼈던 공포감이나 감정 등을 기억하지 못할 것이다.

③ 김씨가 수술 후에도 기억하는 수술 전의 기존 휴대폰 번호는 서술 정보에 해당하지 않을 것이다.

④ 김씨에게 탁구를 가르쳐 준 사람에 대한 정보는 서술 정보이므로 내측두엽의 해마에 저장될 것이다.

05 다음 글이 참일 때 항상 거짓인 것은?

콘크리트는 건축 재료로 다양하게 사용되고 있다. 일반적으로 콘크리트가 근대 기술의 산물로 알려져 있지만 콘크리트는 이미 고대 로마 시대에도 사용되었다. 로마 시대의 탁월한 건축미를 보여주는 판테온은 콘크리트 구조물인데, 반구형의 지붕인 돔은 오직 콘크리트로만 이루어져 있다. 로마인들은 콘크리트의 골재 배합을 달리하면서 돔의 상부로 갈수록 두께를 점점 줄여 지붕을 가볍게 할 수 있었다. 돔 지붕이 지름 45m 남짓의 넓은 원형 내부 공간과 이어지도록 하였고, 지붕의 중앙에는 지름 9m가 넘는 원형의 천창을 내어 빛이 내부 공간을 채울 수 있도록 하였다.

콘크리트는 시멘트에 모래와 자갈 등의 골재를 섞어 물로 반죽한 혼합물이다. 콘크리트에서 결합재 역할을 하는 시멘트가 물과 만나면 점성을 띠는 상태가 되며, 시간이 지남에 따라 수화 반응이 일어나 골재, 물, 시멘트가 결합하면서 굳어진다. 콘크리트의 수화 반응은 상온에서 일어나기 때문에 작업하기가 좋다. 반죽 상태의 콘크리트를 거푸집에 부어 경화시키면 다양한 형태와 크기의 구조물을 만들 수 있다. 콘크리트의 골재는 종류에 따라 강도와 밀도가 다양하므로 골재의 종류와 비율을 조절하여 콘크리트의 강도와 밀도를 다양하게 변화시킬 수 있다. 그리고 골재들 간의 접촉을 높여야 강도가 높아지기 때문에, 서로 다른 크기의 골재를 배합하는 것이 효과적이다.

콘크리트가 철근 콘크리트로 발전함에 따라 건축은 구조적으로 더욱 견고해지고, 형태 면에서는 더욱 다양하고 자유로운 표현이 가능해졌다. 일반적으로 콘크리트는 누르는 힘인 압축력에는 쉽게 부서지지 않지만 당기는 힘인 인장력에는 쉽게 부서진다. 압축력이나 인장력에 재료가 부서지지 않고 그 힘에 견딜 수 있는 단위면적당 최대의 힘을 각각 압축강도와 인장강도라 한다. 콘크리트의 압축강도는 인장강도보다 10배 이상 높다.

① 수화 반응을 일으키기 위해서 콘크리트는 영하에서 제작한다.
② 고대 로마 시기에는 콘크리트를 이용해 건축물을 짓기도 했다.
③ 콘크리트를 만들기 위해서는 시멘트와 모래, 자갈 등이 필요하다.
④ 콘크리트의 강도를 높이기 위해선 크기가 다른 골재들을 배합해야 한다.

05 빈칸 삽입

| 유형분석 |

- 주어진 지문을 바탕으로 빈칸에 들어갈 내용을 찾는 문제이다.
- 선택지의 내용을 정확하게 확인하고 빈칸 앞뒤 문맥을 파악하는 능력이 필요하다.

다음 글의 빈칸에 들어갈 내용으로 가장 적절한 것은?

미세먼지와 황사는 여러모로 비슷하면서도 뚜렷한 차이점을 지니고 있다. 삼국사기에도 기록되어 있는 황사는 중국 내륙 내몽골 사막에 강풍이 불면서 날아오는 모래와 흙먼지를 일컫는데, 장단점이 존재했던 과거와 달리 중국 공업지대를 지난 황사에 미세먼지와 중금속 물질이 더해지며 심각한 환경문제로 대두되었다. 이와 달리 미세먼지는 일반적으로는 대기오염물질이 공기 중에 반응하여 형성된 황산염이나 질산염 등 이온성분, 석탄·석유 등에서 발생한 탄소화합물과 검댕, 흙먼지 등 금속화합물의 유해성분으로 구성된다.

미세먼지의 경우 통념적으로는 먼지를 미세먼지와 초미세먼지로 구분하고 있지만, 대기환경과 환경 보전을 목적으로 하는 환경정책기본법에서는 미세먼지를 PM(Particulate Matter)이라는 단위로 구분한다. 즉, 미세먼지(PM_{10})의 경우 입자의 크기가 $10\mu m$ 이하인 먼지이고, 미세먼지($PM_{2.5}$)는 입자의 크기가 $2.5\mu m$ 이하인 먼지로 정의하고 있다. 이에 비해 황사는 통념적으로는 입자 크기로 구분하지 않으나 주로 지름 $20\mu m$ 이하의 모래로 구분하고 있다. 때문에 _____

① 황사 문제를 해결하기 위해서는 근본적으로 황사의 발생 자체를 억제할 필요가 있다.
② 황사와 미세먼지의 차이를 입자의 크기만으로 구분 짓긴 어렵다.
③ 미세먼지의 역할 또한 분명히 존재함을 기억해야 할 것이다.
④ 황사와 미세먼지의 근본적인 구별법은 그 역할에서 찾아야 할 것이다.
⑤ 초미세먼지를 차단할 수 있는 마스크라 해도 황사와 초미세먼지를 동시에 차단하긴 어렵다.

정답 ②

미세먼지의 경우 최소 $10\mu m$ 이하의 먼지로 정의되고 있지만, 황사의 경우 주로 지름 $20\mu m$ 이하의 모래로 구분하되 통념적으로는 입자 크기로 구분하지 않는다. 따라서 $10\mu m$ 이하의 황사의 경우 크기만으로 미세먼지와 구분 짓기는 어렵다.

오답분석

①·⑤ 제시문을 통해서 알 수 없는 내용이다.
③ 미세먼지의 역할에 대한 설명을 찾을 수 없다.
④ 제시문에서 설명하는 황사와 미세먼지의 근본적인 구별법은 구성성분의 차이이다.

풀이 전략!

빈칸 앞뒤의 문맥을 파악한 후 선택지에서 가장 어울리는 내용을 찾는다. 빈칸 앞에 접속사가 있다면 이를 활용한다.

01   다음 글의 빈칸에 들어갈 내용으로 가장 적절한 것은?

> 1979년 경찰관 출신이자 샌프란시스코 시의원이었던 화이트 씨는 시장과 시의원을 살해했다는 이유로 1급 살인죄로 기소되었다. 화이트의 변호인은 피고인이 스낵을 비롯해 컵케이크, 캔디 등을 과다 섭취해서 당분 과다로 뇌의 화학적 균형이 무너져 정신에 장애가 왔다고 주장하면서 책임 경감을 요구하였다. 재판부는 변호인의 주장을 인정하여 계획 살인죄보다 약한 일반 살인죄를 적용하여 7년 8개월의 금고형을 선고했다. 이 항변은 당시 미국에서 인기 있던 스낵의 이름을 따 '트윙키 항변'이라 불렸고 사건의 사회성이나 의외의 소송 전개 때문에 큰 화제가 되었다.
>
> 이를 계기로 1982년 슈엔달러는 교정시설에 수용된 소년범 276명을 대상으로 섭식과 반사회 행동의 상관관계에 대해 실험을 하였다. 기존의 식단에서 각설탕을 꿀로 바꾸어 보고, 설탕이 들어간 음료수에서 천연 과일 주스를 주는 등으로 변화를 주었다. 이처럼 정제한 당의 섭취를 원천적으로 차단한 결과 시설 내 폭행, 절도, 규율 위반, 패싸움 등이 실험 전에 비해 무려 45%나 감소했다는 것을 알게 되었다. 따라서 이 실험을 통해 _____

① 과다한 영양 섭취가 범죄 발생에 영향을 미친다는 것을 알 수 있다.

② 과다한 정제당 섭취는 반사회적 행동을 유발할 수 있다는 것을 알 수 있다.

③ 정제당 첨가물로 인한 범죄 행위는 그 책임이 경감되어야 한다는 것을 알 수 있다.

④ 범죄 예방을 위해 교정시설 내에 정제당을 제공하지 말아야 한다는 것을 알 수 있다.

02   다음 글의 빈칸에 들어갈 내용로 적절하지 않은 것은?

> 유럽의 도시들을 여행하다 보면 여기저기서 벼룩시장이 열리는 것을 볼 수 있다. 벼룩시장에서 사람들은 낡고 오래된 물건들을 보면서 추억을 되살린다. 유럽 도시들의 독특한 분위기는 오래된 것을 쉽게 버리지 않는 이런 정신이 반영된 것이다.
>
> 영국의 옥스팜(Oxfam)이라는 시민단체는 헌옷을 수선해 파는 전문 상점을 운영하여, 그 수익금으로 제3세계를 지원하고 있다.
>
> 땀과 기억이 배어있는 오래된 물건은 _____ 선물로 받아서 10년 이상 써 온 손때 묻은 만년필을 잃어버렸을 때 느끼는 상실감은 새 만년필을 산다고 해서 사라지지 않는다. 그것은 그 만년필이 개인의 오랜 추억을 담고 있는 증거물이자 애착의 대상이 되었기 때문이다. 그러기에 실용성과 상관없이 오래된 것은 그 자체로 아름답다.

① 경제적 가치는 없지만 그것만이 갖는 정서적 가치를 지닌다.

② 자신만의 추억을 위해 간직하고 싶은 고유한 가치를 지닌다.

③ 실용적 가치만으로 따질 수 없는 보편적 가치를 지닌다.

④ 새로운 상품이 대체할 수 없는 심리적 가치를 지닌다.

03

소독이란 물체의 표면 및 그 내부에 있는 병원균을 죽여 전파력 또는 감염력을 없애는 것이다. 이때, 소독의 가장 안전한 형태로는 멸균이 있다. 멸균이란 대상으로 하는 물체의 표면 또는 그 내부에 분포하는 모든 세균을 완전히 죽여 무균의 상태로 만드는 조작으로, 살아있는 세포뿐만 아니라 포자, 박테리아, 바이러스 등을 완전히 파괴하거나 제거하는 것이다.

물리적 멸균법은 열, 햇빛, 자외선, 초단파 따위를 이용하여 균을 죽여 없애는 방법이다. 열(Heat)에 의한 멸균에는 건열 방식과 습열 방식이 있는데, 건열 방식은 소각과 건식오븐을 사용하여 멸균하는 방식이다. 건열 방식이 활용되는 예로는 미생물 실험실에서 사용하는 많은 종류의 기구를 물 없이 멸균하는 것이 있다. 이는 습열 방식을 활용했을 때 유리를 포함하는 기구가 파손되거나 금속 재질로 이루어진 기구가 습기에 의해 부식할 가능성을 보완한 방법이다. 그러나 건열 방식은 습열 방식에 비해 멸균 속도가 느리고 효율이 떨어지며, 열에 약한 플라스틱이나 고무제품은 대상물의 변형이 이루어져 사용할 수 없다. 예를 들어 많은 세균의 내생포자는 습열 멸균 온도 조건(121℃)에서는 5분 이내에 사멸되나, 건열 방식을 활용할 경우 이보다 더 높은 온도(160℃)에서도 약 2시간 정도가 지나야 사멸되는 양상을 나타낸다. 반면, 습열 방식은 바이러스, 세균, 진균 등의 미생물들을 손쉽게 사멸시킨다. 습열은 효소 및 구조단백질 등의 필수 단백질의 변성을 유발하고, 핵산을 분해하며 세포막을 파괴하여 미생물을 사멸시킨다. 끓는 물에 약 10분간 노출하면 대개의 영양세포나 진핵포자를 충분히 죽일 수 있으나, 100℃의 끓는 물에서는 세균의 내생포자를 사멸시키지는 못한다. 따라서 물을 끓여서 하는 열처리는 _____ 멸균을 시키기 위해서는 100℃가 넘는 온도(일반적으로 121℃)에서 압력(약 11N/cm²)을 가해 주는 고압증기멸균기를 이용한다. 고압증기멸균기는 물을 끓여 증기를 발생시키고 발생한 증기와 압력에 의해 멸균을 시키는 장치이다. 고압증기멸균기 내부가 적정 온도와 압력(121℃, 약 11N/cm²)에 이를 때까지 뜨거운 포화 증기를 계속 유입시킨다. 해당 온도에서 포화 증기는 15분 이내에 모든 영양세포와 내생포자를 사멸시킨다. 고압증기멸균기에 의해 사멸되는 미생물은 고압에 의해서라기보다는 고압하에서 수증기가 얻을 수 있는 높은 온도에 의해 사멸되는 것이다.

① 멸균 과정에서 더 많은 비용이 소요된다.

② 멸균 과정에서 더 많은 시간이 소요된다.

③ 소독을 시킬 수는 있으나, 멸균을 시킬 수는 없다.

④ 멸균을 시킬 수는 있으나, 소독을 시킬 수는 없다.

04

MZ세대 직장인을 중심으로 '조용한 사직'이 유행하고 있다. 조용한 사직이라는 신조어는 2022년 7월 한 미국인이 SNS에 소개하면서 큰 호응을 얻은 것으로 실제로 퇴사하진 않지만 최소한의 일만 하는 업무 태도를 말한다. 실제로 MZ세대 직장인은 적당히 하자라는 생각으로 주어진 업무는 하되 더 찾아서 하거나 스트레스 받을 수준으로 많은 일을 맡지 않고, 사내 행사도 꼭 필요할 때만 참여해 일과 삶을 철저히 분리하고 있다.

한 채용플랫폼의 설문조사 결과에 따르면 직장인 10명 중 7명이 '월급 받는 만큼만 일하면 끝'이라고 답했고, 20대 응답자 중 78.5%, 30대 응답자 중 77.1%가 '받은 만큼만 일한다.'라고 답했다. 설문조사 결과 연령대가 높아질수록 그 비율은 감소해 젊은 층을 중심으로 이 같은 인식이 확산하고 있음을 짐작할 수 있다.

이러한 인식이 확산하는 데는 인플레이션으로 인한 임금 감소, '돈을 많이 모아도 집 한 채를 살 수 있을까?' 등 전반적인 경제적 불만이 기저에 있다고 전문가들은 말했다. 또 MZ세대가 '노력에 상응하는 보상을 받고 있는지'에 민감하게 반응하는 특성을 가지고 있는 것도 한 몫 하고 있다.

문제점은 이러한 조용한 사직 분위기가 기업의 전반적인 생산성 저하로 이어지고 있는 것이다. 이에 맞서 기업도 조용한 사직으로 대응해 게으른 직원에게 업무를 주지 않는 조용한 해고를 하는 상황이 발생하고 있다. 이에 전문가들은 MZ세대 직장인을 나태하다고 구분 짓는 사고방식은 잘못되었다고 지적하며, 기업 차원에서는 '_____'이, 개인 차원에서는 '스스로 일과 삶을 잘 조율하는 현명함을 만드는 것'이 필요하다고 언급했다.

① 직원이 일한 만큼 급여를 올려주는 것
② 직원이 스트레스를 받지 않게 적당량의 업무를 배당하는 것
③ 젊은 세대의 채용을 신중히 하는 것
④ 젊은 세대가 함께할 수 있도록 분위기를 만드는 것

자원관리능력

합격 Cheat Key

자원관리능력은 현재 NCS 기반 채용을 진행하는 많은 공사·공단에서 핵심영역으로 자리 잡아, 일부를 제외한 대부분의 시험에서 출제되고 있다.

세부 유형은 비용 계산, 해외파견 지원금 계산, 주문 제작 단가 계산, 일정 조율, 일정 선정, 행사 대여 장소 선정, 최단거리 구하기, 시차 계산, 소요시간 구하기, 해외파견 근무 기준에 부합하는 또는 부합하지 않는 직원 고르기 등으로 나눌 수 있다.

1 시차를 먼저 계산하라!

시간 자원 관리의 대표유형 중 시차를 계산하여 일정에 맞는 항공권을 구입하거나 회의시간을 구하는 문제에서는 각각의 나라 시간을 한국 시간으로 전부 바꾸어 계산하는 것이 편리하다. 조건에 맞는 나라들의·시간을 전부 한국 시간으로 바꾸고 한국 시간과의 시차만 더하거나 빼면 시간을 단축하여 풀 수 있다.

2 선택지를 잘 활용하라!

계산을 해서 값을 요구하는 문제 유형에서는 선택지를 먼저 본 후 자리 수가 몇 단위로 끝나는지 확인해야 한다. 예를 들어 412,300원, 426,700원, 434,100원인 선택지가 있다고 할 때, 제시된 조건에서 100원 단위로 나올 수 있는 항목을 찾아 그 항목만 계산하는 방법이 있다. 또한, 일일이 계산하는 문제가 많다. 예를 들어 640,000원, 720,000원, 810,000원 등의 수를 이용해 푸는 문제가 있다고 할 때, 만 원 단위를 절사하고 계산하여 64, 72, 81처럼 요약하는 방법이 있다.

3 최적의 값을 구하는 문제인지 파악하라!

물적 자원 관리의 대표유형에서는 제한된 자원 내에서 최대의 만족 또는 이익을 얻을 수 있는 방법을 강구하는 문제가 출제된다. 이때, 구하고자 하는 값을 x, y로 정하고 연립방정식을 이용해 x, y 값을 구한다. 최소 비용으로 목표생산량을 달성하기 위한 업무 및 인력 할당, 정해진 시간 내에 최대 이윤을 낼 수 있는 업체 선정, 정해진 인력으로 효율적 업무 배치 등을 구하는 문제에서 사용되는 방법이다.

4 각 평가항목을 비교하라!

인적 자원 관리의 대표유형에서는 각 평가항목을 비교하여 기준에 적합한 인물을 고르거나, 저렴한 업체를 선정하거나, 총점이 높은 업체를 선정하는 문제가 출제된다. 이런 유형은 평가항목에서 가격이나 점수 차이에 영향을 많이 미치는 항목을 찾아 1 ～ 2개의 선택지를 삭제하고, 남은 3 ～ 4개의 선택지만 계산하여 시간을 단축할 수 있다.

01 시간 계획

| 유형분석 |

- 시간 자원과 관련된 다양한 정보를 활용하여 풀어 가는 유형이다.
- 대체로 교통편 정보나 국가별 시차 정보가 제공되며, 이를 근거로 '현지 도착시간 또는 약속된 시간 내에 도착하기 위한 방안'을 고르는 문제가 출제된다.

해외영업부 A대리는 B부장과 함께 샌프란시스코에 출장을 가게 되었다. 샌프란시스코의 시각은 한국보다 16시간 느리고, 비행시간은 10시간 25분일 때 샌프란시스코 현지 시각으로 11월 17일 오전 10시 35분에 도착하는 비행기를 타려면 한국 시각으로 인천공항에 몇 시까지 도착해야 하는가?

구분	날짜	출발 시각	비행 시간	날짜	도착 시각
인천 → 샌프란시스코	11월 17일		10시간 25분	11월 17일	10:35
샌프란시스코 → 인천	11월 21일	17:30	12시간 55분	11월 22일	22:25

※ 단, 비행기 출발 한 시간 전에 공항에 도착해 티켓팅을 해야 한다.

① 12:10   ② 13:10

③ 14:10   ④ 15:10

⑤ 16:10

정답 ④

인천에서 샌프란시스코까지 비행 시간은 10시간 25분이므로, 샌프란시스코 도착 시각에서 거슬러 올라가면 샌프란시스코 시각으로 00시 10분에 출발한 것이 된다. 이때 한국은 샌프란시스코보다 16시간 빠르기 때문에 한국 시각으로는 16시 10분에 출발한 것이다. 하지만 비행기 티켓팅을 위해 출발 한 시간 전에 인천공항에 도착해야 하므로 15시 10분까지 공항에 가야 한다.

풀이 전략!

문제에서 묻는 것을 정확히 파악한다. 특히 제한사항에 대해서는 빠짐없이 확인해 두어야 한다. 이후 제시된 정보(시차 등)에서 필요한 것을 선별하여 문제를 풀어 간다.

01   K공사에서는 5월 한 달 동안 임직원을 대상으로 금연교육 4회, 부패방지교육 2회, 성희롱방지교육 1회를 진행하려고 한다. 다음 〈조건〉을 근거로 판단할 때 옳은 것은?

| 〈5월〉 | | | | | | |
일	월	화	수	목	금	토
			1	2	3	4
5	6	7	8	9	10	11
12	13	14	15	16	17	18
19	20	21	22	23	24	25
26	27	28	29	30	31	

조건

- 교육은 하루에 한 가지 교육만 실시할 수 있고, 주말에는 교육을 실시할 수 없다.
- 매주 월요일은 부서회의로 인해 교육을 실시할 수 없다.
- 5월 1일부터 3일까지는 K공사의 주요 행사 기간이므로 어떠한 교육도 실시할 수 없다.
- 금연교육은 정해진 같은 요일에 주 1회 실시한다.
- 부패방지교육은 20일 이전 수요일 또는 목요일에 시행하며, 이틀 연속 실시할 수 없다.
- 성희롱방지교육은 5월 31일에 실시한다.

① 5월 넷째 주에는 금연교육만 실시된다.
② 금연교육은 금요일에 실시될 수 있다.
③ 성희롱방지교육은 목요일에 실시된다.
④ 금연교육은 5월 첫째 주부터 실시된다.

02 K공사에서 인사팀의 1박 2일 워크숍 날짜를 결정하려고 한다. 다음 인사팀의 11월 월간 일정표와 〈조건〉을 고려하여 정할 때, 인사팀 워크숍 날짜로 가장 적절한 것은?

〈11월 월간 일정표〉

월	화	수	목	금	토	일
	1	2 오전 10시 연간 채용계획 발표(A팀장)	3	4 오전 10시 주간업무보고 오후 7시 B대리 송별회	5	6
7	8 오후 5시 총무팀과 팀 연합회의	9	10	11 오전 10시 주간업무보고	12	13
14 오전 11시 승진대상자 목록 취합 및 보고(C차장)	15	16	17 A팀장 출장	18 오전 10시 주간업무보고	19	20
21 오후 1시 팀미팅(30분 소요 예정)	22	23 D사원 출장	24 외부인사 방문 일정	25 오전 10시 주간업무보고	26	27
28 E대리 휴가	29	30				

조건

- 워크숍은 평일로 한다.
- 워크숍에는 모든 팀원들이 빠짐없이 참석해야 한다.
- 워크숍 일정은 첫날 오후 3시 출발부터 다음날 오후 2시까지이다.
- 다른 팀과 함께 하는 업무가 있는 주에는 워크숍 일정을 잡지 않는다.
- 매월 말일에는 월간 업무 마무리를 위해 워크숍 일정을 잡지 않는다.

① 11월 9 ~ 10일

② 11월 18 ~ 19일

③ 11월 21 ~ 22일

④ 11월 28 ~ 29일

03 운송업체는 A ~ H지점에서 물건을 운반한다. 본사에서 출발하여 B지점과 D지점에서 물건을 수거하고, 본사로 돌아와 물건을 하차하는 데 걸리는 시간이 가장 적게 드는 시간은?

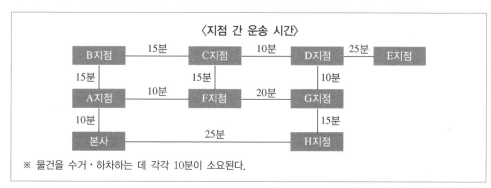

〈지점 간 운송 시간〉

※ 물건을 수거·하차하는 데 각각 10분이 소요된다.

① 1시간 55분　　　　　　　　② 2시간

③ 2시간 5분　　　　　　　　④ 2시간 10분

04 해외로 출장을 가는 김대리는 다음 〈조건〉과 같이 이동하려고 계획하였다. 연착 없이 계획대로 출장지에 도착했다면, 도착했을 때의 예상 현지 시각은?

> **조건**
> • 서울 시각으로 5일 오후 1시 35분에 출발하는 비행기를 타고, 경유지 한 곳을 거쳐 출장지에 도착한다.
> • 경유지는 서울보다 1시간 빠르고, 출장지는 경유지보다 2시간 느리다.
> • 첫 번째 비행은 3시간 45분이 소요된다.
> • 경유지에서 3시간 50분을 대기한 후 출발한다.
> • 두 번째 비행은 9시간 25분이 소요된다.

① 오전 5시 35분　　　　　　　② 오전 6시

③ 오후 5시 35분　　　　　　　④ 오후 6시

05 한국의 A사, 오스트레일리아의 B사, 아랍에미리트의 C사, 러시아의 D사는 상호협력프로젝트를 추진하고자 화상회의를 하려고 한다. 한국 시각을 기준으로 삼을 때 화상회의 진행이 가능한 시각은?

<국가별 시간>

국가(도시)	현지시각
오스트레일리아(캔버라)	2023. 12. 15 10:00am
대한민국(서울)	2023. 12. 15 08:00am
아랍에미리트(두바이)	2023. 12. 15 03:00am
러시아(모스크바)	2023. 12. 15 02:00am

※ 각 회사의 위치는 위 자료에 있는 도시에 있다.
※ 모든 회사의 근무시간은 현지시각으로 오전 9시 ~ 오후 6시이다.
※ A, B, D사의 식사시간은 현지시각으로 오후 12시 ~ 오후 1시이다.
※ C사의 식사시간은 오전 11시 30분 ~ 오후 12시 30분이고 오후 12시 30분부터 오후 1시까지 전 직원이 종교활동을 한다.
※ 화상회의 소요시간은 1시간이다.

① 오후 1시 ~ 오후 2시
② 오후 2시 ~ 오후 3시
③ 오후 3시 ~ 오후 4시
④ 오후 4시 ~ 오후 5시

06 K공사 홍보팀 팀원들은 함께 출장근무를 마치고 서울로 복귀하고자 한다. 다음 자료에 따를 때, 서울에 가장 일찍 도착할 수 있는 예정시각은?

〈상황〉

- 홍보팀 팀원은 총 4명이다.
- 대전에서 출장을 마치고 서울로 돌아가려고 한다.
- 고속버스터미널에는 은행, 편의점, 화장실, 패스트푸드점 등이 있다.
  ※ 시설별 소요시간 : 은행 30분, 편의점 10분, 화장실 20분, 패스트푸드점 25분

〈대화 내용〉

A과장 : 긴장이 풀려서 그런가? 배가 출출하네. 햄버거라도 사 먹어야겠어.
B대리 : 저도 출출하긴 한데 그것보다 화장실이 더 급하네요. 금방 다녀오겠습니다.
C주임 : 그럼 그사이에 버스표를 사야 하니 은행에 들러 현금을 찾아오겠습니다.
D사원 : 저는 그동안 버스 안에서 먹을 과자를 편의점에서 사 오겠습니다.
A과장 : 지금이 16시 50분이니까 다들 각자 볼일 보고 빨리 돌아와. 다 같이 타고 가야 하니까.

〈시외버스 배차정보〉

대전 출발	서울 도착	잔여좌석 수
17:00	19:00	6
17:15	19:15	8
17:30	19:30	3
17:45	19:45	4
18:00	20:00	8
18:15	20:15	5
18:30	20:30	6
18:45	20:45	10
19:00	21:00	16

① 19:00

② 19:15

③ 19:45

④ 20:15

02 비용 계산

| 유형분석 |

- 예산 자원과 관련된 다양한 정보를 활용하여 문제를 풀어간다.
- 대체로 한정된 예산 내에서 수행할 수 있는 업무 및 예산 가격을 묻는 문제가 출제된다.

연봉 실수령액을 구하는 식이 〈보기〉와 같을 때, 연봉이 3,480만 원인 A씨의 연간 실수령액은?(단, 원 단위는 절사한다)

보기

- (연봉 실수령액)=(월 실수령액)×12
- (월 실수령액)=(월 급여)−[(국민연금)+(건강보험료)+(고용보험료)+(장기요양보험료)+(소득세)+(지방세)]
- (국민연금)=(월 급여)×4.5%
- (건강보험료)=(월 급여)×3.12%
- (고용보험료)=(월 급여)×0.65%
- (장기요양보험료)=(건강보험료)×7.38%
- (소득세)=68,000원
- (지방세)=(소득세)×10%

① 30,944,400원

② 31,078,000원

③ 31,203,200원

④ 32,150,800원

⑤ 32,497,600원

정답 ①

A씨의 월 급여는 3,480만÷12=290만 원이다.
국민연금, 건강보험료, 고용보험료를 제외한 금액을 계산하면
290만−[290만×(0.045+0.0312+0.0065)]
→ 290만−(290만×0.0827)
→ 290만−239,830=2,660,170원
- 장기요양보험료 : (290만×0.0312)×0.0738≒6,670원(∵ 원 단위 이하 절사)
- 지방세 : 68,000×0.1=6,800원
따라서 A씨의 월 실수령액은 2,660,170−(6,670+68,000+6,800)=2,578,700원이고,
연 실수령액은 2,578,700×12=30,944,400원이다.

풀이 전략!

제한사항인 예산을 고려하여 문제에서 묻는 것을 정확히 파악한 후, 제시된 정보에서 필요한 것을 선별하여 문제를 풀어 간다.

01 K공사에서 아래와 같은 조건으로 임원용 보고서와 직원용 보고서를 제작하려고 한다. 임원용 보고서와 직원용 보고서의 총 제작비를 바르게 구한 것은?

- 보고서 : 85페이지(표지 포함)
- 임원용(10부) : 컬러 단면 복사, 양면 플라스틱 커버, 스프링 제본
- 직원용(20부) : 흑백 양면 복사, 2쪽씩 모아 찍기, 집게(2개)

(단위 : 페이지당, 개당)

컬러 복사	흑백 복사	플라스틱 커버	스프링 제본	집게
양면 200원	양면 70원	2,000원	2,000원	50원
단면 300원	단면 100원			

※ 표지는 모두 컬러 단면 복사를 한다.
※ 플라스틱 커버 1개는 한 면만 커버할 수 있다.

	임원용	직원용
①	325,000원	42,300원
②	315,000원	37,700원
③	315,000원	37,400원
④	295,000원	35,300원

02 굴업도 백패킹을 계획하던 A씨는 이른 아침 인천 여객터미널에 가서 배편으로 섬에 들어가려고 한다. 오전 7:20에 집에서 출발하였고, 반드시 오전 중에 굴업도에 입섬해야 한다면 A씨가 구매할 수 있는 가장 저렴한 여객선 비용은 얼마인가?(단, 집에서 인천여객터미널까지 1시간 걸린다)

〈인천 터미널 배편 알림표〉

구분	출항시간	항로 1 여객선	항로 2 여객선
A회사	AM 7:00	20,000원	25,000원
	AM 9:00		
	AM 11:00		
	PM 1:00		
B회사	AM 8:00	30,000원	40,000원
	AM 9:30		
	AM 10:30		
	AM 11:30		

※ 항로 1 여객선 : 자월도 → 덕적도 → 승봉도 → 굴업도 방문(총 4시간)
※ 항로 2 여객선 : 굴업도 직항(총 2시간)

① 20,000원   ② 25,000원
③ 30,000원   ④ 35,000원

03 K공사는 올해 1분기 성과급을 지급하고자 한다. 성과급 지급 기준과 김대리의 성과평가가 다음과 같을 때, 김대리가 1분기에 지급받을 성과급으로 옳은 것은?

〈성과급 지급 기준〉

- 성과급은 직원의 성과평가 점수에 따라 지급한다.
- 성과평가는 다음 항목들이 아래의 비율로 구성되어 있다.

구분	성과평가				
	분기실적	직원평가	연수내역	조직기여도	계
일반직	70%	30%	20%	10%	100%
	총점의 70% 반영				
특수직	60%	40%	20%	30%	100%
	총점의 50% 반영				

- 각 평가등급에 따른 가중치

(단위 : 점)

구분	분기실적	직원평가	연수내역	조직기여도
최우수	10	10	10	10
우수	8	6	8	8
보통	6	4	5	6
미흡	4	2	3	4

- 성과평가 점수에 따른 성과급 지급액

점수구간	성과급 지급액	
	일반직	특수직
8.4 이상	120만 원	150만 원
7.6 이상 8.4 미만	105만 원	115만 원
6.8 이상 7.6 미만	95만 원	100만 원
6.0 이상 6.8 미만	80만 원	85만 원
6.0 미만	65만 원	75만 원

〈성과평가〉

구분	부서	분기실적	직원평가	연수내역	조직기여도
김대리	시설관리 (특수직)	우수	최우수	보통	보통

① 135만 원
② 115만 원
③ 100만 원
④ 95만 원

※ 다음은 재료비 상승에 따른 분기별 국내 철강사 수익 변동을 조사하기 위해 수집한 자료이다. 이를 참고하여 이어지는 질문에 답하시오. [4~5]

〈제품가격과 재료비에 따른 분기별 수익〉

(단위 : 천 원/톤)

구분	2022년	2023년			
	4분기	1분기	2분기	3분기	4분기
제품가격	627	597	687	578	559
재료비	178	177	191	190	268
수익	449	420	496	388	291

※ 제품가격은 재료비와 수익의 합으로 책정된다.

〈제품 1톤당 소요되는 재료〉

(단위 : 톤)

철광석	원료탄	철 스크랩
1.6	0.5	0.15

04 다음 중 자료에 대한 설명으로 옳은 것은?

① 수익은 지속적으로 증가하고 있다.

② 재료비의 변화량과 수익의 변화량은 밀접한 관계가 있다.

③ 조사 기간에 수익이 가장 높을 때는 재료비가 가장 낮을 때이다.

④ 2023년 3분기에 이전 분기 대비 수익 변화량이 가장 큰 것으로 나타난다.

05 2024년 1분기에 재료당 단위가격이 철광석 70,000원, 원료탄 250,000원, 철 스크랩 200,000원으로 예상된다는 보고를 받았다. 2024년 1분기의 수익을 2023년 4분기와 같게 유지하기 위해 책정해야 할 제품가격은 얼마인가?

① 558,000원　　　　　　　　　　② 559,000원

③ 560,000원　　　　　　　　　　④ 561,000원

| 유형분석 |

- 물적 자원과 관련된 다양한 정보를 활용하여 풀어 가는 문제이다.
- 주로 공정도·제품·시설 등에 대한 가격·특징·시간 정보가 제시되며, 이를 종합적으로 고려하는 문제가 출제된다.

K공사에 근무하는 김대리는 사내시험에서 2점짜리 문제를 8개, 3점짜리 문제를 10개, 5점짜리 문제를 6개를 맞혀 총 76점을 맞았다. 같은 사내시험에서 최대리의 결과가 다음과 같을 때, 맞힌 문제의 총개수는 몇 개인가?

〈사내시험 규정〉

문제 수 : 43문제
만점 : 141점
- 2점짜리 문제 수는 3점짜리 문제 수보다 12문제 적다.
- 5점짜리 문제 수는 3점짜리 문제 수의 절반이다.

- 최대리가 맞힌 2점짜리 문제의 개수는 김대리와 동일하다.
- 최대리의 점수는 총 38점이다.

① 14개 ② 15개
③ 16개 ④ 17개
⑤ 18개

정답 ①

최대리는 2점짜리 문제를 김대리가 맞힌 개수만큼 맞혔으므로 8개, 즉 16점을 획득했다. 최대리가 맞힌 3점짜리와 5점짜리 문제를 합하면 38-16=22점이 나와야 한다. 3점과 5점의 합으로 22가 나오기 위해서는 3점짜리는 4문제, 5점짜리는 2문제를 맞혀야 한다.
따라서 최대리가 맞힌 문제의 총개수는 8개(2점짜리)+4개(3점짜리)+2개(5점짜리)=14개이다.

풀이 전략!

문제에서 묻고자 하는 바를 정확히 파악하는 것이 중요하다. 문제에서 제시한 물적 자원의 정보를 문제의 의도에 맞게 선별하면서 풀어 간다.

01 K공사의 A사원은 법인카드를 사용하여 부장 3명과 대리 2명의 제주 출장을 위해 왕복항공권을 구입하려고 한다. 다음은 항공사별 좌석에 따른 편도 비용에 대한 자료이다. 부장은 비즈니스석, 대리는 이코노미석을 이용한다고 할 때, 가장 저렴하게 항공권을 구입할 수 있는 항공사는?

〈항공사별 좌석 편도 비용 현황〉

항공사	비즈니스석	이코노미석	비고
A항공사	130,000원	70,000원	–
B항공사	150,000원	80,000원	왕복권 구매 시 10% 할인
C항공사	130,000원	75,000원	–
D항공사	150,000원	95,000원	법인카드 사용 시 20% 할인

① A항공사   ② B항공사
③ C항공사   ④ D항공사

02 K씨는 밤도깨비 야시장에서 푸드 트럭을 운영하기로 계획하고 있다. 다음 자료를 참고하여 순이익이 가장 높은 메뉴 한 가지를 선정하려고 할 때, K씨가 선정할 메뉴로 가장 적절한 것은?

메뉴	예상 월간 판매량(개)	생산 단가(원)	판매 가격(원)
A	500	3,500	4,000
B	300	5,500	6,000
C	400	4,000	5,000
D	200	6,000	7,000

① A   ② B
③ C   ④ D

03 다음은 가 ~ 아 수목의 생장 현황에 관한 자료이다. 다음 자료를 참고하여 재적생장률이 가장 높은 수목과 낮은 수목을 바르게 연결한 것은?

〈수목별 생장 현황〉

구분	직경(cm)	재적(m³)	수피두께(mm)	직경생장량(mm)
가	10	0.05	5	15
나	12	0.08	5	20
다	10	0.06	6	16
라	10	0.05	6	15
마	11	0.07	8	18
바	12	0.09	5	18
사	12	0.10	7	22
아	11	0.06	5	12

※ 계산 시 수피두께와 직경생장량에서 단위는 센티미터(cm)로 변환하여 공식에 대입하고, 생장률 및 생장량은 소수점 셋째 자리에서 반올림한다.

〈생장률 및 생장량 공식〉

- 직경생장률 : $[2\times(직경생장량)]\div[(직경)-2\times(수피두께)]$
- 재적생장량 : $(재적)\times(직경생장률)$
- 재적생장률 : $\dfrac{(재적생장량)}{(2\times 재적)-(재적생장량)}\times 40$

	가장 높은 수목	가장 낮은 수목
①	마	아
②	나	사
③	사	바
④	라	다

04 K공사에서 비품구매를 담당하고 있는 A사원은 비품관리 매뉴얼과 비품현황을 고려해 비품을 구매하려고 한다. 비품별 요청사항이 다음과 같을 때, 가장 먼저 구매해야 하는 비품은?

〈비품관리 매뉴얼〉

비품관리 우선순위는 다음과 같다.
1. 비품을 재사용할 수 있는 경우에는 구매하지 않고 재사용하도록 한다.
2. 구매요청 부서가 많은 비품부터 순서대로 구매한다.
3. 비품은 빈번하게 사용하는 정도에 따라 등급을 매겨 구매가 필요한 경우 A, B, C 순서대로 구매한다.
4. 필요한 비품 개수가 많은 비품부터 순서대로 구매한다.

〈비품별 요청사항〉

구분	필요개수(개)	등급	재사용가능여부	구매요청부서	구분	필요개수(개)	등급	재사용가능여부	구매요청부서
연필	5	B	×	인사팀 총무팀 연구팀	커피	10	A	×	인사팀 총무팀 생산팀
볼펜	10	A	×	생산팀	녹차	6	C	×	홍보팀
지우개	15	B	×	연구팀	A4	12	A	×	홍보팀 총무팀 인사팀
메모지	4	A	×	홍보팀 총무팀	문서용 집게	4	B	○	인사팀 총무팀 생산팀 연구팀
수첩	3	C	×	홍보팀	클립	1	C	○	연구팀
종이컵	20	A	×	총무팀	테이프	0	B	×	총무팀

① A4
② 커피
③ 문서용 집게
④ 연필

04 인원 선발

| 유형분석 |

- 인적 자원과 관련된 다양한 정보를 활용하여 풀어 가는 문제이다.
- 주로 근무명단, 휴무일, 업무할당 등의 주제로 다양한 정보를 활용하여 종합적으로 풀어 가는 문제가 출제된다.

어느 버스회사에서 A시에서 B시를 연결하는 버스 노선을 개통하기 위해 새로운 버스를 구매하려고 한다. 다음 〈조건〉과 같이 노선을 운행하려고 할 때, 최소 몇 대의 버스를 구매해야 하며 이때 필요한 운전사는 최소 몇 명인가?

조건

1) 새 노선의 왕복 시간 평균은 2시간이다(승하차 시간을 포함).
2) 배차시간은 15분 간격이다.
3) 운전사의 휴식시간은 매 왕복 후 30분씩이다.
4) 첫차는 05시 정각에, 막차는 23시에 A시를 출발한다.
5) 모든 차는 A시에 도착하자마자 B시로 곧바로 출발하는 것을 원칙으로 한다.
   즉, A시에 도착하는 시간이 바로 B시로 출발하는 시간이다.
6) 모든 차는 A시에서 출발해서 B시로 복귀한다.

	버스	운전사			버스	운전사
①	6대	8명		②	8대	10명
③	10대	12명		④	12대	14명
⑤	14대	16명				

정답 ②

왕복 시간이 2시간, 배차 간격이 15분이라면 첫차가 재투입되는 데 필요한 앞차의 수는 첫차를 포함해서 8대이다(∵ 15분×8대=2시간이므로 8대 버스가 운행된 이후 9번째에 첫차 재투입 가능).

운전사는 왕복 후 30분의 휴식을 취해야 하므로 첫차를 운전했던 운전사는 2시간 30분 뒤에 운전을 시작할 수 있다. 따라서 8대의 버스로 운행하더라도 운전자는 150분 동안 운행되는 버스 150÷15=10대를 운전하기 위해서는 10명의 운전사가 필요하다.

풀이 전략!

문제에서 신입사원 채용이나 인력배치 등의 주제가 출제될 경우에는 주어진 규정 혹은 규칙을 꼼꼼히 확인하여야 한다. 이를 근거로 각 선택지가 어긋나지 않는지 검토하며 문제를 풀어 간다.

01 K공사 재무팀에서는 주말 사무보조 직원을 채용하기 위해 공고문을 게재하였으며, 지원자 명단은 다음과 같다. 이를 참고하였을 때, 최소비용으로 가능한 많은 인원을 채용하고자 한다면 모두 몇 명의 지원자를 채용할 수 있는가?(단, 급여는 지원자가 희망하는 금액으로 지급한다)

〈사무보조 직원 채용 공고문〉

- 업무내용 : 문서수발, 전화응대 등
- 지원자격 : 경력, 성별, 나이, 학력 무관
- 근무조건 : 장기(6개월 이상, 협의 불가) / 주말 11:00 ~ 22:00(협의 가능)
- 급여 : 협의 후 결정
- 연락처 : 02-000-0000

〈지원자 명단〉

성명	희망근무기간	근무가능시간	최소근무시간 (하루 기준)	희망임금 (시간당 / 원)
A	10개월	11:00 ~ 18:00	3시간	10,500
B	12개월	12:00 ~ 20:00	2시간	11,500
C	8개월	18:00 ~ 22:00	2시간	10,500
D	4개월	11:00 ~ 18:00	4시간	10,000
E	6개월	15:00 ~ 20:00	3시간	10,000
F	10개월	16:00 ~ 22:00	2시간	11,000
G	8개월	11:00 ~ 18:00	3시간	10,000

※ 지원자 모두 주말 이틀 중 하루만 출근하기를 원함
※ 하루에 2회 이상 출근은 불가함

① 2명   ② 3명

③ 4명   ④ 5명

PART 1

02 K기업은 현재 신입사원을 채용하고 있다. 서류전형과 면접전형을 마치고 다음의 평가지표 결과를 얻었다. K기업 내 평가지표별 가중치를 바탕으로 각 지원자의 최종 점수를 합산하여 점수가 가장 높은 두 지원자를 채용하려고 한다. 이때, K기업이 채용할 두 지원자는?

<지원자별 평가지표 결과>

(단위 : 점)

구분	면접 점수	영어 실력	팀내 친화력	직무 적합도	발전 가능성	비고
A지원자	3	3	5	4	4	군필자
B지원자	5	5	2	3	4	군필자
C지원자	5	3	3	3	5	–
D지원자	4	3	3	5	4	군필자
E지원자	4	4	2	5	5	군 면제자

※ 군필자(만기제대)에게는 5점의 가산점을 부여한다.

<평가지표별 가중치>

구분	면접 점수	영어 실력	팀내 친화력	직무 적합도	발전 가능성
가중치	3	3	5	4	5

※ 가중치는 해당 평가지표 결과 점수에 곱한다.

① A, D지원자

② B, C지원자

③ B, E지원자

④ D, E지원자

03 다음은 부서별로 핵심역량가치 중요도를 정리한 자료와 신입사원들의 핵심역량평가 결과표이다. 이를 바탕으로 신입사원을 적절한 부서로 배치할 때 C사원과 E사원의 부서로 적절한 것은?(단, '-'는 중요도가 상관없다는 표시이다)

〈핵심역량가치 중요도〉

구분	창의성	혁신성	친화력	책임감	윤리성
영업팀	-	중	상	중	-
개발팀	상	상	하	중	상
지원팀	-	중	-	상	하

〈핵심역량평가 결과표〉

구분	창의성	혁신성	친화력	책임감	윤리성
A사원	상	하	중	상	상
B사원	중	중	하	중	상
C사원	하	상	상	중	하
D사원	하	하	상	하	중
E사원	상	중	중	상	하

	C사원	E사원
①	개발팀	지원팀
②	영업팀	지원팀
③	개발팀	영업팀
④	영업팀	개발팀

CHAPTER 03

문제해결능력

합격 Cheat Key

문제해결능력은 업무를 수행하면서 여러 가지 문제 상황이 발생하였을 때, 창의적이고 논리적인 사고를 통하여 이를 올바르게 인식하고 적절히 해결하는 능력으로, 하위 능력에는 사고력과 문제처리능력이 있다.

문제해결능력은 NCS 기반 채용을 진행하는 대다수의 공사·공단에서 채택하고 있으며, 다양한 자료와 함께 출제되는 경우가 많아 어렵게 느껴질 수 있다. 특히, 난이도가 높은 문제로 자주 출제되기 때문에 다른 영역보다 더 많은 노력이 필요할 수는 있지만 그렇기에 차별화를 할 수 있는 득점 영역이므로 포기하지 말고 꾸준하게 노력해야 한다.

1 질문의 의도를 정확하게 파악하라!

문제해결능력은 문제에서 무엇을 묻고 있는지 정확하게 파악하여 먼저 풀이 방향을 설정하는 것이 가장 효율적인 방법이다. 특히, 조건이 주어지고 답을 찾는 창의적·분석적인 문제가 주로 출제되고 있기 때문에 처음에 정확한 풀이 방향이 설정되지 않는다면 문제를 제대로 풀지 못하게 되므로 첫 번째로 출제 의도 파악에 집중해야 한다.

2 │ 중요한 정보는 반드시 표시하라!

출제 의도를 정확히 파악하기 위해서는 문제의 중요한 정보를 반드시 표시하거나 메모하여 하나의 조건, 단서도 잊고 넘어가는 일이 없도록 해야 한다. 실제 시험에서는 시간의 압박과 긴장감으로 정보를 잘못 적용하거나 잊어버리는 실수가 많이 발생하므로 사전에 충분한 연습이 필요하다.

3 │ 반복 풀이를 통해 취약 유형을 파악하라!

문제해결능력은 특히 시간관리가 중요한 영역이다. 따라서 정해진 시간 안에 고득점을 할 수 있는 효율적인 문제 풀이 방법을 찾아야 한다. 이때, 반복적인 문제 풀이를 통해 자신이 취약한 유형을 파악하는 것이 중요하다. 정확하게 풀 수 있는 문제부터 빠르게 풀고 취약한 유형은 나중에 푸는 효율적인 문제 풀이를 통해 최대한 고득점을 맞는 것이 중요하다.

| 유형분석 |

- 주어진 조건을 토대로 논리적으로 추론하여 참 또는 거짓을 구분하는 문제이다.
- 자료를 제시하고 새로운 결과나 자료에 주어지지 않은 내용을 추론해 가는 형식의 문제가 출제된다.

K공사는 공휴일에 진행하는 세미나를 준비하기 위해 인근의 가게 A ~ F에서 필요한 물품을 구매하고자 한다. 다음 〈조건〉을 참고할 때, 공휴일에 영업하는 가게의 수는?

> **조건**
> - C는 공휴일에 영업하지 않는다.
> - B가 공휴일에 영업하지 않으면, C와 E는 공휴일에 영업한다.
> - E 또는 F가 영업하지 않는 날이면, D는 영업한다.
> - B가 공휴일에 영업하면, A와 E는 공휴일에 영업하지 않는다.
> - B와 F 중 한 곳만 공휴일에 영업한다.

① 2곳 　　　　　　　　　　② 3곳
③ 4곳 　　　　　　　　　　④ 5곳
⑤ 6곳

정답 ①

주어진 조건을 순서대로 논리 기호화하면 다음과 같다.

- 첫 번째 조건 : $\sim C$
- 두 번째 조건 : $\sim B \rightarrow (C \wedge E)$
- 세 번째 조건 : $(\sim E \vee \sim F) \rightarrow D$
- 네 번째 조건 : $B \rightarrow (\sim A \wedge \sim E)$

첫 번째 조건이 참이므로 두 번째 조건의 대우[$(\sim C \vee \sim E) \rightarrow B$]에 따라 B는 공휴일에 영업한다. 이때 네 번째 조건에 따라 A와 E는 영업하지 않고, 다섯 번째 조건에 따라 F도 영업하지 않는다. 마지막으로 세 번째 조건에 따라 D는 영업한다. 따라서 공휴일에 영업하는 가게는 B와 D 2곳이다.

풀이 전략!

조건과 관련한 기본적인 논법에 대해서는 미리 학습해 두며, 이를 바탕으로 각 문장에 있는 핵심단어 또는 문구를 기호화하여 정리한 후, 선택지와 비교하여 참 또는 거짓을 판단한다. 또한, 이를 바탕으로 문제에서 구하고자 하는 내용을 추론 및 분석한다.

01 K공사에 근무 중인 A ~ E 다섯 명은 다음 사내 교육 프로그램 일정에 따라 요일별로 하나의 프로그램에 참가한다. 제시된 〈조건〉이 모두 참일 때, 다음 중 항상 참인 것은?

〈사내 교육 프로그램 일정〉

월	화	수	목	금
필수1	필수2	선택1	선택2	선택3

조건

- A는 선택 프로그램에 참가한다.
- C는 필수 프로그램에 참가한다.
- D는 C보다 나중에 프로그램에 참가한다.
- E는 A보다 나중에 프로그램에 참가한다.

① D는 반드시 필수 프로그램에 참가한다.
② B가 필수 프로그램에 참가하면 C는 화요일 프로그램에 참가한다.
③ C가 화요일 프로그램에 참가하면 E는 선택2 프로그램에 참가한다.
④ A가 목요일 프로그램에 참가하면 E는 선택3 프로그램에 참가한다.

02 최씨 남매와 김씨 남매, 박씨 남매 6명은 야구 경기를 관람하기 위해 함께 야구장에 갔다. 다음 〈조건〉에 따를 때, 항상 참인 것은?

조건

- 양 끝자리는 같은 성별이 앉지 않는다.
- 박씨 여성은 왼쪽에서 세 번째 자리에 앉는다.
- 김씨 남매는 서로 인접하여 앉지 않는다.
- 박씨와 김씨는 인접하여 앉지 않는다.
- 김씨 남성은 맨 오른쪽 끝자리에 앉는다.

〈야구장 관람석〉

① 최씨 남매는 왼쪽에서 첫 번째 자리에 앉을 수 없다.
② 최씨 남매는 서로 인접하여 앉는다.
③ 박씨 남매는 서로 인접하여 앉지 않는다.
④ 최씨 남성은 박씨 여성과 인접하여 앉는다.

03 오늘 K씨는 종합병원에 방문하여 A ~ C과 진료를 모두 받아야 한다. 〈조건〉이 다음과 같을 때, 가장 빠르게 진료를 받을 수 있는 방문순서는?(단, 주어진 조건 외에는 고려하지 않는다)

> 조건
> • 모든 과의 진료와 예약은 오전 9시 시작이다.
> • 모든 과의 점심시간은 오후 12시 30분부터 1시 30분이다.
> • A과와 C과는 본관에 있고 B과는 별관동에 있다. 본관과 별관동 이동에는 셔틀로 약 30분이 소요되며, 점심시간에는 셔틀이 운행하지 않는다.
> • A과는 오전 10시부터 오후 3시까지만 진료를 한다.
> • B과는 점심시간 후에 사람이 몰려 약 1시간의 대기시간이 필요하다.
> • A과 진료는 단순 진료로 30분 정도 소요될 예정이다.
> • B과 진료는 치료가 필요하여 1시간 정도 소요될 예정이다.
> • C과 진료는 정밀 검사가 필요하여 2시간 정도 소요될 예정이다.

① A - B - C

② B - A - C

③ B - C - A

④ C - B - A

04 K기업의 가대리, 나사원, 다사원, 라사원, 마대리 중 1명이 어제 출근하지 않았다. 이와 관련하여 5명의 직원이 다음과 같이 말했다. 이들 중 2명이 거짓말을 한다고 할 때, 출근하지 않은 직원은 누구인가?(단, 출근을 하였어도, 결근 사유를 듣지 못할 수도 있다)

> 가대리 : 나는 출근했고, 마대리도 출근했다. 누가 왜 출근하지 않았는지는 알지 못한다.
> 나사원 : 다사원은 출근하였다. 가대리님의 말은 모두 사실이다.
> 다사원 : 라사원은 출근하지 않았다.
> 라사원 : 나사원의 말은 모두 사실이다.
> 마대리 : 출근하지 않은 사람은 라사원이다. 라사원이 개인 사정으로 인해 출석하지 못한다고 가대리님에게 전했다.

① 가대리

② 나사원

③ 다사원

④ 라사원

05 아름이는 연휴를 맞아 유럽 일주를 할 계획이다. 하지만 시간 관계상 벨기에, 프랑스, 영국, 독일, 오스트리아, 스페인 중 4개 국가만 방문하고자 한다. 다음 〈조건〉에 따라 방문할 국가를 고를 때, 아름이가 방문하지 않을 국가로 옳은 것은?

조건
- 스페인은 반드시 방문한다.
- 프랑스를 방문하면 영국은 방문하지 않는다.
- 오스트리아를 방문하면 스페인은 방문하지 않는다.
- 벨기에를 방문하면 영국도 방문한다.
- 오스트리아, 벨기에, 독일 중 적어도 2개 국가를 방문한다.

① 영국, 프랑스
② 벨기에, 독일
③ 영국, 벨기에
④ 오스트리아, 프랑스

06 다음 〈조건〉에 따라 K기업의 부장, 과장, 대리, 주임, 사원이 농구, 축구, 야구, 테니스, 자전거, 영화 동호회에 참여할 때, 직위와 성별 및 동호회가 바르게 연결되지 않은 것은?(단, 모든 직원은 반드시 동호회 1곳에 참여한다)

조건
- 남직원은 3명, 여직원은 2명이다.
- 모든 동호회의 참여 가능 인원은 팀내 최대 2명이다.
- 모든 여직원은 자전거 동호회에 참여하지 않았다.
- 여직원 중 1명은 농구, 축구, 야구, 테니스 동호회 중 하나에 참여하였다.
- 대리, 주임, 사원은 자전거 동호회와 영화 동호회에 참여하지 않았다.
- 참여 직원이 없는 동호회는 2개이다.
- 야구, 자전거, 영화 동호회에 참여한 직원은 각각 1명이다.
- 주임은 야구 동호회에 참여하였고, 부장은 영화 동호회에 참여하였다.
- 축구 동호회에 참석한 직원은 남성뿐이다.

	직위	성별	참여 동호회
①	부장	여자	영화
②	과장	남자	자전거
③	대리	남자	축구
④	사원	남자	테니스

02 SWOT 분석

│유형분석│

- 상황에 대한 환경 분석 결과를 통해 주요 과제를 도출하는 문제이다.
- 주로 3C 분석 또는 SWOT 분석을 활용한 문제들이 출제되고 있으므로 해당 분석도구에 대한 사전 학습이 요구된다.

다음은 한 분식점에 대한 SWOT 분석 결과이다. 분석 결과를 바탕으로 세운 전략으로 가장 적절한 것은?

S(강점)	W(약점)
• 좋은 품질의 재료만 사용 • 청결하고 차별화된 이미지	• 타 분식점에 비해 한정된 메뉴 • 배달서비스를 제공하지 않음
O(기회)	T(위협)
• 분식점 앞에 곧 학교가 들어설 예정 • 최근 TV프로그램 섭외 요청을 받음	• 프랜차이즈 분식점들로 포화상태 • 저렴한 길거리 음식으로 취급하는 경향이 있음

① ST전략 : 비싼 재료들을 사용하여 가격을 올려 저렴한 길거리 음식이라는 인식을 바꾼다.
② WT전략 : 다른 분식점들과 차별화된 전략을 유지하기 위해 배달서비스를 시작한다.
③ SO전략 : TV프로그램에 출연해 좋은 품질의 재료만 사용한다는 점을 부각시킨다.
④ WO전략 : TV프로그램 출연용으로 다양한 메뉴를 일시적으로 개발한다.
⑤ WT전략 : 포화 상태의 시장에서 살아남기 위해 다른 가게보다 저렴한 가격으로 판매한다.

정답 ③

SO전략은 강점을 살려 기회를 포착하는 전략이므로 TV프로그램에 출연하여 좋은 품질의 재료만 사용한다는 점을 홍보하는 것이 적절하다.

풀이 전략!

문제에 제시된 분석도구를 확인한 후, 분석 결과를 종합적으로 판단하여 각 선택지의 전략 과제와 일치 여부를 판단한다.

01 다음은 미용실에 관한 SWOT 분석 결과이다. 분석 결과를 바탕으로 세운 전략으로 적절한 것은?

S(강점)	W(약점)
• 뛰어난 실력으로 미용대회에서 여러 번 우승한 경험이 있다. • 인건비가 들지 않아 비교적 저렴한 가격에 서비스를 제공한다.	• 한 명이 운영하는 가게라 동시에 많은 손님을 받을 수 없다. • 홍보가 미흡하다.
O(기회)	T(위협)
• 바로 옆에 유명한 프랜차이즈 레스토랑이 생겼다. • 미용실을 위한 소셜 네트워크 예약 서비스가 등장했다.	• 소셜 커머스를 활용하여 주변 미용실들이 열띤 가격경쟁을 펼치고 있다. • 대규모 프랜차이즈 미용실들이 잇따라 등장하고 있다.

① ST전략 : 여러 번 대회에서 우승한 경험을 가지고 가맹점을 낸다.
② WT전략 : 여러 명의 직원을 고용해 오히려 가격을 올리는 고급화 전략을 펼친다.
③ SO전략 : 소셜 네트워크 예약 서비스를 이용해 방문한 사람들에게만 저렴한 가격에 서비스를 제공한다.
④ WO전략 : 유명한 프랜차이즈 레스토랑과 연계하여 홍보물을 비치한다.

02 최근 라면시장이 3년 만에 마이너스 성장한 것으로 나타남에 따라 K사에 근무하는 A대리는 신제품 개발 이전 라면시장에 대한 환경 분석과 관련된 보고서를 제출하라는 과제를 받았다. 다음 중 A대리가 작성한 SWOT 분석의 기회요인에 작성할 수 있는 내용으로 옳지 않은 것은?

〈라면시장에 대한 SWOT 분석표〉

강점(Strength)	약점(Weakness)
• 식품그룹으로서의 시너지 효과 • 그룹 내 위상, 역할 강화 • A제품의 성공적인 개발 경험	• 유통업체의 영향력 확대 • 과도한 신제품 개발 • 신상품의 단명 • 유사상품의 영역침범 • 경쟁사의 공격적인 마케팅 대응 부족 • 원재료의 절대적 수입 비중
기회(Opportunity)	위협(Threat)
	• 저출산, 고령화로 취식인구 감소 • 소득증가 • 언론, 소비단체의 부정적인 이미지 이슈화 • 정보의 관리, 감독 강화

① 1인 가구의 증대(간편식, 편의식) ② 조미료에 대한 부정적인 인식 개선
③ 1인 미디어 라면 먹방의 유행 ④ 난공불락의 A라면회사

03 다음은 국내 금융기관에 대한 SWOT 분석 자료이다. 이를 통해 SWOT 전략을 세운다고 할 때, 〈보기〉 중 분석 결과에 대응하는 전략과 그 내용이 바르게 연결된 것을 모두 고르면?

> 국내 대부분의 예금과 대출을 국내 은행이 차지하고 있을 정도로 국내 금융기관에 대한 우리나라 국민들의 충성도는 높은 편이다. 또한 국내 금융기관은 철저한 신용 리스크 관리로 해외 금융기관과 비교해 자산건전성 지표가 매우 우수한 편이다. 시장 리스크 관리도 해외 선진 금융기관 수준에 도달한 것으로 평가받는다. 국내 금융기관은 외환위기와 글로벌 금융위기 등을 거치며 꾸준히 자산건전성을 강화해 왔기 때문이다.
>
> 그러나 은행과 이자 이익에 수익이 편중돼 있다는 점은 국내 금융기관의 가장 큰 약점이 된다. 대부분 예금과 대출 거래 중심의 영업구조로 되어 있기 때문이다. 취약한 해외 비즈니스도 문제로 들 수 있다. 최근 동남아 시장을 중심으로 해외 진출에 박차를 가하고 있지만, 아직은 눈에 띄는 성과가 많지 않은 상황이다.
>
> 많은 어려움에도 불구하고 국내 금융기관의 발전 가능성은 아직 무궁무진하다. 우선 해외 시장으로 눈을 돌리면 다양한 기회가 열려 있다. 전 세계 신용·단기 자금 확대, 글로벌 무역 회복세로 국내 금융기관의 해외 진출 여건은 양호한 편이다. 따라서 해외 시장 개척을 통해 어떻게 신규 수익원을 확보하느냐가 성장의 새로운 기회로 작용할 전망이다. IT 기술 발달에 따른 핀테크의 등장도 새로운 기회가 될 수 있다. 국내의 발달된 인터넷과 모바일뱅킹 서비스, IT 인프라를 활용한 새로운 수익 창출 가능성이 열려 있는 것이다.
>
> 그러나 역설적으로 핀테크의 등장은 오히려 국내 금융기관의 발목을 잡을 수 있다. 블록체인 기술에 기반한 암호화폐, 간편결제와 송금, 로보어드바이저, 인터넷 은행, P2P 대출 등 다양한 핀테크 분야의 새로운 서비스들이 기존 금융 서비스의 대체재로서 출현하고 있기 때문이다. 금융시장 개방에 따른 글로벌 금융기관과의 경쟁 심화도 넘어야 할 산이다. 특히 중국 은행을 비롯한 중국 금융이 급성장하고 있어 이에 대한 대비책 마련이 시급하다.

보기

ⓐ SO전략 : 높은 국내 시장점유율을 기반으로 국내 핀테크 사업에 진출한다.
ⓑ WO전략 : 위기관리 역량을 강화하여 해외 금융시장에 진출한다.
ⓒ ST전략 : 해외 금융기관과 비교해 우수한 자산건전성을 강조하여 글로벌 금융기관과의 경쟁에서 우위를 차지한다.
ⓓ WT전략 : 해외 비즈니스 역량을 강화하여 해외 금융시장에 진출한다.

① ⓐ, ⓑ   ② ⓐ, ⓒ
③ ⓑ, ⓒ   ④ ⓑ, ⓓ

04 레저용 차량을 생산하는 K기업에 대한 다음의 SWOT 분석결과를 참고할 때, 〈보기〉에서 각 전략에 따른 대응이 바르게 연결된 것을 모두 고르면?

〈K기업의 SWOT 분석결과〉

강점(Strength)	약점(Weakness)
• 높은 브랜드 이미지 · 평판 • 훌륭한 서비스와 판매 후 보증수리 • 확실한 거래망, 딜러와의 우호적인 관계 • 막대한 R&D 역량 • 자동화된 공장 • 대부분의 차량 부품 자체 생산	• 한 가지 차종에만 집중 • 고도의 기술력에 대한 과도한 집중 • 생산설비에 막대한 투자 → 차량모델 변경의 어려움 • 한 곳의 생산 공장만 보유 • 전통적인 가족형 기업 운영
기회(Opportunity)	위협(Threat)
• 소형 레저용 차량에 대한 수요 증대 • 새로운 해외시장의 출현 • 저가형 레저용 차량에 대한 선호 급증	• 휘발유의 부족 및 가격의 급등 • 레저용 차량 전반에 대한 수요 침체 • 다른 회사들과의 경쟁 심화 • 차량 안전 기준의 강화

보기

ㄱ. ST전략 : 기술개발을 통하여 연비를 개선한다.
ㄴ. SO전략 : 대형 레저용 차량을 생산한다.
ㄷ. WO전략 : 규제강화에 대비하여 보다 안전한 레저용 차량을 생산한다.
ㄹ. WT전략 : 생산량 감축을 고려한다.
ㅁ. WO전략 : 국내 다른 지역이나 해외에 공장들을 분산 설립한다.
ㅂ. ST전략 : 경유용 레저 차량 생산을 고려한다.
ㅅ. SO전략 : 해외 시장 진출보다는 내수 확대에 집중한다.

① ㄱ, ㄴ, ㅁ, ㅂ
② ㄱ, ㄹ, ㅁ, ㅂ
③ ㄴ, ㄹ, ㅂ, ㅅ
④ ㄴ, ㄹ, ㅁ, ㅂ

03 규칙 적용

| 유형분석 |

- 주어진 상황과 규칙을 종합적으로 활용하여 풀어 가는 문제이다.
- 일정, 비용, 순서 등 다양한 내용을 다루고 있어 유형을 한 가지로 단일화하기 어렵다.

A팀과 B팀은 보안등급 상에 해당하는 문서를 나누어 보관하고 있다. 이에 따라 두 팀은 보안을 위해 아래와 같은 규칙에 따라 각 팀의 비밀번호를 지정하였다. 다음 중 A팀과 B팀에 들어갈 수 있는 암호배열은?

〈규칙〉

- 1 ~ 9까지의 숫자로 (한 자릿수)×(두 자릿수)＝(세 자릿수)＝(두 자릿수)×(한 자릿수) 형식의 비밀번호로 구성한다.
- 가운데에 들어갈 세 자릿수의 숫자는 156이며 숫자는 중복 사용할 수 없다. 즉, 각 팀의 비밀번호에 1, 5, 6이란 숫자가 들어가지 않는다.

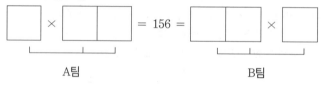

① 23   ② 27

③ 29   ④ 37

⑤ 39

정답 ⑤

규칙에 따라 사용할 수 있는 숫자는 1, 5, 6을 제외한 나머지 2, 3, 4, 7, 8, 9의 총 6개이다. (한 자릿수)×(두 자릿수)＝156이 되는 수를 알기 위해서는 156의 소인수를 구해보면 된다. 156의 소인수는 3, 2^2, 13으로 여기서 156이 되는 수의 곱 중에 조건을 만족하는 것은 2×78과 4×39이다. 따라서 선택지 중에 A팀 또는 B팀에 들어갈 수 있는 암호배열은 39이다.

풀이 전략!

문제에 제시된 조건이나 규칙을 정확히 파악한 후, 선택지나 상황에 적용하여 문제를 풀어 나간다.

01 다음은 우리나라 자동차 등록번호 부여방법과 K공사 직원의 자동차 등록번호이다. 〈보기〉 중 제시된 자동차 등록번호 부여방법에 따라 자동차 등록번호가 바르게 부여되지 않은 자동차의 수는 모두 몇 대인가?(단, K공사 직원 자동차는 모두 비사업용 승용차이다)

〈자동차 등록번호 부여방법〉

- 차량종류 – 차량용도 – 일련번호 순으로 부여한다.
- 차량종류별 등록번호

승용차	승합차	화물차	특수차	긴급차
100 ~ 699	700 ~ 799	800 ~ 979	980 ~ 997	998 ~ 999

- 차량용도별 등록번호

구분	문자열
비사업용 (32개)	가, 나, 다, 라, 마 거, 너, 더, 러, 머, 버, 서, 어, 저 고, 노, 도, 로, 모, 보, 소, 오, 조 구, 누, 두, 루, 무, 부, 수, 우, 주
운수사업용	바, 사, 아, 자
택배사업용	배
렌터카	하, 허, 호

- 일련번호
  1000 ~ 9999 숫자 중 임의 발급

보기

- 680 더 3412
- 521 버 2124
- 431 사 3019
- 531 서 9898
- 501 라 4395
- 421 저 2031
- 241 가 0291
- 670 로 3502
- 702 나 2838
- 431 구 3050
- 600 루 1920
- 912 라 2034
- 321 우 3841
- 214 하 1800
- 450 무 8402
- 531 고 7123

---

① 3개
② 4개
③ 5개
④ 6개

※ 다음은 보조배터리를 생산하는 K사의 시리얼넘버에 대한 자료이다. 제시된 자료를 보고 이어지는 질문에 답하시오. [2~3]

〈시리얼넘버 부여 방식〉

시리얼넘버는 [제품분류]-[배터리 형태][배터리 용량][최대 출력]-[고속충전 규격]-[생산날짜] 순서로 부여한다.

〈시리얼넘버 세부사항〉

제품분류	배터리 형태	배터리 용량	최대 출력
NBP : 일반형 보조배터리 CBP : 케이스 보조배터리 PBP : 설치형 보조배터리	LC : 유선 분리형 LO : 유선 일체형 DK : 도킹형 WL : 무선형 LW : 유선+무선	4 : 40,000mAH 이상 3 : 30,000mAH 이상 2 : 20,000mAH 이상 1 : 10,000mAH 이상	A : 100W 이상 B : 60W 이상 C : 30W 이상 D : 20W 이상 E : 10W 이상
고속충전 규격	생산날짜		
P31 : USB-PD3.1 P30 : USB-PD3.0 P20 : USB-PD2.0	B3 : 2023년 B2 : 2022년 … A1 : 2011년	1 : 1월 2 : 2월 … 0 : 10월 A : 11월 B : 12월	01 : 1일 02 : 2일 … 30 : 30일 31 : 31일

02 다음 〈보기〉 중 시리얼넘버가 잘못 부여된 제품은 모두 몇 개인가?

보기

- NBP-LC4A-P20-B2102
- CBP-WK4A-P31-B0803
- NBP-LC3B-P31-B3230
- CNP-LW4E-P20-A7A29
- PBP-WL3D-P31-B0515
- CBP-LO3E-P30-A9002
- PBP-DK1E-P21-A8B12
- PBP-DK2D-P30-B0331
- NBP-LO3B-P31-B2203
- CBP-LC4A-P31-B3104

① 2개
③ 4개
② 3개
④ 5개

03 K사 고객지원부서에 재직중인 S주임은 보조배터리를 구매한 고객으로부터 다음과 같은 문의를 받았다. 해당 제품을 회사 데이터베이스에서 검색하기 위해 시리얼번호를 입력할 때, 고객 제품의 시리얼번호로 옳은 것은?

> S주임 : 안녕하세요. K사 고객지원팀 S입니다. 무엇을 도와드릴까요?
> 고객 : 안녕하세요. 지난번에 구매한 보조배터리가 작동을 하지 않아서요.
> S주임 : 네, 고객님. 해당 제품 확인을 위해 시리얼번호를 알려주시기 바랍니다.
> 고객 : 제품을 들고 다니면서 시리얼번호가 적혀 있는 부분이 지워졌네요. 어떻게 하면 되죠?
> S주임 : 고객님 혹시 구매 하셨을때 동봉된 제품설명서 가지고 계실까요?
> 고객 : 네, 가지고 있어요.
> S주임 : 제품설명서 맨 뒤에 제품정보가 적혀있는데요. 순서대로 불러주시기 바랍니다.
> 고객 : 설치형 보조배터리에 70W, 24,000mAH의 도킹형 배터리이고, 규격은 USB-PD3.0이고, 생산 날짜는 2022년 10월 12일이네요.
> S주임 : 확인 감사합니다. 고객님 잠시만 기다려 주세요.

① PBP-DK2B-P30-B1012   ② PBP-DK2B-P30-B2012

③ PBP-DK3B-P30-B1012   ④ PBP-DK3B-P30-B2012

04 철수는 장미에게 "43 41 54" 메시지를 전송하였다. 메시지를 본 장미는 문자에 대응하는 아스키 코드 수를 16진법으로 표현한 것을 알아냈고 다음 아스키 코드표를 이용하여 해독하고자 한다. 철수가 장미에게 보낸 문자는 무엇인가?

문자	아스키	문자	아스키	문자	아스키	문자	아스키
A	65	H	72	O	79	V	86
B	66	I	73	P	80	W	87
C	67	J	74	Q	81	X	88
D	68	K	75	R	82	Y	89
E	69	L	76	S	83	Z	90
F	70	M	77	T	84	–	–
G	71	N	78	U	85	–	–

① CAT   ② SIX

③ BEE   ④ CUP

| 유형분석 |

- 주어진 자료를 해석하고 활용하여 풀어가는 문제이다.
- 꼼꼼하고 분석적인 접근이 필요한 다양한 자료들이 출제된다.

다음 중 정수장 수질검사 현황에 대해 바르게 설명한 사람은?

〈정수장 수질검사 현황〉

급수 지역	항목						검사결과	
	일반세균 100 이하 (CFU/mL)	대장균 불검출 (수/100mL)	NH3-N 0.5 이하 (mg/L)	잔류염소 4.0 이하 (mg/L)	구리 1 이하 (mg/L)	망간 0.05 이하 (mg/L)	적합	기준 초과
함평읍	0	불검출	불검출	0.14	0.045	불검출	적합	없음
이삼읍	0	불검출	불검출	0.27	불검출	불검출	적합	없음
학교면	0	불검출	불검출	0.13	0.028	불검출	적합	없음
엄다면	0	불검출	불검출	0.16	0.011	불검출	적합	없음
나산면	0	불검출	불검출	0.12	불검출	불검출	적합	없음

① A사원 : 함평읍의 잔류염소는 가장 낮은 수치를 보였고, 기준치에 적합하네.
② B사원 : 모든 급수지역에서 일반세균이 나오지 않았어.
③ C사원 : 기준치를 초과한 곳은 없었지만 적합하지 않은 지역은 있어.
④ D사원 : 대장균과 구리가 검출되면 부적합 판정을 받는구나.
⑤ E사원 : 구리가 검출되지 않은 지역은 세 곳이야.

정답 ②

오답분석
① 잔류염소에서 가장 낮은 수치를 보인 지역은 나산면(0.12)이고, 함평읍(0.14)은 세 번째로 낮다.
③ 기준치를 초과한 곳도 없고, 모두 적합 판정을 받았다.
④ 항평읍과 학교면, 엄다면은 구리가 검출되었지만 적합 판정을 받았다.
⑤ 구리가 검출되지 않은 지역은 이삼읍과 나산면으로 두 곳이다.

풀이 전략!

문제해결을 위해 필요한 정보가 무엇인지 먼저 파악한 후, 제시된 자료를 분석적으로 읽고 해석한다.

01 같은 해에 입사한 동기 A ~ E는 모두 K기업 소속으로 서로 다른 부서에서 일하고 있다. 이들이 근무하는 부서와 해당 부서의 성과급이 다음과 같을 때, 항상 옳은 것은?

〈부서별 성과급〉

비서실	영업부	인사부	총무부	홍보부
60만 원	20만 원	40만 원	60만 원	60만 원

※ 각 사원은 모두 각 부서의 성과급을 동일하게 받는다.

〈부서배치 조건〉

• A는 성과급이 평균보다 적은 부서에서 일한다.
• B와 D의 성과급을 더하면 나머지 세 명의 성과급 합과 같다.
• C의 성과급은 총무부보다는 적지만 A보다는 많다.
• C와 D 중 한 사람은 비서실에서 일한다.
• E는 홍보부에서 일한다.

〈휴가 조건〉

• 영업부 직원은 비서실 직원보다 늦게 휴가를 가야 한다.
• 인사부 직원은 첫 번째 또는 제일 마지막으로 휴가를 가야 한다.
• B의 휴가 순서는 이들 중 세 번째이다.
• E는 휴가를 반납하고 성과급을 두 배로 받는다.

① D가 C보다 성과급이 많다.
② B는 A보다 휴가를 먼저 출발한다.
③ A의 3개월 치 성과급은 C의 2개월 치 성과급보다 많다.
④ C가 맨 먼저 휴가를 갈 경우, B가 맨 마지막으로 휴가를 가게 된다.

02 다음은 서울시에서 진행 예정인 유지보수·개발구축 사업에 대한 기본 정보이다. 이에 대한 설명으로 적절하지 않은 것은?

〈유지보수·개발구축 사업 기본 정보〉

사업명	사업내용	사업금액(원)	사업 기간
종로구 청계천 유지 사업	유지보수	12.5억	2년 이상
양천구 오목교 유지보수 사업	개발구축	17억	3년 이상
마포구 마포대교 보수 사업	유지보수	8억	2년 미만
강서구 까치산 둘레길 개발 사업	개발구축	5.6억	1년 미만
관악구 관악산 등산로 구축 사업	개발구축	9억	4년 이상
도봉구 도봉산 도로 개발 사업	개발구축	13억	3년 이상
영등포구 여의도 한강공원 보수 사업	개발구축	11억	1년 이상
종로구 낙산공원 유지 사업	유지보수	8억	2년 이상
서초구 반포 한강공원 유지보수 사업	유지보수	9.5억	1년 미만

① 사업내용이 '유지보수'로 잘못 적힌 것은 2개이다.
② 사업 기간이 1년 미만인 것은 2개이다.
③ 사업금액이 6억 원 미만인 것은 1개이다.
④ 사업금액이 가장 많이 드는 사업과 사업 기간이 2년 미만인 사업은 다르다.

03 K공사에서는 직원들에게 다양한 혜택이 있는 복지카드를 제공한다. 복지카드의 혜택 사항이 다음과 같을 때, B사원의 일과에서 복지카드로 혜택을 볼 수 없는 것을 모두 고르면?

〈복지카드 혜택 사항〉

구분	세부내용
교통	대중교통(지하철, 버스) 3 ~ 7% 할인
의료	병원 5% 할인(동물병원 포함, 약국 제외)
쇼핑	의류, 가구, 도서 구입 시 5% 할인
영화	영화관 최대 6천 원 할인

〈B사원의 일과〉

B사원은 오늘 친구와 백화점에서 만나 쇼핑을 하기로 약속을 했다. 집에서 ㉠ 지하철을 타고 약 20분이 걸려 백화점에 도착한 B사원은 어머니 생신 선물로 ㉡ 화장품을 산 후, 동생의 이사 선물로 줄 ㉢ 침구류도 구매하였다. 쇼핑이 끝난 후 B사원은 ㉣ 버스를 타고 집에 돌아와 자신이 키우는 애완견의 예방접종을 위해 ㉤ 병원에 가서 진료를 받았다.

① ㉠, ㉡
② ㉡, ㉢
③ ㉠, ㉡, ㉣
④ ㉢, ㉣, ㉤

04 사내 시설 예약을 담당하는 A사원은 K서포터즈 발대식 안내문을 받고 〈조건〉에 따라 시설을 예약하려고 한다. 다음 중 A사원이 예약해야 할 시설로 가장 적절한 것은?

〈K서포터즈 발대식 안내〉

- 일시 : 2월 17 ～ 18일(1박 2일)
- 대상인원 : 서포터즈 선발인원 117명, 아나운서 6명

〈사내 시설 현황〉

구분	최대수용 인원	시설 예약완료 현황			부대시설	
		2월 16일	2월 17일	2월 18일	마이크	프로젝터
한빛관	166명	–	–	09:00 ～ 11:00	○	×
비전홀	158명	15:00 ～ 17:00	–	–	○	○
대회의실 1	148명	09:00 ～ 10:00	–	–	○	○
대회의실 2	136명	–	–	15:00 ～ 17:00	○	○

조건

- 운영인원 10명을 포함한 전체 참여 인원을 수용할 수 있어야 한다.
- 전체 참여 인원의 10%를 수용할 수 있는 여유 공간이 있어야 한다.
- 마이크와 프로젝터가 모두 있어야 한다.
- 발대식 전날 정오부터 대여가 가능해야 한다.

① 한빛관
② 비전홀
③ 대회의실 1
④ 대회의실 2

CHAPTER 04

정보능력

합격 Cheat Key

정보능력은 업무를 수행함에 있어 기본적인 컴퓨터를 활용하여 필요한 정보를 수집, 분석, 활용하는 능력을 의미한다. 또한 업무와 관련된 정보를 수집하고, 이를 분석하여 의미 있는 정보를 얻는 능력이다. 국가직무능력표준에 따르면 정보능력의 세부 유형은 컴퓨터 활용·정보 처리로 나눌 수 있다.

1 평소에 컴퓨터 활용 스킬을 틈틈이 익혀라!

윈도우(OS)에서 어떠한 설정을 할 수 있는지, 응용프로그램(엑셀 등)에서 어떠한 기능을 활용할 수 있는지를 평소에 직접 사용해 본다면 문제를 보다 수월하게 해결할 수 있다. 여건이 된다면 컴퓨터 활용 능력에 관련된 자격증 공부를 하는 것도 이론과 실무를 익히는 데 도움이 될 것이다.

2 문제의 규칙을 찾는 연습을 하라!

일반적으로 코드체계나 시스템 논리체계를 제공하고 이를 분석하여 문제를 해결하는 유형이 출제된다. 이러한 문제는 문제해결능력과 같은 맥락으로 규칙을 파악하여 접근하는 방식으로 연습이 필요하다.

3 현재 보고 있는 그 문제에 집중하라!

정보능력의 모든 것을 공부하려고 한다면 양이 너무나 방대하다. 그렇기 때문에 수험서에서 본인이 현재 보고 있는 문제들을 집중적으로 공부하고 기억하려고 해야 한다. 그러나 엑셀의 함수 수식, 연산자 등 암기를 필요로 하는 부분들은 필수적으로 암기를 해서 출제가 되었을 때 오답률을 낮출 수 있도록 한다.

4 사진·그림을 기억하라!

컴퓨터 활용 능력을 파악하는 영역이다 보니 컴퓨터 속 옵션, 기능, 설정 등의 사진·그림이 문제에 같이 나오는 경우들이 있다. 그런 부분들은 직접 컴퓨터를 통해서 하나하나 확인을 하면서 공부한다면 더 기억에 잘 남게 된다. 조금 귀찮더라도 한 번씩 클릭하면서 확인을 해보도록 한다.

| 유형분석 |

- 정보능력 전반에 대한 이해를 확인하는 문제이다.
- 정보능력 이론이나 새로운 정보 기술에 대한 문제가 자주 출제된다.

다음 중 정보의 가공 및 활용에 대한 설명으로 옳지 않은 것은?

① 정보는 원형태 그대로 혹은 가공하여 활용할 수 있다.

② 수집된 정보를 가공하여 다른 형태로 재표현하는 방법도 가능하다.

③ 정적정보의 경우, 이용한 이후에도 장래활용을 위해 정리하여 보존한다.

④ 비디오테이프에 저장된 영상정보는 동적정보에 해당한다.

⑤ 동적정보는 입수하여 처리 후에는 해당 정보를 즉시 폐기해도 된다.

정답 ④

저장매체에 저장된 자료는 시간이 지나도 언제든지 동일한 형태로 재생이 가능하므로 정적정보에 해당한다.

오답분석

① 정보는 원래 형태 그대로 활용하거나, 분석, 정리 등 가공하여 활용할 수 있다.

② 정보를 가공하는 것뿐 아니라 일정한 형태로 재표현하는 것도 가능하다.

③ 시의성이 사라지면 정보의 가치가 떨어지는 동적정보와 달리 정적정보의 경우, 이용 후에도 장래에 활용을 하기 위해 정리하여 보존하는 것이 좋다.

⑤ 동적정보의 특징은 입수 후 처리한 경우에는 폐기하여도 된다는 것이다. 오히려 시간의 경과에 따라 시의성이 점점 떨어지는 동적정보를 축적하는 것은 비효율적이다.

풀이 전략!

자주 출제되는 정보능력 이론을 확인하고, 확실하게 암기해야 한다. 특히 새로운 정보 기술이나 컴퓨터 전반에 대해 관심을 가지는 것이 좋다.

01 다음 〈보기〉 중 개인정보 유출을 방지할 수 있는 방안이 아닌 것을 모두 고르면?

> **보기**
>
> ㄱ. 회원 가입 시 개인정보보호와 이용자 권리에 관한 조항을 유심히 읽어야 한다.
> ㄴ. 제3자에 대한 정보 제공이 이루어지는 곳에는 개인정보를 제공하여서는 안 된다.
> ㄷ. 제시된 정보수집 및 이용목적에 적합한 정보를 요구하는지 확인하여야 한다.
> ㄹ. 비밀번호는 주기적으로 변경해주어야 하며, 비밀번호 관리를 위해 동일한 비밀번호를 사용하는 것이 좋다.
> ㅁ. 제공한 정보가 가입 해지 시 파기되는지 여부를 확인하여야 한다.

① ㄱ, ㄴ   ② ㄱ, ㄷ
③ ㄴ, ㄹ   ④ ㄴ, ㅁ

02 다음 중 정보처리 절차에 대한 설명으로 옳지 않은 것은?

① 정보 활용 시에는 합목적성 외에도 합법성이 고려되어야 한다.
② 정보처리는 기획 – 수집 – 활용 – 관리의 순서로 이루어진다.
③ 다양한 정보원으로부터 목적에 적합한 정보를 수집해야 한다.
④ 정보 관리 시에 고려하여야 할 3요소는 목적성, 용이성, 유용성이다.

02 엑셀 함수

| 유형분석 |

- 컴퓨터 활용과 관련된 상황에서 문제를 해결하기 위한 행동이 무엇인지 묻는 문제이다.
- 주로 업무수행 중에 많이 활용되는 대표적인 엑셀 함수(COUNTIF, ROUND, MAX, SUM, COUNT, AVERAGE …)가 출제된다.
- 종종 엑셀시트를 제시하여 각 셀에 들어갈 함수식이 무엇인지 고르는 문제가 출제되기도 한다.

다음 시트에서 판매수량과 추가판매의 합계를 구하기 위해서 [B6] 셀에 들어갈 수식으로 옳은 것은?

	A	B	C
1	일자	판매수량	추가판매
2	06월19일	30	8
3	06월20일	48	
4	06월21일	44	
5	06월22일	42	12
6	합계	184	

① =SUM(B2,C2,C5)

② =LEN(B2:B5, 3)

③ =COUNTIF(B2:B5, ">=12")

④ =SUM(B2:B5)

⑤ =SUM(B2:B5,C2,C5)

정답 ⑤

「=SUM(합계를 구할 처음 셀:합계를 구할 마지막 셀)」으로 표시해야 한다. 판매수량과 추가판매를 더하는 것은 비연속적인 셀을 더하는 것이므로 연속하는 영역을 입력하고 ','로 구분해 준 다음 영역을 다시 지정해야 한다. 따라서 [B6] 셀에 작성해야 할 수식으로는 「=SUM(B2:B5,C2,C5)」이 옳다.

풀이 전략!

제시된 상황에서 사용할 엑셀 함수가 무엇인지 파악한 후, 선택지에서 적절한 함수식을 골라 식을 만들어야 한다. 평소 대표적으로 문제에 자주 출제되는 몇몇 엑셀 함수를 익혀두면 풀이시간을 단축할 수 있다.

01 다음 시트를 참조하여 작성한 함수식 「=VLOOKUP(SMALL(A2:A10,3),A2:E10,4,0)」의 결과로 옳은 것은?

	A	B	C	D	E
1	번호	억양	발표	시간	자료준비
2	1	80	84	91	90
3	2	89	92	86	74
4	3	72	88	82	100
5	4	81	74	89	93
6	5	84	95	90	88
7	6	83	87	72	85
8	7	76	86	83	87
9	8	87	85	97	94
10	9	98	78	96	81

① 82

② 83

③ 86

④ 87

02 다음 시트에서 [E10] 셀에 수식 「=INDEX(E2:E9,MATCH(0,D2:D9,0))」를 입력했을 때, [E10] 셀에 표시되는 결과로 옳은 것은?

	A	B	C	D	E
1	부서	직위	사원명	근무연수	근무월수
2	재무팀	사원	이수연	2	11
3	교육사업팀	과장	조민정	3	5
4	신사업팀	사원	최지혁	1	3
5	교육컨텐츠팀	사원	김다연	0	2
6	교육사업팀	부장	민경희	8	10
7	기구설계팀	대리	김형준	2	1
8	교육사업팀	부장	문윤식	7	3
9	재무팀	대리	한영혜	3	0
10					

① 0

② 1

③ 2

④ 3

※ K사에 근무 중인 S사원은 체육대회를 준비하고 있다. 체육대회에 사용할 물품 비용을 다음과 같이 엑셀로 정리하였다. 자료를 참고하여 이어지는 질문에 답하시오. [3~4]

	A	B	C	D	E
1	구분	물품	개수	단가(원)	비용(원)
2	의류	A팀 체육복	15	20,000	300,000
3	식품류	과자	40	1,000	40,000
4	식품류	이온음료수	50	2,000	100,000
5	의류	B팀 체육복	13	23,000	299,000
6	상품	수건	20	4,000	80,000
7	상품	USB	10	10,000	100,000
8	의류	C팀 체육복	14	18,000	252,000
9	식품류	김밥	30	3,000	90,000

03 S사원이 테이블에서 단가가 두 번째로 높은 물품의 금액을 알고자 한다. S사원이 입력해야 할 함수로 옳은 것은?

① =INDEX(D2:D9,2)

② =MAX(D2:D9,2)

③ =MID(D2:D9,2)

④ =LARGE(D2:D9,2)

04 S사원은 구입물품 중 의류의 총개수를 파악하고자 한다. S사원이 입력해야 할 함수로 옳은 것은?

① =SUMIF(A2:A9,A2,C2:C9)

② =COUNTIF(C2:C9,C2)

③ =VLOOKUP(A2,A2:A9,1,0)

④ =HLOOKUP(A2,A2:A9,1,0)

05 K중학교에서 근무하는 P교사는 반 학생들의 과목별 수행평가 제출 여부를 확인하기 위해 다음과 같이 자료를 정리하였다. P교사가 [D11] ~ [D13] 셀에 〈보기〉와 같이 함수를 입력하였을 때, [D11] ~ [D13] 셀에 나타날 결괏값이 바르게 연결된 것은?

	A	B	C	D
1				(제출했을 경우 '1'로 표시)
2	이름	A과목	B과목	C과목
3	김혜진	1	1	1
4	이방숙	1		
5	정영교	재제출 요망	1	
6	정혜운		재제출 요망	1
7	이승준		1	
8	이혜진			1
9	정영남	1		1
10				
11				
12				
13				

보기

[D11] 셀에 입력한 함수	→	=COUNTA(B3:D9)
[D12] 셀에 입력한 함수	→	=COUNT(B3:D9)
[D13] 셀에 입력한 함수	→	=COUNTBLANK(B3:D9)

	[D11]	[D12]	[D13]
①	12	10	11
②	12	10	9
③	10	12	11
④	10	10	9

조직이해능력

합격 Cheat Key

조직이해능력은 업무를 원활하게 수행하기 위해 조직의 체제와 경영을 이해하고 국제적인 추세를 이해하는 능력이다. 현재 많은 공사·공단에서 출제 비중을 높이고 있는 영역이기 때문에 미리 대비하는 것이 중요하다. 실제 업무 능력에서 조직이해능력을 요구하기 때문에 중요도는 점점 높아질 것이다.

세부 유형은 조직 체제 이해, 경영 이해, 업무 이해, 국제 감각으로 나눌 수 있다. 조직도를 제시하는 문제가 출제되거나 조직의 체계를 파악해 경영의 방향성을 예측하고, 업무의 우선순위를 파악하는 문제가 출제된다.

1 문제 속에 정답이 있다!

경력이 없는 경우 조직에 대한 이해가 낮을 수밖에 없다. 그러나 문제 자체가 실무적인 내용을 담고 있어도 문제 안에는 해결의 단서가 주어진다. 부담을 갖지 않고 접근하는 것이 중요하다.

2 경영·경제학원론 정도의 수준은 갖추도록 하라!

지원한 직군마다 차이는 있을 수 있으나, 경영·경제이론을 접목시킨 문제가 꾸준히 출제되고 있다. 따라서 기본적인 경영·경제이론은 익혀 둘 필요가 있다.

3 **지원하는 공사·공단의 조직도를 파악하라!**

출제되는 문제는 각 공사·공단의 세부내용일 경우가 많기 때문에 지원하는 공사·공단의 조직도를 파악해 두어야 한다. 조직이 운영되는 방법과 전략을 이해하고, 조직을 구성하는 체제를 파악하고 간다면 조직이해능력에서 조직도가 나올 때 단기간에 문제를 풀수 있을 것이다.

4 **실제 업무에서도 요구되므로 이론을 익혀라!**

각 공사·공단의 직무 특성상 일부 영역에 중요도가 가중되는 경우가 있어서 많은 취업준비생들이 일부 영역에만 집중하지만, 실제 업무 능력에서 직업기초능력 10개 영역이 골고루 요구되는 경우가 많고, 현재는 필기시험에서도 조직이해능력을 출제하는 기관의 비중이 늘어나고 있기 때문에 미리 이론을 익혀 둔다면 모듈형 문제에서 고득점을 노릴수 있다.

| 유형분석 |

- 경영 전략에서 대표적으로 출제되는 문제는 마이클 포터(Michael Porter)의 본원적 경쟁 전략이다.
- 경쟁 전략의 기본적인 이해와 구조를 물어보는 문제가 자주 출제되므로 전략별 특징 및 개념에 대한 이론 학습이 요구된다.

다음 중 마이클 포터(Michael E. Porter)의 본원적 경쟁 전략에 대한 설명으로 가장 적절한 것은?

① 해당 사업에서 경쟁우위를 확보하기 위한 전략이다.

② 집중화 전략에서는 대량생산을 통해 단위 원가를 낮추거나 새로운 생산기술을 개발할 필요가 있다고 본다.

③ 원가우위 전략에서는 연구개발이나 광고를 통하여 기술, 품질, 서비스 등을 개선할 필요가 있다고 본다.

④ 차별화 전략은 특정 산업을 대상으로 한다.

정답 ①

마이클 포터(Michael E. Porter)의 본원적 경쟁 전략

- 원가우위 전략 : 원가절감을 통해 해당 산업에서 우위를 점하는 전략으로, 이를 위해서는 대량생산을 통해 단위 원가를 낮추거나 새로운 생산기술을 개발할 필요가 있다. 1970년대 우리나라의 섬유업체나 신발업체, 가발업체 등이 미국시장에 진출할 때 취한 전략이 여기에 해당한다.
- 차별화 전략 : 조직이 생산품이나 서비스를 차별화하여 고객에게 가치가 있고 독특하게 인식되도록 하는 전략이다. 이를 위해서는 연구개발이나 광고를 통하여 기술, 품질, 서비스, 브랜드 이미지를 개선할 필요가 있다.
- 집중화 전략 : 특정 시장이나 고객에게 한정된 전략으로, 원가우위나 차별화 전략이 산업 전체를 대상으로 하는 데 비해 집중화 전략은 특정 산업을 대상으로 한다. 즉, 경쟁조직들이 소홀히 하고 있는 한정된 시장을 원가우위나 차별화 전략을 써서 집중적으로 공략하는 방법이다.

풀이 전략!

대부분의 기업들은 마이클 포터의 본원적 경쟁 전략을 사용하고 있다. 각 전략에 해당하는 대표적인 기업을 연결하고, 그들의 경영전략을 상기하며 문제를 풀어보도록 한다.

01 다음 〈보기〉 중 경영의 4요소로 옳은 것을 모두 고르면?

> **보기**
> ㄱ. 조직의 목적을 달성하기 위해 경영자가 수립하는 것으로 더욱 구체적인 방법과 과정이 담겨 있다.
> ㄴ. 경영은 조직에서 일하는 구성원의 직무수행에 기초하여 이루어지기 때문에 이들의 배치 및 활용이 중요하다.
> ㄷ. 생산자가 상품 또는 서비스를 소비자에게 유통하는 데 관련된 모든 체계적 경영 활동이다.
> ㄹ. 특정의 경제적 실체에 관하여 이해관계를 이루는 사람들에게 합리적인 경제적 의사결정을 하는 데 유용한 재무적 정보를 제공하기 위한 일련의 과정 또는 체계이다.
> ㅁ. 경영하는 데 사용할 수 있는 돈으로 이것이 충분히 확보되는 정도에 따라 경영의 방향과 범위가 정해지게 된다.
> ㅂ. 조직이 변화하는 환경에 적응하기 위하여 경영 활동을 체계화하는 것으로, 목표 달성을 위한 수단이다.

① ㄱ, ㄴ, ㄷ, ㄹ   ② ㄱ, ㄴ, ㅁ, ㅂ
③ ㄴ, ㄷ, ㄹ, ㅂ   ④ ㄴ, ㄹ, ㅁ, ㅂ

02 다음 중 내부 벤치마킹에 대한 설명으로 가장 적절한 것은?

① 다각화된 우량기업의 경우 효과를 보기 어렵다.
② 경쟁 기업을 통해 경영 성과와 관련된 정보를 획득할 수 있다.
③ 같은 기업 내의 타 부서 간 유사한 활용을 비교 대상으로 삼을 수 있다.
④ 문화 및 제도적인 차이로 발생할 수 있는 효과에 대한 검토가 필요하다.

| 유형분석 |

- 조직 구조 유형에 대한 특징을 물어보는 문제가 자주 출제된다.
- 기계적 조직과 유기적 조직의 차이점과 사례 등을 숙지하고 있어야 한다.
- 조직 구조 형태에 따라 기능적 조직, 사업별 조직으로 구분하여 출제되기도 한다.

다음 중 기계적 조직의 특징으로 옳은 것을 〈보기〉에서 모두 고르면?

보기

㉠ 변화에 맞춰 쉽게 변할 수 있다.
㉡ 상하 간 의사소통이 공식적인 경로를 통해 이루어진다.
㉢ 대표적으로 사내 벤처팀, 프로젝트팀이 있다.
㉣ 구성원의 업무가 분명하게 규정되어 있다.
㉤ 다양한 규칙과 규제가 있다.

① ㉠, ㉡, ㉢　　　　　　　　　② ㉠, ㉣, ㉤
③ ㉡, ㉢, ㉣　　　　　　　　　④ ㉡, ㉣, ㉤
⑤ ㉢, ㉣, ㉤

정답 ④

오답분석

㉠·㉢ 유기적 조직에 대한 설명이다.

- 기계적 조직
  - 구성원의 업무가 분명하게 규정되어 있고, 많은 규칙과 규제가 있다.
  - 상하 간 의사소통이 공식적인 경로를 통해 이루어진다.
  - 대표적으로 군대, 정부, 공공기관 등이 있다.
- 유기적 조직
  - 업무가 고전되지 않아 업무 공유가 가능하다.
  - 규제나 통제의 정도가 낮아 변화에 맞춰 쉽게 변할 수 있다.
  - 대표적으로 권한위임을 받아 독자적으로 활동하는 사내 벤처팀, 특정한 과제 수행을 위해 조직된 프로젝트팀이 있다.

풀이 전략!

조직 구조는 유형에 따라 기계적 조직과 유기적 조직으로 나눌 수 있다. 기계적 조직과 유기적 조직은 서로 상반된 특징을 가지고 있으며, 기계적 조직이 관료제의 특징과 비슷함을 파악하고 있다면, 이와 상반된 유기적 조직의 특징도 수월하게 파악할 수 있다.

01   다음 중 조직구조의 결정요인에 대한 설명으로 적절하지 않은 것은?

① 대규모 조직은 소규모 조직에 비해 업무의 전문화 정도가 높다.

② 조직구조의 주요 결정요인은 4가지로 전략, 규모, 기술, 환경이다.

③ 조직 활동의 결과에 대한 만족은 조직의 문화적 특성에 따라 상이하다.

④ 급변하는 환경 하에서는 유기적 조직보다 원칙이 확립된 기계적 조직이 더 적합하다.

02   다음 〈보기〉 중 조직문화 모형인 7-S모형에 대한 설명으로 옳지 않은 것을 모두 고르면?

> **보기**
>
> ㄱ. 7-S모형에 제시된 조직문화 구성요소는 공유가치, 리더십 스타일, 구성원, 제도, 절차, 구조, 전략, 스킬을 가리킨다.
> ㄴ. 리더십 스타일이란 조직구성원들의 행동이나 사고를 특정 방향으로 이끌어 가는 원칙이나 기준을 의미한다.
> ㄷ. 구조는 조직의 전략을 수행하는 데 필요한 틀로서 구성원의 역할과 그들 간의 상호관계를 지배하는 공식요소를 가리킨다.
> ㄹ. 전략은 조직의 장기적인 목적과 계획 그리고 이를 달성하기 위한 장기적인 행동지침을 가리킨다.

① ㄱ   ② ㄴ

③ ㄱ, ㄷ   ④ ㄴ, ㄹ

K공사는 제한된 인력으로 업무수행의 효율을 높이기 위해 조직구조에 대한 혁신이 필요하다고 판단하여 조직구조를 개편하기로 했다. 이번에 개편되는 조직구조의 형태는 특정 프로젝트를 수행하기 위한 것으로 해당 분야에 전문성을 지닌 다른 팀의 직원들이 자신의 직무와 특정 프로젝트를 동시에 수행하도록 할 계획이다. 이러한 조직구조가 경영학계에 대두된 시점은 1969년 아폴로 11호의 달 착륙 때의 일이다. 당시 미국이 구소련보다 앞서 달 정복에 성공할 수 있었던 것과 관련, 수평적 커뮤니케이션이 가능한 이러한 구조의 힘이 컸다는 언론보도 이후 경영계에서 앞다퉈 이 시스템을 도입하기 시작한 것이다. 하지만 이를 도입했던 대부분의 기업들은 성과를 거두지 못하고 오히려 극심한 혼란과 부작용을 경험했다.

03 다음 중 K공사가 변경하고자 하는 조직구조의 형태는?

① 기능 구조   ② 매트릭스 구조

③ 사업 구조   ④ 네트워크 구조

04 윗글과 관련하여 향후 K공사가 계획한 조직구조에서 부작용을 줄이기 위해 고려해야 할 사항으로 적절하지 않은 것은?

① 조직구조는 변화시키지만 기업문화와 인사제도, 성과평가 제도는 유지해야 한다.

② 조직구조의 최하단에 놓인 직원들의 적절한 업무량 배분을 감안해야 한다.

③ 조직구조 상단 기능별 리더들의 사고 혁신이 전제가 되어야 한다.

④ 조직구조의 전체적인 변화와 혁신을 일으키지 않으면 관료제가 중첩되는 위험에 빠질 수 있다.

05 다음 〈보기〉 중 비영리조직으로 적절한 것을 모두 고르면?

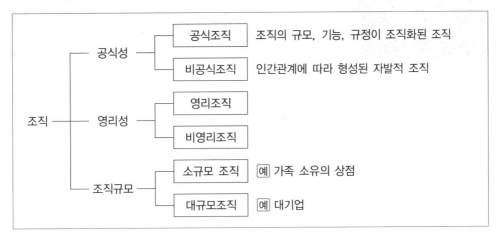

보기

㉠ 사기업
㉡ 정부조직
㉢ 병원
㉣ 대학
㉤ 시민단체

① ㉠, ㉣, ㉤
② ㉠, ㉢, ㉣, ㉤
③ ㉡, ㉢, ㉣, ㉤
④ ㉠, ㉡, ㉢, ㉣, ㉤

03 업무 종류

| 유형분석 |

- 부서별 주요 업무에 대해 묻는 문제이다.
- 부서별 특징과 담당 업무에 대한 이해가 필요하다.

다음 상황에서 오대리가 팀장의 지시를 수행하기 위하여 거쳐야 할 부서를 순서대로 바르게 나열한 것은?

> 오대리, 내가 내일 출장 준비 때문에 무척 바빠서 그러는데 자네가 좀 도와 줘야 할 것 같군. 우선 박비서한테 가서 오후 사장님 회의 자료를 좀 가져다 주게나. 오는 길에 지난주 기자단 간담회 자료 정리가 되었는지 확인해 보고 완료됐으면 한 부 챙겨 오고. 다음 주에 승진자 발표가 있을 것 같은데 우리 팀 승진 대상자 서류가 잘 전달되었는지 그것도 확인 좀 해 줘야겠어. 참, 오후에 바이어가 내방하기로 되어 있는데 공항 픽업 준비는 잘 해 두었지? 배차 예약 상황도 다시 한 번 점검해 봐야 할 거야. 그럼 수고 좀 해 주게.

① 기획팀 – 홍보팀 – 총무팀 – 경영관리팀
② 비서실 – 홍보팀 – 인사팀 – 총무팀
③ 인사팀 – 법무팀 – 총무팀 – 기획팀
④ 경영관리팀 – 법무팀 – 총무팀 – 인사팀
⑤ 회계팀 – 경영관리팀 – 인사팀 – 총무팀

정답 ②

우선 박비서에게 회의 자료를 받아와야 하므로 비서실을 들러야 한다. 다음으로 기자단 간담회는 대회 홍보 및 기자단 상대 업무를 맡은 홍보팀에서 자료를 정리할 것이므로 홍보팀을 거쳐야 한다. 또한, 승진자 인사 발표 소관 업무는 인사팀이 담당한다고 볼 수 있으며, 회사의 차량 배차에 대한 업무는 총무팀과 같은 지원부서의 업무로 보는 것이 적절하다.

풀이 전략!

조직은 목적의 달성을 위해 업무를 효과적으로 분배하고 처리할 수 있는 구조를 확립해야 한다. 조직의 목적이나 규모에 따라 업무의 종류는 다양하지만, 대부분의 조직에서는 총무, 인사, 기획, 회계, 영업으로 부서를 나누어 업무를 담당하고 있다. 따라서 5가지 업무 종류에 대해서는 미리 숙지해야 한다.

01 다음은 기업의 각 부서에서 하는 일이다. 일반적인 상황에서 부서와 부서 업무가 바르게 연결된 것은?

ㄱ. 의전 및 비서업무	ㄴ. 업무분장 및 조정	ㄷ. 결산 관련 업무
ㄹ. 임금제도	ㅁ. 소모품의 구입과 관리	ㅂ. 법인세, 부가가치세
ㅅ. 판매예산 편성	ㅇ. 보험가입 및 보상업무	ㅈ. 견적 및 계약
ㅊ. 국내외 출장 업무 협조	ㅋ. 외상매출금 청구	ㅍ. 직원수급 계획 및 관리

① 총무부 : ㄱ, ㅁ, ㅅ

② 영업부 : ㅅ, ㅈ, ㅋ

③ 회계부 : ㄷ, ㅇ, ㅋ

④ 인사부 : ㄱ, ㄴ, ㄹ

02 A팀장은 급하게 해외 출장을 떠나면서 B대리에게 다음과 같은 메모를 남겨두었다. B대리가 가장 먼저 처리해야 할 일은 무엇인가?

> B대리, 지금 급하게 해외 출장을 가야 해서 오늘 처리해야 하는 것들 메모 남겨요.
> 오후 2시에 거래처와 미팅 있는 거 알고 있죠? 오전 내로 거래처에 전화해서 다음 주 중으로 다시 미팅날짜 잡아줘요. 그리고 오늘 신입사원들과 점심 식사하기로 한 거 난 참석하지 못하니까 다른 직원들이 참석해서 신입사원들 고충도 좀 들어주고 해요. 식당은 지난번 갔던 한정식집이 좋겠네 요. 점심 시간에 많이 붐비니까 오전 10시까지 예약전화하는 것도 잊지 말아요. 식비는 법인카드로 처리하도록 하고. 오후 5시에 진행할 회의 PPT는 거의 다 준비되었다고 알고 있는데 바로 나한테 메일로 보내줘요. 확인하고 피드백할게요. 아, 그 전에 내가 중요한 자료를 안 가지고 왔어요. 그것 부터 메일로 보내줘요. 고마워요.

① 점심 예약전화를 한다.

② 회의 자료를 준비한다.

③ 메일로 회의 PPT를 보낸다.

④ 메일로 A팀장이 요청한 자료를 보낸다.

CHAPTER 06

수리능력

합격 Cheat Key

수리능력은 사칙 연산·통계·확률의 의미를 정확하게 이해하고 이를 업무에 적용하는 능력으로, 기초 연산과 기초 통계, 도표 분석 및 작성의 문제 유형으로 출제된다. 수리능력 역시 채택하지 않는 공사·공단이 거의 없을 만큼 필기시험에서 중요도가 높은 영역이다.

특히, 난이도가 높은 공사·공단의 시험에서는 도표 분석, 즉 자료 해석 유형의 문제가 많이 출제되고 있고, 응용 수리 역시 꾸준히 출제하는 공사·공단이 많기 때문에 기초 연산과 기초 통계에 대한 공식의 암기와 자료 해석 능력을 기를 수 있는 꾸준한 연습이 필요하다.

1 응용 수리의 공식은 반드시 암기하라!

응용 수리는 공사·공단마다 출제되는 문제는 다르지만, 사용되는 공식은 비슷한 경우가 많으므로 자주 출제되는 공식을 반드시 암기하여야 한다. 문제에서 묻는 것을 정확하게 파악하여 그에 맞는 공식을 적절하게 적용하는 꾸준한 노력과 공식을 암기하는 연습이 필요하다.

2 자료의 해석은 자료에서 즉시 확인할 수 있는 지문부터 확인하라!

수리능력 중 도표 분석, 즉 자료 해석 능력은 많은 시간을 필요로 하는 문제가 출제되므로, 증가·감소 추이와 같이 눈으로 확인이 가능한 지문을 먼저 확인한 후 복잡한 계산이 필요한 지문을 확인하는 방법으로 문제를 풀이한다면 시간을 조금이라도 아낄 수 있다. 또한, 여러 가지 보기가 주어진 문제 역시 지문을 잘 확인하고 문제를 풀이한다면 불필요한 계산을 생략할 수 있으므로 항상 지문부터 확인하는 습관을 들여야 한다.

3 도표 작성에서 지문에 작성된 도표의 제목을 반드시 확인하라!

도표 작성은 하나의 자료 혹은 보고서와 같은 수치가 표현된 자료를 도표로 작성하는 형식으로 출제되는데, 대체로 표보다는 그래프를 작성하는 형태로 많이 출제된다. 지문을 살펴보면 각 지문에서 주어진 도표에도 소제목이 있는 경우가 대부분이다. 이때, 자료의 수치와 도표의 제목이 일치하지 않는 경우 함정이 존재하는 문제일 가능성이 높으므로 도표의 제목을 반드시 확인하는 것이 중요하다.

01 응용 수리

| 유형분석 |

- 문제에서 제공하는 정보를 파악한 뒤, 사칙연산을 활용하여 계산하는 전형적인 수리문제이다.
- 문제를 풀기 위한 정보가 산재되어 있는 경우가 많으므로 주어진 조건 등을 꼼꼼히 확인해야 한다.

세희네 가족의 올해 휴가비용은 작년 대비 교통비는 15%, 숙박비는 24% 증가하였고, 전체 휴가비용은 20% 증가하였다. 작년 전체 휴가비용이 36만 원일 때, 올해 숙박비는?(단, 전체 휴가비는 교통비와 숙박비의 합이다)

① 160,000원   ② 184,000원

③ 200,000원   ④ 248,000원

⑤ 268,000원

정답 ④

작년 교통비를 x원, 숙박비를 y원이라 하자.

$1.15x + 1.24y = 1.2(x+y) \cdots \bigcirc$

$x+y = 36 \cdots \bigcirc\!\!\bigcirc$

$\bigcirc$과 $\bigcirc\!\!\bigcirc$을 연립하면 $x=16$, $y=20$이다.

따라서 올해 숙박비는 $20 \times 1.24 = 24.8$만 원이다.

풀이 전략!

문제에서 묻는 바를 정확하게 확인한 후, 필요한 조건 또는 정보를 구분하여 신속하게 풀어 나간다. 단, 계산에 착오가 생기지 않도록 유의한다.

01 세화와 성현이는 24km 떨어진 두 지점에서 동시에 출발하여 마주보고 걷다가 만났다. 세화는 시속 5km, 성현이는 시속 3km로 걸었다고 할 때, 세화가 걸은 거리는 얼마인가?

① 15km

② 15.5km

③ 16.2km

④ 17km

02 일정한 속력으로 달리는 기차가 길이 360m의 A터널에 진입해서 완전히 빠져나가는 데 45초가 걸리고, 같은 속력으로 길이 900m의 B터널에 진입해서 완전히 빠져나가는 데 1분 30초가 걸린다고 한다. 이 기차가 같은 속력으로 길이 1.5km의 C터널을 진입해서 완전히 빠져나가는 데 걸리는 시간은?

① 2분 20초

② 2분 30초

③ 3분 20초

④ 3분 50초

03 4%의 소금물 ag과 7.75%의 소금물 bg을 섞어 6%의 소금물 600g을 만들었을 때, 4%의 소금물의 양은?

① 240g

② 280g

③ 320g

④ 360g

04 K기업은 토요일에 2명의 사원이 당직 근무를 하도록 사칙으로 규정하고 있다. K기업의 B팀에는 8명의 사원이 있다. B팀이 앞으로 3주 동안 토요일마다 당직 근무를 한다고 했을 때, 가능한 모든 경우의 수는?(단, 모든 사원은 당직 근무를 2번 이상 서지 않는다)

① 1,520가지　　　　　　　　　　　② 2,520가지

③ 5,040가지　　　　　　　　　　　④ 10,080가지

05 철수는 다음과 같은 길을 따라 A에서 C까지 최단 거리로 이동하려고 한다. 이때, 점 B를 거쳐서 이동하는 경우의 수는?

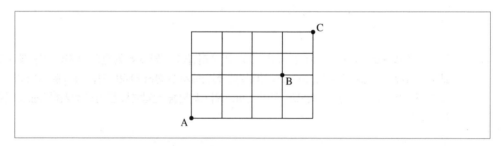

① 15가지　　　　　　　　　　　　② 24가지

③ 28가지　　　　　　　　　　　　④ 30가지

06 한 인터넷 쇼핑몰의 등록 고객 중 여성이 75%, 남성이 25%라고 한다. 여성 등록 고객 중 우수고객의 비율은 40%, 일반 고객의 비율은 60%이다. 그리고 남성 등록 고객의 경우 우수고객이 30%, 일반고객이 70%이다. 등록 고객 중 한 명을 임의로 뽑았더니 우수고객이었다. 이때, 이 고객이 여성일 확률은?

① 75%　　　　　　　　　　　　　② 80%

③ 85%　　　　　　　　　　　　　④ 90%

07 테니스 동아리에서 테니스장 사용료를 내려고 한다. 모두 같은 금액으로 한 명당 5,500원씩 내면 3,000원이 남고 5,200원씩 내면 300원이 부족하다. 테니스장 사용료는 얼마인가?

① 37,500원   ② 47,500원

③ 57,500원   ④ 67,500원

08 두 변의 길이가 각각 108cm, 180cm인 직사각형 모양의 찰흙을 같은 모양의 정사각형 여러 개의 찰흙으로 나누려고 한다. 나눈 찰흙의 수가 최소일 때, 나눈 찰흙의 수는?

① 9개   ② 12개

③ 15개   ④ 18개

09 프로젝트를 완료하는데 A사원이 혼자 하면 7일, B사원이 혼자 하면 9일이 걸린다. 3일 동안 두 사원이 함께 프로젝트를 진행하다가 B사원이 병가를 내는 바람에 나머지는 A사원이 혼자 처리해야 한다. A사원이 남은 프로젝트를 완료하는 데에는 며칠이 더 걸리겠는가?(단, 프로젝트를 완료하는 데 걸리는 기간은 자연수이다)

① 1일   ② 2일

③ 3일   ④ 4일

02 자료 계산

| 유형분석 |

- 문제에 주어진 도표를 분석하여 각 선택지의 값을 계산해 정답 유무를 판단하는 문제이다.
- 주로 그래프와 표로 제시되며, 경영·경제·산업 등과 관련된 최신 이슈를 많이 다룬다.
- 자료 간의 증감률·비율·추세 등을 자주 묻는다.

다음은 K국의 부양인구비를 나타낸 자료이다. 2023년 15세 미만 인구 대비 65세 이상 인구의 비율은 얼마인가?(단, 비율은 소수점 둘째 자리에서 반올림한다)

〈부양인구비〉

구분	2019년	2020년	2021년	2022년	2023년
부양비	37.3	36.9	36.8	36.8	36.9
유소년부양비	22.2	21.4	20.7	20.1	19.5
노년부양비	15.2	15.6	16.1	16.7	17.3

※ (유소년부양비)$=\dfrac{(15\text{세 미만 인구})}{(15\sim64\text{세 인구})}\times100$

※ (노년부양비)$=\dfrac{(65\text{세 이상 인구})}{(15\sim64\text{세 인구})}\times100$

① 72.4% ② 77.6%

③ 81.5% ④ 88.7%

정답 ④

2023년 15세 미만 인구를 x명, 65세 이상 인구를 y명, $15\sim64$세 인구를 a명이라 하면,

15세 미만 인구 대비 65세 이상 인구 비율은 $\dfrac{y}{x}\times100$이므로

(2023년 유소년부양비)$=\dfrac{x}{a}\times100=19.5 \rightarrow a=\dfrac{x}{19.5}\times100 \cdots$ ㉠

(2023년 노년부양비)$=\dfrac{y}{a}\times100=17.3 \rightarrow a=\dfrac{y}{17.3}\times100 \cdots$ ㉡

㉠, ㉡을 연립하면 $\dfrac{x}{19.5}=\dfrac{y}{17.3} \rightarrow \dfrac{y}{x}=\dfrac{17.3}{19.5}$ 이므로, 15세 미만 인구 대비 65세 이상 인구의 비율은 $\dfrac{17.3}{19.5}\times100 ≒ 88.7\%$이다.

풀이 전략!

선택지를 먼저 읽고 필요한 정보를 도표에서 확인하도록 하며, 계산이 필요한 경우에는 실제 수치를 사용하여 복잡한 계산을 하는 대신, 대소 관계의 비교나 선택지의 옳고 그름만을 판단할 수 있을 정도로 간소화하여 계산해 풀이시간을 단축할 수 있도록 한다.

01 다음은 범죄유형별 발생 건수 비율 및 체포 건수 비율에 대한 자료이다. 2020년부터 2023년까지 전년 대비 가장 크게 증가한 범죄의 발생 건수 비율과 체포 건수 비율의 증가량 차이를 구하면?

〈범죄유형별 발생 건수 비율〉

(단위 : %)

구분	2019년	2020년	2021년	2022년	2023년
흉악범죄	1.9	2.2	1.7	0.8	1.0
조폭범죄	3.4	2.6	1.6	1.4	1.3
절도죄	66.9	57.3	76.0	81.7	88.0
지능범죄	5.9	9.7	2.9	7.8	3.4
기타	21.9	28.2	17.8	8.3	6.3

〈범죄유형별 체포 건수 비율〉

(단위 : %)

구분	2019년	2020년	2021년	2022년	2023년
흉악범죄	3.7	3.1	3.3	3.5	4.7
조폭범죄	5.3	3.6	3.5	4.6	5.7
절도죄	55.6	49.4	56.3	56.4	57.5
지능범죄	4.7	7.4	3.1	8.3	5.9
기타	30.7	36.5	33.8	27.2	26.2

① 11.7%p

② 11.8%p

③ 12.9%p

④ 13.0%p

다음은 10개 도시의 2023년 6월 및 2023년 12월의 부동산 전세 가격지수 동향에 대한 자료이다. 2023년 6월 대비 2023년 12월 부동산 전세 가격지수의 증가량이 가장 적은 도시의 증감률은?

〈10개 도시 부동산 전세 가격지수 동향〉

도시	2023년 6월	2023년 12월	도시	2023년 6월	2023년 12월
A	90.2	95.4	F	98.7	98.8
B	92.6	91.2	G	100.3	99.7
C	98.1	99.2	H	92.5	97.2
D	94.7	92.0	I	96.5	98.3
E	95.1	98.7	J	99.8	101.5

① 약 −2.9%
② 약 −1.5%
③ 약 1%
④ 약 5.8%

다음은 K중학교 재학생의 2013년과 2023년의 평균 신장 변화에 대한 자료이다. 2013년 대비 2023년 신장 증가율이 가장 큰 학년을 차례대로 나열한 것은?

〈K중학교 재학생 평균 신장 변화〉

(단위 : cm)

학년	2013년	2023년
1학년	160.2	162.5
2학년	163.5	168.7
3학년	168.7	171.5

① 2학년 − 1학년 − 3학년
② 2학년 − 3학년 − 1학년
③ 3학년 − 1학년 − 2학년
④ 3학년 − 2학년 − 1학년

04 다음은 어느 도시의 버스노선 변동사항에 대한 자료이다. 〈조건〉을 참고하여 A ~ D에 들어갈 노선을 바르게 짝지은 것은?

〈버스노선 변동사항〉

구분	기존 요금	변동 요금	노선 변동사항
A	1,800원	2,100원	–
B	2,400원	2,400원	–
C	1,600원	1,800원	연장운행
D	2,100원	2,600원	–

조건

- 노선 A, B, C, D는 6, 42, 2000, 3100번 중 하나이다.
- 변동 후 요금이 가장 비싼 노선은 2000번이다.
- 요금 변동이 없는 노선은 42번이다.
- 연장운행을 하기로 결정한 노선은 6번이다.

	A	B	C	D
①	6	42	2000	3100
②	6	42	3100	200
③	3100	6	42	2000
④	3100	42	6	2000

03 자료 이해

| 유형분석 |

- 제시된 자료를 분석하여 선택지의 정답 유무를 판단하는 문제이다.
- 자료의 수치 등을 통해 변화량이나 증감률, 비중 등을 비교하여 판단하는 문제가 자주 출제된다.
- 지원하고자 하는 기업이나 산업과 관련된 자료 등이 문제의 자료로 많이 다뤄진다.

다음은 도시폐기물량 상위 10개국의 도시폐기물량지수와 한국의 도시폐기물량을 나타낸 자료이다. 이에 대한 〈보기〉 중 옳은 것을 모두 고르면?

〈도시폐기물량 상위 10개국의 도시폐기물량지수〉

순위	2020년		2021년		2022년		2023년	
	국가	지수	국가	지수	국가	지수	국가	지수
1	미국	12.05	미국	11.94	미국	12.72	미국	12.73
2	러시아	3.40	러시아	3.60	러시아	3.87	러시아	4.51
3	독일	2.54	브라질	2.85	브라질	2.97	브라질	3.24
4	일본	2.53	독일	2.61	독일	2.81	독일	2.78
5	멕시코	1.98	일본	2.49	일본	2.54	일본	2.53
6	프랑스	1.83	멕시코	2.06	멕시코	2.30	멕시코	2.35
7	영국	1.76	프랑스	1.86	프랑스	1.96	프랑스	1.91
8	이탈리아	1.71	영국	1.75	이탈리아	1.76	터키	1.72
9	터키	1.50	이탈리아	1.73	영국	1.74	영국	1.70
10	스페인	1.33	터키	1.63	터키	1.73	이탈리아	1.40

※ (도시폐기물량지수)= $\dfrac{(\text{해당 연도 해당 국가의 도시폐기물량})}{(\text{해당 연도 한국의 도시폐기물량})}$

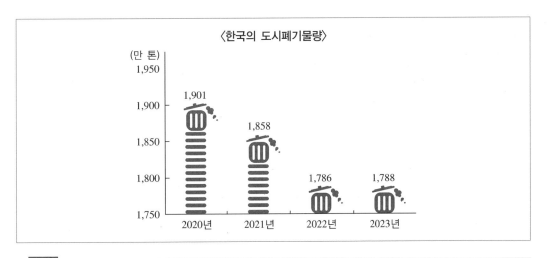

〈한국의 도시폐기물량〉

(만 톤)

- 2020년: 1,901
- 2021년: 1,858
- 2022년: 1,786
- 2023년: 1,788

보기

ㄱ 2023년 도시폐기물량은 미국이 일본의 4배 이상이다.

ㄴ 2022년 러시아의 도시폐기물량은 8,000만 톤 이상이다.

ㄷ 2023년 스페인의 도시폐기물량은 2020년에 비해 감소하였다.

ㄹ 영국의 도시폐기물량은 터키의 도시폐기물량보다 매년 많다.

① ㄱ, ㄷ

② ㄱ, ㄹ

③ ㄴ, ㄷ

④ ㄷ, ㄹ

정답 ①

ㄱ 제시된 자료의 각주에 의해 같은 해의 각국의 도시폐기물량지수는 그 해 한국의 도시폐기물량을 기준해 도출된다. 즉, 같은 해의 여러 국가의 도시폐기물량을 비교할 때 도시폐기물량지수로도 비교가 가능하다. 2023년 미국과 일본의 도시폐기물량지수는 각각 12.73, 2.53이며, 2.53×4=10.12<12.73이므로 옳은 설명이다.

ㄷ 2020년 한국의 도시폐기물량은 1,901만 톤이므로 2020년 스페인의 도시폐기물량은 1,901×1.33=2,528.33만 톤이다. 도시폐기물량 상위 10개국의 도시폐기물량지수 자료를 보면 2023년 스페인의 도시폐기물량지수는 상위 10개국에 포함되지 않았음을 확인할 수 있다. 즉, 스페인의 도시폐기물량은 도시폐기물량지수 10위인 이탈리아의 도시폐기물량보다 적다. 2023년 한국의 도시폐기물량은 1,788만 톤이므로 이탈리아의 도시폐기물량은 1,788×1.40=2,503.2만 톤이다. 즉, 2023년 이탈리아의 도시폐기물량은 2020년 스페인의 도시폐기물량보다 적다. 따라서 2023년 스페인의 도시폐기물량은 2020년에 비해 감소했다.

오답분석

ㄴ 2022년 한국의 도시폐기물량은 1,786만 톤이므로 2022년 러시아의 도시폐기물량은 1,786×3.87=6,911.82만 톤이다.

ㄹ 2023년의 경우 터키의 도시폐기물량지수는 영국보다 높다. 따라서 2023년 영국의 도시폐기물량은 터키의 도시폐기물량보다 적다.

풀이 전략!

평소 변화량이나 증감률, 비중 등을 구하는 공식을 알아두고 있어야 하며, 지원하는 기업이나 산업에 관한 자료 등을 확인하여 비교하는 연습 등을 한다.

01 다음은 한국의 최근 20년간 수출입 동향에 대한 자료이다. 이에 대한 설명으로 옳지 않은 것을 〈보기〉에서 모두 고르면?

〈20년간 수출입 동향〉

(단위 : 천 달러, %)

연도	수출		수입		수지
	금액	증감률	금액	증감률	
2023년	542,232,610	−10.4	503,342,947	−6.0	38,889,663
2022년	604,859,657	5.4	535,202,428	11.9	69,657,229
2021년	573,694,421	15.8	478,478,296	17.8	95,216,125
2020년	495,425,940	−5.9	406,192,887	−6.9	89,233,053
2019년	526,756,503	−8.0	436,498,973	−16.9	90,257,530
2018년	572,664,607	2.3	525,514,506	1.9	47,150,101
2017년	559,632,434	2.1	515,585,515	−0.8	44,046,919
2016년	547,869,792	−1.3	519,584,473	−0.9	28,285,319
2015년	555,213,656	19.0	524,413,090	23.3	30,800,566
2014년	466,383,762	28.3	425,212,160	31.6	41,171,602
2013년	363,533,561	−13.9	323,084,521	−25.8	40,449,040
2012년	422,007,328	13.6	435,274,737	22.0	−13,267,409
2011년	371,489,086	14.1	356,845,733	15.3	14,643,353
2010년	325,464,848	14.4	309,382,632	18.4	16,082,216
2009년	284,418,743	12.0	261,238,264	16.4	23,180,479
2008년	253,844,672	31.0	224,462,687	25.5	29,381,985
2007년	193,817,443	19.3	178,826,657	17.6	14,990,786
2006년	162,470,528	8.0	152,126,153	7.8	10,344,375
2005년	150,439,144	−12.7	141,097,821	−12.1	9,341,323
2004년	172,267,510	19.9	160,481,018	34.0	11,786,492
2003년	143,685,459	8.6	119,752,282	28.4	23,933,177

보기

ㄱ. 무역수지가 적자였던 해는 2012년뿐이다.

ㄴ. 수출 증감률이 전년 대비 가장 높은 해는 수입 증감률도 가장 높다.

ㄷ. 2006년부터 2012년까지 수출 금액과 수입 금액은 지속적으로 증가했다.

ㄹ. 2003년에 비해 2023년 수출 금액은 4배 이상 증가했다.

① ㄱ, ㄴ   ② ㄱ, ㄷ

③ ㄴ, ㄹ   ④ ㄷ, ㄹ

02 다음은 2022 ~ 2024년 설 연휴 발생한 교통사고에 관한 자료이다. 이에 대한 설명으로 옳은 것을 〈보기〉에서 모두 고르면?

<설 연휴 및 평소 주말교통사고 현황>

(단위 : 건, 명)

구분	설 연휴 하루 평균			평소 주말 하루 평균		
	사고	부상자	사망자	사고	부상자	사망자
전체교통사고	487.4	885.1	11.0	581.7	957.3	12.9
졸음운전사고	7.8	21.1	0.6	8.2	17.1	0.3
어린이사고	45.4	59.4	0.4	39.4	51.3	0.3

<설 전후 일자별 하루 평균 전체교통사고 현황>

(단위 : 건, 명)

구분	설 연휴 전날	설 전날	설 당일	설 다음날
전체교통사고	822.0	505.3	448.0	450.0
부상자	1,178.0	865.0	1,013.3	822.0
사망자	17.3	15.3	10.0	8.3

보기

ㄱ. 설 연휴 전날에는 평소 주말보다 하루 평균 전체교통사고 건수는 240.3건, 부상자 수는 220.7명 많았고, 사망자 수는 30% 이상 많았다.

ㄴ. 전체교통사고 건당 부상자 수와 교통사고 건당 사망자 수 모두 설 당일이 설 전날보다 많았다.

ㄷ. 졸음운전사고의 경우 설 연휴 하루 평균 사고 건수는 평소 주말보다 적었으나 설 연휴 하루 평균 부상자 수와 사망자 수는 평소 주말보다 많았다.

ㄹ. 졸음운전사고의 경우 평소 주말 대비 설 연휴 하루 평균 사망자의 증가율은 하루 평균 부상자의 증가율의 10배 이상이었다.

ㅁ. 어린이사고의 경우 설 연휴 하루 평균 사고 건수는 평소 주말보다 6.0건 부상자 수는 8.1명, 사망자 수는 0.1명 더 많았다.

① ㄱ, ㄴ, ㄷ
② ㄱ, ㄷ, ㅁ
③ ㄴ, ㄷ, ㄹ
④ ㄴ, ㄷ, ㅁ

03 다음은 태양광 산업 분야 투자액 및 투자건수에 대한 자료이다. 이에 대한 설명으로 옳지 않은 것은?

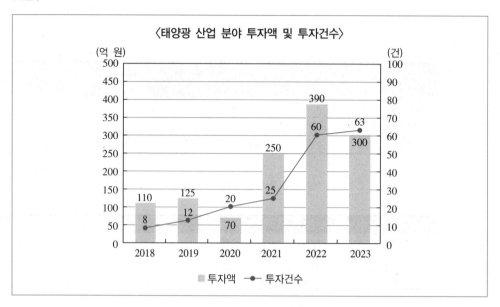

① 투자액이 가장 큰 해는 2022년이다.

② 2018년과 2021년 투자건수의 합은 2023년 투자건수보다 작다.

③ 2019 ~ 2023년 동안 투자액의 전년 대비 증가율은 2019년이 가장 높다.

④ 2019 ~ 2023년 동안 투자건수의 전년 대비 증가율은 2023년이 가장 낮다.

04 다음은 국민권익위원회에서 발표한 행정기관들의 고충민원 접수처리 현황이다. 〈보기〉 중 이에 대한 설명으로 옳은 것을 모두 고르면?(단, 소수점 셋째 자리에서 반올림한다)

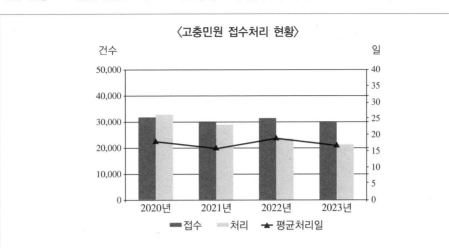

〈고충민원 접수처리 현황〉

〈고충민원 접수처리 항목별 세부현황〉

(단위 : 건, 일)

구분		2020년	2021년	2022년	2023년
접수		31,681	30,038	31,308	30,252
처리		32,737	28,744	23,573	21,080
인용	시정권고	277	257	205	212
	제도개선	0	0	0	0
	의견표명	467	474	346	252
	조정합의	2,923	2,764	2,644	2,567
	소계	3,667	3,495	3,195	3,031
단순안내		12,396	12,378	10,212	9,845
기타처리		16,674	12,871	10,166	8,204
평균처리일		18	16	19	17

보기

ㄱ. 기타처리 건수의 전년 대비 감소율은 매년 증가하였다.
ㄴ. 처리 건수 중 인용 건수 비율은 2023년이 2020년에 비해 3%p 이상 높다.
ㄷ. 처리 건수 대비 조정합의 건수의 비율은 2021년이 2022년보다 높다.
ㄹ. 평균처리일이 짧은 해일수록 조정합의 건수 대비 의견표명 건수 비율이 높다.

① ㄱ
② ㄴ
③ ㄱ, ㄷ
④ ㄴ, ㄹ

교육은 우리 자신의 무지를 점차 발견해 가는 과정이다.

– 윌 듀란트 –

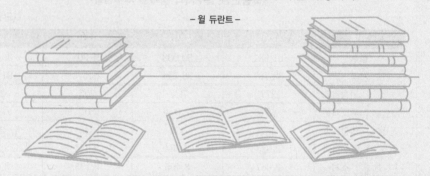

PART 2

전기 전공

CHAPTER 01 전기자기학

CHAPTER 02 전력공학

CHAPTER 03 전기기기

CHAPTER 04 회로이론

CHAPTER 05 한국전기설비규정(KEC)

CHAPTER 06 적중예상문제

01 벡터의 해석

벡터의 내적(스칼라곱)	$\vec{A} \cdot \vec{B} = \|\vec{A}\|\|\vec{B}\|\cos\theta$ $(i \cdot i = j \cdot j = k \cdot k = \|i\|\|i\|\cos 0° = 1,\ \ i \cdot j = j \cdot k = k \cdot i = \|i\|\|j\|\cos 90° = 0)$
벡터의 외적(벡터곱)	$\vec{A} \times \vec{B} = \|\vec{A}\|\|\vec{B}\|\sin\theta$ $(i \times i = j \times j = k \times k = 0,\ i \times j = k,\ j \times k = i,\ k \times i = j,\ j \times i = -k,\ k \times j = -i,\ i \times k = -j)$
미분연산자	$\nabla = \dfrac{\partial}{\partial x}i + \dfrac{\partial}{\partial y}j + \dfrac{\partial}{\partial z}k$ (∇ : del 또는 nabla, 미분연산자)
스칼라 함수의 기울기	전위경도 $\nabla V = \dfrac{\partial V}{\partial x}i + \dfrac{\partial V}{\partial y}j + \dfrac{\partial V}{\partial z}k$ (벡터)
벡터의 발산	$\operatorname{div} A = \nabla \cdot \vec{A} = \dfrac{\partial A_x}{\partial x} + \dfrac{\partial A_y}{\partial y} + \dfrac{\partial A_z}{\partial z}$ (스칼라)
벡터의 회전	$\operatorname{rot} A = \nabla \times \vec{A} = \left(\dfrac{\partial A_z}{\partial y} - \dfrac{\partial A_y}{\partial z}\right)i + \left(\dfrac{\partial A_x}{\partial z} - \dfrac{\partial A_z}{\partial x}\right)j + \left(\dfrac{\partial A_y}{\partial x} - \dfrac{\partial A_x}{\partial y}\right)k$ (벡터)
스토크스(Stokes)의 정리	선(l) 적분 → 면(s) 적분 $\displaystyle\oint_c E \cdot dl = \int_s \operatorname{rot} E \cdot ds$
(가우스)발산의 정리	면(s) 적분 → 체적(v) 적분 $\displaystyle\oint_s E \cdot ds = \int_v \operatorname{div} E \cdot dv$
라플라시안(Laplacian)	$\nabla^2 V = \dfrac{\partial^2 V}{\partial x^2} + \dfrac{\partial^2 V}{\partial y^2} + \dfrac{\partial^2 V}{\partial z^2}$ (스칼라) ※ 라플라스 방정식 : $\nabla^2 f = \nabla \times \nabla f = 0$

(1) 쿨롱의 법칙

$$F = \frac{Q_1 Q_2}{4\pi\varepsilon_0 r^2} = 9 \times 10^9 \times \frac{Q_1 Q_2}{r^2} \text{[N]}$$

※ Q : 전하량[C], r : 거리[m], ε_0(진공 유전율)$= 8.855 \times 10^{-12}$ F/m

(2) 전계의 세기

① 단위 점전하($+1$C)와 전하 사이에 미치는 쿨롱의 힘

$$E = \frac{Q}{4\pi\varepsilon_0 r^2} \text{[V/m]} = 9 \times 10^9 \cdot \frac{Q}{r^2}$$

② 전계의 세기 단위 표시

$$E = \frac{F}{Q} \text{[V/m]} \text{ (단위 : [N/C]} = \left[\frac{\text{N} \cdot \text{m}}{\text{C} \cdot \text{m}}\right] = \left[\frac{\text{J}}{\text{C} \cdot \text{m}}\right] = \text{[V/m])}$$

> ※ **전계의 세기가 0이 되는 지점**
> - 두 개의 점전하의 극성이 동일한 경우 : 두 전하의 사이
> - 두 개의 점전하의 극성이 서로 다른 경우 : 두 전하의 외곽 부분(전하의 절댓값이 작은 값의 외측)에 존재

(3) 전기력선의 성질

① 전기력선의 방향은 전계의 방향과 같다.
② 전기력선의 밀도는 전계의 세기와 같다(∵ 가우스의 법칙).
③ 전기력선은 전위가 높은 곳에서 낮은 곳으로, ($+$)에서 ($-$)로 이동한다.
④ 전하가 없는 곳에서 발생하지만 소멸이 없다(연속적).
⑤ 단위전하에서는 $\frac{1}{\varepsilon_0} = 1.13 \times 10^{11}$ 개의 전기력선이 출입한다.
⑥ 전기력선은 자신만으로 폐곡선을 이루지 않는다.
⑦ 두 개의 전기력선은 서로 교차하지 않는다(전계가 0이 아닌 곳).
⑧ 전기력선은 등전위면과 수직 교차한다.

(4) 전기력선 방정식

$$\frac{dx}{E_x} = \frac{dy}{E_y} = \frac{dz}{E_z}$$

① $V = x^2 + y^2$ (전기력선 방정식 : $y = Ax$ 형태)
② $V = x^2 - y^2$ (전기력선 방정식 : $xy = A$ 형태)

(5) 전계의 세기 구하는 방법 : 가우스의 법칙 이용

$$\oint E \cdot ds = \frac{Q}{\varepsilon_0}, \; E = \frac{Q}{\varepsilon_0 S} = \frac{\sigma}{\varepsilon_0}$$

① 구도체(점전하)

　　㉠ 표면$(r > a)$: $E = \dfrac{Q}{4\pi\varepsilon_0 r^2}$

　　㉡ 내부$(r < a)$

　　　• 일반조항 : $E = 0$

　　　• 강제조항(내부에 전하가 균일분포) : $E = \dfrac{rQ}{4\pi\varepsilon_0 a^3}$

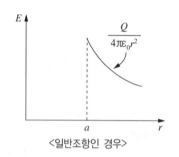
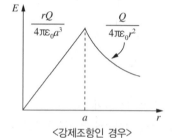

<일반조항인 경우>　　　　　　<강제조항인 경우>

② 축 대칭(선전하밀도 : $\lambda[\mathrm{C/m}]$, 원통)

　　㉠ 표면$(r > a)$: $E = \dfrac{\lambda}{2\pi\varepsilon_0 r}$

　　㉡ 내부$(r < a)$

　　　• 일반조항 : $E = 0$

　　　• 강제조항(내부에 균일분포) : $E = \dfrac{r\lambda}{2\pi\varepsilon_0 a^2}$

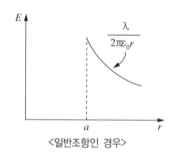
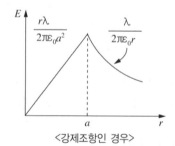

<일반조항인 경우>　　　　　　<강제조항인 경우>

③ 무한평면 : $E = \dfrac{\sigma}{2\varepsilon_0}$ (내부 $E = 0$)

　　※ 면전하밀도 : $\sigma[\mathrm{C/m^2}]$

④ 표면에 전하분포(표면전하밀도)

$$E = \frac{\sigma}{\varepsilon_0} \ (내부 \ E = 0)$$

⑤ 푸아송의 방정식

　　㉠ $\mathrm{div} E = \dfrac{\rho}{\varepsilon_0}$ (가우스의 미분형)

　　㉡ $\nabla^2 V = -\dfrac{\rho}{\varepsilon_0}$ (푸아송의 방정식)

　　　※ ρ : 체적전하밀도[C/m^3]

　　㉢ $\nabla^2 V = 0$ (라플라스 방정식, 전하밀도 $\rho = 0$일 때)

(6) 전기쌍극자

$M = Q \cdot \delta [\mathrm{C} \cdot \mathrm{m}]$ (쌍극자의 모멘트)

※ 미소전하 $\pm Q[\mathrm{C}]$, 미소거리 δ 떨어져서 배치

① 전기쌍극자의 전위

$$V = \frac{M}{4\pi\varepsilon_0 r^2} \cos\theta \ [\mathrm{V}]$$

$[\theta = 0°(최대), \ 90°(최소)]$

② 전기쌍극자의 전계

$$E = \frac{M}{4\pi\varepsilon_0 r^3} \sqrt{1 + 3\cos^2\theta} \ [\mathrm{V/m}]$$

$[\theta = 0°(최대), \ 90°(최소)]$

(7) 정전응력(면적당 힘)

$$f = \frac{\sigma^2}{2\varepsilon_0} = \frac{1}{2}\varepsilon_0 E^2 = \frac{D^2}{2\varepsilon_0} \ [\mathrm{N/m}^2]$$

(8) 전기이중층

① 이중층의 세기 : $M = \sigma \cdot \delta [\mathrm{C/m}]$

② 이중층의 전위 : $V_P = \dfrac{M}{4\pi\varepsilon_0} \omega [\mathrm{V}]$

　　※ 입체각 $\omega = 2\pi(1 - \cos\theta)$

(1) 전위계수와 용량계수

① 전위계수 P

㉠ 도체의 크기, 주위 매질, 배치상태의 영향을 받음

㉡ $P = \dfrac{V}{Q}[\text{V/C}] = [1/\text{F}] = [1\text{daraf}]$

㉢ P_{rr}, $P_{ss} > 0$

㉣ P_{rs}, $P_{sr} \geq 0$

㉤ $P_{rs} = P_{sr}$

㉥ $P_{rr} \geq P_{rs}$

> ※ **정전차폐의 경우**
>
> • $P_{11} = P_{21}$: 도체 2가 도체 1 속에 있음(도체 1이 도체 2를 감싸고 있음)
>
> • $P_{bc} = 0$: 도체 b와 도체 c 사이의 유도계수는 0이므로 타 도체에 의해 정전차폐가 되어 있음

② 용량계수와 유도계수

㉠ 용량계수 : q_{rr}, $q_{ss} > 0$

㉡ 유도계수 : q_{rs}, $q_{sr} \leq 0$

㉢ $q_{rs} = q_{sr}$

㉣ $q_{rr} = -(q_{r1} + q_{r2} + \cdots + q_{rn})$

(2) 정전 용량

① 구도체 : $C = 4\pi\varepsilon_0 a[\text{F}]$ (a는 반지름)

② 동심구 : $C = \dfrac{4\pi\varepsilon_0 ab}{b-a}[\text{F}]$ (단, a, b는 반지름, $a < b$)

③ 동축케이블(원통) : $C = \dfrac{2\pi\varepsilon_0}{\ln\dfrac{b}{a}}[\text{F/m}]$ (단, a, b는 반지름, $a < b$)

④ 평행왕복도선 : $C = \dfrac{\pi\varepsilon_0}{\ln\dfrac{d}{a}}[\text{F/m}]$ (a는 반지름, d는 두 원의 중심 간의 거리)

⑤ 평행판 콘덴서 : $C = \dfrac{\varepsilon_0 S}{d}[\text{F}]$

(3) 정전 에너지

$$W = \frac{1}{2}QV = \frac{1}{2}CV^2[\text{V}] \ (\text{충전 중, } V\text{는 일정함}) = \frac{Q^2}{2C}[\text{J}] \ (\text{충전 후, } Q\text{는 일정함})$$

(4) 콘덴서 연결

① 직렬연결 : $C_0 = \dfrac{C_1 C_2}{C_1 + C_2}$

> ※ **콘덴서의 파괴 순서**
> - 내압이 같은 경우 : 정전 용량이 적은 콘덴서부터 파괴
> - 내압이 다른 경우 : 총전하량이 적은 콘덴서부터 파괴

② 병렬연결 : $C_0 = C_1 + C_2$

> ※ **일반적인 콘덴서의 연결법 : 병렬연결**
> - $V = \dfrac{C_1 V_1 + C_2 V_2}{C_1 + C_2}$

04　유전체

(1) 분극의 세기

유전체의 단위 체적당 전기쌍극자모멘트를 뜻함

$$P = \varepsilon_0 (\varepsilon_S - 1)E = \left(1 - \frac{1}{\varepsilon_s}\right)D\,[\text{C/m}^2]$$

(2) 전속밀도

$$D = \varepsilon_0 \varepsilon_S E = \varepsilon_0 E + \varepsilon_0 (\varepsilon_S - 1)E = \varepsilon_0 E + P\,[\text{C/m}^2]$$

(3) 비유전율(ϵ_S)과의 관계

① 전하량이 일정한 경우(힘, 전계, 전위는 감소)

　㉠ 힘 : $F = \dfrac{1}{\varepsilon_S}F_0$

　㉡ 전계 : $E = \dfrac{1}{\varepsilon_S}E_0$

　㉢ 전위 : $V = \dfrac{1}{\varepsilon_S}V_0$

　㉣ 전기력선수 : $N = \dfrac{1}{\varepsilon_S}N_0$

② 전위가 일정한 경우(전속밀도, 총전하량 증가)

    ㉠ 전속밀도 : $D = \varepsilon_S D_0$

    ㉡ 총전하량 : $Q = \varepsilon_S Q_0$

③ 항상 성립하는 경우(비유전율에 항상 비례)

    정전 용량 : $C = \varepsilon_S C_0$

(4) 경계조건

① 경계조건(굴절법칙)

    ㉠ 전속밀도의 법선성분 : $D_1 \cos\theta_1 = D_2 \cos\theta_2$, $\varepsilon_1 E_1 \cos\theta_1 = \varepsilon_2 E_2 \cos\theta_2$

    ㉡ 전계의 접선성분 : $E_1 \sin\theta_1 = E_2 \sin\theta_2$

    ㉢ 경계조건 : $\dfrac{\tan\theta_1}{\tan\theta_2} = \dfrac{\varepsilon_1}{\varepsilon_2}$

    ㉣ $\varepsilon_1 > \varepsilon_2$일 경우 $\theta_1 > \theta_2$

② 맥스웰 응력 : 유전체의 경계면에 작용하는 힘은 유전율이 큰 쪽에서 작은 쪽으로 발생

    ⇒ 수직 : 인장응력, 수평 : 압축응력

    ㉠ 수직으로 입사$(\theta = 0°)$, $E = 0$, $D = D_1 = D_2$, $f = \dfrac{1}{2}\left(\dfrac{1}{\varepsilon_2} - \dfrac{1}{\varepsilon_1}\right)D^2$ [N/m^2]

    ㉡ 평형으로 입사$(\theta = 90°)$, $D = 0$, $E = E_1 = E_2$, $f = \dfrac{1}{2}(\varepsilon_1 - \varepsilon_2)E^2$ [N/m^2]

(5) 패러데이관의 특징

① 패러데이관 내의 전속선 수는 일정함

② 패러데이관 양단에는 정·부의 단위전하가 있음

③ 진전하가 없는 점에서는 패러데이관은 연속적임

④ 패러데이관의 밀도는 전속밀도와 같음

⑤ 패러데이관 수와 전속선 수는 같음

(6) 분극의 종류

① 전자분극 : 단결정 매질에서 전자운과 핵의 상대적인 변위에 의해 재배열한 분극

② 이온분극 : 화합물에서 (+)이온과 (-)이온의 상대적 변위에 의해 재배열한 분극

③ 쌍극자분극 : 유극성 분자가 전계 방향에 의해 재배열한 분극

④ 계면분극 : 두 종류 이상의 혼합절연물에서 계면의 표면에 (+)전하와 (-)전하가 쌓여 나타나는 분극

(1) 영상전하법

① **평면도체와 점전하** : 평면도체로부터 거리가 d[m]인 곳에 점전하 Q[C]가 있는 경우

　㉠ 영상전하 $Q' = -Q$[C]

　㉡ 평면과 점전하 사이의 힘 $F = -\dfrac{Q'Q}{4\pi\varepsilon_0(2d)^2} = -\dfrac{Q^2}{16\pi\varepsilon_0 d^2}$[N]

② **평면도체와 선전하** : 평면도체와 h[m] 떨어진 평행한 무한장 직선도체에 ρ[C/m]의 선전하가 주어

졌을 때, 직선도체의 단위 길이당 받는 힘 $F = -\rho E = -\rho \cdot \dfrac{\rho}{2\pi\varepsilon_0(2h)} = -\dfrac{\rho^2}{4\pi\varepsilon_0 h}$[N/m]

(2) 접지도체구

반지름 a의 접지도체구의 중심으로부터 거리가 $d(>a)$인 점에 점전하 Q[C]가 있는 경우

① **영상전하의 크기** : $Q' = -\dfrac{a}{d}Q$

② **영상전하의 위치** : $b = \dfrac{a^2}{d}$

③ **접지도체구와 점전하 사이에 작용하는 힘** : $F = -\dfrac{adQ^2}{4\pi\varepsilon_0(d^2 - a^2)^2}$

(1) 전류밀도

① $i = \dfrac{I}{S} = env$

　※ $e = 1.602 \times 10^{-19}$C : 전자의 전하량, n[개/m³] : 전자의 개수, v[m/s] : 전자의 이동속도

② $i = kE$[A/m²] (k : 도전율) : 옴의 법칙 미분형

③ $\operatorname{div} i = 0$: 전류의 연속성(키르히호프 법칙 미분형)

(2) 저항 : $R = \rho\dfrac{l}{S}$[Ω]

$\left(C = \dfrac{\varepsilon S}{l} \rightarrow RC = \rho\dfrac{l}{S} \cdot \dfrac{\varepsilon S}{l} = \rho\varepsilon,\ R = \dfrac{\rho\varepsilon}{C} \right)$

※ 저항온도계수 : 저항값의 온도에 따른 변화 비율

　－ 일반적으로 저항온도계수는 양의 값이지만, 반도체의 경우 저항온도계수는 음의 값을 가진다.

　　$R_T = R_t[1 + \alpha_t(T - t)]$

PART 2

(1) 정전계와 전자계의 비교

정전계	전자계
• 전하 : $Q[\text{C}]$ • 진공의 유전율 : $\varepsilon_0 = 8.855 \times 10^{-12}\,\text{F/m}$ • 쿨롱의 법칙 : $F = \dfrac{Q_1 Q_2}{4\pi\varepsilon_0 r^2} = 9 \times 10^9 \cdot \dfrac{Q_1 Q_2}{r^2}\,[\text{N}]$ • 전계의 세기 : $E = \dfrac{Q}{4\pi\varepsilon_0 r^2} = 9 \times 10^9 \cdot \dfrac{Q}{r^2}\,[\text{V/m}]$ • 전위 : $V = \dfrac{Q}{4\pi\varepsilon_0 r}\,[\text{V}]$ • 전속밀도 : $D = \varepsilon E[\text{C/m}^2]$ • 전기력선수 : $N = \dfrac{Q}{\varepsilon_0 \varepsilon_s}$ • 분극의 세기 : $P = \varepsilon_0 (\varepsilon_S - 1) E = \left(1 - \dfrac{1}{\varepsilon_s}\right) D$ • 전기쌍극자 : $V = \dfrac{M}{4\pi\varepsilon_0 r^2}\cos\theta$, $\quad E = \dfrac{M}{4\pi\varepsilon_0 r^3}\sqrt{1 + 3\cos^2\theta}$ $\quad [\theta = 0°(\text{최대}),\ 90°(\text{최소})]$ $\quad$※ 쌍극자모멘트 : $M = Q \cdot \delta[\text{C}\cdot\text{m}]$ • 전기이중층 : $V = \dfrac{M}{4\pi\varepsilon_0}\omega[\text{V}]$ • 경계조건 $\quad$ − 전계의 접선성분 : $E_1\sin\theta_1 = E_2\sin\theta_2$ $\quad$ − 전속밀도의 법선성분 : $D_1\cos\theta_1 = D_2\cos\theta_2$ $\quad$ − 경계조건 : $\dfrac{\tan\theta_1}{\tan\theta_2} = \dfrac{\varepsilon_1}{\varepsilon_2}$	• 자하(자극의 세기) : $m[\text{Wb}]$ • 진공의 투자율 : $\mu_0 = 4\pi \times 10^{-7}\,\text{H/m}$ • 쿨롱의 법칙 : $F = \dfrac{m_1 m_2}{4\pi\mu_0 r^2} = 6.33 \times 10^4 \cdot \dfrac{m_1 m_2}{r^2}\,[\text{N}]$ • 자계의 세기 : $H = \dfrac{m}{4\pi\mu_0 r^2} = 6.33 \times 10^4 \cdot \dfrac{m}{r^2}\,[\text{AT/m}]$ • 자위 : $u = \dfrac{m}{4\pi\mu_0 r}\,[\text{AT}]$ • 자속밀도 : $B = \mu H[\text{Wb}\cdot\text{m}^2]$ • 자기력선수 : $S = \dfrac{m}{\mu_0 \mu_s}$ • 자화의 세기 : $J = \mu_0 (\mu_S - 1) H = \left(1 - \dfrac{1}{\mu_s}\right) B$ • 자기쌍극자 : $U = \dfrac{M}{4\pi\mu_0 r^2}\cos\theta$, $\quad H = \dfrac{M}{4\pi\mu_0 r^3}\sqrt{1 + 3\cos^2\theta}$ $\quad [\theta = 0°(\text{최대}),\ 90°(\text{최소})]$ $\quad$※ 쌍극자모멘트 : $M = m \cdot \delta[\text{Wb}\cdot\text{m}]$ • 판자석(자기이중층) : $U = \dfrac{M}{4\pi\mu_0}\omega[\text{AT}]$ • 경계조건 $\quad$ − 자계의 접선성분 : $H_1\sin\theta_1 = H_2\sin\theta_2$ $\quad$ − 자속밀도의 법선성분 : $B_1\cos\theta_1 = B_2\cos\theta_2$ $\quad$ − 경계조건 : $\dfrac{\tan\theta_1}{\tan\theta_2} = \dfrac{\mu_1}{\mu_2}$

(2) 전류에 의한 자계의 세기

① 원형 전류의 중심(원형 코일에 전류가 흐를 때)

$$H_0 = \frac{NI}{2a}\,[\text{AT/m}]$$

② 무한장 직선(원통도체)

반지름 a인 원통도체의 전류에 의한 자계

㉠ 외부($r > a$) : $H = \dfrac{I}{2\pi r}\,[\text{AT/m}]$

㉡ 내부($r < a$) : $H = \dfrac{rI}{2\pi a^2}\,[\text{AT/m}]$

※ 전류가 표면에만 분포된 경우 $H = 0$

③ 유한장 직선(직선도체)

$$H = \frac{I}{4\pi r}(\sin\theta_1 + \sin\theta_2)[\text{AT/m}]$$

④ 환상 솔레노이드

㉠ 내부 : $H = \dfrac{NI}{2\pi r}\,[\text{AT/m}]$ (N : 권수)

㉡ 외부 : $H = 0$

⑤ 무한장 솔레노이드

㉠ 내부 : $H = nI\,[\text{AT/m}]$ (n : [m]당 권수)

㉡ 외부 : $H = 0$

⑥ 자계 내에서 전류 도체가 받는 힘(전동기)

$$\vec{F} = l\vec{I} \times \vec{B} = I\vec{l} \times \vec{B}, \ |\vec{F}| = l|\vec{I}||\vec{B}|\sin\theta = I|\vec{l}||\vec{B}|\sin\theta[\text{N}]\text{(플레밍의 왼손 법칙)}$$

⑦ 전하가 평등자계 내를 이동할 때의 유기기전력(발전기)

$$e = (\vec{v} \times \vec{B}) \cdot \vec{l} = |\vec{v}||\vec{B}||\vec{l}|\sin\theta[\text{V}] \text{ (플레밍의 오른손 법칙)}$$

⑧ 회전력(토크)

㉠ 자성체에 의한 토크

$$\vec{T} = \vec{M} \times \vec{H} = |\vec{M}||\vec{H}|\sin\theta = l|\vec{m}||\vec{H}|\sin\theta[\text{N}\cdot\text{m}]$$

㉡ 도체의 회전에 의한 토크

$$\vec{T} = I(\vec{A} \times \vec{B}) = IS|\vec{B}|\sin\theta$$

⑨ 평행도선 사이에 작용하는 힘

$$F = \frac{\mu_0 I_1 I_2}{2\pi r} = \frac{2I_1 I_2}{r} \times 10^{-7}\,\text{N/m}$$

※ 같은 방향 : 흡인력 발생, 반대 방향 : 반발력 발생

⑩ 하전입자에 작용하는 힘(로렌츠의 힘)

$$F = q[E + (v \times B)][\text{N}]$$

⑪ 판자석

㉠ 점 P에서의 자위 : $U_\text{P} = \dfrac{M}{4\pi\mu_0}\omega[\text{AT}]$

㉡ 판자석의 세기 : $M = \sigma[\text{Wb/m}^2] \times \delta[\text{m}]$

(1) 자성체

자계 내에 놓았을 때 자화되는 물질

(2) 자화의 세기

$$J = \mu_0(\mu_S - 1)H = \chi H = \left(1 - \frac{1}{\mu_S}\right)B = \frac{M}{v}[\text{Wb/m}^2]$$

(단, 자기모멘트 $M = m\delta[\text{Wb} \cdot \text{m}]$)

(3) 자속밀도

$$B = \mu H + J[\text{Wb/m}^2]$$

(4) 경계조건

① $H_1\sin\theta_1 = H_2\sin\theta_2$ (자계의 접선성분)

② $B_1\cos\theta_1 = B_2\cos\theta_2$ (자속밀도의 법선성분)

③ 굴절의 법칙 : $\dfrac{\tan\theta_2}{\tan\theta_1} = \dfrac{\mu_2}{\mu_1}$

※ $\mu_1 > \mu_2$일 때, $\theta_1 > \theta_2$, $B_1 > B_2$, $H_1 < H_2$

(5) 자기저항

$$R_m = \frac{l}{\mu S} = \frac{NI}{\phi} = \frac{F_m}{\phi}[\text{AT/Wb}]$$

※ $F_m = NI = R_m\phi$ (기자력)

(6) 자기회로의 옴의 법칙

$$\phi = \frac{F_m}{R_m} = BS = \frac{\mu SNI}{l}[\text{Wb}]\ (\text{자속})$$

(7) 자계 에너지밀도

$$W_m = \frac{1}{2}\mu H^2 = \frac{B^2}{2\mu} = \frac{1}{2}HB[\text{J/m}^3][\text{N/m}^2]$$

09 　전자유도

(1) 패러데이의 전자유도 법칙

$$e = -N\frac{d\phi}{dt}\ [\text{V}],\ \phi = \phi_m \sin\omega t$$

$$= \omega N\phi_m \sin\left(\omega t - \frac{\pi}{2}\right)$$

※ 기전력의 위상은 자속의 위상보다 90° 늦음

(2) 전자유도 법칙의 미분형과 적분형

① 적분형 : $e = \oint_c E \cdot dl = -\frac{d}{dt}\int_s B \cdot dS = -\frac{d\phi}{dt}[\text{V}]$

② 미분형 : $\operatorname{rot} E = -\frac{dB}{dt}$

(3) 표피효과

① 표피효과 : 도선의 중심부로 갈수록 전류밀도가 적어지는 현상

② 침투깊이 : $\delta = \sqrt{\dfrac{2}{\omega\mu k}} = \sqrt{\dfrac{1}{\pi f \mu k}}$

※ 침투깊이가 작을수록(f, μ, k가 클수록) 표피효과가 커짐($\omega = 2\pi f$)

10 　인덕턴스

(1) 자기 인덕턴스와 상호 인덕턴스

① 자기 인덕턴스 : $L_1 = \dfrac{N_1\Phi_1}{I_1} = \dfrac{N_1^{\ 2}}{R_m}$, $L_2 = \dfrac{N_2\Phi_2}{I_2} = \dfrac{N_2^{\ 2}}{R_m}$

② 상호 인덕턴스 : $M = \dfrac{N_1 N_2}{R_m}$

(2) 유기기전력

$$e = -L\frac{dI}{dt} = -N\frac{d\phi}{dt}[\text{V}],\ LI = N\phi\ \left(\text{단자전압} : v_L = L\frac{dI}{dt}[\text{V}]\right)$$

(3) 상호 인덕턴스

$M = k\sqrt{L_1 L_2}$ (M : 상호 인덕턴스[H], k : 결합계수, L_1, L_2 : 자기 인덕턴스[H])

(4) 인덕턴스 계산

① 환상 솔레노이드 : $L = \dfrac{\mu S N^2}{l}$ [H] (S : 단면적[m^2], l : 길이[m], N : 권수)

② 무한장 솔레노이드 : $L = \mu \pi a^2 n^2 = \mu S n^2$ [H/m]

③ 원통도체의 내부 인덕턴스 : $L = \dfrac{\mu}{8\pi}$ [H/m] $= \dfrac{\mu l}{8\pi}$ [H]

④ 동축 케이블 : $L = \dfrac{\mu_1}{2\pi} \ln \dfrac{b}{a} + \dfrac{\mu_2}{8\pi}$ [H/m]

⑤ 평행 왕복도선 : $L = \dfrac{\mu_1}{\pi} \ln \dfrac{d}{a} + \dfrac{\mu_2}{4\pi}$ [H/m]

(5) 합성 인덕턴스

① 상호 인덕턴스가 없는 경우

  ㉠ 직렬접속 : $L = L_1 + L_2$ (자속과 같은 방향)

  ㉡ 병렬접속 : $L = \dfrac{L_1 L_2}{L_1 + L_2}$ (자속의 반대 방향)

② 상호 인덕턴스가 있는 경우

  ㉠ 직렬접속

  • $L = L_1 + L_2 + 2M$ (자속과 같은 방향)

  • $L = L_1 + L_2 - 2M$ (자속의 반대 방향)

  ㉡ 병렬접속

  • $L = \dfrac{L_1 L_2 - M^2}{L_1 + L_2 - 2M}$ (자속과 같은 방향)

  • $L = \dfrac{L_1 L_2 - M^2}{L_1 + L_2 + 2M}$ (자속의 반대 방향)

(6) 자기에너지

$$W = \frac{1}{2} L I^2 \text{[J]} = \frac{1}{2} L_1 I_1^2 + \frac{1}{2} L_2 I_2^2 \pm M I_1 I_2 \text{[J]}$$

(1) 변위전류밀도

시간적으로 변화하는 전속밀도에 의한 전류

$$i_d = \frac{I}{S} = \frac{\partial D}{\partial t} = \varepsilon \frac{\partial E}{\partial t} [\text{A/m}^2] \; (D : \text{전속밀도})$$

(2) 맥스웰(Maxwell) 방정식

구분	전기장	자기장
div	$\text{div } D = \rho$	$\text{div } B = 0$
rot	$\text{rot } E = -\dfrac{\partial B}{\partial t}$	$\text{rot } H = \varepsilon \dfrac{\partial E}{\partial t} + J$

(3) 고유(파동, 특성) 임피던스

$$Z_0 = \frac{E}{H} = \sqrt{\frac{\mu}{\varepsilon}} = \sqrt{\frac{\mu_0}{\varepsilon_0}} \sqrt{\frac{\mu_s}{\varepsilon_s}} = 377 \sqrt{\frac{\mu_s}{\varepsilon_s}} \, [\Omega]$$

① 전송회로 특성 임피던스

$$Z_0 = \frac{V}{I} = \sqrt{\frac{Z}{Y}} = \sqrt{\frac{R + j\omega L}{G + j\omega C}} \fallingdotseq \sqrt{\frac{L}{C}} \, [\Omega]$$

② 동축케이블의 특성 임피던스

$$Z_0 = \sqrt{\frac{\mu}{\varepsilon}} \cdot \frac{1}{2\pi} \ln \frac{b}{a} = 138 \sqrt{\frac{\mu_s}{\varepsilon_s}} \log \frac{b}{a} [\Omega]$$

(4) 전파(위상) 속도

$$v = \frac{1}{\sqrt{LC}} = \frac{1}{\sqrt{\varepsilon \mu}} = \frac{3 \times 10^8}{\sqrt{\varepsilon_s \mu_s}} [\text{m/s}]$$

(5) 파장

$$\lambda = \frac{c}{f} = \frac{1}{f \sqrt{\mu \varepsilon}} \, [\text{m}] \; (c : \text{광속})$$

(6) 포인팅 벡터(방사 벡터)

$$P = E \times H = EH \sin\theta \, (\text{서로 수직일 때 } EH \sin 90° = EH [\text{w/m}^2])$$

CHAPTER 02 전력공학

01 전선로

(1) 송전 방식

① 직류 송전의 특징
- ㉠ 서로 다른 주파수로 비동기 송전 가능
- ㉡ 리액턴스가 없으므로 리액턴스 강하가 없으며, 안정도가 높고 송전효율이 좋음
- ㉢ 유전체 손실과 연피 손실이 없음
- ㉣ 표피효과 또는 근접효과가 없어 실효저항의 증대가 없음
- ㉤ 절연 레벨을 낮출 수 있음
- ㉥ 직류·교류 변환 장치가 필요하며 설비비가 비쌈
- ㉦ 전류의 차단 및 전압의 변성이 어려움

② 교류 송전의 특징
- ㉠ 전압의 승압, 강압이 용이
- ㉡ 회전자계를 얻기 쉬움
- ㉢ 전 계통을 일관되게 운용 가능
- ㉣ 표피효과 및 코로나 손실 발생
- ㉤ 안정도가 낮음
- ㉥ 주파수가 다른 계통끼리 연결 불가

(2) 전선

① 전선의 구비조건
- ㉠ 도전율, 기계적 강도, 내구성, 내식성이 커야 한다.
- ㉡ 중량이 가볍고, 밀도가 작아야 한다.
- ㉢ 가선 공사, 유연성(가공성)이 용이해야 한다.
- ㉣ 가격이 저렴해야 한다.
  - ※ 경제적인 전선의 굵기 선정 : 허용전류, 전압 강하, 기계적 강도, 전선의 길이

② 연선
- ㉠ 소선의 총수 $N = 3n(n+1)+1$
- ㉡ 연선의 바깥지름 $D = (2n+1)d$[mm] (d : 소선의 지름)
- ㉢ 연선의 단면적 $A = \dfrac{1}{4}\pi d^2 \times N$[mm^2] ($N$: 소선의 총수)

③ 진동과 도약

    ㉠ 진동 : 가볍고 긴 선로 및 풍압에 의해 발생

        • 가벼운 강심 알루미늄선(ACSR)은 경동선에 비해 진동이 심함

        • 방지법 : 댐퍼, 아머로드 설치, 특수 클램프 채용 등

    ㉡ 도약 : 전선에 쌓인 빙설이 떨어지면 처진 전선이 도약하여 혼촉(단락)이 발생할 가능성이 높음
        (Off-set 방식으로 방지)

④ 처짐정도 및 전선의 길이

    ㉠ 처짐정도(Dip) : $D = \dfrac{WS^2}{8T}$[m] (W : 전선의 중량[N/m], S : 경간[m], T : 수평장력)

    ㉡ 전선의 실제 길이 : $L = S + \dfrac{8D^2}{3S}$[m]

⑤ 온도 변화 시 처짐정도($D_1 \rightarrow D_2$)

$$D_2 = \sqrt{D_1^2 \pm \frac{3}{8}atS^2}\,[\text{m}] \quad (t : \text{온도차[℃], } a : \text{온도계수})$$

⑥ 전선의 합성하중

$$W = \sqrt{(W_c + W_i)^2 + W_w^2}\,[\text{N/m}]$$

[W_c : 전선하중(수직하중), W_i : 빙설하중(수직하중), W_w : 풍압하중(수평하중)]

(3) 애자(Insulator)

① 기능 : 전선을 지지하고 절연물과 절연

② 애자가 갖추어야 할 조건

    ㉠ 절연내력이 커야 한다.

    ㉡ 절연 저항이 커야 한다(누설 전류가 적을 것).

    ㉢ 기계적 강도가 커야 한다.

    ㉣ 온도 급변에 견디고 습기를 흡수하지 않아야 한다.

③ 전압부담

    ㉠ 최대 : 전선에 가장 가까운 애자

    ㉡ 최소 : 철탑(접지측)에서 1/3 또는 전선에서 2/3 위치에 있는 애자

④ 애자의 연효율(연능률)

$$\eta = \frac{V_n}{nV_1} \times 100 \quad (V_n : \text{애자련의 전체 섬락전압, } n : \text{애자의 개수, } V_1 : \text{애자 1개의 섬락전압})$$

⑤ 전압별 현수애자의 수

전압(kV)	22.9	66	154	345	765
애자 수(개)	2~3	4~6	9~11	19~23	약 40

⑥ 애자련 보호 대책 : 소호환(Arcing Ring), 소호각(Arcing Horn)

    ㉠ 섬락(뇌섬락, 역섬락) 시 애자련 보호

    ㉡ 애자련의 전압 분포 개선

(4) 지지물

① 종류 : 목주, 철주, 콘크리트주(배전용), 철탑(송전용)

② 철탑의 종류

 ㉠ 직선형 : 수평각도 3° 이내(A형)

 ㉡ 각도형 : 수평각도 3 ~ 20° 이내(B형), 수평각도 20 ~ 30° 이내(C형)

 ㉢ 인류형 : 가섭선을 인류하는 장소에 사용(D형)

 ㉣ 내장형 : 수평각도 30° 초과 또는 불균형 장력이 심한 장소에 사용(E형)

 ㉤ 보강형 : 불균형 장력에 대해 $\dfrac{1}{6}$을 더 견딜 수 있게 한 철탑

---

02   선로정수와 코로나

(1) 선로정수

① 인덕턴스

 ㉠ 단도체 : $L = 0.05 + 0.4605 \log_{10} \dfrac{D}{r}$ [mH/km] (D : 선간 거리, r : 전선의 반지름)

 ㉡ 다도체 : $L = \dfrac{0.05}{n} + 0.4605 \log_{10} \dfrac{D}{r_e}$ [mH/km] ($r_e = \sqrt[n]{r \cdot s^{n-1}}$)

 ㉢ 작용 인덕턴스 : (자기 인덕턴스)+(상호 인덕턴스)

② 정전 용량

 ㉠ 정전 용량

  • 단도체 : $C = \dfrac{0.02413}{\log_{10} \dfrac{D}{r}}$ [μF/km]

  • 다도체 : $C = \dfrac{0.02413}{\log_{10} \dfrac{D}{r_e}}$ [μF/km]

 ㉡ 작용 정전 용량(1선당)=(대지 정전 용량)+(상호 정전 용량)

  • 단상 2선식 : $C = C_s + 2C_m$

  • 3상 3선식 : $C = C_s + 3C_m$

> ※ **연가(Transposition)**
> • 목적 : 선로정수 평형
> • 효과 : 선로정수 평형, 정전 유도 장해 방지, 직렬 공진에 의한 이상 전압 상승 방지

 ㉢ 충전전류 : $I_c = 2\pi f C_w \dfrac{V}{\sqrt{3}}$ [A] (C_w : 작용 정전 용량)

(2) 코로나

전선 주위 공기의 부분적인 절연 파괴가 일어나 빛과 소리가 발생하는 현상

① 임계전압

$$E = 24.3 m_0 m_1 \delta d \log_{10} \frac{D}{r} \text{ [kV]}$$

[m_0 : 전선의 표면 상태(단선 : 1, 연선 : 0.8), m_1 : 날씨 계수(맑은 날 : 1, 우천 시 : 0.8), δ : 상대공기밀도$\left(\frac{0.386b}{273+t}\right)$ → b : 기압, t : 온도, d : 전선의 지름, r : 전선의 반지름, D : 선간 거리]

② 코로나의 영향과 대책

영향	• 통신선의 유도 장해 • 코로나 손실 → 송전 손실 → 송전효율 저하 • 코로나 잡음 및 소음 • 오존(O_3)에 의한 전선의 부식 • 소호 리액터에 대한 영향(소호 불능의 원인) • 진행파의 파고값 감소
대책	• 전선의 지름을 크게 한다. • 복도체(다도체)를 사용한다.

③ 코로나 손실(Peek식)

$$P_c = \frac{245}{\delta}(f+25)\sqrt{\frac{d}{2D}}(E-E_0)^2 \times 10^{-5} \text{[kW/km/line]}$$

(δ : 상대공기밀도, f : 주파수, D : 선간 거리, d : 전선의 지름, E_0 : 코로나 임계전압, E : 전선의 대지전압)

(1) 단거리 송전 선로(50km 이하)

임피던스 Z 존재, 어드미턴스 Y는 무시, 집중 정수 회로

① 3상 송전전압 : $V_S \fallingdotseq V_R + \sqrt{3}\, I(R\cos\theta + X\sin\theta)\,[\text{V}]$

② 단상 송전전압 : $E_S \fallingdotseq E_R + I(R\cos\theta + X\sin\theta)\,[\text{V}]$

③ 전압 강하

    ㉠ $1\phi(E=V)$: 단상

$$e = E_s - E_r = V_s - V_r = RI\cos\theta + IX\sin\theta = I(R\cos\theta + X\sin\theta)$$

    ㉡ $3\phi(V=\sqrt{3}\,E)$: 3상

$$e = E_s - E_r = I(R\cos\theta + X\sin\theta) = \sqrt{3}\,E_s - \sqrt{3}\,E_r$$

$$= V_s - V_r = \sqrt{3}\,I(R\cos\theta + X\sin\theta)$$

$$= \frac{P}{V_r}(R + X\tan\theta)$$

④ 전압 강하율

$$\varepsilon = \frac{V_s - V_r}{V_r} \times 100$$

$$= \frac{e}{V_r} \times 100$$

$$= \frac{P}{V_r^{\,2}}(R + X\tan\theta) \times 100$$

⑤ 전압 변동률

$$\delta = \frac{V_{r_0} - V_r}{V_r} \times 100 \ (V_{r_0} : \text{무부하 수전단 전압}, \ V_r : \text{수전단 전압})$$

⑥ 전력 손실(선로 손실)

$$P_l = 3I^2 R = 3\left(\frac{P}{\sqrt{3}\,V\cos\theta}\right)^2 R \ \left(R = \rho\frac{l}{A}\right)$$

$$= 3\frac{P^2 R}{3V^2\cos^2\theta} = \frac{P^2 R}{V^2\cos^2\theta} = \frac{P^2\rho l}{V^2\cos^2\theta\, A}$$

⑦ 전력 손실률

$$K = \frac{P_l}{P} \times 100 = \frac{\dfrac{P^2 R}{V^2\cos^2\theta}}{P} \times 100 = \frac{PR}{V^2\cos^2\theta} \times 100$$

(2) 중거리 송전 선로(50 ~ 100km)

Z, Y 존재, 4단자 정수에 의하여 해석, 집중 정수 회로

① 4단자 정수

$$\begin{bmatrix} E_s \\ I_s \end{bmatrix} = \begin{bmatrix} A\ B \\ C\ D \end{bmatrix} \begin{bmatrix} E_r \\ I_r \end{bmatrix} = \begin{matrix} AE_r + BI_r \\ CE_r + DI_r \end{matrix}$$

$$E_s = AE_r + BI_r$$

$$I_s = CE_r + DI_r$$

② T형 회로와 π형 회로의 4단자 정수값

구분		T형	π형
A	$\left.\dfrac{E_s}{E_r}\right|_{I_r=0}$	$A = 1 + \dfrac{ZY}{2}$	$A = 1 + \dfrac{ZY}{2}$
B	$\left.\dfrac{E_s}{I_r}\right|_{V_r=0}$	$B = Z\left(1 + \dfrac{ZY}{4}\right)$	$B = Z$
C	$\left.\dfrac{E_s}{E_r}\right|_{I_r=0}$	$C = Y$	$C = Y\left(1 + \dfrac{ZY}{4}\right)$
D	$\left.\dfrac{E_s}{I_r}\right|_{V_r=0}$	$D = 1 + \dfrac{ZY}{2}$	$D = 1 + \dfrac{ZY}{2}$

(3) 장거리 송전 선로(100km 초과)

분포 정수 회로(어느 위치에서 보아도 특성 임피던스가 같은 회로)

① 특성(파동) 임피던스 : 거리와 무관

$$Z_0 = \sqrt{\frac{Z}{Y}} \fallingdotseq \sqrt{\frac{L}{C}} = 138\log\frac{D}{r}[\Omega] \quad (Z : \text{단락 임피던스}, \ Y : \text{개방 어드미턴스})$$

② 전파 정수

$$\gamma = \sqrt{ZY} = \sqrt{(R+jwL)(G+jwC)} = \alpha + j\beta \quad (\alpha : \text{감쇠정수}, \ \beta : \text{위상정수})$$

③ 전파 속도

$$v = \frac{\omega}{\beta} = \frac{1}{\sqrt{LC}} = 3\times10^5 \text{km/s} = 3\times10^8 \text{m/s}$$

(1) 의미

전력 계통에서 상호협조하에 동기 이탈하지 않고 안정되게 운전할 수 있는 정도

(2) 종류

① **정태 안정도** : 부하를 서서히 증가시켜 계속해서 어느 정도 안정하게 송전할 수 있는 능력
② **동태 안정도** : 고속 자동 전압 조정기(AVR)나 조속기 등으로 전류를 제어할 경우의 정태 안정도
③ **과도 안정도** : 부하 급변 시나 사고 시에도 어느 정도 안정하게 송전을 계속할 수 있는 능력

(3) 안정도 향상 대책

① 직렬 리액턴스를 작게 한다(발전기나 변압기 리액턴스를 작게, 병행회선수를 늘리거나 복도체 또는 다도체 방식 사용, 직렬 콘덴서 삽입).
② 전압 변동을 작게 한다(단락비를 크게, 속응 여자 방식 채택, 중간 조상 방식 채택, 계통 연계).
③ 고장 구간을 신속히 차단한다(적당한 중성점 접지 방식 채용, 고속 재연결 방식 채용, 차단기 고속화).
④ 고장 시 발전기 입출력의 불평형을 작게 한다.

(4) 전력원선도

① 전력원선도 작성 시 필요한 것 : 송·수전단 전압, 일반회로 정수(A, B, C, D)
② 원선도 반지름 : $\rho = \dfrac{V_S V_R}{B}$ (V_S : 송전단 전압, V_R : 수전단 전압, B : 리액턴스)
③ 알 수 있는 것 : 정태 안정 극한 전력, 조상 설비 용량, 4단자 정수에 의한 손실, 선로 손실과 송전 효율, 선로의 일반회로 정수, 필요한 전력을 보내기 위한 송전단·수전단 상차각
④ 알 수 없는 것 : 과도 안정 극한 전력, 코로나 손실

(5) 조상 설비

① **동기 무효 전력 보상 장치** : 무부하로 운전하는 동기전동기
　㉠ 과여자 운전 : 콘덴서로 작용, 진상
　㉡ 부족 여자 운전 : 리액터로 작용, 지상
　㉢ 증설이 어려움, 손실 최대(회전기)
② **콘덴서** : 충전전류, 90° 앞선 전류, 진상전류

직렬 콘덴서	병렬 콘덴서
$e = \sqrt{3} I(R\cos\theta + X\sin\theta)$ $X = X_L - X_C$ 전압 강하 보상	역률 개선

(6) 송전 용량

① 고유부하법 : $P = \dfrac{V^2}{Z_0} = \dfrac{V^2}{\sqrt{\dfrac{L}{C}}}$ [MW/회선] (V : 수전단 전압, Z_0 : 선로의 특성임피던스)

② 용량계수법 : $P = k\dfrac{V_r{}^2}{l}$ [kW] (k : 용량계수, l : 송전거리[km], V_r : 수전단 전압[kV])

③ 리액턴스법

$P = \dfrac{V_s V_r}{X}\sin\delta$[MW], 보통 $30 \sim 40°$ 운영

(δ : 송·수전단 전압의 상차각, V_s : 송전단 전압[kV], V_r : 수전단 전압[kV], X : 리액턴스)

(7) 경제적인 송전 전압의 결정(Still의 식)

$V_S = 5.5\sqrt{0.6l + \dfrac{P}{100}}$ [kV] (l : 송전 거리[km], P : 송전 전력[kW])

05   고장계산

(1) 옴[Ω]법

① 단락 전류 : $I_S = \dfrac{E}{Z} = \dfrac{E}{\sqrt{R^2 + X^2}}$ [A]

② 단락 용량 : $P_S = 3EI_S = \sqrt{3}\,VI_S$[VA]

(2) 단위법

① $\%Z = \dfrac{I_n Z}{E} \times 100 = \dfrac{PZ}{10\,V^2}$ [%]

② 단락 전류 : $I_S = \dfrac{100}{\%Z}I_n$[A]

③ 단락 용량 : $P_S = \dfrac{100}{\%Z}P_n$[MVA] (P_n : 기준 용량)

(3) 대칭좌표법

불평형전압 또는 불평형전류를 3상(영상분, 정상분, 역상분)으로 나누어 계산

① 대칭좌표법

ㄱ 대칭 성분

- 영상분 : $V_0 = \dfrac{1}{3}(V_a + V_b + V_c)$

- 정상분 : $V_1 = \dfrac{1}{3}(V_a + aV_b + a^2 V_c)$

- 역상분 : $V_2 = \dfrac{1}{3}(V_a + a^2 V_b + aV_c)$

ㄴ 각상 성분

- $V_a = (V_0 + V_1 + V_2)$
- $V_b = (V_0 + a^2 V_1 + aV_2)$
- $V_c = (V_0 + aV_1 + a^2 V_2)$

※ 연산자 : $a = \angle 120° = -\dfrac{1}{2} + j\dfrac{\sqrt{3}}{2}$, $a^2 = -\dfrac{1}{2} - j\dfrac{\sqrt{3}}{2}$

② 교류 발전기 기본 공식

$V_0 = -Z_0 I_0$, $V_1 = E_a - Z_1 I_1$, $V_2 = -Z_2 I_2$

③ 1선 지락사고

ㄱ 대칭분 : $I_0 = I_1 = I_2$

ㄴ 지락전류 : $I_g = 3I_0 = \dfrac{3E_a}{Z_0 + Z_1 + Z_2}$

④ 기기별 임피던스의 관계

ㄱ 변압기 : $Z_0 = Z_1 = Z_2$

ㄴ 송전 선로 : $Z_0 > Z_1 = Z_2$

(1) 중성점 접지 방식

① 비접지 방식(3.3kV, 6.6kV)

  ㉠ 저전압 단거리, $\triangle - \triangle$ 결선을 많이 사용

  ㉡ 1상 고장 시 $V - V$ 결선 가능(고장 중 운전 가능)

  ㉢ 1선 지락 시 전위는 $\sqrt{3}$ 배 상승

② 직접접지 방식(154kV, 345kV, 745kV)

  ㉠ 유효접지 방식 : 1선 지락 사고 시 전압 상승이 상규 대지전압의 1.3배 이하가 되도록 하는 접지 방식

  ㉡ 직접접지 방식의 장·단점

    • 장점 : 전위 상승 최소, 단절연·저감 절연 가능, 지락전류 검출 쉬움(지락보호 계전기 동작 확실), 피뢰기효과 증가

    • 단점 : 지락전류가 저역률 대전류이므로 과도안정도 저하, 인접 통신선의 유도 장해 큼, 대용량 차단기, 차단기 동작 빈번해 수명 경감

③ 저항접지 방식

  ㉠ 고저항접지($100 \sim 1{,}000\,\Omega$)

  ㉡ 저저항접지($30\,\Omega$)

④ 소호 리액터 방식[병렬 공진 이용 → 전류(지락전류) 최소, 66kV]

  ㉠ 소호 리액터 크기

  • $X_L = \dfrac{1}{3wCs} - \dfrac{X_t}{3}\,[\Omega]$ (X_t : 변압기의 리액턴스)

  • $L_L = \dfrac{1}{3w^2 C_S}\,[\text{H}]$

  ㉡ 소호 리액터 용량(3선 일괄의 대지 충전 용량)

  $Q_L = E \times I_L = E \times \dfrac{E}{wL} = \dfrac{E^2}{wL} = 3wC_s E^2 \times 10^{-3}\,\text{kVA}$

  ㉢ 합조도(과보상)

구분	공진식	공진 정도	합조도
$I_L > I_C$	$w_L < \dfrac{1}{3wC_S}$	과보상(10%)	+
$I_L = I_C$	$w_L = \dfrac{1}{3wC_S}$	완전 공진	0
$I_L < I_C$	$w_L > \dfrac{1}{3wC_S}$	부족 보상	−

⑤ 소호 리액터 접지 장·단점

  ㉠ 장점 : 지락전류 최소, 지락 아크 소멸, 과도 안정도 최대, 고장 중 운전 가능, 유도장해 최소

  ㉡ 단점 : 1선 지락 시 건전상의 전위 상승 최대($\sqrt{3}$ 배 이상), 보호 계전기 동작 불확실, 고가의 설비

(1) 이상전압

① 내부 이상전압 : 직격뢰, 유도뢰를 제외한 나머지

ㄱ 개폐 이상전압 : 무부하 충전전류 개로 시 가장 큼, 무부하 송전 선로의 개폐, 전력용 변압기 개폐, 고장전류 차단

ㄴ 1선 지락 사고 시 건전상의 대지전위 상승

ㄷ 잔류전압에 의한 전위 상승

ㄹ 경(무)부하 시 페란티 현상에 의한 전위 상승

② 외부 이상전압

ㄱ 원인 : 직격뢰, 유도뢰, 다른 송전선로와의 혼촉사고 및 유도

ㄴ 방호 대책

- 피뢰기 : 기계 기구 보호(변압기 보호설비)
- 가공지선 : 직격뢰, 유도뢰 차폐, 일반적으로 45° 이하 설계
- 매설지선 : 역섬락 방지(철탑저항을 작게)

③ 파형

ㄱ 표준 충격파 : $1.2 \times 50 \mu s$

ㄴ 내부·외부 이상전압은 파두장, 파미장 모두 다름

④ 반사와 투과계수

ㄱ 반사계수 $\beta = \dfrac{Z_2 - Z_1}{Z_2 + Z_1}$ (무반사조건 : $Z_1 = Z_2$)

ㄴ 투과계수 $r = \dfrac{2Z_2}{Z_2 + Z_1}$

(2) 피뢰기(L.A) : 변압기 보호

① 구성

ㄱ 직렬 갭 : 이상전압 시 대지로 방전, 속류 차단

ㄴ 특성 요소 : 임피던스 성분 이용, 방전전류 크기 제한

ㄷ 실드링 : 전·자기적 충격 완화

② 피뢰기 정격전압

ㄱ 속류를 차단하는 교류 최고 전압

ㄴ 직접접지 계통 : 0.8~1.0배

ㄷ 저항 또는 소호 리액터접지 계통 : 1.4~1.6배

③ 피뢰기 제한전압(절연 협조의 기본)

ㄱ 피뢰기 동작 중 단자전압의 파고값

ㄴ 뇌전류 방전 시 직렬 갭 양단에 나타나는 교류 최고 전압

ㄷ 피뢰기가 처리하고 남는 전압

ⓔ (제한전압)=(이상전압 투과전압)−(피뢰기가 처리한 전압)

$$e_a = e_3 - V = \left(\frac{2Z_2}{Z_2 + Z_1}\right)e_i - \left(\frac{Z_2 \cdot Z_1}{Z_2 + Z_1}\right)i_a$$

④ 구비조건

    ㉠ 제한전압이 낮아야 한다.

    ㉡ 속류 차단 능력이 우수해야 한다.

    ㉢ 충격 방전개시전압이 낮아야 한다.

    ㉣ 상용 주파 방전개시전압이 높아야 한다.

⑤ 절연 협조 : 피뢰기의 제한전압< 변압기의 기준충격 절연강도(BIL)< 부싱, 차단기< 결합콘덴서< 선로애자(피뢰기의 제1보호대상 : 변압기)

⑥ 절연체계

    ㉠ 내뢰 : 견디도록 설계

    ㉡ 외뢰 : 피뢰장치로 보호 및 절연

(3) 단로기(DS)

① 부하 차단 및 개폐 불가

② 선로 기기의 접속 변경

③ 기기를 선로로부터 완전 개방

④ 무부하 선로의 개폐

⑤ 차단기 앞에 직렬 시설(선로 개폐유무 확인 가능)

(4) 차단기(Breaker)

① 목적

    ㉠ 정상 시 부하전류 안전하게 통전

    ㉡ 사고 시 전로를 차단하여 기기나 계통 보호

② 동작 책무

    ㉠ 일반용

      • A형 : O − 1분 − CO − 3분 − CO

      • B형 : CO − 15초 − CO

    ㉡ 고속도 재투입용 : O − t초 − CO − 1분 − CO

③ 차단 시간

    ㉠ 트립코일 여자로부터 소호까지의 시간

    ㉡ 개극 시간과 아크 시간의 합(3 ~ 8Hz)

④ 차단 용량(3상)

$$P_S = \sqrt{3} \times (정격전압) \times (정격차단전류) \ (단락 용량, \ P_S = \frac{100}{\%Z}P_n[\text{MVA}])$$

⑤ 차단기 트립 방식

    ㉠ 직류전압 트립 방식

    ㉡ 콘덴서 트립 방식

    ㉢ 과전류 트립 방식

    ㉣ 부족전압 트립 방식

⑥ 인터록(Interlock) : 차단기가 열려 있어야 단로기 조작 가능

⑦ 차단기 종류(소호매질에 따른 분류)

종류	특징	소호매질
공기차단기 (ABB)	• 소음이 큼 • 공기압축설비 필요($10 \sim 30 \text{kg/cm}^2$)	압축 공기
가스차단기 (GCB)	• 밀폐 구조이므로 소음이 없음(공기차단기와 비교했을 때 장점) • 공기의 $2 \sim 3$배 정도의 절연내력을 가짐 • 소호능력 우수(공기의 $100 \sim 200$배) • 무색, 무취, 무독성, 난연성(불활성) • 154kV, 345kV	SF_6
유입차단기 (OCB)	• 방음 설비 불필요 • 부싱 변류기 사용 가능 • 화재 위험이 있음	절연유
자기차단기 (MBB)	• 보수 및 점검 용이 • 전류 절단에 의한 과전압이 발생하지 않음 • 고유 주파수에 차단 능력이 좌우되지 않음	전자력
진공차단기 (VCB)	• 소내 공급용 회로(6kV급) • 차단 시간이 짧고 폭발음이 없음 • 고유 주파수에 차단 능력이 좌우되지 않음	진공
기중차단기 (ACB)	• 소형, 저압용 차단기	대기

(5) 보호 계전기(Relay)

① 보호 계전기의 구비조건

    ㉠ 열적, 기계적으로 견고해야 한다.

    ㉡ 감도가 예민해야 한다.

    ㉢ 시간 지연이 적어야 한다.

    ㉣ 후비 보호 능력이 있어야 한다.

② 보호 계전기의 종류

선로 보호용	• 거리 계전기(임피던스 계전기, Ohm 계전기, Mho 계전기)
	  – 전압, 전류를 입력량으로 함수값 이하가 되면 동작
	  – 기억 작용(고장 후에도 고장 전 전압을 잠시 유지)
	• 지락 계전기
	  – 선택접지 계전기(병렬 2회선, 다회선)
	  – 지락 방향 계전기

발전기 · 변압기 보호용	• 과전류 계전기(OCR) • 부흐홀츠 계전기(변압기 보호) – 변압기와 콘서베이터 연결관 도중에 설치 • 차동 계전기(양쪽 전류차에 의해 동작) • 비율차동 계전기

③ 시한특성

    ㉠ 순한시 계전기 : 최소 동작전류 이상의 전류가 흐르면 즉시 동작, 고속도 계전기(0.5 ~ 2Cycle)

    ㉡ 정한시 계전기 : 동작전류의 크기에 관계없이 일정시간에 동작

    ㉢ 반한시 계전기 : 동작전류가 적을 때는 동작시간이 길고 동작전류가 클 때는 동작시간이 짧음

    ㉣ 반한시성 정한시 계전기 : 특정 전류값까지는 반한시성 특성을 보이나, 그 값을 넘어서면 정한시성 특성을 보임

(6) 계기용 변압기(P.T)

① 고전압을 저전압으로 변성

② 일반적으로 2차 전압 110V

③ 계측기(전압계, 주파수계, 파이롯 램프)나 계전기 전원

④ 종류

    ㉠ 권선형

      • 전자유도 원리

      • 오차가 적고 특성이 우수

      • 절연강도가 적음(66kV급 이하)

    ㉡ 콘덴서형

      • 콘덴서의 분압회로

      • 오차가 크고 절연강도가 큼(154kV급 이하)

⑤ 점검 시 : 2차측 개방(2차측 과전류에 대한 보호)

(7) 변류기(C.T)

① 대전류를 소전류로 변성

② 일반적으로 2차 전류 5A

③ 계측기(전류계)의 전원 공급, 전류 측정

④ 종류

구분	유형
절연구조에 따른 분류	건식, 몰드형, 유입형, 가스형
권선형태에 따른 분류	권선형, 관통형, 부싱형
철심에 따른 분류, 검출용도에 따른 분류, 특성에 따른 분류 등	

⑤ 점검 시 : 2차측 단락(2차측 절연보호)

(1) 전자유도장해

영상전류(I_0), 상호 인덕턴스에 의해

$E_m = j\omega Ml(I_0) = j\omega Ml\,I_g[\text{V}]$

(2) 정전유도장해

영상전압(E_0), 상호 정전 용량에 의해

① 단상 정전유도전압

$E_S = \dfrac{C_m}{C_m + C_s} E_0[\text{V}]$ (C_m : 상호 정전 용량, C_s : 통신선의 대지 정전 용량)

② 3상 정전유도전압

$E_S = \dfrac{\sqrt{C_a(C_a - C_b) + C_b(C_b - C_c) + C_c(C_c - C_a)}}{C_a + C_b + C_c + C_s} \times E_0[\text{V}]$

> ※ **완전 연가 시**($C_a = C_b = C_c = C$)
>
> 3상 정전유도전압(E_s) $= \dfrac{3C_0}{3C_0 + C} E_0$

(3) 유도장해 방지대책

전력선 측	통신선 측
① 연가를 한다. ② 소호 리액터 접지 방식을 사용한다. → 지락전류 소멸 ③ 고속도 차단기를 설치한다. ④ 이격 거리를 크게 한다. ⑤ 차폐선을 설치한다(30 ~ 50% 경감, 전력선측에 가깝게 시설). ⑥ 지중 전선로를 설치한다. ⑦ 상호 인덕턴스를 작게 한다.	① 교차 시 수직 교차하게 한다. ② 연피케이블, 배류 코일을 설치한다. ③ 절연 변압기 시설을 강화한다. ④ 피뢰기를 시설한다. ⑤ 소호 리액터 접지 방식을 사용한다.

(1) 배전 방식

① 가지식(수지상식)
- ㉠ 전압 변동률이 큼 → 플리커 현상 발생
- ㉡ 전압 강하 및 전력 손실이 큼
- ㉢ 고장 범위가 넓고(정전 파급이 큼), 신뢰도가 낮음
- ㉣ 설비가 간단하며, 부하증설이 용이하므로 경제적임
- ㉤ 농어촌 지역 등 부하가 적은 지역에 적절함

② 루프식(환상식)
- ㉠ 가지식에 비해 전압 강하 및 전력손실이 적고, 플리커 현상 감소
- ㉡ 설비비가 높음

③ 저압 뱅킹 방식
- ㉠ 전압 강하와 전력손실이 적음
- ㉡ 변압기의 동량 감소, 저압선 동량 감소
- ㉢ 플리커 현상 감소
- ㉣ 부하의 증설 용이
- ㉤ 변압기의 용량 저감
- ㉥ 캐스케이딩 현상 발생 : 저압선의 일부 고장으로 건전한 변압기의 일부 또는 전부가 차단되는 현상이 발생
    - → 대책 : 뱅킹 퓨즈(구분 퓨즈) 사용
- ㉦ 부하가 밀집된 시가지 계통에서 사용

④ 저압 네트워크 방식
- ㉠ 무정전 공급 방식, 공급 신뢰도가 가장 좋음
- ㉡ 공급 신뢰도가 가장 좋고 변전소의 수를 줄일 수 있음
- ㉢ 전압 강하, 전력손실이 적음
- ㉣ 부하 증가 대응력이 우수
- ㉤ 설비비가 높음
- ㉥ 인축의 접지 사고 가능성이 있음
- ㉦ 고장 시 고장전류 역류가 발생
    - → 대책 : 네트워크 프로텍터(저압용 차단기, 저압용 퓨즈, 전력 방향 계전기)

(2) 방식별 비교

종별	전력	손실	1선당 공급전력 비교	1선당 공급전력 비교	소요전 선량(중량비)
$1\phi2W$	$P=VI\cos\theta$	$2I^2R$	$1/2P$	1	1
$1\phi3W$	$P=2VI\cos\theta$		$2/3P$	1.33	$3/8=0.375$
$3\phi3W$	$P=\sqrt{3}\,VI\cos\theta$	$3I^2R$	$\sqrt{3}/3P$	1.15	$3/4=0.75$
$3\phi4W$	$P=3VI\cos\theta$		$3/4P$	1.5	$1/3=0.33$

> ※ 단상 3선식의 특징
> - 전선 소모량이 단상 2선식의 37.5%(경제적) 적음
> - 110V / 220V 두 종의 전원을 사용
> - 전압의 불평형 → 저압 밸런서의 설치
>   - 여자 임피던스가 크고, 누설 임피던스가 작음
>   - 권수비가 1 : 1인 단권 변압기
> - 단상 2선식에 비해 효율이 높고 전압 강하가 적음
> - 조건 및 특성
>   - 변압기 2차측 접지
>   - 개폐기는 동시 동작형
>   - 중성선에 퓨즈 설치 금지 → 저압 밸런서 설치(단선 시 전압 불평형 방지)

(3) 말단 집중 부하와 분산 분포 부하의 비교

구분	전압 강하	전력 손실
말단 집중 부하	$I \cdot R$	$I^2 \cdot R$
분산 분포 부하	$\dfrac{1}{2}I \cdot R$	$\dfrac{1}{3}I^2 \cdot R$

10 배전계산

(1) 부하율(F) : $\dfrac{(평균\ 전력)}{(최대\ 전력)}\times100$

※ $[손실계수(H)]=\dfrac{(평균\ 전력손실)}{(최대\ 전력손실)}\times100$

① 배전선의 손실계수(H)와 부하율(F)의 관계

$0\leq F^2 \leq H \leq F \leq 1$

② $H=\alpha F+(1-\alpha)F^2$ (α : 보통 $0.2\sim0.5$)

(2) 수용률 : $\dfrac{(최대\ 전력)}{(설비\ 용량)} \times 100$

(3) 부등률(전기 기구의 동시 사용 정도) : $\dfrac{(개별\ 최대수용\ 전력의\ 합)}{(합성\ 최대\ 전력)} \geq 1$(단독 수용가 시 부등률＝1)

  ① (변압기 용량)＝$\dfrac{[최대\ 전력(\mathrm{kW})]}{(역률)}[\mathrm{kVA}]$

   ㉠ 단일 부하인 경우

   $$T_r = \dfrac{(설비\ 용량) \times (수용률)}{(역률) \times (부등률) \times (효율)}$$

   ㉡ 여러 부하인 경우

   $$T_r = \dfrac{\sum[(설비\ 용량) \times (수용률)]}{(역률) \times (부등률) \times (효율)}$$

  ② 역률 개선용 콘덴서의 용량

   $$Q_C = P(\tan\theta_1 - \tan\theta_2) = P\left(\dfrac{\sin\theta_1}{\cos\theta_1} - \dfrac{\sin\theta_2}{\cos\theta_2}\right)$$

   (Q_C : 콘덴서 용량[kVA], P : 부하 전력[kW], $\cos\theta_1$: 개선 전 역률, $\cos\theta_2$: 개선 후 역률)

   ※ **역률 개선의 장점**

   - 전력손실 경감$\left(P_l \propto \dfrac{1}{\cos^2\theta}\right)$
   - 전기요금 절감
   - 설비 용량 여유분
   - 전압 강하 경감

   ---

(4) 전력 조류(Power Flow) 계산

모선	기지량	미지량
Swing모선 (Slack모선)	• 모선 전압 V • 위상각 θ	• 유효 전력 P • 무효 전력 Q
발전기모선	• 유효 전력 P • 모선 전압 V	• 무효 전력 Q • 위상각 θ
부하모선	• 유효 전력 P • 무효 전력 Q	• 모선 전압 V • 위상각 θ

(1) 수력발전

물의 위치에너지를 이용하여 수차(기계 에너지)를 회전시켜 전기를 얻어내는 방식
① 취수 방식 : 수로식, 댐식, 댐수로식, 유역 변경식
② 유량을 얻는 방식 : 유입식, 조정지식, 저수지식, 양수식, 조력식

(2) 정수력학

① 물의 압력 : 1기압, 온도 4℃, 비중 1.0 기준

$$1\text{ton/m}^3 = 1,000 kg_f/\text{m}^3 = 1 g_f/\text{cm}^3 = \text{w}(물의 단위체적당 중량)$$

② 수두 : 물이 가지는 에너지를 높이로 환산

㉠ 위치에너지 → 위치수두 : H[m]

㉡ 압력에너지($P[kg_f/\text{m}^2]$) → 압력수두

$$H_P = \frac{P[kg_f/\text{m}^2]}{w[kg_f/\text{m}^3]} = \frac{P}{1,000}[\text{m}]$$

㉢ 운동(속도)에너지($v[\text{m/sec}]$) → 속도수두

$$H_v = \frac{v^2}{2g}[\text{m}], \ g[\text{m/sec}^2] = 9.8 : 중력가속도$$

㉣ 물의 분사속도 $v = \sqrt{2gH}[\text{m/sec}]$

㉤ 총수두 : $H + H_p + H_v = H + \dfrac{P}{1,000} + \dfrac{v^2}{2g}$

(3) 동수력학

① 연속의 정리

유량 $Q = AV[\text{m}^3/\text{sec}], \ Q = AV[\text{m}^3/\text{sec}], \ Q = A_1 V_1 = A_2 V_2$(연속의 정리)

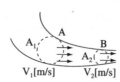

② 베르누이의 정리(에너지 불변의 법칙)

$$H_2, \ P_2, \ V_2 \ \rightarrow \ H_2 + \frac{P}{W_2} + \frac{V_2^2}{2g}$$

$$H_1, \ P_1, \ V_1 \ \rightarrow \ H_1 + \frac{P_1}{W} + \frac{V_1^2}{2g}$$

$$H_1 + \frac{P_1}{1,000} + \frac{v_1^2}{2g} = H_2 + \frac{P_2}{1,000} + \frac{v_2^2}{2g} = k = H[\text{m}](총수두) \ (단, \ k는 상수)$$

③ 토리첼리의 정리(수조 → 분출속도)

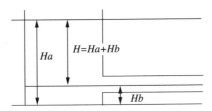

(조건) $P_a = P_b = P$(대기압), $V_a = 0$(정지된 물)

$$\frac{v_b^2}{2g} = H_a - H_b = H \rightarrow v_b^2 = 2gH$$

∴ 분출속도 $v = c\sqrt{2gH}$ [c : 유속계수(0.95 ~ 0.99)]

(4) 수력발전소의 출력
① 이론상 출력 $P = 9.8QH$[kW]
② 실제상 출력 $P = 9.8QH\eta_t\eta_G = 9.8QH\eta$[kW]

(5) 댐의 종류 및 그 부속설비
① 댐의 종류
  ㉠ 콘크리트댐(중력댐 : 댐 자체의 무게로 물의 압력을 견디는 방식) : 댐에 미치는 모든 힘의 합력
    이 댐 저부의 중앙 $\frac{1}{3}$ 지점에 작용하도록 설계
  ㉡ 아치댐 : 기초와 양안이 튼튼하고 댐 하부 양쪽이 견고한 암반 등으로 구성된 곳에 적합
  ㉢ 중공댐 : 댐 내부를 조금씩 비워둔 댐으로 가장 경제적임
  ㉣ 록필댐 : 암석으로 축조(중심코어), 소양강댐, 홍수 시 붕괴 우려가 있으나, 콘크리트댐에 비해
    경제적임
② 댐의 부속설비
  ㉠ 여수로 : 여분의 물을 배출시키기 위한 수문
  ㉡ 배사문 : 상류에서 흘러 내려온 토사 등을 제거하기 위한 수문
  ㉢ 어도 : 물고기 통로
  ㉣ 유목로 : 목재 등을 유하시키는 설비

(6) 수문
댐의 수위와 유량 조절, 토사 등을 제거하기 위해 댐의 상부에 설치하는 설비
① 슬루스 게이트(슬라이딩 게이트) : 상하로 조절, 소형 수문에 사용하며, 마찰이 큼
② 롤러 게이트 : 롤러를 부착해 마찰이 감소하며, 대형 수문에 적합
③ 스토니 게이트 : 사다리형의 롤러로 마찰이 현저히 감소하며, 대형 수문에 적합
④ 롤링 게이트 : 원통형의 강판 수문으로 돌, 자갈 등이 많은 험준한 지역에 적합
⑤ 테인터 게이트 : 반달형의 수문으로 체인으로 감아올려 개폐
⑥ 스톱로그 : 수문의 점검, 수리 시 일시적으로 물을 막기 위해 사용

(7) 취수구 및 수로

   ① 취수구(제수문) : 하천의 물을 수로에 유입시키기 위한 설비(유량 조절)

   ② 수로 : 취수구에서 나온 물을 수조에 도입하기 위한 설비(도수로)

      ㉠ 침사지 : 토사 등을 침전시켜 배제하기 위한 설비

      ㉡ 스크린 : 각종 부유물 등을 제거하기 위한 설비

(8) 수조(Tank) : 도수로와 수압관을 연결

   ① 수조의 역할

      ㉠ 발전소 부하변동에 따른 유량조절, 부유물의 최종적인 제거

      ㉡ 최대 수량 $1 \sim 2$분 정도의 저장능력

   ② 수조의 종류

      ㉠ 수조(상수조, 무압수조) : 무압수로$\left(구배 \dfrac{1}{1,000} \sim \dfrac{1}{1,500}\right)$와 연결

      ㉡ 조압수조 : 유압수로$\left(구배 \dfrac{1}{300} \sim \dfrac{1}{400}\right)$와 연결

       → 부하 변동 시 발생하는 수격작용을 완화, 흡수하여 수압철관을 보호

      • 단동조압수조 : 수조의 높이만을 증가시킨 수조

      • 차동조압수조 : 라이저(Riser)라는 상승관을 가진 수조, 부하 변동에 신속한 대응, 고가

      • 수실조압수조 : 수조의 상·하부 측면에 수실을 가진 수조, 저수지의 이용수심이 클 경우 사용

      • 단동포트수조 : 포트(제수공)을 통해 물의 마찰을 증가시키는 수조

(9) 수압관로

   ① 수조에서 수차까지의 도수 설비, 관내 유속 $3 \sim 5\text{m/sec}$

   ② 수압관 두께 $t = \dfrac{PD}{2\sigma\eta} + \alpha$ (P : 수압, D : 수압관 직경, σ : 허용응력, η : 접합효율, α : 여유 두께)

(10) 수차

  물의 속도 에너지를 기계 에너지로 변환한다.

   ① 펠턴 수차(충동 수차) : 노즐의 분사물이 버킷에 충돌하여 이 충동력으로 러너가 회전하는 수차

      ㉠ 300m 이상의 고낙차

      ㉡ 니들밸브(존슨밸브) : 유량을 자동 조절하여 회전속도 조절(고낙차 대수량 이용)

      ㉢ 전향장치(디플렉터) : 수격작용(수압관내의 압력이 급상승하는 현상) 방지

   ② 반동 수차 : 압력과 속도에너지를 가지고 있는 유수를 러너에 작용시켜 반동력으로 회전하는 수차 (물의 운동에너지와 반발력 이용)

      ㉠ 프란시스 수차($10 \sim 300\text{m}$, 중낙차)

      ㉡ 프로펠러 수차 : 러너날개 고정, 효율 최저, 80m 이하의 저낙차(특유속도 최대)

ⓒ 카프란 수차 : 이상적인 수차(효율 최대), 무구속 속도가 최대

ⓡ 튜블러(원통형) 수차 : 10m 정도 저낙차, 조력발전용

ⓜ 부속설비

  • 차실 : 수류를 안내날개에 유도

  • 안내날개 : 수차의 속도 조절

  • 러너 : 동력 발생 부분

  • 흡출관 : 날개를 통과한 유량을 배출하는 관, 낙차를 높이는 목적. 흡출수두

(11) 수차특성 및 조속기

① **수차의 특유속도**(N_s) : 실제수차와 기하학적으로 비례하는 수차를 낙하 1m의 높이에서 운전시켜 출력 1kW를 발생시키기 위한 1분간의 회전수

$$N_s = N \frac{P^{\frac{1}{2}}}{H^{\frac{5}{4}}} [\text{rpm}]$$

② 수차의 낙차 변화에 의한 특성 변화

  ㉠ 회전수 : $\dfrac{N_2}{N_1} = \left(\dfrac{H_2}{H_1}\right)^{\frac{1}{2}}$

  ㉡ 유량 : $\dfrac{Q_2}{Q_1} = \left(\dfrac{H_2}{H_1}\right)^{\frac{1}{2}}$

  ㉢ 출력 : $\dfrac{P_2}{P_1} = \left(\dfrac{H_2}{H_1}\right)^{\frac{3}{2}}$

③ **캐비테이션(공동현상)** : 유체가 빠른 속도로 진행 시에 러너 날개에 진공이 발생하는 현상

  ㉠ 영향 : 수차의 금속부분이 부식, 진동과 소음 발생, 출력과 효율의 저하

  ㉡ 방지대책

    • 수차의 특유속도를 너무 높게 취하지 말 것, 흡출관을 사용하지 않는다.

    • 침식에 강한 재료를 사용한다.

    • 과도하게 운전하지 않는다(과부하 운전 방지).

④ **조속기** : 부하 변동에 따라서 유량을 자동으로 가감하여 속도를 일정하게 해주는 장치

  ㉠ 평속기(스피더) : 수차의 속도 편차 검출

  ㉡ 배압밸브 : 유압조정

  ㉢ 서보모터 : 니들밸브나 안내날개 개폐

  ㉣ 복원기구 : 니들밸브나 안내날개의 진동 방지

  ㉤ 조속기 동작 순서 : 평속기 → 배압밸브 → 서보 모터 → 복원기구

(1) 열역학

① 열량 계산

열량 $Q = 0.24Pt = cmt$[cal][BTU]

(출력 $P = I^2R$[W], 시간 t[sec], 비열 c, 질량 m[g], 온도변화 t)

② 물과 증기 가열

㉠ 액체열(현열) : 물체의 온도를 상승시키기 위한 열

㉡ 증발열(잠열) : 증발(기화)시키는 데 필요한 열, 539kcal

㉢ 습증기 : 수분이 있는 증기

㉣ 건조포화증기 : 수분이 없는 완전한 증기

㉤ 과열증기 : 건조포화증기를 계속 가열하여 온도와 체적만 증가시킨 증기

③ 엔탈피와 엔트로피

㉠ 엔탈피 : 증기 1kg이 보유한 열량[kcal/kg] (액체열과 증발열의 합)

㉡ 엔트로피 $\left(S = \dfrac{dQ}{T}\right)$: 절대 온도에 대한 열량 변화

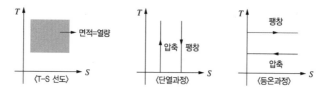

(2) 화력발전의 열사이클

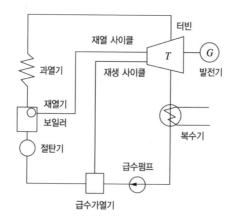

① 랭킨 사이클 : 가장 기본적인 사이클

② 재생 사이클 : 터빈의 중도에서 증기를 뽑아내어(추기) 급수를 예열하는 사이클(복수기의 소형화, 저압 터빈의 소형화)

③ 재열 사이클 : 터빈에서 팽창된 증기가 포화상태에 가까워졌을 때 이 증기를 보일러로 되돌려보내 가열하는 방식(터빈 날개의 부식 방지, 열효율 향상)

④ 재생·재열 사이클 : 가장 열효율이 좋은 사이클, 대용량발전소에 채용

⑤ 카르노 사이클 : 가장 이상적인 사이클

(3) 보일러의 부속설비

① 과열기 : 포화증기를 과열증기로 만들어 증기터빈에 공급하기 위한 설비

② 재열기 : 고압 터빈 내에서 팽창된 증기를 다시 재가열하는 설비

③ 절탄기 : 배기가스의 여열을 이용하여 보일러 급수를 예열하는 여열회수장치(연료 절약)

④ 공기예열기 : 연도가스의 나머지 여열을 이용하여 연소용 공기를 예열하는 장치, 연료 소모량 감소, 연도의 맨끝에 시설

(4) 터빈(배기 사용 방법에 의한 분류)

① 복수터빈 : 일반적, 열을 복수기에서 회수(열손실이 큼)

② 추기터빈 : 터빈의 배기 일부는 복수, 나머지는 추기하여 다른 목적으로 이용되는 것으로 추기 복수형, 추기 배압형이 있음

③ 배압터빈 : 터빈의 배기 전부를 다른 곳으로 보내 사용하는 것(복수기가 필요 없음)

(5) 복수기

터빈에서 나오는 배기를 물로 전환시키는 설비, 열손실이 가장 크다.

① 혼합 복수기(분사 복수기) : 냉각 수관을 설치하여 터빈의 배기증기와 직접 접촉시켜 냉각

② 표면 복수기 : 금속별의 열전도를 이용

(6) 급수장치

① 급수펌프 : 보일러에 급수를 보내주는 펌프

② 보일러 급수의 불순물에 의한 장해

    ㉠ Ca, Mg 함유 : 스케일(Scale)현상, 캐리오버현상 발생

      • 스케일(Scale)현상 : Ca, Mg 등이 관벽에 녹아 부착되어 층을 이루는 현상으로 열효율 저하, 보일러 용량 감소, 절연면의 열전도 저하, 수관 내의 급수 순환 방해, 과열에 의해 관벽 파손

      • 캐리오버현상 : 보일러 급수 중의 불순물이 증기 속에 혼입되어 터빈날개 등에 부착되는 현상

    ㉡ 슬러지 : 석축물이 생기지 않고 내부에 퇴적된 것

    ㉢ 가성 취하(알칼리 취하) : 산성인 용수에 너무 많은 알칼리를 투입하여 생기는 현상, 보일러 수관 벽 부식, 균열 발생

③ 급수 처리 : 원수 → 응집침전조 → 여과기 → 연와조 → 증발기 → 순수

(7) 화력발전소의 효율

$$\eta_G = \frac{860\,W}{mH} \times 100 \ (H : 발열량[\text{kcal/kg}], \ m : 연료량[\text{kg}], \ W : 전력량[\text{kWh}])$$

(1) 원자력 발전

원자의 핵분열을 이용하여 에너지를 얻어내는 방식

① 핵분열 연쇄반응

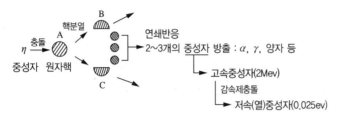

② 핵분열 중성자 에너지

질량 결손 에너지 $W = mc^2$ [J] $(m$: 질량[kg], $c = 3 \times 10^8$ m/s$)$

※ 질량 결손 발생 : (분열 전 질량 A)>(질량 B)+(질량 C)+[질량 결손(에너지 손실)]

③ 원자력 발전용 핵 연료 : $_{92}U^{235}$, $_{92}U^{238}$, $_{94}Pu^{239}$, $_{94}Pu^{241}$

(2) 원자로의 구성

① **감속재** : 중성자의 속도를 감속시키는 역할, 고속 중성자를 열중성자까지 감속시키는 역할. 감속재로써는 중성자 흡수가 적고 감속효과가 큰 것이 좋으며, H_2O(경수), D_2O(중수), C(흑연), BeO(산화베릴륨) 등이 사용된다.

② **제어재** : 중성자의 밀도를 조절하여 원자로의 출력 조정. 중성자를 잘 흡수하는 물질인 B(붕소), Cd(카드뮴), Hf(하프늄) 등이 사용된다.

③ **냉각재** : 원자로 내의 열을 외부로 운반하는 역할. H_2O(경수), D_2O(중수), CO_2(탄산가스), He(헬륨), 액체 Na 등이 사용된다.

④ **반사재** : 원자로 밖으로 나오려는 중성자를 노안으로 되돌리는 역할. 즉, 중성자의 손실을 감소시키는 역할, H_2O(경수), D_2O(중수), C(흑연), BeO(산화베릴륨) 등이 사용된다.

⑤ **차폐재** : 방사능(중성자, γ선)이 외부로 나가는 것을 차폐하는 역할. Pb(납), 콘크리트 등이 사용된다.

(3) 원자력 발전소의 종류

① **비등수형(BWR)** : 원자로 내에서 바로 증기를 발생시켜 직접터빈에 공급하는 방식

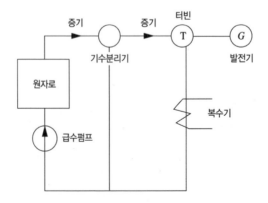

㉠ 핵연료 : 저농축 우라늄

　　㉡ 감속재・냉각재 : H_2O(경수)

　　㉢ 특징

　　　• 기수분리기 사용(물과 증기 분리)

　　　• 방사능을 포함한 증기 우려

　　　• 미국 GE사에서 개발, 우리나라에서는 사용하지 않는다.

② **가압수형(PWR)** : 원자로 내에서의 압력을 매우 높여 물의 비등을 억제함으로써 2차측에 설치한 증기 발생기를 통하여 증기를 발생시켜 터빈에 공급하는 방식

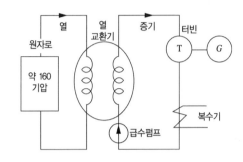

　　㉠ 가압 경수형 원자로

　　　• 경수 감속, 경수 냉각

　　　• 울진, 영광, 고리

　　　• 핵연료 : 저농축 우라늄

　　　• 감속재・냉각재 : H_2O(경수)

　　㉡ 가압 중수형 원자로

　　　• 중수 감속, 중수 냉각

　　　• 월성

　　　• 핵연료 : 천연 우라늄

　　　• 감속재・냉각재 : D_2O(중수)

　　　• 캐나다 Candu Energy사 개발

　　　• 특징

　　　　– 열교환기 필요

　　　　– 원자로・열교환기 : 보일러 역할

CHAPTER 03 전기기기

01 직류기

(1) 직류 발전기의 구조

① 전기자(전기자 철심 및 전기자 권선) : 자속(ϕ)을 끊어 기전력 발생
  ㉠ 권선(코일) : 유기전력 발생
  ㉡ 철심 : 0.35 ~ 0.5mm
    • 규소강판 : 히스테리시스손 감소
    • 성층철심 : 와류손 감소
② 계자(Field) : 자속 ϕ를 발생
  ㉠ 자속을 공급
  ㉡ 계자철심, 계철, 계자권선
③ 정류자(Commutator) : 교류를 직류로 변환

  ㉠ 정류자 편수 : $K = \dfrac{u}{2}S$

  ㉡ 정류자 편간 위상차 : $\theta = \dfrac{2\pi}{K}$

  ㉢ 정류자편 평균전압 : $e_a = \dfrac{PE}{K}$

  ㉣ 정류주기 : $T_c = \dfrac{b-\delta}{v_c}$ [sec] $\left(v_c = \pi Dn = \dfrac{\pi DN}{60}\right)$

  [b : 브러시 두께, δ : 절연물의 두께, v_c : 전기자 주변속도, P : 극수, E : 유기기전력, u : 슬롯 내부 코일변수, S : 슬롯(홈) 수]
④ 브러시(Brush) : 외부회로와 내부회로를 연결
  ㉠ 구비조건
    • 기계적 강도가 커야 한다.
    • 내열성이 커야 한다.
    • 전기저항이 작아야 한다.
    • 적당한 접촉저항을 가져야 한다.
  ㉡ 종류
    • 탄소 브러시 : 접촉저항이 크기 때문에 직류기에 사용
    • 흑연질 브러시
      – 전기 흑연질 브러시 : 대부분의 전기 기계에 사용
      – 금속 흑연질 브러시 : 전기 분해 등의 저전압 대전류용 기기에 사용
    • 설치압력 : 0.15 ~ 0.25kg_f/cm^2 (단, 전차용 전동기 0.35 ~ 0.45kg_f/cm^2)

(2) 직류기 전기자 권선법 : 고상권, 폐로권, 이층권

> ※ 중권과 파권 비교
>
> | 비교항목 | 단중 중권 | 단중 파권 |
> |---|---|---|
> | 전기자의 병렬회로수 | P(mP) | 2(2m) |
> | 브러시 수 | P | 2 |
> | 용도 | 저전압, 대전류 | 고전압, 소전류 |
> | 균압접속 | 4극 이상일 때 균압환 필요 | 불필요 |

(3) 유기기전력

$$E = \frac{P}{a}\phi Z \frac{N}{60} = K\phi N \left(K = \frac{PZ}{60a} \right)$$

(a : 병렬회로수, P : 극수, ϕ : 자속[Wb], N : 회전속도[rpm], Z : 총도체수[(전슬롯수)×(한슬롯 내 도체수)])

(4) 전기자 반작용

전기자도체의 전류에 의해 발생된 자속이 계자 자속에 영향을 주는 현상

① 현상

  ㉠ 편자작용

  • 감자작용 : 전기자 기자력이 계자 기자력에 반대 방향으로 작용하여 자속이 감소하는 현상

    – δ(전기각)＝(기하각)×$\frac{P}{2}$

    – (매극당 감자 기자력)＝$\frac{I_a}{a} \times \frac{z}{2p} \times \frac{2\alpha}{180}$

  • 교차자화작용 : 전기자 기자력이 계자 기자력에 수직 방향으로 작용하여 자속분포가 일그러지는 현상

    – (매극당 교차 기자력)＝$\frac{I_a}{a} \times \frac{z}{2p} \times \frac{\beta}{180}$ (단, $\beta = 180 - 2\alpha$)

  ㉡ 중성축 이동

  • 발전기 : 회전 방향

  • 전동기 : 회전 반대 방향

  ㉢ 국부적으로 섬락 발생, 공극의 자속분포 불균형으로 섬락(불꽃) 발생

② 방지책

  ㉠ 보극, 보상권선 설치한다(전기자 전류와 반대 방향).

  ㉡ 계자 기자력을 크게 한다.

  ㉢ 자기 저항을 크게 한다.

  ㉣ 보극이 없는 직류기는 브러시를 이동시킨다.

③ 영향 : 자속 감소

  ㉠ 발전기 : $E\downarrow$, $V\downarrow$, $P\downarrow$

  ㉡ 전동기 : $N\uparrow$, $T\downarrow$

(5) 정류

- 전기자 코일이 브러시에 단락된 후 브러시를 지날 때 전류의 방향이 바뀌는 것

- 리액턴스 전압 : $e_L = L \cdot \dfrac{di}{dt} = L \cdot \dfrac{2I_c}{T_c}$ [V]

① 종류

㉠ 직선정류(이상적인 정류) : 불꽃 없는 정류

㉡ 정현파정류 : 불꽃 없는 정류

㉢ 부족정류 : 브러시 뒤편에 불꽃(정류말기)

㉣ 과정류 : 브러시 앞면에 불꽃(정류초기)

> ※ **불꽃 없는 정류**
> - 저항정류 : 탄소 브러시 사용하여 단락전류 제한
> - 전압정류 : 보극을 설치하여 평균 리액턴스전압 상쇄

② 방지책

㉠ 보극과 탄소 브러시를 설치한다.

㉡ 평균 리액턴스 전압을 줄인다.

㉢ 정류주기를 길게 한다.

㉣ 회전 속도를 적게 한다.

㉤ 인덕턴스를 작게 한다(단절권, 분포권 채용).

(6) 발전기의 종류

① 타여자 발전기

㉠ 잔류 자기가 없어도 발전 가능

㉡ 운전 중 회전 방향 반대 : $(+)$, $(-)$ 극성이 반대로 되어 발전 가능

㉢ $E = V + I_a R_a + e_a + e_b$, $I_a = I$

② 분권 발전기

㉠ 잔류 자기가 없으면 발전 불가능

㉡ 운전 중 회전 방향 반대 → 발전 불가능

㉢ 운전 중 서서히 단락하면 → 소전류 발생

㉣ $E = V + I_a R_a + e_a + e_b$, $I_a = I + I_f$

③ 직권 발전기

㉠ 운전 중 회전 방향 반대 → 발전 불가능

㉡ 무부하 시 자기 여자로 전압을 확립할 수 없음

㉢ $E = V + I_a(R_a + R_s) + e_a + e_b$, $I_a = I_f = I$

④ 복권(외복권) 발전기

㉠ 분권 발전기 사용 : 직권 계자 권선 단락(Short)

㉡ 직권 발전기 사용 : 분권 계자 권선 개방(Open)

㉢ $E = V + I_a(R_a + R_s) + e_a + e_b$, $I_a = I + I_f$

(7) 직류 발전기의 특성

① 무부하 포화곡선 : $E - I_f$ (유기기전력과 계자전류) 관계 곡선

② 부하 포화곡선 : $V - I_f$ (단자전압과 계자전류) 관계 곡선

③ 자여자 발전기의 전압 확립 조건

    ㉠ 무부하곡선이 자기 포화곡선에 있어야 한다.

    ㉡ 잔류 자기가 있어야 한다.

    ㉢ 임계저항이 계자저항보다 커야 한다.

    ㉣ 회전 방향이 잔류 자기를 강화하는 방향이어야 한다.

        ※ 회전 방향이 반대이면 잔류 자기가 소멸하여 발전하지 않는다.

(8) 전압 변동률

$$\varepsilon = \frac{V_0 - V}{V} \times 100 = \frac{E - V}{V} \times 100 = \frac{I_a R_a}{V} \times 100$$

+	$V_0 > V$	타여자, 분권
−	$V_0 < V$	직권, 과복권
0	$V_0 = V$	평복권

(9) 직류 발전기의 병렬 운전

① 조건

    ㉠ 극성과 단자전압이 일치(용량 임의)해야 한다.

    ㉡ 외부특성이 수하 특성이어야 한다.

    ㉢ 용량이 다를 경우 부하전류로 나타낸 외부특성 곡선이 거의 일치해야 한다.

      → 용량에 비례하여 부하분담이 이루어진다.

    ㉣ 용량이 같은 경우, 외부특성 곡선이 일치해야 한다.

    ㉤ 병렬 운전 시 직권, 과복권 균압 모선이 필요하다.

② 병렬 운전식

$$V = E_1 - I_1 R_1 = E_2 - I_2 R_2$$

$$I = I_1 + I_2$$

③ 부하분담

    ㉠ 유기기전력이 큰 쪽이 부하분담이 큼

    ㉡ 유기기전력이 같으면 전기자 저항에 반비례함

    ㉢ 용량이 다르고, 나머지가 같으면 용량에 비례함

(10) 직류 전동기

① 발전기 원리 : 플레밍의 오른손 법칙

전동기 원리 : 플레밍의 왼손 법칙

② 역기전력 : $E = \dfrac{P}{a} Z\phi \dfrac{N}{60} = K\phi N = V - I_a R_a$

③ 회전속도 : $n = \dfrac{E}{K\phi} = K \cdot \dfrac{V - I_a R_a}{\phi}$ [rps]

④ 토크 : $T = \dfrac{P}{\omega} = \dfrac{PZ\phi I_a}{2\pi a} = K\phi I_a$ [N·m]

$T = \dfrac{1}{9.8} \times \dfrac{P_m}{\omega} = 0.975 \dfrac{P_m}{N}$ [kg$_f$·m]

$T = 0.975 \dfrac{P_m}{N} = 0.975 \dfrac{E \cdot I_a}{N}$ [kg$_f$·m] $= 9.55 \dfrac{P_m}{N}$ [N·m]

⑤ 직류 전동기의 종류

종류	전동기의 특징
타여자	• (+), (−) 극성을 반대로 접속하면 → 회전 방향이 반대 • 정속도 전동기
분권	• 정속도 특성의 전동기 • 위험 상태 → 정격전압, 무여자 상태 • (+), (−) 극성을 반대로 접속하면 → 회전 방향이 불변 • $T \propto I \propto \dfrac{1}{N}$
직권	• 변속도 전동기(전동차에 적합) • 부하에 따라 속도가 심하게 변함 • (+), (−) 극성을 반대로 접속하면 → 회전 방향이 불변 • 위험 상태 → 정격전압, 무부하 상태 • $T \propto I^2 \propto \dfrac{1}{N^2}$

(11) 직류 전동기 속도 제어

$n = K' \dfrac{V - I_a R_a}{\phi}$ (단, K' : 기계정수)

종류	특징
전압 제어	• 광범위 속도 제어 가능 • 워드 레너드 방식[광범위한 속도 조정(1 : 20), 효율 양호] • 일그너 방식(부하가 급변하는 곳, 플라이휠 효과 이용, 제철용 압연기) • 정토크 제어
계자 제어	• 세밀하고 안정된 속도 제어 • 효율은 양호하나 정류 불량 • 정출력 가변속도 제어
저항 제어	• 좁은 속도 조절 범위 • 동손 증가 시 효율 저하

(12) 직류 전동기 제동

① **발전 제동** : 전동기 전기자 회로를 전원에서 차단하는 동시에 계속 회전하고 있는 전동기를 발전기로 동작시켜 이때 발생되는 전기자의 역기전력을 전기자에 병렬 접속된 외부 저항에서 열로 소비하여 제동하는 방식

② **회생 제동** : 전동기의 전원을 접속한 상태에서 전동기에 유기되는 역기전력을 전원전압보다 크게 하여 이때 발생하는 전력을 전원 속에 반환하여 제동하는 방식

③ **역전 제동(플러깅)** : 전동기를 전원에 접속한 채로 전기자의 접속을 반대로 바꾸어 회전 방향과 반대의 토크를 발생시켜 급정지시키는 방법

(13) 직류기의 손실과 효율

① **고정손(무부하손)** : 철손(히스테리시스손, 와류손), 기계손(베어링손, 마찰손, 풍손)

② **부하손(가변손)** : 동손(전기자동손, 계자동손), 표유부하손

③ **총손실** : (철손)+(기계손)+(동손)+(표유부하손)

④ **최대 효율조건** : (부하손)=(고정손)

⑤ **실측효율**

$$\eta = \frac{(출력)}{(입력)} \times 100$$

⑥ **규약효율**

㉠ 발전기 : $\eta = \dfrac{(출력)}{(입력)} = \dfrac{(출력)}{(출력)+(손실)} \times 100$

㉡ 전동기 : $\eta = \dfrac{(출력)}{(입력)} = \dfrac{(입력)-(손실)}{(입력)} \times 100$

(14) 절연물의 최고 허용온도

절연 재료	Y	A	E	B	F	H	C
최고허용온도(단위 : ℃)	90	105	120	130	155	180	180 초과

(15) 직류 전동기의 토크 측정, 시험

① **전동기의 토크 측정** : 보조발전기법, 프로니 브레이크법, 전기 동력계법

② **온도 시험**

㉠ 실부하법

㉡ 반환부하법 : 홉킨스법, 블론델법, 카프법

(1) 동기 발전기의 구조 및 원리

① 동기속도 : $N_s = \dfrac{120f}{P}$ [rpm] (단, P : 극수)

② 코일의 유기기전력 : $E = 4.44f\phi\omega k_w$ [V]

③ 동기 발전기 : 회전 계자형

    ㉠ 계자는 기계적으로 튼튼하고 구조가 간단하여 회전에 유리함

    ㉡ 계자는 소요 전력이 적음

    ㉢ 절연이 용이함

    ㉣ 전기자는 Y결선으로 복잡하며, 고압을 유기함

④ 동기 발전기 : Y결선

    ㉠ 중성점을 접지할 수 있어 이상전압의 대책 용이

    ㉡ 코일의 유기전압이 $\dfrac{1}{\sqrt{3}}$ 배 감소하므로 절연 용이

    ㉢ 제3고파에 의한 순환 전류가 흐르지 않음

⑤ 수소 냉각 방식의 특징(대용량 기기)

    ㉠ 비중이 공기의 7%로 풍손이 공기의 $\dfrac{1}{10}$ 로 경감

    ㉡ 열전도도가 좋고 비열(공기의 약 14배)이 커서 냉각 효과가 큼

    ㉢ 절연물의 열화 및 산화가 없으므로 절연물의 수명이 길어짐

    ㉣ 소음이 적고 코로나 발생이 적음

    ㉤ 발전기 출력이 약 25% 정도 증가

    ㉥ 단점 : 수소는 공기와 혼합하면 폭발 우려(안전장치 필요)가 있으며, 설비비용 높음

(2) 전기자 권선법

① 분포권 : 매극 매상의 도체를 각각의 슬롯에 분포시켜 감아주는 권선법

    ㉠ 고조파 제거에 의한 파형을 개선

    ㉡ 누설 리액턴스를 감소

    ㉢ 집중권에 비해 유기기전력이 K_d배로 감소

    ㉣ 매극 매상의 슬롯수 : $q = \dfrac{(총슬롯수)}{(상수) \times (극수)}$

    ㉤ 분포권 계수 : $K_d = \dfrac{\sin\dfrac{\pi}{2m}}{q\sin\dfrac{\pi}{2mq}}$

② 단절권 : 코일 간격을 극간격보다 작게 하는 권선법

    ㉠ 고조파 제거에 의한 파형을 개선

    ㉡ 코일의 길이, 동량이 절약

    ㉢ 전절권에 비해 유기기전력이 K_v 배로 감소

    ㉣ 단절비율 : $\beta = \dfrac{(\text{코일간격})}{(\text{극간격})} = \dfrac{(\text{코일피치})}{(\text{극피치})} = \dfrac{[\text{코일간격(슬롯)}]}{(\text{전슬롯수}) \div (\text{극수})}$

    ㉤ 단절권계수 : $K_v = \sin\dfrac{\beta\pi}{2}$

(3) 동기기의 전기자 반작용

① 횡축 반작용(교차자화작용) : R부하, 전기자 전류가 유기기전력과 동위상, 크기 : $I\cos\theta$, 일종의 감자작용

② 직축 반작용(발전기 : 전동기는 반대)

    ㉠ 감자작용 : L부하, 지상전류, 전기자전류가 유기기전력보다 위상이 $\dfrac{\pi}{2}$ 뒤질 때

    ㉡ 증자작용 : C부하, 진상전류, 전기자전류가 유기기전력보다 위상이 $\dfrac{\pi}{2}$ 앞설 때

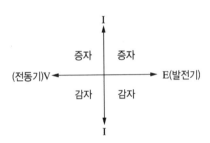

(4) 동기 발전기의 출력

① 비돌극형

$$P_s = \frac{EV}{x_s}\sin\delta \;(\delta = 90°\text{에서 최대 출력})$$

② 돌극형

$$P_s = \frac{EV}{x_s}\sin\delta + \frac{V^2(x_d - x_q)}{2x_d x_q}\sin\delta \;(\delta = 60°\text{에서 최대 출력, 직축반작용 } x_d > \text{횡축반작용 } x_q)$$

(5) 동기기의 동기 임피던스

철심이 포화상태이고 정격 전압일 때 임피던스 $Z_s = r_a + jx_s \fallingdotseq x_s = x_a + x_l$

[x_s : 동기 리액턴스, x_a : 전기자 반작용 리액턴스(지속단락전류 제한), x_l : 전기자 누설 리액턴스(순간(돌발)단락전류 제한)]

(6) 동기 발전기의 특성

① 동기 임피던스

$$Z_s = \frac{E}{I_s} = \frac{V/\sqrt{3}}{I_s}\,[\Omega]$$

② % 동기 임피던스

㉠ $Z_s' = \dfrac{I_n Z_s}{E} \times 100 = \dfrac{P_n Z_s}{V^2} \times 100 = \dfrac{I_n}{I_s} \times 100$

㉡ % 동기 임피던스[PU]

$$Z_s' = \frac{1}{K_s} = \frac{P_n Z_s}{V^2} = \frac{I_n}{I_s}\,[\text{PU}]$$

③ 단락비 : 무부하 포화곡선, 3상 단락곡선

㉠ $K_s = \dfrac{(\text{정격전압을 유기하는 데 필요한 여자 전류})}{(\text{정격전류와 같은 단락전류를 유기하는 데 필요한 여자 전류})} = \dfrac{I_s}{I_n} = \dfrac{1}{Z_s'}\,[\text{PU}]$

㉡ 단락비가 큰 경우
- 동기 임피던스, 전압 변동률, 전기자 반작용, 효율이 적음
- 출력, 선로의 충전 용량, 계자 기자력, 공극, 단락전류가 큼
- 안정도 좋음, 중량이 무겁고 가격이 비쌈

㉢ 단락비 작은 기계 : 동기계, 터빈 발전기($K_s = 0.6 \sim 1.0$)

㉣ 단락비 큰 기계 : 철기계, 수차 발전기($K_s = 0.9 \sim 1.2$)

(7) 동기 발전기 자기 여자 작용

발전기 단자에 장거리 선로가 연결되어 있을 때 무부하 시 선로의 충전전류에 의해 단자전압이 상승하여 절연이 파괴되는 현상

> ※ **동기 발전기 자기 여자 방지책**
> - 수전단에 리액턴스가 큰 변압기를 사용한다.
> - 발전기를 2대 이상 병렬 운전을 한다.
> - 동기조상기에 부족여자 방식을 사용한다.
> - 단락비가 큰 기계를 사용한다.

(8) 전압 변동률

$$\epsilon = \frac{E - V}{V} \times 100$$

① 용량 부하의 경우($-$) : $E < V$

② 유도 부하의 경우($+$) : $E > V$

(9) 동기 발전기의 동기 병렬 운전

① 병렬 운전 조건

기전력의 크기가 같을 것	무효순환전류(무효횡류)	$I_C = \dfrac{E_a - E_b}{2Z_s} = \dfrac{E_C}{2Z_S}$
기전력의 위상이 같을 것	동기화전류(유효횡류)	$I_{cs} = \dfrac{E}{Z_s}\sin\dfrac{\delta}{2}$
기전력의 주파수가 같을 것	난조발생	–
기전력의 파형이 같을 것	고주파 무효순환전류	–
기전력의 상회전 방향이 같을 것(3상)		–

② 수수전력 $P_s = \dfrac{E^2}{2Z_s}\sin\delta$, 동기화력 $P_s = \dfrac{E^2}{2Z_s}\cos\delta$

(10) 난조(Hunting)

발전기의 부하가 급변하는 경우 회전자속도가 동기속도를 중심으로 진동하는 현상

① 원인
    ㉠ 원동기의 조속기 감도가 너무 예민할 때
    ㉡ 전기자저항이 너무 클 때
    ㉢ 부하가 급변할 때
    ㉣ 원동기 토크에 고조파가 포함될 때
    ㉤ 관성모멘트가 작을 때

② 방지책
    ㉠ 계자의 자극면에 제동 권선을 설치한다.
    ㉡ 관성모멘트를 크게 → 플라이휠을 설치한다.
    ㉢ 조속기의 감도를 너무 예민하지 않도록 한다.
    ㉣ 고조파의 제거 → 단절권, 분포권을 설치한다.

③ 제동 권선의 역할
    ㉠ 난조 방지
    ㉡ 기동 토크 발생
    ㉢ 파형개선과 이상전압 방지
    ㉣ 유도기의 농형 권선과 같은 역할

(11) 동기 전동기

① 특징

ⓐ 정속도 전동기

ⓑ 기동이 어려움(설비비가 고가)

ⓒ 역률 1.0으로 조정할 수 있으며, 진상과 지상전류의 연속 공급 가능(동기조상기)

ⓓ 저속도 대용량의 전동기 → 대형 송풍기, 압축기, 압연기, 분쇄기

② 동기 전동기 기동법

ⓐ 자기 기동법 : 제동 권선을 이용

ⓑ 기동 전동기법 : 유도 전동기(2극 적게)를 기동 전동기로 사용

③ 안정도 증진법

ⓐ 정상 리액턴스는 적고, 영상과 역상 임피던스는 크게 한다.

ⓑ 플라이휠 효과와 반지름을 크게 하여 관성 모멘트를 크게 한다.

ⓒ 조속기 동작을 신속하게 한다.

ⓓ 단락비가 큰 기계(철기계, 수차형) 사용한다.

ⓔ 속응 여자 방식을 채용한다.

④ 위상 특성 곡선(V곡선) : $I_a - I_f$ 관계 곡선(P는 일정), P : 출력, 계자전류의 변화에 대한 전기자 전류의 변화를 나타낸 곡선

ⓐ 과여자 : 앞선 역률(진상), 전기자전류 증가, C

ⓑ 부족여자 : 늦은 역률(지상), 전기자전류 증가, L

⑤ 토크 특성

ⓐ $P = EI_a = \omega\tau = 2\pi \dfrac{N_s}{60}\tau$

ⓑ $\tau = 9.55 \dfrac{P_0}{N_s}[\text{N} \cdot \text{m}] = 0.975 \dfrac{P_0}{N_s}[\text{kg}_f \cdot \text{m}]$

ⓒ $P_0 = 1.026 N_s \tau[\text{W}]$, $P_0 \propto \tau$ [(동기 와트)=(토크)]

---

03 변압기

(1) 변압기의 유기기전력과 권수비

① $E_1 = 4.44 f N_1 \phi_m$ [V], $E_2 = 4.44 f N_2 \phi_m$ [V]

② 권수비 : $a = \dfrac{E_1}{E_2} = \dfrac{V_1}{V_2} = \dfrac{I_2}{I_1} = \dfrac{N_1}{N_2} = \sqrt{\dfrac{Z_1}{Z_2}} = \sqrt{\dfrac{R_1}{R_2}}$

(2) 변압기의 구조

① 분류

내철형, 외철형, 권철심형

② 냉각 방식에 따른 분류

건식자냉식, 건식풍냉식, 유입자냉식(주상변압기), 유입풍냉식, 유입수냉식, 유입송유식

③ 변압기 절연유의 구비조건

㉠ 절연내력이 커야 한다.

㉡ 점도가 적고 비열이 커서 냉각효과가 커야 한다.

㉢ 인화점은 높고, 응고점은 낮아야 한다.

㉣ 고온에서 산화하지 않고, 침전물이 생기지 않아야 한다.

④ 변압기의 호흡작용

㉠ 외기의 온도 변화, 부하의 변화에 따라 내부기름의 온도가 변화하여 부피가 팽창·수축을 반복

㉡ 기름과 대기압 사이에 차가 생겨 공기가 출입하는 작용

⑤ 절연열화

변압기의 호흡작용으로 절연유의 절연내력이 저하하고 냉각효과가 감소하며 침전물이 생기는 현상

⑥ 절연열화 방지책

㉠ 콘서베이터 설치

㉡ 질소 봉입 방식

㉢ 흡착제 방식

(3) 변압기의 등가회로

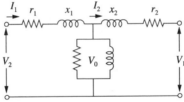

※ 2차를 1차로 환산한 등가회로

① $V_2' = V_1 = a V_2$

② $I_2' = I_1 = \dfrac{I_2}{a}$

③ $Z_2' = \dfrac{V_2'}{I_2'} = \dfrac{a V_2}{\dfrac{I_2}{a}} = a^2 \dfrac{V_2}{I_2} = a^2 Z_2$ (단, $r_2' = a^2 r_2,\ x_2' = a^2 x_2$)

④ 2차를 1차로 환산한 임피던스

$Z_{21} = r_{21} + j x_{21} = (r_1 + a^2 r_2) + j(x_1 + a^2 x_2)$

(4) 백분율 강하

① % 저항 강하

$$p = \frac{I_{1n}r_{21}}{V_{1n}} \times 100 = \frac{I_{2n}r_{12}}{V_{2n}} \times 100$$

$$= \frac{I_{1n}r_{21}}{V_{1n}} \times \frac{I_{1n}}{I_{1n}} \times 100 = \frac{I_{1n}^2 r_{21}}{V_{1n}I_{1n}} \times 100$$

$$= \frac{P_s}{P_n} \times 100$$

② % 리액턴스 강하

$$q = \frac{I_{1n}\chi_{21}}{V_{1n}} \times 100 = \frac{I_{2n}\chi_{21}}{V_{2n}} \times 100$$

③ % 임피던스 강하

$$Z = \frac{I_{1n}Z_{21}}{V_{1n}} \times 100 = \frac{V_{1S}}{V_{1n}} \times 100 = \frac{I_{1n}(r_{21}+jx_{21})}{V_{1n}} \times 100 = \frac{I_n}{I_s} \times 100$$

(P_n : 변압기 용량, P_s : 임피던스 와트(동손), V_{1S} : 임피던스 전압, I_n : 정격전류, I_s : 단락 전류)

㉠ 임피던스 전압($V_{1s} = I_{1n} \cdot Z_{21}$)

• 정격전류가 흐를 때 변압기 내 임피던스 전압 강하

• 변압기 2차측을 단락한 상태에서 1차 측에 정격전류(I_{1n})가 흐르도록 1차 측에 인가하는 전압

㉡ 임피던스 와트($P_s = I_{1n}^2 \cdot r_{21}$) : 임피던스 전압을 인가한 상태에서 발생하는 와트(동손)

(5) 전압 변동률

① $\epsilon = p\cos\theta \pm q\sin\theta$ (+ : 지상, − : 진상)

② 최대 전압 변동률과 역률

㉠ $\cos\theta = \rho$

㉡ $\cos\theta \neq 1$

• 최대 전압 변동률 $\epsilon_{\max} = Z = \sqrt{p^2+q^2}$

• 최대 전압 변동률일 때 역률 $\cos\theta_{\max} = \dfrac{p}{Z} = \dfrac{p}{\sqrt{p^2+q^2}}$

(6) 변압기의 결선

① △ − △ 결선

㉠ 1, 2차 전압에 위상차가 없음, 상전류는 선전류의 $\dfrac{1}{\sqrt{3}}$ 배

㉡ 제3고조파 여자 전류가 통로를 가지게 되므로 기전력은 사인파전압을 유기함

㉢ 변압기 외부에 제3고조파가 발생하지 않으므로 통신선의 유도장해가 없음

㉣ 변압기 1대 고장 시 V − V 결선으로 변경하여 3상 전력 공급이 가능

㉤ 비접지 방식이므로 이상전압 및 지락 사고에 대한 보호가 어려움

㉥ 선간전압과 상전압이 같으므로 고압인 경우 절연이 어려움

② Y - Y 결선 특징

 ㉠ 1, 2차 전압에 위상차가 없음

 ㉡ 중성점을 접지할 수 있으므로 이상전압으로부터 변압기를 보호할 수 있음

 ㉢ 상전압이 선간전압의 $\dfrac{1}{\sqrt{3}}$ 배이므로 절연이 용이하여 고전압에 유리

 ㉣ 보호 계전기 동작이 확실함

 ㉤ 역 V 결선 운전이 가능

 ㉥ 중성점 접지 시 접지선을 통해 제3고조파가 흐르므로 통신선에 유도장해가 발생

③ △ - Y 결선(승압용), Y - △ 결선(강압용)

 ㉠ Y 결선으로 중성점을 접지할 수 있으므로 이상전압으로부터 변압기를 보호할 수 있음

 ㉡ △ 결선에 의한 여자 전류의 제3고조파 통로가 형성되므로 기전력의 파형이 사인파가 됨

 ㉢ △ - Y는 송전단에 Y - △는 수전단에 설치

 ㉣ 1, 2차 전압 및 전류 간에는 30°의 위상차가 발생

 ㉤ 1대 고장 시 송전 불가능

④ V - V 결선

 ㉠ 출력 $P_V = \sqrt{3}\,P_1$

 ㉡ 4대의 경우 출력 $P_V = 2\sqrt{3}\,P_1$

 ㉢ (이용률)$= \dfrac{\sqrt{3}\,P_1}{2P_1} \times 100 ≒ 86.6\%$

 ㉣ (출력비)$= \dfrac{\sqrt{3}\,P_1}{3P_1} \times 100 ≒ 57.7\%$

⑤ 상수의 변환

 ㉠ 3상 → 2상 변환

  • Scott 결선(T 결선)

   - 이용률 : 86.6%

   - T좌 변압기의 권수비 : $a_T = \dfrac{\sqrt{3}}{2} \times a$

  • Meyer 결선

  • Wood Bridge 결선

 ㉡ 3상 → 6상 변환

  • Fork 결선

  • 2중 성형 결선

  • 환상 결선, 대각 결선, 2중 △ 결선, 2중 Y 결선

(7) 병렬 운전

① 병렬 운전 조건

　㉠ 극성, 권수비, 1, 2차 정격 전압이 같아야 한다(용량은 무관).

　㉡ 각 변압기의 저항과 리액턴스비가 같아야 한다.

　㉢ 부하분담 시 용량에 비례하고 임피던스 강하에는 반비례해야 한다.

　㉣ 상회전 방향과 각 변위가 같아야 한다(3ϕ 변압기).

가능	불가능
Y - Y와 Y - Y	Y - Y와 Y - △
Y - △와 Y - △	Y - △와 △ - △
Y - △와 △ - Y	△ - Y와 Y - Y
△ - △와 △ - △	△ - △와 △ - Y
△ - Y와 △ - Y	−
△ - △와 Y - Y	−

② 부하분담

　㉠ $\dfrac{I_a}{I_b} = \dfrac{I_A}{I_B} \times \dfrac{\% Z_b}{\% Z_a}$

　　분담 전류는 정격 전류에 비례하고 누설 임피던스에 반비례

　㉡ $\dfrac{P_a}{P_b} = \dfrac{P_A}{P_B} \times \dfrac{\% Z_b}{\% Z_a}$

　　분담 용량은 정격 용량에 비례하고 누설 임피던스에 반비례
　　• I_a : A기 분담 전류, I_A : A기 정격 전류, P_a : A기 분담 용량, P_A : A기 정격 용량
　　• I_b : B기 분담 전류, I_B : B기 정격 전류, P_b : B기 분담 용량, P_B : B기 정격 용량

(8) 특수 변압기

① 단권 변압기

　㉠ 특징
　　• 코일 권수 절약
　　• 손실이 적음
　　• 효율이 좋음
　　• 누설 리액턴스가 작음
　　• 1차와 2차 절연이 어려움
　　• 단락사고 시 단락전류가 큼
　　• 고압용, 대용량에 적절

ⓛ $\dfrac{V_h}{V_l} = \dfrac{N_1 + N_2}{N_1} = 1 + \dfrac{N_2}{N_1}$,

$V_h = \left(1 + \dfrac{1}{a}\right)V_l = \left(1 + \dfrac{N_2}{N_1}\right)V_l$

ⓒ 부하 용량(2차 출력) : $W = V_h I_2$

ⓔ 자기 용량(변압기 용량) : $\omega = e I_2 = (V_h - V_l)I_2$

ⓜ $\dfrac{(\text{자기 용량})}{(\text{부하 용량})} = \dfrac{V_h - V_l}{V_h}$

구분	단상	Y결선	△결선	V결선
$\dfrac{(\text{자기 용량})}{(\text{부하 용량})}$	$\dfrac{V_h - V_l}{V_h}$	$\dfrac{V_h - V_l}{V_h}$	$\dfrac{V_h^2 - V_l^2}{\sqrt{3}\,V_h V_l}$	$\dfrac{2}{\sqrt{3}} \cdot \left(\dfrac{V_h - V_l}{V_h}\right)$

② 누설 변압기
  ㉠ 수하특성(정전류 특성)
  ㉡ 전압 변동이 큼
  ㉢ 누설 리액턴스가 큼
  ㉣ 용도 : 용접용 변압기

③ 3상 변압기(내철형, 외철형)
  ㉠ 사용 철심양이 감소하여 철손이 감소하므로 효율이 좋음
  ㉡ 값이 싸고 설치 면적이 작음
  ㉢ Y, △ 결선을 변압기 외함 내에서 하므로 부싱 절약
  ㉣ 단상 변압기로의 사용이 불가능(권선마다 독립된 자기 회로가 없기 때문)
  ㉤ 1상만 고장이 발생하여도 사용할 수 없고 보수가 어려움

④ 3권선 변압기
  ㉠ Y − Y − △ 결선을 하여 제3고조파를 제거 가능
  ㉡ 조상 설비를 시설하여 송전선의 전압과 역률을 조정 가능
  ㉢ 발전소에서 소내용 전력공급이 가능

⑤ 계기용 변압기(PT)
  ㉠ 고전압을 저전압으로 변성, 2차측 정격전압(110V)
  ㉡ 2차측 단락 금지

⑥ 계기용 변류기(CT)
  ㉠ 대전류를 소전류로 변성, 2차 정격전류(5A)
  ㉡ CT 점검 시 2차측 단락(2차측 개방 금지) : 2차측 절연보호, 2차측에 고압 유기되는 것을 방지

⑦ 변압기 보호 계전기
  ㉠ 전기적인 보호장치 : 차동 계전기, 비율차동 계전기
  ㉡ 기계적인 보호장치 : 부흐홀츠 계전기, 서든 프레서(압력 계전기), 유위계, 유온계
    ※ 부흐홀츠 계전기 : 변압기 내부 고장 검출, 수소 검출
    ※ 콘서베이터 : 변압기 절연유의 열화 방지

PART 2

(9) 변압기의 손실 및 효율

① 손실 : [무부하손(무부하시험)] + [부하손(단락시험)]
　　㉠ 동손(부하손)
　　㉡ 철손 : 히스테리시스손, 와류손

② 변압기 효율
　　㉠ 전부하 효율

$$\eta = \frac{P_n\cos\theta}{P_n\cos\theta + P_i + P_c} \times 100$$

　　㉡ $\frac{1}{m}$ 부하 시 효율

$$\eta_{\frac{1}{m}} = \frac{\frac{1}{m}P_n\cos\theta}{\frac{1}{m}P_n\cos\theta + P_i + \left(\frac{1}{m}\right)^2 P_c} \times 100$$

　　㉢ 최대 효율 조건
　　　• 전부하 시 : $P_i = P_c$ (철손 : 동손=1 : 1)

　　　• $\frac{1}{m}$ 부하 시 : $P_i = \left(\frac{1}{m}\right)^2 P_c$,　$\frac{1}{m} = \sqrt{\frac{P_i}{P_c}}$ [(철손) : (동손)=1 : 2]

　　　• 최대 효율 : $\eta_{\max} = \frac{\frac{1}{m}P_n\cos\theta}{\frac{1}{m}P_n\cos\theta + 2P_i} \times 100$

　　　• 전일 효율 : $\eta_{day} = \frac{(24시간\ 출력\ 전력량)}{(24시간\ 입력\ 전력량)} \times 100$

　　㉣ 일정시간 운전 시의 최대 효율 조건
　　$24P_i = \Sigma h P_c$: 전부하 운전 시간이 짧은 경우 철손을 작게 한다.

(10) 변압기의 시험

① 권선의 저항 측정 시험
② 단락 시험 → 임피던스 전압, 임피던스 와트(동손) 측정
③ 무부하 시험 → 여자 전류, 철손 측정

(1) 유도 전동기의 사용 이유 및 특징

① 유도 전동기 사용 이유

　㉠ 전원 획득이 쉬움

　㉡ 구조가 간단하고, 값이 싸며, 튼튼함

　㉢ 취급이 용이함

　㉣ 부하 변화에 대하여 거의 정속도 특성을 가짐

② 농형과 권선형의 비교

농형	• 구조가 간단, 보수가 용이 • 효율이 좋음 • 속도 조정이 곤란 • 기동 토크가 작아 대형이 되면 기동이 곤란
권선형	• 중형과 대형에 많이 사용 • 기동이 쉽고, 속도 조정이 용이

(2) 슬립

전동기 전부하에 있어서 속도 감소의 동기속도에 대한 비율

① 슬립 : $s = \dfrac{N_s - N}{N_s} \times 100$

② 상대속도 : $sN_s = N_s - N$

③ 회전자속도(전동기속도) : $N = (1-s)N_s \, [\mathrm{rpm}] = (1-s)\dfrac{120f}{p} \, [\mathrm{rpm}]$

　㉠ 유도 전동기 : $0 < S < 1$

　㉡ 유도 제동기 : $1 < S < 2$

(3) 정지 시와 회전 시 비교

정지 시	회전 시
E_2	$E_{2s} = sE_2$
f_2	$f_{2s} = sf_2$
I_2	$I_{2s} = \dfrac{E_{2s}}{Z_{2s}} = \dfrac{sE_2}{\sqrt{r_2{}^2 + (sx_2)^2}} = \dfrac{E_2}{\sqrt{(\dfrac{r_2}{s})^2 + x_2{}^2}}$

PART 2

(4) 유도 전동기 전력변환

① 전력변환 관계식 : $P_2 : P_{c2} : P_0 = 1 : s : (1-s)$

    ㉠ $P_{c2} = sP_2$

    ㉡ $P_0 = (1-s)P_2$

    ㉢ $P_{c2} = \dfrac{s}{1-s}P_0$

② 2차 효율 $\eta = \dfrac{P_0}{P_2} = 1 - s = \dfrac{N}{N_S} = \dfrac{\omega}{\omega_0}$

(5) 유도 전동기의 토크 특성, 토크와 슬립의 관계

① $T = \dfrac{P_2}{\omega_s} = \dfrac{P_2}{2\pi\dfrac{N_2}{60}} = \dfrac{P_2}{\dfrac{2\pi}{60} \times \dfrac{120f}{p}} = \dfrac{P_2}{\dfrac{4\pi f}{p}}$

    $= 9.55\dfrac{P_2}{N_s}[\text{N} \cdot \text{m}] = 0.975\dfrac{P_2}{N_s}[\text{kg}_f \cdot \text{m}]$

② $T = \dfrac{P_0}{W} = \dfrac{P_0}{2\pi\dfrac{N}{60}} = \dfrac{P_0}{\dfrac{2\pi}{60}(1-s)N_s}$

    $= \dfrac{P_0}{\dfrac{2\pi}{60}(1-s) \times \dfrac{120f}{p}} = \dfrac{P_0}{(1-s)\dfrac{4\pi f}{p}}$

    $= 9.55\dfrac{P_0}{N}[\text{N} \cdot \text{m}] = 0.975\dfrac{P_0}{N}[\text{kg}_f \cdot \text{m}]$

③ 최대 토크슬립

    $s_t = \dfrac{r_2}{x_2}$

④ 최대 토크

    $T = \dfrac{P_2}{\omega_s} = \dfrac{m_2}{\omega_s}E_2 I_2 \cos\theta_2$

    $= KE_2 \times \dfrac{sE_2}{\sqrt{r_2{}^2 + (sx_2)^2}} \times \dfrac{r_2}{\sqrt{r_2{}^2 + (sx_2)^2}}$

    $= K\dfrac{sE_2{}^2 \cdot r_2}{r_2{}^2 + (sx_2)^2}$

    ㉠ $T \propto V^2$ [토크는 공급전압의 제곱(자승)에 비례]

    ㉡ $S \propto \dfrac{1}{V^2}$

(6) 비례 추이의 원리 : 권선형 유도 전동기

① 비례 추이의 특징

㉠ 최대 토크 $\left(\tau_{\max} = K\dfrac{E_2^{\,2}}{2x_2}\right)$는 불변, 최대 토크의 발생 슬립은 변화

㉡ 저항이 클수록 기동전류는 감소, 기동 토크는 증가

② $\dfrac{r_2}{s} = \dfrac{r_2 + R}{s'}$ (s : 전부하 슬립, s' : 기동슬립, R : 2차 외부저항)

③ 기동 시 전부하 토크와 같은 토크로 기동하기 위한 외부저항

$$R = \frac{1-s}{s}r_2$$

④ 기동 시 최대 토크과 같은 토크로 기동하기 위한 외부저항

$$R = \frac{1-s_t}{s_t}r_2 = \sqrt{r_1^2 + (x_1 + x_2')^2} - r_2' \coloneqq (x_1 + x_2') - r_2'\,[\Omega]$$

⑤ 비례 추이할 수 없는 것 : 출력, 2차 효율, 2차 동손

(7) Heyland 원선도

① 원선도 작성에 필요한 시험

㉠ 저항 측정 : 1차 동손

㉡ 무부하(개방) 시험 : 철손, 여자 전류

㉢ 구속(단락) 시험 : 동손, 임피던스 전압, 단락전류

② 원선도에서 구할 수 없는 것 : 기계적 출력, 기계손

(8) 유도 전동기의 기동법 및 속도제어법

① 기동법

농형 유도 전동기	• 전전압 기동(직입기동) : 5kW • Y − △ 기동(5 ~ 15kW)급 : 전류 $\dfrac{1}{3}$배, 전압 $\dfrac{1}{\sqrt{3}}$배 • 기동 보상기법 : 단권 변압기 사용 감전압기동 • 리액터 기동법 : 전동기 1차에 리액터 접속 • 콘도르파법 : 기동 보상기법과 리액터 기동법 혼합
권선형 유도 전동기	• 2차 저항 기동법 → 비례 추이 이용 • 게르게스법

② 속도제어법

농형
유도 전동기
	• 주파수 변환법 : 전원의 주파수를 제어하여 속도를 제어
	  – 역률이 양호하며 연속적인 속도 제어가 되지만, 전용 전원이 필요
	  – 인견·방직 공장의 포트모터, 선박의 전기추진기
	• 극수 변환법
	• 전압 제어법 : 공극 전압의 크기를 조절하여 속도 제어
	• 저항제어법 : 가변저항의 크기를 제어하여 속도를 제어
	• 논리 극변환법 : 고정자 권선에서 코일의 결선을 바꾸어 속도를 제어(2:1 비율만 가능)
	• 다중권선법 : 극수가 다른 권선을 미리 감아 하나의 세트만 여자시켜 속도를 제어(제한적 사용)

권선형
유도 전동기
	• 2차 저항법
	  – 토크의 비례 추이를 이용
	  – 2차 회로에 저항을 삽입 토크에 대한 슬립 S를 바꾸어 속도 제어
	• 2차 여자법
	  – 회전자 기전력과 같은 주파수 전압을 인가하여 속도 제어
	  – 고효율로 광범위한 속도 제어
	• 종속접속법
	  – 직렬종속법 : $N=\dfrac{120}{P_1+P_2}f$
	
	  – 차동종속법 : $N=\dfrac{120}{P_1-P_2}f$
	
	  – 병렬종속법 : $N=2\times\dfrac{120}{P_1+P_2}f$

(9) 단상 유도 전동기

① 종류(기동 토크가 큰 순서)

반발 기동형 > 반발 유도형 > 콘덴서 기동형 > 분상 기동형 > 셰이딩 코일형 > 모노사이클릭형

② 단상 유도 전동기의 특징

㉠ 교번자계가 발생

㉡ 기동 시 기동 토크가 존재하지 않으므로 기동 장치가 필요

㉢ 슬립이 0이 되기 전에 토크는 미리 0이 됨

㉣ 2차 저항이 증가되면 최대 토크는 감소(비례 추이할 수 없음)

㉤ 2차 저항값이 어느 일정값 이상이 되면 토크는 부(−)가 됨

(10) 유도 전압 조정기(유도 전동기와 변압기 원리를 이용한 전압 조정기)

종류	단상 유도 전압 조정기	3상 유도 전압 조정기
전압 조정 범위	$(V_1-E_2)\sim(V_1+E_2)$	$\sqrt{3}(V_1-E_2)\sim\sqrt{3}(V_1+E_2)$
조정 정격 용량 [kVA]	$P_2=E_2I_2\times10^{-3}$	$P_2=\sqrt{3}\,E_2I_2\times10^{-3}$
정격 출력(부하) [kVA]	$P=V_2I_2\times10^{-3}$	$P=\sqrt{3}\,V_2I_2\times10^{-3}$
특징	• 교번자계 이용 • 입력과 출력 위상차 없음 • 단락 권선 필요	• 회전자계 이용 • 입력과 출력 위상차 있음 • 단락 권선 필요 없음

※ 단락 권선의 역할 : 누설 리액턴스에 의한 2차 전압 강하 방지

※ 3상 유도 전압 조정기 위상차 해결 → 대각유도전압 조정기

(11) 특수 유도 전동기

① 2중 농형 : 기동 토크가 크고, 기동 전류가 작아 운전효율이 좋으나 역률이 나쁨
  ㉠ 바깥 권선(기동 권선) : 저항은 크나, 리액턴스가 작다.
  ㉡ 안쪽 권선(운전 권선) : 저항은 작으나, 리액턴스가 크다.
② 딥 슬롯 : 효율이 좋고 구조가 간단하나 역률이 나쁨

(12) 유도 전동기의 시험

① 부하 시험
  ㉠ 다이나모미터
  ㉡ 프로니 브레이크
  ㉢ 와전류 제동기
② 슬립 측정
  ㉠ DC(직류) 밀리볼트계법
  ㉡ 수화기법
  ㉢ 스트로보스코프법
  ㉣ 회전계법
③ 무부하 시험
  전동기에 정격전압을 가하고 무부하운전하여 1상당 전압, 전류, 전력을 측정
  → 여자 전류, 여자 어드미턴스, 철손 측정
④ 구속시험
  회전자의 회전을 막고 정격 전류를 흘려보낸 후 전압, 전류를 측정
  → 동손, 임피던스 전압 측정
⑤ 저항 측정
  고정자 권선 저항 측정

05　정류기

(1) 회전 변류기

① 전압비 : $\dfrac{E_a}{E_d} = \dfrac{1}{\sqrt{2}} \sin \dfrac{\pi}{m}$ (단, m : 상수)

② 전류비 : $\dfrac{I_a}{I_d} = \dfrac{2\sqrt{2}}{m \cdot \cos\theta}$

③ 직류 전압 조정법
  ㉠ 직렬 리액터에 의한 방법
  ㉡ 유도전압 조정기에 의한 방법
  ㉢ 동기 승압기에 의한 방법
  ㉣ 부하 시 전압조정 변압기에 의한 방법

④ 난조(운전 중 부하 급변 시 새로운 부하각 중심으로 진동하는 현상)
  ㉠ 발생 원인
    • 브러시 위치가 전기적 중성축보다 뒤쳐질 때
    • 직류측 부하가 급변할 때
    • 역률이 나쁠 때
    • 교류측 전원 주파수의 주기적으로 변화할 때
    • 전기자회로의 저항이 리액턴스에 비해 클 때
  ㉡ 난조의 방지법
    • 제동 권선의 작용을 강하게 한다.
    • 전기자저항에 비해 리액턴스를 크게 한다.
    • 전기 각도와 기하 각도의 차를 작게 한다.

(2) 수은 정류기

① 전압비 : $\dfrac{E}{E_d} = \dfrac{\dfrac{\pi}{m}}{\sqrt{2}\,E\sin\dfrac{\pi}{m}}$

② 전류비 : $\dfrac{I_a}{I_d} = \dfrac{1}{\sqrt{m}}$

③ 이상현상
  ㉠ 역호 : 음극에 대하여 부전위로 있는 양극에 어떠한 원인에 의해 음극점이 형성되어 정류기의 밸브작용이 상실되는 현상
    • 역호의 원인
      – 과전압, 과전류
      – 증기 밀도 과대
      – 양극 재료의 불량 및 불순물(수은방울 등) 부착
      – 내부 잔존가스압력 상승
    • 역호 방지책
      – 과열, 과냉을 피한다.
      – 과부하를 피한다.
      – 진공도를 높인다.
      – 양극에 수은증기가 접촉되지 않도록 한다.
  ㉡ 실호 : 격자전압이 임계전압보다 正의 값이 되었을 때는 완전하게 아크를 점호하며 이 기능이 상실되어 양극의 점호에 실패하는 현상
  ㉢ 통호 : 양극에 음극점이 형성되어도 완전히 저지하여 전류를 통과시키지 않는 작용(제어격자)의 고장현상

(3) 다이오드 정류회로

구분	단상반파	단상전파	3상반파	3상전파
직류전압(E_d)	$0.45E$	$0.9E$	$1.17E$	$1.35E$
정류효율	40.6%	81.2%	96.5%	99.8%
맥동률	121%	48%	17%	4%

(4) 사이리스터 정류회로

※ 단방향성 : SCR(3), GTO(3), SCS(4), LASCR(3)
※ 양방향성 : SSS(2), TRIAC(3), DIAC(2)

① SCR(역저지 3단자)의 특성
　㉠ 역방향 내전압이 크고, 순방향 전압 강하가 낮음
　㉡ Turn On 조건
　　• 양극과 음극 간에 브레이크 오버전압 이상의 전압을 인가한다.
　　• 게이트에 래칭전류 이상의 전류를 인가한다.
　㉢ Turn Off 조건 : 애노드의 극성을 부(－)로 한다.
　㉣ 래칭전류 : 사이리스터가 Turn On하기 시작하는 순전류
　㉤ 이온 소멸시간이 짧음
② SCR의 위상 제어(제어각 > 역률각)
　㉠ 단상 반파 정류회로

$$E_d = 0.45E\left(\frac{1 + \cos\alpha}{2}\right)$$

　㉡ 단상 전파 정류회로
　　• 저항만의 부하 : $E_d = 0.45E(1 + \cos\alpha)$, $(1 + \cos\alpha)$: 제어율
　　• 유도성 부하 : $E_d = 0.9E\cos\alpha$, $\cos\alpha$: 격자율
　㉢ 3상 반파 정류회로

$$E_d = \frac{3\sqrt{6}}{2\pi}E\cos\alpha = 1.17E\cos\alpha$$

　㉣ 3상 전파 정류회로

$$E_d = \frac{6\sqrt{2}}{2\pi}E\cos\alpha = 1.35E\cos\alpha$$

(5) 사이클로 컨버터
① 전원주파수를 다른 주파수로 변환하는 소자
② AC 전력을 증폭

(6) 쵸퍼
DC 전력을 증폭

(7) 교류 정류자기(정류자 전동기)

① 원리 : 직류 전동기에 전류 인가

② 분류

    ㉠ 단상

        • 직권

            – 반발 전동기

                ⓐ 브러시를 단락시켜 브러시 이동으로 기동 토크, 속도 제어

                ⓑ 종류 : 아트킨손형, 톰슨형, 데리형

            – 단상 직권 정류자 전동기(만능 전동기, 직·교류 양용)

                ⓐ 종류 : 직권형, 직렬보상형, 유도보상형

                ⓑ 특징

                    ㉮ 철손을 줄이기 위해 전기자와 계자를 성층 철심으로 함(약계자, 강전기자로 인덕턴스를 감소시켜 역률 개선)

                    ㉯ 역률 개선을 위해 보상권선 설치

                    ㉰ 회전속도를 증가시킬수록 역률 개선

        • 분권 : 현재 상용화되지 않음

    ㉡ 3상

        • 직권 : 3상 직권 정류자 전동기 → 중간 변압기로 사용(경부하 시 속도 상승 방지)

            – 효율 최대 : 빠른 동기속도

            – 역률 최대 : 동기속도 이상

        • 분권 : 3상 분권 정류자 전동기 → 시라게 전동기(브러시 이동으로 속도 제어 가능)

※ **교류 분권 정류자 전동기**

    정속도 전동기 & 교류 가변 속도 전동기

---

01 직류회로

(1) 전기회로에 필요한 기본적인 전기량 요약

구분	기호	단위	기본식	
			직류	교류
전하량	Q, q	C	$Q = I \cdot t$	$q = \displaystyle\int i \, dt$
전류	I, i	A	$I = \dfrac{Q}{t}$	$i = \dfrac{dq}{dt}$
전압	V, v	V	$V = \dfrac{W}{Q}$	$v = \dfrac{dw}{dq}$
전력	P, p	W(J/s)	$P = VI$	$p = vi$

※ 전지의 연결 : $E = rI + V = I(r + R)$

① 직렬

ㄱ 기전력 n배 : nE

ㄴ 내부저항 n배 : nr

② 병렬

ㄱ 기전력 : E

ㄴ 내부저항 : $\dfrac{r}{m}$

(2) 직·병렬회로 요약

직렬회로(전압분배)	병렬회로(전류분배)
$R_0 = R_1 + R_2$	$R_0 = \dfrac{R_1 R_2}{R_1 + R_2}$
$V_1 = R_1 I = \dfrac{R_1}{R_1 + R_2} V$	$I_1 = \dfrac{V}{R_1} = \dfrac{R_2}{R_1 + R_2} I$
$V_2 = R_2 I = \dfrac{R_2}{R_1 + R_2} V$	$I_2 = \dfrac{V}{R_2} = \dfrac{R_1}{R_1 + R_2} I$

(1) 교류의 표시

① 순시값 : $i(t) = I_m \sin(\omega t + \theta)$[A] [(순시값)=(최댓값) $\sin(\omega t +$ 위상)]

② 평균값 : $I_{av} = \dfrac{1}{T} \displaystyle\int_0^T |i(t)| \, dt = \dfrac{1}{\frac{T}{2}} \displaystyle\int_0^{\frac{T}{2}} i(t) dt$

③ 실효값 : $I_{rms} = \sqrt{\dfrac{1}{T} \displaystyle\int_0^T i^2 dt} = \sqrt{(1주기 \ 동안의 \ i^2의 \ 평균)}$

(2) 교류의 페이저 표시

① 정현파 교류를 크기와 위상으로 표시 : $v = v_{rms} \sin(\omega t + \theta)$

② 페이저 표시 : $V = \dfrac{v_{rms}}{\sqrt{2}} \angle \theta$

(3) 각 파형의 실효값 및 평균값

구분	파형	실효값	평균값	파고율	파형률
정현파		$\dfrac{I_m}{\sqrt{2}}$	$\dfrac{2}{\pi} I_m$	$\sqrt{2} \fallingdotseq 1.414$	$\dfrac{\pi}{2\sqrt{2}} \fallingdotseq 1.1$
정현전파		$\dfrac{I_m}{\sqrt{2}}$	$\dfrac{2}{\pi} I_m$	$\sqrt{2} \fallingdotseq 1.414$	$\dfrac{\pi}{2\sqrt{2}} \fallingdotseq 1.1$
정현반파		$\dfrac{I_m}{2}$	$\dfrac{1}{\pi} I_m$	2	$\dfrac{\pi}{2} \fallingdotseq 1.6$
삼각파		$\dfrac{I_m}{\sqrt{3}}$	$\dfrac{I_m}{2}$	$\sqrt{3} \fallingdotseq 1.732$	$\dfrac{2}{\sqrt{3}} \fallingdotseq 1.116$
톱니파		$\dfrac{I_m}{\sqrt{3}}$	$\dfrac{I_m}{2}$	$\sqrt{3} \fallingdotseq 1.732$	$\dfrac{2}{\sqrt{3}} \fallingdotseq 1.116$
구형파		I_m	I_m	1	1
구형반파		$\dfrac{I_m}{\sqrt{2}}$	$\dfrac{I_m}{2}$	$\sqrt{2} \fallingdotseq 1.414$	$\sqrt{2} \fallingdotseq 1.414$

(4) 파고율과 파형률

　① 파고율(Crest Factor) : $\dfrac{(최댓값)}{(실효값)}$ (실효값의 분모값 → 반파정류가 가장 큼)

　② 파형률(Form Factor) : $\dfrac{(실효값)}{(평균값)}$

03　기본 교류회로

(1) R, L, C(단일소자)

　① 저항 R

　　㉠ 전압, 전류 동위상

　　㉡ $Z = R$

　② 인덕턴스 L

　　㉠ 전압이 전류보다 위상 90° 앞섬(유도성)

　　㉡ $Z = j\omega L$

　　㉢ $V_L = L\dfrac{di}{dt}$, $i = \dfrac{1}{L}\displaystyle\int V_L dt$ (전류 급격히 변화 ×)

　③ 커패시턴스 C

　　㉠ 전류가 전압보다 위상 90° 앞섬(용량성)

　　㉡ $Z = 1/j\omega C$

　　㉢ $i = C\dfrac{dv}{dt}$, $v = \dfrac{1}{C}\displaystyle\int i \; dt$ (전압 급격히 변화 ×)

(2) $R - L - C$ 직렬회로

회로명	특징
$R - L$ 직렬회로	• 임피던스 : $Z = R + j\omega L = R + jX_L$ 　- 크기 : $Z = \sqrt{R^2 + X_L{}^2} = \sqrt{R^2 + (\omega L)^2}$ 　- 위상 : $\theta = \tan^{-1}\dfrac{\omega L}{R}[\text{rad}]$ • $V = V_R + V_L$
$R - C$ 직렬회로	• 임피던스 $Z = R - j\dfrac{1}{\omega C} = R - jX_C$ 　- 크기 : $Z = \sqrt{R^2 + X_C{}^2} = \sqrt{R^2 + \left(\dfrac{1}{\omega C}\right)^2}$ 　- 위상 : $\theta = -\tan^{-1}\dfrac{1}{\omega CR}[\text{rad}]$ • $V = V_R + V_C$

$R-L-C$
직렬회로
	• 임피던스 $Z = R + j(X_L - X_C) = R + j\left(\omega L - \dfrac{1}{\omega C}\right)$
	
	   – 크기 : $Z = \sqrt{R^2 + (X_L - X_C)^2} = \sqrt{R^2 + \left(\omega L - \dfrac{1}{\omega C}\right)^2}$
	
	   – 위상 : $\theta = \tan^{-1}\dfrac{\left(\omega L - \dfrac{1}{\omega C}\right)}{R}$[rad]
	
	• $V = V_R + V_L + V_C$

(3) $R-L-C$ 병렬회로

회로명	특징

$R-L$
병렬회로
	• 어드미턴스 : $Y = \dfrac{1}{R} - j\dfrac{1}{X_L} = \dfrac{1}{R} - j\dfrac{1}{\omega L}$
	
	   – 크기 : $Y = \sqrt{\left(\dfrac{1}{R}\right)^2 + \left(\dfrac{1}{\omega L}\right)^2}$
	
	   – 위상 : $\theta = \tan^{-1}\dfrac{R}{\omega L}$[rad]
	
	• $I = I_R + I_L$

$R-C$
병렬회로
	• 어드미턴스 : $Y = \dfrac{1}{R} + j\dfrac{1}{X_C} = \dfrac{1}{R} + j\omega C$
	
	   – 크기 : $Y = \sqrt{\left(\dfrac{1}{R}\right)^2 + \left(\dfrac{1}{X_C}\right)^2} = \sqrt{\left(\dfrac{1}{R}\right)^2 + (\omega C)^2}$
	
	   – 위상 : $\theta = \tan^{-1}\omega CR$[rad]
	
	• $I = I_R + I_C$

$R-L-C$
병렬회로
	• 어드미턴스 : $Y = \dfrac{1}{R} + j\left(\omega C - \dfrac{1}{\omega L}\right)$
	
	   – 크기 : $Y = \sqrt{\left(\dfrac{1}{R}\right)^2 + \left(\omega C - \dfrac{1}{\omega L}\right)^2}$
	
	   – 위상 : $\theta = \tan^{-1}R\left(\omega C - \dfrac{1}{\omega L}\right)$[rad]
	
	• $I = I_R + I_L + I_C$

(4) 공진회로

구분	직렬공진	병렬공진(반공진)
공진조건	$\omega_r L = \dfrac{1}{\omega_r C}$	$\omega_r C = \dfrac{1}{\omega_r L}$
공진주파수	$f_r = \dfrac{1}{2\pi\sqrt{LC}}$	$f_r = \dfrac{1}{2\pi\sqrt{LC}}$
임피던스	최소	최대
전류	최대	최소

※ 일반적인 병렬공진회로($R-L$직렬, C병렬)

• $Y = \dfrac{R}{R^2 + (wL)^2} = \dfrac{CR}{L}$

• $f_r = \dfrac{1}{2\pi}\sqrt{\dfrac{1}{LC} - \left(\dfrac{R}{L}\right)^2}$

(5) 선택도(첨예도)

① 직렬공진 : $Q = \dfrac{1}{R}\sqrt{\dfrac{L}{C}}$

② 병렬공진 : $Q = R\sqrt{\dfrac{C}{L}}$

---

04 교류 전력

(1) 단상 교류 전력

저항	유효 전력 소비 전력 평균 전력	$P = VI\cos\theta = P_a\cos\theta = I^2R = \dfrac{V^2}{R} = GV^2\,[\text{W}]$
리액턴스	무효 전력	$P_r = VI\sin\theta = P_a\sin\theta = I^2X = \dfrac{V^2}{X} = BV^2\,[\text{VAR}]$
임피던스	피상 전력	$P_a = VI = I^2Z = \dfrac{V^2}{Z} = YV^2\,[\text{VA}]$

(2) 교류 전력 측정

구분	역률	유효 전력
3전압 계법	$\cos\theta = \dfrac{V_1^{\,2} - V_2^{\,2} - V_3^{\,2}}{2V_2V_3}$	$P = \dfrac{1}{2R}(V_1^{\,2} - V_2^{\,2} - V_3^{\,2})$
3전류 계법	$\cos\theta = \dfrac{I_1^{\,2} - I_2^{\,2} - I_3^{\,2}}{2I_2I_3}$	$P = \dfrac{R}{2}(I_1^{\,2} - I_2^{\,2} - I_3^{\,2})$

(3) 최대 전력 전달조건

① (내부저항)＝(부하저항) : $R_L = R_g \rightarrow P_{\max} = \dfrac{V^2}{4R}$

② (내부 리액턴스)＝(부하저항) : $X = R_L \rightarrow P_{\max} = \dfrac{V^2}{2R} = \dfrac{V^2}{2X}$

③ (내부 임피던스의 공액)＝(부하 임피던스) : $Z_g^* = Z_L \rightarrow P_{\max} = \dfrac{V^2}{4R}$

(4) 역률 개선 콘덴서 용량

$Q_c = P(\tan\theta_1 - \tan\theta_2)\,[\text{kVA}]$

(1) 상호 인덕턴스와 결합계수

① $M = k\sqrt{L_1 L_2}$

② 결합계수 $k = \dfrac{M}{\sqrt{L_1 L_2}}$

　ⓐ $k = 1$: 완전결합(이상결합)

　ⓑ $k = 0$: 미결합

(2) 인덕턴스 접속

구분	직렬접속	병렬접속
가동접속	$L_0 = L_1 + L_2 + 2M$	$L_0 = \dfrac{L_1 L_2 - M^2}{L_1 + L_2 - 2M}$
차동접속	$L_0 = L_1 + L_2 - 2M$	$L_0 = \dfrac{L_1 L_2 - M^2}{L_1 + L_2 + 2M}$

(3) 이상 변압기

권수비 : $a = \dfrac{N_1}{N_2} = \dfrac{E_1}{E_2} = \dfrac{I_2}{I_1} = \sqrt{\dfrac{Z_1}{Z_2}}$

(1) 임피던스 궤적과 어드미턴스 궤적

① 임피던스 궤적

㉠ $Z = R + jX$

㉡ R(저항)과 X(리액턴스)를 가변

㉢ 전압 궤적

② 어드미턴스 궤적

㉠ 임피던스 궤적의 역궤적(Inverse Locus Diagram)

㉡ 전류 궤적

(2) 회로별 궤적의 정리

구분	임피던스 궤적	어드미턴스 궤적
$R - L$ 직렬	가변하는 축에 평행한 반직선 벡터 궤적(1상한)	가변하지 않는 축에 원점이 위치한 반원 벡터 궤적(4상한)
$R - C$ 직렬	가변하는 축에 평행한 반직선 벡터 궤적(4상한)	가변하지 않는 축에 원점이 위치한 반원 벡터 궤적(1상한)
$R - L$ 병렬	가변하지 않는 축에 원점이 위치한 반원 벡터 궤적(1상한)	가변하는 축에 평행한 반직선 벡터 궤적(4상한)
$R - C$ 병렬	가변하지 않는 축에 원점이 위치한 반원 벡터 궤적(4상한)	가변하는 축에 평행한 반직선 벡터 궤적(1상한)

(1) 전압원 : 내부저항 0(단락)

    전류원 : 내부저항 ∞

(2) 회로망의 기본 해석법

  ① **지로 해석법(Branch Analysis)**

      ㉠ 지로전류 선정

      ㉡ 접속점에 K.C.L 적용

      ㉢ 망로(Mesh)에 K.V.L 적용

      ㉣ 연립방정식 해법

  ② **폐로 해석법(Loop Analysis, Mesh Analysis)**

      ㉠ 망로(Mesh)전류 선정

      ㉡ 망로(Mesh)에 K.V.L 적용

        • 자기망로의 저항 : 자기저항(Self Resistance)

        • 이웃 망로와 걸쳐있는 저항 : 상호저항(Mutual Resistance)

      ㉢ 연립방정식 해법

  ③ **절점 해석법(Node Analysis)**

      ㉠ 기준절점 및 기준전위(Reference Potential) 선정

      ㉡ 절점에 K.C.L 적용

      ㉢ 연립방정식 해법

(3) 회로망의 여러 정리

  ① **중첩의 정리(Principle of Superposition)** → 선형회로

      ㉠ 다수의 독립 전압원 및 전류원을 포함하는 회로

      ㉡ 어떤 지로에 흐르는 전류는 각각 전원이 단독으로 존재할 때 그 지로에 흐르는 전류의 대수합과

        같다는 원리

      ㉢ 전압원은 단락(Short), 전류원은 개방(Open)시켜 전류의 특성 파악

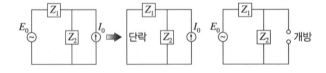

② 테브난의 정리(Thevenin's Theorem)

등가 전압원의 원리로 임의의 회로망에 대한 개방 단자전압이 V_0, 부하측 개방단자 a, b에서 회로망 방향으로 본 합성 임피던스가 Z_0인 경우의 회로는 V_0에 하나의 임피던스가 부하 임피던스 Z_L과 직렬로 연결된 회로와 같다는 원리

※ **테브난 등가회로 구성**
- 회로에서 부하저항 RL을 분리
- 개방단자 a, b에 나타나는 전압 : 테브난전압(V_{TH})
- 전압원 단락, 전류원 개방 후 개방단자에세 본 임피던스 : 테브난 임피던스(Z_{TH})

※ **테브난 등가회로**
- 테브난 전압
$$V_{TH} = \frac{R_2}{R_1 + R_2} \times V_0 [\text{V}]$$
- 테브난 등가저항
$$R_{TH} = R_3 + \frac{R_1 R_2}{R_1 + R_2} [\Omega]$$

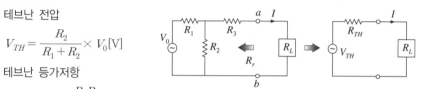

---

③ 노튼의 정리

등가 전류원의 정리로 전원을 포함하고 있는 회로망에서 임의의 두 단자 a, b를 단락했을 때 부하측 개방단자 a, b에서 회로망 방향으로 본 개방단 임피던스를 R_N라 할 경우 단자 a, b에 대하여 하나의 전류원 I_N에 하나의 임피던스 R_N가 병렬로 연결된 회로와 같다는 원리

※ **노튼의 등가회로 구성**
- 회로에서 부하저항 R_L을 분리
- 절점 a, b를 단락시켜 단락점에 흐르는 전류 : 노튼의 전류원(I_N)
- 전압원 단락, 전류원 개방 후 개방단자에서 본 임피던스 : 노튼의 임피던스(R_L)

※ **노튼 등가회로**

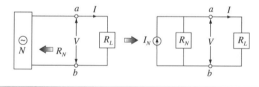

※ **전원의 변환(테브난의 회로와 노튼의 회로 상호 등가변환)**

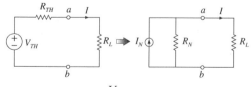

$$V_{TH} = I_N R_N, \quad I_N = \frac{V_{TH}}{R_{TH}}, \quad R_{TH} = R_N$$

---

④ 밀만의 정리(Millman's Theorem)
  ㉠ 내부 임피던스를 갖는 여러 개의 전압원이 병렬로 접속되어 있을 때 그 병렬 접속점에 나타나는 합성전압
  ㉡ 각각의 전원을 단락했을 때 흐르는 전류의 대수합을 각각의 전원의 내부 임피던스의 대수합으로 나눈 것과 같다는 원리

$$V_{ab} = \frac{\dfrac{E_1}{Z_1} + \dfrac{E_2}{Z_2} + \cdots + \dfrac{E_n}{Z_n}}{\dfrac{1}{Z_1} + \dfrac{1}{Z_2} + \cdots + \dfrac{1}{Z_n}} = \frac{I_1 + I_2 + \cdots + I_n}{Y_1 + Y_2 + \cdots + Y_n} = \frac{Y_1 E_1 + Y_2 E_2 + \cdots + Y_n E_n}{Y_1 + Y_2 + \cdots + Y_n}$$

※ 밀만의 회로

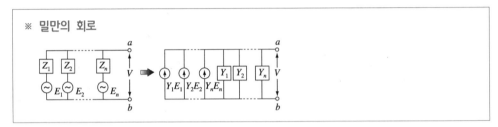

⑤ 가역의 정리, 상반의 정리(Reciprocity Theorem)
  ㉠ 임의의 선형 수동 회로망에서 회로망의 한 지로에 전원 전압을 삽입
  ㉡ 다른 임의의 지로에 흐르는 전류는 후자의 지로에 동일한 전압 전원을 삽입할 때 전자의 지로에 흐르는 전류와 동일하다는 원리

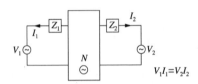

⑥ 쌍대회로

원회로	쌍대	변환회로
직렬회로	⇔	병렬회로
전압원 V	⇔	전류원 I
저항 R	⇔	컨덕턴스 G
인덕턴스 L	⇔	정전 용량 C
리액턴스 X	⇔	서셉턴스 B
개방회로	⇔	단락회로
Y형	⇔	△형
키르히호프(전압법칙)	⇔	키르히호프(전류법칙)
폐로 방정식	⇔	절점 방정식
테브난의 정리	⇔	노튼의 정리

(1) Y ↔ △ 회로의 상호 변환

Y → △ 변환	△ → Y 변환
$Z_{ab} = \dfrac{Z_a Z_b + Z_b Z_c + Z_c Z_a}{Z_c}\,[\Omega]$	$Z_a = \dfrac{Z_{ab} Z_{ca}}{Z_{ab} + Z_{bc} + Z_{ca}}\,[\Omega]$
$Z_{bc} = \dfrac{Z_a Z_b + Z_b Z_c + Z_c Z_a}{Z_a}\,[\Omega]$	$Z_b = \dfrac{Z_{ab} Z_{bc}}{Z_{ab} + Z_{bc} + Z_{ca}}\,[\Omega]$
$Z_{ca} = \dfrac{Z_a Z_b + Z_b Z_c + Z_c Z_a}{Z_b}\,[\Omega]$	$Z_c = \dfrac{Z_{bc} Z_{ca}}{Z_{ab} + Z_{bc} + Z_{ca}}\,[\Omega]$

> ※ 저항, 선전류, 소비 전력(C는 반대)
> - Y → △ 변환 : 3배
> - △ → Y 변환 : $\dfrac{1}{3}$ 배

(2) Y, △ 회로의 특징(대칭 3상)

Y 결선 특징	△ 결선 특징
• $V_l = \sqrt{3}\,V_p \angle 30°$ • $I_l = I_p$	• $V_l = V_p$ • $I_l = \sqrt{3}\,I_p \angle -30°$

(3) 3상 전력 계산

유효 전력	$P = 3 V_p I_p \cos\theta = \sqrt{3}\,V_l I_l \cos\theta = 3 I_p^2 R\,[\text{W}]$
무효 전력	$P_r = 3 V_p I_p \sin\theta = \sqrt{3}\,V_l I_l \sin\theta = 3 I_p^2 X\,[\text{Var}]$
피상 전력	$P_a = 3 V_p I_p = \sqrt{3}\,V_l I_l = 3 I_p^2 Z\,[\text{VA}]$

> ※ 주의
> - 3상 회로의 모든 계산은 상(Phase)을 기준으로 계산하는 것이 일반적임
> - 임피던스는 각 상에 있는 것으로 계산
> - 부하에 주는 전압은 대부분 선간전압임

(4) 2전력계법

① $P = W_1 + W_2$

② $P_r = \sqrt{3}\,(W_1 - W_2)$

③ $P_a = 2\sqrt{W_1{}^2 + W_2{}^2 - W_1 W_2}$

④ $\cos\theta = \dfrac{P}{P_a} = \dfrac{W_1 + W_2}{2\sqrt{W_1{}^2 + W_2{}^2 - W_1 W_2}}$

> ※ 참고
>
> $\begin{cases} P_1 = P_2 & \rightarrow \ \text{역률 } \cos\theta = 1 \\ P_1 = 2P_2 & \rightarrow \ \text{역률 } \cos\theta = 0.866 \\ P_1 = 3P_2 & \rightarrow \ \text{역률 } \cos\theta = 0.756 \end{cases}$

(5) 대칭 전류 : 원형 회전자계 형성
비대칭 전류 : 타원 회전자계 형성

(6) V 결선

① 출력 : $P = \sqrt{3}\,VI\cos\theta\,[\text{W}]$

② 변압기 이용률 : $P = \dfrac{\sqrt{3}\,VI\cos\theta}{2\,VI\cos\theta} = 0.866$

③ 출력비 : $P = \dfrac{\sqrt{3}\,VI\cos\theta}{3\,VI\cos\theta} = 0.577$

---

09 대칭좌표법

(1) 불평형회로의 해석

대칭성분을 이용한 각 상 표현	각 상을 이용한 대칭분 표현
$\begin{bmatrix} V_a \\ V_b \\ V_c \end{bmatrix} = \begin{bmatrix} 1 & 1 & 1 \\ 1 & a^2 & a \\ 1 & a & a^2 \end{bmatrix}\begin{bmatrix} V_0 \\ V_1 \\ V_2 \end{bmatrix}$	$\begin{bmatrix} V_0 \\ V_1 \\ V_2 \end{bmatrix} = \dfrac{1}{3}\begin{bmatrix} 1 & 1 & 1 \\ 1 & a & a^2 \\ 1 & a^2 & a \end{bmatrix}\begin{bmatrix} V_a \\ V_b \\ V_c \end{bmatrix}$

(2) 불평형률 : $\dfrac{[\text{역상분}(V_2)]}{[\text{정상분}(V_1)]}$

(3) 교류 발전기 기본식

① $V_0 = -Z_0 I_0$

② $V_1 = E_a - Z_1 I_1$

③ $V_2 = -Z_2 I_2$

10 비정현파 교류

(1) 비정현파의 푸리에 변환

(비정현파 교류)＝(직류분)＋(기본파)＋(고조파)

① 비정현파 : $f(t) = a_0 + \sum_{n=1}^{\infty} a_n \cos nwt + \sum_{n=1}^{\infty} b_n \sin nwt$

② 직류분 : $a_0 = \dfrac{1}{2\pi} \displaystyle\int_0^{2\pi} f(wt)\,d(wt)$

③ cos항 : $a_n = \dfrac{1}{\pi} \displaystyle\int_0^{2\pi} f(wt)\cos nwt\,d(wt)$

④ sin항 : $b_n = \dfrac{1}{\pi} \displaystyle\int_0^{2\pi} f(wt)\sin nwt\,d(wt)$

(2) 여러 파형의 푸리에 변환

기함수. 정현대칭 원점대칭	sin항 (n : 정수)	$f(t) = -f(-t)$ $a_0 = 0,\ a_n = 0$ $f(t) = \sum_{n=1}^{\infty} b_n \sin nwt$
우함수. 여현대칭 Y축대칭	a_0, cos항 (n : 정수)	$f(t) = f(-t)$ $b_n = 0$ $f(t) = a_0 + \sum_{n=1}^{\infty} a_n \cos nwt$
구형파 / 삼각파 반파대칭	sin항과 cos항 (n : 홀수항)	$f(t) = -f(t+\pi)$ $a_0 = 0$ $f(t) = \sum_{n=1}^{\infty} a_n \cos nwt + \sum_{n=1}^{\infty} b_n \sin nwt \ (n=1,\ 3,\ 5,\ \cdots,\ 2n-1)$

(3) 비정현파의 실효값 → 직류분 존재

$$V_{r.m.s} = \sqrt{{V_0}^2 + {V_1}^2 + {V_2}^2 + \cdots + {V_n}^2}$$

(4) 왜형률 → 직류분 없음

$$(\text{왜형률}) = \frac{(\text{전고조파의 실효값})}{(\text{기본파의 실효값})} = \frac{\sqrt{V_2^{\,2} + V_3^{\,2} + \cdots + V_n^{\,2}}}{V_1}$$

(5) 비정현파의 전력

① 유효 전력 : $P = V_0 I_0 + \displaystyle\sum_{n=1}^{\infty} V_n I_n \cos\theta_n \,[\text{W}]$

② 무효 전력 : $P_r = \displaystyle\sum_{n=1}^{\infty} V_n I_n \sin\theta_n [\text{VAR}]$

③ 피상 전력 : $P_a = VI\,[\text{VA}]$

(6) 비정현파의 임피던스

$R-L$ 직렬회로
$Z_1 = R + j\ wL = \sqrt{R^2 + (wL)^2}$
$\vdots$
$Z_n = R + j\ nwL = \sqrt{R^2 + (nwL)^2}$
$R-C$ 직렬회로
$Z_1 = R - j\dfrac{1}{wC} = \sqrt{R^2 + \left(\dfrac{1}{wC}\right)^2}$
$\vdots$
$Z_n = R - j\dfrac{1}{nwC} = \sqrt{R^2 + \left(\dfrac{1}{nwC}\right)^2}$
$R-L-C$ 직렬회로
$Z_1 = R + j\left(wL - \dfrac{1}{wC}\right) = \sqrt{R^2 + \left(wL - \dfrac{1}{wC}\right)^2}$
$\vdots$
$Z_n = R + j\left(nwL - \dfrac{1}{nwC}\right) = \sqrt{R^2 + \left(nwL - \dfrac{1}{nwC}\right)^2}$

※ $I_3(\text{3고조파}) = \dfrac{V_3(\text{3고조파})}{Z_3(\text{3고조파})}$

(1) 구동점 임피던스($s = jw$)

① $R \rightarrow Z_R(s) = R$

② $L \rightarrow Z_L(s) = jwL = sL$

③ $C \rightarrow Z_c(s) = \dfrac{1}{jwC} = \dfrac{1}{sC}$

> ※ $Z(s) = \dfrac{Q(s)}{P(s)}$
>
> • $Q(s) = 0$, $Z(s) = 0$, 단락 → 영점
> • $P(s) = 0$ (특성근), $Z(s) = \infty$, 개방 → 극점

(2) 정저항회로

주파수에 관계없는 일정한 저항 → 주파수에 무관한 회로

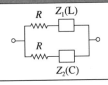 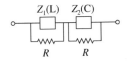

$$\therefore R = \sqrt{\frac{L}{C}}\,[\Omega]$$

(3) 역회로

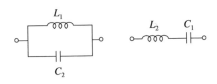

① 직렬 ↔ 병렬

② $R \leftrightarrow G$

③ $L \leftrightarrow C$

(1) 4단자망 회로

임피던스 파라미터
$V_1 = Z_{11}I_1 + Z_{12}I_2$ $V_2 = Z_{21}I_1 + Z_{22}I_2$
$Z_{11} = \dfrac{A}{C}, \;\; Z_{12} = Z_{21} = \dfrac{1}{C}, \;\; Z_{22} = \dfrac{D}{C}$
어드미턴스 파라미터
$I_1 = Y_{11}V_1 + Y_{12}V_2$ $I_2 = Y_{21}V_1 + Y_{22}V_2$
$Y_{11} = \dfrac{D}{B}, \;\; Y_{12} = Y_{21} = -\dfrac{1}{B}, \;\; Y_{22} = \dfrac{A}{B}$
전송 파라미터(ABCD 파라미터)
$V_1 = AV_2 + BI_2$ $I_1 = CV_2 + DI_2$
$\begin{vmatrix} A & B \\ C & D \end{vmatrix} = AD - BC = 1$

(2) 영상 임피던스와 전달 함수

영상 임피던스 Z_{01}, Z_{02}	$Z_{01} = \sqrt{\dfrac{AB}{CD}}\,[\Omega], \;\; Z_{02} = \sqrt{\dfrac{DB}{CA}}\,[\Omega]$
영상 임피던스 Z_{01}, Z_{02}의 관계	$Z_{01}Z_{02} = \dfrac{B}{C}, \;\; \dfrac{Z_{01}}{Z_{02}} = \dfrac{A}{D}$
영상 전달 함수	$\theta = \ln(\sqrt{AD} + \sqrt{BC}) = \cosh^{-1}\sqrt{AD} = \sinh^{-1}\sqrt{BC}$

(1) 분포정수회로

① 직렬 임피던스 : $Z = R + j\omega L$

② 병렬 어드미턴스 : $Y = G + j\omega C$

③ 특성 임피던스 : $Z_0 = \sqrt{\dfrac{Z}{Y}} = \sqrt{\dfrac{R + j\omega L}{G + j\omega C}}$

④ 전파정수 : $\gamma = \sqrt{ZY} = \sqrt{(R + j\omega L)(G + j\omega C)} = \alpha + j\beta$ (α : 감쇠정수, β : 위상정수)

(2) 무손실 선로와 무왜형 선로

구분	무손실 선로	무왜형 선로
조건	$R = G = 0$	$RC = LG$
특성 임피던스	$Z_0 = \sqrt{\dfrac{Z}{Y}} = \sqrt{\dfrac{L}{C}}$	$Z_0 = \sqrt{\dfrac{Z}{Y}} = \sqrt{\dfrac{L}{C}}$
전파정수	$\gamma = \sqrt{ZY}$ $\alpha = 0$ $\beta = w\sqrt{LC}$[rad/m] [rad/km]	$\gamma = \sqrt{ZY}$ $\alpha = \sqrt{RG}$ $\beta = \omega\sqrt{LC}$[rad/m] [rad/km]
위상속도	$v = \dfrac{\omega}{\beta} = \dfrac{\omega}{\omega\sqrt{LC}} = \dfrac{1}{\sqrt{LC}}$	$v = \dfrac{\omega}{\beta} = \dfrac{\omega}{\omega\sqrt{LC}} = \dfrac{1}{\sqrt{LC}}$

(3) 반사계수와 투과계수

① 반사계수 : $\dfrac{(반사파)}{(입사파)} = \dfrac{Z_L - Z_0}{Z_L + Z_0} = \dfrac{Z_2 - Z_1}{Z_2 + Z_1}$

② 투과계수 : $\dfrac{(투과파)}{(입사파)} = \dfrac{2Z_L}{Z_0 + Z_L} = \dfrac{2Z_2}{Z_1 + Z_2}$

③ 정재파비 : $\dfrac{1 + |\rho|}{1 - |\rho|}$ (ρ : 반사계수)

(1) $R-L$ 직렬회로

$R-L$ 직렬회로	직류 기전력 인가 시(S/W On)	직류 기전력 인가 시(S/W Off)
전류 $i(t)$	$i(t)=\dfrac{E}{R}\left(1-e^{-\frac{R}{L}t}\right)$	$i(t)=\dfrac{E}{R}e^{-\frac{R}{L}t}$
특성근	$P=-\dfrac{R}{L}$	$P=-\dfrac{R}{L}$
시정수	$\tau=\dfrac{L}{R}[\text{sec}]$	$\tau=\dfrac{L}{R}[\text{sec}]$
V_R	$V_R=E\left(1-e^{-\frac{R}{L}t}\right)[\text{V}]$	$V_R=Ee^{-\frac{R}{L}t}$
V_L	$V_L=Ee^{-\frac{R}{L}t}[\text{V}]$	$V_L=Ee^{-\frac{R}{L}t}$

(2) $R-C$ 직렬회로

$R-C$ 직렬회로	직류 기전력 인가 시(S/W On)	직류 기전력 인가 시(S/W Off)
전하 $q(t)$	$q(t)=CE\left(1-e^{-\frac{1}{RC}t}\right)$	$q(t)=CEe^{-\frac{1}{RC}t}$
전류 $i(t)$	$i=\dfrac{E}{R}e^{-\frac{1}{RC}t}[\text{A}]$ (충전)	$i=-\dfrac{E}{R}e^{-\frac{1}{RC}t}[\text{A}]$ (방전)
특성근	$P=-\dfrac{1}{RC}$	$P=-\dfrac{1}{RC}$
시정수	$\tau=RC[\text{sec}]$	$\tau=RC[\text{sec}]$
V_R	$V_R=Ee^{-\frac{1}{RC}t}[\text{V}]$	$V_R=Ee^{-\frac{1}{RC}t}$
V_c	$V_c=E\left(1-e^{-\frac{1}{RC}t}\right)[\text{V}]$	$V_R=Ee^{-\frac{1}{RC}t}$

(3) $R-L-C$ 직렬회로

구분	특성	응답곡선
과제동(비진동적)	• $R>2\sqrt{\dfrac{L}{C}}$ • 서로 다른 두 실근	
임계 제동	• $R=2\sqrt{\dfrac{L}{C}}$ • 중근	
부족 제동(진동적)	• $R<2\sqrt{\dfrac{L}{C}}$ • 서로 다른 두 허근	

(4) $L - C$ **직렬회로**

① $i = \dfrac{E}{\sqrt{\dfrac{L}{C}}} \sin \dfrac{1}{\sqrt{LC}} t \,[\text{A}] \rightarrow$ 불변의 진동전류

② $V_L = L \dfrac{di}{dt} = E \cos \dfrac{1}{\sqrt{LC}} t \,[\text{V}] \rightarrow$ 최소 : $-E$, 최대 : E

③ $V_C = E - V_L = E\left(1 - \cos \dfrac{1}{\sqrt{LC}} t\right) [\text{V}] \rightarrow$ 최소 : 0, 최대 : $2E$

(5) 과도상태

① 과도상태가 나타나지 않는 위상각 : $\theta = \tan^{-1} \dfrac{X}{R}$

② 과도상태가 나타나지 않는 R값 : $R = \sqrt{\dfrac{L}{C}}$

※ 과도현상은 시정수가 클수록 오래 지속된다.

CHAPTER 05 한국전기설비규정(KEC)

01 KEC(한국전기설비규정)

(1) 주요 내용

2023년 이전 규정		2023년 이후 변경사항
〈절연전선〉		
저압 절연전선	450 / 750V 비닐절연전선 450 / 750V 고무절연전선 450 / 750V 저독성 난연 폴리올레핀 절연전선 등	「전기용품 및 생활용품 안전관리법」의 적용을 받는 것 또는 KS에 적합하거나 동등 이상의 성능을 만족하는 것
고압 / 특고압 절연전선	KS에 적합한 또는 동등 이상의 전선	
〈저압케이블〉		
저압 케이블	0.6 / 1kV 연피케이블 클로로프렌외장케이블 비닐외장케이블 폴리에틸렌외장케이블 저독성 난연 폴리올레핀외장케이블 300 / 500V 연질 비닐시스케이블 유선텔레비전 급전겸용 동축케이블 등	「전기용품 및 생활용품 안전관리법」의 적용을 받는 것 또는 KS에 적합하거나 동등 이상의 성능을 만족하는 것
〈고압 케이블〉		
고압케이블	연피케이블 알루미늄케이블 클로로프렌외장케이블 비닐외장케이블 폴리에틸렌외장케이블 저독성 난연 폴리올레핀외장케이블 콤바인덕트케이블 등	KS에 적합하거나 동등 이상의 성능을 만족하는 것
〈전기자동차〉		
–		충전장치 시설, 충전 케이블 및 부속품 시설, 방호장치 등 충전설비 방진·방수 보호성능 적용 및 급속충전설비 비상정지장치 설치가 의무화되고 과금형콘센트 전기자동차 충전장치 시설기준이 마련되었다.
〈용어〉		
조속기, 커버, 조상기, 메시, 이격거리, …		속도조절기, 덮개, 무효 전력 보상 장치, 그물망, 간격 등 일본식 한자어나 어려운 축약어 및 외래어였거나 혼용하여 사용하였던 기존 기술기준 25개의 용어와 설비규정 177개의 용어를 순화 및 표준화하였다.

(2) 접지방식의 문자 분류

① 제1문자 : 전력계통과 대지와의 관계

    ㉠ T(Terra) : 전력계통을 대지에 직접접지

    ㉡ I(Insulation) : 전력계통을 대지로부터 절연 또는 높은 임피던스를 삽입하여 접지

② 제2문자 : 설비 노출도전성 부분과 대지와의 관계

    ㉠ T(Terra) : 설비 노출도전성 부분을 대지에 직접접지(기기 등)

    ㉡ N(Neutral) : 설비 노출도전성 부분을 중성선에 접속

③ 제3문자 : 중성선(N)과 보호도체(PE)의 관계

    ㉠ S(Separator) : 중성선(N)과 보호도체(PE)를 분리

    ㉡ C(Combine) : 중성선(N)과 보호도체(PE)를 겸용

(3) 계통접지 종류

① TN − S : 계통 내에 별도의 중성선과 보호도체가 계통전체에 시설된 방식

    ㉠ 별도의 PE와 N이 있는 TN − S

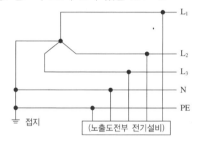

    ㉡ 접지된 보호도체는 있으나 중성선이 없는 배선 TN − S

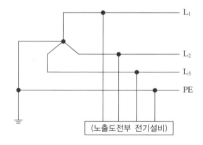

    ㉢ 별도 접지된 선도체와 보호도체가 있는 TN − S

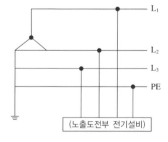

    ※ 설비비가 고가이거나, 노이즈에 예민한 설비(전산설비, 병원 등)에 적합

② TN-C : 계통 전체에 대한 중성선과 보호도체의 기능을 하나의 도선으로 시설

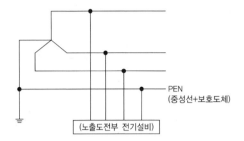

PEN
(중성선+보호도체)

(노출도전부 전기설비)

※ 노이즈에 대한 문제가 있음, 배전계통에 사용(지락보호용 과전류차단기는 사용 가능하나, 누전차단기는 설치 불가)

③ TN-C-S : 전원부는 TN-C 방식을 이용, 간선에는 중성선과 보호도체를 분리 TN-S 계통으로 사용

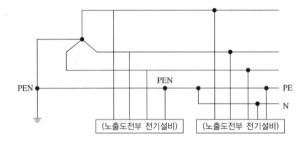

PEN

PEN

PE

N

(노출도전부 전기설비)   (노출도전부 전기설비)

※ 수변전실이 있는 대형 건축물에 사용

④ TT : 변압기와 전기설비측을 개별적으로 접지하는 방식

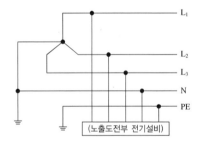

L₁

L₂

L₃

N

PE

(노출도전부 전기설비)

※ 주상변압기 접지선과 수용가접지선이 분리되어 있는 상태
※ 기기 자체를 단독접지할 수 있다.
※ 개별기기 접지방식으로 ELB로 보호

⑤ IT : 비접지방식 또는 임피던스를 삽입접지하고 노출도전성 부분은 개별접지

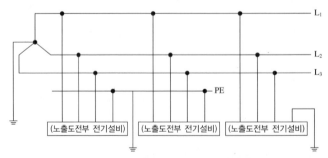

L₁

L₂

L₃

PE

(노출도전부 전기설비) (노출도전부 전기설비) (노출도전부 전기설비)

※ 노출도전부가 보호도체에 일괄접지하는 경우와 일괄+개별접지하는 방식이 있다.

한국전기설비규정(KEC; Korea Electro – technical Code) : 전기설비기술기준 고시에서 정하는 전기설비 (발전・송전・변전・배전 또는 전기사용을 위하여 설치하는 기계・기구・댐・수로・저수지・전선로・보안통신선로 및 그 밖의 설비)의 안전성능과 기술적 요구사항을 구체적으로 정한 규정

(1) 일반사항

① 통칙

　　㉠ 적용범위 : 인축의 감전에 대한 보호와 전기설비 계통, 시설물, 발전용 수력설비, 발전용 화력설비, 발전설비 용접 등의 안전에 필요한 성능과 기술적인 요구사항에 대하여 적용

　　㉡ 전압의 구분

구분	교류(AC)	직류(DC)
저압	1kV 이하	1.5kV 이하
고압	1kV 초과 7kV 이하	1.5kV 초과 7kV 이하
특고압	7kV 초과	

② 용어 정의

　• 발전소 : 발전기, 원동기, 연료전지, 태양전지 등을 시설하여 전기를 발생하는 곳(단, 비상용 예비전원, 휴대용 발전기 제외)

　• 변전소 : 구외에서 전송된 전기를 변압기, 정류기 등에 의해 변성하여 구외로 전송하는 곳

　• 개폐소 : 발전소 상호 간, 변전소 상호 간 또는 발전소와 변전소 간 50kV 이상의 송전선로를 연결 또는 차단하기 위한 전기설비

　• 급전소 : 전력계통의 운용에 관한 지시를 하는 곳

　• 인입선 : 가공인입선 및 수용장소의 조영물의 옆면 등에 시설하는 전선으로 그 수용장소의 인입구에 이르는 부분의 전선

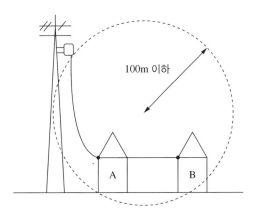

　　– 가공인입선 : 가공전선의 지지물에서 분기하여 지지물을 거치지 않고 다른 수용장소의 인입구에 이르는 부분의 전선(길이 : 50m 이하)

　　– 이웃 연결 인입선 : 한 수용장소의 인입선에서 분기하여 지지물을 거치지 않고 다른 수용장소의 인입구에 이르는 부분의 전선

- 관등회로 : 방전등용 안정기(변압기 포함)로부터 방전관까지의 전로
- 리플프리직류 : 교류를 직류로 변환할 때, 리플성분이 10%(실효값) 이하를 포함한 직류
- 무효 전력 보상 설비 : 무효전력을 조정하는 전기기계기구
- 전기철도용 급전선 : 전기철도용 변전소로부터 다른 전기철도용 변전소 또는 전차선에 이르는 전선
- 전기철도용 급전선로 : 전기철도용 급전선 및 이를 지지하거나 수용하는 시설물
- 지지물 : 목주, 철주, 철근 콘크리트주, 철탑으로 전선, 약전류전선, 케이블을 지지
- 지중관로 : 지중전선로, 지중약전류전선로, 지중광섬유케이블선로, 지중에 시설하는 수관 및 가스관과 이와 유사한 것 및 이들에 부속하는 지중함 등
- 계통연계 : 둘 이상의 전력계통 사이를 전력이 상호 융통될 수 있도록 선로를 통하여 연결하는 것 (전력계통 상호 간을 송전선, 변압기 또는 직류 – 교류변환설비 등에 연결)
- 계통외도전부 : 전기설비의 일부는 아니지만 지면에 전위 등을 전해줄 위험이 있는 도전성 부분
- 계통접지 : 전력계통에서 돌발적으로 발생하는 이상현상에 대비하여 대지와 계통을 연결하는 것 (중성점을 대지에 접속하는 것)
- 기본보호(직접접촉에 대한 보호) : 정상운전 시 기기의 충전부에 직접 접촉함으로써 발생할 수 있는 위험으로부터 인축의 보호
- 고장보호(간접접촉에 대한 보호) : 고장 시 기기의 노출도전부에 간접 접촉함으로써 발생할 수 있는 위험으로부터 인축을 보호
- 노출도전부 : 충전부는 아니지만 고장 시에 충전될 위험이 있고, 사람이 쉽게 접촉할 수 있는 기기의 도전성 부분
- 단독운전 : 전력계통의 일부가 전력계통의 전원과 전기적으로 분리된 상태에서 분산형전원에 의해서만 가압되는 상태
- 분산형전원 : 중앙급전 전원과 구분되는 것으로서 전력소비지역 부근에 분산하여 배치 가능한 전원(상용전원의 정전 시에만 사용하는 비상용 예비전원은 제외하며, 신재생에너지 발전설비, 전기저장장치 등을 포함)
- 단순 병렬운전 : 자가용 발전설비 또는 저압 소용량 일반용 발전설비를 배전계통에 연계하여 운전하되, 생산한 전력의 전부를 자체적으로 소비하기 위한 것으로서 생산한 전력이 연계계통으로 송전되지 않는 병렬 형태
- 내부 피뢰시스템 : 등전위본딩 또는 외부 피뢰시스템의 전기적 절연으로 구성된 피뢰시스템의 일부
- 등전위본딩 : 등전위를 형성하기 위해 도전부 상호 간을 전기적으로 연결

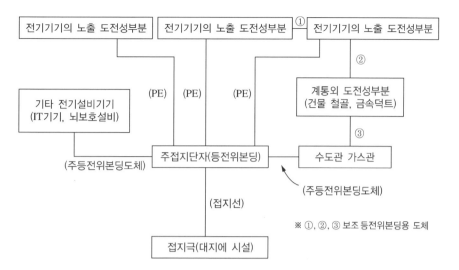

- 외부피뢰시스템 : 수뢰부시스템, 인하도선시스템, 접지극시스템으로 구성된 피뢰시스템의 일종
  - 수뢰부시스템 : 낙뢰를 포착할 목적으로 피뢰침, 망상도체, 피뢰선 등과 같은 금속 물체를 이용한 외부 피뢰시스템의 일부
  - 인하도선시스템 : 뇌전류를 수뢰시스템에서 접지극으로 흘리기 위한 외부 피뢰시스템의 일부
  - 접지시스템 : 기기나 계통을 개별적 또는 공통으로 접지하기 위하여 필요한 접속 및 장치로 구성된 설비
- 서지보호장치(SPD; Surge Protective Device) : 과도 과전압을 제한하고 서지전류를 분류시키기 위한 장치
- 특별저압(ELV; Extra Low Voltage) : 인체에 위험을 초래하지 않을 정도의 저압
  - AC 50V 이하 / DC 120V 이하
  - SELV(Safety Extra Low Voltage)는 비접지회로
  - PELV(Protective Extra Low Voltage)는 접지회로

- T(Terra : 대지)
- I(Insulation : 절연) : 대지와 완전 절연, 저항 삽입 대지와 접지
- N(Neutral : 중성)
- S(Separated : 분리) : 중성선과 보호도체를 분리한 상태로 도체에 포설
- C(Combined : 조합) : 중성선과 보호도체를 묶어 단일화로 포설
- PE(보호도체)
  - Protective 보호하는
  - Equipotential : 등전위
  - Earthing : 접지
- F(Function : 기능)
- S(Satety : 안전)

PART 2

- 접근상태 : 제1차 접근상태 및 제2차 접근상태
  - 제1차 접근상태 : 가공전선이 다른 시설물과 접근(병행하는 경우를 포함하며, 교차하는 경우 및 동일 지지물에 시설하는 경우를 제외)하는 경우에 가공전선이 다른 시설물의 위쪽 또는 옆쪽에서 수평거리로 가공전선로의 지지물의 지표상의 높이에 상당하는 거리 안에 시설(수평거리로 3m 미만인 곳에 시설되는 것을 제외)됨으로써 가공전선로의 전선의 절단, 지지물의 도괴 등의 경우에 그 전선이 다른 시설물에 접촉할 우려가 있는 상태
  - 제2차 접근상태 : 가공전선이 다른 시설물과 접근하는 경우에 그 가공전선이 다른 시설물의 위쪽 또는 옆쪽에서 수평거리로 3m 미만인 곳에 시설되는 상태
③ 안전을 위한 보호
  ㉠ 감전에 대한 보호
   - 기본 보호 : 직접접촉을 방지하는 것(전기설비의 충전부에 인축이 접촉하여 일어날 수 있는 위험으로부터 보호)
     - 인축의 몸을 통해 전류가 흐르는 것을 방지하여야 한다.
     - 인축의 몸에 흐르는 전류를 위험하지 않는 값 이하로 제한하여야 한다.
   - 고장 보호 : 기본절연의 고장에 의한 간접접촉을 방지(노출도전부에 인축이 접촉하여 일어날 수 있는 위험으로부터 보호)
     - 인축의 몸을 통해 고장전류가 흐르는 것을 방지하여야 한다.
     - 인축의 몸에 흐르는 고장전류를 위험하지 않는 값 이하로 제한하여야 한다.
     - 인축의 몸에 흐르는 고장전류의 지속시간을 위험하지 않은 시간까지로 제한하여야 한다.
  ㉡ 과전류에 대한 보호
   - 과전류에 의한 과열 또는 전기·기계적 응력에 의한 위험으로부터 인축의 상해를 방지하고 재산을 보호하여야 한다.
   - 과전류에 대한 보호는 과전류가 흐르는 것을 방지하거나 과전류의 지속시간을 위험하지 않는 시간까지로 제한함으로써 보호하여야 한다.
  ㉢ 고장전류에 대한 보호
   - 고장전류가 흐르는 도체 및 다른 부분은 고장전류로 인해 허용온도 상승 한계에 도달하지 않도록 하여야 한다.
   - 도체를 포함한 전기설비는 인축의 상해 또는 재산의 손실을 방지하기 위하여 보호장치가 구비되어야 한다.
   - 고장으로 인해 발생하는 과전류에 대하여 보호되어야 한다.
  ㉣ 열영향에 대한 보호
   고온 또는 전기 아크로 인해 가연물이 발화 또는 손상되지 않도록 전기설비를 설치하여야 한다. 또한, 정상적으로 전기기기가 작동할 때 인축이 화상을 입지 않도록 하여야 한다.
  ㉤ 전압 외란, 전자기 장애에 대한 대책
   - 회로의 충전부 사이의 결함으로 발생한 전압에 의한 고장으로 인한 인축의 상해가 없도록 보호하여야 하며, 유해한 영향으로부터 재산을 보호하여야 한다.
   - 저전압과 뒤이은 전압 회복의 영향으로 발생하는 상해로부터 인축을 보호하여야 하며, 손상에 대해 재산을 보호하여야 한다.

- 설비는 규정된 환경에서 그 기능을 제대로 수행하기 위해 전자기 장애로부터 적절한 수준의 내성을 가져야 한다. 설비를 설계할 때는 설비 또는 설치 기기에서 발생되는 전자기 방사량이 설비 내의 전기사용기기와 상호 연결 기기들이 함께 사용되는 데 적합한지를 고려하여야 한다.
- ⓑ 전원공급 중단에 대한 보호

  전원공급 중단으로 인해 위험과 피해가 예상되면 설비 또는 설치기기에 보호장치를 구비하여야 한다.

(2) 전선

① 전선의 식별

ㄱ 구분

상(문자)	색상
L1	갈색
L2	검은색
L3	회색
N	파란색
보호도체	녹색 – 노란색

ㄴ 색상 식별이 종단 및 연결 지점에서만 이루어지는 나도체 등은 전선 종단부에 색상이 반영구적으로 유지될 수 있는 도색, 밴드, 색 테이프 등의 방법으로 표시해야 한다.

② 전선의 종류

ㄱ 저압 절연전선

ㄴ 코드

ㄷ 캡타이어케이블

ㄹ 저압케이블

ㅁ 고압 및 특고압 케이블

특고압케이블

- 특고압인 전로에 사용
  - 절연체가 에틸렌 프로필렌고무혼합물 또는 가교폴리에틸렌 혼합물인 케이블로서 선심 위에 금속제의 전기적 차폐층을 설치한 것
  - 파이프형 압력 케이블
  - 금속피복을 한 케이블
- 사용전압이 고압 및 특고압인 전로(전기기계기구 안의 전로를 제외한다)의 전선으로 절연체가 폴리프로필렌 혼합물인 케이블을 사용하는 경우 다음에 적합하여야 한다.
  - 도체의 상시 최고 허용 온도는 90℃ 이상일 것
  - 절연체의 인장강도는 $12.5N/mm^2$ 이상일 것
  - 절연체의 신장률은 350% 이상일 것
  - 절연체의 수분 흡습은 $1mg/cm^3$ 이하일 것(단, 정격전압 30kV 초과 특고압 케이블은 제외한다)

ㅂ 나전선 등

- 나전선 및 지선·가공지선·보호도체·보호망·전력보안 통신용 약전류전선 기타의 금속선은 KS에 적합하거나 동등 이상의 성능을 만족하는 것을 사용하여야 한다.

③ 전선의 접속
　㉠ 전선의 전기저항을 증가시키지 않도록 접속한다.
　㉡ 전선의 세기(인장하중)를 20% 이상 감소시키지 않아야 한다.
　㉢ 도체에 알루미늄 전선과 동 전선을 접속하는 경우에는 접속 부분에 전기적 부식이 생기지 않도록 해야 한다.
　㉣ 절연전선 상호·절연전선과 코드, 캡타이어케이블 또는 케이블과 접속하는 경우에는 코드 접속기나 접속함 기타의 기구를 사용해야 한다(단, 10mm^2 이상인 캡타이어케이블 상호 간을 접속하는 경우에는 그러하지 않는다).
　㉤ 두 개 이상의 전선을 병렬로 사용하는 경우
　　• 각 전선의 굵기는 동선 50mm^2 이상 또는 알루미늄 70mm^2 이상으로 한다.
　　• 전선은 같은 도체, 같은 재료, 같은 길이 및 같은 굵기의 것을 사용한다.
　　• 병렬로 사용하는 전선에는 각각에 퓨즈를 설치하지 않아야 한다.
　　• 각 극의 전선은 동일한 터미널러그에 완전히 접속한다(2개 이상의 리벳 또는 2개 이상의 나사로 접속).
　　• 교류회로에서 병렬로 사용하는 전선은 금속관 안에 전자적 불평형이 생기지 않도록 시설해야 한다.

(3) 전로의 절연

① 전로를 절연하지 않아도 되는 곳(전로는 다음의 경우를 제외하고는 대지로부터 절연하여야 한다)
　㉠ 저압 전로에 접지공사를 하는 경우의 접지점
　㉡ 전로의 중성점에 접지공사를 하는 경우의 접지점
　㉢ 계기용 변성기의 2차측 전로에 접지공사를 하는 경우의 접지점
　㉣ 저압 가공전선이 특별 고압 가공전선과 동일 지지물에 시설되는 부분의 접지공사 접지점
　㉤ 25kV 이하 다중접지 방식에서 다중접지하는 경우 접지점
　㉥ 파이프라인 시설에서 소구경관에 접지공사 접지점
　㉦ 저압 전로와 사용전압 300V 이하의 저압 전로를 결합하는 변압기 2차측 전로 접지공사 접지점
　㉧ 직류계통에 접지공사를 하는 경우의 접지점
　㉨ 시험용 변압기, 전력 반송용 결합리액터, 전기울타리 전원장치, X선 발생장치, 전기방식용 양극, 단선식 전기 철도의 귀선과 같이 전로의 일부를 대지로부터 절연하지 않고 사용하는 것이 부득이한 경우
　㉩ 전기욕기, 전기로, 전기보일러, 전해조 등 대지부터 절연이 기술상 곤란한 경우
② 저압 전로의 절연성능
　전기사용장소의 사용전압이 저압인 전로의 전선 상호 간 및 전로와 대지 사이의 절연저항은 개폐기 또는 과전류차단기로 구분할 수 있는 전로마다 다음 표에서 정한 값 이상이어야 한다. 다만, 전선 상호 간의 절연저항은 기계기구를 쉽게 분리가 곤란한 분기회로의 경우 기기 접속 전에 측정할 수 있다.

또한, 측정 시 영향을 주거나 손상을 받을 수 있는 SPD 또는 기타 기기 등은 측정 전에 분리시켜야 하고, 부득이하게 분리가 어려운 경우에는 시험전압을 250V DC로 낮추어 측정할 수 있지만 절연저항 값은 $1M\Omega$ 이상이어야 한다.

전로의 사용전압[V]	DC시험전압[V]	절연저항[MΩ]
SELV 및 PELV	250	0.5
FELV, 500V 이하	500	1.0
500V 초과	1,000	1.0

※ 특별저압(Extra Law Voltage : 2차 전압이 AC 50V, DC 120V 이하)으로 SELV(비접지회로 구성) 및 PELV(접지회로 구성)은 1차와 2차가 전기적으로 절연된 회로, FELV는 1와 2차가 전기적으로 절연되지 않은 회로
※ 사용전압이 저압인 전로에서 정전이 어려운 경우 등 절연저항 측정이 곤란한 경우에는 누설전류를 1mA 이하로 유지하여야 한다.

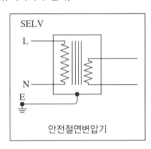
안전절연변압기

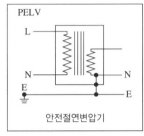
안전절연변압기

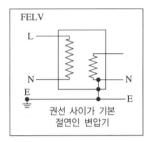
권선 사이가 기본 절연인 변압기

③ 전로의 누설전류

전로	단상 2선식	놀이용전차
최대공급전류의 $\frac{1}{2,000}$ 이하	$\frac{1}{1,000}$ 이하	$\frac{1}{5,000}$ 이하

④ 절연내력시험
　㉠ 절연내력시험 : 일정 전압을 가할 때 절연이 파괴되지 않은 한도로서 전선로나 기기에 일정 배수의 전압을 일정시간(10분) 동안 흘릴 때 파괴되지 않는지 확인하는 시험이다.
　㉡ 절연내력시험 시행 부분
　　• 고압 및 특고압 전로(전로와 대지 간)
　　• 개폐기, 차단기, 전력용 콘덴서, 유도전압조정기, 계기용 변성기, 기타 기구의 전로, 발·변전소의 기계기구 접속선, 모선(충전 부분과 대지 간)
　　• 발전기, 전동기, 무효 전력 보상 장치(권선과 대지 간)
　　• 수은정류기(주 양극과 외함 간 경우 2배로 시험, 음극 및 외함과 대지 간인 경우 1배로 시험)
⑤ 시험전압

종류		시험전압	최저시험전압
최대사용전압 7kV 이하		(최대사용전압)×1.5	500V
최대사용전압 7kV 초과 25kV 이하(중성선 다중접지 방식)		(최대사용전압)×0.92	–
최대사용전압 7kV 초과 60kV 이하	비접지	(최대사용전압)×1.25	10.5kV
최대사용전압 60kV 초과 비접지			–
최대사용전압 60kV 초과 중성점 접지식		(최대사용전압)×1.1	75kV
최대사용전압 60kV 초과 중성점 직접접지		(최대사용전압)×0.72	–
최대사용전압 170kV 초과 중성점 직접접지 (발·변전소 또는 이에 준하는 장소 시설)		(최대사용전압)×0.64	–

※ 전로에 케이블을 사용하는 경우에는 직류로 시험할 수 있으며, 시험전압은 교류의 경우 2배가 된다.

ㄱ 정리

종류	비접지	중성점 접지	중성점 직접접지
170kV	×1.25	×1.1	×0.64
60kV	(최저시험전압 10.5kV)	(최저시험전압 75kV)	×0.72
7kV	×1.5(최저시험전압 500V)	(25kV 이하 중성점 다중접지)×0.92	

ⓛ 회전기 및 정류기(회전변류기 제외한 교류 회전기는 교류시험전압에 1.6배의 직류시험 가능)

종류		시험전압	시험방법
회전기	발전기·전동기·무효 전력 보상 장치·기타회전기 (회전변류기를 제외한다)	최대사용전압 7kV 이하	최대사용전압의 1.5배의 전압 (500V 미만으로 되는 경우에는 500V)	권선과 대지 사이에 연속하여 10분간 가한다.
		최대사용전압 7kV 초과	최대사용전압의 1.25배의 전압 (10,500V 미만으로 되는 경우에는 10,500V)	
	회전변류기		직류측의 최대사용전압의 1배의 교류전압 (500V 미만으로 되는 경우에는 500V)	
정류기	최대사용전압 60kV 이하		직류측의 최대사용전압의 1배의 교류전압 (500V 미만으로 되는 경우에는 500V)	충전부분과 외함 간에 연속하여 10분간 가한다.
	최대사용전압 60kV 초과		교류측의 최대사용전압의 1.1배의 교류전압 또는 직류측의 최대사용전압의 1.1배의 직류전압	교류측 및 직류고전압측 단자와 대지 사이에 연속하여 10분간 가한다.

ⓒ 연료전지 및 태양전지 모듈의 절연내력

연료전지 및 태양전지 모듈은 최대사용전압의 1.5배의 직류전압 또는 1배의 교류전압(500V 미만으로 되는 경우에는 500V)을 충전부분과 대지 사이에 연속하여 10분간 가하여 절연내력을 시험하였을 때 이에 견디는 것이어야 한다.

(4) 접지시스템

① 접지시스템의 구분 및 종류

ㄱ 구분
- 계통접지
- 보호접지
- 피뢰시스템접지 등

ⓛ 종류

② 접지시스템의 시설

　㉠ 구성요소 : 접지극, 접지도체, 보호도체

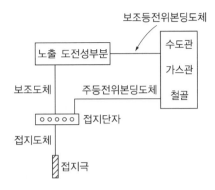

　㉡ 접지극의 시설 및 접지저항
　　• 접지극의 시설은 다음 방법 중 하나 또는 복합하여 시설
　　　– 콘크리트에 매입된 기초 접지극
　　　– 토양에 매설된 기초 접지극
　　　– 토양에 수직 또는 수평으로 직접 매설된 금속전극(봉, 전선, 테이프, 배관, 판 등)
　　　– 케이블의 금속외장 및 그 밖에 금속피복
　　　– 지중 금속구조물(배관 등)
　　　– 대지에 매설된 철근콘크리트의 용접된 금속 보강재(단, 강화콘크리트는 제외)

　㉢ 접지극의 매설

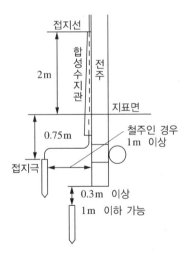

　　• 접지극은 토양을 오염시키지 말아야 하며 가능한 다습한 부분에 설치해야 한다.

ⓒ 접지극은 지하 0.75m 이상 깊이 매설해야 한다.

ⓒ 접지도체를 철주 기타의 금속체를 따라서 시설하는 경우 접지극을 금속체로부터 1m 이상 이격해야 한다(밑 0.3m 이상 시는 예외).

ⓒ 접지도체 : IV절연전선(OW 제외), 케이블을 사용한다.

ⓒ 접지도체의 지하 0.75m ~ 지표상 2m 부분은 합성수지관 또는 몰드로 덮는다.

• 수도관 등을 접지극으로 사용하는 경우

  – 지중에 매설되어 있고 대지와의 전기저항값이 3Ω 이하의 값을 유지하고 있는 금속제 수도관로가 다음에 따르는 경우 접지극으로 사용이 가능하다.

    ⓐ 접지도체와 금속제 수도관로의 접속은 안지름 75mm 이상인 부분 또는 여기에서 분기한 안지름 75mm 미만인 분기점으로부터 5m 이내의 부분에서 하여야 한다(단, 금속제 수도관로와 대지 사이의 전기저항값이 2Ω 이하인 경우에는 분기점으로부터의 거리는 5m를 넘을 수 있다).

    ⓑ 접지도체와 금속제 수도관로의 접속부를 수도계량기로부터 수도 수용가 측에 설치하는 경우에는 수도계량기를 사이에 두고 양측 수도관로를 등전위본딩 하여야 한다.

    ⓒ 접지도체와 금속제 수도관로의 접속부를 사람이 접촉할 우려가 있는 곳에 설치하는 경우에는 손상을 방지하도록 방호장치를 설치하여야 한다.

    ⓓ 접지도체와 금속제 수도관로의 접속에 사용하는 금속제는 접속부에 전기적 부식이 생기지 않아야 한다.

  – 건축물·구조물의 철골 기타의 금속제는 이를 비접지식 고압전로에 시설하는 기계기구의 철대 또는 금속제 외함의 접지공사 또는 비접지식 고압전로와 저압전로를 결합하는 변압기의 저압전로의 접지공사의 접지극으로 사용할 수 있다(단, 대지와의 사이에 전기저항값이 2Ω 이하인 값을 유지하는 경우에 한한다).

ⓐ 접지도체·보호도체

• 접지도체 최소 굵기

구분		구리	철제
큰 고장전류가 흐르지 않는 경우		6mm² 이상	50mm² 이상
피뢰시스템이 접속된 경우		16mm² 이상	
고장 시 전류를 안전하게 통할 수 있는 것	특고압·고압 전기설비용	6mm² 이상 연동선	
	중성점 접지용	16mm² 이상 연동선	
	중성점 접지용 다음 경우 • 7kV 이하 전로 • 25kV 이하 특고압 가공전선로, 중성선 다중접지식(2초 이내 자동차단장치 시설)	6mm² 이상 연동선	
이동 사용기계기구 금속제 외함 접지시스템 중 특고압·고압 전기설비용 접지도체 및 중성점 접지도체 • 클로로프렌캡타이어케이블(3종 및 4종) • 클로로설포네이트폴리에틸렌캡타이어케이블(3종 및 4종)의 1개 도체 • 다심 캡타이어케이블의 차폐 • 기타의 금속체		10mm²	
저압 전기설비용 접지도체	다심 코드 또는 다심 캡타이어케이블	0.75mm²	
	유연성이 있는 연동연선	1.5mm²	

- 보호도체
  - 보호도체 종류(다음 중 하나 또는 복수로 구성)
    ⓐ 다심케이블의 도체
    ⓑ 충전도체와 같은 트렁킹에 수납된 절연도체 또는 나도체
    ⓒ 고정된 절연도체 또는 나도체
    ⓓ 금속케이블 외장, 케이블 차폐, 케이블 외장, 전선묶음(편조전선), 동심도체, 금속관
  - 보호도체 또는 보호본딩도체로 사용해서는 안 되는 곳
    ⓐ 금속 수도관
    ⓑ 가스·액체·분말과 같은 잠재적인 인화성 물질을 포함하는 금속관
    ⓒ 상시 기계적 응력을 받는 지지 구조물 일부
    ⓓ 가요성 금속배관(단, 보호도체의 목적으로 설계된 경우는 예외)
    ⓔ 가요성 금속전선관
    ⓕ 지지선, 케이블트레이 및 이와 비슷한 것
  - 보호도체의 최소 단면적

상도체의 단면적 $S([\mathrm{mm}^2]$, 구리)	보호도체의 최소 단면적($[\mathrm{mm}^2]$, 구리)	
	보호도체의 재질	
	상도체와 같은 경우	상도체와 다른 경우
$S \le 16$	S	$(k_1/k_2) \times S$
$16 < S \le 35$	16(a)	$(k_1/k_2) \times 16$
$S > 35$	S(a)$/2$	$(k_1/k_2) \times (S/2)$

※ k_1 : 도체 및 절연의 재질에 따라 선정된 상도체에 대한 k값

※ k_2 : KS C IEC에서 선정된 보호도체에 대한 k값

※ a : PEN도체의 최소단면적은 중성선과 동일하게 적용한다.

ⓐ 보호도체의 단면적은 다음의 계산 값 이상이어야 한다.

㉮ 차단시간이 5초 이하인 경우에만 다음 계산식을 적용한다.

$$S = \frac{\sqrt{I^2 t}}{k}$$

여기서 S : 단면적$[\mathrm{mm}^2]$

I : 보호장치를 통해 흐를 수 있는 예상 고장전류 실효값[A]

t : 자동차단을 위한 보호장치의 동작시간[sec]

k : 보호도체, 절연, 기타 부위의 재질 및 초기온도와 최종온도에 따라 정해지는 계수

㉯ 계산 결과가 표의 값 이상으로 산출된 경우, 계산 값 이상의 단면적을 가진 도체를 사용하여야 한다.

ⓑ 보호도체가 케이블의 일부가 아니거나 상도체와 동일 외함에 설치되지 않으면 다음 굵기 이상으로 한다.

구분	구리	알루미늄
기계적 손상에 보호되는 경우	2.5mm^2 이상	16mm^2 이상
기계적 손상에 보호되지 않는 경우	4mm^2 이상	16mm^2 이상

- 보호도체의 단면적 보강
  ⓐ 보호도체는 정상 운전상태에서 전류의 전도성 경로로 사용되지 않아야 한다.
  ⓑ 전기설비의 정상 운전상태에서 보호도체에 10mA를 초과하는 전류가 흐르는 경우, 보호도체를 증강하여 사용한다.
    ※ 보호도체의 개수나 별도 단자 구비 유무와 상관없이 구리 10mm^2 이상, 알루미늄 16mm^2 이상으로 한다.

• 보호도체와 계통도체 겸용
  - 겸용도체 종류
    ⓐ 중성선과 겸용(PEN)
    ⓑ 상도체와 겸용(PEL)
    ⓒ 중간도체와 겸용(PEM)
  - 겸용도체 사용 조건
    ⓐ 고정된 전기설비에만 사용한다.
    ⓑ 구리 10mm^2, 알루미늄 16mm^2 이상으로 사용한다.
    ⓒ 중성선과 보호도체의 겸용도체는 전기설비의 부하측에 시설하면 안 된다.
    ⓓ 폭발성 분위기 장소는 보호도체를 전용으로 하여야 한다.
• 주접지단자
  - 접지시스템은 주접지단자를 설치하고, 다음의 도체들을 접속하여야 한다.
    ⓐ 등전위본딩도체
    ⓑ 접지도체
    ⓒ 보호도체
    ⓓ 기능성 접지도체
  - 여러 개의 접지단자가 있는 장소는 접지단자를 상호 접속하여야 한다.
  - 주접지단자에 접속하는 각 접지도체는 개별적으로 분리할 수 있어야 하며, 접지저항을 편리하게 측정할 수 있어야 한다.

◎ 전기수용가 접지
- 저압수용가 인입구 접지
  - 수용장소 인입구 부근에서 변압기 중성점 접지를 한 저압전선로의 중성선 또는 접지측 전선에 추가로 접지공사를 할 수 있다.

접지 대상물	접지 저항값	접지선의 최소 굵기
수도관로, 철골	3Ω 이하	$6mm^2$ 이상 연동선

- 주택 등 저압수용장소 접지

  계통접지는 TN – C – S 방식인 경우 구리 $10mm^2$ 이상 알루미늄 $16mm^2$ 이상을 사용한다.
- 변압기 중성점접지(고압·특고압 변압기)

일반	[접지 저항값(R)]$\leq \dfrac{150}{I_1}$
고압·특고압 전로	• [2초 이내 자동차단장치 시설 시(R)]$\leq \dfrac{300}{I_1}$
35kV 이하 특고압 전로가 저압측과 혼촉 시 저압 대지전압 150V 초과하는 경우	• [1초 이내 자동차단장치 시설 시(R)]$\leq \dfrac{600}{I_1}$

- 공통접지 및 통합접지

  고압 및 특고압과 저압 전기설비의 접지극이 서로 근접하여 시설되어 있는 변전소 또는 이와 유사한 곳에서는 다음과 같이 공통접지시스템으로 할 수 있다.
  - 저압 전기설비의 접지극이 고압 및 특고압 접지극의 접지저항 형성영역에 완전히 포함되어 있다면 위험전압이 발생하지 않도록 이들 접지극을 상호 접속하여야 한다.
  - 접지시스템에서 고압 및 특고압 계통의 지락사고 시 저압계통에 가해지는 상용주파 과전압은 다음 표에서 정한 값을 초과해서는 안 된다.

[저압설비 허용 상용주파 과전압]

고압계통에서 지락고장시간[초]	저압설비 허용 상용주파 과전압[V]	비고
>5	$U_0 + 250$	중성선 도체가 없는 계통에서 U_0는 선간전압을 말한다.
≤5	$U_0 + 1,200$	

[비고]
- 순시 상용주파 과전압에 대한 저압기기의 절연 설계기준과 관련된다.
- 중성선이 변전소 변압기의 접지계통에 접속된 계통에서 건축물외부에 설치한 외함이 접지되지 않은 기기의 절연에는 일시적 상용주파 과전압이 나타날 수 있다.

※ 통합접지시스템은 공통접지에 의한다.
※ 낙뢰에 의한 과전압 등으로부터 전기전자기기 등을 보호하기 위해 서지보호장치를 설치하여야 한다.

③ 감전보호용 등전위본딩

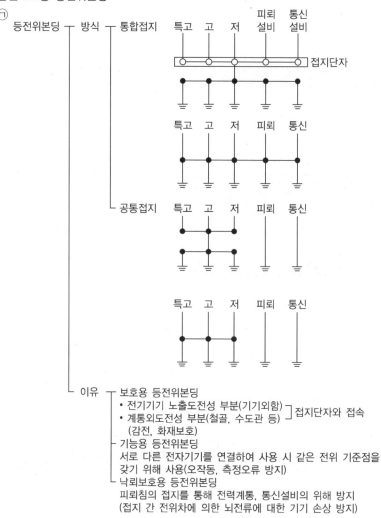

등전위본딩 ┬ 방식 ┬ 통합접지

공통접지

└ 이유 ┬ 보호용 등전위본딩
　　　　• 전기기기 노출도전성 부분(기기외함) ┐ 접지단자와 접속
　　　　• 계통외도전성 부분(철골, 수도관 등) ┘
　　　　　(감전, 화재보호)
　　　├ 기능용 등전위본딩
　　　　서로 다른 전자기기를 연결하여 사용 시 같은 전위 기준점을
　　　　갖기 위해 사용(오작동, 측정오류 방지)
　　　└ 낙뢰보호용 등전위본딩
　　　　피뢰침의 접지를 통해 전력계통, 통신설비의 위해 방지
　　　　(접지 간 전위차에 의한 뇌전류에 대한 기기 손상 방지)

ⓛ 감전보호용 등전위본딩

등전위본딩의 적용 (건축물, 구조물에서 접지도체, 주접지단자와 다음 부분)	보호등전위본딩
수도관, 가스관 등 외부에서 내부로 인입되는 금속배관	수도관, 가스관 등 외부에서 내부로 인입되는 최초 밸브 후단에서 등전위본딩
건축물, 구조물의 철근, 철골 등의 금속 보강재	건축물, 구조물의 철근, 철골 등의 금속 보강재
일상생활에서 접촉가능한 금속제 난방 배관 및 공조설비 등 계통 외 도전부 ※ 주접지단자에 보호등전위본딩, 접지도체, 기능성 접지 　도체를 접속하여야 한다.	건축물, 구조물의 외부에서 내부로 들어오는 금속제 배관 • 1개소에 집중하여 인입, 인입구 부근에서 서로 접속 　하여 등전위본딩바에 접속한다. • 대형 건축물 등으로 1개소에 집중하기 어려운 경우 　본딩도체를 1개의 본딩바에 연결한다.

ⓒ 보호등전위본딩 도체

주접지단자에 접속하기 위한 등전위본딩 도체는 설비 내 가장 큰 보호도체가 $A \times \frac{1}{2}$ 이상이며 다음 단면적 이상일 것

구리	알루미늄	강철	구리(다른 재질의 동등한 단면적) 초과 필요 없는 굵기
6mm^2	16mm^2	50mm^2	25mm^2 이하

ⓔ 보조 보호등전위본딩

- 보조 보호등전위본딩의 대상은 전원자동차단에 의한 감전보호방식에서 고장 시 자동차단시간이 고장 시 자동차단에서 요구하는 계통별 최대차단시간을 초과하는 경우
- 위 경우의 차단시간을 초과하고 2.5m 이내에 설치된 고정기기의 노출도전부와 계통외도전부는 보조 보호등전위본딩을 하여야 한다[보조 보호등전위본딩의 유효성에 관해 의문이 생길 경우 동시에 접근 가능한 노출도전부와 계통외도전부 사이의 저항값(R)이 다음의 조건을 충족하는지 확인].

교류계통 : $R \leq \frac{50\,V}{I_a}[\Omega]$	직류계통 : $R \leq \frac{120\,V}{I_a}[\Omega]$

I_a : 보호장치의 동작전류[누전차단기의 경우 $I_{\triangle n}$(정격감도전류), 과전류보호장치의 경우 5초 이내 동작전류]

- 도체의 굵기
  ⓐ 두 개의 노출도전부를 접속하는 경우 도전성은 노출도전부에 접속된 더 작은 보호도체의 도전성보다 커야 한다.
  ⓑ 노출도전부를 계통외도전부에 접속하는 경우 도전성은 같은 단면적을 갖는 보호도체의 1/2 이상이어야 한다.
  ⓒ 케이블의 일부가 아닌 경우 또는 선로도체와 함께 수납되지 않은 본딩도체는 다음 값 이상이어야 한다.

구분	구리	알루미늄
기계적 보호가 된 것	2.5mm^2	16mm^2
기계적 보호가 없는 것	4mm^2	16mm^2

ⓜ 비접지 국부등전위본딩

- 절연성 바닥으로 된 비접지 장소에서 다음의 경우 국부등전위본딩을 하여야 한다.
  - 전기설비 상호 간이 2.5m 이내인 경우
  - 전기설비와 이를 지지하는 금속체 사이
- 전기설비 또는 계통외도전부를 통해 대지에 접촉하지 않아야 한다.

(5) 접지공사 생략이 가능한 장소

① 사용전압이 직류 300V 또는 교류 대지전압이 150V 이하인 기계기구를 건조한 곳에 시설하는 경우
② 저압용의 기계기구를 건조한 목재의 마루 기타 이와 유사한 절연성 물건 위에서 취급하도록 시설하는 경우

③ 저압용이나 고압용의 기계기구, 특고압 배전용 변압기의 시설에서 규정하는 특고압 전선로에 접속하는 배전용 변압기나 이에 접속하는 전선에 시설하는 기계기구 또는 KEC 333.32(25kV 이하인 특고압 가공전선로의 시설)의 1과 4에서 규정하는 특고압 가공전선로의 전로에 시설하는 기계기구를 사람이 쉽게 접촉할 우려가 없도록 목주 기타 이와 유사한 것의 위에 시설하는 경우

④ 철대 또는 외함의 주위에 적당한 절연대를 설치하는 경우

⑤ 외함이 없는 계기용 변성기가 고무·합성수지 기타의 절연물로 피복한 것일 경우

⑥ 전기용품 및 생활용품 안전관리법의 적용을 받는 2중 절연구조로 되어 있는 기계기구를 시설하는 경우

⑦ 저압용 기계기구에 전기를 공급하는 전로의 전원측에 절연변압기(2차 전압이 300V 이하이며, 정격용량이 3kVA 이하인 것에 한한다)를 시설하고 그 절연변압기의 부하측 전로를 접지하지 않은 경우

⑧ 물기 있는 장소 이외의 장소에 시설하는 저압용의 개별 기계기구에 전기를 공급하는 전로에 전기용품 및 생활용품 안전관리법의 적용을 받는 인체감전보호용 누전차단기(정격감도전류가 30mA 이하, 동작시간이 0.03초 이하의 전류동작형에 한한다)를 시설하는 경우

⑨ 외함을 충전하여 사용하는 기계기구에 사람이 접촉할 우려가 없도록 시설하거나 절연대를 시설하는 경우

(6) 피뢰시스템(LPS; Lighting Protection System)

구조물 뇌격으로 인한 물리적 손상을 줄이기 위해 사용되는 전체 시스템

① 적용범위

ㄱ 전기전자설비가 설치된 건축물·구조물로서 낙뢰로부터 보호가 필요한 것 또는 지상으로부터 높이가 20m 이상인 것

ㄴ 전기설비 및 전자설비 중 낙뢰로부터 보호가 필요한 설비

② 구성

ㄱ 직격뢰로부터 대상물을 보호하기 위한 외부피뢰시스템

ㄴ 간접뢰 및 유도뢰로부터 대상물을 보호하기 위한 내부피뢰시스템

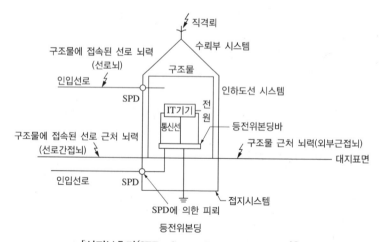

[서지보호기(SPD; Surge Protective Device)]

③ 외부피뢰시스템

　㉠ 수뢰부시스템

수뢰부시스템 방식	배치
• 돌침, 수평도체, 그물망도체 자연적 구성부재 중 한 가지 또는 조합 사용 • 보호각법, 회전구제법, 그물망법 중 한 가지 또는 조합사용	• 건축물 · 구조물의 뾰족한 부분, 모서리 등에 우선

　• 60m를 초과하는 건축물 · 구조물의 측격뢰 보호용 수뢰부시스템
　　– 60m를 넘는 경우는 최상부로부터 전체높이의 20% 부분에 한함(피뢰시스템 등급 IV 이상)
　　– 뾰족한 부분, 모서리 등에 우선 배치(피뢰시스템 등급 IV 이상)
　　– 수뢰부는 구조물의 철골 프레임 또는 전기적으로 연결된 철골 콘크리트의 금속과 같은 자연부재 인하도선에 접속 또는 인하도선을 설치
　• 건축물 · 구조물과 분리되지 않은 수뢰부시스템의 시설은 다음에 따른다.
　　– 지붕 마감재가 불연성 재료로 된 경우 지붕표면에 시설할 수 있다.
　　– 지붕 마감재가 높은 가연성 재료로 된 경우 지붕재료와 다음과 같이 이격하여 시설한다.
　　　ⓐ 초가지붕 또는 이와 유사한 경우 0.15m 이상
　　　ⓑ 다른 재료의 가연성 재료인 경우 0.1m 이상

보호각법	회전구체법	그물망법
일반적 건물에 적용	뇌격거리 개념 도입 (회전구체와 접촉하는 모든 부분 설치)	구조물 표면이 평평하고 넓은 지붕 형태

피뢰 레벨	20m	30m	45m	60m
I	25	–	–	–
II	35	25	–	–
III	45	35	25	–
IV	55	45	35	25

등급	R(회전구체의 반경)
I	20m
II	30m
III	45m
IV	60m

등급	그물망 치수[m]
I	5×5
II	10×10
III	15×15
IV	20×20

　㉡ 인하도선시스템

　• 수뢰부시스템과 접지시스템을 연결하는 것으로 다음에 의한다.
　　– 복수의 인하도선을 병렬로 구성해야 한다. 다만, 건축물 · 구조물과 분리된 피뢰시스템인 경우 예외로 한다.
　　– 경로의 길이가 최소가 되도록 한다.
　　– 인하도선의 재료는 구리, 알루미늄, 이연, 스테인리스 등으로 최소 단면적 $50mm^2$ 이상이어야 한다.

- 수뢰부시스템과 접지극시스템 사이에 전기적 연속성이 형성되도록 다음에 따라 시설한다.
  - 경로는 가능한 한 최단거리로 곧게 수직으로 시설하되, 루프 형성이 되지 않아야 하며, 처마 또는 수직으로 설치된 홈통 내부에 시설하지 않아야 한다.
  - 전기적 연속성이 보장되어야 한다(전기적 연속성 적합성은 해당하는 금속부재의 최상단부와 지표레벨 사이의 직류전기저항 0.2Ω 이하).
  - 시험용 접속점을 접지극시스템과 가까운 인하도선과 접지극시스템의 연결부분에 시설하고, 이 접속점은 항상 닫힌 회로가 되어야 하며 측정 시에 공구 등으로만 개방할 수 있어야 한다. 다만, 자연적 구성부재를 이용하는 경우나 본딩을 하는 경우는 제외한다.
- 배치방법
  - 건축물·구조물과 분리된 피뢰시스템
    ⓐ 뇌전류의 경로가 보호대상물에 접촉하지 않도록 하여야 한다.
    ⓑ 별개의 지주에 설치되어 있는 경우 각 지주마다 1가닥 이상의 인하도선을 시설한다.
    ⓒ 수평도체 또는 그물망도체인 경우 지지 구조물마다 1가닥 이상의 인하도선을 시설한다.
  - 건축물·구조물과 분리되지 않은 피뢰시스템
    ⓐ 벽이 불연성 재료로 된 경우에는 벽의 표면 또는 내부에 시설할 수 있다. 다만, 벽이 가연 성 재료인 경우에는 0.1m 이상 이격하고, 이격이 불가능한 경우에는 도체의 단면적을 100mm^2 이상으로 한다.
    ⓑ 인하도선의 수는 2가닥 이상으로 한다.
    ⓒ 보호대상 건축물·구조물의 투영에 다른 둘레에 가능한 한 균등한 간격으로 배치한다. 다만, 노출된 모서리 부분에 우선하여 설치한다.
    ⓓ 병렬 인하도선의 최대 간격은 피뢰시스템 등급에 따라 Ⅰ·Ⅱ등급은 10m, Ⅲ등급은 15m, Ⅳ등급은 20m로 한다.
- 자연적 구성부재
  - 전기적 연속성이 있는 구조물 등의 금속제 구조체(철골, 철근 등)
  - 구조물 등의 상호 접속된 강제 구조체
  - 건축물, 외벽 등을 구성하는 금속 구조재의 크기가 인하도선에 대한 요구조건에 적합하거나 두께가 0.5mm 이상인 금속관. 다만, 수직방향 전기적 연속성이 유지되도록 접속한다.
  - 구조물 등의 상호 접속된 철근·철골 등을 인하도선으로 이용하는 경우 수평 환상도체는 설 치하지 않아도 된다.
ⓒ 접지극시스템

방식	수평 또는 수직접지극(A형)	환상도체접지극 또는 기초접지극(B형)
배치	수평 또는 수직접지극(A형)은 2개 이상을 동일간격 배치	환상도체접지극 또는 기초접지극(B형)은 접지극 면적을 환산한 평 균반지름이 등급별 접지극 최소길이 이상(단, 미만인 경우 수직· 수평접지극 2개 이상 추가 시설)
접지저항	10Ω 이하인 경우 접지극 최소길이 이하로 시설 가능	
접지극	• 지표하 0.75m 이상 • 암반지역(대지저항 큰 곳), 전자통신시스템이 많은 곳은 환상도체접지극 또는 기초접지극 사용 • 재료는 환경오염 및 부식 우려가 없어야 한다. • 철근 또는 금속제 지하구조물 등 자연적 구성부재는 접지극으로 사용 가능	

※ 고압·특고압 전기설비의 피뢰시스템도 위의 규정과 같다.

④ 내부피뢰시스템
  ㉠ 전기전자설비 보호
    • 일반사항
      - 피뢰구역은 외부구역(LPZO)과 내부구역(LPZN)으로 나뉜다.
      - 피뢰구역 경계 부근에는 접지 또는 본딩을 하여야 한다(단, 본딩이 불가능한 경우 서지보호장치를 설치한다).
      - 서로 분리된 구조물 사이가 전력선 또는 신호선으로 연결된 경우 각각의 피뢰구역은 각 구조물에 접지를 구성한다.
    • 전기적 절연
      수뢰부 또는 인하도선과 건축물・구조물의 금속부분 사이의 전기적인 절연은 수뢰부시스템의 배치에 의한 이격거리로 한다.
    • 접지・본딩으로 보호
      - 뇌서지전류를 대지로 방류시키기 위한 접지를 시설하여야 한다.
      - 전위 차를 해소하고 자계를 감소시키기 위한 본딩을 구성하여야 한다.
        ※ 접지극은 환상도체접지극 또는 기초접지극으로 한다.
        ⓐ 복수의 건축물・구조물 등이 각각 접지를 구성, 각각의 접지 상호 간은 병행 설치된 도체로 연결한다(단, 차폐케이블인 경우는 차폐선을 양끝에서 각각의 접지시스템에 등전위본딩하는 것으로 한다).
      - 전자・통신설비에서 위험한 전위차를 해소하고 자계를 감소시킬 경우 등전위본딩망을 시설한다.
        ⓐ 건축물・구조물의 도전성 부분 또는 내부설비 일부분을 통합한다.
        ⓑ 등전위본딩망은 그물망 폭이 5m 이내, 구조물과 구조물 내부의 금속부분은 다중으로 접속한다(단, 금속 부분이나 도전성 설비가 피뢰구역의 경계를 지나가는 경우에는 직접 또는 서지보호장치를 통하여 본딩한다).
        ⓒ 도전성 부분의 등전위본딩은 방사형, 그물망형 또는 이들의 조합형으로 한다.
    • 서지보호장치 시설
      - 전기전지설비 등에 연결된 전선로를 통해 서지가 유입되는 경우, 해당 선로에는 서지보호장치를 설치한다.
      - 지중 저압수전의 경우 내부 전기전자기기의 과전압범주별 임펄스내전압이 규정값에 충족하는 경우 서지보호장치를 생략할 수 있다.
  ㉡ 피뢰시스템 등전위본딩
    • 일반사항
      피뢰시스템의 등전위하는 다음과 같은 설비들을 서로 접속함으로써 이루어진다.
      - 금속제 설비
      - 구조물에 접속된 외부 도전성 부분
      - 내부피뢰시스템

- 등전위본딩 상호접속
  - 자연적 구성부재로 인한 본딩으로 전기적 연속성을 확보할 수 없는 장소는 본딩도체로 연결한다.
  - 본딩도체로 직접접속이 적합하지 않거나 허용되지 않는 장소는 서지보호장치로 연결한다.
  - 본딩도체로 직접접속이 허용되지 않는 장소는 절연방전갭을 사용한다.
- 금속제설비의 등전위본딩

외부피뢰시스템이 보호대상 건축물·구조물에서 분리된 독립형인 경우	외부피뢰시스템이 보호대상 건축물·구조물에 접속된 경우
지표레벨 부근에 시설	• 지표레벨 부근 시설(기초부분) - 등전위본딩도체는 등전위본딩바에 접속 - 등전위본딩바는 접지시스템에 접속 - 쉽게 점검 가능 • 절연 요구조건에 따른 안전거리 미확보 시 피뢰시스템과 건조물, 내부설비 도전성 부분은 등전위본딩하여 직접접속 또는 충전부인 경우 서지보호장치 설치(서지보호장치 시설 시 보호레벨은 기기 임펄스내전압보다 낮을 것)

  - 건조물 등전위본딩
    ⓐ 지하 0.5m와 높이 20m마다 환상도체를 설치한다(단, 철근콘크리트, 철골구조물의 구조체에 인하도선을 등전위본딩하는 경우 환상도체는 설치하지 않아도 된다).
- 인입설비의 등전위본딩
  - 건조물의 외부에서 내부로 인입되는 설비의 도전성 부분은 인입구 부근에서 등전위본딩을 한다.
  - 전원선은 서지보호장치를 경유하여 등전위본딩을 한다.
  - 통신 및 제어선은 내부와의 위험한 전위차 발생을 방지하기 위해 직접 또는 서지보호장치를 통해 등전위본딩을 한다.
- 등전위본딩바
  - 짧은 도전성 경로로 접지시스템에 접속할 수 있는 위치에 설치한다.
  - 외부 도전성 부분, 전원선과 통신선의 인입점이 다른 경우 여러 개의 등전위본딩바를 설치할 수 있다.

(1) 가공전선로 지지물 및 전선에 가해지는 풍압하중

① 갑종 풍압하중

풍압을 받는 구분			구성재의 수직 투영면적 1m²에 대한 풍압
지지물	목주, 철주의 원형, 철근 콘크리트주, 철탑의 원형		588Pa
	철주	삼각형 또는 마름모형의 것	1,412Pa
		강관에 의하여 구성되는 4각형의 것	1,117Pa
		기타의 것	복재(腹材)가 전·후면에 겹치는 경우에는 1,627Pa, 기타의 경우에는 1,784Pa
	철근 콘크리트주	원형 이외의 것	882Pa
	철탑	단주 원형 이외의 것(완철류는 제외함)	1,117Pa
		강관으로 구성되는 것	1,255Pa
		기타의 것	2,157Pa
전선, 기타 가섭선	다도체(구성하는 전선이 2가닥마다 수평으로 배열되고 또한 그 전선 상호 간의 거리가 전선의 바깥지름의 20배 이하인 것)		666Pa
	단도체		745Pa
특고압 애자장치			1,039Pa
목주·철주(원형의 것에 한한다) 및 철근 콘크리트주의 완금류 (특별 고압 전선로용의 것에 한한다)			단일재 1,196Pa
			기타 1,627Pa

※ 표에 정한 구성재의 수직 투영면적 1m²에 대한 풍압을 기초로 하여 계산한 것이다.

② 을종 풍압하중

전선 기타의 가섭선 주위에 두께 6mm, 비중 0.9의 빙설이 부착된 상태에서 수직투영면적 372Pa(다도체를 구성하는 전선은 333Pa), 갑종 풍압하중의 2분의 1을 기초로 하여 계산한 것이다.

③ 병종 풍압하중

빙설이 적은 지역으로 인가 밀집한 장소이며 35kV 이하의 전선기 특고압 절연전선 또는 케이블을 사용하는 특고압 가공전선로의 지지물 등으로, 갑종 풍압하중의 2분의 1을 기초로 하여 계산한 것이다.

④ 풍압하중의 적용

지역		고온계절	저온계절
빙설이 많은 지방 이외의 지방		갑종	병종
빙설이 많은 지방	일반지역	갑종	을종
	해안지방, 기타 저온의 계절에 최대풍압이 생기는 지역	갑종	갑종과 을종 중 큰 값 선정
인가가 많이 연접되어 있는 장소		병종 적용 가능	

(2) 지지물의 종류와 안전율, 매설깊이

① 지지물의 기초 안전율 : 2 이상(이상 시 철탑에 대한 안전율 : 1.33 이상)

  ㉠ 목주 : 풍압하중에 대한 안전율은 1.5 이상일 것

  ㉡ 철주 : A종과 B종으로 구분

  ㉢ 철근 콘크리트주 : A종과 B종으로 구분

  ㉣ 철탑 : 지지선이 필요없음(지지선이 그 강도를 분담시켜서는 안 된다)

② 기초 안전율의 적용 예외사항인 철근 콘크리트주 매설 깊이

설계하중	전주길이		매설깊이
6.8kN 이하	15m 이하		$l=$(전장)$\times 1 \div 6$m 이상
	15m 초과 16m 이하		2.5m
	16m 초과 20m 이하(연약한 지반)		2.8m
6.8kN 초과 9.8kN 이하	14m 이상 20m 이하(연약한 지반)		$l+30$cm
9.81kN 초과 14.72kN 이하	14m 이상 20m 이하	15m 이하	$l+0.5$m
		15m 초과 18m 이하	3m 이상
		18m 초과	3.2m 이상

③ 특별 고압 가공전선로용 지지물(B종 및 철탑)

  ㉠ 직선형 : 전선로의 직선 부분(3° 이하인 수평각도를 이루는 곳을 포함)

  ㉡ 각도형 : 전선로 중 3°를 초과하는 수평각도를 이루는 곳

  ㉢ 잡아당김형 : 전가섭선을 인류하는 곳(맨 끝)에 사용하는 것

  ㉣ 내장형 : 전선로의 지지물 양쪽의 경간의 차가 큰 곳에 사용하는 것

  ㉤ 보강형 : 전선로의 직선 부분에 그 보강을 위하여 사용하는 것

  ※ 직선주는 목주, A종 철근 콘크리트주 5° 이하, B종 철근 콘크리트주 철탑은 3° 이하, 이를 넘는 경우는 각도형을 사용한다.

④ 가공전선로 지지물의 철탑오름 및 전주오름 방지

  가공전선로 지지물에 취급자가 오르내리는 데 사용하는 발판 볼트 등은 지상 1.8m 이상부터 설치해야 한다.

(3) 지지선의 시설

지지선은 지지물의 강도를 보강하고, 전선로의 안전성을 증가시키며, 불평형 장력을 줄이기 위해 시설한다.

① 가공전선로의 지지물로 사용하는 철탑은 지지선을 사용하여 그 강도를 분담시켜서는 안 된다.

② 가공전선로의 지지물로 사용하는 철주 또는 철근 콘크리트주는 지지선을 사용하지 않는 상태에서 2분의 1 이상의 풍압하중에 견디는 강도를 가지는 경우 이외에는 지지선을 사용하여 그 강도를 분담시켜서는 안 된다.

③ 가공전선로의 지지물에 시설하는 지선은 다음에 의하여야 한다.

㉠ 지선의 안전율은 2.5 이상일 것. 이 경우에 허용 인장하중의 최저는 4.31kN으로 한다.

㉡ 지선에 연선을 사용할 경우에는 다음에 의하여야 한다.

 • 지름 2.6mm 이상인 소선 3가닥 이상의 연선을 사용한 것이어야 한다. 다만, 소선의 지름이 2mm 이상인 아연도강연선으로서 소선의 인장강도가 $0.68kN/mm^2$ 이상인 것을 사용하는 경우에는 그러하지 않는다(다만, 목주에 시설하는 지선에 대해서는 적용하지 않는다).

 • 지중부분 및 지표상 0.3m 까지의 부분에는 내식성이 있는 것 또는 아연도금을 한 철봉을 사용해야 한다.

㉢ 지선근가는 지선의 인장하중에 충분히 견디도록 시설해야 한다.

④ 도로를 횡단하여 시설하는 지선의 높이는 지표상 5m 이상으로 하여야 한다. 다만, 기술상 부득이한 경우로서 교통에 지장을 초래할 우려가 없는 경우에는 지표상 4.5m 이상, 보도의 경우에는 2.5m 이상으로 할 수 있다.

⑤ 시설목적

㉠ 지지물의 강도 보강

㉡ 전선로의 안전성 증가

㉢ 불평형 장력이 큰 개소에 시설

㉣ 가공전선로가 건물과 접근하는 경우에 접근하는 측의 반대편에 보안을 위해 시설

⑥ 고압·특고압 가공전선로의 지지물에 지선 시설

㉠ 목주, A종 철주, A종 콘크리트주(5° 이하, 직선형)

 • 5기 이하마다, 직각 방향 양쪽에 시설한다.

 • 15기 이하마다, 전선로 방향으로 양쪽에 지선을 시설한다.

㉡ B종 철주, B종 콘크리트주(3° 이하, 직선형)

 • 10기 이하마다 장력에 견디는 형태 1기(수평각도 5° 넘는 것)를 시설한다.

 • 5기 이하마다 보강형 1기를 시설한다.

㉢ 철탑 : 직선부분에 10기 이하마다 내장애자장치를 갖는 철탑 1기를 시설한다.

(4) 가공전선의 굵기·안전율·높이

① 전선 굵기

구분	전선 굵기	보안공사
저압 400V 미만	3.2mm 경동선(절연전선의 경우 2.6mm)	4.0mm
400V 이상 저압 또는 고압	시가지 5.0mm 경동선 시가지 외 4.0mm 경동선	5.0mm
특별고압 가공전선	$22mm^2$ 경동연선 이상 시가지 내 : 100kV 미만 − $55mm^2$ 100kV 이상 − $150mm^2$	−

※ 동복강선 : 3.5mm

② 안전율
　　㉠ 경동선 및 내열 동합금선 : 2.2 이상
　　㉡ 그 밖의 전선 : 2.5 이상
③ 저압·고압·특고압 가공전선의 높이

장소	저압	고압	특고압[kV]		
			35kV 이하	~ 160kV 이하	160kV 초과
횡단보도교	3.5m (절연전선 또는 케이블 3m)	3.5m	6.5m (절연전선 또는 케이블인 경우 4m)	6.5m (케이블인 경우 5m)	6.5+N×0.12
일반	5m(교통지장 없음 4m)	5m	5m	6m	6m+N×0.12
도로 횡단	6m			–	불가
철도 횡단	6.5m			6.5m+N×0.12	
산지	–	–		5m	5m+N×0.12

　　※ 일반(도로 방향 포함), (케이블), N＝160kV 초과 / 10kV(반드시 절상 후 계산)
④ 특별 고압 시가지의 가공전선의 높이(지지물에 위험을 표시하고, 목주 사용 불가)
　　㉠ 35kV 이하 : 10m(절연전선 : 8m)
　　㉡ 35kV 초과 : 10+(1단수×0.12m)

(5) 케이블에 의한 가공전선로 시설

조가용선	인장강도	굵기	접지	간격	
				행거	금속제테이프
저·고압	5.93kN 이상	22mm² 이상 아연도강연선	케이블 피복의 금속체 KEC 140(접지시스템)의 규정에 준하여 접지공사	0.5m 이하	0.2m 이하, 나선형
특고압	13.93kN 이상	22mm² 이상 아연도강연선			

※ 100kV 초과의 경우로 지락 또는 단락 발생 시 1초 이내에 자동으로 차단하는 장치를 시설한다.

(6) 특고압 가공전선과 지지물과의 간격

특별 고압 가공전선(케이블은 제외한다)과 그 지지물·완금류·지주 또는 지선 사이의 이격거리는 표에서 정한 값 이상이어야 한다(단, 기술상 부득이한 경우에 위험의 우려가 없도록 시설한 때에는 표에서 정한 값의 0.8배까지 감할 수 있다).

사용전압	간격[m]	사용전압	간격[m]
15kV 미만	0.15	70kV 이상 80kV 미만	0.45
15kV 이상 25kV 미만	0.2	80kV 이상 130kV 미만	0.65
25kV 이상 35kV 미만	0.25	130kV 이상 160kV 미만	0.9
35kV 이상 50kV 미만	0.3	160kV 이상 200kV 미만	1.1
50kV 이상 60kV 미만	0.35	200kV 이상 230kV 미만	1.3
60kV 이상 70kV 미만	0.4	230kV 이상	1.6

(7) 가공전선로 지지물 간 거리의 제한

① 가공전선로 지지물 간 거리의 제한[KEC 332.9(고압), 333.1(시가지), 333.21(특고압)]

구분	표준경간	전선굵기에 따른 장경간 사용		시가지
		고압 25mm^2	특고압 50mm^2	
목주·A종	150m	300m 이하		75m(목주 사용 불가)
B종	250m	500m 이하		150m
철탑	600m	–		400m

② 보안공사[KEC 222.10(저압), 332.10(고압), 333.22(특고압)]

구분	보안공사			사용전선 굵기에 따른 표준경간을 사용할 수 있는 경우				
	저·고압	제1종 특고압	제2,3종 특고압	저압	고압	제1종 특고압	제2종 특고압	제3종 특고압
				22mm^2	38mm^2	150mm^2	95mm^2	목주, A종 38mm^2 B종, 철탑 55mm^2
목주, A종	100m	사용 불가	100m	150m	150m	100m	100m	150m
B종	150m	150m	200m	250m	250m	250m	250m	250m
철탑	400m	400m(단주 300m)	600m	600m	600m	600m	600m	600m

③ 일반공사 목주안전율 및 보안공사 전선굵기

	저압	고압	특고압		
일반공사 목주안전율	풍압하중의 1.2배	1.3	1.5		
보안공사 목주안전율	1.5	1.5	• 제1종 특고압 : 사용불가 • 제2종 특고압 보안공사 : 2		
보안공사 전선굵기	• 400V 미만 : 5.26kN 이상, 지름 4mm 이상 경동선 • 400V 이상 : 8.01kN, 지름 5mm 이상 경동선		1종 특고압 보안공사(시가지)		제2종, 3종 특고압 보안공사
			100kV 미만	인장강도 21.67kN 이상, 55mm^2 이상 경동연선	인장강도 8.71kN 이상 또는 22mm^2 이상 경동선
			100 이상 300kV 미만	인장강도 58.84kN 이상, 150mm^2 이상 경동연선	
			300kV 이상	인장강도 77.47kN 이상, 200mm^2 이상 경동연선	

※ 제1, 2, 3종 특고압 보안공사 구분

제1종 특고압 보안공사	제2종 특고압 보안공사	제3종 특고압 보안공사
2차 접근 상태		1차 접근 상태
35kV 초과	35kV 이하	

• 제1종 특고압 보안공사
  - 지락 또는 단락 시 3초(100kV 이상 2초) 이내에 차단하는 장치를 시설한다.
  - 애자는 1련으로 하는 경우는 50% 충격섬락전압이 타 부분의 110% 이상이어야 한다(사용전압이 130kV를 넘는 경우 105% 이상이거나, 아크혼 붙은 2련 이상).

(8) 가공전선의 병행설치, 공용설치, 첨가 통신선 : 동일 지지물 시설

① 병행설치 : 동일 지지물(별개 완금류)에 전력선과 전력선을 동시에 시설하는 것이다(KEC 222.9 / 332.8, 333.17).

구분	고압	35kV 이하	35kV 초과 60kV 이하	60kV 초과
저압 고압(케이블)	0.5m 이상(0.3m)	1.2m 이상(0.5m)	2m 이상(1m)	$2m(1m) + N \times 0.12m$
기타	35kV 이하 – 상부에 고압측을 시설하며 별도의 완금에 시설할 것 • 35 ~ 100kV 이하의 특고압 – $N = \dfrac{(60kV \ 초과)}{10kV}$ (반드시 절상하여 계산) – 21.67kN 금속선, 50mm² 이상의 경동연선을 시설할 것 – 특고압 가공전선로는 제2종 특고압 보안공사 시설할 것			

② 공용설치 : 동일 지지물(별개 완금류)에 전력선과 약전선을 동시에 시설하는 것이다(KEC 222.21 / 332.21, 333.19).

구분	저압	고압	특고압
약전선(케이블)	0.75m 이상(0.3m)	1.5m 이상(0.5m)	2m 이상(0.3m)
기타	• 저 · 고압 – 전선로의 지지물로서 사용하는 목주의 풍압하중에 대한 안전율은 1.5 이상일 것 – 상부에 가공전선을 시설하며 별도의 완금에 시설할 것 • 특고압 – 제2종 특고압 보안공사에 의할 것 – 사용전압 35kV 이하에서만 시설할 것 – 21.67kN 이상의 연선, 50mm² 이상인 경동연선 사용할 것		

③ 첨가 : 가공전선로의 지지물에 통신선을 동시에 시설하는 것이다.

구분	저 · 고압		특고압		22.9kV − Y
	통신선	절연 · 케이블	통신선	절연 · 케이블	
통신선	0.6m 이상	0.3m 이상	1.2m 이상	0.3m 이상	0.75m 이상 중성선 0.6m 이상

(9) 가공전선과 약전선(안테나)의 접근교차 시 이격거리

KEC 222.13 / 332.13, 222.14 / 332.14[저 · 고압 가공전선과 약전선(안테나)의 접근 또는 교차]

구분	저압			고압			25kV 이하 특고압 가공전선		
	일반	고압 절연	케이블	일반	고압 절연	케이블	일반	특고압 절연	케이블
접근, 교차, 안테나	0.6m	0.3m	0.3m	0.8m	−	0.4m	2.0m	1.5m	0.5m

(10) 가공약전류전선로의 유도장해 방지

저압 또는 고압 가공전선로와 기설 가공약전류전선로가 병행하는 경우에는 유도작용에 의하여 통신상의 장해가 생기지 않도록 전선과 기설 약전류전선 간의 지지물 간 거리는 2m 이상이어야 한다.

(11) 유도장해의 방지(KEC 333.2)

특고압 가공전선로는 기설가공전화선로에 대하여 상시 정전유도 작용에 의한 통신상의 장해가 없도록 시설하고 유도전류를 다음과 같이 제한한다.

① 사용전압이 60kV 이하인 경우에는 전화선로의 길이 12km마다 유도전류가 $2\mu A$를 넘지 않도록 해야 한다.

② 사용전압이 60kV 초과인 경우에는 전화선로의 길이 40km마다 유도전류가 $3\mu A$를 넘지 않도록 해야 한다.

(12) 가공전선과 건조물(조영재)의 지지물 간 거리

① 저 · 고압 가공전선 이격거리(KEC 332.11 / 332.12)

구분			저압 가공전선			고압 가공전선		
			일반	고압 절연	케이블	일반	고압 절연	케이블
건조물	상부 조영재	상방	2m	1m		2m	–	1m
		측 · 하방, 기타 조영재	1.2m	0.4m		1.2m	–	0.4m
기타	삭도(지주), 저압 전차선		0.6m	0.3m		0.8m		0.4m
	저압 전차선로의 지지물		0.3m			0.6m		0.3m
	식물		상시 부는 바람에 접촉하지 않도록 한다.					

② 특고압 가공전선과 각종 시설물의 접근 또는 교차

㉠ 특고압 가공전선과 건조물의 접근(KEC 333.23)

구분			지지물 간 거리			
			일반 (기타전선)	특고압 절연	케이블	35kV 초과
건조물	상부 조영재	상방	3m	2.5m	1.2m	(규정값)$+N\times0.15m$
		측 · 하방,	–	☆1.5m	0.5m	
	기타 조영재		3m	☆1.5m	0.5m	

※ N=(35kV 초과분)/10kV(반드시 절상 후 계산) / ☆ 전선에 사람이 쉽게 접촉할 수 없는 경우 1m

㉡ 특고압 가공전선과 도로 등의 접근 또는 교차(KEC 333.24)

구분	이격거리	
	35kV 이하	35kV 초과
이격거리	3m	3m+(단수)×0.15m

※ $N=\dfrac{(35kV\ 초과분)}{10kV}$ (반드시 절상 후 계산)

ⓒ 특고압 가공전선과 기타 시설물의 접근 또는 교차(KEC 333.25 / 333.26 / 333.30)

구분	지지물 간 거리				
	35kV 이하			35kV 초과 60kV 이하	60kV 초과
	일반	절연	케이블		
삭도(지지물)	2m	1m	0.5m	2m	$2m+N\times0.12m$
저·고압 가공전선	2m				$2m+N\times0.12m$
식물	2m				$2m+N\times0.12m$

$N=$ (60kV 초과분) / 10kV×0.12m(반드시 절상하여 계산)

ⓔ 특고압 절연전선 또는 케이블 사용 시 35kV 이하에 한하여 지지물 간 거리를 감할 수 있음

지지물 구분	전선의 종류	간격
저압 가공전선 또는 저·고압 전차선	특고압 절연전선	1.5m(저압 가공전선이 절연전선 또는 케이블일 때 1m)
	케이블	1.2m(저압 가공전선이 절연전선 또는 케이블일 때 0.5m)
고압 가공전선	특고압 절연전선	1m
	케이블	0.5m
가공 약전류 전선 등	특고압 절연전선	1m
	케이블	0.5m

③ 25kV 이하인 특고압 가공전선로의 시설(KEC 333.32)

ⓐ 사용전압이 15kV 이하인 접지도체 : 공칭단면적 $6mm^2$ 이상의 연동선

ⓑ 사용전압이 15kV 초과 25kV 미만인 접지도체 : 공칭단면적 $6mm^2$ 이상의 연동선

ⓒ 접지 상호 간의 거리

• 15kV 이하 : 300m 이하

• 15kV 초과 25kV 이하 : 150m 이하

ⓔ 접지 저항값

전압	분리 시 개별 접지 저항값	1km마다 합성 접지 저항값
15kV 이하	300Ω	30Ω
15kV 초과 25kV 이하	300Ω	15Ω

ⓜ 경간

지지물의 종류	경간
목주·A종 철주 또는 A종 철근 콘크리트주	100m
B종 철주 또는 B종 철근 콘크리트주	150m
철탑	400m

ⓗ 전선 상호 간 이격거리

구분	나전선	특고압 절연전선	케이블 특고압 절연전선
나전선	1.5m	–	–
특고압 절연전선	–	1.0m	0.5m
케이블	–	0.5m	0.5m

ⓢ 식물 사이의 이격거리는 1.5m 이상

(13) 농사용 저압 가공전선로의 시설(KEC 222.22)

① 사용전압은 저압이어야 한다.

② 전선은 인장강도 1.38kN 이상의 것 또는 지름 2mm 이상의 경동선이어야 한다.

③ 지표상의 높이는 3.5m 이상이어야 한다(다만, 사람이 출입하지 아니하는 곳은 3m).

④ 목주의 굵기는 위쪽 끝 지름 0.09m 이상이어야 한다.

⑤ 전선로의 지지물 간 거리는 30m 이하이어야 한다.

⑥ 다른 전선로에 접속하는 곳 가까이에 그 저압 가공전선로 전용의 개폐기 및 과전류차단기를 각 극(과전류차단기는 중성극을 제외한다)에 시설해야 한다.

(14) 구내에 시설하는 저압 가공전선로(400V 이하)(KEC 222.23)

① 저압 가공전선은 지름 2mm 이상의 경동선이어야 한다(단, 경간 10m 미만 : 공칭단면적 $4mm^2$ 이상의 연동선).

② 경간은 30m 이하이어야 한다.

③ 전선과 다른 시설물과의 이격거리 : 상방 1m, 측방 / 하방 0.6m(케이블 0.3m)

(15) 옥측전선로(KEC 221.2 / 331.13)

① 저압 : 애자사용배선, 합성수지관배선, 케이블배선, 금속관배선(목조 이외), 버스덕트배선(목조 이외)

    ㉠ 애자사용 시 전선의 공칭단면적 : $4mm^2$ 이상

    ㉡ 애자사용 시 이격거리

다른 시설물	접근상태	간격
조영물의 상부 조영재	위쪽	2m (전선이 고압 절연전선, 특고압 절연전선 또는 케이블인 경우 1m)
	옆쪽 또는 아래쪽	0.6m (전선이 고압 절연전선, 특고압 절연전선 또는 케이블인 경우 0.3m)
조영물의 상부 조영재 이외의 부분 또는 조영물 이외의 시설물		0.6m (전선이 고압 절연전선, 특고압 절연전선 또는 케이블인 경우 0.3m)

    ※ 애자사용배선에 의한 저압 옥측전선로의 전선과 식물과의 이격거리는 0.2m 이상이어야 한다.

② 고압 : 케이블배선[KEC 140(접지시스템)의 규정에 준하여 접지공사]

③ 특고압 : 100kV를 초과할 수 없다.

(16) 옥상전선로(KEC 221.3 / 331.14)

① 저압

구분	지지점 간 거리
지지물	15m 이내
조영재	2m(케이블 1m) 이상
약전류전선, 안테나	1m(케이블 0.3m) 이상

- 2.6mm 이상 경동선
- 다른 시설물과 접근하거나 교차하는 경우 시 이격거리 0.6m(고압 절연전선, 특고압 절연전선, 케이블 0.3m) 이상

② 특고압 : 시설 불가

(17) 지중전선로의 시설(KEC 334.1)

① 사용전선 : 케이블, 직접매설식에서 트로프를 사용하지 않을 경우는 CD(콤바인덕트)케이블을 사용한다.

② 매설방식

    ㉠ 직접 매설식

    ㉡ 관로식

    ㉢ 암거식(공동구)

장소	매설깊이		
	직접 매설식		관로식
	차량, 기타 중량물의 압력	기타 (차량, 압박받을 우려 없는 장소)	
길이	1.0m 이상	0.6m 이상	1m 이상

③ 케이블 가압장치

    냉각을 위해 가스를 밀봉한다(1.5배 유압 또는 수압, 1.25배 기압에 10분간 견딜 것

④ 지중전선의 피복금속체 접지 : KEC 140를 따라야 한다.

⑤ 지중전선과 지중약전류전선 등 또는 관과의 접근 또는 교차(KEC 223.6 / 334.6)

구분	약전류전선	유독성 유체 포함 관
저·고압	0.3m 이하	1m(25kV 이하, 다중접지방식 0.5m) 이하
특고압	0.6m 이하	

⑥ 지중함의 시설

    ㉠ 지중함은 견고하고 차량 기타 중량물의 압력에 견디는 구조여야 한다.

    ㉡ 지중함은 그 안의 고인 물을 제거할 수 있는 구조로 되어 있어야 한다.

    ㉢ 폭발성 또는 연소성의 가스가 침입할 우려가 있는 것에 시설하는 지중함으로서 그 크기가 $1m^3$ 이상인 것에는 통풍장치 기타 가스를 방산시키기 위한 적당한 장치를 시설해야 한다.

    ㉣ 지중함의 뚜껑은 시설자 이외의 자가 쉽게 열 수 없도록 시설해야 한다.

(18) 터널 안 전선로의 시설(KEC 335.1)

① 철도·궤도 또는 자동차 전용 터널 내 전선로

전압	전선의 굵기	애자사용공사 시 높이	시공방법
저압	2.6mm 이상 경동절연전선	노면상, 레일면상 2.5m 이상	• 합성수지관배선 • 금속관배선 • 가요전선관배선 • 케이블배선 • 애자사용배선
고압	4mm 이상 고압 / 특고압 절연전선	노면상, 레일면상 3m 이상	• 케이블배선 • 애자사용배선

② 사람이 상시 통행하는 터널 안 전선로

    ㉠ 저압 전선은 차량 전용 터널 내 공사 방법과 같다.

    ㉡ 고압 전선은 케이블공사에 의하여 시설할 수 있다.

    ㉢ 특고압 전선은 시설하지 않는 것을 원칙으로 한다.

(19) 인입선의 시설

① 저압 인입선(KEC 221.1.1), 고압 인입선(KEC 332.5)

구분	저압				고압			
	일반	도로	철도	횡단보도	일반	도로	철도	횡단보도
높이 (케이블)	4m (교통 지장 없을 시 2.5m)	5m (교통 지장 없을 시 3m)	6.5m	3m	5m	6m	6.5m	3.5m
					위험표시 3.5m			
사용 전선	15m 이하 : 1.25kN/2.0mm 이상 인입용 비닐절연전선, 케이블				• 8.01kN/5mm 이상 경동선, 케이블			
	15m 초과 : 2.30kN/2.6mm 이상 인입용 비닐절연전선, 케이블				• 이웃 연결 인입선 불가			

※ 저압 연접 인입선의 시설(KEC 221.1.2)
- 인입선에서 분기하는 점으로부터 100m를 초과하지 말 것
- 도로 폭 5m 초과 금지
- 옥내 관통 금지

② 특고압 가공인입선(KEC 333.7)

구분	일반	도로	철도	횡단보도			
35kV 이하	5m (케이블 4m)	6m	6.5m	4m (케이블 / 특고압 절연전선 사용)			
35kV 초과 160kV 이하	6m	−	6.5m	5m(케이블 사용)			
	사람 출입이 없는 산지 : 5m 이상						
160kV 초과	일반	6m+N	철도	6.5m+N	산지	5m+N	

- (단수)=(160kV 초과) / 10kV (반드시 절상), N=(단수)×0.12m
- 변전소 또는 개폐소에 준하는 곳 이외 곳에서는 사용전압 100kV 이하
- 이웃 연결 인입선 불가

(20) 수상전선로(KEC 335.3)

저압	고압	수면상에 접속점이 있는 경우	접속점이 육상에 있는 경우
케이블			
클로로프렌 캡타이어케이블	고압용 캡타이어케이블	저압 4m 이상 고압 5m 이상	5m 이상 도로 이외 저압 4m 이상

(1) 통칙(KEC 200)

① 전기설비 적용범위(KEC 201)

저압	고압 · 특고압

• 교류 1kV 또는 직류 1.5kV 이하인 저압의 전기를 공급하거나 사용하는 전기설비에 적용하며 다음의 경우를 포함한다.
  - 전기설비를 구성하거나 연결하는 선로와 전기기계 기구 등의 구성품
  - 저압 기기에서 유도된 1kV 초과 회로 및 기기
  (예) 저압 전원에 의한 고압방전등, 전기집진기 등)
	• 교류 1kV 초과 또는 직류 1.5kV를 초과하는 고압 및 특고압 전기를 공급하거나 사용하는 전기설비에 적용한다. 고압 · 특고압 전기설비에서 적용하는 전압의 구분은 다음에 따른다.
	  - 고압 : 교류는 1kV를, 직류는 1.5kV를 초과하고, 7kV 이하인 것
	  - 특고압 : 7kV를 초과하는 것

② 배전방식(KEC 202)

ㄱ 교류회로

- 3상 4선식의 중성선 또는 PEN도체는 충전도체는 아니지만 운전전류를 흘리는 도체이다.
- 3상 4선식에서 파생되는 단상 2선식 배전방식의 경우 두 도체 모두가 선도체이거나 하나의 선도체와 중성선 또는 하나의 선도체와 PEN도체이다.
- 모든 부하가 선간에 접속된 전기설비에서는 중성선의 설치가 필요하지 않을 수 있다.

ㄴ 직류회로

PEL과 PEM도체는 충전도체는 아니지만 운전전류를 흘리는 도체이다. 2선식 배전방식이나 3선식 배전방식을 적용한다.

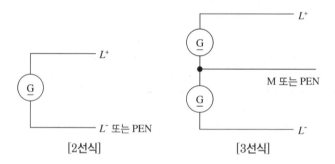

[2선식] [3선식]

③ 계통접지 방식(KEC 203)

ㄱ 저압

- 분류
  - TN계통
  - TT계통
  - IT계통
- 문자정의
  - 제1문자 : 전원계통과 대지의 관계
    ⓐ T : 한 점을 대지에 직접 접속
    ⓑ I : 모든 충전부를 대지와 절연시키거나 높은 임피던스를 통하여 한 점을 대지에 직접 접속

- 제2문자 : 전기설비의 노출도전부와 대지의 관계
    - ⓐ T : 노출도전부를 대지로 직접 접속, 전원계통의 접지와는 무관
    - ⓑ N : 노출도전부를 전원계통의 접지점(교류계통에서는 통상적으로 중성점, 중성점이 없을 경우는 선도체)에 직접 접속
- 그 다음 문자(문자가 있을 경우) : 중성선과 보호도체의 배치
    - ⓐ S : 중성선 또는 접지된 선도체 외에 별도의 도체에 의해 제공되는 보호 기능
    - ⓑ C : 중성선과 보호 기능을 한 개의 도체로 겸용(PEN도체)
- 심벌 및 약호
    - 심벌

기호 설명	
	중성선(N), 중간도체(M)
	보호도체(PE)
	중성선과 보호도체겸용(PEN)

- 약호

T	Terra	대지(접지)
I	Isolated	절연(대지 사이에 교유임피던스 사용)
N	Neutral	중성
S	Separate	분리
C	Combined	결합

- 결선도
    - TN계통
        - ⓐ TN - S : TN - S계통은 계통 전체에 대해 별도의 중성선 또는 PE도체를 사용한다. 배전계통에서 PE도체를 추가로 접지할 수 있다.

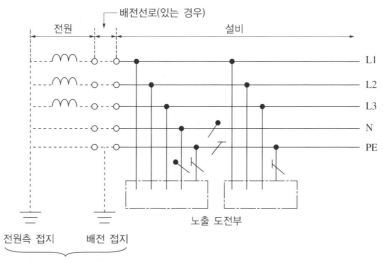

[계통 내에서 별도의 중성선과 보호도체가 있는 TN - S계통]

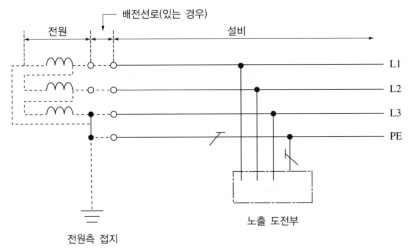

[계통 내에서 별도의 접지된 선도체와 보호도체가 있는 TN – S계통]

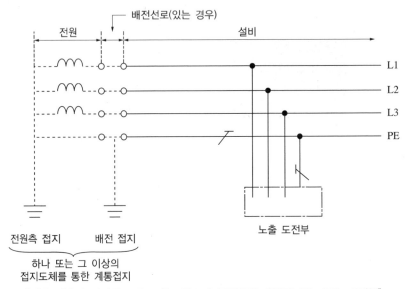

[계통 내에서 접지된 보호도체는 있으나 중성선의 배선이 없는 TN – S계통]

ⓑ TN − C : 그 계통 전체에 대해 중성선과 보호도체의 기능을 동일도체로 겸용한 PEN도
체를 사용한다. 배전계통에서 PEN도체를 추가로 접지할 수 있다.

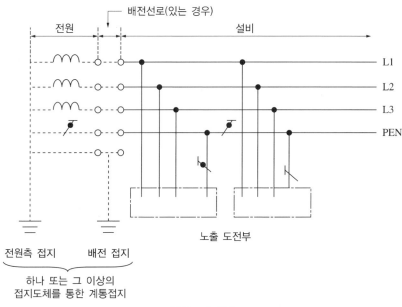

[TN − C계통]

ⓒ TN − C − S : 계통의 일부분에서 PEN도체를 사용하거나 중성선과 별도의 PE도체를 사
용하는 방식이 있다. 배전계통에서 PEN도체와 PE도체를 추가로 접지할 수 있다.

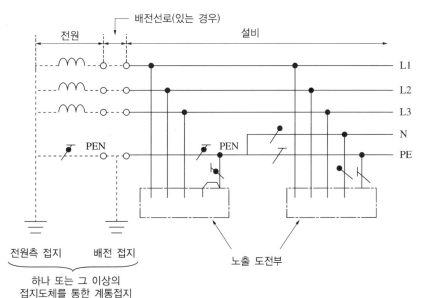

[설비의 어느 곳에서 PEN이 PE와 N으로 분리된 3상 4선식 TN − C − S계통]

– TT계통 : 전원의 한 점을 직접 접지하고 설비의 노출도전부는 전원의 접지전극과 전기적으로 독립적인 접지극에 접속시킨다. 배전계통에서 PE도체를 추가로 접지할 수 있다.

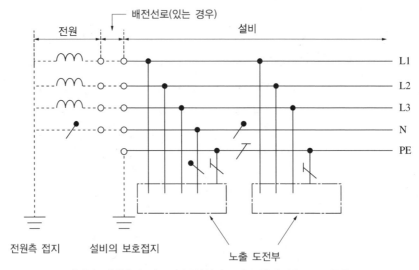

[설비 전체에서 별도의 중성선과 보호도체가 있는 TT계통]

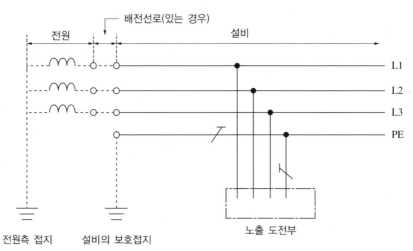

[설비 전체에서 접지된 보호도체가 있으나 배전용 중성선이 없는 TT계통]

– IT계통

ⓐ 충전부 전체를 대지로부터 절연시키거나 한 점을 임피던스를 통해 대지에 접속시킨다. 전기설비의 노출도전부를 단독 또는 일괄적으로 계통의 PE도체에 접속시킨다. 배전계통에서 추가접지가 가능하다.

ⓑ 계통은 충분히 높은 임피던스를 통하여 접지할 수 있다. 이 접속은 중성점, 인위적 중성점, 선도체 등에서 할 수 있다. 중성선은 배선할 수도 있고, 배선하지 않을 수도 있다.

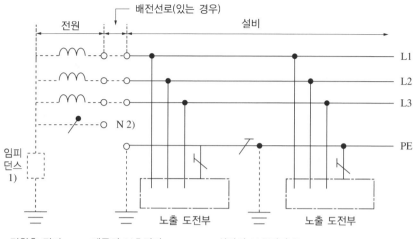

[계통 내의 모든 노출도전부가 보호도체에 의해 접속되어 일괄 접지된 IT계통]

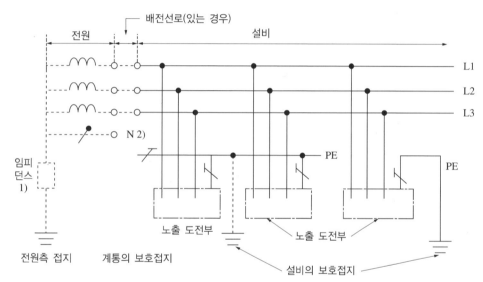

[노출도전부가 조합으로 또는 개별로 접지된 IT계통]

(2) 안전을 위한 보호(감전, 과전류, 과도ㆍ과전압, 열영향)

① 감전에 대한 보호(KEC 211)

ㄱ 일반 요구사항

- 교류 : 실효값
- 직류 : 리플프리

ㄴ 보호대책

- 전원의 자동차단
- 이중절연 또는 강화절연
- 한 개의 전기사용기기에 전기를 공급하기 위한 전기적 분리
- SELV와 PELV에 의한 특별저압

ㄷ 전원자동차단

- 요구사항
  - 기본보호는 충전부의 기본절연 또는 격벽이나 외함에 의한다.
  - 고장보호는 보호등전위본딩 및 자동차단에 의한다.
  - 추가적인 보호로 누전차단기를 시설할 수 있다.
- 고장 시 자동차단

보호장치는 고장의 경우 다음에서 규정된 차단시간 내에서 회로의 선도체 또는 설비의 전원을 자동으로 차단하여야 한다.

[32A 이하 분기회로의 최대 차단시간]

[단위 : 초]

계통	$50V < U_0 \leq 120V$		$120V < U_0 \leq 230V$		$230V < U_0 \leq 400V$		$400V < U_0$	
	교류	직류	교류	직류	교류	직류	교류	직류
TN	0.8	☆	0.4	5	0.2	0.4	0.1	0.1
TT	0.3	☆	0.2	0.4	0.07	0.2	0.04	0.1

- TT 계통에서 차단은 과전류보호장치에 의해 이루어지고 보호등전위본딩은 설비 안의 모든 계통외도전부와 접속되는 경우 TN 계통에 적용 가능한 최대차단시간이 사용될 수 있다.
- U_0는 대지에서 공칭교류전압 또는 직류 선간전압이다.
- ☆ 차단은 감전보호 외에 다른 원인에 의해 요구될 수도 있다.

※ TN 계통에서 배전회로(간선)와 위 표의 경우를 제외하고는 5초 이하의 차단시간을 허용한다.
※ TT 계통에서 배전회로(간선)와 위 표의 경우를 제외하고는 1초 이하의 차단시간을 허용한다.

- 누전차단기 시설(추가적인 보호)
  - 금속제 외함을 가지는 사용전압이 50V를 초과하는 저압의 기계기구로서 사람이 쉽게 접촉할 우려가 있는 곳에 시설하는 것

  > ※ **적용 제외**
  > - 기계기구를 발전소 · 변전소 · 개폐소 또는 이에 준하는 곳에 시설하는 경우
  > - 기계기구를 건조한 곳에 시설하는 경우
  > - 대지전압이 150V 이하인 기계기구를 물기가 있는 곳 이외의 곳에 시설하는 경우
  > - 이중 절연구조의 기계기구를 시설하는 경우
  > - 그 전로의 전원측에 절연변압기(2차 전압이 300V 이하인 경우에 한한다)를 시설하고 또한 그 절연변압기의 부하측의 전로에 접지하지 아니하는 경우
  > - 기계기구가 고무 · 합성수지 기타 절연물로 피복된 경우
  > - 기계기구가 유도 전동기의 2차측 전로에 접속되는 것일 경우

  - 주택의 인입구 등 다른 절에서 누전차단기 설치를 요구하는 전로
  - 특고압전로, 고압전로 또는 저압전로와 변압기에 의하여 결합되는 사용전압 400V 이상의 저압전로 또는 발전기에서 공급하는 사용전압 400V 이상의 저압전로(발전소 및 변전소와 이에 준하는 곳에 있는 부분의 전로를 제외한다)
  - 다음의 전로에는 자동복구 기능을 갖는 누전차단기를 시설할 수 있다.
    ⓐ 독립된 무인 통신중계소 · 기지국
    ⓑ 관련법령에 의해 일반인의 출입을 금지 또는 제한하는 곳
    ⓒ 옥외의 장소에 무인으로 운전하는 통신중계기 또는 단위기기 전용회로. 단, 일반인이 특정한 목적을 위해 지체하는(머물러 있는) 장소로서 버스정류장, 횡단보도 등에는 시설할 수 없다.
    ⓓ 누전차단기를 저압전로에 사용하는 경우 일반인이 접촉할 우려가 있는 장소(세대 내 분전반 및 이와 유사한 장소)에는 주택용 누전차단기를 시설하여야 한다.
- TN계통
  - TN계통에서 설비의 접지 신뢰성은 PEN도체 또는 PE도체와 접지극과의 효과적인 접속에 의한다.
  - TN계통에서 과전류보호장치 및 누전차단기는 고장보호에 사용할 수 있다. 누전차단기를 사용하는 경우 과전류보호 겸용의 것을 사용해야 한다.
  - TN – C계통에는 누전차단기를 사용해서는 안 된다. TN – C – S계통에 누전차단기를 설치하는 경우에는 누전차단기의 부하측에는 PEN도체를 사용할 수 없다. 이러한 경우 PE도체는 누전차단기의 전원측에서 PEN도체에 접속하여야 한다.
- TT계통
  - 전원계통의 중성점이나 중간점은 접지하여야 한다. 중성점이나 중간점을 이용할 수 없는 경우, 선도체 중 하나를 접지하여야 한다.
  - 누전차단기를 사용하여 고장보호를 하여야 한다. 다만, 고장 루프임피던스가 충분히 낮을 때는 과전류보호장치에 의하여 고장보호를 할 수 있다.

• IT계통 : 노출도전부 또는 대지로 단일고장이 발생한 경우에는 고장전류가 작기 때문에 자동차 단이 절대적 요구사항은 아니다. 그러나 두 곳에서 고장 발생 시 동시에 접근이 가능한 노출도 전부에 접촉되는 경우에는 인체에 위험을 피하기 위한 조치를 하여야 한다.

[각 계통의 동작조건 사항]

TN계통	TT계통	IT계통	
$U_0 \geq I_a Z_s$	$U_0 \geq I_a Z_s$	1차 고장 후 다른 2차 고장 발생 시	
• Z_s : 고장루프 임피던스 　− 전원의 임피던스 　− 고장점까지의 선도체 임피던스 　− 고장점과 전원 사이의 보호도체 임피던스 • I_a : 차단시간 내에 차단장치 또는 누전차단기를 자동으로 동작하게 하는 전류[A] • U_0 : 공칭대지전압[V]	• Z_s : 고장루프 임피던스 　− 전원 　− 고장점까지 선도체 　− 노출도전부 보호도체 　− 접지도체 　− 설비접지극 　− 전원접지극 • I_a : 차단시간 내에 차단장치 또는 누전차단기를 자동으로 동작하게 하는 전류[A] • U_0 : 공칭대지전압[V]	\multicolumn{2}{}	

IT계통 세부 (1차 고장 후 2차 고장 발생 시 자동차단조건)

1차 고장이 발생 후 다른 곳에 2차 고장 발생 시 자동차단조건		
노출도전부가 같은 접지계통에 집합적으로 접지된 보호도체와 접촉 시		노출도전부가 그룹별 또는 개별접지 시
$U \geq 2 I_a Z_s$ (비접지계통)	$U_0 \geq 2$ $I_a Z_s'$ (접지계통)	$50[V] \geq I_d R_A$ (교류) $120[V] \geq I_d R_A$ (직류)

• Z_s : 회로의 선도체와 보호도체를 포함하는 고장루프 임피던스
• Z_s' : 회로의 중성선과 보호도체를 포함하는 고장루프 임피던스
• I_a : 차단시간 내에 차단장치 또는 누전차단기를 자동으로 동작하게 하는 전류[A]
• U : 선간 공칭전압[V]
• U_0 : 선도체와 대지 간 공칭전압[V]
• R_A : 접지극과 노출도전부에 접속된 보호도체저항의 합
• I_d : 하나의 선도체와 노출도전부 사이에서 무시할 수 있는 임피던스로 1차 고장이 발생했을 때의 고장전류[A]로 전기설비의 누설전류와 총 접지 임피던스를 고려한 값

TT계통 추가:
그룹 / 개별 접지
$50V > I_{\triangle n} R_A$
• R_A : 노출도전부에 접속된 보호도체와 접지극저항의 합[Ω]
• $I_{\triangle n}$: 누전차단기의 정격동작전류

ⓔ 기능적 특별저압(FELV)(KEC 211.2.8) : 기능상의 이유로 교류 50V, 직류 120V 이하인 공칭전 압을 사용하지만, SELV 또는 PELV에 대한 모든 요구조건이 충족되지 않고 SELV와 PELV가 필요치 않은 경우에는 기본보호 및 고장보호의 보장을 위해 다음을 따라야 한다. 이러한 조건의 조합을 FELV라 한다.

• 기본보호는 기본절연, 격벽, 외함 중 하나에 따른다.
• FELV계통의 전원은 최소한 단순분리형 변압기에 의한다.
• 적용
　− 플러그를 다른 전압계통의 콘센트에 꽂을 수 없어야 한다.
　− 콘센트는 다른 전압계통의 플러그를 수용할 수 없어야 한다.
　− 콘센트는 보호도체에 접속하여야 한다.

ⓜ 이중절연 또는 강화절연에 대한 보호(KEC 211.3) : 이중 또는 강화절연은 기본절연의 고장으로 인해 전기기기의 접근 가능한 부분에 위험전압이 발생하는 것을 방지하기 위한 보호대책

ⓗ 전기적 분리에 의한 보호(KEC 211.4)
- 고장보호를 위한 요구사항
  - 분리된 회로는 최소한 단순 분리된 전원을 통하여 공급되어야 하며, 분리된 회로의 전압은 500V 이하이어어야 한다.
  - 분리된 회로의 충전부는 어떤 곳에서도 다른 회로, 대지 또는 보호도체에 접속되어서는 안 되며, 전기적 분리를 보장하기 위해 회로 간에 기본절연을 하여야 한다.
  - 가요 케이블과 코드는 기계적 손상을 받기 쉬운 전체 길이에 대해 육안으로 확인이 가능하여야 한다.
  - 분리된 회로들에 대해서는 분리된 배선계통의 사용이 권장된다. 다만, 분리된 회로와 다른 회로가 동일 배선계통 내에 있으면 금속외장이 없는 다심케이블, 절연전선관 내의 절연전선, 절연덕팅 또는 절연트렁킹에 의한 배선이 되어야 하며 다음의 조건을 만족하여야 한다.
    ⓐ 정격전압은 최대 공칭전압 이상일 것
    ⓑ 각 회로는 과전류에 대한 보호를 할 것
  - 분리된 회로의 노출도전부는 다른 회로의 보호도체, 노출도전부 또는 대지에 접속되어서는 안 된다.

ⓢ SELV(Safety Extra-Low Voltage)와 PELV(Protective Extra-Low Voltage)를 적용한 특별저압에 의한 보호(KEC 211.5)
- 요구사항
  - 특별저압계통의 전압한계는 교류 50V 이하, 직류 120V 이하이어어야 한다.
  - 특별저압회로를 제외한 모든 회로로부터 특별저압계통을 보호분리하고, 특별저압계통과 다른 특별저압계통 간에는 기본절연을 하여야 한다.
  - SELV계통과 대지 간의 기본절연을 하여야 한다.
- SELV와 PELV회로에 대한 요구사항
  - 충전부와 다른 SELV와 PELV회로 사이에 기본절연이 필요하다.
  - 이중절연 또는 강화절연 또는 최고전압에 대한 기본절연 및 보호차폐에 의한 SELV 또는 PELV 이외의 회로들의 충전부로부터 보호분리해야 한다.
  - SELV회로는 충전부와 대지 사이에 기본절연이 필요하다.
  - PELV회로 및 PELV회로에 의해 공급되는 기기의 노출도전부는 접지한다.
  - SELV와 PELV 계통의 플러그와 콘센트는 다음에 따라야 한다.
    ⓐ 플러그는 다른 전압계통의 콘센트에 꽂을 수 없어야 한다.
    ⓑ 콘센트는 다른 전압계통의 플러그를 수용할 수 없어야 한다.
    ⓒ SELV계통에서 플러그 및 콘센트는 보호도체에 접속하지 않아야 한다.
  - SELV회로의 노출도전부는 대지 또는 다른 회로의 노출도전부나 보호도체에 접속하지 않아야 한다.
  - 건조한 상태에서 다음의 경우는 기본보호를 하지 않아도 된다.
    ⓐ SELV회로에서 공칭전압이 교류 25V 또는 직류 60V를 초과하지 않는 경우
    ⓑ PELV회로에서 공칭전압이 교류 25V 또는 직류 60V를 초과하지 않고 노출도전부 및 충전부가 보호도체에 의해서 주접지단자에 접속된 경우
  - SELV 또는 PELV 계통의 공칭전압이 교류 12V 또는 직류 30V를 초과하지 않는 경우에는 기본보호를 하지 않아도 된다.

◎ 추가적 보호(KEC 211.6)
- 누전차단기
- 보조 보호등전위본딩

ⓩ 기본보호방법(KEC 211.7)
- 충전부의 기본절연
- 격벽 또는 외함

ⓧ 장애물 및 접촉범위 밖에 배치(KEC 211.8)

ⓣ 숙련자와 기능자의 통제 또는 감독이 있는 설비에 적용 가능한 보호대책(KEC 211.9)
- 비도전성 장소
- 비접지 국부 등전위본딩에 의한 보호
- 두 개 이상의 전기사용기기에 전원 공급을 위한 전기적 분리

※ SELV, PELV, FELV 정리

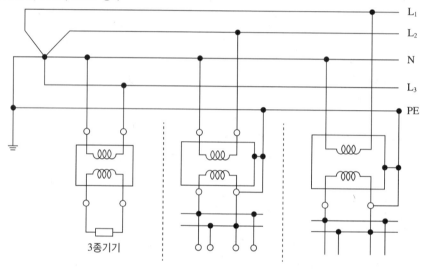

3종기기

구분	SELV	PELV	FELV
전원	• 안전절연변압기 • 안전절연변압기와 동등한 전원 • 축전지 • 독립전원		• 단순분리형 변압기 • SELV, PELV용 전원 • 단권변압기
회로분리	구조적 분리 있음		구조적 분리 없음
특징	• 비접지회로 • 노출도전부는 비접지	• 접지회로 • 회로접지는 보호도체에 접속을 허용 • 노출도전부는 접지	• 접지회로 • 노출도전부는 보호도체에 접속

② 과전류에 대한 보호(KEC 212)
ⓐ 요구사항(KEC 212.1.1) : 과전류로 인하여 회로의 도체, 절연체, 접속부, 단자부 또는 도체를 감싸는 물체 등에 유해한 열적 및 기계적인 위험이 발생되지 않도록 그 회로의 과전류를 차단하는 보호장치를 설치해야 한다.

ⓛ 회로의 특성에 따른 요구사항(KEC 212.2)
- 선도체의 보호 : 과전류검출기 설치
- 중성선의 보호
  - TT계통 또는 TN계통
    ⓐ 중성선의 단면적이 선도체의 단면적과 동등 이상의 크기이고, 그 중성선의 전류가 선도체의 전류보다 크지 않을 것으로 예상될 경우, 중성선에는 과전류검출기 또는 차단장치를 설치하지 않아도 된다.
    ⓑ 중성선의 단면적이 선도체의 단면적보다 작은 경우 과전류검출기를 설치할 필요가 있다. 검출된 과전류가 설계전류를 초과하면 선도체를 차단해야 하지만 중성선을 차단할 필요까지는 없다.
    ⓒ ⓐ·ⓑ의 경우 모두 단락전류로부터 중성선을 보호해야 한다.
    ⓓ 중성선에 관한 요구사항은 차단에 관한 것을 제외하고 중성선과 보호도체 겸용(PEN) 도체에도 적용한다.
  - IT계통 : 중성선을 배선하는 경우 중성선에 과전류검출기를 설치해야 하며, 과전류가 검출되면 중성선을 포함한 해당 회로의 모든 충전도체를 차단해야 한다. 다음의 경우에는 과전류검출기를 설치하지 않아도 된다.
    ⓐ 설비의 전력 공급점과 같은 전원측에 설치된 보호장치에 의해 그 중성선이 과전류에 대해 효과적으로 보호되는 경우
    ⓑ 정격감도전류가 해당 중성선 허용전류의 0.2배 이하인 누전차단기로 그 회로를 보호하는 경우
  - 중성선의 차단 및 재연결 : 중성선에 설치하는 개폐기 및 차단기는 차단 시에는 중성선이 선도체보다 늦게 차단되어야 하며, 재연결 시에는 선도체와 동시 또는 그 이전에 재연결 되는 것을 설치하여야 한다.
- 보호장치의 종류 및 특성
  - 과부하전류 및 단락전류 겸용 보호장치 : 예상되는 단락전류를 포함한 모든 과전류를 차단 및 투입할 수 있다.
  - 과부하전류 전용 보호장치 : 차단용량은 그 설치점에서의 예상 단락전류값 미만으로 할 수 있다.
  - 단락전류 전용 보호장치 : 예상 단락전류를 차단할 수 있어야 하며, 차단기인 경우에는 이 단락전류를 투입할 수 있다.

ⓒ 과부하전류에 대한 보호(KEC 212.4)
- 도체와 과부하 보호장치 사이의 협조
  과부하에 대해 케이블(전선)을 보호하는 장치의 동작특성은 다음의 조건을 충족해야 한다.

  $I_B \leq I_n \leq I_Z$

  $I_2 \leq 1.45 \times I_Z$

  I_B : 회로의 설계전류

  I_Z : 케이블의 허용전류

  I_n : 보호장치의 정격전류

  I_2 : 보호장치가 규약시간 이내에 유효하게 동작하는 것을 보장하는 전류

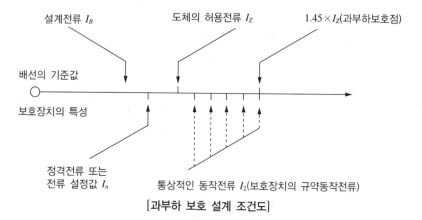

[과부하 보호 설계 조건도]

- 과부하 보호장치의 설치위치 : 과부하 보호장치는 전로 중 도체의 단면적, 특성, 설치방법, 구성의 변경으로 도체의 허용전류값이 줄어드는 곳(이하 분기점이라 함)에 설치한다.
  - 보호장치(P_2)는 분기회로의 분기점(O)으로부터 3m 이내 설치한다(KEC 212.4.2).

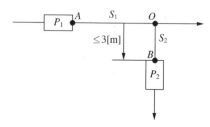

[분기회로(S_2)의 분기점(O)에서 3m 이내에 설치된 과부하 보호장치(P_2)]

- 과부하 보호장치의 생략
  - ⓐ 분기회로의 전원측에 설치된 보호장치에 의하여 분기회로에서 발생하는 과부하에 대해 유효하게 보호되고 있는 분기회로
  - ⓑ 단락보호가 되고 있으며, 분기점 이후의 분기회로에 다른 분기회로 및 콘센트가 접속되지 않는 분기회로 중, 부하에 설치된 과부하 보호장치가 유효하게 동작하여 과부하전류가 분기회로에 전달되지 않도록 조치를 하는 경우
  - ⓒ 통신회로용, 제어회로용, 신호회로용 및 이와 유사한 설비
    - ※ 안전을 위해 과부하 보호장치를 생략
      사용 중 예상치 못한 회로의 개방이 위험 또는 큰 손상을 초래할 수 있는 다음과 같은 부하에 전원을 공급하는 회로에 대해서는 과부하 보호장치를 생략할 수 있다.
      - 회전기의 여자회로
      - 전자석 크레인의 전원회로
      - 전류변성기의 2차 회로
      - 소방설비의 전원회로
      - 안전설비(주거침입경보, 가스누출경보 등)의 전원회로

ⓔ 단락전류에 대한 보호(KEC 212.5) : 이 기준은 동일회로에 속하는 도체 사이의 단락인 경우에만 적용하여야 한다.
- 설치위치 : 과부하 보호장치 설치위치와 동일
- 단락보호장치의 생략 : 배선을 단락위험이 최소화할 수 있는 방법과 가연성 물질 근처에 설치하지 않는 조건이 모두 충족되면 다음과 같은 경우 단락보호장치를 생략할 수 있다.
  - 발전기, 변압기, 정류기, 축전지와 보호장치가 설치된 제어반을 연결하는 도체
  - 전원차단이 설비의 운전에 위험을 가져올 수 있는 회로
  - 특정 측정회로
- 단락보호장치의 특성
  - 차단용량 : 정격차단용량은 단락전류보호장치 설치점에서 예상되는 최대 크기의 단락전류보다 커야 한다.
  - 케이블 등의 단락전류 : 회로의 임의의 지점에서 발생한 모든 단락전류는 케이블 및 절연도체의 허용온도를 초과하지 않는 시간 내에 차단되도록 해야 한다. 단락지속시간이 5초 이하인 경우, 통상 사용조건에서의 단락전류에 의해 절연체의 허용온도에 도달하기까지의 시간 t는 다음과 같이 계산할 수 있다.

$$t = \left(\frac{kS}{I} \right)^2$$

t : 단락전류 지속시간[sec]
S : 도체의 단면적[mm^2]
I : 유효 단락전류[A, rms]
k : 도체 재료의 저항률, 온도계수, 열용량, 해당 초기온도와 최종온도를 고려한 계수

ⓜ 저압전로 중의 개폐기 및 과전류차단장치의 시설(KEC 212.6)
- 저압전로 중의 개폐기의 시설
  - 저압전로 중에 개폐기를 시설하는 경우 그 곳의 각 극에 설치하여야 한다.
  - 사용전압이 다른 개폐기는 상호 식별이 용이하도록 시설하여야 한다.
- 저압 옥내전로 인입구에서의 개폐기의 시설
  - 저압 옥내전로에는 인입구에 가까운 곳으로서 쉽게 개폐할 수 있는 곳에 개폐기를 각 극에 시설하여야 한다.
  - 사용전압이 400V 이하인 옥내전로로서 다른 옥내전로(정격전류가 16A 이하인 과전류차단기 또는 정격전류가 16A를 초과하고 20A 이하인 배선용 차단기로 보호되고 있는 것에 한한다)에 접속하는 길이 15m 이하의 전로에서 전기의 공급을 받는 것은 1번째의 규정에 의하지 않을 수 있다.
  - 저압 옥내전로에 접속하는 전원측의 전로의 그 저압 옥내전로의 인입구에 가까운 곳에 전용의 개폐기를 쉽게 개폐할 수 있는 곳의 각 극에 시설하는 경우에는 1번째의 규정에 의하지 않을 수 있다.

- 저압전로 중의 과전류차단기의 시설
  - 퓨즈(gG)의 용단특성

정격전류의 구분	시간	정격전류의 배수	
		불용단전류	용단전류
4A 이하	60분	1.5배	2.1배
4A 초과 16A 미만	60분	1.5배	1.9배
16A 이상 63A 이하	60분	1.25배	1.6배
63A 초과 160A 이하	120분	1.25배	1.6배
160A 초과 400A 이하	180분	1.25배	1.6배
400A 초과	240분	1.25배	1.6배

  - 배선용 차단기

과전류트립						순시트립(주택용)	
정격전류의 구분	시간	정격전류의 배수(모든 극에 통전)				형	트립범위
		부동작전류		동작전류		B	$3I_n$ 초과 $5I_n$ 이하
		산업용	주택용	산업용	주택용	C	$5I_n$ 초과 $10I_n$ 이하
63A 이하	60분	1.05배	1.13배	1.3배	1.45배	D	$10I_n$ 초과 $20I_n$ 이하
63A 초과	120분	1.05배	1.13배	1.3배	1.45배	• B, C, D : 순시트립전류에 다른 차단기 분류 • I_n : 차단기 정격전류	

- 저압전로 중의 전동기 보호용 과전류보호장치의 시설
  - 과부하보호장치, 단락보호전용 차단기 및 단락보호전용 퓨즈는 다음에 따라 시설할 것
    ⓐ 과부하보호장치로 전자접촉기를 사용할 경우에는 반드시 과부하계전기가 부착되어 있을 것
    ⓑ 단락보호전용 차단기의 단락동작설정 전류값은 전동기의 기동방식에 따른 기동돌입전류를 고려할 것
    ⓒ 단락보호전용 퓨즈는 용단 특성에 적합한 것일 것

[단락보호전용 퓨즈(aM)의 용단특성]

정격전류의 배수	불용단시간	용단시간
4배	60초 이내	–
6.3배	–	60초 이내
8배	0.5초 이내	–
10배	0.2초 이내	–
12.5배	–	0.5초 이내
19배	–	0.1초 이내

- 옥내에 시설하는 전동기(정격출력이 0.2kW 이하인 것을 제외한다)에는 전동기가 손상될 우려가 있는 과전류가 생겼을 때에 자동적으로 이를 저지하거나 이를 경보하는 장치를 하여야 한다. 다만, 다음의 어느 하나에 해당하는 경우에는 그러하지 아니하다.
  ⓐ 전동기를 운전 중 상시 취급자가 감시할 수 있는 위치에 시설
  ⓑ 전동기의 구조나 부하의 성질로 보아 전동기가 손상될 수 있는 과전류가 생길 우려가 없는 경우
  ⓒ 단상전동기로써 그 전원측 전로에 시설하는 과전류차단기의 정격전류가 16A(배선용 차단기는 20A) 이하인 경우

※ **과전류차단기용 퓨즈**
- 고압
  - 포장 퓨즈 : 정격전류 1.3배에 견디고, 2배 전류로 120분 이내 용단
  - 비포장 퓨즈 : 정격전류 1.25배에 견디고, 2배 전류에 2분 이내에 용단
- 과전류차단기의 시설 제한
  고압 또는 특별고압의 전로에는 기계, 기구 및 전선을 보호하기 위하여 필요한 곳에 과전류차단기를 시설한다. 다음 경우는 시설을 금한다.
  - 접지공사의 접지도체
  - 다선식 전로의 중성선
  - 변압기 중성점접지한 저압 가공전선로 접지측 전선
- 지락차단 장치 등의 시설
  - 사용전압 50V 넘는 금속제 외함을 가진 저압 기계기구로서 사람 접촉 우려 시 전로에 지기가 발생한 경우
  - 특고압 전로, 고압 전로 또는 저압 전로가 변압기에 의해서 결합되는 사용전압 400V 이상의 저압 전로에 지락이 생긴 경우(전로를 자동 차단하는 장치 시설)
  - 지락차단장치 설치 예외 장소
    ⓐ 기계기구를 발·변전소, 개폐소, 이에 준하는 곳에 시설하는 경우
    ⓑ 기계기구를 건조한 곳에 시설하는 경우
    ⓒ 대지전압 150V 이하를 습기가 없는 곳에 시설하는 경우
    ⓓ 전로전원측에 절연 변압기(2차 300V 이하) 시설, 부하측 비접지의 경우
    ⓔ 2중 절연 구조
    ⓕ 기계기구 내 누전차단기를 설치한 경우
    ⓖ 기계기구가 고무·합성수지 기타 절연물로 피복된 경우

- 분기회로의 시설
  분기회로는 과부하보호장치, 단락전류 보호장치의 시설기준에 준하여 시설해야 한다.

③ 과도전압에 대한 보호

[기기에 요구되는 정격 임펄스 내전압]

설비의 공칭전압 [V]	교류 또는 직류 공칭전압에서 산출한 상전압	요구되는 정격 임펄스 내전압$_a$[kV]			
		매우 높은 정격 임펄스 전압 장비 (과전압 범주 IV) 예 계기, 원격제어시스템	높은 정격 임펄스 전압 장비 (과전압 범주 III) 예 배선반, 개폐기, 콘센트	통상 정격 임펄스 전압 장비 (과전압 범주 II) 예 가전용 배전 전자기기 및 도구	감축 정격 임펄스 전압 장비 (과전압 범주 I) 예 민감한 전자 장비
120/208	150	4	2.5	1.5	0.8
(220/380)^d 230/400 277/480	300	6	4	2.5	1.5
400/690	600	8	6	4	2.5
1,000	1,000	12	8	6	4
1,500DC	1,500DC	–	–	8	6

a : 임펄스 내전압은 활성도체와 PE 사이에 적용된다.
b : 현재 국내 사용 전압이다.

④ 열 영향에 대한 보호

[접촉 범위 내에 있는 기기에 접촉 가능성이 있는 부분에 대한 온도 제한]

접촉할 가능성이 있는 부분	접촉할 가능성이 있는 표면의 재료	최고 표면온도[℃]
손으로 잡고 조작시키는 것	금속	55
	비금속	65
손으로 잡지 않지만 접촉하는 부분	금속	70
	비금속	80
통상 조작 시 접촉할 필요가 없는 부분	금속	80
	비금속	90

⑤ 과열에 대한 보호

㉠ 강제 공기 난방시스템 : 강제 공기 난방시스템에서 중앙 축열기의 발열체가 아닌 발열체는 정해진 풍량에 도달할 때까지는 동작할 수 없고, 풍량이 정해진 값 미만이면 정지되어야 한다.

㉡ 온수기 또는 증기발생기 : 온수 또는 증기를 발생시키는 장치는 어떠한 운전 상태에서도 과열 보호가 되도록 설계 또는 공사를 하여야 한다.

㉢ 공기난방설비 : 공기난방설비의 프레임 및 외함은 불연성 재료이어야 한다.

(3) 옥내배선

저압 옥내공사는 합성수지관공사, 금속관공사, 가요전선관공사, 케이블공사에 의해 시설할 수 있다. 특수장소는 다음에 따라 시설한다.

시설장소 \ 사용전압		400V 미만	400V 이상
전개된 장소	건조한 장소	애자사용공사, 합성수지몰드공사, 금속몰드공사, 금속덕트공사, 버스덕트공사, 라이팅덕트공사	애자사용공사, 금속덕트공사, 버스덕트공사
	기타의 장소	애자사용공사, 버스덕트공사	애자사용공사
점검할 수 있는 은폐 장소	건조한 장소	금속몰드공사, 금속덕트공사, 버스덕트공사, 셀룰러덕트, 라이팅덕트공사	금속덕트공사, 버스덕트 공사
점검할 수 없는 은폐 장소	건조한 장소	플로어덕트공사, 셀룰러덕트공사	–

※ 모든 옥내공사 공통 사항
- 옥외용 비닐절연전선 제외
- 단선 10mm^2, 알루미늄 16mm^2 이하만 사용. 넘는 경우 연선 사용
- 관 안에는 접속점, 나전선 사용 금지

① 저압 애자사용공사
  ㉠ 구비조건 : 절연성, 난연성, 내수성
  ㉡ 전선 : 절연전선[옥외용 비닐절연전선(OW), 인입용 비닐절연전선(DV) 제외]
  ㉢ 전선 상호 간격 : 0.06m 이상
  ㉣ 전선 – 조영재 이격거리
    - 400V 미만 : 25mm 이상
    - 400V 이상 : 45mm(건조장소 : 25mm) 이상
  ㉤ 지지점 간 거리 : 2m 이하(400V 이상으로 조영재에 따르지 않는 경우 6m 이하)
  ㉥ 약전류전선, 수관, 가스관, 다른 옥내공사와의 이격거리 0.1m(나전선일 때는 0.3m)

② 합성수지관공사(KEC 232.11)
  ㉠ 특징
    - 장점 : 내부식성과 절연성이 뛰어나고, 시공이 용이하다.
    - 단점 : 열과 충격에 약하다.
  ㉡ 1가닥의 길이 : 4m
  ㉢ 전선 : 절연전선[단선 10mm^2, 알루미늄 16mm^2 이하(OW 제외) 예외]
  ㉣ 관 내부에는 전선의 접속점이 없을 것
  ㉤ 관 상호 및 관과 박스와 삽입 깊이 : 관 외경의 1.2배(접착제 : 0.8배) 이상
  ㉥ 지지점 간 거리 : 1.5m 이하
  ㉦ 관에 넣을 수 있는 전선의 수용량(피복을 포함한 단면적)
    - 전선의 굵기가 다를 때 : 합성수지관 총면적의 32%
    - 전선의 굵기가 같을 때 : 합성수지관 총면적의 48%
  ㉧ 습하거나 물기있는 장소에는 방습장치 설치

③ 금속관공사(KEC 232.12)
  ㉠ 장점 : 전기, 기계적 안전, 단락, 접지사고 시 화재 위험 감소
     단점 : 부식성, 무겁다, 가격이 비싸다.
  ㉡ 1가닥의 길이 : 3.66m
  ㉢ 전선 : 절연전선(OW 제외)
  ㉣ 연선사용(단선 $10mm^2$, 알루미늄 $16mm^2$ 이하 예외)
  ㉤ 관 내부에는 전선의 접속점이 없을 것
  ㉥ 콘크리트에 매설 시 관 두께 : 1.2mm 이상[노출 시 1mm 이상(길이 4m 이하인 단소관 : 0.5mm)]
  ㉦ 수도관 접지 클램프 : 3Ω
  ※ 접지공사 생략
    - 길이 4m 이하 건조장소에 시설하는 경우
    - DC 300V, AC 150V 이하로 8m 이하인 것을 사람 접촉의 우려가 없도록 하거나 건조 장소에 시설할 경우
④ 금속몰드공사(KEC 232.22)
  ㉠ 전선 : 절연전선(OW 제외)
  ㉡ 몰드 안에는 전선의 접속점이 없을 것
  ㉢ 폭 50mm 이하, 두께 0.5mm 이상(합성수지몰드 폭 : 35mm 이하)
⑤ 가요전선관공사(KEC 232.13)
  ㉠ 전선 : 절연전선(OW 제외)
  ㉡ 연선사용(단선 $10mm^2$, 알루미늄 $16mm^2$ 이하 예외)
  ㉢ 제2종 금속제 가요전선관을 사용(단, 전개되거나 점검가능한 은폐장소에는 1종 가요전선관 사용 가능)
⑥ 금속덕트공사(KEC 232.31)
  ㉠ 전선 : 절연전선(OW 제외)
  ㉡ 전선 삽입 정도 : 덕트 내 단면적의 20% 이하(전광표시장치, 출퇴표시등, 제어회로 등의 배선만 넣는 경우 : 50% 이하)
  ㉢ 덕트 폭 4cm를 넘고, 두께 1.2mm 이상 철판
  ㉣ 지지점 간 거리 : 3m 이하, 수직 6m
⑦ 버스덕트공사(KEC 232.61)
  ㉠ 종류
    • 피더 : 도중에 부하접속 불가
    • 플러그인 : 도중에 접속용 플러그
    • 트롤리 : 이동 부하 접속
  ㉡ 덕트 및 전선 상호 간 견고하고 전기적으로 완전하게 접속
  ㉢ 지지점 간 거리 : 3m 이하(수직 6m)
  ㉣ 끝부분을 먼지가 침입하지 않도록 폐쇄
⑧ 라이팅덕트공사(KEC 232.71)
  ㉠ 지지 간격 : 2m 이하
  ㉡ 끝부분을 막고, 개구부는 아래로 향해 시설

⑨ 셀룰러덕트공사(KEC 232.33)

   ㉠ 전선은 절연전선(옥외용 비닐절연전선 제외)일 것

   ㉡ 연선일 것. 단, 10mm² 이하(알루미늄은 16mm²)일 때 예외

   ㉢ 판 두께

덕트의 최대 폭	덕트의 판 두께
150 mm 이하	1.2mm
150mm 초과 200mm 이하	1.4mm[KS D 3602(강제 합판) 중 SDP2, SDP3 또는 SDP2G에 적합한 것은 1.2mm]
200mm 초과	1.6mm

⑩ 플로어덕트공사(KEC 232.32)

   ㉠ 전선은 절연전선(옥외용 비닐절연전선 제외)일 것

   ㉡ 연선일 것. 단, 10mm² 이하(알루미늄은 16mm²)일 때 예외

   ㉢ 물이 고이지 않도록 하고 인출구는 물이 스며들지 않도록 밀봉할 것

⑪ 케이블공사(KEC 232.51)

   ㉠ 지지 간격 : 2m 이하(캡타이어케이블 : 1m 이하)

   ㉡ 직접 콘크리트 내 매입 경우 : MI 케이블, 직매용 케이블, 강대개장 케이블

   ㉢ 전선 및지지 부분의 안전율 : 4 이상

⑫ 고압 옥내공사의 시설

   ㉠ 공사 : 케이블배선, 애자사용배선(건조하고 전개 장소), 케이블트레이배선

   ㉡ 외피 : 접지시스템

   ㉢ 고압 애자사용배선(사람이 접촉할 우려가 없도록 시설)

   ㉣ 전선 : 단면적 6mm² 연동선 이상 절연전선, 인하용 고압 절연전선

   ㉤ 지지 간격 : 6m 이하(조영재면 따라 시설 시 : 2m)

   ㉥ 전선 상호 간격 : 0.08m 이상, 전선 – 조영재 이격거리 : 0.05m 이상

⑬ 특별 고압 옥내공사

   ㉠ 사용전압 : 100kV 이하(케이블트레이배선 시 35kV 이하)

   ㉡ 사용전선 : 케이블은 철재, 철근 콘크리트관, 덕트 등의 기타 견고한 장치에 시설

⑭ 옥내공사와 약전류전선 또는 관과의 접근, 교차

   ㉠ 저압 – 약전선, 수도관, 가스관 : 0.1m 이상(나전선 0.3m)

   ㉡ 고압 – 저압, 고압, 약전선, 수도관, 가스관 : 0.15m 이상

   ㉢ 저압, 고압 – 특고압 : 0.6m 이상

   ㉣ 특고압 – 약전선, 수도관, 가스관 : 접촉하지 않게 시설

⑮ 옥내 저압용 전구선 시설

   코드, 캡타이어케이블 0.75mm² 이상

⑯ 옥내 이동전선의 시설

   ㉠ 저압 : 코드, 캡타이어케이블 0.75mm² 이상

   ㉡ 고압 : 고압용 캡타이어케이블

⑰ 케이블트레이시스템(KEC 232.41)

	수평트레이		수직트레이
구분	다심	단심	다심, 단심
벽면	20mm 이상	20mm 이상	가장 굵은 전선 바깥지름 0.3배 이상

ⓐ 저압 옥내배선은 다음에 의한다.
- 전선은 연피케이블, 알루미늄피케이블 등 난연성 케이블 또는 금속관 혹은 합성수지관 등에 넣은 절연전선 사용한다.
- 케이블트레이 내에서 전선을 접속하는 경우 그 부분을 절연한다.

ⓑ 케이블트레이는 다음에 적합하게 시설한다.
- 케이블트레이의 안전율은 1.5 이상으로 시설한다.
- 전선의 피복 등을 손상시킬 수 있는 돌기 등이 없이 매끈하여야 한다.
- 금속제 케이블트레이 계통은 기계적 또는 전기적으로 완전하게 접속하여야 한다.

ⓒ 구조물 : 사다리형, 펀칭형, 메시형, 바닥밀폐형 기타 이와 유사한 구조물

(4) 배선설비

① 공사방법의 분류(KEC 232.2)

종류	공사방법
전선관시스템	합성수지관공사, 금속관공사, 가요전선관공사
케이블트렁킹시스템	합성수지몰드공사, 금속몰드공사, 금속덕트공사(a)
케이블덕트시스템	플로어덕트공사, 셀룰러덕트공사, 금속덕트공사(b)
애자공사	애자사용공사
케이블트레이시스템(래더, 브래킷 포함)	케이블트레이공사
케이블공사	고정하지 않는 방법, 직접 고정하는 방법, 지지선 방법

- a : 금속본체와 커버가 별도로 구성되어 커버를 개폐할 수 있는 금속덕트공사를 말한다.
- b : 본체와 커버 구분없이 하나로 구성된 금속덕트공사를 말한다.

② 배선설비 적용 시 고려사항(KEC 232.3)

ⓐ 회로 구성
- 하나의 회로도체는 다른 다심케이블, 다른 전선관, 다른 케이블덕팅시스템 또는 다른 케이블트렁킹시스템을 통해 배선해서는 안 된다.
- 여러 개의 주회로에 공통 중성선을 사용하는 것은 허용되지 않는다.
- 여러 회로가 하나의 접속 상자에서 단자 접속되는 경우 각 회로에 대한 단자는 단자블록에 관한 것을 제외하고 절연 격벽으로 분리해야 한다.
- 모든 도체가 최대공칭전압에 대해 절연되어 있다면 여러 회로를 동일한 전선관시스템, 케이블덕트시스템 또는 케이블트렁킹시스템의 분리된 구획에 설치할 수 있다.

ⓑ 병렬접속
두 개 이상의 선도체(충전도체) 또는 PEN도체를 계통에 병렬로 접속하는 경우 다음에 따른다.
- 병렬도체 사이에 부하전류가 균등하게 배분될 수 있도록 조치를 취한다.
- 절연물의 허용온도에 적합하도록 부하전류를 배분하는 데 특별히 주의한다. 적절한 전류분배를 할 수 없거나 4가닥 이상의 도체를 병렬로 접속하는 경우에는 부스바트렁킹시스템의 사용을 고려한다.

ⓒ 전기적 접속
접속 방법은 다음 사항을 고려하여 선정한다.
- 도체와 절연재료
- 도체를 구성하는 소선의 가닥수와 형상

- 도체의 단면적
- 함께 접속되는 도체의 수
ㄹ 교류회로 – 전기자기적 영향(맴돌이전류 방지)
- 강자성체(강제금속관 또는 강제덕트) 안에 설치하는 교류회로의 도체는 보호도체를 포함하여 각 회로의 모든 도체를 동일한 외함에 수납하도록 시설해야 한다.
ㅁ 하나의 다심케이블 속의 복수회로
- 모든 도체가 최대공칭전압에 대해 절연되어 있는 경우, 동일한 케이블에 복수의 회로를 구성할 수 있다.
ㅂ 화재의 확산을 최소화하기 위한 배선설비의 선정과 공사
- 화재의 확산위험을 최소화하기 위해 적절한 재료를 선정하고 다음에 따라 공사하여야 한다.
ㅅ 배선설비와 다른 공급설비와의 접근
- 다른 전기 공급설비와의 접근
  저압 옥내배선이 다른 저압 옥내배선 또는 관등회로의 배선과 접근하거나 교차 시 애자사용공사에 의하여 시설하고 저압 옥내배선과 다른 저압 옥내배선 또는 관등회로의 배선 사이의 이격거리는 0.1m(애자사용공사 시 나전선인 경우에는 0.3m) 이상이어야 한다.
- 통신 케이블과의 접근
  - 지중통신케이블과 지중전력케이블이 교차·접근하는 경우 100mm 이상 이격하여야 한다.
  - 지중전선이 지중약전류전선 등과 접근하거나 교차하는 경우에 상호 간의 이격거리가 저압 지중전선은 0.3m 이하(내화성 격벽)이어야 한다.
ㅇ 금속 외장 단심케이블
- 동일 회로의 단심케이블의 금속 시스 또는 비자성체 강대외장은 그 배선의 양단에서 모두 접속하여야 한다.
ㅈ 수용가 설비에서의 전압강하
- 다른 조건을 고려하지 않는다면 수용가 설비의 인입구로부터 기기까지의 전압강하는 다음 표의 값 이하이어야 한다.

[수용가설비의 전압강하]

설비의 유형	조명[%]	기타[%]
A – 저압으로 수전하는 경우	3	5
B – 고압 이상으로 수전하는 경우(a)	6	8

a : 가능한 한 최종회로 내의 전압강하가 A 유형의 값을 넘지 않도록 하는 것이 바람직하다. 사용자의 배선설비가 100m를 넘는 부분의 전압강하는 m당 0.005% 증가할 수 있으나 이러한 증가분은 0.5%를 넘지 않아야 한다.

- 다음의 경우에는 위의 표보다 더 큰 전압강하를 허용할 수 있다.
  - 기동시간 중의 전동기
  - 돌입전류가 큰 기타 기기
- 다음과 같은 일시적인 조건은 고려하지 않는다.
  - 과도과전압
  - 비정상적인 사용으로 인한 전압 변동

③ 배선설비의 선정과 설치에 고려해야 할 외부영향(KEC 232.4)
- 주위온도
- 외부 열원
- 물의 존재(AD) 또는 높은 습도(AB)
- 침입고형물의 존재(AE)
- 부식 또는 오염 물질의 존재(AF)
- 충격(AG)
- 진동(AH)
- 그 밖의 기계적 응력(AJ)
- 식물, 곰팡이와 동물의 존재(AK)
- 동물의 존재(AL)
- 태양 방사(AN) 및 자외선 방사
- 지진의 영향(AP)
- 바람(AR)
- 가공 또는 보관된 자재의 특성(BE)
- 건축물의 설계(CB)

⑤ 옥내 시설하는 저압 접촉전선배선(KEC 232.81)

구분	애자	버스덕트	절연 트롤리배선
높이	• 3.5m 이상	−	−
전선 굵기	• 11.2kN 이상 • 6mm 또는 28mm^2 이상	• 20mm^2 이상 띠모양 • 5mm 이상 긴 막대모양	• 6mm 또는 28mm^2 이상
상호 간격	• 수평 : 0.14m • 은폐 시 : 0.12m • 구부리기 어려운 경우 : 0.28m	−	• 단면적 500mm^2 미만 : 2m • 단면적 500mm^2 이상 : 3m (굽은 부분 반지름 3m 이하 : 1m)

⑥ 엘리베이터 · 덤웨이터 등의 승강로 안의 저압 옥내배선 등의 시설(KEC 242.11)

엘리베이터 · 덤웨이터 등의 승강로 내에 시설하는 사용전압이 400V 미만인 저압 옥내배선, 저압의 이동전선 및 이에 직접 접속하는 리프트케이블은 비닐리프트케이블 또는 고무리프트케이블을 사용하여야 한다.

⑦ 조명설비(KEC 234)

㉠ 설치 요구사항

등기구는 다음을 고려하여 설치하여야 한다.
- 시동전류
- 고조파전류
- 보상
- 누설전류
- 최초 점화전류
- 전압강하

㉡ 열영향에 대한 주변의 보호

등기구의 주변에 발광과 대류 에너지의 열영향은 다음을 고려하여 선정 및 설치하여야 한다.
- 램프의 최대 허용 소모전력
- 인접 물질의 내열성

- 등기구 관련 표시
- 가연성 재료로부터 적절한 간격 유지(스포트라이트나 프로젝터는 모든 방향에서 가연성 재료로 부터 다음의 최소 거리를 두고 설치)

정격용량	최소거리
100W 이하	0.5m
100W 초과 300W 이하	0.8m
300W 초과 500W 이하	1.0m
500W 초과	1.0m 초과

ⓒ 코드 또는 캡타이어케이블과 옥내배선과의 접속

코드 또는 캡타이어케이블과 옥내배선과의 접속은 다음에 의하여 시설하여야 한다.
- 점검할 수 없는 은폐장소에는 시설하지 않아야 한다.
- 옥내에 시설하는 저압의 이동전선과 저압 옥내배선과의 접속에는 꽂음 접속기 기타 이와 유사한 기구를 사용하여야 한다. 다만, 이동전선을 조가용선에 조가하여 시설하는 경우에는 그러하지 않는다.
- 접속점에는 조명기구 및 기타 전기기계기구의 중량이 걸리지 않도록 한다.

ⓓ 점멸기의 시설
- 다음의 경우에는 타임스위치를 포함한 센서 등을 설치하여야 한다.
  - 여관, 호텔의 객실입구등 : 1분 이내

    일반주택 및 아파트 각 호실의 현관등 : 3분 이내

ⓔ 네온방전등
- 대지전압 300V 이하
- 시설방법
  - 전선 : 네온관용 전선
  - 배선은 외상을 받을 우려가 없고 사람이 접촉될 우려가 없는 노출장소 또는 점검할 수 있는 은폐장소에 시설할 것
  - 전선은 자기 또는 유리제 등의 애자로 견고하게 지지하여 조영재의 아랫면 또는 옆면에 부착

선 – 선		60mm	
선 – 조영재	노출 시	6kV 이하	20mm 이상
		6kV 초과 9kV 이하	30mm 이상
		9kV 초과	40mm 이상
지지점		1m	

- 전선을 넣은 유리관

두께	1mm
지지점	0.5m
관 끝과 지지점	0.08m 이상 0.12m 이하

⑧ 안전보호(KEC 311)

ⓐ 절연수준의 선정

절연수준은 기기최고전압 또는 충격내전압을 고려하여 결정하여야 한다.

ⓛ 직접 접촉에 대한 보호
- 전기설비는 충전부에 무심코 접촉 또는 근처의 위험구역에 무심코 도달하는 것을 방지한다.
- 계통의 도전성 부분에 대한 접촉을 방지한다.
- 보호는 그 설비의 위치가 출입제한 전기운전구역 여부에 의하여 다른 방법으로 이루어질 수 있다.

ⓒ 간접 접촉에 대한 보호

고장 시 충전으로 인한 인축의 감전을 방지하여야 하며, 그 보호방법은 접지설비에 따른다.

ⓡ 아크고장에 대한 보호

운전 중에 발생하는 아크고장으로부터 운전자가 보호할 수 있도록 시설해야 한다.

ⓜ 직격뢰에 대한 보호

낙뢰 등에 의한 과전압으로부터 보호할 수 있도록 피뢰시설을 설비하는 등의 조치를 한다.

ⓗ 화재에 대한 보호

공간 분리, 내화벽, 불연재료의 시설 등 화재예방을 위한 대책을 고려하여야 한다.

ⓢ 절연유 누설에 대한 보호
- 옥내
  - 누설되는 절연유가 스며들지 않는 바닥에 유출방지 턱을 시설한다.
  - 건축물 안에 지정된 보존구역으로 집유한다.
- 옥외
  - 절연유 유출 방지설비의 선정 : 절연유의 양, 우수 및 화재보호시스템의 용수량, 근접 수로 및 토양조건을 고려한다.
  - 집유조 및 집수탱크 시설 시 최대 용량 변압기의 유량에 대한 집유능력이 있어야 한다.
  - 관련 배관은 액체가 침투하지 않는 것이어야 한다.
  - 집수탱크의 용량은 물의 유입으로 지나치게 감소되지 않아야 하며, 자연배수 및 강제배수가 가능하여야 한다.
  - 수로 및 지하수를 보호
    ⓐ 집유조 및 집수탱크는 바닥으로부터 절연유 및 냉각액의 유출을 방지하여야 한다.
    ⓑ 배출된 액체는 유수분리장치를 통하여야 하며 이 목적을 위하여 액체의 비중을 고려하여야 한다.

ⓞ 절연가스의 누설에 대한 보호
- 절연가스 가스누설로 인한 위험성이 있는 구역은 환기가 되어야 한다.

ⓩ 식별 및 표시
- 내구성, 내부식성이 있는 물질로 만들고 지워지지 않는 문자로 표시기에 명확히 표시되어야 한다.

⑨ 접지설비(KEC 321)

ⓖ 고압·특고압 접지계통
- 일반사항
  - 고압 또는 특고압 기기가 출입제한 된 전기설비 운전구역 이외의 장소에 설치되었다면 접지시스템 설계흐름도(KS C IEC 6.1936 – 1)에 의한다.
- 접지시스템 : 고압 또는 특고압 전기설비의 접지는 원칙적으로 공통접지, 통합접지에 적합하여야 한다.

ⓛ 혼촉에 의한 위험방지시설

접지공사(사용전압 35kV 이하로 지기발생 시 1초 이내에 자동차단하거나 25kV 이하의 중성점 다중접지 전로 경우 이외에는 10Ω 이하)를 시행한다.

- 접지공사는 변압기 시설장소마다 시행한다.
- 접지저항을 얻기 어려운 토지 상황의 경우 : 가공접지선(인장강도 5.26kN, 동선 4.0mm)을 사용하여 변압기 시설장소에서(200m) 떼어 놓을 수 있다.
- 변압기 시설장소에서 떼어 놓아도 얻기 어려운 경우 : 가공공동지선을 이용하여 각 변압기 중심으로 직경 400m 이내 지역으로 그 변압기에 접속되는 전선로 바로 아랫부분에서 각 변압기의 양쪽에 있도록 하고, 가공공동지선과 대지 간 합성 저항치는 지름(1km)지역 안에서 접지저항치를 갖도록 한다.
- 접지선을 가공공동지선으로 분리할 경우 단독 접지저항치가 300Ω 이하가 되도록 한다.

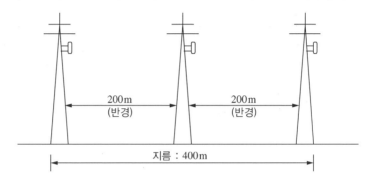

ⓒ 혼촉방지판이 있는 변압기에 접속하는 저압 옥외전선의 시설
- 저압 전선은 1구 내에만 시설한다.
- 저압 가공전선로 또는 저압 옥상전선로의 전선은 케이블이어야 한다.
- 저압 가공전선과 고압 또는 특별 고압 가공전선을 동일 지지물에 시설하지 않는다(단, 고압, 특고압 가공전선이 케이블인 경우는 예외).

ⓔ 특별고압과 고압의 혼촉에 의한 위험방지 시설

특별고압을 고압으로 변성하는 변압기의 고압 전로에는 고압측(사용전압의 3배) 이하인 전압이 가해진 경우, 방전하는 장치를 변압기 단자 가까운 1극에 설치하고 접지공사를 실시한다(단, 고압측 사용전압의 3배 이하에서 동작하는 피뢰기를 고압 모선에 시설한 경우는 생략 가능, 접지저항 10Ω 이하).

⑩ 전로의 중성점의 접지(KEC 322.5)

ⓐ 접지목적
- 전로의 보호 장치의 확실한 동작의 확보
- 이상 전압의 억제
- 대지전압의 저하

ⓑ 시설기준
- 접지도체는 공칭단면적 16mm^2 이상의 연동선(저압 전로의 중성점에 시설 : 공칭단면적 6mm^2 이상의 연동선)을 사용한다.
- 접지도체에 접속하는 저항기·리액터 등은 고장 시 흐르는 전류를 안전하게 통할 수 있는 것을 사용한다.

ⓒ 고저항 중성점접지계통(지락전류 제한, 고저항 접지계통, 300V ~ 1kV 이하)
- 접지저항기는 계통의 중성점과 접지극 도체와의 사이에 설치한다.
- 변압기 또는 발전기의 중성점에서 접지저항기에 접속하는 점까지의 중성선은 동선 $10mm^2$ 이상, 알루미늄선 또는 동복 알루미늄선은 $16mm^2$ 이상의 절연전선으로서 접지저항기의 최대정격전류 이상이어야 한다.
- 계통의 중성점은 접지저항기를 통하여 접지하여야 한다.
- 기기 본딩 점퍼의 굵기 : 접지극 도체를 접지저항기에 연결할 때는 기기 접지 점퍼는 다음의 예외 사항을 제외하고 표에 의한 굵기이어야 한다.
  - 접지극 전선이 접지봉, 관, 판으로 연결될 때는 $16mm^2$ 이상이어야 한다.
  - 콘크리트 매입 접지극으로 연결될 때는 $25mm^2$ 이상이어야 한다.
  - 접지링으로 연결되는 접지극 전선은 접지링과 같은 굵기 이상이어야 한다.

[기기 접지 점퍼의 굵기]

상전선 최대 굵기[mm^2]	접지극 전선[mm^2]
30 이하	10
38 또는 50	16
60 또는 80	25
80 초과 175 이하	35
175 초과 300 이하	50
300 초과 550 이하	70
550 초과	95

  - 접지극 도체가 최초 개폐장치 또는 과전류장치에 접속될 때는 기기 본딩 점퍼의 굵기는 $10mm^2$ 이상으로서 접지저항기의 최대전류 이상의 허용전류를 갖는다.

(5) 고압·특고압 시설

① 특고압 배전용 변압기의 시설(발·변전소 개폐소 내 25kV 이하에 접속하는 것은 제외)(KEC 341.2)
  ㉠ 특고압 절연전선, 케이블 사용
  ㉡ 변압기 1차 : 35kV 이하, 2차 : 저압, 고압
  ㉢ 총출력 : 1,000kVA 이하(가공전선로에 접속 시 500kVA 이하)
  ㉣ 변압기 특고압 : 개폐기, 과전류차단기 시설
  ㉤ 2차측이 고압 경우 : 개폐기 시설(쉽게 개폐할 수 있도록)
② 특고압을 직접 저압으로 변성하는 변압기의 시설(KEC 341.3)
  ㉠ 전기로 등 전류가 큰 전기를 소비하기 위한 변압기
  ㉡ 발·변전소, 개폐소 또는 이에 준하는 곳에 시설하는 소내용 변압기
  ㉢ 25kV 이하의 중성점 다중접지식 전로에 접속하는 변압기
  ㉣ 교류식 전기철도 신호용 변압기
  ㉤ 사용전압 35kV 이하인 변압기로 특고압과 저압 혼촉 시 자동차단장치가 있는 경우

ⓑ 사용전압 100kV 이하인 변압기로 특고압과 저압 전선 간에 접지공사를 한 금속제 혼촉방지판 있는 경우(접지 저항값 10Ω 이하)

※ 사용전압 25,000V 이하의 특고압 전선로에 접속하는 변압기를 공장 또는 이와 유사한 산업용 설비와 주거용 건물 이외에 시설하는 경우 시설용량의 합계가 500kVA 초과한다면 동력용 변압기를 조명 및 전열용 변압기와 별도로 시설한다.

③ 동작 시 아크발생 기계기구 이격거리(피뢰기, 개폐기, 차단기)(KEC 341.7)

목재의 벽, 천장, 기타의 가연성의 물체로부터 고압 : 1m 이상, 특고압 : 2m 이상이어야 한다.

※ 35kV 이하 특고, 화재 발생 우려가 없도록 제한 시 1.0m 이상 이격한다.

④ 개폐기의 시설(KEC 341.9)

㉠ 전로 중 개폐기는 각 극에 설치한다.

㉡ 고압용, 특별 고압용 개폐기 : 개폐상태 표시 장치가 있어야 한다.

㉢ 고압, 특별 고압용 개폐기로 중력 등에 의해 자연동작 우려가 있는 것 : 자물쇠 장치, 기타 방지 장치를 시설한다.

㉣ 고압, 특별 고압용 개폐기로 부하전류를 차단하기 위한 것이 아닌 DS(단로기)는 부하전류가 흐를 때 개로할 수 없도록 시설하지만 보기 쉬운 곳에 부하전류 유무 표시장치, 전화 지령장치, 태블릿 을 사용하는 경우 예외이다.

※ 개폐기 설치 예외 개소
  • 저압 분기회로용 개폐기로서 중성선, 접지측 전선의 경우
  • 사용전압 400V 미만 저압 2선식의 점멸용 개폐기는 단극에서 시설하는 경우
  • 25kV 이하 중성점 다중접지식 전로의 중성선에 설치하는 경우
  • 제어회로에 조작용 개폐기 시설하는 경우

⑤ 피뢰기의 시설(KEC 341.13)

㉠ 발·변전소 또는 이에 준하는 장소의 가공전선 인입구, 인출구

㉡ 가공전선로에 접속하는 배전용 변압기 고압 및 특고압측

㉢ 고압, 특고압 가공전선로에서 공급받는 수용장소 인입구

㉣ 가공전선로와 지중전선로가 접속되는 곳

※ 피뢰기의 접지저항 : 10Ω 이하
  단, 고압 가공전선로에 시설하는 피뢰기 접지공사의 접지극을 변압기 중성점 접지용 접지극으로부터 1m 이상 격리하여 시설하는 경우에는 30Ω 이하이어야 한다.

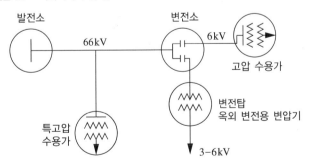

(1) 1kV 이하 방전등(KEC 234.11)

대지전압은 300V 이하(단, 대지전압 150V 이하 전로인 경우 제외)로 제한한다.

※ 백열전등 또는 방전등
- 방전등은 사람이 접촉될 우려가 없도록 시설해야 한다.
- 방전등용 안정기는 옥내배선과 직접 접속하여 시설해야 한다.

(2) 저압 옥내배선의 사용전선(KEC 231.3)

전선의 굵기는 2.5mm^2 이상 연동선을 사용한다.

※ 400V 미만인 경우 다음에 의하여 시설할 수 있다.
- 전광표시장치와 기타 이와 유사한 장치, 제어회로 : 1.5mm^2 이상의 연동선
- 과전류차단장치 시설 : 0.75mm^2 이상의 캡타이어케이블
- 진열장 : 0.75mm^2 이상의 코드, 캡타이어케이블

(3) 나전선의 사용 제한(KEC 231.4)

① 애자사용배선의 경우로 전기로용 전선, 절연물이 부식하는 장소 전선, 취급자 이외의 자가 출입할 수 없도록 설비한 장소에 시설하는 전선일 경우
② 버스덕트 또는 라이팅덕트배선에 의하는 경우
③ 이동 기중기, 놀이용 전차선 등의 접촉전선을 시설하는 경우

(4) 설치방법에 해당하는 공사방법의 종류(KEC 232.2)

종류	배선방법
전선관시스템	합성수지관공사, 금속관공사, 가요전선관공사
케이블트렁킹시스템	합성수지몰드공사, 금속몰드공사, 금속덕트공사(a)
케이블덕트시스템	플로어덕트공사, 셀룰러덕트공사, 금속덕트공사(b)
애자공사	애자사용공사
케이블트레이시스템(래더, 브래킷 포함)	케이블트레이공사
케이블공사	고정하지 않는 방법, 직접 고정하는 방법, 지지선 방법

a : 금속본체와 커버가 별도로 구성되어 커버를 개폐할 수 있는 금속덕트공사를 말한다.
b : 본체와 커버 구분없이 하나로 구성된 금속덕트공사를 말한다.

(5) 고주파 전류에 의한 장해의 방지(KEC 231.5)

전기기계기구는 무선설비의 기능에 계속적이고 중대한 장해를 주는 고주파 전류가 생길 우려가 있는 경우에는 다음의 시설을 한다.

① 형광 방전등에는 정전 용량 $0.006\mu\text{F}$ 이상 $0.5\mu\text{F}$ 이하(예열시동식의 것으로 글로우램프에 병렬로 접속하는 것은 $0.006\mu\text{F}$ 이상 $0.01\mu\text{F}$ 이하)인 커패시터를 시설한다.

② 저압에 정격출력 1kW 이하인 전기드릴용 소형교류직권전동기의 단자 상호 간에 정전 용량이 $0.1\mu\text{F}$ 인 무유도형 커패시터, 대지 사이에 $0.003\mu\text{F}$의 관통형 커패시터를 시설한다.

③ 전기드릴용을 제외한 소형교류직권전동기의 단자 상호 간에 $0.1\mu\text{F}$, 각 단자와 대지와의 사이에 $0.003\mu\text{F}$의 커패시터를 시설한다.

④ 네온점멸기에 전원 상호 간 및 접점의 근접하는 곳에서 고주파전류를 방지하는 장치를 시설한다.

(6) 저압 옥내간선의 시설

저압 옥내간선은 손상을 받을 우려가 없는 곳에 다음에 의해 시설해야 한다.

① 전동기 정격전류 합계 ≤ 전등, 전열(기타 기계기구) 정격전류의 합계인 경우

[간선의 허용전류(I_a)]$= \sum I_M + \sum I_H$

② 전동기 정격전류 합계 > 기타 기계기구의 정격전류 합계 경우

㉠ 전동기 정격이 50A 이하 : (전동기 정격전류×1.25배)+(기타 정격전류합계)

$I_a \geq \sum I_M \times 1.25 + \sum I_H$

㉡ 전동기 정격이 50A 초과 : (전동기 정격전류×1.1배)+(기타 정격전류합계)

$I_a \geq \sum I_M \times 1.1 + \sum I_H$

※ $\sum I_M$: 전동기 정격전류의 합

$\sum I_H$: 전열기 정격전류의 합

I_a : 간선의 허용전류

I_B : 과전류차단기의 정격전류

예 $\sum I_M = 10 + 30 = 40\text{A}$, $\sum I_H = 20 + 10 = 30\text{A}$

$\sum I_M > \sum I_H$이며 $\sum I_M$이 50A 이하이므로 $k = 1.25$

$I_a = kI_M + I_H = 1.25 \times 40 + 30 = 80\text{A}$

(7) 분기회로의 시설(KEC 212.6.4)

분기회로는 과부하 보호장치, 단락보호장치의 예외 및 생략기준에 준하여 시설한다.

(8) 특수장소의 저압 옥내배선

① 특수장소의 저압 옥내배선

종류		특징
폭연성 먼지 (KEC 242.2)	금속관배선	• 박강전선관 이상, 패킹 사용, 분진방폭형 유연성 부속 • 관 상호 및 관과 박스 등은 5턱 이상의 나사 조임 접속
	케이블배선	• 개장된 케이블, MI
	이동전선	• 이동전선 : 고무절연 클로로프렌 캡타이어케이블
가연성 먼지 (KEC 242.2)	금속관배선	• 폭연성 분진에 준함
	케이블배선	
	합성수지관배선	• 부식 방지, 먼지의 침투 방지, 두께 2mm 이상 `
가연성 가스 (KEC 242.3)	금속관배선	• 폭연성 먼지에 준함
	케이블배선	
		• 전기기계기구 : 내압, 유압 방폭구조 또는 다른 성능의 방폭구조일 것
위험물 / 석유류 (KEC 242.4)		• 통상의 상태에서 위험물에 착화우려가 없도록 시설할 것
화약류 저장소 (KEC 242.5)		• 개폐기, 차단기로부터 저장소까지는 케이블 사용 • 전로의 대지전압 300V 이하일 것 • 전기기계기구는 전폐형일 것 • 전용의 과전류 개폐기 및 과전류차단기는 화약류 저장소 이외의 곳에 시설하고 누전차단기 · 누전경보기를 시설하여야 한다.

전시회, 쇼 및 공연장
(KEC 242.6)
		• 사용전압 : 400V 이하
		• 배선용 케이블 : 1.5mm^2
		• 무대마루 밑 전구선 : 300/300V 편조 고무코드, 0.6/1kV EP 고무절연 클로로프렌캡타이어케이블
		• 이동전선 : 0.6/1kV EP 고무절연 클로로프렌캡타이어케이블, 0.6/1kV 비닐절연 비닐캡타이어케이블
		• 조명설비 : 높이 2.5m 이하
		• 저압발전장치의 접지
		  − 중성선 또는 발전기의 중성점은 발전기의 노출도전부에 접속시키지 말 것
		  − TN계통 : 보호도체를 이용하여 발전기에 접속
		• 개폐기 및 과전류 차단기 시설 : 조명용 분기회로 및 정격 32A 이하의 콘센트용 분기회로는 정격감도전류 30mA 이하의 누전차단기로 보호(비상조명 제외)

진열장 (KEC 234.8)		• 사용전압이 400V 이하일 것 • 0.75mm^2 이상의 코드 또는 캡타이어케이블
저압 접촉전선 배선 (KEC 232.81)		• 전개된 장소 또는 점검할 수 있는 은폐된 장소(기계기구에 시설하는 경우 이외) : 애자사용배선, 버스덕트배선, 절연트롤리배선 • 전선의 바닥에서의 높이는 3.5m 이상 • 전선은 11.2kN, 지름 6mm 경동선(단면적 28mm^2 이상[단, 400V 이하 : 3.44kN, 지름 3.2mm 경동선(단면적 8mm^2 이상)]

의료장소 (KEC 242.10)	• 의료용 절연변압기 : 2차 전압교류 250V 이하, 단상 2선식, 10kVA 이하 • 의료장소 및 접지계통 ※ 의료장소에 TN 계통을 적용할 때에는 주배전반 이후의 부하 계통에는 TN – C 계통으로 시설하지 말 것 {표} • 의료장소 내의 비상전원 – 절환시간 0.5초 이내에 비상전원을 공급하는 장치 또는 기기 : 수술실 등 – 절환시간 15초 이내에 비상전원을 공급하는 장치 또는 기기 – 절환시간 15초를 초과하여 비상전원을 공급하는 장치 또는 기기

구분	접지계통	의료장소
그룹 0	TT 또는 TN 계통	진찰실, 일반병실, 검사실, 처치실, 재활치료실 등 장착부를 사용하지 않는 의료장소
그룹 1	TT 또는 TN 계통 단, 전원자동차단에 의한 보호가 의료행위에 중대한 지장을 초래할 우려가 있는 의료용 전기기기를 사용하는 회로에는 의료 IT를 적용	분만실, X선 검사실, MRI실, 회복실, 구급처치실, 인공투석실, 내시경실 등 장착부를 환자의 신체 외부 또는 심장 부위를 제외한 환자의 신체 내부에 삽입시켜 사용하는 의료장소
그룹 2	의료 IT 계통 단, 이동식 X-레이 장치, 정격출력이 5kVA 이상인 대형 기기, 생명유지 장치가 아닌 일반 의료용 전기기기 회로 등에는 TT 또는 TN계통을 적용	관상동맥질환 처치실, 심혈관조영실, 중환자실, 수술실, 마취실, 회복실 등 장착부를 환자의 심장 부위에 삽입 또는 접촉시켜 사용하는 의료장소

이동식 숙박차량 정박지, 야영지 및 이와 유사한 장소 (KEC 242.8)	• 표준전압 : 220/380V 이하 • 정박지 전원배선 : 지중케이블, 가공케이블, 가공절연전선 • 가공전선의 높이 : 이동지역에서 지표상 6m(그 외 지역에서는 4m) • 고장보호장치 – 콘센트는 정격감도전류가 30mA 이하인 누전차단기에 의하여 개별적으로 보호 시설 – 과전류에 대한 보호장치 : 모든 콘센트는 과전류에 대한 보호 규정 • 콘센트 – 정격전압 200 ~ 250V, 정격전류 16A 단상 콘센트 – 설치 높이 : 0.5 ~ 1.5m
마리나 및 이와 유사한 장소 (KEC 242.9)	• 놀이용 수상 기계기구 또는 선상가옥에 전원을 공급하는 회로 • TN계통의 사용 시 TN – S계통만을 사용 • 육상의 절연변압기를 통하여 보호하는 경우를 제외하고 누전차단기를 사용 • 표준전압 : 220/380V 이하 • 하나의 콘센트는 하나의 놀이용 수상 기계기구 또는 하나의 선상가옥에만 전원을 공급 • 정격전압 : 200 ~ 250V, 정격전류 16A 단상 콘센트 • 마리나 내의 배선 : 지중케이블, 가공케이블, 가공절연전선, 무기질 절연케이블, 열가소성 또는 탄성재료 피복의 외장케이블

PART 2

② 특수시설

종류	특징
전기울타리 (KEC 241.1)	• 사용전압 : 250V 이하 • 전선 굵기 : 1.38kN, 2.0mm 이상 경동선 • 이격거리 : 25mm 이상(전선과 기둥 사이), 0.3m 이상(전선과 수목 사이)
유희용 전차 (KEC 241.8)	• 사용전압 변압기 1차 : 400V 이하 / 변압기 2차 : DC 60V 또는 AC 40V • 접촉전선은 제3레일 방식으로 시설 • 누설전류 : AC 100mA/km, 절연저항 : $\dfrac{(최대공급전류)}{5,000}$ 이하 • 변압기의 1차 전압은 400V 미만일 것 • 전차 내 승압 시 2차 전압 150V 이하
전격살충기 (KEC 241.7)	• 지표상 높이 : 3.5m 이상(단, 2차측 전압이 7kV 이하 – 1.8m) • 시설장소에 위험표시를 할 것
교통신호등 (KEC 234.15)	• 사용전압 : 300V 이하(단, 150V 초과 시 자동차단장치 시설) • 공칭단면적 2.5mm^2 연동선, 450/750V 일반용 단심 비닐절연전선(내열성에틸렌아세테이트 고무절연전선) • 전선의 지표상의 높이는 2.5m 이상일 것 • 전원측에는 전용 개폐기 및 과전류차단기를 각 극에 시설 • 조가용선 4mm 이상의 철선 2가닥
전기온상 (KEC 241.5)	• 대지전압 : 300V 이하, 발열선 온도 : 80℃를 넘지 않도록 시설 • 발열선의 지지점 간 거리는 1.0m 이하 • 발열선과 조영재 사이의 이격거리 0.025m 이상
전극식 온천온수기 (KEC 241.4)	• 온천온수기 사용전압 : 400V 미만 • 차폐장치와 온천온수기 이격거리 : 0.5m 이상(차폐장치와 욕탕 사이 이격거리 1.5m 이상)
전기욕기 (KEC 241.2)	• 변압기의 2차측 전로의 사용전압이 10V 이하(유도코일 파고값 30V 이하) • 전극 간의 이격거리 : 1m 이상 • 절연저항 : 0.5MΩ 이상
전기부식방지 (KEC 241.16)	• 전기부식방지회로의 사용전압은 직류 60V 이하일 것 • 지중에 매설하는 양극의 매설깊이는 0.75m 이상일 것 • 양극과 그 주위 1m 이내의 거리에 있는 임의점과의 사이의 전위차는 10V를 넘지 않을 것 • 지표 또는 수중에서 1m 간격의 임의의 2점 간의 전위차가 5V를 넘지 않을 것

수중조명등
(KEC 234.14)
	• 1차 전압 : 400V 미만
	• 2차 전압 : 150V 이하(2차측을 비접지식)
	  – 30V 이하 : 금속제 혼촉 방지판 설치
	  – 30V 초과 : 전로에 지락이 생겼을 때에 자동적으로 전로를 차단하는 장치(정격감도전류 30mA 이하)

옥외등 (KEC 234.9)	• 대지전압 : 300V 이하 • 공사방법 : 금속관, 합성수지관, 케이블배선, 애자사용 시 2m 이상
전기자동차 전원설비 (KEC 241.17)	• 전기자동차 전원공급설비로 접지극이 있는 콘센트를 사용하여 접지 • 충전장치 시설 • 충전 케이블 및 부속품 시설 • 충전장치 등의 방호장치 시설
비행장 등화배선 (KEC 241.13)	• 직매식에 의한 매설깊이(항공기 이동지역) : 0.5m(그 외 0.75m) 이상 • 전선 : 공칭단면적 4mm^2 이상의 연동선을 사용한 450/750V 일반용 단심 비닐절연전선 또는 450/750V 내열성 에틸렌아세테이트 고무절연전선

소세력회로 (KEC 241.14)	• 전자개폐기 조작회로, 초인벨, 경보벨 등, 최대사용전압 60V 이하 전로 • 절연변압기 사용 : 1차 전압(300V 이하), 2차 전압(60V 이하) • 절연변압기 2차 단락전류		
	최대사용전압	2차 단락전류	과전류차단기 정격전류
	15V 이하	8A 이하	5A 이하
	15V 초과 30V 이하	5A 이하	3A 이하
	30V 초과 60V 이하	3A 이하	1.5A 이하
	• 전선 굵기 : $1mm^2$ 이상 연동선 사용(단, 케이블 사용 시 제외, 가공 시설 시 1.2mm 이상		
전기집진장치 (KEC 241.9)	• 변압기의 1차측 전로에는 쉽게 개폐할 수 있는 곳에 개폐기를 시설 • 변압기로부터 전기집진응용장치에 이르는 전선은 케이블을 사용		
아크용접기 (KEC 241.10)	• 절연변압기 : 1차 전압 300V 이하		
X선 발생장치 (KEC 241.6)	구분	100kV 이하	100kV 초과
	전선 높이	2.5m	2.5+(단수)×0.02m
	전선 – 조영재 이격거리	0.3m	0.3+(단수)×0.02m
	전선 – 전선 상호 간격	0.45m	0.45+(단수)×0.03m
	(단수)=100kV 초과분 / 10kV, 반드시 절상		

(1) 전력보안통신설비의 시설(KEC 362)

① 통신케이블의 종류

광케이블, 동축케이블 및 차폐용 실드케이블(STP)

② 시설기준

㉠ 가공통신케이블은 반드시 조가선에 시설한다.

㉡ 통신케이블은 강전류전선 또는 가로수나 간판 등 다른 인공구조물과는 최소 간격 이상 분리하여
시설한다.

㉢ 전력구 내에 시설하는 지중통신케이블은 케이블 행거를 사용하여 시설한다.

(2) 가공통신선의 높이

[배전주(배전용 전주)의 공가 통신케이블의 지상고]

구분	지상고	비고
도로(인도)에 시설 시	5.0m 이상	경간 중 지상고 (교통에 지장을 줄 우려가 없는 경우 : 4.5m)
도로횡단 시	6.0m 이상	저압·고압 가공전선로에 시설 시 교통에 지장을 줄 우려가 없는 경우 : 5m
철도 궤도 횡단 시	6.5m 이상	레일면상
횡단보도교 위	3.0m 이상	그 노면상
기타	3.5m 이상	–

[배전설비와의 이격거리]

구분	이격거리	비고
7kV 초과	1.2m 이상	절연전선 : 0.3m
1kV 초과 7kV 이하	0.6m 이상	절연전선 : 0.3m
저압 또는 특고압 다중접지 중성도체	0.6m 이상	절연전선 : 0.3m, 광섬유케이블 : 0.15m

(3) 특고압 가공전선로의 첨가통신선과 도로, 철도, 횡단보도교 및 다른 선로와의 접근, 교차 시설

① 전선 : $16mm^2$ 이상 절연전선, 8.01kN 이상 또는 $25mm^2$ 이상 경동선이어야 한다.

② 삭도나 다른 가공약전류전선과의 이격거리 : 0.8m(케이블 0.4m) 이상이어야 한다.

(4) 가공통신 인입선 시설(KEC 362.12)

차량이 통행하는 노면상의 높이는 4.5m 이상, 조영물의 붙임점에서의 지표상의 높이는 2.5m 이상이어야 한다.

(5) 특고압 가공전선로 첨가설치 통신선의 시가지 인입 제한(KEC 362.5)

시가지에 시설하는 통신선은 특별 고압 가공전선로의 지지물에 시설하여서는 안 된다. 단, 통신선이 5.26kN 이상, 단면적 $16mm^2$(단선의 경우 지름 4mm) 이상의 절연전선 또는 광섬유 케이블인 경우 그러하지 않는다.

(6) 전력선 반송 통신용 결합장치의 보안장치(KEC 362.11)

① CC : 결합 커패시터(결합안테나 포함)
② CF : 결합 필터
③ DR : 배류 선륜(전류용량 2A 이상)
④ FD : 동축 케이블
⑤ S : 접지용 개폐기
⑥ F : 포장 퓨즈(정격전류 10A 이하)
⑦ L_1 : 교류 300V 이하에서 동작하는 피뢰기
⑧ L_2 : 동작전압이 교류 1.3kV 초과 1.6kV 이하인 방전갭
⑨ L_3 : 동작전압이 2kV 초과 3kV 이하인 방전갭

(7) 무선용 안테나 등을 지지하는 철탑 등의 시설(KEC 364.1)

무선통신용 안테나나 반사판을 지지하는 지지물들의 안전율은 1.5 이상이어야 한다.

(8) 지중통신선로설비의 시설(KEC 363.1)

① 지중 공용설치 시 통신케이블의 광케이블 및 동축케이블은 지름 22mm 이하일 것
② 전력구내 통신케이블의 시설은 다음 시설에 준한다.
　㉠ 전력구내에서 통신용 행거는 최상단에 시설하여야 한다.
　㉡ 난연성 재질이 아닌 통신케이블 및 내관을 사용하는 경우에는 난연처리를 하여야 한다.
　㉢ 통신용 행거 끝단에는 행거 안전캡(야광)을 씌워야 한다.
　㉣ 전력케이블이 시설된 행거에는 통신케이블을 같이 시설하지 않아야 한다.

(1) 발·변전소, 개폐소 및 이에 준하는 곳의 시설

① 발·변전소 시설 원칙(KEC 351.1)

　㉠ 울타리, 담 등을 시설한다.

　㉡ 출입구에는 출입금지의 표시를 한다.

　㉢ 출입구에는 자물쇠 장치 기타 적당한 장치를 한다.

② 울타리·담 등의 높이와 충전 부분까지의 거리의 합계(KEC 351.1)

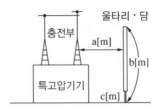

특고압	이격거리(a+b)	기타
35kV 이하	5.0m 이상	• 울타리에서 충전부까지 거리(a)
160kV 이하	6.0m 이상	• 울타리·담 등의 높이(b) : 2m 이상
160kV 초과	6.0m+H 이상	• 지면과 하부(c) : 15cm 이하

$N = ($160kV 초과분$) / 10$kV(반드시 절상), $H = N \times 0.12$m

고압 또는 특고압 가공전선(케이블 제외함)과 금속제의 울타리·담 등이 교차하는 경우 좌, 우로 45m 이내의 개소에 KEC 320(접지시스템)의 규정에 의한 접지공사를 하여야 한다.

※ 고압용 기계기구의 시설

　• 고압용 기계기구 : 지표상 4.5m 이상(시가지 외 4m 이상)

　• 울타리높이와 충전부분까지의 거리 합계 : 5m 이상(위험 표시할 것)

③ 발전기 등의 보호장치(KEC 351.3)

발전기에는 다음의 경우에 자동적으로 이를 전로로부터 차단하는 장치를 시설해야 한다.

　㉠ 발전기에 과전류나 과전압이 생긴 경우

　㉡ 압유장치 유압이 현저히 저하된 경우

　　• 수차발전기 : 500kVA 이상

　　• 풍차발전기 : 100kVA 이상

　㉢ 수차발전기의 스러스트 베어링의 온도가 현저히 상승한 경우 : 2,000kVA를 초과

　㉣ 내부고장이 발생한 경우 : 10,000kVA 이상(10,000kW를 넘는 증기터빈 스러스트 베어링 온도)

④ 특고압용 변압기의 보호장치(KEC 351.4)

뱅크용량의 구분	동작조건	장치의 종류
5,000kVA 이상 10,000kVA 미만	변압기 내부고장	자동차단장치 또는 경보장치
10,000kVA 이상	변압기 내부고장	자동차단장치
타냉식 변압기 (변압기의 권선 및 철심을 직접 냉각 – 냉매강제순환)	냉각장치 고장, 변압기 온도의 현저히 상승	경보장치

⑤ 무효전력 보상장치의 보호장치(KEC 351.5)

설비종별	뱅크용량의 구분	자동적으로 전로로부터 차단하는 장치
전력용 커패시터 및 분로리액터	500kVA 초과 15,000kVA 미만	내부고장 또는 과전류가 생긴 경우에 동작하는 장치
	15,000kVA 이상	내부고장 및 과전류 또는 과전압이 생긴 경우에 동작하는 장치
조상기	15,000kVA 이상	내부고장이 생긴 경우에 동작하는 장치

기기의 종류	용량	사고의 종류	보호장치
발전기	모든 발전기	과전류, 과전압	자동차단장치
	500kVA 이상	수차의 유압 및 전원 전압이 현저히 저하	자동차단장치
	2,000kVA 이상	베어링 과열로 온도가 상승	자동차단장치
	10,000kVA 이상	발전기 내부 고장	자동차단장치
특별 고압 변압기	5,000kVA 이상 10,000kVA 미만	변압기의 내부고장	경보장치, 자동차단장치
	10,000kVA 이상	변압기의 내부고장	자동차단장치
	타냉식 특별 고압용 변압기	냉각 장치의 고장, 온도상승	경보장치
전력콘덴서 및 분로리액터	500kVA 초과 15,000kVA 미만	내부고장 및 과전류	자동차단장치
	15,000kVA 이상	내부고장, 과전류 및 과전압	자동차단장치
무효 전력 보상 장치	15,000kVA 이상	내부고장	자동차단장치

⑥ 연료전지설비의 계측장치(KEC 351.6 / KEC 542.2.2)

ⓐ 발전기, 연료전지 또는 태양전지 모듈, 동기조상기

- 전압, 전류, 전력
- 베어링 및 고정자 온도(발전기, 무효 전력 보상 장치)
- 정격출력 10,000kW를 넘는 증기터빈 발전기 진동진폭

ⓑ 변압기

- 주변압기의 전압, 전류, 전력
- 특고 변압기의 온도

ⓒ 동기 발전기, 무효 전력 보상 장치 : 동기검정장치(용량이 현저히 작을 경우는 생략)

⑦ 상주 감시를 하지 않는 연료전지발전소의 시설(KEC 542.2.4)

ⓐ 변전소의 운전에 필요한 지식 및 기능을 가진 자(기술원)가 그 변전소에 상주하여 감시를 하지 않는 변전소는 다음에 따라 시설하는 경우에 한한다.

- 사용전압이 170kV 이하의 변압기를 시설하는 변전소로서 기술원이 수시로 순회하거나 그 변전소를 원격감시 제어하는 제어소(변전제어소)에서 상시 감시하는 경우
- 사용전압이 170kV를 초과하는 변압기를 시설하는 변전소로서 변전제어소에서 상시 감시하는 경우

ⓑ 다음의 경우에는 변전제어소 또는 기술원이 상주하는 장소에 경보장치를 시설한다.

- 운전조작에 필요한 차단기가 자동적으로 차단한 경우(차단기가 재연결한 경우 제외)
- 주요 변압기의 전원측 전로가 무전압으로 된 경우
- 제어회로의 전압이 현저히 저하한 경우

- 옥내 및 옥외변전소에 화재가 발생한 경우
- 출력 3,000kVA를 초과하는 특고압용 변압기는 그 온도가 현저히 상승한 경우
- 특고압용 타냉식변압기는 그 냉각장치가 고장난 경우
- 조상기는 내부에 고장이 생긴 경우
- 수소냉각식 조상기는 그 조상기 안의 수소의 순도가 90% 이하로 저하한 경우, 수소의 압력이 현저히 변동한 경우 또는 수소의 온도가 현저히 상승한 경우
- 가스절연기기(압력의 저하에 의하여 절연파괴 등이 생길 우려가 없는 경우 제외)의 절연가스의 압력이 현저히 저하한 경우
- ⓒ 수소냉각식 조상기를 시설하는 변전소는 그 조상기 안의 수소의 순도가 85% 이하로 저하한 경우에 그 조상기를 전로로부터 자동적으로 차단하는 장치를 시설한다.
- ⓔ 전기철도용 변전소는 주요 변성기기에 고장이 생긴 경우 또는 전원측 전로의 전압이 현저히 저하한 경우에 그 변성기기를 자동적으로 전로로부터 차단하는 장치를 설치한다(단, 경미한 고장이 생긴 경우에 기술원주재소에 경보하는 장치를 하는 때에는 그 고장이 생긴 경우에 자동적으로 전로로부터 차단하는 장치의 시설을 하지 않아도 된다).

⑧ 압축공기계통

최고사용압력의 1.5배의 수압, 1.25배의 기압 : 연속 10분간 견뎌야 한다.

- ㉠ 공기탱크는 개폐기, 차단기의 투입 및 차단 : 연속 1회 이상 가능해야 한다.
- ㉡ 주공기 탱크 압력계 최고눈금 : 사용압력의 1.5배 이상 3배 이하이어야 한다.
- ㉢ 절연가스는 가연성, 부식성 또는 유독성이 아니어야 한다.
- ㉣ 절연가스 압력의 저하 시 : 경보장치 또는 압력계측장치를 시설한다.

(1) 전기철도의 용어 정의(KEC 402)

① **전차선** : 전기철도차량의 집전장치와 접촉하여 전력을 공급하기 위한 전선

② **전차선로** : 전기철도차량에 전력을 공급하기 위하여 선로를 따라 설치한 시설물로 전차선, 급전선, 귀선과 그 지지물 및 설비를 총괄한 것

③ **급전방식** : 전기철도차량에 전력을 공급하기 위하여 변전소로부터 급전선, 전차선, 레일, 귀선으로 구성되는 전력공급방식

④ **귀선회로** : 전기철도차량에 공급된 전력을 변전소로 되돌리기 위한 귀로

(2) 전기철도 전기방식의 일반사항(KEC 411)

① **전력수급조건(KEC 411.1)**

수전선로의 전력수급조건 : 다음의 공칭전압(수전전압)으로 선정하여야 한다.

[공칭전압(수전전압)]

공칭전압(수전전압)[kV]	교류 3상 22.9, 154, 345

② **전차선로의 전압(KEC 411.2)**

직류방식과 교류방식으로 구분

㉠ 직류방식 : 사용전압과 전압별 최고, 최저전압은 다음 표에 따라 선정하여야 한다.

[직류방식의 급전전압]

구분	최저 영구 전압	공칭전압[V]	최고 영구 전압	최고 비영구 전압	장기 과전압[V]
DC	500	750	900	950[1]	1,269
(평균값)	900	1,500	1,800	1,950	2,538

[1]회생제동의 경우 1,000V의 비지속성 최고전압은 허용 가능하다.

㉡ 교류방식 : 사용전압과 전압별 최고, 최저전압은 다음 표에 따라 선정하여야 한다.

[교류방식의 급전전압]

주파수 (실효값)	최저 비영구 전압	최저 영구 전압	공칭전압[V][2]	최고 영구 전압	최고 비영구 전압	장기 과전압[V]
60[Hz]	17,500	19,000	25,000	27,500	29,000	38,746
	35,000	38,000	50,000	55,000	58,000	77,492

[2]급전선과 전차선간의 공칭전압은 단상교류 50kV(급전선과 레일 및 전차선과 레일 사이의 전압은 25kV)를 표준으로 한다.

(3) 전기철도 변전방식의 일반사항(KEC 421)

① 변전소의 용량 : 변전소의 용량은 급전구간별 정상적인 열차부하조건에서 1시간 최대출력 또는 순시 최대출력을 기준으로 결정하고, 연장급전 등 부하의 증가를 고려하여야 한다.

② 변전소의 설비

  ㉠ 급전용 변압기는 직류 전기철도의 경우 3상 정류기용 변압기, 교류 전기철도의 경우 3상 스코트 결선 변압기의 적용을 원칙으로 하고, 급전계통에 적합하게 선정하여야 한다.

  ㉡ 제어용 교류전원은 상용과 예비의 2계통으로 구성하여야 한다.

  ㉢ 제어반의 경우 디지털계전기방식을 원칙으로 하여야 한다.

(4) 전기철도 전차선로의 일반사항(KEC 431)

① 전차선로의 충전부와 건조물 간의 절연이격

  ㉠ 건조물과 전차선, 급전선 및 집전장치의 충전부 비절연 부분 간의 공기 절연이격 거리는 다음 표에 제시되어 있는 정적 및 동적 최소 절연이격거리 이상을 확보하여야 한다. 동적 절연이격의 경우 팬터그래프가 통과하는 동안의 일시적인 전선의 움직임을 고려하여야 한다.

  ㉡ 해안 인접지역, 열기관을 포함한 교통량이 과중한 곳, 오염이 심한 곳, 안개가 자주 끼는 지역, 강풍 또는 강설 지역 등 특정한 위험도가 있는 구역에서는 최소 절연간격보다 증가시켜야 한다.

[전차선과 건조물 간의 최소 절연간격]

시스템 종류	공칭전압[V]	동적[mm]		정적[mm]	
		비오염	오염	비오염	오염
직류	750	25	25	25	25
	1,500	100	110	150	160
단상 교류	25,000	170	220	270	320

② 전차선로의 충전부와 차량 간의 절연이격(KEC 431.3)

  ㉠ 차량과 전차선로나 충전부 비절연 부분 간의 공기 절연이격은 다음 표에 제시되어 있는 정적 및 동적 최소 절연이격거리 이상을 확보하여야 한다. 동적 절연이격의 경우 팬터그래프가 통과하는 동안의 일시적인 전선의 움직임을 고려하여야 한다.

  ㉡ 해안 인접지역, 안개가 자주 끼는 지역, 강풍 또는 강설 지역 등 특정한 위험도가 있는 구역에서는 최소 절연이격거리보다 증가시켜야 한다.

[전차선과 차량 간의 최소 절연간격]

시스템 종류	공칭전압[V]	동적[mm]	정적[mm]
직류	750	25	25
	1,500	100	150
단상 교류	25,000	170	270

③ 전차선 및 급전선의 높이(KEC 431.6)

전차선과 급전선의 최소 높이는 다음 표의 값 이상을 확보하여야 한다. 다만, 전차선 및 급전선의 최소 높이는 최대 대기온도에서 바람이나 팬터그래프의 영향이 없는 안정된 위치에 놓여 있는 경우 사람의 안전 측면에서 건널목, 터널 내 전선, 공항 부근 등을 고려하여 궤도면상 높이로 정의한다. 전차선의 최소높이는 항상 열차의 통과 게이지보다 높아야 하며, 전기적 이격거리와 팬터그래프의 최소 작동높이를 고려하여야 한다.

[전차선 및 급전선의 최소 높이]

시스템 종류	공칭전압[V]	동적[mm]	정적[mm]
직류	750	4,800	4,400
	1,500	4,800	4,400
단상 교류	25,000	4,800	4,570

안전율	2.0 미만	2.0 이상 2.5 미만	2.5 이상
구분	• 빔 및 브래킷(1.0) • 철주(1.0) • 강봉형 지지선(1.0)	• 합금전차선(2.0) • 경동선(2.2) • 지지물 기초(2.0) • 장력조절장치(2.0)	• 조가선 및 지지부품(2.5) • 복합체 자재(2.5) • 브래킷 애자(2.5) • 선형 지지선

(5) 전기철도의 원격감시제어설비

① 원격감시제어시스템(SCADA)(KEC 435.1)

㉠ 원격감시제어시스템은 열차의 안전운행과 현장 전철전력설비의 유지보수를 위하여 제어, 감시대상, 수준, 범위 및 확인, 운용방법 등을 고려하여 구성하여야 한다.

㉡ 중앙감시제어반의 구성, 방식, 운용방식 등을 계획하여야 한다.

㉢ 변전소, 배전소의 운용을 위한 소규모 제어설비에 대한 위치, 방식 등을 고려하여 구성하여야 한다.

② 중앙감시제어장치 및 소규모감시제어장치(KEC 435.2)

㉠ 변전소 등의 제어 및 감시는 관제센터에서 이루어지도록 한다.

㉡ 원격감시제어시스템(SCADA)는 중앙집중제어장치(CTC), 통신집중제어장치와 호환되도록 하여야 한다.

㉢ 전기시설 관제소와 변전소, 구분소 또는 그 밖의 관제 업무에 필요한 장소에는 상호 연락할 수 있는 통신 설비를 시설하여야 한다.

㉣ 소규모감시제어장치는 유사시 현지에서 중앙감시제어장치를 대체할 수 있도록 하고, 전원설비 운용에 용이하도록 구성한다.

(6) 전기철도의 전기철도차량 설비

① 절연구간(KEC 441.1)

　㉠ 교류 구간 : 변전소 및 급전구분소 앞에서 서로 다른 위상 또는 공급점이 다른 전원이 인접하게 될 경우 전원이 혼촉되는 것을 방지

　㉡ 교류 – 교류 절연구간을 통과하는 방식

　　• 동력(역행) 운전방식

　　• 무동력(타행) 운전방식

　　• 변압기 무부하 전류방식

　　• 전력소비 없이 통과하는 방식

　㉢ 교류 – 직류(직류 – 교류) 절연구간 : 교류구간과 직류 구간의 경계지점에 시설이 구간에서 전기철도는 속도 조정 차단 상태로 주행

　㉣ 절연구간의 소요길이는 다음에 따라 결정한다.

　　• 아크 시간

　　• 잔류전압의 감쇄시간

　　• 팬터그래프 배치간격

　　• 열차속도

② 회생제동(KEC 441.5)

　㉠ 전기철도차량은 다음과 같은 경우에 회생제동의 사용을 중단해야 한다.

　　• 전차선로 지락이 발생한 경우

　　• 전차선로에서 전력을 받을 수 없는 경우

　　• 전차선로의 전압에서 규정된 선로전압이 장기 과전압 보다 높은 경우

　㉡ 회생전력을 다른 전기장치에서 흡수할 수 없는 경우에는 전기철도차량은 다른 제동시스템으로 전환되어야 한다.

　㉢ 전기철도 전력공급시스템은 회생제동이 상용제동으로 사용이 가능하고 다른 전기철도차량과 전력을 지속적으로 주고받을 수 있도록 설계되어야 한다.

③ 전기위험방지를 위한 보호대책(KEC 441.6)

　㉠ 감전을 일으킬 수 있는 충전부는 직접접촉에 대한 보호가 있어야 한다.

　㉡ 간접 접촉에 대한 보호대책은 노출된 도전부는 고장 조건하에서 부근 충전부와의 유도 및 접촉에 의한 감전이 일어나지 않아야 한다.

　　• 보호용 본딩

　　• 자동급전 차단

　㉢ 주행레일과 분리되어 있거나 또는 공동으로 되어있는 보호용 도체를 채택한 시스템에서 최소 2개 이상의 보호용 본딩 연결로가 있어야 하며, 한쪽 경로에 고장이 발생하더라도 감전 위험이 없어야 한다.

ⓔ 차체와 주행 레일과 같은 고정설비의 보호용 도체 간의 임피던스

[전기철도차량별 최대 임피던스]

차량 종류	최대 임피던스[Ω]
기관차, 객차	0.05
화차	0.15

- 측정시험
  - 전압 50V 이하
  - 50A 일정 전류

(7) 전기철도의 설비를 위한 보호

① 피뢰기 설치장소(KEC 451.3)
  ㉠ 변전소 인입측 및 급전선 인출측
  ㉡ 가공전선과 직접 접속하는 지중케이블에서 낙뢰에 의해 절연파괴의 우려가 있는 케이블 단말
  ※ 피뢰기는 가능한 한 보호하는 기기와 가깝게 시설하되 누설전류 측정이 용이하도록 지지대와 절연하여 설치한다.
② 피뢰기의 선정 : 밀봉형 사용

(8) 전기철도의 안전을 위한 보호

① 감전에 대한 보호조치(KEC 461.1)
  ㉠ 공칭전압이 교류 1kV 또는 직류 1.5kV 이하인 경우 사람이 접근할 수 있는 보행표면의 경우 가공 전차선의 충전부뿐만 아니라 전기철도차량 외부의 충전부(집전장치, 지붕도체 등)와의 직접접 촉을 방지하기 위한 공간거리 이상을 확보하여야 한다(단, 제3레일 방식에는 적용되지 않는다).

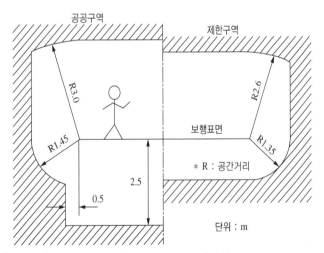

**[공칭전압이 교류 1kV 또는 직류 1.5kV 이하인 경우
사람이 접근할 수 있는 보행표면의 공간거리]**

ⓛ 공간거리를 유지할 수 없는 경우 장애물을 설치, 장애물 높이는 장애물 상단으로부터 1.35m의 공간거리를 유지하여야 하며, 장애물과 충전부 사이의 공간거리는 최소한 0.3m로 하여야 한다.

ⓒ 공칭전압이 교류 1kV 초과 25kV 이하인 경우 또는 직류 1.5kV 초과 25kV 이하인 경우 공간거리 이상을 유지하여야 한다.

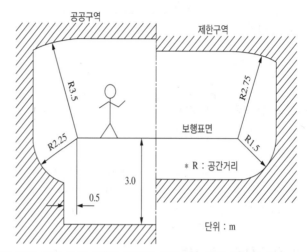

[공칭전압이 교류 1kV 초과 25kV 이하인 경우 또는직류 1.5kV 초과
25kV 이하인 경우 사람이 접근할 수 있는 보행표면의 공간거리]

ⓔ 공간거리를 유지할 수 없는 경우 충전부와의 직접 접촉에 대한 보호를 위해 장애물을 설치하여야 한다.

ⓜ 장애물 높이는 장애물 상단으로부터 1.5m의 공간거리를 유지하여야 하며, 장애물과 충전부 사이의 공간거리는 최소한 0.6m로 한다.

② 레일 전위의 접촉전압 감소 방법(KEC 461.3)

㉠ 교류 전기철도 급전시스템은 다음 방법을 고려하여 접촉전압을 감소시켜야 한다.
- 접지극 추가 사용
- 등전위본딩
- 전자기적 커플링을 고려한 귀선로의 강화
- 전압제한소자 적용
- 보행 표면의 절연
- 단락전류를 중단시키는 데 필요한 트래핑 시간의 감소

㉡ 직류 전기철도 급전시스템은 다음 방법을 고려하여 접촉전압을 감소시켜야 한다.
- 고장조건에서 레일 전위를 감소시키기 위해 전도성 구조물 접지의 보강
- 전압제한소자 적용
- 귀선 도체의 보강
- 보행 표면의 절연
- 단락전류를 중단시키는 데 필요한 트래핑 시간의 감소

③ 전기 부식 방지 대책(KEC 461.4)
  ㉠ 주행레일을 귀선으로 이용하는 경우 : 누설전류에 의하여 케이블, 금속제 지중관로 및 선로 구조물 등에 영향을 미치는 것을 방지하기 위한 적절한 시설을 하여야 한다.
  ㉡ 전기 철로 측의 전기 부식 방지를 위해서는 다음 방법을 고려하여야 한다.
    • 변전소 간 간격 축소
    • 레일본드의 양호한 시공
    • 장대레일채택
    • 절연도상 및 레일과 침목 사이에 절연층의 설치
    • 기타
  ㉢ 매설금속체측 누설전류에 의한 전기 부식의 피해가 예상되는 곳은 다음 방법을 고려하여야 한다.
    • 배류장치 설치
    • 절연코팅
    • 매설금속체 접속부 절연
    • 저준위 금속체를 접속
    • 궤도와의 이격거리 증대
    • 금속판 등의 도체로 차폐
    ※ 직류 전기철도시스템이 매설 배관 또는 케이블과 인접할 경우 누설전류를 피하기 위해 최대한 이격시켜야 하며, 주행레일과 최소 1m 이상의 거리를 유지하여야 한다.

09 분산형전원설비

(1) 전기 공급방식(KEC 503.2.1)
분산형전원설비의 전기 공급방식, 접지 또는 측정 장치 등은 다음과 같은 기준에 따른다.
① 분산형전원설비의 전기 공급방식은 전력계통과 연계되는 전기 공급방식과 동일하여야 한다.
② 분산형전원설비 사업자의 한 사업장의 설비 용량 합계가 250kVA 이상일 경우에는 송·배전계통과 연계지점의 연결 상태를 감시 또는 유효전력, 무효전력 및 전압을 측정할 수 있는 장치를 시설하여야 한다.

(2) 전기저장장치(KEC 510)
① 설치장소의 요구사항
  ㉠ 전기저장장치의 이차전지, 제어반, 배전반의 시설은 기기 등을 조작 또는 보수·점검할 수 있는 공간을 확보하고 조명설비를 시설하여야 한다.
  ㉡ 폭발성 가스의 축적을 방지하기 위한 환기시설을 갖추고 제조사가 권장한 온도·습도·수분·멸디 등의 운영환경을 상시 유지하여야 한다.
  ㉢ 침수 및 누수의 우려가 없도록 시설하여야 한다.
  ㉣ 외벽 등 확인하기 쉬운 위치에 "전기저장장치 시설장소" 표기 및 일반인의 출입을 통제하기 위한 잠금장치 등을 설치해야 한다.

② 설비의 안전 요구사항

   ⊙ 충전부 등 노출부분은 절연 및 접촉방지를 위한 방호 시설물을 설치하여야 한다.

   ⓛ 고장이나 외부 환경요인으로 인하여 비상상황 발생 또는 출력에 문제가 있을 경우 안전하게 작동하기 위한 비상정지 스위치 등을 시설하여야 한다.

   ⓒ 모든 부품은 충분한 내열성을 확보하여야 한다.

   ⓔ 동일 구획 내 직병렬로 연결된 전기장치는 식별이 용이하도록 명판을 부착하여 장치 간 연결이 잘못되지 않도록 해야 한다.

   ⓜ 부식환경에 노출되는 경우, 금속제 및 부속품은 부식되지 않도록 녹방지 및 방식 처리를 하여야 한다.

③ 옥내 전로의 대지전압 제한

주택의 전기저장장치의 축전지에 접속하는 부하측 옥내배선을 다음에 따라 시설하는 경우에 주택의 옥내전로의 대지전압은 직류 600V 이하이어야 한다.

   ⊙ 전로에 지락이 생겼을 때 자동적으로 전로를 차단하는 장치를 시설한 경우

   ⓛ 사람이 접촉할 우려가 없는 은폐된 장소에 합성수지관배선, 금속관배선 및 케이블배선에 의하여 시설하거나 사람이 접촉할 우려가 없도록 케이블배선에 의하여 시설하고 전선에 적당한 방호장치를 시설한 경우

(3) 전기저장장치의 시설(KEC 511.2)

① 전기배선의 굵기 : 2.5mm^2 이상의 연동선

② 충전 및 방전 기능

   ⊙ 충전기능

     • 전기저장장치는 배터리의 SOC특성(충전상태 : State of Charge)에 따라 제조자가 제시한 정격으로 충전할 수 있어야 한다.

     • 충전할 때에는 전기저장장치의 충전상태 또는 배터리상태를 시각화하여 정보를 제공해야 한다.

   ⓛ 방전기능

     • 전기저장장치는 배터리의 SOC특성에 따라 제조자가 제시한 정격으로 방전할 수 있어야 한다.

     • 방전할 때에는 전기저장장치의 방전상태 또는 배터리상태를 시각화하여 정보를 제공해야 한다.

③ 전기저장장치의 이차전지는 다음에 따라 자동으로 전로로부터 차단하는 장치를 시설하여야 한다.

   ⊙ 과전압 또는 과전류가 발생한 경우

   ⓛ 제어장치에 이상이 발생한 경우

   ⓒ 이차전지 모듈의 내부 온도가 급격히 상승할 경우

④ 계측장치

전기저장장치를 시설하는 곳에는 다음의 사항을 계측하는 장치를 시설하여야 한다.

   ⊙ 축전지 출력단자의 전압, 전류, 전력 및 충·방전상태

   ⓛ 주요변압기의 전압, 전류 및 전력

(4) 태양광발전설비(KEC 520)

※ 주택의 전기저장장치의 축전지에 접속하는 부하측 옥내배선을 시설하는 경우에 주택의 옥내전로의 대지전압은 직류 600V 까지 적용할 수 있다.

① 설치장소의 요구사항

   ⊙ 인버터, 제어반, 배전반 등의 시설은 기기 등을 조작 또는 보수점검할 수 있는 충분한 공간을 확보하고 필요한 조명설비를 시설하여야 한다.

   ⓒ 인버터 등을 수납하는 공간에는 실내온도의 과열 상승을 방지하기 위한 환기시설을 갖추어야 하며, 적정한 온도와 습도를 유지하도록 시설하여야 한다.

   ⓒ 배전반, 인버터, 접속장치 등을 옥외에 시설하는 경우 침수의 우려가 없도록 시설하여야 한다.

   ⓔ 지붕에 시설하는 경우 취급자가 추락의 위험이 없도록 점검통로를 안전하게 시설하여야 한다.

   ⓜ 최대개방전압 DC 750V 초과 1,500V 이하인 시설장소는 울타리 등의 안전조치를 해야 한다.

② 설비의 안전 요구사항

   ⊙ 태양전지 모듈, 전선, 개폐기 및 기타 기구는 충전부분이 노출되지 않도록 시설하여야 한다.

   ⓒ 모든 접속함에는 내부의 충전부가 인버터로부터 분리된 후에도 여전히 충전상태일 수 있음을 나타내는 경고가 붙어 있어야 한다.

   ⓒ 태양광설비의 고장이나 외부 환경요인으로 인하여 계통연계에 문제가 있을 경우 회로분리를 위한 안전시스템이 있어야 한다.

③ 태양광설비의 시설

   ⊙ 간선의 시설기준(전기배선)

      • 모듈 및 기타 기구에 전선을 접속하는 경우는 나사로 조이고, 기타 이와 동등 이상의 효력이 있는 방법으로 기계적 · 전기적으로 안전하게 접속하고, 접속점에 장력이 가해지지 않아야 한다.

      • 배선시스템은 바람, 결빙, 온도, 태양방사와 같은 외부 영향을 견디도록 시설하여야 한다.

      • 모듈의 출력배선은 극성별로 확인할 수 있도록 표시하여야 한다.

      • 기타 사항은 KEC 512.1.1(전기저장장치의 전기배선)에 따라야 한다.

   ⓒ 전력변환장치의 시설 : 인버터, 절연변압기 및 계통 연계 보호장치 등 전력변환장치의 시설은 다음에 따라 시설하여야 한다.

      • 인버터는 실내 · 실외용을 구분하여야 한다.

      • 각 직렬군의 태양전지 개방전압은 인버터 입력전압 범위 이내이어야 한다.

      • 옥외에 시설하는 경우 방수등급은 IPX4 이상이어야 한다.

   ⓒ 태양광설비의 계측장치 : 태양광설비에는 전압, 전류 및 전력을 계측하는 장치를 시설하여야 한다.

   ⓔ 제어 및 보호장치 등

      • 중간단자함 및 어레이 출력 개폐기는 다음과 같이 시설하여야 한다.

        − 태양전지 모듈에 접속하는 부하측의 태양전지 어레이에서 전력변환장치에 이르는 전로(복수의 태양전지 모듈을 시설한 경우에는 그 집합체에 접속하는 부하측의 전로)에는 그 접속점에 근접하여 개폐기 기타 이와 유사한 기구(부하전류를 개폐할 수 있는 것에 한한다)를 시설하여야 한다.

        − 어레이 출력개폐기는 점검이나 조작이 가능한 곳에 시설하여야 한다.

      • 이 외에도 과전류 및 지락 보호장치, 접지설비, 피뢰설비 등을 시설하여야 한다.

(5) 풍력발전설비(KEC 530)

① 화재방호설비 시설(KEC 531.3)

500kW 이상의 풍력터빈은 나셀 내부의 화재 발생 시 이를 자동으로 소화할 수 있는 화재방호설비를 시설하여야 한다.

② 제어 및 보호장치 시설의 일반 요구사항(KEC 532.3.1)

  ㉠ 제어장치는 다음과 같은 기능 등을 보유하여야 한다.
  - 풍속에 따른 출력 조절
  - 출력제한
  - 회전속도제어
  - 계통과의 연계
  - 기동 및 정지
  - 계통 정전 또는 부하의 손실에 의한 정지
  - 요잉에 의한 케이블 꼬임 제한

  ㉡ 보호장치는 다음의 조건에서 풍력발전기를 보호하여야 한다.
  - 과풍속
  - 발전기의 과출력 또는 고장
  - 이상진동
  - 계통 정전 또는 사고
  - 케이블의 꼬임 한계

③ 접지설비

접지설비는 풍력발전설비 타워기초를 이용한 통합접지공사를 하여야 하며, 설비 사이의 전위차가 없도록 등전위본딩을 하여야 한다.

④ 계측장치의 시설(KEC 532.3.7)

풍력터빈에는 설비의 손상을 방지하기 위하여 운전상태를 계측하는 계측장치를 시설하여야 한다.
  ㉠ 회전속도계
  ㉡ 나셀(Nacelle) 내의 진동을 감시하기 위한 진동계
  ㉢ 풍속계
  ㉣ 압력계
  ㉤ 온도계

(6) 연료전지설비(KEC 540)

① 설치장소의 안전 요구사항(KEC 541.1)

  ㉠ 연료전지를 설치할 주위의 벽 등은 화재에 안전하게 시설하여야 한다.
  ㉡ 가연성 물질과 안전거리를 충분히 확보하여야 한다.
  ㉢ 침수 등의 우려가 없는 곳에 시설하여야 한다.
  ㉣ 연료전지설비는 쉽게 움직이거나 쓰러지지 않도록 견고하게 고정하여야 한다.
  ㉤ 연료전지설비는 건물 출입에 방해되지 않고 유지보수 및 비상시의 접근이 용이한 장소에 시설하여야 한다.

② 연료전지 발전실의 가스 누설 대책(KEC 541.2)
  ㉠ 연료가스를 통하는 부분은 최고사용 압력에 대하여 기밀성을 가지는 것이어야 한다.
  ㉡ 연료전지 설비를 설치하는 장소는 연료가스가 누설되었을 때 체류하지 않는 구조이어야 한다.
  ㉢ 연료전지 설비로부터 누설되는 가스가 체류 할 우려가 있는 장소에 해당 가스의 누설을 감지하고 경보하기 위한 설비를 설치하여야 한다.

③ 안전밸브(KEC 542.1.4)
  ㉠ 안전밸브가 1개인 경우는 그 배관의 최고사용압력 이하의 압력으로 한다. 다만, 배관의 최고사용 압력 이하의 압력에서 자동적으로 가스의 유입을 정지하는 장치가 있는 경우에는 최고사용압력 의 1.03배 이하의 압력으로 할 수 있다.
  ㉡ 안전밸브가 2개 이상인 경우에는 1개는 과압(통상의 상태에서 최고사용압력을 초과하는 압력) 에 준하는 압력으로 하고, 그 이외의 것은 그 배관의 최고사용압력의 1.03배 이하의 압력이어야 한다.

④ 연료전지설비의 보호장치(KEC 542.2.1)
  연료전지는 다음의 경우에 자동적으로 이를 전로에서 차단하고 연료전지에 연료가스 공급을 자동적 으로 차단하며, 연료전지 내의 연료가스를 자동적으로 배제하는 장치를 시설하여야 한다.
  ㉠ 연료전지에 과전류가 생긴 경우
  ㉡ 발전요소의 발전전압에 이상이 생겼을 경우 또는 연료가스 출구에서의 산소농도 또는 공기 출구 에서의 연료가스 농도가 현저히 상승한 경우
  ㉢ 연료전지의 온도가 현저하게 상승한 경우

⑤ 접지설비(KEC 542.2.5)
  ㉠ 접지극은 고장 시 근처의 대지 사이에 생기는 전위차에 의해 사람, 가축, 시설물에 위험의 우려가 없도록 시설할 것
  ㉡ 접지도체는 공칭단면적 $16mm^2$ 이상의 연동선 또는 이와 동등 이상의 세기 및 굵기의 쉽게 부식 하지 않는 금속선(저압 전로의 중성점에 시설하는 것은 공칭단면적 $6mm^2$ 이상의 연동선 또는 이와 동등 이상의 세기 및 굵기의 쉽게 부식하지 않는 금속선)으로서 고장 시 흐르는 전류가 안전 하게 통할 수 있는 것을 사용하고 손상을 받을 우려가 없도록 시설할 것
  ㉢ 접지도체에 접속하는 저항기·리액터 등은 고장 시 흐르는 전류가 안전하게 통할 것
  ㉣ 접지도체·저항기·리액터 등은 취급자 이외의 자가 출입하지 아니하도록 시설하는 경우 외에는 사람의 접촉의 우려가 없도록 시설할 것

정답 및 해설 p.054

01 크기가 어느 곳에서나 일정한 전계 내부에 비유전율이 2인 유전체 판을 수직으로 놓았을 때 판 내부의 전속밀도가 $8 \times 10^{-6} \text{C/m}^2$이었다. 이 유전체 내부의 분극의 세기는?

① $1 \times 10^{-6} \text{C/m}^2$　　　　　　② $2 \times 10^{-6} \text{C/m}^2$

③ $3 \times 10^{-6} \text{C/m}^2$　　　　　　④ $4 \times 10^{-6} \text{C/m}^2$

02 다음 중 패러데이관에 대한 설명으로 옳지 않은 것은?

① 패러데이관 밀도는 전속밀도와 같다.

② 패러데이관 내부의 전속수는 일정하다.

③ 진전하가 없는 점에서 패러데이관은 불연속이다.

④ 패러데이관에서의 단위전위차 에너지는 $\frac{1}{2}$J이다.

03 다음 글이 설명하는 법칙으로 옳은 것은?

> 회로의 접속점에서 볼 때, 접속점에 흘러 들어오는 전류의 합은 흘러 나가는 전류의 합과 같다.

① 키르히호프의 제1법칙　　　　② 키르히호프의 제2법칙

③ 플레밍의 오른손 법칙　　　　④ 앙페르의 오른나사 법칙

04 $C_1 = 10\mu\text{F}$, $C_2 = 3\mu\text{F}$, $C_3 = 6\mu$인 콘덴서 3개를 다음과 같이 연결한 후 직류 전원 180V를 인가하였다. 이 회로의 합성 정전용량과 C_2 콘덴서에 걸리는 전압은?

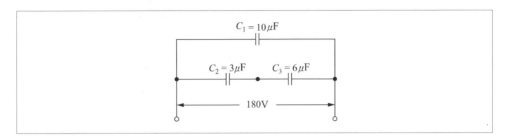

	합성 정전용량	전압
①	$12\mu\text{F}$	60V
②	$12\mu\text{F}$	120V
③	$16\mu\text{F}$	60V
④	$16\mu\text{F}$	120V

05 다음 그림과 같이 길이가 무한한 두 평행도선에 각각 I, $8I$의 전류가 같은 방향으로 흐르고 있다. 두 도선 사이의 점 P에서 측정한 자계의 세기가 0AT/m일 때, $\dfrac{b}{a}$의 값은?

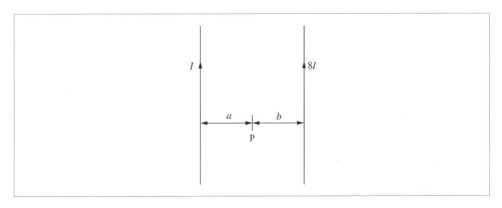

① $\dfrac{1}{8\pi}$ ② $\dfrac{1}{8}$

③ 8π ④ 8

06 다음 중 빈칸에 들어갈 말을 순서대로 바르게 나열한 것은?

패러데이의 법칙에 따르면 유도기전력의 크기는 코일을 지나는 ___㉠___ 의 매초 변화량과 코일의 ___㉡___ 에 비례한다.

	㉠	㉡
①	자속	굵기
②	자속	권수
③	전류	굵기
④	전류	권수

07 전위 함수가 $V(x, y, z) = 5x - 4z^2$로 주어질 때, 점$(0, 3, -2)$에서 전계의 방향은?

① $8\hat{k}$

② $5\hat{i} - 8\hat{k}$

③ $3\hat{j} + 2\hat{k}$

④ $-5\hat{i} - 16\hat{k}$

08 다음 중 전기력선에 대한 설명으로 옳지 않은 것은?

① 극성이 같은 전기력선은 흡입한다.

② 전기력선은 서로 교차하지 않는다.

③ 전기력선은 도체의 표면에 수직으로 출입한다.

④ 전기력선은 양전하의 표면에서 나와서 음전하의 표면으로 끝난다.

09 공기 중에 두 전하 10μC와 20μC를 1m 간격으로 놓았을 때 작용하는 정전력의 크기는?

① 20N

② 18N

③ 2N

④ 1.8N

10 공기 중에서 무한히 긴 두 도선 A, B가 평행하게 $d=1$m의 간격을 두고 있다. 이 두 도선 모두 1A의 전류가 같은 방향으로 흐를 때, 도선 B에 작용하는 단위길이 당 힘의 크기와 힘의 형태를 바르게 구한 것은?

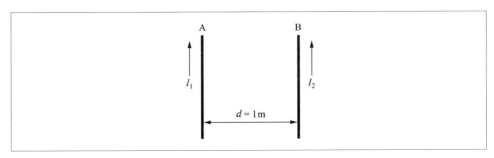

	힘의 크기	힘의 형태
①	4×10^{-7}N/m	흡인력
②	2×10^{-7}N/m	반발력
③	2×10^{-7}N/m	흡인력
④	4×10^{-7}N/m	반발력

11 다음 송전선로의 코로나 손실을 나타내는 Peek의 계산식에서 E_0가 의미하는 것은?

$$P = \frac{241}{\delta}(f+25)\sqrt{\frac{d}{2D}}(E-E_0)^2 \times 10^{-5}$$

① 송전단 전압

② 수전단 전압

③ 코로나 임계전압

④ 기준충격 절연강도 전압

12 다음 중 코로나 현상이 발생할 때, 그 영향으로 옳지 않은 것은?

① 고주파로 인한 통신선 유도 장해

② 질소 발생에 의한 전선의 부식

③ 소호리액터 접지 시 소호 능력 저하

④ 코로나 손실로 인한 송전 용량 감소

13 가공전선로의 지지물 간 거리가 220m, 전선의 자체무게가 20N/m, 인장하중 50kN일 때, 전선의 처짐정도는 약 얼마인가?(단, 안전율은 2.5이다)

① 6m

② 5m

③ 4m

④ 3m

14 다음 중 표피효과에 대한 설명으로 옳지 않은 것은?

① 주파수가 클수록 표피효과가 커진다.

② 투자율이 클수록 표피효과가 커진다.

③ 침투깊이가 깊을수록 표피효과가 커진다.

④ 전선의 도전율이 클수록 표피효과가 커진다.

15 다음 중 안정도에 대한 설명으로 옳지 않은 것은?

① 정태안정도는 전력 시스템이 천천히 증가하는 부하에 대하여 전력을 계속 공급할 수 있는 능력을 말한다.

② 과도안정도는 전력 계통에서 발전기 탈착, 부하 급변, 지락, 단락 따위의 급격한 움직임에 대하여 발전기가 안정 상태를 유지하는 정도이다.

③ 동태안정도는 여자기, 소속기 등 발전기의 제어 효과까지를 고려한 안정도이다.

④ 송전선 안정도 향상 방안으로 전압변동률 증가, 직렬 리액턴스 감소 등이 있다.

16 다음 중 소호리액터 접지방식에서 사용하는 탭의 크기는?

① 완전보상   ② (−)보상

③ 과보상   ④ 부족보상

17 3상 4선식 배전방식에서의 1선당 최대공급전력의 크기는?(단, 상전압 : V, 선전류 : I이다)

① $0.57\,VI$

② $0.75\,VI$

③ VI

④ $1.73\,VI$

18 디음 중 플리커 예방을 위한 전력공급측의 대책으로 옳지 않은 것은?

① 공급전압을 승압한다

② 전용의 변압기로 공급한다

③ 전원계통에 리액터분을 보상한다.

④ 단락용량이 큰 계통에서 공급한다.

19 다음 중 기력발전소에서 가장 많이 사용하는 열 사이클은?

① 재생재열 사이클

② 랭킨 사이클

③ 재열 사이클

④ 재생 사이클

20 유효낙차 80m, 최대사용유량 $25\text{m}^3/\text{s}$, 수차효율 87%, 발전기효율 97%인 수력발전소의 최대출력은?

① 약 13,230kW

② 약 15,880kW

③ 약 16,540kW

④ 약 18,670kW

21 부하율이 80%로 운전하는 화력발전소의 출력이 시간당 25,000kW일 때, 1일 석탄 소비량은?(단, 보일러 효율은 80%, 터빈의 열사이클 효율은 35%, 터빈 효율은 85%, 발전기효율은 75%이며, 석탄 발열량은 5,000kcal/kg이다)

① 약 455.2ton
② 약 458.7ton
③ 약 459.3ton
④ 약 462.5ton

22 다음 중 동기발전기를 병렬로 운전할 수 있는 조건으로 옳지 않은 것은?

① 기전력의 크기가 같을 것
② 기전력의 위상이 같을 것
③ 기전력의 주파수가 같을 것
④ 발전기의 초당 회전수가 같을 것

23 다음 중 동기전동기의 특징으로 옳지 않은 것은?

① 속도가 일정하다.
② 역률과 효율이 좋다.
③ 난조가 발생하지 않는다.
④ 기동 시 토크를 얻기 어렵다.

24 주파수 60Hz 회로에 접속되어 1,164rpm으로 회전하고 있는 유도전동기의 극수는?(단, 슬립은 3%이다)

① 5극 ② 6극
③ 7극 ④ 10극

25 다음 중 동기 발전기의 전기자 반작용에 대한 설명으로 옳지 않은 것은?

① 전기자 반작용은 부하 역률에 따라 크게 변화된다.
② 전기자 반작용의 결과 감자현상이 발생될 때 리액턴스의 값은 감소된다.
③ 전기자 전류에 의한 자속의 영향으로 감자 및 자화현상과 편자현상이 발생된다.
④ 계자 자극의 중심축과 전기자 전류에 의한 자속이 전기적으로 90°를 이룰 때 편자현상이 발생된다.

26 다음 중 직류기에서 전기자 반작용을 방지하기 위한 보상권선의 전류 방향은?

① 계자 전류의 방향과 같다.
② 계자 전류의 방향과 반대이다.
③ 전기자 전류 방향과 같다.
④ 전기자 전류 방향과 반대이다.

27 다음 단상 반파 정류 회로에서 R에 흐르는 직류 전류의 세기는?(단, V= 100V, R= $10\sqrt{2}$ Ω 이다)

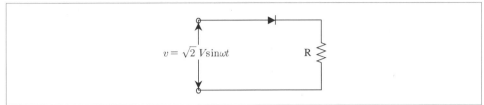

① 2.28A
② 3.2A
③ 4.5A
④ 7.07A

28 다음과 같은 회로에서 저항 R의 크기는?

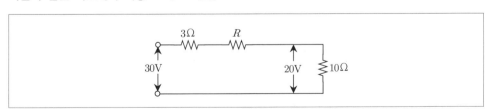

① 1Ω
② 2Ω
③ 3Ω
④ 4Ω

29 다음 중 전기회로의 과도 현상과 시상수와의 관계로 옳은 것은?

① 시상수가 클수록 과도 현상은 오래 지속된다.

② 고유응답이 초기값의 50%에 도달하는 데 걸린 시간이다.

③ 시상수와 과도 지속 시간은 관계가 없다.

④ 시상수는 전압의 크기에 비례한다.

30 $R=5\,\Omega$, $L=50\text{mH}$, $C=2\mu\text{F}$인 직렬 회로의 공진 주파수는 몇 Hz인가?

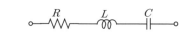

① 약 498Hz   ② 약 503Hz

③ 약 518Hz   ④ 약 523Hz

31 임피던스 $Z=6+j8\,\Omega$에서 서셉턴스의 크기는?

① 0.06℧   ② 0.08℧

③ 0.6℧   ④ 0.8℧

32 정전용량 20μF의 콘덴서에 100V, 60Hz인 사인파 전원을 가할 때, 용량리액턴스의 크기와 콘덴서에 흐르는 전류의 세기는?

	용량리액턴스(X_c)	전류의 세기(I_c)
①	약 $7.5 \times 10^{-3}\,\Omega$	약 1.3A
②	약 $132.63\,\Omega$	약 0.75A
③	약 $7.5 \times 10^{-3}\,\Omega$	약 13A
④	약 $132.63\,\Omega$	약 7.5A

33 다음과 같은 회로에 평형 3상 전원을 평형 3상 △ 결선 부하에 접속하였을 때 △ 결선 부하 1상의 유효전력이 P였다. 각 상의 임피던스의 크기는 Z로 유지하고 결선 방식만 △ 결선에서 Y결선으로 바꾸었을 때 Y결선의 부하전력은?

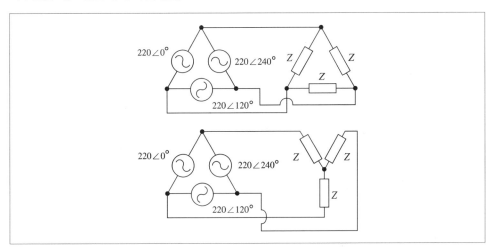

① $\dfrac{P}{3}$

② P

③ $\sqrt{3}\,P$

④ $3P$

34 어떤 교류회로의 전압과 전류의 순시값이 다음과 같을 때, 이 교류회로의 특성에 대한 설명으로 옳은 것은?

$$v(t) = 200\sqrt{2}\sin\left(\omega t + \frac{\pi}{6}\right)\text{V}$$

$$i(t) = 10\sin\left(\omega t + \frac{\pi}{3}\right)\text{A}$$

① 전류의 파고율은 10이다.

② 전압의 파형률은 1보다 작다.

③ 전압의 실효값은 $200\sqrt{2}$ V이다.

④ 위상이 30° 앞선 진상전류가 흐른다.

35 어떤 회로에 $v = 100\sqrt{2}\sin\left(120\pi t + \frac{\pi}{4}\right)$V의 전압을 가했더니 $i = 10\sqrt{2}\sin\left(120\pi t - \frac{\pi}{4}\right)$A 의 전류가 흘렀다. 이 회로의 역률은?

① 0

② $\dfrac{1}{\sqrt{2}}$

③ 0.1

④ 1

36 어떤 부하에 100V, 5A의 교류 전류가 흐르고 역률이 90%일 때 부하의 유효 전력은?

① 20W

② 50W

③ 100W

④ 450W

37 등전위본딩의 본딩도체로 직접 접속할 수 없는 장소는 무엇으로 연결하여야 하는가?

① 접지선
② 본딩도체
③ 서지보호장치
④ 금속체 도전성 부분

38 접지극을 시설할 때 동결 깊이를 감안하여 지하 몇 cm 이상의 깊이로 매설하여야 하는가?

① 60cm
② 75cm
③ 90cm
④ 100cm

39 최대사용전압이 23,000V인 중성점 비접지식전로의 절연내력 시험전압은 몇 V인가?

① 16,560V
② 21,160V
③ 25,300V
④ 28,750V

40 다음 중 빈칸 ㉠, ㉡에 들어갈 단어가 바르게 연결된 것은?

지중전선로는 기설 지중약전류전선로에 대하여 ___㉠___ 또는 ___㉡___ 에 의하여 통신상의 장해를 주지 않도록 기설 약전류전선으로부터 충분히 이격시키거나 기타 적당한 방법으로 시설하여야 한다.

	㉠	㉡
①	정전용량	표피작용
②	정전용량	유도작용
③	누설전류	표피작용
④	누설전류	유도작용

41 지지물이 A종 철큰콘트리트주일 때, 고압 가공전선로의 지지물 간 거리는 최대 몇 m인가?

① 150m

② 250m

③ 400m

④ 600m

42 발전기의 용량에 관계없이 자동적으로 이를 전로로부터 차단하는 장치를 시설하여야 하는 경우는?

① 베어링의 과열

② 과전류 인입

③ 압유제어장치의 전원전압

④ 발전기 내부고장

43 발전소 · 변전소 · 개폐소 또는 이에 준하는 곳에서 개폐기 또는 차단기에 사용하는 압축공기장치의 공기압축기는 최고 사용압력의 1.5배의 수압을 연속하여 몇 분간 가하여 시험을 하였을 때에 이에 견디고 또한 새지 아니하여야 하는가?

① 5분

② 10분

③ 15분

④ 20분

44 다음 중 피뢰기의 설치 장소로 옳지 않은 곳은?

① 특고압 가공전선로에 접속하는 배전용 변압기의 고압측 및 특고압측

② 고압 및 특고압 가공전선로로부터 공급을 받는 수용장소의 인입구

③ 특고압 가공전선로와 지선이 접속하는 곳

④ 발전소, 변전소 또는 이에 준하는 장소의 가공전선 인입구 및 인출구

45 다음 중 옥내 저압전선으로 나전선을 사용할 수 없는 경우는?

① 금속관공사에 의하여 시설하는 경우

② 버스덕트공사에 의하여 시설하는 경우

③ 라이팅덕트공사에 의하여 시설하는 경우

④ 애자사용공사에 의하여 전개된 곳에 전기로용 전선을 시설하는 경우

46 다음 중 공통 중성선 다중접지방식 계통에서 사고 발생 시 정전 발생 없이 보호협조를 위해 사고 구간만을 제거할 수 있도록 하는 개폐기의 설치순서를 바르게 나열한 것은?

① 변전소 차단기 → 리클로저 → 섹셔널라이저 → 라인퓨즈

② 변전소 차단기 → 리클로저 → 라인퓨즈 → 섹셔널라이저

③ 변전소 차단기 → 섹셔널라이저 → 라인퓨즈 → 리클로저

④ 변전소 차단기 → 섹셔널라이저 → 리클로저 → 라인퓨즈

47 다음 중 차단기와 아크 소호원리의 연결이 옳지 않은 것은?

① GCB : 고성능 절연특성을 가진 가스를 이용하여 차단

② OCB : 절연유의 분해 가스 흡부력을 이용하여 소호

③ MBB : 전자력을 이용하여 아크를 소호

④ VCB : 공기의 자연소호방식을 이용하여 소호

48 다음 4단자 회로망에서 부하 Z_L을 개방할 때, 입력 어드미턴스는?(단, s는 복소주파수이다)

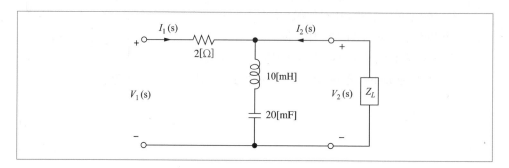

① $\dfrac{100s}{s^2+200s+5{,}000}$

② $\dfrac{100s}{s^2+200s-5{,}000}$

③ $\dfrac{s}{s^2+200s+5{,}000}$

④ $\dfrac{s}{s^2+200s-5{,}000}$

49 서로 다른 유전체의 경계면에서 발생되는 전기적 현상에 대한 설명으로 옳은 것은?

① 전속밀도는 유전율이 큰 영역에서 크기가 줄어든다.

② 전계의 세기는 유전율이 작은 영역에서 크기가 줄어든다.

③ 경계면에서 전계 세기의 접선 성분은 유전율의 차이로 달라진다.

④ 경계면에서 전속밀도의 법선 성분은 유전율의 차이에 관계없이 같다.

50 직류분권 전동기의 기동방법 중 기동토크를 크게 하기 위한 방법으로 옳은 것은?

① 기동 토크를 작게 한다.

② 기동 토크를 크게 한다.

③ 계자 저항기의 저항 값을 크게 한다.

④ 계자 저항기의 저항 값을 0으로 한다.

PART 3
최종점검 모의고사

최종점검 모의고사

■ 취약영역 분석

| 01 | 직업기초능력평가

번호	O/×	영역	번호	O/×	영역	번호	O/×	영역
01		의사소통능력	18		수리능력	35		수리능력
02		의사소통능력	19		수리능력	36		의사소통능력
03		의사소통능력	20		문제해결능력	37		의사소통능력
04		의사소통능력	21		자원관리능력	38		의사소통능력
05		조직이해능력	22		자원관리능력	39		정보능력
06		조직이해능력	23		자원관리능력	40		정보능력
07		자원관리능력	24		의사소통능력	41		정보능력
08		문제해결능력	25		의사소통능력	42		정보능력
09		문제해결능력	26		의사소통능력	43		문제해결능력
10		문제해결능력	27		문제해결능력	44		문제해결능력
11		문제해결능력	28		문제해결능력	45		문제해결능력
12		자원관리능력	29		문제해결능력	46		수리능력
13		자원관리능력	30		자원관리능력	47		수리능력
14		자원관리능력	31		자원관리능력	48		수리능력
15		자원관리능력	32		문제해결능력	49		수리능력
16		수리능력	33		수리능력	50		수리능력
17		수리능력	34		수리능력			

| 02 | 직무수행능력평가

번호	51	52	53	54	55	56	57	58	59	60	61	62	63	64	65	66	67	68	69	70
O/×																				
번호	71	72	73	74	75	76	77	78	79	80	81	82	83	84	85	86	87	88	89	90
O/×																				
번호	91	92	93	94	95	96	97	98	99	100										
O/×																				

평가문항	100문항	평가시간	120분
시작시간	:	종료시간	:
취약영역			

01   직업기초능력평가

※ 다음 글을 읽고 이어지는 질문에 답하시오. [1~3]

우리 현대인은 대인 관계에 있어서 가면을 쓰고 살아간다. 물론 그것이 현대 사회를 살아가기 위한 인간의 기본적인 조건인지도 모른다. 사회학자 어빙 고프먼은 사람이 다른 사람과 교제를 할 때, 상대방에 대한 자신의 인상을 관리하려는 속성이 있다는 점을 강조한다. 즉, 사람들은 대체로 남 앞에 나설 때에는 가면을 쓰고 연기를 하는 배우와 같이 행동한다는 것이다.

왜 그런 상황이 발생하는 것일까? 그것은 주로 대중문화의 속성에 기인한다. 사실 20세기의 대중문화는 과거와는 다른 새로운 인간형을 탄생시키는 배경이 되었다고 할 수 있다. 특히, 광고는 내가 다른 사람의 눈에 어떻게 보일 것인가 하는 점을 끊임없이 반복하고 강조함으로써 ㉮ 사람들에게 조바심이나 공포감을 불러일으키기까지 한다. 그 중에서도 외모와 관련된 제품의 광고는 개인의 삶의 의미가 '자신이 남에게 어떤 존재로 보이느냐.'라는 것을 무수히 주입시킨다. 역사학자들도 '연기하는 자아'의 개념이 대중문화의 부상과 함께 더욱 의미 있는 것이 되었다고 말한다. 그들은 적어도 20세기 초부터 성공은 무엇을 잘하고 열심히 하는 것이 아니라 인상 관리를 어떻게 하느냐에 달려 있다고 한다. 이렇게 자신의 일관성을 잃고 상황에 따라 적응하게 되는 현대인들은 대중매체가 퍼뜨리는 유행에 민감하게 반응하는 과정에서 자신의 취향을 형성해 가고 있다.

이렇듯 현대인의 새로운 타자 지향적인 삶의 태도는 개인에게 다른 사람들의 기대와 순간의 욕구에 의해 채워져야 할 빈 공간이 될 것을 요구했다. 현대 사회에서 각 개인은 사회 적응을 위해 역할 수행자가 되어야 하고, 자기 스스로 자신의 연기를 모니터하면서 상황에 따라 편리하게 사회적 가면을 쓰고 살아가게 되었다. 이는 세련되었다는 평을 받는 사람들의 경우에 더욱 그러하다. 흔히 거론되는 신세대 문화의 특성 중 하나도 사회적 가면의 착용이라고 볼 수 있다. 물론 신세대는 구세대에 비해 훨씬 더 솔직하고 가식이 없다는 장점을 지니고 있다. 여기서 가면은 특정한 목적을 위해 자기를 감추거나 누구를 속인다는 부정적인 의미만을 갖고 있는 것은 아니다. 다만, 신세대는 남에게 보이는 자신의 모습에서 만족을 느끼는 정도가 크기 때문에 그런 만족을 얻기 위해 기울이는 노력이 크고, 그것은 자신의 자아를 돌아볼 여유도 없이 가면에만 충실하게 되는 것이다.

㉠ 과거를 향유했던 사람들은 비교적 사람의 내면세계를 중요시했다. 겉으로 드러나는 모습은 허울에 불과하다고 믿었기 때문이다. 그러나 ㉡ 현시대를 살아가는 사람들의 모습을 보면 인간관계에 있어, 그 누구도 타인의 내면세계를 깊이 알려고 하지 않거니와 사실 그럴만한 시간적 여유도 없는 경우가 많다. 그런 이유로 무언가 느낌으로 와 닿는 것만을 중시하며 살아간다. 그 느낌이란 것은 꼭 말로 설명할 수는 없다 하더라도 겉으로 드러난 모습에 의해 영향을 받게 마련이다. 옷차림새나 말투 하나만 보고도 금방 그 어떤 느낌이 형성될 수도 있는 것이다. 사람을 단지 순간적으로 느껴지는 겉모습만으로 판단한다는 것은 위험하기 짝이 없는 일임에도 불구하고, 현대인들은 겉모습에서 주어지는 인상에 의해 상대방을 파악하고 인식하는 것을 거부하지 못하는 데에 문제가 있다.

01 다음 중 윗글의 글쓴이가 궁극적으로 말하고자 하는 것은?

① 현대인들은 세대 간에 이해의 폭을 넓혀야 한다.
② 현대인들은 자아 중심적 세계에서 벗어나야 한다.
③ 현대인들은 자신의 내면적 가치를 추구해야 한다.
④ 현대인들은 남과 더불어 사는 삶을 추구해야 한다.

PART 3

02 다음 중 ㉠의 입장에서 ㉡을 비판할 수 있는 속담으로 가장 적절한 것은?

① 뚝배기보다 장맛이다.
② 겉이 고우면 속도 곱다.
③ 같은 값이면 다홍치마다.
④ 장님 코끼리 만지기 격이다.

03 다음 중 ㉮의 사례로 가장 적절하지 않은 것은?

① 홈쇼핑 광고를 보던 주부가 쇼핑 도우미의 말을 듣고 그 물건을 사지 않으면 자기만 손해를 보는 것 같아 상품을 주문하였다.
② 여학생이 극장에서 공포영화에서 화장실 귀신이 나오는 장면을 본 후로는, 화장실 가기가 무서워 꼭 친구들과 함께 가게 되었다.
③ 한 소녀가 살을 빼는 식품 광고에 나오는 다른 소녀의 마른 모습을 본 후, 자신은 살이 많이 쪘다고 생각하여 살을 빼려고 운동을 시작했다.
④ 텔레비전 오락 프로그램에 나온 연예인들이 입고 있는 멋진 옷을 본 사람이 그 옷을 입지 않으면 유행에 뒤떨어질 사람으로 보일 것 같아 그 옷을 구매했다.

04 다음 글의 주제로 가장 적절한 것은?

누구나 깜빡 잊어버리는 증상을 겪을 수 있다. 나이가 들어서 자꾸 이런 증상이 나타난다면 치매가 아닐까 걱정하게 마련인데 이 중 정말 치매인 경우와 단순 건망증을 어떻게 구분해 낼 수 있을까? 치매란 기억력 장애와 함께 실행증, 집행기능의 장애 등의 증상이 나타나며 이런 증상이 사회적, 직업적 기능에 중대한 지장을 주는 경우라고 정의한다. 증상은 원인 질환의 종류 및 정도에 따라 다른데 아주 가벼운 기억장애부터 매우 심한 행동장애까지 다양하게 나타난다. 일상생활은 비교적 정상적으로 수행하지만 뚜렷한 건망증이 있는 상태를 '경도인지장애'라고 하는데 경도인지장애는 매년 10 ~ 15%가 치매로 진행되기 때문에 치매의 위험인자로 불린다. 모든 치매 환자에게서 공통으로 보이는 증상은 기억장애와 사고력, 추리력, 언어능력 등의 영역에서 동시에 장애를 보이는 것이며 인격 장애, 공격성, 성격의 변화와 비정상적인 행동들도 치매가 진행됨에 따라 나타날 수 있는 증상들이다. 국민건강보험 일산병원 신경과 교수는 "치매를 예방하기 위해서는 대뇌 활동 참여, 운동, 뇌졸중 예방, 식습관 개선 및 음주, 흡연을 자제해야 한다."라고 말했다.

한편 치매는 시간이 지나면 악화되고 공격성, 안절부절 못함, 수면장애, 배회 등과 여러 행동이상을 보이며 시간이 지나면서 기억력 저하 등의 증상보다는 이런 행동이상에 의한 문제가 더 크기 때문에 행동이상에 대한 조사도 적절히 시행돼야 한다.

① 치매의 의미
② 치매의 종류
③ 인지장애단계 구분
④ 건망증의 분류

05 다음 글의 빈칸 (가), (나)에 들어갈 말이 바르게 연결된 것은?

 (가) 은 조직의 구조, 기능, 규정 등이 조직화되어 있는 조직을 의미하며, (나) 은 개인들의 협동과 상호작용에 따라 형성된 자발적인 집단 조직이다. 즉, (나) 은 인간관계에 따라 형성된 것으로, 조직이 발달해 온 역사를 보면 (나) 으로부터 공식화가 진행되어 (가) 로 발전해 왔다.

	(가)	(나)
①	1차 집단	2차 집단
②	영리조직	비영리조직
③	공식조직	비공식조직
④	내집단	외집단

06 인사팀 채부장은 신입사원들을 대상으로 조직의 의미에 대해 다음과 같이 설명하였다. 이에 근거한 조직으로 적절하지 않은 것은?

> 조직은 특정한 목적을 추구하기 위하여 의도적으로 구성된 사람들의 집합체로, 외부환경과 여러 가지 상호 작용을 하는 사회적 단위라고 말할 수 있다. 이러한 상호 작용이 유기적인 협력체제하에서 행해지면서 조직이 추구하는 목적을 달성하기 위해서는 내부적인 구조가 있어야만 한다. 어떤 특정한 조직구성원들의 공통된 목표를 달성하기 위하여 업무와 기능의 분배, 권한과 위임을 통해 여러 사람의 활동을 합리적으로 조정한 것이야말로 조직의 정의를 가장 잘 나타내주는 말이라고 할 수 있다.

① 영화 촬영을 위해 모인 스태프와 배우들
② 주말을 이용해 춘천까지 다녀오기 위해 모인 자전거 동호회원들
③ 열띤 응원을 펼치고 있는 야구장의 관중들
④ 야간자율학습을 하고 있는 K고등학교 3학년 2반 학생들

07 직원 수가 100명인 K회사에서 치킨을 주문하려고 한다. 2명이 1마리를 나눠 먹는다고 할 때, 최소 비용으로 치킨을 먹을 수 있는 방법은?

구분	정가	할인	
		방문 포장 시	단체 주문 시(50마리 이상)
A치킨	15,000원/마리	35%	5%
B치킨	13,000원/마리	20%	3%

※ 방문 포장 시 유류비와 이동할 때의 번거로움 등을 계산하면 A치킨은 50,000원, B치킨은 15,000원의 비용이 든다.
※ 중복 할인이 가능하며, 중복 할인 시 할인율을 더한 값으로 계산한다.

① A치킨에서 방문 포장한다.
② B치킨에서 방문 포장한다.
③ A치킨에서 배달을 시킨다.
④ B치킨에서 배달을 시킨다.

※ 유통업체인 K사는 유통대상의 정보에 따라 12자리로 구성된 분류코드를 부여하여 관리하고 있다. 다음 자료를 보고 이어지는 질문에 답하시오. [8~9]

〈분류코드 생성 방법〉

- 분류코드는 한 개의 상품당 하나가 부과된다.
- 분류코드는 '발송코드 – 배송코드 – 보관코드 – 운송코드 – 서비스코드'가 순서대로 연속된 12자리 숫자로 구성되어 있다.
- 발송지역

발송지역	발송코드	발송지역	발송코드	발송지역	발송코드
수도권	a1	강원	a2	경상	b1
전라	b2	충청	c4	제주	t1
기타	k9	–	–	–	–

- 배송지역

배송지역	배송코드	배송지역	배송코드	배송지역	배송코드
서울	011	인천	012	강원	021
경기	103	충남	022	충북	203
경남	240	경북	304	전남	350
전북	038	제주	040	광주	042
대구	051	부산	053	울산	062
대전	071	세종	708	기타	009

- 보관구분

보관구분	보관코드	보관구분	보관코드	보관구분	보관코드
냉동	FZ	냉장	RF	파손주의	FG
고가품	HP	일반	GN	–	–

- 운송수단

운송수단	운송코드	운송수단	운송코드	운송수단	운송코드
5톤 트럭	105	15톤 트럭	115	30톤 트럭	130
항공운송	247	열차수송	383	기타	473

- 서비스 종류

배송서비스	서비스코드	배송서비스	서비스코드	배송서비스	서비스코드
당일 배송	01	지정일 배송	02	일반 배송	10

※ 수도권은 서울, 경기, 인천 지역이다.

08 다음 분류코드로 확인할 수 있는 정보로 옳지 않은 것은?

c4304HP11501

① 해당 제품은 충청지역에서 발송되어 경북지역으로 배송되는 제품이다.
② 냉장보관이 필요한 제품이다.
③ 15톤 트럭에 의해 배송될 제품이다.
④ 당일 배송 서비스가 적용된 제품이다.

09 다음 〈조건〉에 따라 제품 A에 부여될 분류코드로 옳은 것은?

> **조건**
> • A는 Q업체가 7월 5일에 경기도에서 울산지역에 위치한 구매자에게 발송한 제품이다.
> • 수산품인 만큼, 냉동 보관이 필요하며, 발송자는 택배 도착일을 7월 7일로 지정하였다.
> • A는 5톤 트럭을 이용해 배송된다.

① k9062RF10510　　　　　　② a1062FZ10502
③ a1062FZ11502　　　　　　④ a1103FZ10501

10 다음 중 제시된 상품 마케팅 사례를 SCAMPER 방법론에 따라 분석하였을 때, 가장 연관성이 높은 기법은?

- 제품명 : 텀블러 블렌더
- 제품 특징 : 텀블러를 들고 다니며 내용물을 마실 수 있으며, 텀블러의 뚜껑에 블렌더 날과 모터가 내장되어 있어 텀블러를 뒤집고 버튼을 누르면 모터가 작동되어 블렌더로 텀블러 내부 내용물을 분쇄한다.

① Substitute　　　　　　　　　② Combine
③ Adapt　　　　　　　　　　　④ Eliminate

11 K공사는 사무실 리모델링을 하면서 기획조정 1 ~ 3팀과 미래전략 1 ~ 2팀, 홍보팀, 보안팀, 인사팀의 사무실 위치를 변경하였다. 다음 〈조건〉과 같이 적용되었을 때, 변경된 사무실 위치에 대한 설명으로 옳은 것은?

1실	2실	3실	4실
복도			
5실	6실	7실	8실

조건
- 기획조정 1팀과 미래전략 2팀은 홀수실이며, 복도를 사이에 두고 마주보고 있다.
- 홍보팀은 5실이다.
- 미래전략 2팀과 인사팀은 나란히 있다.
- 보안팀은 홀수실이며, 맞은편 대각선으로 가장 먼 곳에는 인사팀이 있다.
- 기획조정 3팀과 2팀은 한 실을 건너 나란히 있고, 2팀이 3팀보다 실 번호가 높다.

① 인사팀은 6실에 위치한다.
② 미래전략 2팀과 기획조정 3팀은 같은 라인에 위치한다.
③ 기획조정 1팀은 기획조정 2팀과 3팀 사이에 위치한다.
④ 미래전략 1팀은 7실에 위치한다.

12 K공사에서 승진 대상자 후보 중 2명을 승진시키려고 한다. 승진의 조건은 동료평가에서 '하'를 받지 않고 합산점수가 높은 순이다. 합산점수는 100점 만점의 점수로 환산한 승진시험 성적, 영어 성적, 성과 평가의 수치를 합산하여 계산한다. 승진시험의 만점은 100점, 영어 성적의 만점은 500점, 성과 평가의 만점은 200점이라고 할 때, 승진 대상자는?

〈K공사 승진 대상자 후보 평가 현황〉

구분	승진시험 성적	영어 성적	동료 평가	성과 평가
A	80	400	중	120
B	80	350	상	150
C	65	500	상	120
D	70	400	중	100
E	95	450	하	185
F	75	400	중	160
G	80	350	중	190
H	70	300	상	180
I	100	400	하	160
J	75	400	상	140
K	90	250	중	180

① A, C

② B, K

③ E, I

④ F, G

13 K사는 역량평가를 통해 등급을 구분하여 성과급을 지급한다. K사의 성과급 등급 기준이 아래와 같을 때, 〈보기〉의 A~D직원 중 S등급에 해당하는 사람은 누구인가?

〈성과급 점수별 등급〉

S등급	A등급	B등급	C등급
90점 이상	80점 이상	70점 이상	70점 미만

〈역량평가 반영 비율〉

구분	기본역량	리더역량	직무역량
차장	20%	30%	50%
과장	30%	10%	60%
대리	50%	–	50%
사원	60%	–	40%

※ 성과급 점수는 역량 점수(기본역량, 리더역량, 직무역량)를 직급별 해당 역량평가 반영 비율에 적용한 합산 점수이다.

보기

구분	직급	기본역량 점수	리더역량 점수	직무역량 점수
A	대리	85점	–	90점
B	과장	100점	85점	80점
C	사원	95점	–	85점
D	차장	80점	90점	85점

① A대리

② B과장

③ C사원

④ D차장

14 다음 대화에서 시간관리에 대해 바르게 이해하고 있는 사람은?

> A사원 : 나는 얼마 전에 맡은 중요한 프로젝트도 무사히 마쳤어. 나는 회사에서 주어진 일을 잘하고 있기 때문에 시간관리도 잘하고 있다고 생각해.
>
> B사원 : 마감 기한을 넘기더라도 일을 완벽하게 끝내야 한다는 생각은 잘못되었다고 생각해. 물론 완벽하게 일을 끝내는 것도 중요하지만, 모든 일은 정해진 기한을 넘겨서는 안 돼.
>
> C사원 : 나는 달력에 모든 일정을 표시해 두었어. 이번 달에 해야 할 일도 포스트잇에 표시해 두고 있지. 이 정도면 시간관리를 잘하고 있는 것 아니겠어?
>
> D사원 : 내가 하는 일은 시간관리와는 조금 거리가 있어. 나는 영감이 떠올라야 작품을 만들 수 있는데 어떻게 일정에 맞춰서 할 수 있겠어. 시간관리는 나와 맞지 않는 일이야.

① A사원
② B사원
③ C사원
④ D사원

PART 3

15 K공사는 영농철을 맞아 하루 동안 B마을의 농촌일손돕기 봉사활동을 한다. 1팀, 2팀, 3팀이 팀별로 점심시간을 제외하고 2시간씩 번갈아가면서 모내기 작업을 도울 예정이다. 봉사활동을 하는 날의 하루 스케줄이 다음과 같을 때, 2팀이 일손을 도울 가장 적절한 시간은 언제인가?(단, 팀별로 시간은 겹칠 수 없으며 2시간 연속으로 일한다)

〈팀별 스케줄〉

시간	팀별 스케줄		
	1팀	2팀	3팀
09:00 – 10:00	상품기획 회의		시장조사
10:00 – 11:00			
11:00 – 12:00			비품 요청
12:00 – 13:00	점심시간		
13:00 – 14:00			사무실 청소
14:00 – 15:00	업무지원	상품기획 회의	
15:00 – 16:00			
16:00 – 17:00	경력직 면접		마케팅 전략 회의
17:00 – 18:00			

① 10:00 ～ 12:00
② 11:00 ～ 13:00
③ 15:00 ～ 17:00
④ 16:00 ～ 18:00

16 농도가 30%인 설탕물에서 물 50g을 증발시켜 35% 농도의 설탕물을 만들었다. 여기에 설탕을 더 넣어 40% 농도의 설탕물을 만든다면, 몇 g의 설탕을 추가해야 하는가?

① 20g

② 25g

③ 30g

④ 35g

17 K대리가 A지점에서 출발하여 B지점까지 가는데 중간 경유지인 X, Y, Z지점을 경유하지 않고 가는 최단 경로의 수는?

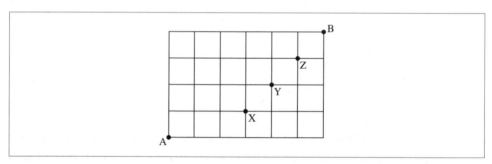

① 46가지

② 48가지

③ 50가지

④ 52가지

18 흰 구슬 3개, 검은 구슬 5개가 들어있는 주머니에서 연속해서 3개의 구슬을 꺼내려고 한다. 이때 흰 구슬 2개, 검은 구슬 1개를 꺼낼 확률은?(단, 꺼낸 구슬은 다시 넣지 않는다)

① $\dfrac{11}{56}$

② $\dfrac{15}{56}$

③ $\dfrac{17}{56}$

④ $\dfrac{23}{56}$

19 다음은 2023년 8월 ~ 2024년 2월의 지하철 승차인원에 관한 자료이다. 이에 대한 설명으로 옳지 않은 것은?

<지하철 승차인원>

(단위 : 만 명)

구분	2023년 8월	2023년 9월	2023년 10월	2023년 11월	2023년 12월	2024년 1월	2024년 2월
1호선	818	731	873	831	858	801	819
2호선	4,611	4,043	4,926	4,748	4,847	4,569	4,758
3호선	1,664	1,475	1,807	1,752	1,802	1,686	1,725
4호선	1,692	1,497	1,899	1,828	1,886	1,751	1,725
5호선	1,796	1,562	1,937	1,910	1,939	1,814	1,841
6호선	1,020	906	1,157	1,118	1,164	1,067	1,071
7호선	2,094	1,843	2,288	2,238	2,298	2,137	2,160
8호선	548	480	593	582	595	554	566
합계	14,243	12,537	15,480	15,007	15,389	14,379	14,665

① 2023년 10월의 전체 승차인원이 가장 많았다.

② 8호선의 2024년 2월 승차인원은 2023년 8월 대비 3% 이상 증가했다.

③ 3호선과 4호선의 승차인원 차이는 2023년 12월에 가장 컸다.

④ 2호선과 8호선의 전월 대비 2023년 9월 ~ 2024년 2월의 증감 추이는 같다.

20 K공사의 사원 A ~ E는 다음 〈조건〉에 따라 야근을 할 때, 수요일에 야근하는 사람은?

> **조건**
> • 사장님이 출근할 때는 모든 사람이 야근을 한다.
> • E는 화요일에 야근을 한다.
> • A가 야근할 때 C도 반드시 해야 한다.
> • 수요일에는 한 명만 야근을 한다.
> • 사장님은 월요일과 목요일에 출근을 한다.
> • 월요일부터 금요일까지 한 사람당 3번 야근을 한다.
> • B는 금요일에 야근을 한다.

① A

② B

③ C

④ D

21 다음 글을 참고할 때, 성격이 다른 비용은?

> 예산관리란 활동이나 사업에 소요되는 비용을 산정하고 예산을 편성하는 것뿐만 아니라 예산을 통제하는 것 또한 포함되는데, 이러한 예산은 대부분 개인 또는 기업에서 한정되어 있기 때문에, 정해진 예산을 얼마나 효율적으로 사용하는지는 매우 중요한 문제이다. 하지만 어떤 활동이나 사업의 비용을 추정하거나 예산을 잡는 작업은 결코 생각하는 것만큼 쉽지 않다. 무엇보다 추정해야 할 매우 많은 유형의 비용이 존재하기 때문이다. 이러한 비용은 크게 제품 생산 또는 서비스를 창출하기 위해 직접 소비되는 비용인 직접비용과 제품 생산 또는 서비스를 창출하기 위해 소비된 비용 중에서 직접비용을 제외한 비용으로, 제품 생산에 직접 관련되지 않은 비용인 간접비용으로 나눌 수 있다.

① 보험료　　　　　　　　　　　② 건물관리비
③ 잡비　　　　　　　　　　　　④ 통신비

22 다음 사례에서 고려해야 할 인적 배치 방법으로 가장 적절한 것은?

> 갑은 사람들과 어울리기 좋아하는 외향적인 성격에 매사 긍정적인 사람으로, 이전 직장에서 회계부서에서 일한 결과, 자신의 성격이 가만히 사무실에 앉아서 일하는 것을 답답하고 힘들어한다는 것을 알고, 이번에는 영업부서로 지원을 하였다. 하지만, 회사에서는 갑을 인사부서로 배정하였다. 이에 갑은 실망했지만, 부서에 적응하도록 노력했다. 하지만, 인사부서는 다른 직원들의 긍정적인 면은 물론 부정적인 면을 평가해야했고, 이렇게 평가된 내용으로 직원들의 보상과 불이익이 결정되어 다른 부서 직원들은 갑과 가깝게 지내기 꺼려했다. 이에 갑은 회사에 다니기가 점점 더 싫어졌다.

① 적재적소 배치　　　　　　　　② 능력 배치
③ 균형 배치　　　　　　　　　　④ 양적 배치

23 다음 글의 빈칸에 들어갈 말로 가장 적절한 것은?

탁월함은 어떻게 습득되는가, 그것을 가르칠 수 있는가? 이 물음에 대하여 아리스토텔레스는 지성의 탁월함은 가르칠 수 있지만, 성품의 탁월함은 비이성적인 것이어서 가르칠 수 없고, 훈련을 통해서 얻을 수 있다고 대답한다.

그는 좋은 성품을 얻는 것을 기술을 습득하는 것에 비유한다. 그에 따르면, 리라(Lyra)를 켬으로써 리라를 켜는 법을 배우며 말을 탐으로써 말을 타는 법을 배운다. 어떤 기술을 얻고자 할 때 처음에는 교사의 지시대로 행동한다. 그리고 반복 연습을 통하여 그 행동이 점점 더 하기 쉽게 되고 마침내 제2의 천성이 된다. 이와 마찬가지로 어린아이는 어떤 상황에서 어떻게 행동해야 진실되고 관대하며 예의를 차리게 되는지 일일이 배워야 한다. 훈련과 반복을 통하여 그런 행위들을 연마하다 보면 그것들을 점점 더 쉽게 하게 되고, 결국에는 스스로 판단할 수 있게 된다.

그는 올바른 훈련이란 강제가 아니고 그 자체가 즐거움이 되어야 한다고 지적한다. 또한 그렇게 훈련받은 사람은 일을 바르게 처리하는 것을 즐기게 되고, 일을 바르게 처리하고 싶어하게 되며, 올바른 일을 하는 것을 어려워하지 않게 된다. 이처럼 성품의 탁월함이란 사람들이 '하는 것'만이 아니라 사람들이 '하고 싶어 하는 것'과도 관련된다. 그리고 한두 번 관대한 행동을 한 것으로 충분하지 않으며, 늘 관대한 행동을 하고 그런 행동에 감정적으로 끌리는 성향을 갖고 있어야 비로소 관대함에 관하여 성품의 탁월함을 갖고 있다고 할 수 있다.

다음과 같은 예를 통해 아리스토텔레스의 견해를 생각해 보자. 갑돌이는 성품이 곧고 자신감이 충만하다. 그가 한 모임에 참석하였는데, 거기서 다수의 사람들이 옳지 않은 행동을 한다고 생각했을 때, 그는 다수의 행동에 대하여 비판의 목소리를 낼 것이며 그렇게 하는 데에 별 어려움을 느끼지 않을 것이다. 한편, 수줍어하고 우유부단한 병식이도 한 모임에 참석하였는데, 그 역시 다수의 행동이 잘못되었다는 판단을 했다고 하자. 이런 경우에 병식이는 일어나서 다수의 행동이 잘못되었다고 말할 수 있겠지만, 그렇게 하려면 엄청난 의지를 발휘해야 할 것이고 자신과 힘든 싸움도 해야 할 것이다. 그런데도 병식이가 그렇게 행동했다면 우리는 병식이가 용기있게 행동하였다고 칭찬할 것이다. 그러나 아리스토텔레스가 보기에 성품의 탁월함을 가진 사람은 갑돌이다. 왜냐하면 ＿＿＿＿＿＿＿＿＿＿＿＿＿＿＿＿＿＿＿＿＿＿ 우리가 어떠한 사람을 존경할 것인가가 아니라, 우리 아이를 어떤 사람으로 키우고 싶은가라는 질문을 받는다면 우리는 아리스토텔레스의 견해에 가까워질 것이다. 왜냐하면 우리는 우리 아이들을 갑돌이와 같은 사람으로 키우고 싶어 할 것이기 때문이다.

① 그는 내적인 갈등 없이 옳은 일을 하기 때문이다.
② 그는 옳은 일을 하는 천성을 타고났기 때문이다.
③ 그는 주체적 판단에 따라 옳은 일을 하기 때문이다.
④ 그는 자신이 옳다는 확신을 가지고 옳은 일을 하기 때문이다.

24 다음 글에서 밑줄 친 ㉠~㉣의 수정 방안으로 적절하지 않은 것은?

> 일반적으로 감기는 겨울에 걸린다고 생각하지만 의외로 여름에도 감기에 걸린다. 여름에는 찬 음식을 많이 먹거나 냉방기를 과도하게 사용하는 경우가 많은데, 그렇게 되면 체온이 떨어져 면역력이 약해지기 때문이다. ㉠ 감기를 순 우리말로 고뿔이라 한다.
> 여름철 감기를 예방하기 위해서는 찬 음식은 적당히 먹어야 하고 냉방기에 장시간 ㉡ 노출되어지는 것을 피해야 한다. ㉢ 또한 충분한 휴식을 취하고, 집에 돌아온 후에는 손발을 꼭 씻어야 한다. 만약 감기에 걸렸다면 탈수로 인한 탈진을 방지하기 위해 수분을 충분히 섭취해야 한다. 특히 감기로 인해 ㉣ 열이나 기침을 할 때에는 따뜻한 물을 여러 번에 나누어 조금씩 먹는 것이 좋다.

① 글의 통일성을 해치므로 ㉠을 삭제한다.
② 피동 표현이 중복되므로 ㉡을 '노출되는'으로 고친다.
③ 문맥의 자연스러운 흐름을 위해 ㉢을 '그러므로'로 고친다.
④ 호응 관계를 고려하여 ㉣을 '열이 나거나 기침을 할 때'로 고친다.

25 다음 글의 주장에 대한 반박으로 가장 적절한 것은?

> 한국 사회의 행복 수준은 단순히 풍요의 역설로 설명할 수 없다. 행복에 대한 심리학적 연구에 따르면 타인과 비교하는 성향이 강한 사람일수록 행복감이 낮아지게 된다. 비교 성향이 강한 사람은 사회적 관계에서 자신보다 우월한 사람들을 준거집단으로 삼아 비교하기 쉽고 이로 인해 상대적 박탈감이 커질 수 있기 때문이다. 한국과 같은 경쟁 사회에서는 진학이나 구직 등에서 과열 경쟁이 벌어지고 등수에 의해 승자와 패자가 구분된다. 이 과정에서 비교 우위를 차지하지 못한 사람들은 좌절을 경험하기 쉬운데, 비교 성향이 강할수록 좌절감은 더 크다. 따라서 한국 사회의 행복감이 낮은 이유는 한국 사람들이 다른 사람들과 비교하는 성향이 매우 높은 데에서 찾을 수 있다.

① 한국 사회는 인당 소득 수준이 비슷한 다른 나라와 비교했을 때 행복감의 수준이 상당히 낮다.
② 준거집단을 자기보다 우월한 사람들로 삼지 않는 나라라 하더라도 행복감이 높지 않은 나라가 있다.
③ 자신보다 우월한 사람들을 준거집단으로 삼는 경향이 한국보다 강해도 행복감은 더 높은 나라가 있다.
④ 한국보다 소득 수준이 높고 대학 입학을 위한 입시 경쟁이 매우 치열한 나라도 있다.

26 다음 글에서 추구하는 궁극적인 삶으로 가장 적절한 것은?

우리는 흔히 불안을 부정적인 감정, 극복해야 할 감정으로 여긴다. 그런데 여기 불안을 긍정적인 의미로 바라보고 있는 한 학자가 있다. 그는 바로 독일의 실존주의 철학을 대표하는 하이데거이다. 하이데거가 바라본 불안의 의미를 알기 위해서는 하이데거의 철학 전반에 대해 살펴볼 필요가 있다. 돌멩이나 개, 소는 존재가 무엇인가라는 의문을 갖지 않는다. 오직 인간만이 존재란 무엇인가를 생각한다. 그런 인간을 하이데거는 현존재(現存在)라고 이름 붙였다. 현존재라는 말을 사용함으로써 하이데거는 인간을 존재에 대한 의문을 가지는 독특한 존재로 간주한다.

현존재는 세계 안에 거주하고 있으며 현존재와 세계는 떼려야 뗄 수 없는 관계에 있다. 하이데거는 현존재와 세계와의 관계를 도구 연관으로 설명했다. 도구 연관이란 세계의 모든 것들은 서로 수단 목적의 관계로 이루어져 있는데 이 관계가 반복적으로 이어진다는 것을 의미한다. 그래서 세계 속 사물은 다른 사물의 수단이 되고 동시에 또 다른 사물의 목적이 될 수 있다. 하이데거가 설명하는 도구 연관 네트워크는 궁극적으로 현존재의 생존을 위한 것이며 도구 연관 네트워크의 최종 목적의 자리에는 현존재가 있다.

그런데 바로 여기에서 문제가 발생한다. 인간은 현존재인 자신을 위해 사물을 도구로 사용하지만 그 사물에 얽매일 수 있다. 현존재가 목적으로서의 위상을 지니지 못하고 도구에 종속되어 자기 자신으로 살아가지 못하게 됨으로써 현존재는 세계 속의 도구와 수단 속에서 잊는 것이다. 이것은 현존재의 퇴락을 의미한다.

하이데거는 이러한 상태에서 벗어날 수 있는 가능성을 불안에서 찾는다. 불안은 우리가 특수한 사물이나 상황을 통해 구체적으로 느끼는 공포와는 다르다. 불안은 인간이라는 존재에게만 고유하게 있는 것으로 어떤 구체적 대상에 대한 것이 아니라 인간의 삶이 가지는 유한성에서 오는 것이다. 인간의 유한성을 인식하고 여기에서 오는 불안을 느끼는 사람은 자기의 본래적이고 고유한 삶을 살아갈 수 있다. 불안이 있기에 인간은 현존재의 퇴락에서 벗어나 수단이 아닌 목적으로서 현존재의 위상을 가질 수 있는 것이다.

인간의 유한성을 외면하는 사람은 비본래적인 세상에 몰두함으로써 불안을 느끼지 않고 일상인의 위치로 살아간다. 그러나 인간의 유한성에서 유래하는 불안을 느끼는 현존재는 자신의 본래성을 회복할 수 있다. 불안을 느끼는 현존재만이 주체적이고 능동적으로 최종 목적으로서의 삶을 살아갈 수 있는 것이다. 하이데거가 불안을 긍정적으로 바라보는 이유가 바로 여기에 있다.

① 인간의 한계를 부정하며 도전적으로 살아가는 삶
② 과거 자신의 삶을 되돌아보고 반성하며 살아가는 삶
③ 자신이 가진 것들을 다른 사람들과 나누며 살아가는 삶
④ 인간 삶의 유한성과 자신의 본질을 생각하며 살아가는 삶

※ K공사에서 송년회를 개최하려고 한다. 자료를 보고 이어지는 질문에 답하시오. [27~28]

<송년회 후보지별 평가점수>

구분	가격	거리	맛	음식 구성	평판
A호텔	★★★☆	★★☆	★★★	★★★☆	★★★
B호텔	★★	★★★☆	★★☆	★★★	★★☆
C호텔	★☆	★★	★★	★★★☆	★★★☆
D호텔	★★★	★★☆	★★★☆	★★☆	★★★☆

※ ★은 하나당 5점이며, ☆은 하나당 3점이다.

27 K공사 임직원들은 맛과 음식 구성을 기준으로 송년회 장소를 결정하기로 하였다. 다음 중 어느 호텔에서 송년회를 진행하겠는가?(단, 맛과 음식 구성의 합산 점수가 1위인 곳과 2위인 곳의 점수 차가 3점 이하일 경우 가격 점수로 결정한다)

① A호텔
② B호텔
③ C호텔
④ D호텔

28 A ~ D호텔의 1인당 식대가 다음과 같고, 예산이 200만 원이라면 어느 호텔로 결정하겠는가?(단, K공사 임직원은 총 25명이다)

<호텔별 1인당 식대>

A호텔	B호텔	C호텔	D호텔
73,000원	82,000원	85,000원	75,000원

※ 총 식사비용이 가장 저렴한 곳과 식대 차이가 10만 원 이하일 경우, 맛 점수가 높은 곳으로 선정한다.

① A호텔
② B호텔
③ C호텔
④ D호텔

29 K공사 직원 A ~ E 5명은 점심식사를 하고 카페에서 각자 원하는 음료를 주문하였다. 다음 〈조건〉을 참고할 때, 카페라테 한 잔의 가격은 얼마인가?

> **조건**
> • 5명이 주문한 음료의 총 금액은 21,300원이다.
> • A를 포함한 3명의 직원은 아메리카노를 주문하였다.
> • B는 혼자 카페라테를 주문하였다.
> • 나머지 한 사람은 5,300원인 생과일주스를 주문하였다.
> • A와 B의 음료 금액은 총 8,400원이다.

① 4,500원   ② 4,600원

③ 4,700원   ④ 4,800원

30 K씨는 생일을 맞아 주말에 가족과 외식을 하려고 한다. 레스토랑별 통신사 할인 혜택과 예상금액이 다음과 같을 때, K씨의 가족이 가장 저렴하게 먹을 수 있는 방법은?(단, 원 단위 이하는 절사한다)

〈통신사별 멤버십 혜택〉

구분	A통신사	B통신사	C통신사
A레스토랑	10만 원 이상 결제 시 5,000원 할인	15% 할인	1,000원당 100원 할인
B레스토랑	재방문 시 8,000원 상당의 음료쿠폰 제공 (당일 사용 불가)	20% 할인	10만 원 이상 결제 시 10만 원 초과금의 30% 할인
C레스토랑	1,000원당 150원 할인	5만 원 이상 결제 시 5만 원 초과금의 10% 할인	30% 할인

〈레스토랑별 예상금액〉

구분	A레스토랑	B레스토랑	C레스토랑
예상금액(원)	143,300	165,000	174,500

	레스토랑	통신사	가격
①	A레스토랑	A통신사	120,380원
②	A레스토랑	B통신사	121,800원
③	B레스토랑	C통신사	132,000원
④	C레스토랑	C통신사	122,100원

31 K공사 대전본부에 근무하는 C부장은 내일 오전 10시에 목포로 출장을 갈 예정이다. 출장 당일 오후 1시에 미팅이 예정되어 있어 늦지 않게 도착하고자 한다. 주어진 교통편을 고려하였을 때, 다음 중 C부장이 선택할 가장 적절한 경로는?(단, 1인당 출장지원 교통비 한도는 5만 원이며, 도보이동에 따른 소요시간은 고려하지 않는다)

- H지점에서 대전역까지 비용

구분	소요시간	비용	비고
버스	30분	2,000원	–
택시	15분	6,000원	–

- 대전역에서 목포역까지 교통수단별 이용정보

구분	열차	출발시각	소요시간	비용	비고
직통	새마을호	10:00 / 10:50	2시간 10분	28,000원	–
직통	무궁화	10:20 / 10:40 10:50 / 11:00	2시간 40분	16,000원	–
환승	KTX	10:10 / 10:50	20분	6,000원	환승 10분 소요
	KTX	–	1시간 20분	34,000원	
환승	KTX	10:00 / 10:30	1시간	20,000원	환승 10분 소요
	새마을호	–	1시간	14,000원	

- 목포역에서 미팅장소까지 비용

구분	소요시간	비용	비고
버스	40분	2,000원	–
택시	20분	9,000원	–

① 버스 – 새마을호(직통) – 버스

② 택시 – 무궁화(직통) – 택시

③ 버스 – KTX / KTX(환승) – 택시

④ 택시 – KTX / 새마을호(환승) – 택시

32 다음은 국내 신재생에너지 산업에 대한 SWOT 분석 결과에 대한 자료이다. 이를 참고하여 세운 SWOT 전략과 경영 전략이 바르게 연결되지 않은 것을 〈보기〉에서 모두 고르면?

〈국내 신재생에너지 산업에 대한 SWOT 분석 결과〉

구분	분석 결과
강점(Strength)	• 해외 기관과의 협업을 통한 풍부한 신재생에너지 개발 경험 • 에너지 분야의 우수한 연구개발 인재 확보
약점(Weakness)	• 아직까지 화석연료 대비 낮은 전력 효율성 • 도입 필요성에 대한 국민적 인식 저조
기회(Opportunity)	• 신재생에너지에 대한 연구가 세계적으로 활발히 추진 • 관련 정부부처로부터 충분한 예산 확보
위협(Threat)	• 신재생에너지 특성상 설비 도입 시의 높은 초기 비용

보기

ㄱ. SO전략 – 개발 경험을 통해 쌓은 기술력을 바탕으로 향후 효과적인 신재생에너지 산업 개발 가능

ㄴ. ST전략 – 우수한 연구개발 인재들을 활용하여 초기비용 감축방안 연구 추진

ㄷ. WO전략 – 확보한 예산을 토대로 우수한 연구원 채용

ㄹ. WT전략 – 세계의 신재생에너지 연구를 활용한 전력 효율성 개선

① ㄱ, ㄴ   ② ㄱ, ㄷ

③ ㄴ, ㄷ   ④ ㄷ, ㄹ

33 다음은 2019년부터 2023년까지 K국의 출생 및 사망 현황에 관한 자료이다. 이에 대한 설명으로 옳지 않은 것은?

〈K국의 출생 및 사망 현황〉

(단위 : 명)

구분	2019년	2020년	2021년	2022년	2023년
출생아 수	436,455	435,435	438,420	406,243	357,771
사망자 수	266,257	267,692	275,895	280,827	285,534

① 출생아 수가 가장 많았던 해는 2021년이다.

② 사망자 수는 2020년부터 2023년까지 매년 전년 대비 증가하고 있다.

③ 2019년부터 2023년까지 사망자 수가 가장 많은 해와 가장 적은 해의 사망자 수 차이는 15,000명 이상이다.

④ 2021년 출생아 수는 같은 해 사망자 수의 1.7배 이상이다.

34 다음은 국내 연령별 흡연율 관련 자료이다. 이를 나타낸 그래프로 옳은 것은?

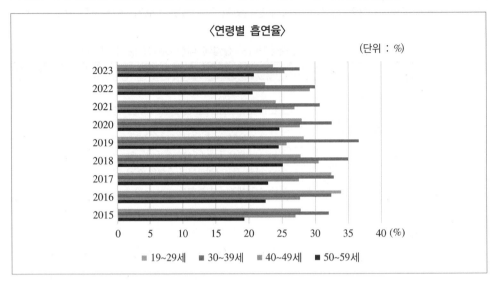

①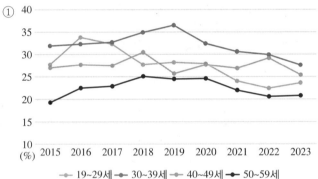

②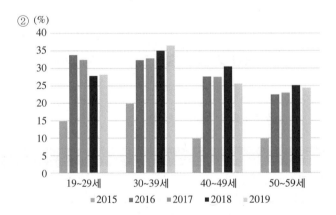

③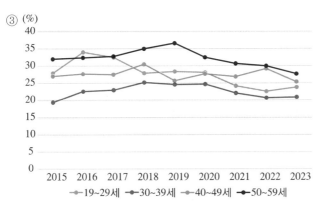

④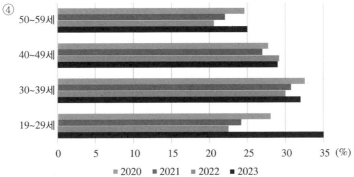

35 다음은 매년 버려지는 일회용품의 주요종류별 비율을 나타낸 자료이다. 이에 대한 설명으로 옳지 않은 것은?(단, 비율의 곱은 소수점 둘째 자리에서 반올림한다)

〈일회용품 쓰레기의 주요종류별 비율〉

(단위 : %)

항목 \ 연도	2021년	2022년	2023년
종이컵	18.3	15.2	16.9
비닐봉투	31.5	30.2	29.8
종이봉투	12.4	13.8	15.2
숟가락·젓가락	8.7	5.4	5.6
접시·그릇	3.5	3.9	3.3
기저귀	22.1	20.2	21.8
기타	3.5	11.3	7.4

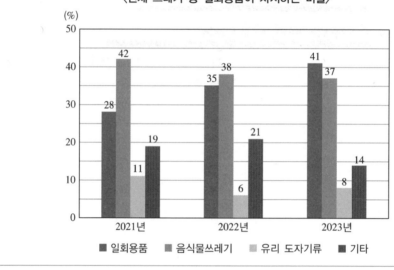

〈전체 쓰레기 중 일회용품이 차지하는 비율〉

① 일회용품 중 비닐봉투가 차지하는 비율은 매년 낮아지고 있지만, 종이봉투가 차지하는 비율은 매년 높아지고 있다.

② 전체 쓰레기 중 종이컵이 차지하는 비율은 2021년이 2023년보다 2.0%p 이상 더 낮다.

③ 매년 일회용품 중 차지하는 비율이 가장 높은 상위 2개 항목의 비율의 합은 전체 일회용품 비율의 합의 절반 이상을 차지한다.

④ 일회용품 중 숟가락·젓가락의 비율이 가장 높은 연도와 가장 낮은 연도의 비율의 차이는 접시·그릇 경우의 5.5배이다.

36 다음 중 (가) ~ (라) 문단의 주제로 적절하지 않은 것은?

> (가) 우리는 최근 '사회가 많이 깨끗해졌다.'라는 말을 많이 듣는다. 실제 우리의 일상생활은 정말 많이 깨끗해졌다. 과거에 비하면 일상생활에서 뇌물이 오가는 경우가 거의 없어진 것이다. 그런데 왜 부패인식지수가 나아지기는커녕 도리어 나빠지고 있을까? 일상생활과 부패인식지수가 전혀 다른 모습을 보이는 이유는 어디에 있을까?
>
> (나) 부패인식지수가 산출되는 과정에서 그 물음의 답을 찾을 수 있다. 부패인식지수는 국제투명성기구에서 매년 조사하여 발표하고 있는 세계적으로 가장 권위 있는 부패 지표로, 지수는 국제적인 조사 및 평가를 실시하고 있는 여러 기관의 조사 결과를 바탕으로 산출된다. 각 기관의 조사 항목과 조사 대상은 서로 다르지만, 주요 항목은 공무원의 직권 남용 억제 기능, 공무원의 공적 권력의 사적 이용, 공공서비스와 관련한 뇌물 등으로 공무원의 뇌물과 부패에 초점이 맞추어져 있다.
>
> (다) 부패인식지수를 이해하는 데에 주목하여야 할 또 하나의 중요한 점은 부패인식지수 계산에 사용된 각 지수의 조사 대상이다. 조사에 따라 약간의 차이가 있기는 하지만 조사는 주로 해당 국가나 해당 국가와 거래하고 있는 고위 기업인과 전문가들을 대상으로 이루어진다. 일반 시민이 아닌 기업 활동에서 공직자들과 깊숙한 관계를 맺고 있어 공직자들의 행태를 누구보다 잘 알고 있을 것으로 추정되는 사람들의 의견을 대상으로 하는 것이다. 결국 부패인식지수는 고위 기업경영인과 전문가들의 공직 사회의 뇌물과 부패에 대한 평가라 할 수 있다.
>
> (라) 그간 정부는 공무원행동강령, 청탁금지법, 부패방지기구 설치 등 많은 제도적인 노력을 기울여 왔다. 이러한 정부의 노력에도 불구하고 정부 반부패정책은 대부분 효과가 없는 것으로 보인다. 정부 노력에 대한 일반 시민들의 시선도 차갑기만 하다. 결국 법과 제도적 장치는 우리 사회에 만연한 연줄 문화 앞에서 힘을 쓰지 못하고 있는 것으로 해석할 수 있다.

① (가) : 일상부패에 대한 인식과 부패인식지수의 상반되는 경향에 대한 의문
② (나) : 공공분야에 맞추어진 부패인식지수의 산출과정
③ (다) : 특정 계층으로 집중된 부패인식지수의 조사 대상
④ (라) : 부패인식지수의 효과적인 개선방안

37 다음 기사를 읽고 이해한 내용으로 적절하지 않은 것은?

> 환경부가 최근 공개한 '2030 국가 온실가스 감축 기본 로드맵 수정안'에 따르면, 2030년 감축 목표치 3억 1,500만 톤 중 해외 감축량(9,600만 톤)을 1,600만 톤으로 줄이는 대신 국내 감축량을 2억 1,880만 톤에서 2억 9,860만 톤으로 늘릴 계획이다. 환경부 입장은 비용 부담 등 때문에 9,600만 톤에 대한 이행 방안이 불확실하다는 것이다. 그 반면, 온실가스 배출량이 많은 정유·화학 및 철강 업계 등에서는 강대국의 슈퍼 보호무역주의와 국제유가 상승으로 인한 대내외 경영 환경이 악화하는 가운데 온실가스 감축량 증가는 큰 부담이 되고 있다.
>
> 우리 정부는 물론 기업도 2015년 12월 맺은 파리기후협정에 따른 국제사회와의 약속을 존중하고 이를 실행하기 위해 온실가스 감축을 이행해야 한다. 그러나 이를 이행하는 과정에서 정부로서도 어려움이 있겠지만, 각국 정부의 우려처럼 기업의 글로벌 경쟁력 관점도 충분히 고려해야 한다. 2016년에 국가 온실가스 감축량에 대한 역할 분담 때에도 기업은 버거운 수준의 감축량이 할당되었다고 어려움을 토로했다. 그런데 이번 수정안을 보면 추가 감축량의 절반 이상이 산업부문에 추가 부담되어 설상가상으로 불확실한 경영 환경에서 우리 기업이 향후 글로벌 경쟁력을 잃게 될 수도 있는 것이다.
>
> 최근 우리 경제의 고용·소비·투자 부문에서도 적신호가 켜지고 있다. 그나마 반도체를 비롯한 정유·화학 및 철강 산업은 아직 괜찮아 보이지만, 중국 기업들이 무섭게 추격하고 있고 이 같은 산업에 대한 중국 정부의 지원은 엄청나다. 이제부터 우리 정유·화학 및 철강 기업은 신성장을 위한 투자를 해야만 공급 과잉으로 치닫고 있는 글로벌 시장에서 중국 기업과의 경쟁에 살아남을 수 있다. 따라서 그동안 산업 효율성 제고를 위한 지속적인 투자를 해온 기업에 또다시 온실가스 감축을 위한 추가 부담을 주게 된다면 예상치 못한 성장통을 겪을 수 있다.
>
> 이처럼 온실가스 감축에 대한 기업의 추가 부담은 기업의 글로벌 경쟁력 저하는 물론 원가 부담이 가격 인상으로 이어질 수 있다. 특히, 발전 산업의 경우 온실가스 감축 목표를 달성하기 위해 탄소배출권을 추가 구입하게 되고, 이는 전기 요금 상승 요인으로 작용해 기업과 국민이 이를 부담해야 한다. 더구나 탈원전 정책으로 인한 전기 요금의 인상이 예견되는 상황에서 온실가스 감축으로 인한 전기 요금의 추가 인상은 우리 사회에 더 큰 부담이 될 것이다.
>
> 결국, 온실가스 감축은 더 나은 사회를 만들기 위해 우리 모두가 안고 가야 할 문제이다. 따라서 정부는 정부대로, 기업은 기업 자체적으로 가장 효과적인 온실가스 부담에 대한 최적의 조합을 다시 고민해 봐야 한다. 정부는 국가경쟁력 제고의 큰 틀 속에서 정부가 끌고 나가야 할 최대 역할을, 그리고 기업은 산업경쟁력 창출을 위한 산업별 역할을 고려해 2030년까지 기간별로 구체적인 시나리오를 작성할 필요가 있다.
>
> 2030년에 전개될 글로벌 아시아 시대를 대비해 중국 및 인도 기업과 같은 후발 기업으로부터 우리 기업이 글로벌 경쟁력을 발휘할 수 있도록 기업 우선 정책을 우리 정부가 펼치지 못하면 우리 경제는 점점 더 어려워질 수밖에 없다. 따라서 온실가스 감축 문제도 이런 관점에서 우리 정부가 접근해야 할 것이며, 기업 역시 자체 경쟁력 제고를 위한 노력을 병행해야 할 것이다.

① 온실가스 감축은 글로벌 경쟁력을 잃게 되는 원인으로 작용할 수 있다.

② 우리의 정유·화학·철강 산업은 중국 기업과 경쟁 상태이다.

③ 정부는 경제를 위해 기업 우선 정책을 펼쳐야 한다.

④ 온실가스 감축으로 인한 경쟁력 저하는 제품의 가격 인하로 이어질 수 있다.

38 다음 글의 주제로 가장 적절한 것은?

우주 개발이 왜 필요한가에 대한 주장은 크게 다음 세 가지로 구분할 수 있다. 먼저 칼 세이건이 우려하는 것처럼 인류가 혜성이나 소행성의 지구 충돌과 같은 재앙에서 살아남으려면 지구 이외의 다른 행성에 식민지를 건설해야 한다는 것이다. 소행성의 지구 충돌로 절멸한 공룡의 전철을 밟지 않기 위해서 말이다. 여기에는 자원 고갈이나 환경오염과 같은 전 지구적 재앙에 대비하자는 주장도 포함된다. 그 다음으로 우리의 관심을 지구에 한정한다는 것은 인류의 숭고한 정신을 가두는 것이라 는 호킹의 주장을 들 수 있다. 지동설, 진화론, 상대성 이론, 양자역학, 빅뱅 이론과 같은 과학적 성과들은 인류의 문명뿐만 아니라 정신적 패러다임의 변화에 지대한 영향을 끼쳤다. 마지막으로 우 주 개발의 노력에 따르는 부수적인 기술의 파급 효과를 근거로 한 주장을 들 수 있다. 실제로 우주 왕복선 프로그램을 통해 산업계에 이전된 새로운 기술이 100여 가지나 된다고 한다. 인공심장, 신 분확인 시스템, 비행추적 시스템 등이 그 대표적인 기술들이다. 그러나 우주 개발에서 얻는 이익이 과연 인류 전체의 이익을 대변할 수 있는가에 대해서는 쉽게 답할 수가 없다. 역사적으로 볼 때 탐사 의 주된 목적은 새로운 사실의 발견이라기보다 영토와 자원, 힘의 우위를 선점하기 위한 것이었기 때문이다. 이러한 이유로 우주 개발에 의심의 눈초리를 보내는 사람들도 적지 않다. 그들은 우주 개발에 소요되는 자금과 노력을 지구의 가난과 자원 고갈, 환경 문제 등을 해결하는 데 사용하는 것이 더 현실적이라고 주장한다.

과연 그 주장을 따른다고 해서 이러한 문제들을 해결할 수 있는가? 인류가 우주 개발에 나서지 않고 지구 안에서 인류의 미래를 위한 노력을 경주한다고 가정해보자. 그렇더라도 인류가 사용할 수 있는 자원이 무한한 것은 아니며, 인구의 자연 증가를 막을 수 없다는 문제는 여전히 남는다. 지구에 자금 과 노력을 투자해야 한다고 주장하는 사람들은 지금 당장은 아니더라도 언젠가는 이러한 문제들을 해결할 수 있다는 논리를 펼지도 모른다. 그러나 이러한 논리는 우주 개발을 지지하는 쪽에서 마찬 가지로 내세울 수 있다. 오히려 인류가 미래에 닥칠 문제를 해결할 수 있는 방법은 지구 밖에서 찾게 될 가능성이 더 크지 않을까?

우주를 개발하려는 시도가 최근에 등장한 것은 아니다. 인류가 의식을 갖게 되면서부터 우주를 꿈꾸 어 왔다는 증거는 세계 여러 민족의 창세신화에서 발견된다. 수천 년 동안 우주에 대한 인류의 꿈은 식어갈 줄 몰랐다. 그리고 그 결과가 오늘날의 우주 개발이라는 현실로 다가온 것이다. 이제 인류는 우주의 시초를 밝히게 되었고, 우주의 끄트머리를 바라볼 수 있게 되었으며, 우주 공간에 인류의 거주지를 만들 수 있게 되었다. 우주 개발을 해야 할 것이냐 말아야 할 것이냐는 이제 문제의 핵심이 아니다. 우리가 선택해야 할 문제는 우주 개발을 어떻게 해야 할 것인가이다. "달과 다른 천체들은 모든 나라가 함께 탐사하고 이용할 수 있도록 자유지역으로 남아 있어야 한다. 어느 국가도 영유권 을 주장할 수는 없다."라는 린든 B. 존슨의 경구는 우주 개발의 방향을 일러주는 시금석이 되어야 한다.

① 우주 개발의 한계
② 지구의 당면 과제
③ 우주 개발의 정당성
④ 친환경적인 지구 개발

39 다음 중 데이터베이스의 필요성에 관한 옳은 설명을 〈보기〉에서 모두 고르면?

> **보기**
> ㄱ. 데이터의 중복을 줄이고 안정성을 높인다.
> ㄴ. 데이터의 양이 많아 검색이 어려워진다.
> ㄷ. 프로그램의 개발이 쉽고 개발 기간도 단축한다.
> ㄹ. 데이터가 한 곳에만 기록되어 있어 결함 없는 데이터를 유지하기 어려워진다.

① ㄱ, ㄴ   ② ㄱ, ㄷ

③ ㄴ, ㄷ   ④ ㄷ, ㄹ

40 H교사는 학생들의 상·벌점을 관리하고 있다. 학생들에 대한 상·벌점 영역인 [B3:B9]에 대해 [셀 서식] – [사용자 지정 형식] 기능을 이용하여 양수는 파란색으로, 음수는 빨간색으로 표현하고자 할 때, 표시 형식의 내용으로 옳은 것은?(단, [B3:B9]의 영역의 표시결과는 그대로 나타나야 한다)

	A	B
1	〈상·벌점 현황〉	
2	이름	상·벌점
3	감우성	10
4	김지훈	8
5	김채연	−12
6	나선정	−5
7	도지환	15
8	도현수	7
9	모수빈	13

① [빨강]#;[파랑]#   ② [파랑]#;[빨강]−#

③ [파랑]+#;[빨강]−#   ④ [파랑]#;[빨강]#

41 다음은 K사의 일일 판매 내역이다. (가) 셀에 〈보기〉와 같은 함수를 입력할 때 출력되는 값으로 옳은 것은?

	A	B	C	D
1				(가)
2				
3	제품 이름	단가	수량	할인 적용
4	K소스	200	5	90%
5	K아이스크림	100	3	90%
6	K맥주	150	2	90%
7	K커피	300	1	90%
8	K캔디	200	2	90%
9	K조림	100	3	90%
10	K과자	50	6	90%

보기

=SUMPRODUCT(B4:B10,C4:C10,D4:D10)

① 2,610   ② 2,700
③ 2,710   ④ 2,900

42 다음 시트와 같이 월 ~ 금요일까지는 '업무'로, 토요일과 일요일에는 '휴무'로 표시하고자 할 때 [B2] 셀에 입력해야 할 함수식으로 옳지 않은 것은?

	A	B
1	일자	휴무, 업무
2	2024-01-06	휴무
3	2024-01-07	휴무
4	2024-01-08	업무
5	2024-01-09	업무
6	2024-01-10	업무
7	2024-01-11	업무
8	2024-01-12	업무

① =IF(OR(WEEKDAY(A2,0)=0,WEEKDAY(A2,0)=6),"휴무","업무")

② =IF(OR(WEEKDAY(A2,1)=1,WEEKDAY(A2,1)=7),"휴무","업무")

③ =IF(WEEKDAY(A2,2)>=6,"휴무","업무")

④ =IF(WEEKDAY(A2,3)>=5,"휴무","업무")

43 K공사 총무팀 7명이 중국집에 점심식사를 하러 가서 짜장면 2개, 짬뽕 3개, 볶음밥 2개를 주문했다. 〈조건〉이 아래와 같다고 할 때, 다음 중 옳지 않은 것은?

> **조건**
> - 팀원은 A팀장, K과장, S과장, N대리, J대리, D사원, P사원이다.
> - 1인 1메뉴를 시켰는데, 좋아하는 메뉴는 반드시 시키고, 싫어하는 메뉴는 반드시 시키지 않았으며, 같은 직급끼리는 같은 메뉴를 시키지 않았다.
> - A팀장은 볶음밥을 좋아한다.
> - J대리는 짜장면을 싫어한다.
> - D사원은 대리와 같은 메뉴를 시키지 않았다.
> - S과장은 짬뽕을 싫어한다.
> - K과장은 사원과 같은 메뉴를 시켰다.
> - N대리는 볶음밥을 싫어한다.

① S과장은 반드시 짜장면을 시킨다.

② K과장은 반드시 짬뽕을 시킨다.

③ J대리가 볶음밥을 시키면 N대리는 짬뽕을 시킨다.

④ A팀장은 모든 직급의 팀원들과 같은 메뉴를 시킬 수 있다.

44 K공연기획사는 2024년 봄부터 시작할 지젤 발레 공연 티켓을 Q소셜커머스에서 판매할 예정이다. Q소셜커머스에서 보낸 다음 판매 자료를 토대로 아침 회의 시간에 나눈 대화로 옳지 않은 것은?

<표>
〈2023년 판매결과 보고〉

공연명	정가	할인율	판매기간	판매량
백조의 호수	80,000원	67%	2023. 01. 20 ~ 2023. 01. 25	1,787장
세레나데 & 봄의 제전	60,000원	55%	2023. 03. 10 ~ 2023. 04. 10	1,200장
라 바야데르	55,000원	60%	2023. 06. 27 ~ 2023. 08. 28	1,356장
한여름 밤의 꿈	65,000원	65%	2023. 09. 10 ~ 2023. 09. 20	1,300장
호두까기 인형	87,000원	50%	2023. 12. 02 ~ 2023. 12. 08	1,405장

※ 할인된 티켓 가격의 10%가 티켓 수수료로 추가된다.
※ 2023년 1월 말에는 설 연휴가 있었다.

① A사원 : 기본 50% 이상 할인을 하는 건 할인율이 너무 큰 것 같아요.
② B팀장 : 표가 잘 안 팔려서 싸게 판다는 이미지를 줘 공연의 전체적인 질이 낮다는 부정적 인식을 줄 수도 있지 않을까요?
③ C주임 : 연휴 시기와 티켓 판매 일정을 어떻게 고려하느냐에 따라 판매량을 많이 올릴 수 있겠네요.
④ D사원 : 세레나데 & 봄의 제전의 경우 총 수익금이 3,700만 원 이상이었어요.

45 민수, 영희, 하연, 현민 총 4명이 졸업 사진을 찍어야 한다. 〈조건〉에 따라 사진을 찍을 때, 가장 먼저 찍게 되는 사람은?

> **조건**
> • 민수는 영희보다 먼저 찍는다.
> • 하연은 현민보다 먼저 찍는다.
> • 현민은 민수보다 먼저 찍는다.

① 민수 ② 영희
③ 하연 ④ 현민

46 다음은 우리나라 1차 에너지 소비량 자료이다. 이에 대한 설명으로 옳은 것은?

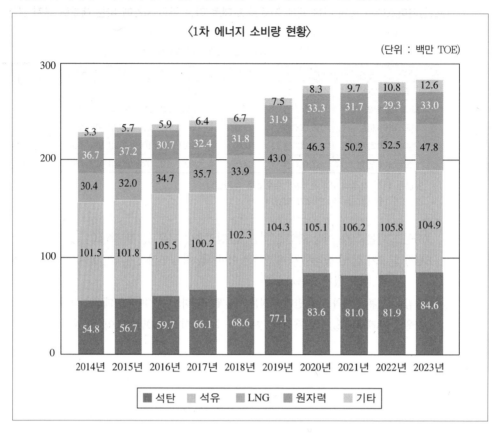

① 매년 석유 소비량이 나머지 에너지 소비량의 합보다 많다.
② 석탄 소비량은 완만한 하락세를 보이고 있다.
③ 기타 에너지 소비량은 지속적으로 감소하는 추세이다.
④ 2015 ~ 2019년 원자력 소비량은 증감을 반복하고 있다.

47 다음은 OECD 주요 국가별 삶의 만족도 및 관련 지표를 나타낸 자료이다. 이에 대한 설명으로 옳지 않은 것은?

<OECD 주요 국가별 삶의 만족도 및 관련 지표>

(단위 : 점, %, 시간)

구분	삶의 만족도	장시간 근로자 비율	여가 · 개인 돌봄시간
덴마크	7.6	2.1	16.1
아이슬란드	7.5	13.7	14.6
호주	7.4	14.2	14.4
멕시코	7.4	28.8	13.9
미국	7.0	11.4	14.3
영국	6.9	12.3	14.8
프랑스	6.7	8.7	15.3
이탈리아	6.0	5.4	15.0
일본	6.0	22.6	14.9
한국	6.0	28.1	14.9
에스토니아	5.4	3.6	15.1
포르투갈	5.2	9.3	15.0
헝가리	4.9	2.7	15.0

※ 장시간 근로자 비율은 전체 근로자 중 주 50시간 이상 근무한 근로자의 비율이다.

① 삶의 만족도가 가장 높은 국가는 장시간 근로자 비율이 가장 낮다.
② 한국의 장시간 근로자 비율은 삶의 만족도가 가장 낮은 국가의 장시간 근로자 비율의 10배 이상 이다.
③ 삶의 만족도가 한국보다 낮은 국가들의 장시간 근로자 비율 산술평균은 이탈리아의 장시간 근로 자 비율보다 높다.
④ 여가 · 개인 돌봄시간이 가장 긴 국가와 가장 짧은 국가의 삶의 만족도 차이는 0.3점 이하이다.

※ 다음은 국내 취업률에 관한 자료이다. 이어지는 질문에 답하시오. [48~49]

〈2023년 학과별 취업률〉

(단위 : 명, %)

구분	경제	경영	문헌정보	식품영양	행정	무용	패션디자인	컴퓨터	기계
졸업자	7,127	28,000	1,210	6,470	8,695	1,025	1,501	8,478	8,155
취업률	57.0	58.8	53.5	60.0	46.9	30	47.1	61.7	71.7

※ 취업률은 재학생을 제외한 졸업자의 통계를 가지고 계산한 수치이다.

〈2023년 남, 여 취업자의 연령별 비율〉

(단위 : %)

구분	15 ~ 29세	30 ~ 39세	40 ~ 49세	50 ~ 59세	60세 이상	계
남	22.3	28.6	25.8	13.7	9.6	100
여	16.0	24	27.1	21.0	11.9	100

※ 2015년의 취업자의 남, 여 비율은 6 : 4이다.

〈학력별 인구비율〉

(단위 : %)

학력	연도		
	2021년	2022년	2023년
중학교 이하	20.0	19.0	18.0
고등학교	40.0	41.0	40.0
대학교 이상	40.0	40.0	42.0
계	100	100	100

〈학력별 취업률〉

(단위 : %)

학력	연도		
	2021년	2022년	2023년
중학교 이하	65.0	65.0	65.0
고등학교	70.6	71.0	70.0
대학교 이상	76.3	77.0	78.0

※ 각 학력의 연령별 취업률과 비율은 〈2023년 남, 여 취업자의 연령별 비율〉과 같다.

48 2023년 문헌정보학과 졸업자 중 취업을 하지 못한 사람은 몇 명인가?(단, 소수점 아래는 버림한다)

① 562명   ② 563명

③ 564명   ④ 565명

49 2023년에 우리나라의 인구는 5천만 명이었다. 이 중 학력이 고등학교인 30 ~ 39세 여성의 취업자 수는 몇 명인가?

① 1,144,000명   ② 1,244,000명

③ 1,344,000명   ④ 1,444,000명

50 다음은 연도별 20대 남녀의 흡연율 및 음주율에 대한 그래프이다. 이에 대한 설명으로 옳은 것을 〈보기〉에서 모두 고르면?

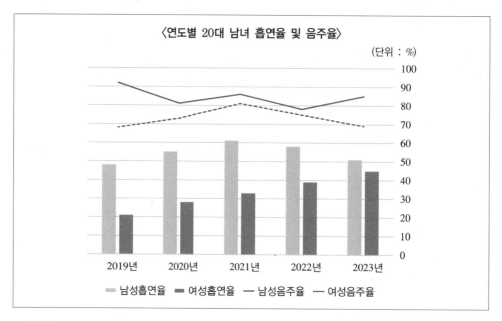

<연도별 20대 남녀 흡연율 및 음주율〉

(단위 : %)

범례: 남성흡연율, 여성흡연율, 남성음주율, 여성음주율

보기

ㄱ. 남성과 여성의 흡연율은 동일한 추이를 보인다.
ㄴ. 남성흡연율이 가장 낮은 연도와 여성흡연율이 가장 낮은 연도는 동일하다.
ㄷ. 남성은 음주율이 가장 낮은 해에 흡연율도 가장 낮다.
ㄹ. 2021년 남성과 여성의 음주율 차이는 10%p 이상이다.

① ㄱ
② ㄴ
③ ㄱ, ㄷ
④ ㄴ, ㄷ

51 다음 중 정전계 내 도체가 있을 때, 이에 대한 설명으로 옳지 않은 것은?

① 도체 표면은 등전위면이다.

② 도체 내부의 정전계 세기는 영이다.

③ 등전위면의 간격이 좁을수록 정전계 세기가 크게 된다.

④ 도체 표면상에서 전기력선의 방향은 모든 점에서의 등전위면과 평행 방향으로 향한다.

52 일정한 속도로 운동하던 어떤 대전 입자가 균일한 자기장 속에, 자기장의 방향과 수직으로 입사하였다. 이때 자기장 안에서 이 입자가 하는 운동으로 옳은 것은?

① 등속 원운동을 한다.

② 등속 직선 운동을 한다.

③ 등속 나선 운동을 한다.

④ 불규칙한 운동을 한다.

53 권수가 1회이고 저항이 $20\,\Omega$인 코일에 $\phi = 0.5\cos 200$Wb의 자속이 인가될 때, 코일에 흐르는 전류의 세기의 최댓값은?

① 3A
② 5A
③ 7A
④ 9A

54 그림과 같이 자기인덕턴스가 $L_1 = 8H$, $L_2 = 4H$, 상호인덕턴스가 $M = 4H$인 코일에 5A의 전류를 흘릴 때, 전체 코일에 축적되는 자기에너지는?(단, 두 코일은 차동접속이다)

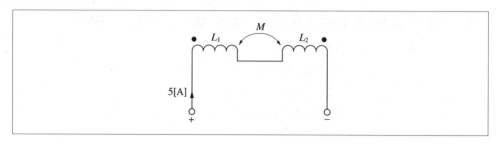

① 10J
② 25J
③ 50J
④ 75J

55 전류 I_1 I_2, I_3, I_4, I_5가 다음과 같이 흐를 때, I_1 I_2, I_3, I_4, I_5의 관계를 나타낸 식은?(단, 교점으로 들어가는 전류와 교점에서 나가는 전류의 부호는 서로 다르다)

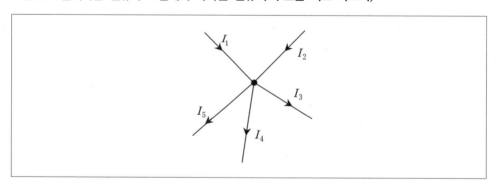

① $I_1 + I_2 + I_3 + I_4 + I_5 = 0$

② $I_1 - I_2 - I_3 - I_4 - I_5 = 0$

③ $I_1 + I_2 + I_3 + I_4 - I_5 = 0$

④ $I_1 + I_2 - I_3 + I_4 + I_5 = 0$

56 200V, 2kW의 전열선 2개를 같은 전압에서 직렬로 접속한 경우의 전력은 병렬로 접속한 경우의 전력보다 어떻게 되는가?

① $\frac{1}{2}$로 줄어든다.   ② 2배로 증가된다.

③ $\frac{1}{4}$로 줄어든다.   ④ 4배로 증가된다.

PART 3

57 일정한 전류가 흐르는 코일 내부에 비투자율 20인 철심을 넣으면 자속밀도는 철심을 넣기 전에 비해 몇 배나 증가하는가?

① 20배   ② 10배
③ 5배   ④ 3배

58 단면적 10cm^2인 철심에 200회의 권선을 하여 60Hz, 60V인 교류 전압을 인가하였을 때 철심의 자속밀도는?

① $1.126 \times 10^{-3}\text{Wb/m}^2$ ② 1.126Wb/m^2
③ $2.252 \times 10^{-3}\text{Wb/m}^2$ ④ 2.252Wb/m^2

59 다음 중 전자기학에서 적용되는 법칙과 그 설명이 바르게 연결된 것은?

> ㄱ. 전자유도에 의한 기전력은 자속변화를 방해하는 전류가 흐르도록 그 방향이 결정된다.
> ㄴ. 전류가 흐르고 있는 도선에 대해 자기장이 미치는 힘의 방향을 정하는 법칙으로, 전동기의 회전방향을 결정하는 데 유용하다.
> ㄷ. 코일에 발생하는 유도기전력의 크기는 쇄교자속의 시간적 변화율과 같다.

	ㄱ	ㄴ	ㄷ
①	렌츠의 법칙	플레밍의 왼손법칙	패러데이의 유도법칙
②	쿨롱의 법칙	플레밍의 왼손법칙	암페어의 주회법칙
③	렌츠의 법칙	플레밍의 오른손법칙	암페어의 주회법칙
④	쿨롱의 법칙	플레밍의 오른손법칙	패러데이의 유도법칙

60 어떤 코일에 흐르는 전류가 0.1초 사이에 20A에서 4A까지 일정한 비율로 변하였다. 이때 20V의 기전력이 발생한다면 이 코일의 자기 인덕턴스는?

① 0.125H

② 0.25H

③ 0.375H

④ 0.5H

61 연선 결정에 있어서 중심 소선을 뺀 층수가 3층일 때, 전체 소선수는?

① 91개

② 61개

③ 45개

④ 37개

62 선간전압 20kV, 상전류 6A의 3상 Y결선되어 발전하는 교류 발전기를 △결선으로 변경하였을 때, 상전압 V_P과 선전류 I_l의 값은?(단, 3상 전원은 평형이며, 3상 부하는 동일하다)

	V_P[kV]	I_l[A]		V_P[kV]	I_l[A]
①	$\dfrac{20}{\sqrt{3}}$	$6\sqrt{3}$	②	20	$6\sqrt{3}$
③	$\dfrac{20}{\sqrt{3}}$	6	④	20	6

63 발전기를 정격전압 220V로 전부하 운전하다가 무부하로 운전하였더니 단자전압이 242V가 되었다. 이 발전기의 전압변동률은?

① 6%
③ 10%

② 8%
④ 12%

64 다음 중 변압기의 결선에서 제3고조파를 발생시켜 통신선에 유도장해를 일으키는 3상 결선은?

① Y−Y
③ Y−△

② △−△
④ △−Y

65 우리나라 22.9kV 배전선로에서 가장 많이 사용하는 배전방식 및 중성점 접지방식은?

① 3상 3선식 다중접지　　　　② 3상 4선식 다중접지
③ 단상 3선식 비접지　　　　　④ 3상 3선식 비접지

66 다음 차단기 문자 기호 중 'OCB'는?

① 진공차단기　　　　　　　　② 기중차단기
③ 자기차단기　　　　　　　　④ 유입차단기

67 다음 중 발전기나 변압기 보호에 사용되는 보호계전기로 옳지 않은 것은?

① 차동 계전기　　　　　　　　② 비율 차동 계전기
③ 반한시 과전류 계전기　　　　④ 방향 계전기

68 다음 중 배전방식에 대한 설명으로 옳지 않은 것은?

① 환상식 방식은 전류 통로에 대한 융통성이 있다.
② 수지식 방식은 전압 변동이 크고 정전 범위가 좁다.
③ 뱅킹 방식은 전압 강하 및 전력 손실을 경감한다.
④ 망상식 방식은 건설비가 비싸다.

69 다음 중 역률개선의 효과로 볼 수 없는 것은?

① 전력손실 감소   ② 전압강하 감소

③ 감전사고 감소   ④ 설비용량의 이용률 증가

70 코일에 발생하는 유도 기전력의 크기는 어느 것에 관계가 되는가?

① 코일에 쇄교하는 자속수의 변화에 비례한다.

② 시간의 변화에 비례한다.

③ 시간의 변화에 반비례한다.

④ 코일에 쇄교하는 자속수에 비례한다.

71 다음 중 직류 발전기의 철심을 규소 강판으로 성층하여 사용하는 주된 이유로 옳은 것은?

① 브러시에서의 불꽃방지 및 정류개선

② 맴돌이전류손과 히스테리시스손의 감소

③ 전기자 반작용의 감소

④ 기계적 강도 개선

72 다음 중 직류 발전기에 있어서 전기자 반작용이 생기는 요인이 되는 전류는?

① 동손에 의한 전류   ② 전기자 권선에 의한 전류

③ 계자 권선의 전류   ④ 규소 강판에 의한 전류

73 다음 중 직류 발전기의 전기자 반작용을 없애는 방법으로 옳지 않은 것은?

① 보상권선 설치

② 보극 설치

③ 브러시 위치를 전기적 중성점으로 이동

④ 균압환 설치

74 직류 전동기의 회전수를 $\frac{1}{2}$로 하려면, 계자자속을 몇 배로 해야 하는가?

① $\frac{1}{4}$배

② $\frac{1}{2}$배

③ 2배

④ 4배

75 동기 발전기에서 극수 4, 1극의 자속수 0.062Wb, 1분간의 회전 속도를 1,800, 코일의 권수를 100이라고 할 때, 코일의 유기 기전력의 실횻값은?(단, 권선 계수는 1.0이다)

① 약 526V

② 약 1,488V

③ 약 1,652V

④ 약 2,336V

76 동기 발전기의 병렬운전 중 기전력의 크기가 다를 경우 나타나는 현상이 아닌 것은?

① 권선이 가열된다.

② 동기화전력이 생긴다.

③ 무효순환전류가 흐른다.

④ 고압 측에 감자작용이 생긴다.

77 다음 중 다이오드의 정특성이란 무엇을 말하는가?

① PN 접합면에서의 반송자 이동 특성

② 소신호로 동작할 때의 전압과 전류의 관계

③ 다이오드를 움직이지 않고 저항률을 측정한 것

④ 직류 전압을 걸었을 때 다이오드에 걸리는 전압과 전류의 관계

78 $N_S = 1,200$rpm, $N = 1,176$rpm일 때의 슬립은?

① 6% 　　　　　　　　　② 5%

③ 3% 　　　　　　　　　④ 2%

79 다음 중 누전차단기의 설치목적으로 옳은 것은?

① 단락 　　　　　　　　② 단선

③ 지락 　　　　　　　　④ 과부하

80 다음과 같은 정류 회로의 지시값은 전류계에서 몇 mA로 표시되는가?(단, 전류계는 가동 코일형이고, 정류기의 저항은 무시한다)

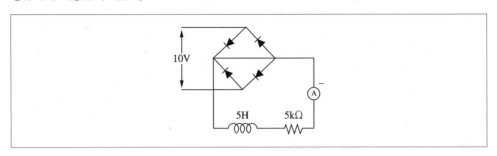

① 9mA

② 6.4mA

③ 4.5mA

④ 1.8mA

81 다음에서 V_{ab}가 50V일 때 전류 I의 세기는?

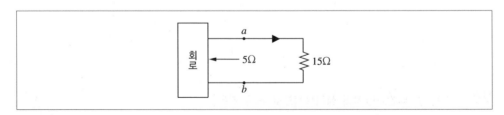

① 1.5A

② 2A

③ 2.5A

④ 3A

82 다음 회로의 역률과 유효전력은?

	역률	유효전력[W]
①	0.5	25
②	0.5	50
③	$\frac{\sqrt{2}}{2}$	25
④	$\frac{\sqrt{2}}{2}$	50

PART 3

83 용량 10Ah, 기전력 2V인 축전지 6개를 직렬 연결하여 사용할 때의 기전력이 12V일 때, 전지의 용량은?

① $\frac{10}{6}$ Ah

② 10Ah

③ 60Ah

④ 120Ah

84 다음 중 사인파 교류 $i = 3.14\sin\omega t$ [A]의 평균값을 구하면?

① 5A

② 4A

③ 3A

④ 2A

85 150Ω의 저항 5개를 조합하여 얻을 수 있는 합성 저항 중 가장 적은 합성 저항값은?

① 30Ω

② 40Ω

③ 50Ω

④ 60Ω

86 저항 4Ω, 유도 리액턴스 3Ω을 병렬로 연결할 때의 합성 임피던스는?

① 2.4Ω

② 5Ω

③ 7.5Ω

④ 10Ω

87 저항 4Ω, 유도 리액턴스 5Ω, 용량 리액턴스 2Ω이 직렬로 연결된 회로에서의 역률은?

① 0.8

② 0.9

③ 1

④ 1.1

88 다음 중 파고율, 파형률이 모두 1인 파형은?

① 사인파

② 고조파

③ 구형파

④ 삼각파

89 간격이 d이고 도체판의 면적이 A인 두 평행판으로 만들어진 커패시터에 대한 설명으로 옳은 것은?

① 두 평행판의 면적 A를 크게 하면 커패시턴스가 감소한다.

② 두 평행판 사이의 거리 d를 짧게 하면 커패시턴스가 증가한다.

③ 두 개의 커패시터를 직렬보다 병렬로 연결하면 커패시턴스가 감소한다.

④ 두 평행판 사이에 유전율이 작은 물질을 사용하면 커패시턴스가 증가한다.

90 다음 중 비사인파를 많은 사인파의 합성으로 표시하는 전개식은?

① 푸리에(Fourier)

② 헤르츠(Hertz)

③ 노튼(Norton)

④ 페러데이(Faraday)

91 전압의 구분에서 저압의 범위는?

① 직류는 600V, 교류는 750V 이하인 것

② 직류는 750V, 교류는 600V 이하인 것

③ 직류는 1.0kV, 교류는 750V 이하인 것

④ 직류는 1.5kV, 교류는 1kV 이하인 것

92 전로의 절연원칙에 따라 반드시 절연하여야 하는 것은?

① 수용장소의 인입구 접지점

② 고압과 특별 고압 및 저압과의 혼촉 위험 방지를 한 경우 접지점

③ 저압 가공전선로의 접지측 전선

④ 시험용 변압기

93 가공전선로의 지지물에 하중이 가해지는 경우에 그 하중을 받는 지지물의 기초 안전율은 얼마 이상이어야 하는가?

① 0.5

② 1

③ 1.5

④ 2

94 연피케이블을 직접매설식에 의하여 차량, 기타 중량물의 압력을 받을 우려가 있는 장소에 시설하는 경우 매설 깊이는 몇 m 이상이어야 하는가?

① 0.6m

② 1m

③ 1.2m

④ 1.6m

95 한국전기설비기준에 의한 고압 가공전선로 철탑의 경간은 몇 m 이하로 제한하고 있는가?

① 150m

② 250m

③ 500m

④ 600m

96 2개 이상의 전선을 병렬로 사용하는 경우 동선과 알루미늄전선은 각각 얼마 이상의 굵기를 사용하여야 하는가?

① 동선 25mm², 알루미늄 50mm²

② 동선 35mm², 알루미늄 50mm²

③ 동선 50mm², 알루미늄 70mm²

④ 동선 50mm², 알루미늄 95mm²

97 옥내 배선공사를 할 때, 연동선을 사용할 경우 전선의 최소 단면적은?

① 1.5mm²

② 2.5mm²

③ 4mm²

④ 5mm²

98 교통신호등 회로에서 지락 발생 시 자동적으로 전로를 차단하는 장치를 시설해야 하는 사용전압은 몇 V를 초과하는 경우인가?

① 50V
② 100V
③ 150V
④ 200V

99 특고압용 타냉식 변압기에는 냉각장치에 고장이 생긴 경우를 대비하여 어떤 장치를 하여야 하는가?

① 온도시험장치
② 속도조정장치
③ 경보장치
④ 냉매흐름장치

100 교류 배전반에서 전류가 많이 흘러 전류계를 직접 주회로에 연결할 수 없을 때 사용하는 기기는?

① 전류 제한기
② 계기용 변압기
③ 계기용 변류기
④ 전류계용 절환 개폐기

PART 4

채용 가이드

CHAPTER 01 　블라인드 채용 소개

CHAPTER 02 　서류전형 가이드

CHAPTER 03 　인성검사 소개 및 모의테스트

CHAPTER 04 　면접전형 가이드

CHAPTER 05 　한국전기안전공사 면접 기출질문

1. 블라인드 채용이란?

채용 과정에서 편견이 개입되어 불합리한 차별을 야기할 수 있는 출신지, 가족관계, 학력, 외모 등의 편견요인은 제외하고, 직무능력만을 평가하여 인재를 채용하는 방식입니다.

2. 블라인드 채용의 필요성

- 채용의 공정성에 대한 사회적 요구
  - 누구에게나 직무능력만으로 경쟁할 수 있는 균등한 고용기회를 제공해야 하나, 아직도 채용의 공정성에 대한 불신이 존재
  - 채용상 차별금지에 대한 법적 요건이 권고적 성격에서 처벌을 동반한 의무적 성격으로 강화되는 추세
  - 시민의식과 지원자의 권리의식 성숙으로 차별에 대한 법적 대응 가능성 증가
- 우수인재 채용을 통한 기업의 경쟁력 강화 필요
  - 직무능력과 무관한 학벌, 외모 위주의 선발로 우수인재 선발기회 상실 및 기업경쟁력 약화
  - 채용 과정에서 차별 없이 직무능력중심으로 선발한 우수인재 확보 필요
- 공정한 채용을 통한 사회적 비용 감소 필요
  - 편견에 의한 차별적 채용은 우수인재 선발을 저해하고 외모·학벌 지상주의 등의 심화로 불필요한 사회적 비용 증가
  - 채용에서의 공정성을 높여 사회의 신뢰수준 제고

3. 블라인드 채용의 특징

편견요인을 요구하지 않는 대신 직무능력을 평가합니다.

블라인드 채용 = 편견유발 요인제외 + 직무능력 중심평가

※ 직무능력중심 채용이란?
기업의 역량기반 채용, NCS기반 능력중심 채용과 같이 직무수행에 필요한 능력과 역량을 평가하여 선발하는 채용방식을 통칭합니다.

4. 블라인드 채용의 평가요소

직무수행에 필요한 지식, 기술, 태도 등을 과학적인 선발기법을 통해 평가합니다.

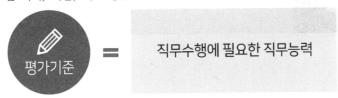

※ 과학적 선발기법이란?
    직무분석을 통해 도출된 평가요소를 서류, 필기, 면접 등을 통해 체계적으로 평가하는 방법으로 입사지원서, 자기소개서, 직무수행능력평가, 구조화 면접 등이 해당됩니다.

5. 블라인드 채용 주요 도입 내용

- 입사지원서에 인적사항 요구 금지
  - 인적사항에는 출신지역, 가족관계, 결혼여부, 재산, 취미 및 특기, 종교, 생년월일(연령), 성별, 신장 및 체중, 사진, 전공, 학교명, 학점, 외국어 점수, 추천인 등이 해당
  - 채용 직무를 수행하는 데 있어 반드시 필요하다고 인정될 경우는 제외
    예 특수경비직 채용 시 : 시력, 건강한 신체 요구
       연구직 채용 시 : 논문, 학위 요구 등
- 블라인드 면접 실시
  - 면접관에게 응시자의 출신지역, 가족관계, 학교명 등 인적사항 정보 제공 금지
  - 면접관은 응시자의 인적사항에 대한 질문 금지

6. 블라인드 채용 도입의 효과성

- 구성원의 다양성과 창의성이 높아져 기업 경쟁력 강화
  - 편견을 없애고 직무능력 중심으로 선발하므로 다양한 직원 구성 가능
  - 다양한 생각과 의견을 통하여 기업의 창의성이 높아져 기업경쟁력 강화
- 직무에 적합한 인재선발을 통한 이직률 감소 및 만족도 제고
  - 사전에 지원자들에게 구체적이고 상세한 직무요건을 제시함으로써 허수 지원이 낮아지고, 직무에 적합한 지원자 모집 가능
  - 직무에 적합한 인재가 선발되어 직무이해도가 높아져 업무효율 증대 및 만족도 제고
- 채용의 공정성과 기업이미지 제고
  - 블라인드 채용은 사회적 편견을 줄인 선발 방법으로 기업에 대한 사회적 인식 제고
  - 채용과정에서 불합리한 차별을 받지 않고 실력에 의해 공정하게 평가를 받을 것이라는 믿음을 제공하고, 지원자들은 평등한 기회와 공정한 선발과정 경험

1. 채용공고문의 변화

기존 채용공고문	변화된 채용공고문
• 취업준비생에게 불충분하고 불친절한 측면 존재 • 모집분야에 대한 명확한 직무관련 정보 및 평가기준 부재 • 해당분야에 지원하기 위한 취업준비생의 무분별한 스펙 쌓기 현상 발생	• NCS 직무분석에 기반한 채용공고를 토대로 채용전형 진행 • 지원자가 입사 후 수행하게 될 업무에 대한 자세한 정보 공지 • 직무수행내용, 직무수행 시 필요한 능력, 관련된 자격, 직업기초능력 제시 • 지원자가 해당 직무에 필요한 스펙만을 준비할 수 있도록 안내
• 모집부문 및 응시자격 • 지원서 접수 • 전형절차 • 채용조건 및 처우 • 기타사항	• 채용절차 • 채용유형별 선발분야 및 예정인원 • 전형방법 • 선발분야별 직무기술서 • 우대사항

2. 지원 유의사항 및 지원요건 확인

채용 직무에 따른 세부사항을 공고문에 명시하여 지원자에게 적격한 지원 기회를 부여함과 동시에 채용과정에서의 공정성과 신뢰성을 확보합니다.

구성	내용	확인사항
모집분야 및 규모	고용형태(인턴 계약직 등), 모집분야, 인원, 근무지역 등	채용직무가 여러 개일 경우 본인이 해당되는 직무의 채용규모 확인
응시자격	기본 자격사항, 지원조건	지원을 위한 최소자격요건을 확인하여 불필요한 지원을 예방
우대조건	법정·특별·자격증 가점	본인의 가점 여부를 검토하여 가점 획득을 위한 사항을 사실대로 기재
근무조건 및 보수	고용형태 및 고용기간, 보수, 근무지	본인이 생각하는 기대수준에 부합하는지 확인하여 불필요한 지원을 예방
시험방법	서류·필기·면접전형 등의 활용방안	전형방법 및 세부 평가기법 등을 확인하여 지원전략 준비
전형일정	접수기간, 각 전형 단계별 심사 및 합격자 발표일 등	본인의 지원 스케줄을 검토하여 차질이 없도록 준비
제출서류	입사지원서(경력·경험기술서 등), 각종 증명서 및 자격증 사본 등	지원요건 부합 여부 및 자격 증빙서류 사전에 준비
유의사항	임용취소 등의 규정	임용취소 관련 법적 또는 기관 내부 규정을 검토하여 해당여부 확인

직무기술서란 직무수행의 내용과 필요한 능력, 관련 자격, 직업기초능력 등을 상세히 기재한 것으로 입사 후 수행하게 될 업무에 대한 정보가 수록되어 있는 자료입니다.

1. 채용분야

설명

NCS 직무분류 체계에 따라 직무에 대한 「대분류 – 중분류 – 소분류 – 세분류」 체계를 확인할 수 있습니다. 채용 직무에 대한 모든 직무기술서를 첨부하게 되며 실제 수행 업무를 기준으로 세부적인 분류정보를 제공합니다.

채용분야	분류체계			
사무행정	대분류	중분류	소분류	세분류
분류코드	02. 경영·회계·사무	03. 재무·회계	01. 재무	01. 예산
				02. 자금
			02. 회계	01. 회계감사
				02. 세무

2. 능력단위

설명

직무분류 체계의 세분류 하위능력단위 중 실질적으로 수행할 업무의 능력만 구체적으로 파악할 수 있습니다.

능력단위	(예산)	03. 연간종합예산수립 05. 확정예산 운영	04. 추정재무제표 작성 06. 예산실적 관리
	(자금)	04. 자금운용	
	(회계감사)	02. 자금관리 05. 회계정보시스템 운용 07. 회계감사	04. 결산관리 06. 재무분석
	(세무)	02. 결산관리 07. 법인세 신고	05. 부가가치세 신고

3. 직무수행내용

설명

세분류 영역의 기본정의를 통해 직무수행내용을 확인할 수 있습니다. 입사 후 수행할 직무내용을 구체적으로 확인할 수 있으며, 이를 통해 입사서류 작성부터 면접까지 직무에 대한 명확한 이해를 바탕으로 자신의 희망직무 인지 아닌지, 해당 직무가 자신이 알고 있던 직무가 맞는지 확인할 수 있습니다.

직무수행내용	(예산) 일정기간 예상되는 수익과 비용을 편성, 집행하며 통제하는 일
	(자금) 자금의 계획 수립, 조달, 운용을 하고 발생 가능한 위험 관리 및 성과평가
	(회계감사) 기업 및 조직 내·외부에 있는 의사결정자들이 효율적인 의사결정을 할 수 있도록 유용한 정보를 제공, 제공된 회계정보의 적정성을 파악하는 일
	(세무) 세무는 기업의 활동을 위하여 주어진 세법범위 내에서 조세부담을 최소화시키는 조세전략을 포함하고 정확한 과세소득과 과세표준 및 세액을 산출하여 과세당국에 신고·납부하는 일

4. 직무기술서 예시

태도	(예산) 정확성, 분석적 태도, 논리적 태도, 타 부서와의 협조적 태도, 설득력
	(자금) 분석적 사고력
	(회계 감사) 합리적 태도, 전략적 사고, 정확성, 적극적 협업 태도, 법률준수 태도, 분석적 태도, 신속성, 책임감, 정확한 판단력
	(세무) 규정 준수 의지, 수리적 정확성, 주의 깊은 태도
우대 자격증	공인회계사, 세무사, 컴퓨터활용능력, 변호사, 워드프로세서, 전산회계운용사, 사회조사분석사, 재경관리사, 회계관리 등
직업기초능력	의사소통능력, 문제해결능력, 자원관리능력, 대인관계능력, 정보능력, 조직이해능력

5. 직무기술서 내용별 확인사항

항목	확인사항
모집부문	해당 채용에서 선발하는 부문(분야)명 확인 예 사무행정, 전산, 전기
분류체계	지원하려는 분야의 세부직무군 확인
주요기능 및 역할	지원하려는 기업의 전사적인 기능과 역할, 산업군 확인
능력단위	지원분야의 직무수행에 관련되는 세부업무사항 확인
직무수행내용	지원분야의 직무군에 대한 상세사항 확인
전형방법	지원하려는 기업의 신입사원 선발전형 절차 확인
일반요건	교육사항을 제외한 지원 요건 확인(자격요건, 특수한 경우 연령)
교육요건	교육사항에 대한 지원요건 확인(대졸 / 초대졸 / 고졸 / 전공 요건)
필요지식	지원분야의 업무수행을 위해 요구되는 지식 관련 세부항목 확인
필요기술	지원분야의 업무수행을 위해 요구되는 기술 관련 세부항목 확인
직무수행태도	지원분야의 업무수행을 위해 요구되는 태도 관련 세부항목 확인
직업기초능력	지원분야 또는 지원기업의 조직원으로서 근무하기 위해 필요한 일반적인 능력사항 확인

1. 입사지원서의 변화

기존지원서		능력중심 채용 입사지원서
직무와 관련 없는 학점, 개인신상, 어학점수, 자격, 수상경력 등을 나열하도록 구성	VS	해당 직무수행에 꼭 필요한 정보들을 제시할 수 있도록 구성

직무기술서

직무수행내용

요구지식 / 기술

관련 자격증

사전직무경험

인적사항	성명, 연락처, 지원분야 등 작성 (평가 미반영)
교육사항	직무지식과 관련된 학교교육 및 직업교육 작성
자격사항	직무관련 국가공인 또는 민간자격 작성
경력 및 경험사항	조직에 소속되어 일정한 임금을 받거나(경력) 임금 없이(경험) 직무와 관련된 활동 내용 작성

PART 4

2. 교육사항

- 지원분야 직무와 관련된 학교 교육이나 직업교육 혹은 기타교육 등 직무에 대한 지원자의 학습 여부를 평가하기 위한 항목입니다.
- 지원하고자 하는 직무의 학교 전공교육 이외에 직업교육, 기타교육 등을 기입할 수 있기 때문에 전공 제한 없이 직업교육과 기타교육을 이수하여 지원이 가능하도록 기회를 제공합니다.
  (기타교육 : 학교 이외의 기관에서 개인이 이수한 교육과정 중 지원직무와 관련이 있다고 생각되는 교육내용)

구분	교육과정(과목)명	교육내용	과업(능력단위)

3. 자격사항

- 채용공고 및 직무기술서에 제시되어 있는 자격 현황을 토대로 지원자가 해당 직무를 수행하는 데 필요한 능력을 가지고 있는지를 평가하기 위한 항목입니다.
- 채용공고 및 직무기술서에 기재된 직무관련 필수 또는 우대자격 항목을 확인하여 본인이 보유하고 있는 자격사항을 기재합니다.

자격유형	자격증명	발급기관	취득일자	자격증번호

4. 경력 및 경험사항

- 직무와 관련된 경력이나 경험 여부를 표현하도록 하여 직무와 관련한 능력을 갖추었는지를 평가하기 위한 항목입니다.
- 해당 기업에서 직무를 수행함에 있어 필요한 사항만을 기록하게 되어 있기 때문에 직무와 무관한 스펙을 갖추지 않아도 됩니다.
- 경력 : 금전적 보수를 받고 일정기간 동안 일했던 경우
- 경험 : 금전적 보수를 받지 않고 수행한 활동

※ 기업에 따라 경력 / 경험 관련 증빙자료 요구 가능

구분	조직명	직위 / 역할	활동기간(년 / 월)	주요과업 / 활동내용

> **Tip**
>
> 입사지원서 작성 방법
> ○ 경력 및 경험사항 작성
> - 직무기술서에 제시된 지식, 기술, 태도와 지원자의 교육사항, 경력(경험)사항, 자격사항과 연계하여 개인의 직무역량에 대해 스스로 판단 가능
> ○ 인적사항 최소화
> - 개인의 인적사항, 학교명, 가족관계 등을 노출하지 않도록 유의
>
> > 부적절한 입사지원서 작성 사례
> > - 학교 이메일을 기입하여 학교명 노출
> > - 거주지 주소에 학교 기숙사 주소를 기입하여 학교명 노출
> > - 자기소개서에 부모님이 재직 중인 기업명, 직위, 직업을 기입하여 가족관계 노출
> > - 자기소개서에 석·박사 과정에 대한 이야기를 언급하여 학력 노출
> > - 동아리 활동에 대한 내용을 학교명과 더불어 언급하여 학교명 노출

1. 자기소개서의 변화

- 기존의 자기소개서는 지원자의 일대기나 관심 분야, 성격의 장·단점 등 개괄적인 사항을 묻는 질문으로 구성되어 지원자가 자신의 직무능력을 제대로 표출하지 못합니다.
- 능력중심 채용의 자기소개서는 직무기술서에 제시된 직업기초능력(또는 직무수행능력)에 대한 지원자의 과거 경험을 기술하게 함으로써 평가 타당도의 확보가 가능합니다.

> 1. 우리 회사와 해당 지원 직무분야에 지원한 동기에 대해 기술해 주세요.

> 2. 자신이 경험한 다양한 사회활동에 대해 기술해 주세요.

> 3. 지원 직무에 대한 전문성을 키우기 위해 받은 교육과 경험 및 경력사항에 대해 기술해 주세요.

> 4. 인사업무 또는 팀 과제 수행 중 발생한 갈등을 원만하게 해결해 본 경험이 있습니까? 당시 상황에 대한 설명과 갈등의 대상이 되었던 상대방을 설득한 과정 및 방법을 기술해 주세요.

> 5. 과거에 있었던 일 중 가장 어려웠던(힘들었었던) 상황을 고르고, 어떤 방법으로 그 상황을 해결했는지를 기술해 주세요.

자기소개서 작성 방법

① 자기소개서 문항이 묻고 있는 평가 역량 추측하기

예시

- 팀 활동을 하면서 갈등 상황 시 상대방의 니즈나 의도를 명확히 파악하고 해결하여 목표 달성에 기여했던 경험에 대해서 작성해 주시기 바랍니다.
- 다른 사람이 생각해내지 못했던 문제점을 찾고 이를 해결한 경험에 대해 작성해 주시기 바랍니다.

② 해당 역량을 보여줄 수 있는 소재 찾기(시간×역량 매트릭스)

예시

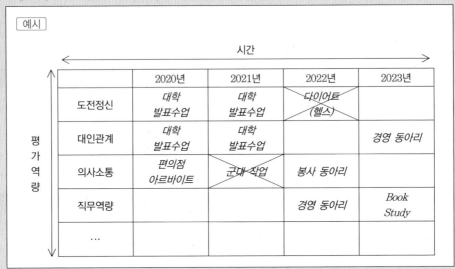

	2020년	2021년	2022년	2023년
도전정신	대학 발표수업	대학 발표수업	~~다이어트 (헬스)~~	
대인관계	대학 발표수업	대학 발표수업		경영 동아리
의사소통	편의점 아르바이트	~~군대 작업~~	봉사 동아리	
직무역량			경영 동아리	Book Study
…				

(세로축: 평가역량, 가로축: 시간)

③ 자기소개서 작성 Skill 익히기

- 두괄식으로 작성하기
- 구체적 사례를 사용하기
- '나'를 중심으로 작성하기
- 직무역량 강조하기
- 경험 사례의 차별성 강조하기

인성검사 소개 및 모의테스트

01 인성검사 유형

인성검사는 지원자의 성격특성을 객관적으로 파악하고 그것이 각 기업에서 필요로 하는 인재상과 가치에 부합하는가를 평가하기 위한 검사입니다. 인성검사는 KPDI(한국인재개발진흥원), K-SAD(한국사회적성개발원), KIRBS(한국행동과학연구소), SHR(에스에이치알) 등의 전문기관을 통해 각 기업의 특성에 맞는 검사를 선택하여 실시합니다. 대표적인 인성검사의 유형에는 크게 다음과 같은 세 가지가 있으며, 채용 대행업체에 따라 달라집니다.

1. KPDI 검사

조직적응성과 직무적합성을 알아보기 위한 검사로 인성검사, 인성역량검사, 인적성검사, 직종별 인적성 검사 등의 다양한 검사 도구를 구현합니다. KPDI는 성격을 파악하고 정신건강 상태 등을 측정하고, 직무 검사는 해당 직무를 수행하기 위해 기본적으로 갖추어야 할 인지적 능력을 측정합니다. 역량검사는 특정 직무 역할을 효과적으로 수행하는 데 직접적으로 관련 있는 개인의 행동, 지식, 스킬, 가치관 등을 측정합니다.

2. KAD(Korea Aptitude Development) 검사

K-SAD(한국사회적성개발원)에서 실시하는 적성검사 프로그램입니다. 개인의 성향, 지적 능력, 기호, 관심, 흥미도를 종합적으로 분석하여 적성에 맞는 업무가 무엇인가 파악하고, 직무수행에 있어서 요구되는 기초능력과 실무능력을 분석합니다.

3. SHR 직무적성검사

직무수행에 필요한 종합적인 사고 능력을 다양한 적성검사(Paper and Pencil Test)로 평가합니다. SHR의 모든 직무능력검사는 표준화 검사입니다. 표준화 검사는 표본집단의 점수를 기초로 규준이 만들어진 검사이므로 개인의 점수를 규준에 맞추어 해석·비교하는 것이 가능합니다. S(Standardized Tests), H(Hundreds of Version), R(Reliable Norm Data)을 특징으로 하며, 직군·직급별 특성과 선발 수준에 맞추어 검사를 적용할 수 있습니다.

PART 4

인성검사는 특히 면접질문과 관련성이 높습니다. 면접관은 지원자의 인성검사 결과를 토대로 질문을 하기 때문입니다. 일관적이고 이상적인 답변을 하는 것이 가장 좋지만, 실제 시험은 매우 복잡하여 전문가라 해도 일정 성격을 유지하면서 답변을 하는 것이 힘듭니다. 또한, 인성검사에는 라이 스케일(Lie Scale) 설문이 전체 설문 속에 교묘하게 섞여 들어가 있으므로 겉치레적인 답을 하게 되면 회답태도의 허위성이 그대로 드러나게 됩니다. 예를 들어 '거짓말을 한 적이 한 번도 없다.'에 '예'로 답하고, '때로는 거짓말을 하기도 한다.'에 '예'라고 답하여 라이 스케일의 득점이 올라가게 되면 모든 회답의 신빙성이 사라지고 '자신을 돋보이게 하려는 사람'이라는 평가를 받을 수 있으므로 주의해야 합니다. 따라서 모의테스트를 통해 인성검사의 유형과 실제 시험 시 어떻게 문제를 풀어야 하는지 연습해 보고 체크한 부분 중 자신의 단점과 연결되는 부분은 면접에서 질문이 들어왔을 때 어떻게 대처해야 하는지 생각해 보는 것이 좋습니다.

03 유의사항

1. 기업의 인재상을 파악하라!

인성검사를 통해 개인의 성격 특성을 파악하고 그것이 기업의 인재상과 가치에 부합하는지를 평가하는 시험이기 때문에 해당 기업의 인재상을 먼저 파악하고 시험에 임하는 것이 좋습니다. 모의테스트에서 인재상에 맞는 가상의 인물을 설정하고 문제에 답해 보는 것도 많은 도움이 됩니다.

2. 일관성 있는 대답을 하라!

짧은 시간 안에 다양한 질문에 답을 해야 하는데, 그 안에는 중복되는 질문이 여러 번 나옵니다. 이때 앞서 자신이 체크했던 대답을 잘 기억해뒀다가 일관성 있는 답을 하는 것이 중요합니다.

3. 모든 문항에 대답하라!

많은 문제를 짧은 시간 안에 풀려다 보니 다 못 푸는 경우도 종종 생깁니다. 하지만 대답을 누락하거나 끝까지 다 못했을 경우 좋지 않은 결과를 가져올 수도 있으니 최대한 주어진 시간 안에 모든 문항에 답할 수 있도록 해야 합니다.

※ 모의테스트는 질문 및 답변 유형 연습을 위한 것으로 실제 시험과 다를 수 있습니다.
※ 인성검사는 정답이 따로 없는 유형의 검사이므로 결과지를 제공하지 않습니다.

번호	내용	예	아니요
001	나는 솔직한 편이다.	☐	☐
002	나는 리드하는 것을 좋아한다.	☐	☐
003	법을 어겨서 말썽이 된 적이 한 번도 없다.	☐	☐
004	거짓말을 한 번도 한 적이 없다.	☐	☐
005	나는 눈치가 빠르다.	☐	☐
006	나는 일을 주도하기보다는 뒤에서 지원하는 것을 선호한다.	☐	☐
007	앞일은 알 수 없기 때문에 계획은 필요하지 않다.	☐	☐
008	거짓말도 때로는 방편이라고 생각한다.	☐	☐
009	사람이 많은 술자리를 좋아한다.	☐	☐
010	걱정이 지나치게 많다.	☐	☐
011	일을 시작하기 전 재고하는 경향이 있다.	☐	☐
012	불의를 참지 못한다.	☐	☐
013	처음 만나는 사람과도 이야기를 잘 한다.	☐	☐
014	때로는 변화가 두렵다.	☐	☐
015	나는 모든 사람에게 친절하다.	☐	☐
016	힘든 일이 있을 때 술은 위로가 되지 않는다.	☐	☐
017	결정을 빨리 내리지 못해 손해를 본 경험이 있다.	☐	☐
018	기회를 잡을 준비가 되어 있다.	☐	☐
019	때로는 내가 정말 쓸모없는 사람이라고 느낀다.	☐	☐
020	누군가 나를 챙겨주는 것이 좋다.	☐	☐
021	자주 가슴이 답답하다.	☐	☐
022	나는 내가 자랑스럽다.	☐	☐
023	경험이 중요하다고 생각한다.	☐	☐
024	전자기기를 분해하고 다시 조립하는 것을 좋아한다.	☐	☐

PART 4

025	감시받고 있다는 느낌이 든다.	☐	☐
026	난처한 상황에 놓이면 그 순간을 피하고 싶다.	☐	☐
027	세상엔 믿을 사람이 없다.	☐	☐
028	잘못을 빨리 인정하는 편이다.	☐	☐
029	지도를 보고 길을 잘 찾아간다.	☐	☐
030	귓속말을 하는 사람을 보면 날 비난하고 있는 것 같다.	☐	☐
031	막무가내라는 말을 들을 때가 있다.	☐	☐
032	장래의 일을 생각하면 불안하다.	☐	☐
033	결과보다 과정이 중요하다고 생각한다.	☐	☐
034	운동은 그다지 할 필요가 없다고 생각한다.	☐	☐
035	새로운 일을 시작할 때 좀처럼 한 발을 떼지 못한다.	☐	☐
036	기분 상하는 일이 있더라도 참는 편이다.	☐	☐
037	업무능력은 성과로 평가받아야 한다고 생각한다.	☐	☐
038	머리가 맑지 못하고 무거운 느낌이 든다.	☐	☐
039	가끔 이상한 소리가 들린다.	☐	☐
040	타인이 내게 자주 고민상담을 하는 편이다.	☐	☐

※ 모의테스트는 질문 및 답변 유형 연습을 위한 것으로 실제 시험과 다를 수 있습니다.
※ 인성검사는 정답이 따로 없는 유형의 검사이므로 결과지를 제공하지 않습니다.

※ **이 성격검사의 각 문항에는 서로 다른 행동을 나타내는 네 개의 문장이 제시되어 있습니다. 이 문장들을 비교하여, 자신의 평소 행동과 가장 가까운 문장을 'ㄱ' 열에 표기하고, 가장 먼 문장을 'ㅁ' 열에 표기하십시오.**

01 나는 _____

	ㄱ	ㅁ
A. 실용적인 해결책을 찾는다.	☐	☐
B. 다른 사람을 돕는 것을 좋아한다.	☐	☐
C. 세부 사항을 잘 챙긴다.	☐	☐
D. 상대의 주장에서 허점을 잘 찾는다.	☐	☐

02 나는 _____

	ㄱ	ㅁ
A. 매사에 적극적으로 임한다.	☐	☐
B. 즉흥적인 편이다.	☐	☐
C. 관찰력이 있다.	☐	☐
D. 임기응변에 강하다.	☐	☐

03 나는 _____

	ㄱ	ㅁ
A. 무서운 영화를 잘 본다.	☐	☐
B. 조용한 곳이 좋다.	☐	☐
C. 가끔 울고 싶다.	☐	☐
D. 집중력이 좋다.	☐	☐

04 나는 _____

	ㄱ	ㅁ
A. 기계를 조립하는 것을 좋아한다.	☐	☐
B. 집단에서 리드하는 역할을 맡는다.	☐	☐
C. 호기심이 많다.	☐	☐
D. 음악을 듣는 것을 좋아한다.	☐	☐

PART 4

05 나는 _____

	ㄱ	ㅁ
A. 타인을 늘 배려한다.	☐	☐
B. 감수성이 예민하다.	☐	☐
C. 즐겨하는 운동이 있다.	☐	☐
D. 일을 시작하기 전에 계획을 세운다.	☐	☐

06 나는 _____

	ㄱ	ㅁ
A. 타인에게 설명하는 것을 좋아한다.	☐	☐
B. 여행을 좋아한다.	☐	☐
C. 정적인 것이 좋다.	☐	☐
D. 남을 돕는 것에 보람을 느낀다.	☐	☐

07 나는 _____

	ㄱ	ㅁ
A. 기계를 능숙하게 다룬다.	☐	☐
B. 밤에 잠이 잘 오지 않는다.	☐	☐
C. 한 번 간 길을 잘 기억한다.	☐	☐
D. 불의를 보면 참을 수 없다.	☐	☐

08 나는 _____

	ㄱ	ㅁ
A. 종일 말을 하지 않을 때가 있다.	☐	☐
B. 사람이 많은 곳을 좋아한다.	☐	☐
C. 술을 좋아한다.	☐	☐
D. 휴양지에서 편하게 쉬고 싶다.	☐	☐

09 나는 _____

	ㄱ	ㅁ
A. 뉴스보다는 드라마를 좋아한다.	☐	☐
B. 길을 잘 찾는다.	☐	☐
C. 주말엔 집에서 쉬는 것이 좋다.	☐	☐
D. 아침에 일어나는 것이 힘들다.	☐	☐

10 나는 _____

	ㄱ	ㅁ
A. 이성적이다.	☐	☐
B. 할 일을 종종 미룬다.	☐	☐
C. 어른을 대하는 게 힘들다.	☐	☐
D. 불을 보면 매혹을 느낀다.	☐	☐

11 나는 _____

	ㄱ	ㅁ
A. 상상력이 풍부하다.	☐	☐
B. 예의 바르다는 소리를 자주 듣는다.	☐	☐
C. 사람들 앞에 서면 긴장한다.	☐	☐
D. 친구를 자주 만난다.	☐	☐

12 나는 _____

	ㄱ	ㅁ
A. 나만의 스트레스 해소 방법이 있다.	☐	☐
B. 친구가 많다.	☐	☐
C. 책을 자주 읽는다.	☐	☐
D. 활동적이다.	☐	☐

01 면접유형 파악

1. 면접전형의 변화

기존 면접전형에서는 일상적이고 단편적인 대화나 지원자의 첫인상 및 면접관의 주관적인 판단 등에 의해서 입사 결정 여부를 판단하는 경우가 많았습니다. 이러한 면접전형은 면접 내용의 일관성이 결여되거나 직무 관련 타당성이 부족하였고, 면접에 대한 신뢰도에 영향을 주었습니다.

기존 면접(전통적 면접)		능력중심 채용 면접(구조화 면접)

• 일상적이고 단편적인 대화
• 인상, 외모 등 외부 요소의 영향
• 주관적인 판단에 의존한 총점 부여
 	
⇩
 	
• 면접 내용의 일관성 결여
• 직무관련 타당성 부족
• 주관적인 채점으로 신뢰도 저하
	VS	• 일관성
		  – 직무관련 역량에 초점을 둔 구체적 질문 목록
		  – 지원자별 동일 질문 적용
		• 구조화
		  – 면접 진행 및 평가 절차를 일정한 체계에 의해 구성
		• 표준화
		  – 평가 타당도 제고를 위한 평가 Matrix 구성
		  – 척도에 따라 항목별 채점, 개인 간 비교
		• 신뢰성
		  – 면접진행 매뉴얼에 따라 면접위원 교육 및 실습

2. 능력중심 채용의 면접 유형

① 경험 면접
- 목적 : 선발하고자 하는 직무 능력이 필요한 과거 경험을 질문합니다.
- 평가요소 : 직업기초능력과 인성 및 태도적 요소를 평가합니다.

② 상황 면접
- 목적 : 특정 상황을 제시하고 지원자의 행동을 관찰함으로써 실제 상황의 행동을 예상합니다.
- 평가요소 : 직업기초능력과 인성 및 태도적 요소를 평가합니다.

③ 발표 면접
- 목적 : 특정 주제와 관련된 지원자의 발표와 질의응답을 통해 지원자 역량을 평가합니다.
- 평가요소 : 직무수행능력과 인지적 역량(문제해결능력)을 평가합니다.

④ 토론 면접
- 목적 : 토의과제에 대한 의견수렴 과정에서 지원자의 역량과 상호작용능력을 평가합니다.
- 평가요소 : 직무수행능력과 팀워크를 평가합니다.

1. 경험 면접

① 경험 면접의 특징

- 주로 직업기초능력에 관련된 지원자의 과거 경험을 심층 질문하여 검증하는 면접입니다.
- 직무능력과 관련된 과거 경험을 평가하기 위해 심층 질문을 하며, 이 질문은 지원자의 답변에 대하여 '꼬리에 꼬리를 무는 형식'으로 진행됩니다.

- 능력요소, 정의, 심사 기준
  - 평가하고자 하는 능력요소, 정의, 심사기준을 확인하여 면접위원이 해당 능력요소 관련 질문을 제시합니다.
- Opening Question
  - 능력요소에 관련된 과거 경험을 유도하기 위한 시작 질문을 합니다.
- Follow-up Question
  - 지원자의 경험 수준을 구체적으로 검증하기 위한 질문입니다.
  - 경험 수준 검증을 위한 상황(Situation), 임무(Task), 역할 및 노력(Action), 결과(Result) 등으로 질문을 구분합니다.

| 경험 면접의 형태 |

[면접관 1] [면접관 2] [면접관 3]

[면접관 1] [면접관 2] [면접관 3]

[지원자]

〈일대다 면접〉

[지원자 1] [지원자 2] [지원자 3]

〈다대다 면접〉

PART 4

② 경험 면접의 구조

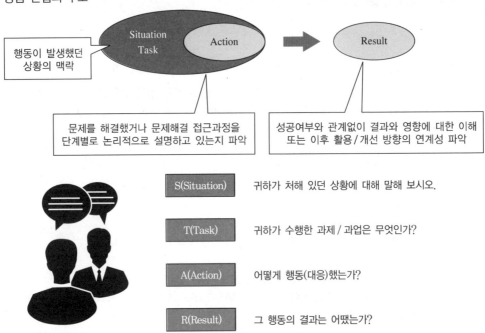

S(Situation)   귀하가 처해 있던 상황에 대해 말해 보시오.

T(Task)   귀하가 수행한 과제 / 과업은 무엇인가?

A(Action)   어떻게 행동(대응)했는가?

R(Result)   그 행동의 결과는 어땠는가?

(   )에 관한 과거 경험에 대하여 말해 보시오.

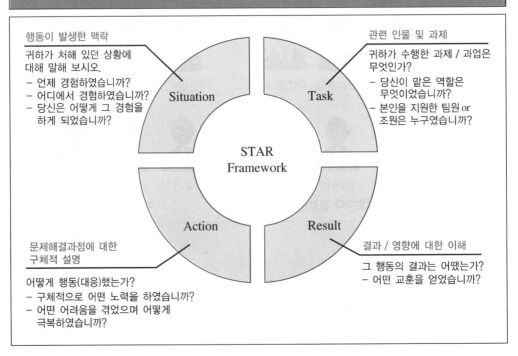

행동이 발생한 맥락
귀하가 처해 있던 상황에
대해 말해 보시오.
  – 언제 경험하였습니까?
  – 어디에서 경험하였습니까?
  – 당신은 어떻게 그 경험을
    하게 되었습니까?

관련 인물 및 과제
귀하가 수행한 과제 / 과업은
무엇인가?
  – 당신이 맡은 역할은
    무엇이었습니까?
  – 본인을 지원한 팀원 or
    조원은 누구였습니까?

STAR
Framework

Situation   Task

Action   Result

문제해결과정에 대한 구체적 설명
어떻게 행동(대응)했는가?
  – 구체적으로 어떤 노력을 하였습니까?
  – 어떤 어려움을 겪었으며 어떻게
    극복하였습니까?

결과 / 영향에 대한 이해
그 행동의 결과는 어땠는가?
  – 어떤 교훈을 얻었습니까?

③ 경험 면접 질문 예시(직업윤리)

	시작 질문
1	남들이 신경 쓰지 않는 부분까지 고려하여 절차대로 업무(연구)를 수행하여 성과를 낸 경험을 구체적으로 말해 보시오.
2	조직의 원칙과 절차를 철저히 준수하며 업무(연구)를 수행한 것 중 성과를 향상시킨 경험에 대해 구체적으로 말해 보시오.
3	세부적인 절차와 규칙에 주의를 기울여 실수 없이 업무(연구)를 마무리한 경험을 구체적으로 말해 보시오.
4	조직의 규칙이나 원칙을 고려하여 성실하게 일했던 경험을 구체적으로 말해 보시오.
5	타인의 실수를 바로잡고 원칙과 절차대로 수행하여 성공적으로 업무를 마무리하였던 경험에 대해 말해 보시오.

	후속 질문	
상황 (Situation)	상황	구체적으로 언제, 어디에서 경험한 일인가?
		어떤 상황이었는가?
	조직	어떤 조직에 속해 있었는가?
		그 조직의 특성은 무엇이었는가?
		몇 명으로 구성된 조직이었는가?
	기간	해당 조직에서 얼마나 일했는가?
		해당 업무는 몇 개월 동안 지속되었는가?
	조직규칙	조직의 원칙이나 규칙은 무엇이었는가?
임무 (Task)	과제	과제의 목표는 무엇이었는가?
		과제에 적용되는 조직의 원칙은 무엇이었는가?
		그 규칙을 지켜야 하는 이유는 무엇이었는가?
	역할	당신이 조직에서 맡은 역할은 무엇이었는가?
		과제에서 맡은 역할은 무엇이었는가?
	문제의식	규칙을 지키지 않을 경우 생기는 문제점 / 불편함은 무엇인가?
		해당 규칙이 왜 중요하다고 생각하였는가?
역할 및 노력 (Action)	행동	업무 과정의 어떤 장면에서 규칙을 철저히 준수하였는가?
		어떻게 규정을 적용시켜 업무를 수행하였는가?
		규정은 준수하는 데 어려움은 없었는가?
	노력	그 규칙을 지키기 위해 스스로 어떤 노력을 기울였는가?
		본인의 생각이나 태도에 어떤 변화가 있었는가?
		다른 사람들은 어떤 노력을 기울였는가?
	동료관계	동료들은 규칙을 철저히 준수하고 있었는가?
		팀원들은 해당 규칙에 대해 어떻게 반응하였는가?
		규칙에 대한 태도를 개선하기 위해 어떤 노력을 하였는가?
		팀원들의 태도는 당신에게 어떤 자극을 주었는가?
	업무추진	주어진 업무를 추진하는 데 규칙이 방해되진 않았는가?
		업무수행 과정에서 규정을 어떻게 적용하였는가?
		업무 시 규정을 준수해야 한다고 생각한 이유는 무엇인가?

결과 (Result)	평가	규칙을 어느 정도나 준수하였는가?
		그렇게 준수할 수 있었던 이유는 무엇이었는가?
		업무의 성과는 어느 정도였는가?
		성과에 만족하였는가?
		비슷한 상황이 온다면 어떻게 할 것인가?
	피드백	주변 사람들로부터 어떤 평가를 받았는가?
		그러한 평가에 만족하는가?
		다른 사람에게 본인의 행동이 영향을 주었다고 생각하는가?
	교훈	업무수행 과정에서 중요한 점은 무엇이라고 생각하는가?
		이 경험을 통해 느낀 바는 무엇인가?

2. 상황 면접

① 상황 면접의 특징

직무 관련 상황을 가정하여 제시하고 이에 대한 대응능력을 직무관련성 측면에서 평가하는 면접입니다.

- 상황 면접 과제의 구성은 크게 2가지로 구분
  - 상황 제시(Description) / 문제 제시(Question or Problem)
- 현장의 실제 업무 상황을 반영하여 과제를 제시하므로 직무분석이나 직무전문가 워크숍 등을 거쳐 현장성을 높임
- 문제는 상황에 대한 기본적인 이해능력(이론적 지식)과 함께 실질적 대응이나 변수 고려능력(실천적 능력) 등을 고르게 질문해야 함

상황 면접의 형태

[면접관 1] [면접관 2]

[연기자 1] [연기자 2]   [면접관 1] [면접관 2]

[지원자]   [지원자 1] [지원자 2] [지원자 3]

〈시뮬레이션〉   〈문답형〉

② 상황 면접 예시

	인천공항 여객터미널 내에는 다양한 용도의 시설(사무실, 통신실, 식당, 전산실, 창고 면세점 등)이 설치되어 있습니다.	실제 업무 상황에 기반함
상황 제시	금년에 소방배관의 누수가 잦아 메인 배관을 교체하는 공사를 추진하고 있으며, 당신은 이번 공사의 담당자입니다.	배경 정보
	주간에는 공항 운영이 이루어져 주로 야간에만 배관 교체 공사를 수행하던 중, 시공하는 기능공의 실수로 배관 연결 부위를 잘못 건드려 고압배관의 소화수가 누출되는 사고가 발생하였으며, 이로 인해 인근 시설물에 누수에 의한 피해가 발생하였습니다.	구체적인 문제 상황
문제 제시	일반적인 소방배관의 배관연결(이음)방식과 배관의 이탈(누수)이 발생하는 원인에 대해 설명해 보시오.	문제 상황 해결을 위한 기본 지식 문항
	담당자로서 본 사고를 현장에서 긴급히 처리하는 프로세스를 제시하고, 보수완료 후 사후적 조치가 필요한 부분 및 재발방지 방안에 대해 설명해 보시오.	문제 상황 해결을 위한 추가 대응 문항

3. 발표 면접

① 발표 면접의 특징
- 직무관련 주제에 대한 지원자의 생각을 정리하여 의견을 제시하고, 발표 및 질의응답을 통해 지원자의 직무능력을 평가하는 면접입니다.
- 발표 주제는 직무와 관련된 자료로 제공되며, 일정 시간 후 지원자가 보유한 지식 및 방안에 대한 발표 및 후속 질문을 통해 직무적합성을 평가합니다.

> - 주요 평가요소
>   - 설득적 말하기 / 발표능력 / 문제해결능력 / 직무관련 전문성
> - 이미 언론을 통해 공론화된 시사 이슈보다는 해당 직무분야에 관련된 주제가 발표면접의 과제로 선정되는 경우가 최근 들어 늘어나고 있음
> - 짧은 시간 동안 주어진 과제를 빠른 속도로 분석하여 발표문을 작성하고 제한된 시간 안에 면접관에게 효과적인 발표를 진행하는 것이 핵심

발표 면접의 형태

[면접관 1] [면접관 2]

[면접관 1] [면접관 2]

[지원자]

〈개별 과제 발표〉

[지원자 1] [지원자 2] [지원자 3]

〈팀 과제 발표〉

※ 면접관에게 시각적 효과를 사용하여 메시지를 전달하는 쌍방향 커뮤니케이션 방식
※ 심층면접을 보완하기 위한 방안으로 최근 많은 기업에서 적극 도입하는 추세

② 발표 면접 예시

1. 지시문

당신은 현재 A사에서 직원들의 성과평가를 담당하고 있는 팀원이다. 인사팀은 지난주부터 사내 조직문화관련 인터뷰를 하던 도중 성과평가제도에 관련된 개선 니즈가 제일 많다는 것을 알게 되었다. 이에 팀장님은 인터뷰 결과를 종합하려 성과평가제도 개선 아이디어를 A4용지에 정리하여 신속 보고할 것을 지시하셨다. 당신에게 남은 시간은 1시간이다. 자료를 준비하는 대로 당신은 팀원들이 모인 회의실에서 5분 간 발표할 것이며, 이후 질의응답을 진행할 것이다.

2. 배경자료

〈성과평가제도 개선에 대한 인터뷰〉

최근 A사는 회사 사세의 급성장으로 인해 작년보다 매출이 두 배 성장하였고, 직원 수 또한 두 배로 증가하였다. 회사의 성장은 임금, 복지에 대한 상승 등 긍정적인 영향을 주었으나 업무의 불균형 및 성과보상의 불평등 문제가 발생하였다. 또한 수시로 입사하는 신입직원과 경력직원, 퇴사하는 직원들까지 인원들의 잦은 변동으로 인해 평가해야 할 대상이 변경되어 현재의 성과평가제도로는 공정한 평가가 어려운 상황이다.

[생산부서 김상호]
우리 팀은 지난 1년 동안 생산량이 급증했기 때문에 수십 명의 신규인력이 급하게 채용되었습니다. 이 때문에 저희 팀장님은 신규 입사자들의 이름조차 기억 못 할 때가 많이 있습니다. 성과평가를 제대로 하고 있는지 의문이 듭니다.

[마케팅 부서 김흥민]
개인의 성과평가의 취지는 충분히 이해합니다. 그러나 현재 평가는 실적기반이나 정성적인 평가가 많이 포함되어 있어 객관성과 공정성에는 의문이 드는 것이 사실입니다. 이러한 상황에서 평가제도를 재수립하지 않고, 인센티브에 계속 반영한다면, 평가제도에 대한 반감이 커질 것이 분명합니다.

[교육부서 홍경민]
현재 교육부서는 인사팀과 밀접하게 일하고 있습니다. 그럼에도 인사팀에서 실시하는 성과평가제도에 대한 이해가 부족한 것 같습니다.

[기획부서 김경호 차장]
저는 저의 평가자 중 하나가 연구부서의 팀장님인데, 일 년에 몇 번 같이 일하지 않는데 어떻게 저를 평가할 수 있을까요? 특히 연구팀은 저희가 예산을 배정하는데, 저에게는 좋지만….

4. 토론 면접

① 토론 면접의 특징

- 다수의 지원자가 조를 편성해 과제에 대한 토론(토의)을 통해 결론을 도출해가는 면접입니다.
- 의사소통능력, 팀워크, 종합인성 등의 평가에 용이합니다.

- 주요 평가요소
  - 설득적 말하기, 경청능력, 팀워크, 종합인성
- 의견 대립이 명확한 주제 또는 채용분야의 직무 관련 주요 현안을 주제로 과제 구성
- 제한된 시간 내 토론을 진행해야 하므로 적극적으로 자신 있게 토론에 임하고 본인의 의견을 개진할 수 있어야 함

토론 면접의 형태

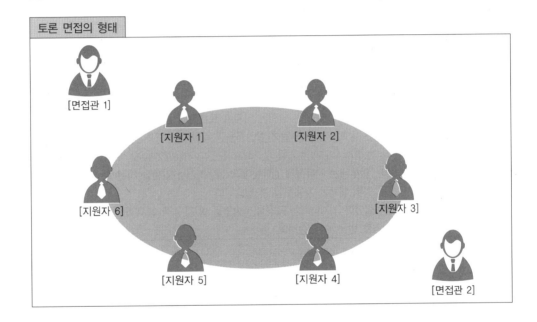

② 토론 면접 예시

고객 불만 고충처리

1. 들어가며

최근 우리 상품에 대한 고객 불만의 증가로 고객고충처리 TF가 만들어졌고 당신은 여기에 지원해 배치받았다. 당신의 업무는 불만을 가진 고객을 만나서 애로사항을 듣고 처리해 주는 일이다. 주된 업무로는 고객의 니즈를 파악해 방향성을 제시해 주고 그 해결책을 마련하는 일이다. 하지만 경우에 따라서 고객의 주관적인 의견으로 인해 제대로 된 방향으로 의사결정을 하지 못할 때가 있다. 이럴 경우 설득이나 논쟁을 해서라도 의견을 관철시키는 것이 좋을지 아니면 고객의 의견대로 진행하는 것이 좋을지 결정해야 할 때가 있다. 만약 당신이라면 이러한 상황에서 어떤 결정을 내릴 것인지 여부를 자유롭게 토론해 보시오.

2. 1분 자유 발언 시 준비사항

- 당신은 의견을 자유롭게 개진할 수 있으며 이에 따른 불이익은 없습니다.
- 토론의 방향성을 이해하고, 내용의 장점과 단점이 무엇인지 문제를 명확히 말해야 합니다.
- 합리적인 근거에 기초하여 개선방안을 명확히 제시해야 합니다.
- 제시한 방안을 실행 시 예상되는 긍정적・부정적 영향요인도 동시에 고려할 필요가 있습니다.

3. 토론 시 유의사항

- 토론 주제문과 제공해드린 메모지, 볼펜만 가지고 토론장에 입장할 수 있습니다.
- 사회자의 지정 또는 발표자가 손을 들어 발언권을 획득할 수 있으며, 사회자의 통제에 따릅니다.
- 토론회가 시작되면, 팀의 의견과 논거를 정리하여 1분간의 자유발언을 할 수 있습니다. 순서는 사회자가 지정합니다. 이후에는 자유롭게 상대방에게 질문하거나 답변을 하실 수 있습니다.
- 핸드폰, 서적 등 외부 매체는 사용하실 수 없습니다.
- 논제에 벗어나는 발언이나 지나치게 공격적인 발언을 할 경우, 위에서 제시한 유의사항을 지키지 않을 경우 불이익을 받을 수 있습니다.

1. 면접 Role Play 편성

- 교육생끼리 조를 편성하여 면접관과 지원자 역할을 교대로 진행합니다.
- 지원자 입장과 면접관 입장을 모두 경험해 보면서 면접에 대한 적응력을 높일 수 있습니다.

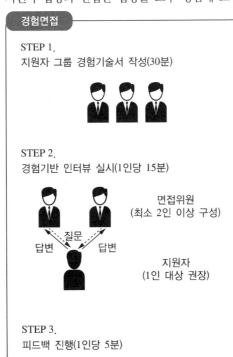

경험면접

STEP 1.
지원자 그룹 경험기술서 작성(30분)

STEP 2.
경험기반 인터뷰 실시(1인당 15분)

면접위원
(최소 2인 이상 구성)

질문
답변   답변

지원자
(1인 대상 권장)

STEP 3.
피드백 진행(1인당 5분)

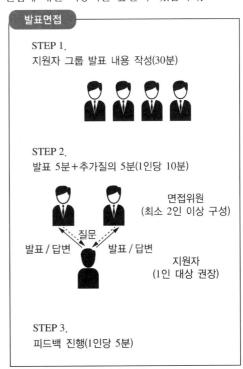

발표면접

STEP 1.
지원자 그룹 발표 내용 작성(30분)

STEP 2.
발표 5분+추가질의 5분(1인당 10분)

면접위원
(최소 2인 이상 구성)

질문
발표 / 답변   발표 / 답변

지원자
(1인 대상 권장)

STEP 3.
피드백 진행(1인당 5분)

Tip

면접 준비하기
1. 면접 유형 확인 필수
   - 기업마다 면접 유형이 상이하기 때문에 해당 기업의 면접 유형을 확인하는 것이 좋음
   - 일반적으로 실무진 면접, 임원면접 2차례에 거쳐 면접을 실시하는 기업이 많고 실무진 면접과 임원 면접에서 평가요소가 다르기 때문에 유형에 맞는 준비방법이 필요
2. 후속 질문에 대한 사전 점검
   - 블라인드 채용 면접에서는 주요 질문과 함께 후속 질문을 통해 지원자의 직무능력을 판단
     → STAR 기법을 통한 후속 질문에 미리 대비하는 것이 필요

1. 2023년 기출질문

- 조직의 성공을 위해 지원자가 어떤 노력을 하였는지 말해 보시오.
- 한국전기안전공사가 현재 추진하고 있는 사업은 무엇인지 아는 대로 말해 보시오.
- 우리 공사에 입사하게 되면 어떤 일을 하고 싶은가?
- 우리 공사에 입사 후 원하지 않는 직무로 배정된다면 어떻게 할 것인가?
- 지원자는 도전적인 일과 안정적인 일 중에서 어떤 일을 하고 싶은가?
- 본인의 장점과 단점에 대해 말해 보시오.
- 청렴에 대한 지원자의 생각을 말해 보시오.
- 효율은 좋지만 다소 위험한 일과 효율은 다소 떨어지나 안전한 일 중 어떤 것이 더 중요한가?
- 업무 수행 능력이 낮은 팀원 또는 후배가 있다면 어떻게 할 것인가?
- 팀원과 갈등이 생겼을 때 이를 어떻게 극복할 것인가?
- 상사와의 갈등이 생겼을 때 어떻게 극복할 것인가?
- 지원자에게 가장 중요한 가치는 무엇이라 생각하는가?
- 지원자가 우리 공사에 지원하기 전에 쌓았던 업무 관련 경험은 무엇인지 소개해 보시오.
- 지원자가 포기하지 않고 끊임없이 도전하여 성공한 경험이 있다면 말해 보시오.
- 현장업무가 잦은 편인데, 건강관리를 잘 하고 있는가?
- 본인이 알고 있는 전공 지식 중 한 가지에 대해 설명해 보시오.

2. 2021년 기출질문

- 자신의 장점과 단점에 대해 말해 보시오.
- 자신의 단점으로 인해 곤란했던 경험과 이를 해결하기 위한 노력에 대해 말해 보시오.
- 남을 위해 봉사했던 경험에 대해 말해 보시오.
- 솔선수범한다는 말을 들어본 적이 있는가?
- 자기주도적으로 일을 해결한 경험에 대해 말해 보시오.
- 같이 입사한 동기가 계속 퇴근을 늦게 한다면 어떻게 할 것인지 말해 보시오.
- 한국전기안전공사의 비전은 무엇인가?
- 자신의 장단점을 말해 보시오.
- 끈기 있게 도전한 경험에 대해 말해 보시오.
- 계획했던 일을 포기한 적이 있는가?
- 상사가 회사의 비품을 훔치는 것을 보았다면 어떻게 대처할 것인가?
- 직원 대부분이 부정부패에 연관되어 있다면 어떻게 할 것인가?
- 프로젝트에서 담당자로 퇴사하고 신입인 자신이 투입된다면 어떻게 할 것인가?
- 자발적으로 계획을 세워 성공한 경험이 있는가?
- 비우호적인 사람과 지내야 한다면 어떻게 할 것인가?
- 부담되거나 선호하지 않는 부서로 발령된다면 어떻게 할 것인가?
- 집단에서 갈등 해결에 성공한(실패한) 경험이 있는가?
- 고객이 일을 빨리 처리해 달라고 하면 어떻게 대처할 것인가?
- 끈기가 있는 편인가?
- 마지막으로 할 말이 있는가?

3. 2020년 기출질문

- 비호의적인 사람과 어떤 관계로 지낼 것인가?
- 협력으로 좋은 결과를 만들어낸 경험이 있다면 말해 보시오.
- 상사가 비품을 훔치는 상황을 목격한다면 어떻게 대처할 것인가?
- 상사와 갈등이 생긴다면 어떻게 할 것인가?
- 본인의 학창시절 꿈에 대해 말해 보시오.
- 전기설비란 무엇인가?
- 책임감 있게 과업을 완수한 경험에 대해 말해 보시오.
- 책임감이 부족해서 실패했던 경험에 대해 말해 보시오.

배우기만 하고 생각하지 않으면 얻는 것이 없고,

생각만 하고 배우지 않으면 위태롭다.

-공자-

현재 나의 실력을 객관적으로 파악해 보자!

모바일 OMR
답안채점 / 성적분석 서비스

도서에 수록된 모의고사에 대한 객관적인 결과(정답률, 순위)를 종합적으로 분석하여 제공합니다.

OMR 입력

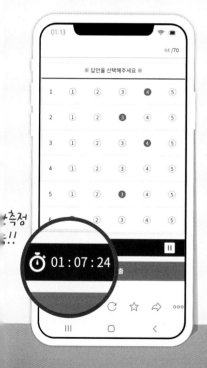

성적분석

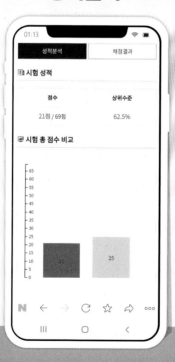

채점결과

※OMR 답안채점 / 성적분석 서비스는 등록 후 30일간 사용 가능합니다.

참여방법

도서 내 모의고사
우측 상단에 위치한
QR코드 찍기

→ LOG IN
로그인
하기

→ '시작하기'
클릭

→ '응시하기'
클릭

→
나의 답안을
모바일 OMR
카드에 입력

→ '성적분석 & 채점결과'
클릭

→ 현재 내 실력
확인하기

SD에듀

공기업 취업을 위한 NCS
직업기초능력평가 시리즈

NCS부터 전공까지 완벽 학습 "통합서" 시리즈

공기업 취업의 기초부터 차근차근! 취업의 문을 여는 **Master Key!**

NCS 영역 및 유형별 체계적 학습 "집중학습" 시리즈

영역별 이론부터 유형별 모의고사까지! 단계별 학습을 통한 **Only Way!**

SD에듀

2024 최신판

한국전기
안전공사

정답 및 해설

최신
출제경향
완벽 반영

2023년 공기업 기출복원문제

NCS 출제유형 + 전공

모의고사 4회

안심도서
평균99.9%

SDC

SDC는 SD에듀 데이터 센터의 약자로
약 30만 개의 NCS · 적성 문제 데이터를
바탕으로 최신 출제경향을 반영하여
문제를 출제합니다.

SD에듀
㈜시대고시기획

Add+

특별부록

CHAPTER 01 2023년 주요 공기업 NCS 기출복원문제

CHAPTER 02 2023년 주요 공기업 전기 전공 기출복원문제

01	02	03	04	05	06	07	08	09	10	11	12	13	14	15	16	17	18	19	20
⑤	⑤	④	④	②	⑤	④	①	②	④	④	①	④	③	③	③	②	②	①	④

21	22	23	24	25	26	27	28	29	30	31	32	33	34	35	36	37	38	39	40
①	③	②	③	④	①	④	⑤	②	④	④	①	⑤	④	②	④	⑤	③	①	③

41	42	43	44	45	46	47	48	49	50										
③	③	②	③	②	④	②	⑤	④	④										

01

정답 ⑤

제시문의 세 번째 문단에 따르면 스마트 글라스 내부 센서를 통해 충격과 기울기를 감지할 수 있어, 작업자에게 위험한 상황이 발생할 경우 통보 시스템을 통해 바로 파악할 수 있게 되었음을 알 수 있다.

오답분석

① 첫 번째 문단에 따르면 스마트 글라스를 통한 작업자의 음성인식만으로 철도시설물 점검이 가능해졌음을 알 수 있지만, 다섯 번째 문단에 따르면 아직 유지보수 작업은 가능하지 않음을 알 수 있다.

② 첫 번째 문단에 따르면 스마트 글라스의 도입 이후에도 사람의 작업이 필요함을 알 수 있다.

③ 세 번째 문단에 따르면 스마트 글라스의 도입으로 추락 사고나 그 밖의 위험한 상황을 미리 예측할 수 있어 이를 방지할 수 있게 되었음을 알 수 있지만, 실제로 안전사고 발생 횟수가 감소하였는지는 알 수 없다.

④ 두 번째 문단에 따르면 여러 단계를 거치던 기존 작업 방식에서 스마트 글라스의 도입으로 작업을 한 번에 처리할 수 있게 된 것을 통해 작업 시간이 단축되었음을 알 수 있지만, 필요한 작업 인력의 감소 여부는 알 수 없다.

02

정답 ⑤

네 번째 문단에 따르면 인공지능 등의 스마트 기술 도입으로 까치집 검출 정확도는 95%까지 상승하였으므로 까치집 제거율 또한 상승할 것임을 예측할 수 있으나, 근본적인 문제인 까치집 생성의 감소를 기대할 수는 없다.

오답분석

① 세 번째 문단과 네 번째 문단에 따르면 정확도가 65%에 불과했던 인공지능의 까치집 식별 능력이 딥러닝 방식의 도입으로 95%까지 상승했음을 알 수 있다.

② 세 번째 문단에서 시속 150km로 빠르게 달리는 열차에서의 까치집 식별 정확도는 65%에 불과하다는 내용으로 보아, 빠른 속도에서는 인공지능의 사물 식별 정확도가 낮음을 알 수 있다.

③ 네 번째 문단에 따르면 작업자의 접근이 어려운 곳에는 드론을 띄워 까치집을 발견 및 제거하는 기술도 시범 운영하고 있다고 하였다.

④ 세 번째 문단에 따르면 실시간 까치집 자동 검출 시스템 개발로 실시간으로 위험 요인의 위치와 이미지를 작업자에게 전달할 수 있게 되었다.

03

제시문의 두 번째 문단에 따르면 CCTV는 열차 종류에 따라 운전실에서 실시간으로 상황을 파악할 수 있는 네트워크 방식과 각 객실에서의 영상을 저장하는 개별 독립 방식으로 설치된다고 하였다. 따라서 개별 독립 방식으로 설치된 일부 열차에서는 각 객실의 상황을 실시간으로 파악하지 못할 수 있다.

오답분석

① 첫 번째 문단에 따르면 2023년까지 현재 운행하고 있는 열차의 모든 객실에 CCTV를 설치하겠다는 내용으로 보아, 현재 모든 열차의 모든 객실에 CCTV가 설치되지 않았음을 유추할 수 있다.
② 첫 번째 문단에 따르면 2023년까지 모든 열차 승무원에게 바디캠을 지급하겠다고 하였다. 이에 따라 승객이 승무원을 폭행하는 등의 범죄 발생 시 해당 상황을 녹화한 바디캠 영상이 있어 수사의 증거자료로 사용할 수 있게 되었다.
③ 두 번째 문단에 따르면 CCTV는 사각지대 없이 설치되며 일부는 휴대 물품 보관대 주변에도 설치된다고 하였다. 따라서 인적 피해와 물적 피해 모두 예방할 수 있게 되었다.
⑤ 세 번째 문단에 따르면 CCTV 제품 품평회와 시험을 통해 제품의 형태와 색상, 재질, 진동과 충격 등에 대한 적합성을 고려한다고 하였다.

04

작년 K대학교의 재학생 수는 6,800명이고 남학생 수와 여학생 수의 비가 $8:9$이므로, 남학생 수는 $6,800 \times \dfrac{8}{8+9} = 3,200$명이고,

여학생 수는 $6,800 \times \dfrac{9}{8+9} = 3,600$명이다. 올해 줄어든 남학생 수와 여학생 수의 비가 $12:13$이므로 올해 K대학교에 재학 중인

남학생 수와 여학생 수의 비는 $(3,200-12k):(3,600-13k) = 7:8$이다.

$7 \times (3,600-13k) = 8 \times (3,200-12k)$

$\rightarrow 25,200-91k = 25,600-96k$

$\rightarrow 5k = 400$

$\therefore k = 80$

따라서 올해 K대학교에 재학 중인 남학생 수는 $3,200-12 \times 80 = 2,240$명이고, 여학생 수는 $3,600-13 \times 80 = 2,560$명이므로 올해 K대학교의 전체 재학생 수는 $2,240+2,560 = 4,800$명이다.

05

마일리지 적립 규정에 회원 등급과 관련된 내용은 없으며, 마일리지 적립은 지불한 운임의 액수, 더블적립 열차 탑승 여부, 선불형 교통카드 Rail+ 사용 여부에 따라서만 결정된다.

오답분석

① KTX 마일리지는 KTX 열차 이용 시에만 적립된다.
③ 비즈니스 등급은 기업회원 여부와 관계없이 최근 1년간의 활동내역을 기준으로 부여된다.
④ 반기 동안 추석 및 설 명절 특별수송기간 탑승 건을 제외하고 4만 점을 적립하면 VIP 등급을 부여받는다.
⑤ VVIP 등급과 VIP 등급 고객은 한정된 횟수 내에서 무료 업그레이드 쿠폰으로 KTX 특실을 KTX 일반실 가격에 구매할 수 있다.

06

K공사를 통한 예약 접수는 온라인 쇼핑몰 홈페이지를 통해서만 가능하며, 오프라인(방문) 접수는 우리·농협은행의 창구를 통해서만 이루어진다.

오답분석

① 구매자를 대한민국 국적자로 제한한다는 내용은 없다.
② 단품으로 구매 시 1인당 화종별 최대 3장으로 총 9장, 세트로 구매할 때도 1인당 최대 3세트로 총 9장까지 신청이 가능하며, 세트와 단품은 중복신청이 가능하므로 1인당 구매 가능한 최대 개수는 18장이다.
③ 우리·농협은행의 계좌가 없다면, K공사 온라인 쇼핑몰을 이용하거나 우리·농협은행에 직접 방문하여 구입할 수 있다.
④ 총발행량은 예약 주문 이전부터 화종별 10,000장으로 미리 정해져 있다.

07

우리·농협은행 계좌 미보유자인 외국인 A씨가 예약 신청을 할 수 있는 방법은 두 가지이다. 하나는 신분증인 외국인등록증을 지참하고 우리·농협은행의 지점을 방문하여 신청하는 것이고, 다른 하나는 K공사 온라인 쇼핑몰에서 가상계좌 방식으로 신청하는 것이다.

[오답분석]
① A씨는 외국인이므로 창구 접수 시 지참해야 하는 신분증은 외국인등록증이다.
② K공사 온라인 쇼핑몰에서는 가상계좌 방식을 통해서만 예약 신청이 가능하다.
③ 홈페이지를 통한 신청이 가능한 은행은 우리은행과 농협은행뿐이다.
⑤ 우리·농협은행의 홈페이지를 통해 예약 접수를 하려면 해당 은행에 미리 계좌가 개설되어 있어야 한다.

08

정답 ①

3종 세트는 186,000원, 단품은 각각 63,000원이므로 5명의 구매 금액을 계산하면 다음과 같다.
• A : $(186,000 \times 2) + 63,000 = 435,000$원
• B : $63,000 \times 8 = 504,000$원
• C : $(186,000 \times 2) + (63,000 \times 2) = 498,000$원
• D : $186,000 \times 3 = 558,000$원
• E : $186,000 + (63,000 \times 4) = 438,000$원
따라서 가장 많은 금액을 지불한 사람은 D이며, 구매 금액은 558,000원이다.

09

정답 ②

허리디스크는 디스크의 수핵이 탈출하여 생긴 질환이므로 허리를 굽히거나 앉아 있을 때 디스크에 가해지는 압력이 높아져 통증이 더 심해진다. 반면 척추관협착증의 경우 서 있을 때 척추관이 더욱 좁아지게 되어 통증이 더욱 심해진다.

[오답분석]
① 허리디스크는 디스크의 탄력 손실이나 갑작스런 충격으로 인해 균열이 생겨 발생하고, 척추관협착증은 오랜 기간 동안 황색인대가 두꺼워져 척추관에 변형이 일어나 발생하므로 허리디스크가 더 급작스럽게 증상이 나타난다.
③ 허리디스크는 자연치유가 가능하지만, 척추관협착증은 불가능하다. 따라서 허리디스크는 주로 통증을 줄이고 안정을 취하는 보존치료를 하지만, 척추관협착증은 변형된 부분을 제거하는 외과적 수술을 한다.
④ 허리디스크와 척추관협착증 모두 척추 중앙의 신경 다발(척수)이 압박받을 수 있으며, 심할 경우 하반신 마비 증세를 보일 수 있으므로 빠른 치료를 받는 것이 중요하다.

10

정답 ④

고령인 사람이 서 있을 때 통증이 나타난다면 퇴행성 척추질환인 척추관협착증(요추관협착증)일 가능성이 높다. 반면 허리디스크(추간판탈출증)는 젊은 나이에도 디스크에 급격한 충격이 가해지면 발생할 수 있고, 앉아 있을 때 통증이 심해진다. 따라서 ㉠에는 척추관협착증, ㉡에는 허리디스크가 들어가야 한다.

11

정답 ④

제시문은 장애인 건강주치의 시범사업을 소개하며 3단계 시범사업에서 기존과 달라지는 내용을 위주로 설명하고 있다. 따라서 가장 처음에 와야 할 문단은 3단계 장애인 건강주치의 시범사업을 소개하는 (마) 문단이다. 이어서 장애인 건강주치의 시범사업 세부 서비스를 소개하는 문단이 와야 하는데, 서비스 종류를 소개하는 문장이 있는 (다) 문단이 이어지는 것이 가장 적절하다. 그리고 2번째 서비스인 주장애관리를 소개하는 (가) 문단이 와야 하며, 그 다음으로 3번째 서비스인 통합관리 서비스와 추가적으로 방문 서비스를 소개하는 (라) 문단이 오는 것이 적절하다. 마지막으로 장애인 건강주치의 시범사업에 신청하는 방법을 소개하며 글을 끝내는 것이 적절하므로 (나) 문단이 이어져야 한다. 따라서 글의 순서를 바르게 나열하면 (마) - (다) - (가) - (라) - (나)이다.

12

정답 ①

- 2019년 직장가입자 및 지역가입자 건강보험금 징수율

  − 직장가입자 : $\dfrac{6,698,187}{6,706,712} \times 100 = 99.87\%$

  − 지역가입자 : $\dfrac{886,396}{923,663} \times 100 = 95.97\%$

- 2020년 직장가입자 및 지역가입자 건강보험금 징수율

  − 직장가입자 : $\dfrac{4,898,775}{5,087,163} \times 100 = 96.3\%$

  − 지역가입자 : $\dfrac{973,681}{1,003,637} \times 100 = 97.02\%$

- 2021년 직장가입자 및 지역가입자 건강보험금 징수율

  − 직장가입자 : $\dfrac{7,536,187}{7,763,135} \times 100 = 97.08\%$

  − 지역가입자 : $\dfrac{1,138,763}{1,256,137} \times 100 = 90.66\%$

- 2022년 직장가입자 및 지역가입자 건강보험금 징수율

  − 직장가입자 : $\dfrac{8,368,972}{8,376,138} \times 100 = 99.91\%$

  − 지역가입자 : $\dfrac{1,058,943}{1,178,572} \times 100 = 89.85\%$

따라서 직장가입자 건강보험금 징수율이 가장 높은 해는 2022년이고, 지역가입자 건강보험금 징수율이 가장 높은 해는 2020년이다.

13

정답 ④

이뇨제의 1인 투여량은 60mL/일이고 진통제의 1인 투여량은 60mg/일이므로 이뇨제를 투여한 환자 수와 진통제를 투여한 환자 수의 비는 이뇨제 사용량과 진통제 사용량의 비와 같다.

- 2018년 : $3,000 \times 2 < 6,720$
- 2019년 : $3,480 \times 2 = 6,960$
- 2020년 : $3,360 \times 2 < 6,840$
- 2021년 : $4,200 \times 2 > 7,200$
- 2022년 : $3,720 \times 2 > 7,080$

따라서 2018년과 2020년에 진통제를 투여한 환자 수는 이뇨제를 투여한 환자 수의 2배보다 많다.

[오답분석]

① 2022년에 전년 대비 사용량이 감소한 의약품은 이뇨제와 진통제로, 이뇨제의 사용량 감소율은 $\dfrac{3,720-4,200}{4,200} \times 100 = -$

11.43%이고, 진통제의 사용량 감소율은 $\dfrac{7,080-7,200}{7,200} \times 100 = -1.67\%$이다. 따라서 전년 대비 2022년 사용량 감소율이

가장 큰 의약품은 이뇨제이다.

② 5년 동안 지사제 사용량의 평균은 $\dfrac{30+42+48+40+44}{5} = 40.8$정이고, 지사제의 1인 1일 투여량은 2정이다. 따라서 지사제

를 투여한 환자 수의 평균은 $\dfrac{40.8}{2} = 20.4$이므로 18명 이상이다.

③ 이뇨제 사용량은 매년 '증가 − 감소 − 증가 − 감소' 추세이다.

14

분기별 사회복지사 인력의 합은 다음과 같다.
- 2022년 3분기 : $391+670+1,887=2,948$명
- 2022년 4분기 : $385+695+1,902=2,982$명
- 2023년 1분기 : $370+700+1,864=2,934$명
- 2023년 2분기 : $375+720+1,862=2,957$명

분기별 전체 보건인력 중 사회복지사 인력의 비율은 다음과 같다.
- 2022년 3분기 : $\frac{2,948}{80,828} \times 100 ≒ 3.65\%$
- 2022년 4분기 : $\frac{2,982}{82,582} \times 100 ≒ 3.61\%$
- 2023년 1분기 : $\frac{2,934}{86,236} \times 100 ≒ 3.40\%$
- 2023년 2분기 : $\frac{2,957}{86,707} \times 100 ≒ 3.41\%$

따라서 옳지 않은 것은 ③이다.

15

건강생활실천지원금제 신청자 목록에 따라 신청자별로 확인하면 다음과 같다.
- A : 주민등록상 주소지가 시범지역에 속하지 않는다.
- B : 주민등록상 주소지는 관리형에 속하지만, 고혈압 또는 당뇨병 진단을 받지 않았다.
- C : 주민등록상 주소지는 예방형에 속하고, 체질량지수와 혈압이 건강관리가 필요한 사람이므로 예방형이다.
- D : 주민등록상 주소지는 관리형에 속하고, 고혈압 진단을 받았으므로 관리형이다.
- E : 주민등록상 주소지는 예방형에 속하고, 체질량지수와 공복혈당 건강관리가 필요한 사람이므로 예방형이다.
- F : 주민등록상 주소지가 시범지역에 속하지 않는다.
- G : 주민등록상 주소지는 관리형에 속하고, 당뇨병 진단을 받았으므로 관리형이다.
- H : 주민등록상 주소지가 시범지역에 속하지 않는다.
- I : 주민등록상 주소지는 예방형에 속하지만, 필수조건인 체질량지수가 정상이므로 건강관리가 필요한 사람에 해당하지 않는다.

따라서 예방형 신청이 가능한 사람은 C, E이고, 관리형 신청이 가능한 사람은 D, G이다.

16

출산장려금 지급 시기의 가장 우선순위인 임신일이 가장 긴 임산부는 B, D, E임산부이다. 이 중에서 만 19세 미만인 자녀 수가 많은 임산부는 D, E임산부이고, 소득 수준이 더 낮은 임산부는 D임산부이다. 따라서 D임산부가 가장 먼저 출산장려금을 받을 수 있다.

17

제시문은 행위별수가제에 대한 것으로 환자, 의사, 건강보험 재정 등 많은 곳에서 한계점이 있다고 설명하면서 건강보험 고갈을 막기 위해 다양한 지불방식을 도입하는 등 구조적인 개편이 필요함을 설명하고 있다. 따라서 글의 주제로 '행위별수가제의 한계점'이 가장 적절하다.

18

- 구상(求償) : 무역 거래에서 수량·품질·포장 따위에 계약 위반 사항이 있는 경우, 매주(賣主)에게 손해 배상을 청구하거나 이의를 제기하는 일
- 구제(救濟) : 자연적인 재해나 사회적인 피해를 당하여 어려운 처지에 있는 사람을 도와줌

19

- (운동에너지)$= \frac{1}{2} \times$ (질량)$\times$(속력)$^2 = \frac{1}{2} \times 2 \times 4^2 = 16$J
- (위치에너지)$=$(질량)$\times$(중력가속도)$\times$(높이)$= 2 \times 10 \times 0.5 = 10$J
- (역학적 에너지)$=$(운동에너지)$+$(위치에너지)$= 16 + 10 = 26$J

공의 역학적 에너지는 26J이고, 튀어 오를 때 가장 높은 지점에서 운동에너지가 0이므로 역학적 에너지는 위치에너지와 같다. 따라서 공이 튀어 오를 때 가장 높은 지점에서의 위치에너지는 26J이다.

20

출장지까지 거리는 $200 \times 1.5 = 300$km이므로 시속 60km의 속력으로 달릴 때 걸리는 시간은 5시간이고, 약속시간보다 1시간 늦게 도착하므로 약속시간은 4시간 남았다. 300km를 시속 60km의 속력으로 달리다 도중에 시속 90km의 속력으로 달릴 때 약속시간보다 30분 일찍 도착했으므로, 이때 걸린 시간은 $4 - \frac{1}{2} = \frac{7}{2}$ 시간이다.

시속 90km의 속력으로 달린 거리를 $x$km라 하면

$$\frac{300-x}{60} + \frac{x}{90} = \frac{7}{2}$$

$\rightarrow\ 900 - 3x + 2x = 630$

$\therefore\ x = 270$

따라서 A부장이 시속 90km의 속력으로 달린 거리는 270km이다.

21

상품의 원가를 x원이라 하면 처음 판매가격은 $1.23x$원이다.
여기서 1,300원을 할인하여 판매했을 때 얻은 이익은 원가의 10%이므로

$(1.23x - 1,300) - x = 0.1x$

$\rightarrow\ 0.13x = 1,300$

$\therefore\ x = 10,000$

따라서 상품의 원가는 10,000원이다.

22

G와 B의 자리를 먼저 고정하고, 양 끝에 앉을 수 없는 A의 위치를 토대로 경우의 수를 계산하면 다음과 같다.

- G가 가운데에 앉고, B가 G의 바로 왼쪽에 앉는 경우의 수

	A	B	G			

		B	G	A		

		B	G		A	

$3 \times 4! = 72$가지

- G가 가운데에 앉고, B가 G의 바로 오른쪽에 앉는 경우의 수

	A		G	B		

		A	G	B		

			G	B	A	

$3 \times 4! = 72$가지

따라서 조건과 같이 앉을 때 가능한 경우의 수는 $72 + 72 = 144$가지이다.

23

정답 ②

유치원생이 11명일 때 평균 키는 113cm이므로 유치원생 11명의 키의 합은 113×11＝1,243cm이다. 키가 107cm인 유치원생이 나갔으므로 남은 유치원생 10명의 키의 합은 1,243－107＝1,136cm이다. 따라서 남은 유치원생 10명의 평균 키는 $\frac{1,136}{10}=$ 113.6cm이다.

24

정답 ③

'우회수송'은 사고 등의 이유로 직통이 아닌 다른 경로로 우회하여 수송한다는 뜻이기 때문에 '우측 선로로 변경'은 순화로 적절하지 않다.

오답분석

① '열차시격'에서 '시격'이란 '사이에 뜬 시간'이라는 뜻의 한자어로, 열차와 열차 사이의 간격, 즉 '배차간격'으로 순화할 수 있다.
② '전차선'이란 선로를 의미하고, '단전'은 전기의 공급이 중단됨을 말한다. 따라서 바르게 순화되었다.
④ '핸드레일(Handrail)'은 난간을 뜻하는 영어 단어로, 우리말로는 '안전손잡이'로 순화할 수 있다.
⑤ '키스 앤 라이드(Kiss and Ride)'는 헤어질 때 키스를 하는 영미권 문화에서 비롯된 용어로, '환승정차구역'을 지칭한다.

25

정답 ④

세 번째 문단을 통해 정부가 철도 중심 교통체계 구축을 위해 노력하고 있음을 알 수는 있으나, 구체적으로 시행된 조치는 언급되지 않았다.

오답분석

① 첫 번째 문단을 통해 전 세계적으로 탄소중립이 주목받자 이에 대한 방안으로 등장한 것이 철도 수송임을 알 수 있다.
② 첫 번째 문단과 두 번째 문단을 통해 철도 수송의 확대가 온실가스 배출량의 획기적인 감축을 가져올 것임을 알 수 있다.
③ 네 번째 문단을 통해 '중앙선 안동 ～ 영천 간 궤도' 설계 시 탄소 감축 방안으로 저탄소 자재인 유리섬유 보강근이 철근 대신 사용되었음을 알 수 있다.
⑤ 네 번째 문단을 통해 S철도공단은 철도 중심 교통체계 구축을 위해 건설 단계에서부터 친환경·저탄소 자재를 적용하였고, 탄소 감축을 위해 2025년부터는 모든 철도건축물을 일정한 등급 이상으로 설계하기로 결정하였음을 알 수 있다.

26

정답 ①

제시문을 살펴보면 먼저 첫 번째 문단에서는 이산화탄소로 메탄올을 만드는 곳이 있다며 관심을 유도하고, 두 번째 문단에서 메탄올을 어떻게 만들고 어디에서 사용하는지 구체적으로 설명함으로써 탄소 재활용의 긍정적인 측면을 부각하고 있다. 하지만 세 번째 문단에서는 앞선 내용과 달리 이렇게 만들어진 메탄올의 부정적인 측면을 설명하고, 네 번째 문단에서는 이와 같은 이유로 탄소 재활용에 대한 결론이 나지 않았다며 글이 마무리되고 있다. 따라서 글의 주제로 적절한 것은 탄소 재활용의 이면을 모두 포함하는 내용인 ①이다.

오답분석

② 두 번째 문단에 한정된 내용이므로 제시문 전체를 다루는 주제로 보기에는 적절하지 않다.
③ 지열발전소의 부산물을 통해 메탄올이 만들어진 것은 맞지만, 새롭게 탄생된 연료로 보기는 어려우며, 글의 전체를 다루는 주제로 보기에도 적절하지 않다.
④·⑤ 제시문의 첫 번째 문단과 두 번째 문단에서는 버려진 이산화탄소 및 부산물의 재활용을 통해 '메탄올'을 제조함으로써 미래 원료를 해결할 수 있을 것처럼 보이지만, 이어지는 세 번째 문단과 네 번째 문단에서는 이렇게 만들어진 '메탄올'이 과연 미래 원료로 적합한지 의문점이 제시되고 있다. 따라서 글의 주제로 보기에는 적절하지 않다.

27

A ~ C철도사의 차량 1량당 연간 승차인원 수는 다음과 같다.

- 2020년
  - A철도사 : $\frac{775,386}{2,751} ≒ 281.86$천 명/년/1량
  - B철도사 : $\frac{26,350}{103} ≒ 255.83$천 명/년/1량
  - C철도사 : $\frac{35,650}{185} ≒ 192.7$천 명/년/1량
- 2021년
  - A철도사 : $\frac{768,776}{2,731} ≒ 281.5$천 명/년/1량
  - B철도사 : $\frac{24,746}{111} ≒ 222.94$천 명/년/1량
  - C철도사 : $\frac{33,130}{185} ≒ 179.08$천 명/년/1량
- 2022년
  - A철도사 : $\frac{755,376}{2,710} ≒ 278.74$천 명/년/1량
  - B철도사 : $\frac{23,686}{113} ≒ 209.61$천 명/년/1량
  - C철도사 : $\frac{34,179}{185} ≒ 184.75$천 명/년/1량

따라서 3년간 차량 1량당 연간 평균 승차인원 수는 C철도사가 가장 적다.

오답분석
① 2020 ~ 2022년의 C철도사 차량 수는 185량으로 변동이 없다.
② 2020 ~ 2022년의 연간 승차인원 비율은 모두 A철도사가 가장 높다.
③ A ~ C철도사의 2020년의 전체 연간 승차인원 수는 775,386+26,350+35,650＝837,386천 명, 2021년의 전체 연간 승차인원 수는 768,776+24,746+33,130＝826,652천 명, 2022년의 전체 연간 승차인원 수는 755,376+23,686+34,179＝813,241천 명으로 매년 감소하였다.
⑤ 2020 ~ 2022년의 C철도사 차량 1량당 연간 승차인원 수는 각각 192.7천 명, 179.08천 명, 184.75천 명이므로 모두 200천 명 미만이다.

28

2018년 대비 2022년에 석유 생산량이 감소한 국가는 C, F이며, 석유 생산량 감소율은 다음과 같다.
- C : $\frac{4,025,936-4,102,396}{4,102,396} \times 100 ≒ -1.9\%$
- F : $\frac{2,480,221-2,874,632}{2,874,632} \times 100 ≒ -13.7\%$

따라서 석유 생산량 감소율이 가장 큰 국가는 F이다.

오답분석
① 석유 생산량이 매년 증가한 국가는 A, B, E, H로 총 4개이다.
② 2018년 대비 2022년에 석유 생산량이 증가한 국가의 석유 생산량 증가량은 다음과 같다.
  - A : 10,556,259-10,356,185＝200,074bbl/day
  - B : 8,567,173-8,251,052＝316,121bbl/day
  - D : 5,422,103-5,321,753＝100,350bbl/day

- E : $335,371-258,963=76,408$bbl/day
- G : $1,336,597-1,312,561=24,036$bbl/day
- H : $104,902-100,731=4,171$bbl/day

따라서 석유 생산량 증가량이 가장 많은 국가는 B이다.

③ E국가의 연도별 석유 생산량을 H국가의 연도별 석유 생산량과 비교하면 다음과 같다.

- 2018년 : $\frac{258,963}{100,731}≒2.6$
- 2019년 : $\frac{273,819}{101,586}≒2.7$
- 2020년 : $\frac{298,351}{102,856}≒2.9$
- 2021년 : $\frac{303,875}{103,756}≒2.9$
- 2022년 : $\frac{335,371}{104,902}≒3.2$

따라서 2022년 E국가의 석유 생산량은 H국가의 석유 생산량의 약 3.2배이므로 옳지 않다.

④ 석유 생산량 상위 2개국은 매년 A, B이며, 매년 석유 생산량의 차이는 다음과 같다.

- 2018년 : $10,356,185-8,251,052=2,105,133$bbl/day
- 2019년 : $10,387,665-8,297,702=2,089,963$bbl/day
- 2020년 : $10,430,235-8,310,856=2,119,379$bbl/day
- 2021년 : $10,487,336-8,356,337=2,130,999$bbl/day
- 2022년 : $10,556,259-8,567,173=1,989,086$bbl/day

따라서 A와 B국가의 석유 생산량의 차이는 '감소 - 증가 - 증가 - 감소' 추세를 보이므로 옳지 않다.

29
정답 ②

제시된 법률에 따라 공무원인 친구가 받을 수 있는 선물의 최대 금액은 1회에 100만 원이다.

$12x<100 → x<\frac{100}{12}=\frac{25}{3}≒8.33$

따라서 A씨는 수석을 최대 8개 보낼 수 있다.

30
정답 ④

거래처로 가기 위해 C와 G를 거쳐야 하므로, C를 먼저 거치는 최소 이동거리와 G를 먼저 거치는 최소 이동거리를 비교해 본다.

- 본사 - C - D - G - 거래처
  $6+3+3+4=16$km
- 본사 - E - G - D - C - F - 거래처
  $4+1+3+3+3+4=18$km

따라서 최소 이동거리는 16km이다.

31
정답 ④

- 볼펜을 30자루 구매하면 개당 200원씩 할인되므로 $800×30=24,000$원이다.
- 수정테이프를 8개 구매하면 $2,500×8=20,000$원이지만, 10개를 구매하면 개당 1,000원이 할인되어 $1,500×10=15,000$원이므로 10개를 구매하는 것이 더 저렴하다.
- 연필을 20자루 구매하면 연필 가격의 25%가 할인되므로 $400×20×0.75=6,000$원이다.
- 지우개를 5개 구매하면 $300×5=1,500$원이며 지우개에 대한 할인은 적용되지 않는다.

따라서 총금액은 $24,000+15,000+6,000+1,500=46,500$원이고 3만 원을 초과했으므로 10% 할인이 적용되어 $46,500×0.9=41,850$원이다. 또한 할인 적용 전 금액이 5만 원 이하이므로 배송료 5,000원이 추가로 부과되어 $41,850+5,000=46,850$원이 된다. 그런데 만약 비품을 3,600원어치 추가로 주문하면 $46,500+3,600=50,100$원이므로 할인 적용 전 금액이 5만 원을 초과하여 배송료가 무료가 되고, 총금액이 3만 원을 초과했으므로 지불할 금액은 10% 할인이 적용된 $50,100×0.9=45,090$원이 된다. 그러므로 지불 가능한 가장 저렴한 금액은 45,090원이다.

32

A~E가 받는 성과급을 구하면 다음과 같다.

직원	직책	매출 순이익	기여도	성과급 비율	성과급
A	팀장	4,000만 원	25%	매출 순이익의 5%	$1.2 \times 4,000 \times 0.05 = 240$만 원
B	팀장	2,500만 원	12%	매출 순이익의 2%	$1.2 \times 2,500 \times 0.02 = 60$만 원
C	팀원	1억 2,500만 원	3%	매출 순이익의 1%	$12,500 \times 0.01 = 125$만 원
D	팀원	7,500만 원	7%	매출 순이익의 3%	$7,500 \times 0.03 = 225$만 원
E	팀원	800만 원	6%	−	0원

따라서 가장 많은 성과급을 받는 사람은 A이다.

33

2023년 6월의 학교폭력 신고 누계 건수는 $7,530+1,183+557+601=9,871$건으로, 10,000건 미만이다.

[오답분석]

① • 2023년 1월의 학교폭력 상담 건수 : $9,652-9,195=457$건
   • 2023년 2월의 학교폭력 상담 건수 : $10,109-9,652=457$건
   따라서 2023년 1월과 2023년 2월의 학교폭력 상담 건수는 같다.
② 학교폭력 상담 건수와 신고 건수 모두 2023년 3월에 가장 많다.
③ 전월 대비 학교폭력 상담 건수가 가장 크게 감소한 때는 2023년 5월이지만, 학교폭력 신고 건수가 가장 크게 감소한 때는 2023년 4월이다.
④ 전월 대비 학교폭력 상담 건수가 증가한 월은 2022년 9월과 2023년 3월이고, 이때 학교폭력 신고 건수 또한 전월 대비 증가하였다.

34

연도별 전체 발전량 대비 유류·양수 자원 발전량은 다음과 같다.

• 2018년 : $\frac{6,605}{553,256} \times 100 ≒ 1.2\%$

• 2019년 : $\frac{6,371}{537,300} \times 100 ≒ 1.2\%$

• 2020년 : $\frac{5,872}{550,826} \times 100 ≒ 1.1\%$

• 2021년 : $\frac{5,568}{553,900} \times 100 ≒ 1\%$

• 2022년 : $\frac{5,232}{593,958} \times 100 ≒ 0.9\%$

따라서 2022년의 유류·양수 자원 발전량은 전체 발전량의 1% 미만이다.

[오답분석]

① 원자력 자원 발전량과 신재생 자원 발전량은 매년 증가하였다.
② 연도별 석탄 자원 발전량의 전년 대비 감소폭은 다음과 같다.
   • 2019년 : $226,571-247,670=-21,099$GWh
   • 2020년 : $221,730-226,571=-4,841$GWh
   • 2021년 : $200,165-221,730=-21,565$GWh
   • 2022년 : $198,367-200,165=-1,798$GWh
   따라서 석탄 자원 발전량의 전년 대비 감소폭이 가장 큰 해는 2021년이다.

③ 연도별 신재생 자원 발전량 대비 가스 자원 발전량은 다음과 같다.

- 2018년 : $\dfrac{135,072}{36,905} \times 100 ≒ 366\%$

- 2019년 : $\dfrac{126,789}{38,774} \times 100 ≒ 327\%$

- 2020년 : $\dfrac{138,387}{44,031} \times 100 ≒ 314\%$

- 2021년 : $\dfrac{144,976}{47,831} \times 100 ≒ 303\%$

- 2022년 : $\dfrac{160,787}{50,356} \times 100 ≒ 319\%$

따라서 연도별 신재생 자원 발전량 대비 가스 자원 발전량이 가장 큰 해는 2018년이다.
⑤ 전체 발전량이 증가한 해는 2020 ~ 2022년이며, 그 증가폭은 다음과 같다.
- 2020년 : 550,826−537,300=13,526GWh
- 2021년 : 553,900−550,826=3,074GWh
- 2022년 : 593,958−553,900=40,058GWh

따라서 전체 발전량의 전년 대비 증가폭이 가장 큰 해는 2022년이다.

35
정답 ②

㉠ 퍼실리테이션(Facilitation)이란 '촉진'을 의미하며, 어떤 그룹이나 집단이 의사결정을 잘하도록 도와주는 일을 가리킨다. 최근 많은 조직에서는 보다 생산적인 결과를 가져올 수 있도록 그룹이 나아갈 방향을 알려 주고, 주제에 대한 공감을 이룰 수 있도록 능숙하게 도와주는 퍼실리테이터를 활용하고 있다. 퍼실리테이션에 의한 문제해결 방법은 깊이 있는 커뮤니케이션을 통해 서로의 문제점을 이해하고 공감함으로써 창조적인 문제해결을 도모한다. 소프트 어프로치나 하드 어프로치 방법은 타협점의 단순 조정에 그치지만, 퍼실리테이션에 의한 방법은 초기에 생각하지 못했던 창조적인 해결 방법을 도출한다. 동시에 구성원의 동기가 강화되고 팀워크도 한층 강화된다는 특징을 보인다. 이 방법을 이용한 문제해결은 구성원이 자율적으로 실행하는 것이며, 제3자가 합의점이나 줄거리를 준비해 놓고 예정대로 결론이 도출되어 가도록 해서는 안 된다.
㉡ 하드 어프로치에 의한 문제해결방법은 상이한 문화적 토양을 가지고 있는 구성원을 가정하여 서로의 생각을 직설적으로 주장하고 논쟁이나 협상을 통해 의견을 조정해 가는 방법이다. 이때 중심적 역할을 하는 것이 논리, 즉 사실과 원칙에 근거한 토론이다. 제3자는 이것을 기반으로 구성원에게 지도와 설득을 하고 전원이 합의하는 일치점을 찾아내려고 한다. 이러한 방법은 합리적이긴 하지만 잘못하면 단순한 이해관계의 조정에 그치고 말아서 그것만으로는 창조적인 아이디어나 높은 만족감을 이끌어내기 어렵다.
㉢ 소프트 어프로치에 의한 문제해결방법은 대부분의 기업에서 볼 수 있는 전형적인 스타일로 조직구성원들은 같은 문화적 토양을 가지고 이심전심으로 서로를 이해하는 상황을 가정한다. 코디네이터 역할을 하는 제3자는 결론으로 끌고 갈 지점을 미리 머릿속에 그려가면서 권위나 공감에 의지하여 의견을 중재하고, 타협과 조정을 통하여 해결을 도모한다. 결론이 애매하게 끝나는 경우가 적지 않으나, 그것은 그것대로 이심전심을 유도하여 파악하면 된다. 소프트 어프로치에서는 문제해결을 위해서 직접 표현하는 것이 바람직하지 않다고 여기며, 무언가를 시사하거나 암시를 통하여 의사를 전달하고 기분을 서로 통하게 함으로써 문제해결을 도모하려고 한다.

36
정답 ④

네 번째 조건을 제외한 모든 조건과 그 대우를 논리식으로 표현하면 다음과 같다.
- ~(D∨G) → F / ~F → (D∧G)
- F → ~E / E → ~F
- ~(B∨E) → ~A / A → (B∧E)

네 번째 조건에 따라 A가 투표를 하였으므로, 세 번째 조건의 대우에 의해 B와 E 모두 투표를 하였다. 또한 E가 투표를 하였으므로, 두 번째 조건의 대우에 따라 F는 투표하지 않았으며, F가 투표하지 않았으므로 첫 번째 조건의 대우에 따라 D와 G는 모두 투표하였다. A, B, D, E, G 5명이 모두 투표하였으므로 네 번째 조건에 따라 C는 투표하지 않았다. 따라서 투표를 하지 않은 사람은 C와 F이다.

37

VLOOKUP 함수는 열의 첫 열에서 수직으로 검색하여 원하는 값을 출력하는 함수이다. 함수의 형식은 「＝VLOOKUP(찾을 값, 범위, 열 번호, 찾기 옵션)」이며 이 중 근삿값을 찾기 위해서는 찾기 옵션에 1을 입력해야 하고, 정확히 일치하는 값을 찾기 위해서는 0을 입력해야 한다. 상품코드 S3310897의 값을 일정한 범위에서 찾아야 하는 것이므로 범위는 절대참조로 지정해야 하며, 크기 '중'은 범위 중 3번째 열에 위치하고, 정확히 일치하는 값을 찾아야 하므로 입력해야 하는 함수식은 「＝VLOOKUP("S3310897", $B$2:$E$8, 3, 0)」이다.

오답분석

①·② HLOOKUP 함수를 사용하려면 찾고자 하는 값은 '중'이고, [B2:E8] 범위에서 찾고자 하는 행 'S3310897'은 6번째 행이므로 「＝HLOOKUP("중", $B$2:$E$8, 6, 0)」를 입력해야 한다.

③·④ '중'은 테이블 범위에서 3번째 열이다.

38

Windows Game Bar로 녹화한 영상의 저장 위치는 파일 탐색기를 사용하여 [내 PC] - [동영상] - [캡처] 폴더를 원하는 위치로 옮겨 변경할 수 있다.

39

RPS 제도 이행을 위해 공급의무자는 일정 비율 이상(의무공급비율)을 신재생에너지로 발전해야 한다. 하지만 의무공급비율은 매년 확대되고 있고, 여기에 맞춰 신재생에너지 발전설비를 계속 추가하는 것은 시간적, 물리적으로 어려우므로 공급의무자는 신재생에너지 공급자로부터 REC를 구매하여 의무공급비율을 달성한다.

오답분석

② 신재생에너지 공급자가 공급의무자에게 REC를 판매하기 위해서는 에너지관리공단 신재생에너지센터, 한국전력거래소 등 공급인증기관으로부터 공급 사실을 증명하는 공급인증서를 신청해 발급받아야 한다.

③ 2021년 8월 이후 에너지관리공단에서 운영하는 REC 거래시장을 통해 일반기업도 REC를 구매하여 온실가스 감축실적으로 인정받을 수 있게 되었다.

④ REC에 명시된 공급량은 발전방식에 따라 가중치를 곱해 표기하므로 실제 공급량과 다를 수 있다.

40

빈칸 ㉠의 앞 문장은 공급의무자가 신재생에너지 발전설비 확대를 통한 RPS 달성에는 한계점이 있음을 설명하고, 뒷 문장은 이에 대한 대안으로서 REC 거래를 설명하고 있다. 따라서 빈칸에 들어갈 접속부사는 '그러므로'가 가장 적절하다.

41

오답분석

① 인증서의 유효기간은 발급일로부터 3년이다. 2020년 10월 6일에 발급받은 REC의 만료일은 2023년 10월 6일이므로 이미 만료되어 거래할 수 없다.

② 천연가스는 화석연료이므로 REC를 발급받을 수 없다.

④ 기업에 판매하는 REC는 에너지관리공단에서 거래시장을 운영한다.

42

수소는 연소 시 탄소를 배출하지 않는 친환경에너지이지만, 수소혼소 발전은 수소와 함께 액화천연가스(LNG)를 혼합하여 발전하므로 기존 LNG 발전에 비해 탄소 배출량은 줄어들지만, 여전히 탄소를 배출한다.

[오답분석]
① 수소혼소 발전은 기존의 LNG 발전설비를 활용할 수 있기 때문에 화석연료 발전에서 친환경에너지 발전으로 전환하는 데 발생하는 사회적·경제적 충격을 완화할 수 있다.
② 높은 온도로 연소되는 수소는 공기 중의 질소와 반응하여 질소산화물(NOx)을 발생시키며, 이는 미세먼지와 함께 대기오염의 주요 원인으로 작용한다.
④ 수소혼소 발전에서 수소를 혼입하는 양이 많아질수록 발전에 사용하는 LNG를 많이 대체하므로 탄소 배출량은 줄어든다.

43

보기에 주어진 문장은 접속부사 '따라서'로 시작하므로 수소가 2050 탄소중립 실현을 위한 최적의 에너지원이 되는 이유 뒤에 와야 한다. 따라서 보기는 수소 에너지의 장점과 이어지는 (나)에 들어가는 것이 가장 적절하다.

44

• 총무팀 : 연필, 지우개, 볼펜, 수정액의 수량이 기준 수량보다 적다.
 – 최소 주문 수량 : 연필 15자루, 지우개 15개, 볼펜 40자루, 수정액 15개
 – 최대 주문 수량 : 연필 60자루, 지우개 90개, 볼펜 120자루, 수정액 60개
• 연구개발팀 : 볼펜, 수정액의 수량이 기준 수량보다 적다.
 – 최소 주문 수량 : 볼펜 10자루, 수정액 10개
 – 최대 주문 수량 : 볼펜 120자루, 수정액 60개
• 마케팅홍보팀 : 지우개, 볼펜, 수정액, 테이프의 수량이 기준 수량보다 적다.
 – 최소 주문 수량 : 지우개 5개, 볼펜 45자루, 수정액 25개, 테이프 10개
 – 최대 주문 수량 : 지우개 90개, 볼펜 120자루, 수정액 60개, 테이프 40개
• 인사팀 : 연필, 테이프의 수량이 기준 수량보다 적다.
 – 최소 주문 수량 : 연필 5자루, 테이프 15개
 – 최대 주문 수량 : 연필 60자루, 테이프 40개
따라서 비품 신청 수량이 바르지 않은 팀은 마케팅홍보팀이다.

45

N사에서 A지점으로 가려면 1호선으로 역 2개를 지난 후 2호선으로 환승하여 역 5개를 더 가야 한다.
따라서 편도로 이동하는 데 걸리는 시간은 $(2 \times 2)+3+(2 \times 5)=17$분이므로 왕복하는 데 걸리는 시간은 $17 \times 2 = 34$분이다.

46

• A지점 : $(900 \times 2)+(950 \times 5)=6,550$m
• B지점 : $900 \times 8=7,200$m
• C지점 : $(900 \times 2)+(1,300 \times 4)=7,000$m 또는 $(900 \times 5)+1,000+1,300=6,800$m
• D지점 : $(900 \times 5)+(1,000 \times 2)=6,500$m 또는 $(900 \times 2)+(1,300 \times 3)+1,000=6,700$m
따라서 이동거리가 가장 짧은 지점은 D지점이다.

47

- A지점 : 이동거리는 6,550m이고 기본요금 및 거리비례 추가비용은 2호선 기준이 적용되므로 1,500+100=1,600원이다.
- B지점 : 이동거리는 7,200m이고 기본요금 및 거리비례 추가비용은 1호선 기준이 적용되므로 1,200+50×4=1,400원이다.
- C지점 : 이동거리는 7,000m이고 기본요금 및 거리비례 추가비용은 4호선 기준이 적용되므로 2,000+150=2,150원이다.
  또는 이동거리가 6,800m일 때, 기본요금 및 거리비례 추가비용은 4호선 기준이 적용되므로 2,000+150=2,150원이다.
- D지점 : 이동거리는 6,500m이고 기본요금 및 거리비례 추가비용은 3호선 기준이 적용되므로 1,800+100×3=2,100원이다.
  또는 이동거리가 6,700m일 때, 기본요금 및 거리비례 추가비용은 4호선 기준이 적용되므로 2,000+150=2,150원이다.

따라서 이동하는 데 드는 비용이 가장 적은 지점은 B지점이다.

48

미국 컬럼비아 대학교에서 만들어낸 치즈케이크는 7겹으로, 7가지의 반죽형 식용 카트리지로 만들어졌다. 따라서 페이스트를 층층이 쌓아서 만드는 FDM 방식을 사용하여 제작하였음을 알 수 있다.

오답분석

① PBF / SLS 방식 3D 푸드 프린터는 설탕 같은 분말 형태의 재료를 접착제나 레이저로 굳혀 제작하는 것이므로 설탕케이크 장식을 제작하기에 적절한 방식이다.
② 3D 푸드 프린터는 질감을 조정하거나, 맛을 조정하여 음식을 제작할 수 있으므로 식감 등으로 발생하는 편식을 줄일 수 있다.
③ 3D 푸드 프린터는 음식을 제작할 때 개인별로 필요한 영양소를 첨가하는 등 사용자 맞춤 식단을 제공할 수 있다는 장점이 있다.
④ 네 번째 문단에서 현재 3D 푸드 프린터의 한계점을 보면 디자인적 · 심리적 요소로 인해 3D 푸드 프린터로 제작된 음식에 거부감이 들 수 있다고 하였다.

49

(라) 문장이 포함된 문단은 3D 푸드 프린터의 장점에 대해 설명하는 문단이며, 특히 대체육 프린팅의 장점에 대해 소개하고 있다. 그러나 (라) 문장은 대체육의 단점에 대해 서술하고 있으므로 네 번째 문단에 추가로 서술하거나 삭제하는 것이 적절하다.

오답분석

① (가) 문장은 컬럼비아 대학교에서 3D 푸드 프린터로 만들어 낸 치즈케이크의 특징을 설명하는 문장이므로 적절하다.
② (나) 문장은 현재 주로 사용되는 3D 푸드 프린터의 작동 방식을 설명하는 문장이므로 적절하다.
③ (다) 문장은 3D 푸드 프린터의 장점을 소개하는 세 번째 문단의 중심내용이므로 적절하다.
⑤ (마) 문장은 3D 푸드 프린터의 한계점인 '디자인으로 인한 심리적 거부감'을 서술하고 있으므로 적절하다.

50

네 번째 문단은 3D 푸드 프린터의 한계 및 개선점을 설명한 문단으로, 3D 푸드 프린터의 장점을 설명한 세 번째 문단과 역접관계에 있다. 따라서 '그러나'가 적절한 접속부사이다.

오답분석

① ㉠ 앞에서 서술된 치즈케이크의 특징이 대체육과 같은 다른 관련 산업에서 주목하게 된 이유가 되므로 '그래서'는 적절한 접속부사이다.
② ㉡ 앞의 문장은 3D 푸드 프린터의 장점을 소개하는 세 번째 문단의 중심내용이고 뒤의 문장은 이에 대한 예시를 설명하고 있으므로 '예를 들어'는 적절한 접속부사이다.
③ ㉢의 앞과 뒤는 다른 내용이지만 모두 3D 푸드 프린터의 장점을 나열한 것이므로 '또한'은 적절한 접속부사이다.
⑤ ㉣의 앞과 뒤는 다른 내용이지만 모두 3D 푸드 프린터의 단점을 나열한 것이므로 '게다가'는 적절한 접속부사이다.

전기 전공 기출복원문제

01	02	03	04	05	06	07	08	09	10	11	12	13	14	15	16	17	18	19	20
④	①	④	①	④	④	②	②	③	②	④	①	⑤	②	③	②	①	④	①	①
21	22	23	24	25	26	27	28	29	30	31	32	33	34	35	36	37	38	39	40
④	②	⑤	①	②	④	④	③	③	③	①	②	④	②	①	④	③	③	④	①
41	42	43	44	45	46	47	48	49	50										
②	④	④	③	③	③	②	①	②	②										

01 정답 ④

스테판 – 볼츠만 법칙에서 흑체 복사에너지는 절대온도의 네제곱에 비례하고, 열전달면적에 비례한다.

스테판 – 볼츠만 법칙(Stefan – Boltzmann's Law)

흑체의 단위시간당 단위면적당 복사에너지는 면적에 비례하고 절대온도의 네제곱에 비례한다.

$E = \varepsilon \sigma T^4$

E : 흑체 복사에너지(W/m^2)

ε : 복사능$(0 \leq \varepsilon \leq 1)$

σ : 스테판 – 볼츠만 상수$(5.67 \times 10^{-8} \text{W/m}^2/\text{K}^4)$

T : 절대온도(K)

---

02 정답 ①

$[\text{전파정수}(\gamma)] = \sqrt{ZY} = \sqrt{(R+j\omega L) \times (G+j\omega C)} ≒ \dfrac{1}{2}\left(R\sqrt{\dfrac{C}{L}} + G\sqrt{\dfrac{L}{C}}\right) + j\omega\sqrt{LC}$ 에서 $= \alpha + j\beta$ 에서 무손실 선로이므로 $R = G = 0$ 이다. 따라서 무손실 선로에서의 감쇠정수(α)는 0이고, 위상정수(β)는 $\omega\sqrt{LC}$ 이다.

03 정답 ④

• 단상 전원일 때, [단상 1회선 작용정전용량(C_W)] = [대지정전용량(C_s)] $+ 2 \times$ [선간정전용량(C_m)]

• 3상 전원일 때, [3상 1회선 작용정전용량(C_W)] = [대지정전용량(C_s)] $+ 3 \times$ [선간정전용량(C_m)]

04

정답 ①

분포권의 특징
- 분포권은 집중권에 비하여 유기기전력이 감소한다.
- 기전력의 고조파가 감소하여 파형을 개선할 수 있다.
- 권선의 누설 리액턴스가 감소한다.
- 전기자 권선에 의한 열을 고르게 분포시켜 과열을 방지한다.

> **단절권과 분포권**
> 단절권 : 각 극, 각 상에 코일을 1개의 슬롯에 집중하여 감는 방법
> 분포권 : 각 극, 각 상에 코일을 2개 이상의 슬롯에 분산하여 감는 방법

05

정답 ④

리플프리(Ripple-Free) 전류는 전압 및 전류 변동이 거의 없는 전류이며 직류 성분에 대하여 10%를 넘지 않는다. 즉, 리플프리 직류 시스템에서는 120V 직류 전원일 때, 변동이 발생하여도 140V를 넘을 수 없고, 60V 직류 전원일 때 변동이 발생하여도 70V를 넘을 수 없다.

06

정답 ④

정의(전기사업법 제2조 제2호)
전기사업자란 발전사업자, 송전사업자, 배전사업자, 전기판매사업자 및 구역전기사업자를 말한다.

07

정답 ②

$E = \dfrac{FUN}{AD}$ 에서 $N = \dfrac{EAD}{FU} = \dfrac{120 \times (24 \times 10) \times \dfrac{1}{0.8}}{2,000 \times 0.5} = 36$개이다.

08

정답 ②

난조 현상은 관성모멘트가 작거나, 조속기가 너무 예민하거나, 계자에 고조파가 유기되는 등의 이유로 부하가 급변하여 회전자 회전속도가 동기속도를 중심으로 진동하는 현상이다. 이를 방지하려면 계자의 자극면에 제동권선 설치, 플라이 휠을 설치하여 관성모멘트 증가, 조속기 감도를 너무 예민하지 않게 설정, 고조파 제거, 회로저항 감소, 리액턴스 삽입 등의 조치를 취해야 한다.

09

정답 ③

$\%Z = \dfrac{V_s}{V_n}$ 에서 $V_s = \%Z \times V_n = \sqrt{0.048^2 + 0.036^2} \times 7,000 = 420$V이다.

10

정답 ②

전계의 세기는 $|E| = \dfrac{Q}{4\pi\varepsilon_0 r^2} = 9 \times 10^{-9} \times \dfrac{Q}{r^2}$ 이고 원점과 점 $(0.9, 0, 1.2)$ 사이의 거리는 $r = \sqrt{0.9^2 + 0^2 + 1.2^2} = 1.5$이다.

따라서 점 $(0.9, 0, 1.2)$에서의 전계의 세기는 $|E| = 9 \times 10^9 \times \dfrac{6 \times 10^{-9}}{1.5^2} = 24$V/m이므로 벡터로 표현하면

$\vec{E} = 24 \times \dfrac{0.9}{1.5}\,\hat{i} + 24 \times \dfrac{0}{1.5}\,\hat{j} + 24 \times \dfrac{1.2}{1.5}\,\hat{k} = 14.4\,\hat{i} + 19.2\,\hat{k}$이다.

11

[3상 전압강하(e)]$= V_s - V_r = \sqrt{3}\,I(R\cos\theta + X\sin\theta)$

[송전단 전압(V_s)]$= V_r + \sqrt{3}\,I(R\cos\theta + X\sin\theta) = 6,000 + \sqrt{3} \times \dfrac{300 \times 10^3}{\sqrt{3} \times 6,000 \times 0.8} \times [(5 \times 0.8) + (4 \times 0.6)] = 6,400\text{V}$

12

$\epsilon = p\cos\theta + q\sin\theta = (3.8 \times 0.8) + (4.9 \times 0.6) = 5.98\%$

변압기의 전압 변동률
- 지상
  $\epsilon = p\cos\theta + q\sin\theta$
- 진상
  $\epsilon = p\cos\theta - q\sin\theta$

13

직권전동기의 특성
- 부하에 따라 속도가 심하게 변한다.
- 전동차, 기중기 크레인 등 기동 토크가 큰 곳에 사용된다.
- 무여자로 운전할 시 위험속도에 달한다.
- 공급전원 방향을 반대로 해도 회전 방향이 바뀌지 않는다.

14

비정현파는 파형이 상당이 일그러져 규칙적으로 반복하는 교류 파형이며 정현파가 아닌 파형을 통틀어 부른다. 비정현파는 직류분, 기본파, 고조파로 구성되어 있다.

15

[오답분석]
ㄴ. 선로정수의 평형은 연가의 사용 목적이다.

가공지선의 설치 목적
- 직격뢰로부터의 차폐
- 유도뢰로부터의 차폐
- 통신선유도장애 경감

16

$\dfrac{\text{(합성최대수용전력)}}{\text{(역률)} \times \text{(부등률)}} = \dfrac{\text{(설비용량)} \times \text{(수용률)}}{\text{(역률)} \times \text{(부등률)}} = \dfrac{500 \times 0.6}{0.9 \times 1.2} \fallingdotseq 278\text{kVA}$

17

제5고조파를 제거하려면 직렬로 연결한다.

리액터 기동
리액터 기동법을 사용하는 이유는 모터 기동 시 기동 전류를 낮춤으로써 배전선 상 전압강하를 낮추어 다른 설비들의 이상동작 및 고장을 방지하고 자기의 열적 부담도 감소시킨다. 기동 전류는 기동 전압에 비례하여 감소하지만 기동 토크는 기동 전압의 제곱에 비례하여 감소하므로 기동 전압이 감소하면 기동 전류에 비해 기동 토크가 현저히 감소한다. 그러므로 대용량 모터를 기동하기에는 기동 토크의 부족으로 부적합하다.

18

단락권선은 전압강하를 감소시킨다.

단상 유도 전압 조정기
단상 유도 전압 조정기는 1차 권선인 분로권선 2차 권선인 직렬권선이 분리되어 회전자 위상각으로 전압의 크기를 조정한다. 단상 유도 전압 조정기의 경우 교번자계가 발생하며, 단상이기 때문에 입력 및 출력 전압 위상이 서로 같다. 또한 단락권선이 필요하여 분로권선과 직각으로 설치하는데, 이렇게 되면 직렬권선의 누설 리액턴스를 감소시킬 수 있어 전압강하가 감소하게 된다.

19

단락비가 큰 기기는 동기 임피던스가 작다.

단락비가 큰 기기의 특징
• $\%Z$가 작다.
• 동기 임피던스가 작다.
• 안정도가 좋다.
• 전압 변동률이 낮다.
• 전압강하가 작다.
• 전기자반작용이 작다.
• 공극이 크다.
• 기계가 크다.
• 손실이 증가한다.

20

단중 파권 병렬회로의 수는 항상 2개이며, 단중 중권 병렬회로의 수는 극수(p)와 같다.

21

정답 ④

최대 토크는 항상 일정하다.

비례추이

비례추이는 권선형 유도 전동기 회전자의 외부에서 저항을 접속하고 2차 저항을 변화시키면 토크는 유지하면서 저항에 비례하여 슬립이 이동하는 특성이다.

최대 토크는 항상 일정하고 슬립은 2차 저항에 비례하며 저항이 클수록 기동 토크는 증가하고 기동전류는 감소한다. 또한 권선형 유도 전동기에서만 사용할 수 있으며, 비례추이가 가능한 것은 1차 및 2차 전류, 역률, 토크, 동기 와트 등이 있으며 비례추이가 불가능한 것은 효율, 동손, 2차 출력 등이다.

22

정답 ②

SF_6(육불화황)가스는 1기압에서 승화점이 $-60℃$이고 비중이 공기의 약 5배, 비열이 공기의 0.7배 정도의 기체 절연 재료로서 무색, 무취, 불연, 무독성 기체이다. 공기에 비해 절연강도가 우수하지만, 설비 시 가스가 누출될 수 있으므로 유의하여야 한다.

SF_6 가스의 특징

- 열전달성이 공기보다 약 1.6배 뛰어나다.
- 화학적으로 불활성기체이므로 매우 안정적이다.
- 열적 안정성이 뛰어나 용매가 없는 상태에서 약 $500℃$까지 분해되지 않는다.
- 무색, 무취, 무해, 불연성 가스이다.
- 소호능력이 뛰어나다.
- 아크가 안정적이다.
- 절연 회복이 빠르다.

23

정답 ⑤

직렬 콘덴서의 특징

- 선로의 전압강하가 감소한다.
- 수전단 전압변동이 감소한다.
- 정태안정도가 증가하여 최대 송전전력이 증가한다.
- 부하역률이 불량한 선로일수록 효과가 좋다.
- 부하역률의 영향을 받으므로 역률 변동이 큰 선로에 부적합하다.
- 변압기 자기포화와 관련된 철공진, 선로개폐기 단락 고장 시 과전압 발생, 유도기와 동기기의 자기여자 및 난조 등의 이상 현상을 일으킬 수 있다.

24

정답 ①

Y - Y 결선의 장점과 단점

장점	단점
• 1, 2차측 모두 중성점 접지가 가능하여 이상전압을 경감시킬 수 있다. • 중성점 접지가 가능하므로 단절연 방식을 채택할 수 있어 경제적이다. • 선간전압이 상전압의 $\sqrt{3}$ 배이므로 고전압 권선에 적합하다. • 변압비, 권선 임피던스가 서로 달라도 순환전류가 발생하지 않는다.	• 제3고조파 여자 전류 통로가 없으므로 유도전압 파형은 제3고조파를 포함한 왜형파가 되어 권선 절연에 부담을 준다. • 변압기 2차 측 중성점이 접지되어 있으면 제3고조파 충전전류가 흘러 통신선에 유도장해를 준다. • 중성점을 비접지한 경우 중성점 불안정으로 단상부하를 공급할 수 없다.

25

직접접지 방식의 장점과 단점

장점	단점
• 1선 지락 시 전위 상승량이 낮다. • 선로 및 기기의 절연레벨을 경감시킨다. • 보호계전기의 동작이 확실하다. • 가격이 저렴하여 경제적이다.	• 1선 지락 시 지락전류가 크다. • 영상전류로 인한 통신선 유도장해가 크다. • 대용량 차단기가 필요하다. • 과도안정도가 저하된다.

26

정답 ④

영상변류기(ZCT; Zero − phase Current Transformer)는 변전소에서 비접지 선로의 접지 보호용으로 사용되는 계전기에 영상전류를 공급하는 계전기이다.

오답분석

① 계기용 변압기(PT; Potential Transformer) : 고압을 저압으로 변성하는 변압기이다.
② 컷아웃 스위치(COS; Cut Out Switch) : 과전류를 차단하는 보호기구 중 하나이다.
③ 계기용 변압변류기(MOF; Metering Out Fit) : 전력량계에 고전압·대전류를 저전압·소전류로 변성하여 전원을 공급한다.
⑤ 과전류 계전기(OCR; Over Current Relay) : 과전류가 흐를 때 작동하여 차단기의 트립코일을 여자시킨다.

27

정답 ④

복도체 방식의 특징
• 인덕턴스는 감소하고, 정전 용량은 증가한다.
• 송전 용량이 증가한다.
• 단락 시 대전류 등이 흐르면 소도체 사이에 흡인력이 작용한다.
• 코로나를 방지하고 코로나 임계전압이 상승한다.
• 같은 단면적의 단도체보다 전류 용량이 크다.

28

정답 ③

유량이 적고 하천의 기울기가 큰 자연낙차를 이용한 발전 방식은 수로식 발전이다.

> **유역 변경식 발전**
> 고지대에 댐을 설치하고 도수터널을 통해 산 너머 경사가 급한 저지대로 떨어뜨려 그 낙차로 터빈을 돌려 전기를 생산한다.
> 수로식 발전은 유입된 물을 수원지로 되돌려 보낼 수 있으나 유역 변경식은 수원지와 다른 곳으로 흘려보낸다.
> 강릉 수력발전소, 보성강 수력발전소 등이 유역 변경식을 적용한 발전소로 알려져 있다.

29

정답 ③

$$\det(A - s\,I) = (-1-s)(-1-s) - [5 \cdot (-3)] = s^2 + 2s + 16 = s^2 + 2\xi\omega_n + \omega_n{}^2$$

$$\omega_n{}^2 = 16 \rightarrow \omega_n = 4, \ \xi = \frac{1}{4}$$

$$\therefore \ t_p = \frac{\pi}{\omega_n \sqrt{1 - \xi^2}} = \frac{\pi}{4\sqrt{1 - \left(\frac{1}{4}\right)^2}} = \frac{\pi}{\sqrt{15}}$$

30

정답 ③

동태 안정도는 AVR(자동전압조정기) 등의 제어장치가 갖는 능력까지 고려했을 때 안전하게 운전하는 능력을 말한다.

안정도의 종류
- 정태 안정도 : 정상상태에서 서서히 부하를 증가시켰을 때 운전할 수 있는 능력
- 동태 안정도 : 제어장치가 갖는 제어 능력까지 고려했을 때 운전할 수 있는 능력
- 과도 안정도 : 선로의 사고, 발전기 탈락 등의 큰 외란 시 운전할 수 있는 능력

31

정답 ①

피뢰기는 이상전압을 대지에 방전하여 기기의 단자전압을 내전압 이하로 낮추어 기기의 절연파괴를 방지하는 역할을 한다. 피뢰기 단자에 충격파 인가 시 방전을 개시하는 전압은 충격방전개시전압이다.

[오답분석]
② 제한전압 : 충격전류가 흐를 때 피뢰기 단자전압의 파고치이다.
③ 정격전압 : 속류를 차단하는 상용주파수 내 교류전압의 최댓값 또는 교류전압의 최댓값에 대한 실효값이다.
④ 방전내량 : 교류 전력 회로용 산화 아연형 피뢰기에 일정 횟수를 인가하여도 손상되지 않는 방전전류이다.

32

정답 ②

$$Q_C = P \times \left(\frac{\sin\theta_1}{\cos\theta_1} - \frac{\sin\theta_2}{\cos\theta_2} \right) = P \times \left(\frac{\sqrt{1-\cos^2\theta_1}}{\cos\theta_1} - \frac{\sqrt{1-\cos^2\theta_2}}{\cos\theta_2} \right) = 200 \times \left(\frac{\sqrt{1-0.6^2}}{0.6} - \frac{\sqrt{1-0.9^2}}{0.9} \right) \fallingdotseq 169.8\text{kVA}$$

33

정답 ④

단상 전파 정류 회로에서 평균 출력 전압은 $E_d = \frac{2\sqrt{2}}{\pi} E \fallingdotseq 0.9E$이다.

34

정답 ②

계자전류를 무시하므로 $I_a = I + I_f = I = 50\text{A}$이다. 따라서 유기기전력은 $E = V + I_a R_a = 200 + (50 \times 0.2) = 210\text{V}$이다.

35

정답 ①

이중농형 유도 전동기의 외측 도체는 저항이 높은 황동 또는 동니켈 합금도체를 사용한다.

이중농형 유도 전동기
이중농형 유도 전동기는 회전자 도체를 이중으로 하여 도체저항이 큰 외측 슬롯과 도체저항이 낮은 내측 슬롯을 병렬로 연결한 것으로 외측 도체는 저항이 높은 황동, 동니켈 등의 합금도체를 사용하고 내측 도체는 저항이 낮은 동을 사용한다. 기동 시 저항이 높은 외측 도체로 흐르는 전류에 의하여 큰 기동 토크를 얻고 기동 완료 후 저항이 낮은 내측 도체로 전류가 흐른다. 기동전류는 정격전류의 500 ~ 700%이고 기동회전력은 정격회전력의 150 ~ 350%이다.

36

극수 변환법, 전압 제어법, 주파수 변환법은 농형 유도 전동기의 속도를 제어하는 방법이다.

권선형 유도 전동기의 속도제어법
- 2차 저항 제어법 : 2차 회로에 저항을 삽입하고 저항의 변화를 이용하여 속도를 제어하는 방법
- 2차 여자방식 : 2차 회로에 전압을 가하고 2차에 걸리는 전압을 변화시켜 속도를 제어하는 방식
- 크레이머 방식 : 2차 측 정류기를 연결하고 2차 출력을 직류로 변환하여 유도기와 직렬한 직류기의 전원을 이용한 방식
- 셀비우스 방식 : 2차 정류 출력을 인버터를 이용하여 전원으로 변환하는 방식

37

[전선의 총 길이(L)]$=S+\dfrac{8D^2}{3S}=900+\dfrac{8\times45^2}{3\times900}=900+6=906\text{m}$

38

제어백 효과란 두 종류의 금속이 접합할 때 온도 차이가 생기는 경우 전류가 흐르는 현상을 말한다.

오답분석
① 펠티에 효과 : 서로 접촉한 두 종류의 금속 접촉면에 전류를 흘리면 접촉점에서 흡열 또는 발열이 발생하는 현상이다.
② 톰슨 효과 : 동일한 두 금속의 접촉면에 전류를 흘리면 접촉점에서 흡열 또는 발열이 발생하는 현상이다.
④ 볼타 효과 : 서로 다른 두 종류의 금속을 일정 시간 접촉 후 분리하면 금속이 양 또는 음으로 대전되는 현상이다.

39

$I=\dfrac{P}{V}=\dfrac{800\times10^3}{500}=1{,}600\text{A}$이고 $I_f=0$이므로

$E=V+I_a R_a=V+(I+I_f)R_a=500+(1{,}600+0)\times0.01=516\text{V}$이다.

자속수는 $\Phi=\dfrac{60aE}{pZN}$이고 단중 중권이므로 $a=p$이다.

따라서 $\Phi=\dfrac{60\times p\times516}{p\times192\times6\times260}≒0.103\text{Wb}$이다.

40

$\eta=\dfrac{860W}{mH}$이므로 $W=\dfrac{\eta mH}{860}=\dfrac{0.38\times1\times4{,}500}{860}≒1.99\text{kWh}$

41

$\cos\theta=0.8$이므로 $\sin\theta=\sqrt{1-\cos^2\theta}=\sqrt{1-0.8^2}=0.6$

$Q_C=P\times\tan\theta=P\times\dfrac{\sin\theta}{\cos\theta}=1{,}600\times\dfrac{0.6}{0.8}=1{,}200\text{kVA}$

42

전기자 중성축이 이동하여 주자속은 감소하고 정류자편 사이의 전압은 상승한다.

전기자 반작용
직류 발전기에 부하를 접속하면 전기자권선에 전류가 흐르며 이 전류에 의해 생긴 기자력은 주자극에 의해 공극에 만들어진 자속에 영향을 주어 자속의 분포 및 크기가 변화한다.

전기자 반작용의 특징
• 발전기는 회전 방향으로 기하학적 중성축이 형성되고 전동기는 회전 방향과 반대 방향으로 기하학적 중성축이 형성된다.
• 정류자 편간 불꽃 섬락이 발생하여 정류 불량의 원인이 된다.
• 전기자 중성축이 이동하여 주자속은 감소하고 정류자편 사이의 전압은 상승한다.
• 전기자 반작용의 대책으로 보상권선 및 보극 설치 등이 있다.

43

직접접지 방식은 지락전류가 커서 인접 통신선에 대한 전자 유도장해가 크다.

직접접지 방식
송전선에 접속되는 변압기의 중성점을 직접 도선으로 접지시키는 방식으로 지락점의 임피던스를 0으로 하여 지락전류를 최대로 하는 접지 방식이다.

직접접지 방식의 특징
• 1선 지락시 건전상의 전위상승이 가장 작다.
• 전선로, 기기의 절연레벨을 낮출 수 있다.
• 지락전류가 커서 보호계전기의 동작이 확실하다.
• 지락전류는 지상 및 대전류이므로 과도 안정도가 나쁘다.
• 지락전류가 커서 인접 통신선에 대한 전자 유도장해가 크다.

44

강자성체, 상자성체, 반자성체
• 강자성체(Ferromagnetism)
외부에 자기장이 없어도 자기모멘트가 같은 방향으로 정렬되거나, 외부 자기장에 의해 자기모멘트가 정렬된 후 자기장을 제거하여도 잠시 정렬된 자기모멘트를 유지하는 물질이다. Fe, Co, Ni 등이 강자성체이다.
• 상자성체(Paramagnetism)
외부에 자기장 형성 시 자기모멘트가 자기장의 방향과 같은 방향으로 정렬되나. 후에 외부 자기장을 제거하면 자기모멘트의 정렬이 흐트러지는 물질이다. Mg, Li, Al, Pt 등이 상자성체이다.
• 반자성체(Diamagnetism)
외부에 자기장 형성 시 자기모멘트가 자기장의 방향과 반대 방향으로 정렬되는 물질인다. Cu, Ag, Au 등이 반자성체이다.

45

열사이클의 종류
• 랭킨 사이클 : 기력 발전소의 열 사이클 중 가장 기본적인 것으로 두 개의 등압 변화와 두 개의 단열 변화로 되어 있다.
• 재생 사이클 : 랭킨 사이클 터빈 내에서 팽창 중도에서 증기 일부를 유출하여 보일러의 급수를 가열하고 열손실을 회수하는 사이클이다.
• 재열 사이클 : 고압 터빈에서 나온 증기를 모두 추기하여 보일러의 재열기로 보내고 다시 과열 증기로 만들어 이것을 저압 터빈으로 보내는 방식이다.
• 재생 재열 사이클 : 재생과 재열 사이클의 방식을 조합하여 효율을 향상시킨 사이클로서 효율이 가장 좋다.

46

애자의 구비조건
- 선로의 상규전압 및 내부 이상전압에 대한 절연내력이 클 것
- 우천 시 표면저항이 크고 누설전류가 작을 것
- 상규 송전전압에서 코로나 방전을 일으키지 않을 것
- 전선의 자중에 바람, 눈 비 등의 외력이 가해질 때 충분한 기계적 강도를 가질 것
- 내구성이 좋을 것
- 경제적일 것

47

정답 ②

이상적인 연산증폭기 모델의 가정
- 입력 임피던스는 무한대(∞)이고 출력 임피던스는 0일 것
- 입력 전압 및 출력 전압의 범위가 무한대(∞)일 것
- 주파수에 제한을 받지 않을 것
- 슬루율이 무한대(∞)일 것
- 개루프 전압이득이 무한대(∞)일 것
- 입력 전압과 출력 전압은 선형성을 갖출 것
- 오프셋 전압이 0일 것

48

정답 ①

직류 전동기의 유도기전력은 $E = \dfrac{PZ}{60a}\phi N$이다.

(P : 자극 수, Z : 전기자 총 도체 수, ϕ : 극당 자속, N : 분당 회전 수, a : 병렬 회로 수)

따라서 전기자 도체 1개에 유도되는 기전력의 크기는 $\dfrac{E}{Z} = \dfrac{P\phi N}{60a}$ 이다. 이때 중권이므로 $a = P$이고 $\dfrac{0.8 \times 1{,}800}{60} = 24\text{V}$이다.

49

정답 ②

(전달함수)$= \dfrac{C(s)}{R(s)} = \dfrac{\sum (\text{직선경로})}{1 - \sum (\text{폐루프})}$이다.

$\sum (\text{직선경로}) = G_1 G_2 G_3 G_4 G_5$

$\sum (\text{폐루프}) = -G_2 G_3 G_4 G_5 G_7 + G_3 G_6 - G_4$ 이다.

따라서 (전달함수)$= \dfrac{G_1 G_2 G_3 G_4 G_5}{1 - (-G_2 G_3 G_4 G_5 G_7 + G_3 G_6 - G_4)} = \dfrac{G_1 G_2 G_3 G_4 G_5}{1 + G_2 G_3 G_4 G_5 G_7 - G_3 G_6 + G_4}$ 이다.

50

정답 ②

$V_{in}(s) = R + sL$, $V_{out}(s) = sL$

따라서 전달함수는 $\dfrac{V_{out}}{V_{in}} = \dfrac{sL}{R + sL}$ 이다.

많이 보고 많이 겪고 많이 공부하는 것은 배움의 세 기둥이다.

– 벤자민 디즈라엘리 –

PART 1

직업기초능력평가

CHAPTER 01 의사소통능력

CHAPTER 02 자원관리능력

CHAPTER 03 문제해결능력

CHAPTER 04 정보능력

CHAPTER 05 조직이해능력

CHAPTER 06 수리능력

출제유형분석 01 | 실전예제

01
정답 ③

'에너지 하베스팅은 열, 빛, 운동, 바람, 진동, 전자기 등 주변에서 버려지는 에너지를 모아 전기를 얻는 기술을 의미한다.'라는 내용을 통해서 버려진 에너지를 전기라는 에너지로 다시 만든다는 것을 알 수 있다.

오답분석
① 무체물인 에너지도 재활용이 가능하다고 했으므로 적절하지 않은 내용이다.
② 태양광을 이용하는 광에너지 하베스팅, 폐열을 이용하는 열에너지 하베스팅이라고 구분하여 언급한 것을 통해 다른 에너지원에 속한다는 것을 알 수 있다.
④ 에너지 하베스팅은 열, 빛, 운동, 바람, 진동, 전자기 등 주변에서 버려지는 에너지를 모아 전기를 얻는 기술이라고 하였고, 다른 에너지에 대한 언급은 없으므로 적절하지 않은 내용이다.

02
정답 ②

시민 단체들은 농부와 노동자들이 스스로 조합을 만들어 환경친화적으로 농산물을 생산하도록 교육하고 이에 필요한 자금을 지원하는 역할을 했을 뿐, 이들이 농산물을 직접 생산하고 판매한 것은 아니다.

03
정답 ④

제시문의 두 번째 문단에서 전기자동차 산업이 확충되고 있음을 언급하면서 구리가 전기자동차의 배터리를 만드는 데 핵심 재료임을 설명하고 있으므로 '전기자동차 산업 확충에 따른 산업금속 수요의 증가'가 글의 핵심 내용으로 가장 적절하다.

오답분석
① 제시문에서 '그린 열풍'을 언급하고 있으나, 그 현상의 발생 원인은 제시하고 있지 않다.
② 제시문에서 산업금속 공급난이 우려된다고 언급하고 있으나 그로 인한 문제는 제시하고 있지 않다.
③ 제시문에서 언급하고 있는 내용이지만 핵심 내용으로 보기는 어렵다.

04
정답 ①

제시문에 따르면 개념에 대해 충분히 이해하면서도 개념의 사례를 제대로 구별하지 못할 수 있다. 따라서 비둘기와 참새를 구별하지 못했다고 해서 비둘기의 개념을 이해하지 못하고 있다고 평가할 수는 없다.

05
정답 ④

네 번째 문단에 따르면 희석한 오염수가 다시 모여들 수 있는 주장은 열역학 제2법칙을 간과한 주장이라고 설명하고 있다.

① 첫 번째 문단에서 방사성 오염 물질은 크기가 초미세먼지의 1만 분의 1 정도의 작은 원자들이라고 설명하고 있다.
② 첫 번째 문단에서 방사성 오염 물질은 대부분 다른 원소와 화학적으로 결합된 분자 상태로 존재한다고 설명하고 있다.
③ 두 번째 문단에 따르면 2011년 일본 대지진 당시 노심은 섭씨 1,000도 이상에서 천천히 식었다고 하였다.

출제유형분석 02　실전예제

01
정답 ③

제시문에서는 현대 사회의 소비 패턴이 '보이지 않는 손' 아래의 합리적 소비에서 벗어나 과시 소비가 중심이 되었으며, 그 이면에는 소비를 통해 자신의 물질적 부를 표현함으로써 신분을 과시하려는 욕구가 있다고 설명하고 있다.

02
정답 ②

제시문은 딸기에 들어있는 비타민 C와 항산화 물질, 식물성 섬유질, 철분 등을 언급하며 딸기의 다양한 효능을 설명하고 있다.

03
정답 ④

제시문은 혈관 건강에 좋지 않은 LDL 콜레스테롤을 높이는 포화지방과 LDL 콜레스테롤의 분해를 돕고 HDL 콜레스테롤을 상승하게 하는 불포화지방에 대해 설명하고 있다.

04
정답 ④

마지막 문단의 '기다리지 못함도 삼가고 아무것도 안 함도 삼가야 한다. 작동 중에 있는 자연스런 성향이 발휘되도록 기다리면서도 전력을 다할 수 있도록 돕는 노력도 멈추지 말아야 한다.'를 통해 '잠재력을 발휘하도록 하려면 의도적 개입과 방관적 태도 모두를 경계해야 한다.'가 이 글의 중심 주제가 됨을 알 수 있다.

① 인위적 노력을 가하는 것은 일을 '조장(助長)'하지 말라고 한 맹자의 말과 반대된다.
② 싹이 성장하도록 기다리는 것도 중요하지만 '전력을 다할 수 있도록 돕는 노력'도 해야 한다.
③ 명확한 목적성을 강조하는 부분은 이 글에 나와 있지 않다.

05
정답 ①

제시문의 첫 번째 문단에서는 사회적 자본이 늘어나면 정치 참여도가 높아진다는 주장을 하였고, 두 번째 문단에서는 사회적 자본의 개념을 사이버공동체에 도입하였으나 현실과 잘 맞지 않는다고 하면서 사회적 자본의 한계를 서술했다. 그리고 마지막 문단에서는 사회적 자본만으로는 정치 참여가 늘어나기 어렵고 정치적 자본의 매개를 통해서 정치 참여가 활성화된다는 주장을 하고 있다. 따라서 ①이 제시문의 주제로 가장 적절하다.

06
정답 ③

'최고의 진리는 언어 이전, 혹은 언어 이후의 무언(無言)의 진리이다.', '동양 사상의 정수(精髓)는 말로써 말이 필요 없는 경지'라고 한 부분을 보았을 때 동양 사상은 언어적 지식을 초월하는 진리를 추구한다는 것이 제시문의 핵심 내용이다.

01

정답 ③

제시문은 현대 건축가 르 꼬르뷔지에의 업적에 대해 설명하고 있다. 먼저, 현대 건축의 거장으로 불리는 르 꼬르뷔지에를 소개하는 (라) 문단이 나오고, 르 꼬르뷔지에가 만든 도미노 이론의 정의를 설명하는 (가) 문단이 나와야 한다. 다음으로 도미노 이론을 설명하는 (다) 문단이 나오고 마지막으로 도미노 이론의 연구와 적용되고 있는 다양한 건물을 설명하는 (나) 문단이 나오는 것이 적절하다.

02

정답 ②

제시문은 가격을 결정하는 요인과 이를 통해 일반적으로 할 수 있는 예상을 언급하고, 현실적인 여러 요인으로 인해 '거품 현상'이 나타나기도 하며 '거품 현상'이란 구체적으로 무엇인지를 설명하는 글이다. 따라서 (가) 수요와 공급에 의해 결정되는 가격 → (마) 상품의 가격에 대한 일반적인 예상 → (다) 현실적인 가격 결정 요인 → (나) 이로 인해 예상치 못하게 나타나는 '거품 현상' → (라) '거품 현상'에 대한 구체적인 설명의 순서로 나열해야 한다.

03

정답 ③

제시문은 신앙 미술에 나타난 동물의 상징적 의미와 사례, 변화와 그 원인, 그리고 동물의 상징적 의미가 지닌 문화적 가치에 대하여 설명하는 글이다. 따라서 (나) 신앙 미술에 나타난 동물의 상징적 의미와 그 사례 → (다) 동물의 상징적 의미의 변화 → (라) 동물의 상징적 의미가 변화하는 원인 → (가) 동물의 상징적 의미가 지닌 문화적 가치의 순서대로 배열하는 것이 적절하다.

04

정답 ①

제시문은 친환경 농업이 주목받는 이유에 대해 설명하면서 농약이 줄 수 있는 피해에 대해 다루고 있다. 따라서 (가) '친환경 농업은 건강과 직결되어 있기 때문에 각광받고 있다.' → (나) '병충해를 막기 위해 사용된 농약은 완전히 제거하기 어려우며 신체에 각종 손상을 입힌다.' → (다) '생산량 증가를 위해 사용한 농약과 제초제가 오히려 인체에 해를 입힐 수 있다.'의 순서로 나열해야 한다.

05

정답 ④

제시문은 관객이 영화를 보면서 흐름을 지각하는 것을 제대로 설명하지 못하는 동일시 이론에 대해 문제를 제기하고 이를 칸트의 무관심성을 통해 설명할 수 있다고 제시한다. 이어서 관객이 영화의 흐름을 생동감 있게 체험할 수 있는 이유로 '방향 공간'과 '감정 공간'을 제시하고 이에 대한 설명을 한 뒤 이것이 관객이 영화를 지각할 수 있는 원리가 될 수 있음을 정리하며 마치고 있는 글이다. 따라서 (나) 영화를 보면서 흐름을 지각하는 것을 제대로 설명하지 못하는 '동일시 이론' → (가) 영화 흐름의 지각에 대해 설명할 수 있는 칸트의 '무관심성' → (라) 영화의 생동감을 체험할 수 있게 하는 '방향 공간' → (마) 영화의 생동감을 체험할 수 있게 하는 또 다른 이유인 '감정 공간' → (다) 관객이 영화를 지각하는 과정에 대한 정리로 연결되어야 한다.

01

경덕왕 시기에는 지방으로까지 파급되지는 못하고 경주에 밀집된 모습을 보였다.

오답분석

① 통일된 양식 이전에는 시원양식과 전형기가 유행했다.
② 장항리 오층석탑 역시 통일 신라 경덕왕 시기 유행했던 통일된 석탑양식으로 주조되었다.
④ 문화가 부흥할 수 있었던 배경에는 안정된 왕권과 정치제도가 깔려 있다.

02

②는 교환되는 내용이 양과 질의 측면에서 정확히 대등하지 않기 때문에 비대칭적 상호주의의 예시이다.

03

제시문의 화자는 마지막 부분에서 자신의 경험을 '백성을 좀먹는 무리'에 적용하고 있는데, 백성들을 괴롭히는 이들은 미리 제거해야 나중에 큰일을 당하지 않게 된다고 하였다. 따라서 하늘의 뜻을 따르는 임금의 통치에 대한 평가는 임금이 죽은 후에 해야 한다는 보기의 작성자에 대해 가렴주구(苛斂誅求 : 가혹한 정치로 백성을 못살게 들볶음)를 내버려 두었다가 맞게 될 결과를 비판할 것이다.

04

김씨에게 탁구를 가르쳐 준 사람에 대한 정보는 말로 표현할 수 있는 서술 정보에 해당하며, 이는 뇌의 내측두엽에 있는 해마에 저장된다.

오답분석

① 운동 기술은 대뇌의 선조체나 소뇌에 저장되는데, 김씨는 수술 후 탁구 기술을 배우는 데 문제가 없으므로 대뇌의 선조체는 손상되지 않았음을 알 수 있다.
② 김씨는 내측두엽의 해마가 손상된 것일 뿐 감정이나 공포와 관련된 기억이 저장되는 편도체의 손상 여부는 알 수 없다.
③ 대뇌피질에 저장된 수술 전의 기존 휴대폰 번호는 말로 표현할 수 있는 서술 정보에 해당한다.

05

수화 반응은 상온에서 일어나기 때문에 콘크리트 역시 상온에서 제작한다.

오답분석

② 로마 시기에 만들어진 판테온은 콘크리트를 이용해 만들어진 구조물이다.
③ 콘크리트는 시멘트에 모래와 자갈 등의 골재를 섞어 만든다.
④ 골재들 간의 접촉을 높여야 강도가 높아지기 때문에, 서로 다른 크기의 골재를 배합하여 콘크리트를 만드는 것이 좋다.

01

정답 ②

제시문에서 '당분 과다로 뇌의 화학적 균형이 무너져 정신에 장애가 왔다고 주장'한 것과, '정제한 당의 섭취를 원천적으로 차단'한 실험 결과를 토대로 추론하면 '과다한 정제당 섭취가 반사회적 행동을 유발할 수 있다.'로 결론을 도출할 수 있다.

02

정답 ③

제시문에 따르면 오래된 물건은 실용성으로 따질 수 없는 가치를 지니고 있지만, 그 가치가 보편성을 지닌 것은 아니다. 사람들의 손때가 묻은 오래된 물건들은 보편적이라기보다는 개별적이고 특수한 가치를 지니고 있다고 할 수 있다. 따라서 ③은 빈칸에 들어갈 내용으로 적절하지 않다.

03

정답 ③

미생물을 끓는 물에 노출하면 영양세포나 진핵포자는 죽일 수 있으나, 세균의 내생포자는 사멸시키지 못한다. 멸균은 포자, 박테리아, 바이러스 등을 완전히 파괴하거나 제거하는 것이므로 물을 끓여서 하는 열처리 방식으로는 멸균이 불가능함을 알 수 있다. 따라서 빈칸에 들어갈 내용으로는 소독은 가능하지만, 멸균은 불가능하다는 ③이 가장 적절하다.

04

정답 ④

단순히 젊은 세대의 문화만을 존중하거나, 또는 기존 세대의 문화만을 따르는 것이 아닌 두 문화가 어우러질 수 있도록 기업 차원에서 분위기를 만드는 것이 제시문 속 문제의 본질적인 해결법으로 가장 적절하다.

오답분석

① 급여 받은 만큼만 일하게 되는 악순환이 반복될 것이므로 글에서 언급된 문제를 해결하는 기업 차원의 방법으로는 적절하지 않다.
② 기업의 전반적인 생산성 향상을 이룰 수 없으므로 기업 차원의 방법으로 적절하지 않다.
③ 젊은 세대의 채용을 기피하는 분위기가 생길 수 있으므로 적절하지 않다.

CHAPTER 02 자원관리능력

출제유형분석 01 | 실전예제

01
정답 ①

부패방지교육은 넷째 주 월요일인 20일 이전에 모두 끝나고, 성희롱방지교육은 마지막 주 금요일인 31일에 실시되므로 5월 넷째 주에는 금연교육만 실시된다.

오답분석

② 마지막 주 금요일에는 성희롱방지교육이 실시되므로 금연교육은 금요일에 실시될 수 없다.
③ 성희롱방지교육은 5월 31일 금요일에 실시된다.
④ 5월 첫째 주는 K공사의 주요 행사 기간이므로 어떠한 교육도 실시할 수 없다.

02
정답 ③

11월 21일의 팀미팅은 워크숍 시작시간 전 오후 1시 30분에 끝나므로 3시에 출발 가능하며, 22일의 일정이 없기 때문에 11월 21 ~ 22일이 워크숍 날짜로 적절하다.

오답분석

① 11월 9 ~ 10일 : 다른 팀과 함께하는 업무가 있는 주이므로 워크숍이 불가능하다.
② 11월 18 ~ 19일 : 19일은 주말이므로 워크숍이 불가능하다.
④ 11월 28 ~ 29일 : E대리 휴가로 모든 팀원의 참여가 불가능하다.

03
정답 ③

본사에서 출발하여 B지점과 D지점의 물건을 수거하고, 본사로 돌아와 물건을 하차하는 시간이 가장 짧은 루트는 다음과 같다.
본사 → (10분) A지점 → (15분) B지점(수거 10분) → (15분) C지점 → (10분) D지점(수거 10분) → (10분) C지점 → (15분) F지점 → (10분) A지점 → (10분) 본사(하차 10분)
따라서 10+15+10+15+10+10+10+15+10+10+10=125분이므로 2시간 5분 걸린다.

04
정답 ①

두 번째 조건에서 경유지는 서울보다 +1시간, 출장지는 경유지보다 −2시간이므로 출장지는 서울과 −1시간 차이다.
김대리가 서울에서 경유지를 거쳐 출장지까지 가는 과정을 서울시각 기준으로 정리하면 다음과 같다.
서울 5일 오후 1시 35분 출발 → 오후 1시 35분+3시간 45분=오후 5시 20분 경유지 도착 → 오후 5시 20분+3시간 50분(대기시간)=오후 9시 10분 경유지에서 출발 → 오후 9시 10분+9시간 25분=6일 오전 6시 35분 출장지 도착
따라서 출장지에 도착했을 때 현지 시각은 서울보다 1시간 느리므로 오전 5시 35분이다.

05

한국(A)이 오전 8시일 때, 오스트레일리아(B)는 오전 10시(시차 +2), 아랍에미리트(C)는 오전 3시(시차 : -5), 러시아(D)는 오전 2시(시차 : -6)이다. 따라서 업무가 시작되는 오전 9시를 기준으로 오스트레일리아는 이미 2시간 전에 업무를 시작했고, 아랍에미리트는 5시간 후, 러시아는 6시간 후에 업무를 시작한다. 이것을 표로 정리하면 다음과 같다(색칠한 부분이 업무시간이다).

한국시각 국가	7am	8am	9am	10am	11am	12pm	1pm	2pm	3pm	4pm	5pm	6pm
A사(서울)												
B사(캔버라)												
C사(두바이)												
D사(모스크바)												

따라서 화상회의 가능 시각은 한국시간으로 오후 3시 ~ 오후 4시이다.

06

정답 ③

대화 내용을 살펴보면 A과장은 패스트푸드점, B대리는 화장실, C주임은 은행, D사원은 편의점을 이용한다. 이는 동시에 이루어지는 일이므로 가장 오래 걸리는 일의 시간만을 고려하면 된다. 은행이 30분으로 가장 오래 걸리므로 17:20에 모두 모이게 된다. 따라서 17:00, 17:15에 출발하는 버스는 이용하지 못한다. 그리고 17:30에 출발하는 버스는 잔여석이 부족하여 이용하지 못한다. 최종적으로 17:45에 출발하는 버스를 탈 수 있다. 그러므로 서울에 도착 예정시각은 19:45이다.

01

정답 ③

임원용 보고서 1부의 가격은 (85페이지×300원)+[2×2,000원(플라스틱 커버 앞 / 뒤)]+2,000원(스프링 제본)=31,500원이고, 총 10부가 필요하므로 315,000원이다.
직원용 보고서 1부의 가격은 84페이지(표지 제외)÷2(2쪽씩 모아 찍기)÷2(양면 인쇄)=21페이지이므로
(21페이지×70원)+100원(집게 두 개)+300원(표지)=1,870원이고, 총 20부가 필요하므로 37,400원이다.

02

정답 ②

8:20에 터미널에 도착하여 A회사 AM 9:00 항로 2 여객선을 선택하면, 오전 중에 가장 저렴한 비용으로 섬에 들어갈 수 있다.

03

정답 ③

김대리는 특수직에 해당되므로 성과평가 구성 중 특수직 구분에 따른다.
김대리에 대한 평가등급에 따라 가중치와 구성비를 고려한 항목별 점수는 다음과 같다.

구분	분기실적	직원평가	연수내역	조직기여도	총점
점수(점)	0.6×8=4.8	0.4×10=4.0	0.2×5=1.0	0.3×6=1.8	4.4+1.0+1.8=7.2
	[0.5×(4.8+4.0)]=4.4				

따라서 김대리는 6.8 이상 7.6 미만 구간에 해당되므로, 100만 원의 성과급을 지급받게 된다.

04

2023년 3분기의 이전 분기 대비 수익 변화량(-108)이 가장 크다.

[오답분석]

① 수익은 2023년 2분기에 유일하게 증가하였다.
② 주어진 자료의 증감 추이를 통해 수익의 변화량은 제품가격의 변화량과 밀접한 관계가 있음을 알 수 있다.
③ 조사 기간에 수익이 가장 높을 때는 2023년 2분기이고, 재료비가 가장 낮을 때는 2023년 1분기이다.

05

2024년 1분기의 재료비는 $(1.6\times70,000)+(0.5\times250,000)+(0.15\times200,000)=267,000$원이다. 2024년 1분기의 제품가격은 (2024년 1분기의 수익)+(2024년 1분기의 재료비)이며, 2024년 1분기의 수익은 2023년 4분기와 같게 유지된다고 하였으므로 291,000원이다. 따라서 291,000+267,000=558,000원이므로 책정해야 할 제품가격은 558,000원이다.

출제유형분석 03 실전예제

01

제주 출장 시 항공사별 5명(부장 3명, 대리 2명)의 왕복항공권에 대한 총액을 구하면 다음과 같다.

구분	비즈니스석	이코노미석	총액
A항공사	13만 원×6=78만 원	7만 원×4=28만 원	78만 원+28만 원=106만 원
B항공사	15만 원×6=90만 원	8만 원×4=32만 원	(90만 원+32만 원)×0.9=109.8만 원
C항공사	13만 원×6=78만 원	7.5만 원×4=30만 원	78만 원+30만 원=108만 원
D항공사	15만 원×6=90만 원	9.5만 원×4=38만 원	(90만 원+38만 원)×0.8=102.4만 원

따라서 D항공사가 102.4만 원으로 총비용이 가장 적으므로 D항공사를 선택해야 한다.

02

매출 순이익은 [(판매가격)-(생산단가)]×(판매량)이므로 메뉴별 매출 순이익을 계산하면 다음과 같다.

메뉴	예상 월간 판매량(개)	생산 단가(원)	판매 가격(원)	매출 순이익(원)
A	500	3,500	4,000	250,000[=(4,000-3,500)×500]
B	300	5,500	6,000	150,000[=(6,000-5,500)×300]
C	400	4,000	5,000	400,000[=(5,000-4,000)×400]
D	200	6,000	7,000	200,000[=(7,000-6,000)×200]

따라서 매출 순이익이 가장 높은 C를 메뉴로 선정하는 것이 가장 적절하다.

03

가 ~ 아 수목의 수치를 생장률 및 생장량 공식에 대입하면 다음과 같다.

구분	직경생장률	재적생장량(m^3)	재적생장률
가	$\dfrac{2\times1.5}{10-2\times0.5}\fallingdotseq0.33$	$0.05\times0.33\fallingdotseq0.02$	$\dfrac{0.02}{2\times0.05-0.02}\times40=10$
나	$\dfrac{2\times2}{12-2\times0.5}\fallingdotseq0.36$	$0.08\times0.36\fallingdotseq0.03$	$\dfrac{0.03}{2\times0.08-0.03}\times40\fallingdotseq9.23$
다	$\dfrac{2\times1.6}{10-2\times0.6}\fallingdotseq0.36$	$0.06\times0.36\fallingdotseq0.02$	$\dfrac{0.02}{2\times0.06-0.02}\times40=8$
라	$\dfrac{2\times1.5}{10-2\times0.6}\fallingdotseq0.34$	$0.05\times0.34\fallingdotseq0.02$	$\dfrac{0.02}{2\times0.05-0.02}\times40=10$
마	$\dfrac{2\times1.8}{11-2\times0.8}\fallingdotseq0.38$	$0.07\times0.38\fallingdotseq0.03$	$\dfrac{0.03}{2\times0.07-0.03}\times40\fallingdotseq10.91$
바	$\dfrac{2\times1.8}{12-2\times0.5}\fallingdotseq0.33$	$0.09\times0.33\fallingdotseq0.03$	$\dfrac{0.03}{2\times0.09-0.03}\times40=8$
사	$\dfrac{2\times2.2}{12-2\times0.7}\fallingdotseq0.42$	$0.1\times0.42\fallingdotseq0.04$	$\dfrac{0.04}{2\times0.1-0.04}\times40=10$
아	$\dfrac{2\times1.2}{11-2\times0.5}\fallingdotseq0.24$	$0.06\times0.24\fallingdotseq0.01$	$\dfrac{0.01}{2\times0.06-0.01}\times40\fallingdotseq3.64$

따라서 재적생장률이 가장 높은 수목은 '마'이고, 가장 낮은 수목은 '아'이다.

04

문서용 집게는 재사용이 가능하므로 구매하지 않고 재사용한다. 연필은 B등급이므로 A등급보다 우선순위가 높지 않다. 마지막으로 커피의 필요 개수가 A4보다 적으므로 우선순위에서 밀려난다. 따라서 가장 먼저 구매해야 하는 비품은 A4다.

출제유형분석 04   실전예제

01

정답 ④

제시된 조건을 정리하면 다음과 같다.
- 최소비용으로 가능한 많은 인원 채용
- 급여는 희망임금으로 지급
- 6개월 이상 근무하되, 주말 근무시간은 협의 가능
- 지원자들은 주말 이틀 중 하루만 출근하길 원함
- 하루 1회 출근만 가능

위 조건을 모두 고려하여 근무스케줄을 작성해 보면 다음과 같다.

근무시간	토요일	일요일
11:00 ~ 12:00	G(10,000원) / 3시간	A(10,500원) / 3시간
12:00 ~ 13:00		
13:00 ~ 14:00		
14:00 ~ 15:00		
15:00 ~ 16:00		E(10,000원) / 3시간
16:00 ~ 17:00		
17:00 ~ 18:00		
18:00 ~ 19:00	C(10,500원) / 2시간	
19:00 ~ 20:00		
20:00 ~ 21:00		F(11,000원) / 2시간
21:00 ~ 22:00		

이때, D지원자의 경우에는 희망근무기간이 4개월이므로 채용하지 못한다. 따라서 총 5명의 직원을 채용할 수 있다.

02

정답 ①

평가지표 결과와 지표별 가중치를 이용하여 지원자들의 최종 점수를 계산하면 다음과 같다.
- A지원자 : $(3 \times 3) + (3 \times 3) + (5 \times 5) + (4 \times 4) + (4 \times 5) + 5 = 84$점
- B지원자 : $(5 \times 3) + (5 \times 3) + (2 \times 5) + (3 \times 4) + (4 \times 5) + 5 = 77$점
- C지원자 : $(5 \times 3) + (3 \times 3) + (3 \times 5) + (3 \times 4) + (5 \times 5) = 76$점
- D지원자 : $(4 \times 3) + (3 \times 3) + (3 \times 5) + (5 \times 4) + (4 \times 5) + 5 = 81$점
- E지원자 : $(4 \times 3) + (4 \times 3) + (2 \times 5) + (5 \times 4) + (5 \times 5) = 79$점

따라서 K기업에서 채용할 지원자는 A, D지원자이다.

03

정답 ②

- C사원은 혁신성, 친화력, 책임감이 '상 – 상 – 중'으로 영업팀의 핵심역량가치에 부합하며, 창의성과 윤리성은 '하'이지만 영업팀에서 중요하게 생각하지 않는 역량이기에 영업팀으로의 부서배치가 적절하다.
- E사원은 혁신성, 책임감, 윤리성이 '중 – 상 – 하'로 지원팀의 핵심역량가치에 부합하므로 지원팀으로의 부서배치가 적절하다.

CHAPTER

03 문제해결능력

출제유형분석 01 실전예제

01

정답 ④

첫 번째 조건에 따라 A는 선택 프로그램에 참가하므로 A는 수·목·금요일 중 하나의 프로그램에 참가한다. A가 목요일 프로그램에 참가하면 E는 A보다 나중에 참가하므로 금요일의 선택3 프로그램에 참가할 수밖에 없다. 따라서 항상 참이 되는 것은 ④이다.

오답분석

① 두 번째 조건에 따라 C는 필수 프로그램에 참가하므로 월·화요일 중 하나의 프로그램에 참가하며, 이때, C가 화요일 프로그램에 참가하면 C보다 나중에 참가하는 D는 선택 프로그램에 참가할 수 있다.
② B는 월·화요일 프로그램에 참가할 수 있으므로 B가 화요일 프로그램에 참가하면 C는 월요일 프로그램에 참가할 수 있다.
③ C가 화요일 프로그램에 참가하면 E는 선택2 또는 선택3 프로그램에 참가할 수 있다.

구분	월(필수1)	화(필수2)	수(선택1)	목(선택2)	금(선택3)
경우 1	B	C	A	D	E
경우 2	B	C	A	E	D
경우 3	B	C	D	A	E

02

정답 ①

주어진 조건에 따르면 김씨는 남매끼리 서로 인접하여 앉을 수 없으며, 박씨와도 인접하여 앉을 수 없으므로 김씨 여성은 왼쪽에서 첫 번째 자리에만 앉을 수 있다. 또한 박씨 남성 역시 김씨와 인접하여 앉을 수 없으므로 왼쪽에서 네 번째 자리에만 앉을 수 있다. 나머지 자리는 최씨 남매가 모두 앉을 수 있으므로 6명이 앉을 수 있는 경우는 다음과 같다.

ⅰ) 경우 1

김씨 여성	최씨 여성	박씨 여성	박씨 남성	최씨 남성	김씨 남성

ⅱ) 경우 2

김씨 여성	최씨 남성	박씨 여성	박씨 남성	최씨 여성	김씨 남성

경우 1과 경우 2 모두 최씨 남매는 왼쪽에서 첫 번째 자리에 앉을 수 없다.

오답분석

② 어느 경우에도 최씨 남매는 인접하여 앉을 수 없다.
③ 박씨 남매는 항상 인접하여 앉는다.
④ 최씨 남성은 박씨 여성과 인접하여 앉을 수도 있고 인접하여 앉지 않을 수도 있다.

03

정답 ③

가장 먼저 오전 9시에 B과 진료를 본다면 10시에 진료가 끝나고, 셔틀을 타고 본관으로 이동하면 10시 30분이 된다. 이후 C과 진료를 이어보면 12시 30분이 되고, 점심시간 이후 바로 A과 진료를 본다면 오후 2시에 진료를 다 받을 수 있다. 따라서 가장 빠른 경로는 B − C − A이다.

04

정답 ②

가대리와 마대리의 진술이 서로 모순이므로, 둘 중 한 사람은 거짓을 말하고 있다.
ⅰ) 가대리의 진술이 거짓인 경우
　 가대리의 말이 거짓이라면 나사원의 말도 거짓이 되고, 라사원의 말도 거짓이 되므로 모순이 된다.
ⅱ) 가대리의 진술이 진실인 경우
　 가대리, 나사원, 라사원의 말이 진실이 되고, 다사원과 마대리의 말이 거짓이 된다.

진실
• 가대리 : 가대리·마대리 출근, 결근 사유 모름
• 나사원 : 다사원 출근, 가대리 진술은 진실
• 라사원 : 나사원 진술은 진실

거짓
• 다사원 : 라사원 결근 → 라사원 출근
• 마대리 : 라사원 결근, 라사원이 가대리한테 결근 사유 전함 → 라사원 출근, 가대리는 결근 사유 듣지 못함
따라서 나사원이 출근하지 않았다.

05

정답 ④

각 조건을 정리하면 다음과 같다.
• 스페인 반드시 방문
• 프랑스 → ~영국
• 오스트리아 → ~스페인
• 벨기에 → 영국
• 오스트리아, 벨기에, 독일 중 2개 이상
세 번째 명제의 대우 명제는 '스페인 → ~오스트리아'이고, 스페인을 반드시 방문해야 되므로 오스트리아는 방문하지 않을 것이다. 그러면 마지막 조건에 따라 벨기에와 독일은 방문한다. 네 번째 조건에 따라 영국도 방문하고, 그러면 두 번째 조건에 따라 프랑스는 방문하지 않게 된다.
따라서 아름이가 방문할 국가는 스페인, 벨기에, 독일, 영국이며, 방문하지 않을 국가는 오스트리아와 프랑스임을 알 수 있다.

06

정답 ④

세 번째와 일곱 번째 조건에 의해 자전거 동호회에 참여한 직원은 남직원 1명이다. 또한 다섯 번째 조건에 의해 과장과 부장은 자전거 동호회 또는 영화 동호회에 참여하게 된다. 이때, 여덟 번째 조건에 의해 부장은 영화 동호회에 참여하므로 과장은 자전거 동호회에 참여한다. 따라서 자전거 동호회에 참여한 직원의 성은 남자이고, 직위는 과장이다. 다음으로 네 번째 조건에 의해 여직원 1명이 영화 동호회에 참여하므로 영화 동호회에 참여한 직원의 성은 여자이고, 직위는 부장이다. 남은 동호회는 농구, 축구, 야구, 테니스 동호회 중에서 여섯 번째 조건에 의해 참여 인원이 없는 동호회가 2개이므로, 어떤 동호회의 참여 인원은 2명이다. 아홉 번째 조건에 의해 축구에 참여한 직원의 성은 남자이고, 여덟 번째 조건에 의해 야구 동호회에 참여한 직원의 성은 여자이고, 직위는 주임이다. 또한, 일곱 번째 조건에 의해 야구 동호회에 참여한 직원 수는 1명이므로 남은 축구 동호회에 참여한 직원은 2명이고, 성은 남자이며, 직위는 각각 대리와 사원이다.

01

정답 ④

WO전략은 약점을 극복함으로써 기회를 활용할 수 있도록 내부 약점을 보완해 좀 더 효과적으로 시장 기회를 추구한다. 따라서 바로 옆에 유명한 프랜차이즈 레스토랑이 생겼다는 사실을 이용하여 홍보가 미흡한 점을 보완할 수 있도록 레스토랑과 제휴하여 레스토랑 내에 홍보물을 비치하는 방법이므로 적절하다.

02

정답 ④

기회는 외부환경요인 분석에 속하므로 회사 내부를 제외한 외부의 긍정적인 면으로 작용하는 것을 말한다. 따라서 ④는 외부의 부정적인 면으로 위협요인에 해당한다.

오답분석

①・②・③ 외부환경의 긍정적인 요인으로 볼 수 있어 기회요인에 속한다.

03

정답 ②

국내 금융기관에 대한 SWOT 분석 결과는 다음과 같다.

강점(Strength)	약점(Weakness)
• 높은 국내 시장 지배력 • 우수한 자산건전성 • 뛰어난 위기관리 역량	• 은행과 이자수익에 편중된 수익구조 • 취약한 해외 비즈니스와 글로벌 경쟁력
기회(Opportunity)	위협(Threat)
• 해외 금융시장 진출 확대 • 기술 발달에 따른 핀테크의 등장 • IT 인프라를 활용한 새로운 수익 창출	• 새로운 금융 서비스의 등장 • 글로벌 금융기관과의 경쟁 심화

㉠ SO전략은 강점을 살려 기회를 포착하는 전략으로, 강점인 국내 시장 점유율을 기반으로 핀테크 사업에 진출하려는 ㉠은 적절한 SO전략으로 볼 수 있다.

㉢ ST전략은 강점을 살려 위협을 회피하는 전략으로, 강점인 우수한 자산건전성을 강조하여 글로벌 금융기관과의 경쟁에서 우위를 차지하려는 ㉢은 적절한 ST전략으로 볼 수 있다.

오답분석

㉡ WO전략은 약점을 보완하여 기회를 포착하는 전략이다. 그러나 위기관리 역량은 국내 금융기관이 지니고 있는 강점에 해당하므로 WO전략으로 적절하지 않다.

㉣ 해외 비즈니스 역량을 강화하여 해외 금융시장에 진출하는 것은 약점을 보완하여 기회를 포착하는 WO전략에 해당한다.

04

정답 ②

ㄱ. 기술개발을 통해 연비를 개선하는 것은 막대한 R&D 역량이라는 강점으로 휘발유의 부족 및 가격의 급등이라는 위협을 회피하거나 최소화하는 전략에 해당하므로 적절하다.

ㄹ. 생산설비에 막대한 투자를 했기 때문에 차량모델 변경의 어려움이라는 약점이 있는데, 레저용 차량 전반에 대한 수요 침체 및 다른 회사들과의 경쟁이 심화되고 있으므로 생산량 감축을 고려할 수 있다.

ㅁ. 생산 공장을 한 곳만 가지고 있는 약점이지만 새로운 해외시장이 출현하고 있는 기회를 살려서 국내 다른 지역이나 해외에 공장들을 분산 설립할 수 있을 것이다.

ㅂ. 막대한 R&D 역량이라는 강점을 이용하여 휘발유의 부족 및 가격의 급등이라는 위협을 회피하거나 최소화하기 위해 경유용 레저 차량 생산을 고려할 수 있다.

ㄴ. 소형 레저용 차량에 대한 수요 증대라는 기회 상황에서 대형 레저용 차량을 생산하는 것은 적절하지 않은 전략이다.
ㄷ. 차량모델 변경의 어려움이라는 약점을 보완하는 전략도 아니고, 소형 또는 저가형 레저용 차량에 대한 선호가 증가하는 기회에 대응하는 전략도 아니다. 또한, 차량 안전 기준의 강화 같은 규제 강화는 기회 요인이 아니라 위협 요인이다.
ㅅ. 기회는 새로운 해외시장의 출현인데 내수 확대에 집중하는 것은 기회를 살리는 전략이 아니다.

출제유형분석 03 | 실전예제

01
정답 ③

• 702 나 2838 : '702'는 승합차에 부여되는 자동차 등록번호이다.
• 431 사 3019 : '사'는 운수사업용 차량에 부여되는 자동차 등록번호이다.
• 912 라 2034 : '912'는 화물차에 부여되는 자동차 등록번호이다.
• 214 하 1800 : '하'는 렌터카에 부여되는 자동차 등록번호이다.
• 241 가 0291 : '0291'은 발급될 수 없는 일련번호이다.
따라서 보기에서 비사업용 승용차의 자동차 등록번호로 잘못 부여된 것은 모두 5개이다.

02
정답 ③

CBP-WK4A-P31-B0803 : 배터리 형태 중 WK는 없는 형태이다.
PBP-DK1E-P21-A8B12 : 고속충전 규격 중 P21은 없는 규격이다.
NBP-LC3B-P31-B3230 : 생산날짜의 2월은 30일이 없다.
CNP-LW4E-P20-A7A29 : 제품분류 중 CNP는 없는 분류이다.
따라서 보기에서 시리얼넘버가 잘못 부여된 제품은 모두 4개이다.

03
정답 ②

고객이 설명한 제품정보를 정리하면 다음과 같다.
• 설치형 : PBP
• 도킹형 : DK
• 20,000mAH 이상 : 2
• 60W 이상 : B
• USB-PD3.0 : P30
• 2022년 10월 12일 : B2012
따라서 S주임이 데이터베이스에 검색할 시리얼넘버는 PBP-DK2B-P30-B2012이다.

04
정답 ①

먼저 16진법으로 표현된 수를 10진법으로 변환하여야 한다.
43 → 4×16+3=67
41 → 4×16+1=65
54 → 5×16+4=84
변환된 수를 아스키 코드표를 이용하여 해독하면 67=C, 65=A, 84=T임을 확인할 수 있다. 따라서 철수가 장미에게 보낸 문자의 의미는 CAT이다.

01

제시된 조건을 항목별로 정리하면 다음과 같다.

• 부서배치
  - 성과급 평균은 48만 원이므로, A는 영업부 또는 인사부에서 일한다.
  - B와 D는 비서실, 총무부, 홍보부 중에서 일한다.
  - C는 인사부에서 일한다.
  - D는 비서실에서 일한다.
  따라서 A – 영업부, B – 총무부, C – 인사부, D – 비서실, E – 홍보부에서 일한다.

• 휴가
  - A는 D보다 휴가를 늦게 간다. 따라서 C – D – B – A 또는 D – A – B – C 순으로 휴가를 간다.

• 성과급
  - D사원 : 60만 원
  - C사원 : 40만 원

오답분석
② C가 제일 마지막에 휴가를 갈 경우, B는 A보다 휴가를 늦게 출발한다.
③ A : 20만×3=60만 원, C : 40만×2=80만 원
④ C가 제일 먼저 휴가를 갈 경우, A가 제일 마지막으로 휴가를 가게 된다.

02

유지보수인 양천구와 영등포구의 사업이 개발구축으로 잘못 적혔다.

오답분석
② 강서구와 서초구의 사업기간이 1년 미만이다.
③ 강서구의 사업금액은 5.6억 원으로, 6억 원 미만이다.
④ 사업금액이 가장 많은 사업은 양천구이고, 사업기간이 2년 미만인 사업은 마포구이므로 서로 다르다.

03

ⓒ 화장품은 할인 혜택에 포함되지 않는다.
ⓒ 침구류는 가구가 아니므로 할인 혜택에 포함되지 않는다.

04

주어진 조건별로 정리하면 다음과 같다.

• 참여 인원 파악 : 10(운영인원)+117(선발인원)+6(아나운서)=133명
• 여유 공간 파악 : 전체 참여 인원의 10%를 수용할 수 있는 여유 공간이 있어야 하므로 133명의 10%인 13.3명을 추가로 수용할 수 있어야 한다. 따라서 146.3명 이상을 수용할 수 있어야 하므로 최대수용인원이 136명인 대회의실 2는 제외된다.
• 부대시설 파악 : 마이크와 프로젝터가 모두 있어야 하므로 프로젝터를 모두 갖추지 못한 한빛관은 제외된다.
• 대여 가능 날짜 파악 : 발대식 전날 정오인 2월 16일 12시부터 1박 2일의 발대식이 진행되는 18일까지 예약이 가능해야 하므로 비전홀은 제외된다.

따라서 A사원이 예약할 시설은 모든 조건을 충족하는 대회의실 1이 가장 적절하다.

출제유형분석 01 실전예제

01 정답 ③

ㄴ. 제3자에 대한 정보 제공이 이루어지더라도, 해당 내용이 조항에 명시되어 있고, 이용자가 동의한다면 개인정보를 제공하여도 된다. 번거롭지 않게 서비스를 제공 받기 위해 정보제공이 필요한 제3자에게 정보를 제공하는 것이 유용할 수도 있다. 따라서 단언적으로 개인정보를 제공하지 않아야 한다는 설명은 잘못된 설명이다.

ㄹ. 비밀번호는 주기적으로 변경하여야 하며, 관리의 수월성보다도 보안을 더 고려하여 동일하지 않은 비밀번호를 사용하는 것이 좋다.

오답분석

ㄱ. 개인정보제공 전 관련 조항을 상세히 읽는 것은 필수적 요소이다.

ㄷ. 제공 정보와 이용목적의 적합성 여부는 꼭 확인하여야 한다.

ㅁ. 정보파기 여부와 시점도 확인하여야 한다.

02 정답 ②

정보처리는 기획 – 수집 – 관리 – 활용 순서로 이루어진다.

오답분석

① 정보윤리가 강조되고 있는 만큼, 합목적성과 합법성을 모두 고려해야 한다.

③ 다양한 정보원으로부터 합목적적 정보를 수집하는 것이 좋다.

④ 정보 관리 시 고려요소 3가지는 목적성, 용이성, 유용성이다.

출제유형분석 02 실전예제

01 정답 ①

「VLOOKUP(SMALL(A2:A10,3),A2:E10,4,0)」을 해석해보면, 우선 SMALL(A2:A10,3)은 [A2:A10]의 범위에서 3번째로 작은 숫자이므로 그 값은 '3'이 된다. VLOOKUP 함수는 VLOOKUP(첫 번째 열에서 찾으려는 값,찾을 값과 결과로 추출할 값들이 포함된 데이터 범위,값이 입력된 열의 열 번호,일치 기준)으로 구성되므로 VLOOKUP(3,A2:E10,4,0) 함수는 A열에서 값이 3인 4번째 행 그리고 4번째 열에 위치한 '82'이다.

02 정답 ③

INDEX 함수는 「=INDEX(배열로 입력된 셀의 범위,배열이나 참조의 행 번호,배열이나 참조의 열 번호)」로 표시되고, MATCH 함수는 「=MATCH(찾으려고 하는 값,연속된 셀 범위,되돌릴 값을 표시하는 숫자)」로 표시된다.

따라서 「=INDEX(E2:E9,MATCH(0,D2:D9,0))」를 입력하면 근무연수가 0인 사람의 근무월수인 2가 표시된다.

03

LARGE 함수는 데이터 집합에서 N번째로 큰 값을 구하는 함수이다. 따라서 ④의 결괏값으로는 [D2:D9] 범위에서 두 번째로 큰 값인 20,000이 산출된다.

오답분석

① INDEX 함수는 범위 내에서 값이나 참조 영역을 구하는 함수이다.
② MAX 함수는 최댓값을 구하는 함수이다.
③ MID 함수는 문자열의 지정 위치에서 문자를 지정한 개수만큼 돌려주는 함수이다.

04

SUMIF 함수는 주어진 조건에 의해 지정된 셀들의 합을 구하는 함수이며, 「=SUMIF(조건 범위,조건,계산할 범위)」로 구성된다. 따라서 ①의 결괏값으로는 계산할 범위 [C2:C9] 안에서 [A2:A9] 범위 안의 조건인 [A2](의류)로 지정된 셀들의 합인 42가 산출된다.

오답분석

② COUNTIF 함수는 지정한 범위 내에서 조건에 맞는 셀의 개수를 구하는 함수이다.
③ㆍ④ VLOOKUP 함수와 HLOOKUP 함수는 배열의 첫 열 / 행에서 값을 검색하여, 지정한 열 / 행의 같은 행 / 열에서 데이터를 돌려주는 찾기 / 참조함수이다.

05

• [D11] 셀에 입력된 COUNTA 함수는 범위에서 비어있지 않은 셀의 개수를 구하는 함수이다. [B3:D9] 범위에서 비어있지 않은 셀의 개수는 숫자 '1' 10개와 '재제출 요망'으로 입력된 텍스트 2개로, 「=COUNTA(B3:D9)」의 결괏값은 12이다.
• [D12] 셀에 입력된 COUNT 함수는 범위에서 숫자가 포함된 셀의 개수를 구하는 함수이다. [B3:D9] 범위에서 숫자가 포함된 셀의 개수는 숫자 '1' 10개로, 「=COUNT(B3:D9)」의 결괏값은 10이다.
• [D13] 셀에 입력된 COUNTBLANK 함수는 범위에서 비어있는 셀의 개수를 구하는 함수이다. [B3:D9] 범위에서 비어있는 셀의 개수는 9개로, 「=COUNTBLANK(B3:D9)」의 결괏값은 9이다.

출제유형분석 01 실전예제

01

정답 ②

경영은 경영목적, 인적자원, 자금, 전략의 4요소로 구성된다.

오답분석

ㄷ. 마케팅의 요소이다.

ㄹ. 회계의 요소이다.

02

정답 ③

내부 벤치마킹은 같은 기업 내의 다른 지역이나 타 부서, 국가 간 유사한 활용을 비교 대상으로 한다.

오답분석

① 벤치마킹은 다각화된 우량기업을 대상으로 할 경우 효과가 크다.

② 경쟁적 벤치마킹에 대한 설명이다.

④ 글로벌 벤치마킹에 대한 설명이다.

출제유형분석 02 실전예제

01

정답 ④

조직이 생존하기 위해서는 급변하는 환경에 적응하여야 한다. 이를 위해서는 원칙이 확립되어 있고 고지식한 기계적 조직보다는, 운영이 유연한 유기적 조직이 더 적합하다.

오답분석

① 대규모 조직은 소규모 조직과는 다른 조직구조를 갖게 되는데, 대규모 조직은 소규모 조직에 비해 업무가 전문화, 분화되어 있고 많은 규칙과 규정이 존재하게 된다.

② 조직구조 결정요인으로는 크게 전략, 규모, 기술, 환경이 있다. 전략은 조직의 목적을 달성하기 위하여 수립한 계획으로 조직이 자원을 배분하고 경쟁적 우위를 달성하기 위한 주요 방침이며, 조직 규모 외에도 기술은 조직이 투입요소를 산출물로 전환시키는 지식, 기계, 절차 등을 의미한다. 또한 조직은 환경의 변화에 적절하게 대응하기 위해 환경에 따라 조직의 구조를 다르게 조작한다.

③ 조직 활동의 결과에 따라 조직의 성과와 조직만족이 결정되며, 그 수준은 조직구성원들의 개인적 성향과 조직문화의 차이에 따라 달라진다.

02

정답 ②

'리더십 스타일'이란 구성원들을 이끌어 나가는 전반적인 조직관리 스타일을 가리키는 것으로, 조직구성원들의 행동이나 사고를 특정 방향으로 이끌어 가는 원칙이나 기준은 '공유가치'이다.

오답분석

ㄱ. 미국 선진 기업의 성공 사례를 연구한 Peters와 Waterman의 저서 「In Search of Excellence」에서는 7-S모형이 제시되어 있는데, 여기에 제시된 조직문화 구성요소는 공유가치, 리더십 스타일, 구성원, 제도, 절차, 구조, 전략, 스킬이다.
ㄷ. 7-S모형에서 '구조'는 조직의 전략을 수행하는 데 필요한 틀로서 구성원의 역할과 그들 간의 상호관계를 지배하는 공식요소를 가리킨다.
ㄹ. 7-S모형에서 '전략'은 조직의 장기적인 목적과 계획 그리고 이를 달성하기 위한 장기적인 행동지침을 가리킨다.

03

정답 ②

매트릭스 조직은 특정사업 수행을 위한 것으로, 해당분야의 전문성을 지닌 직원들이 본연의 업무와 특정사업을 동시에 수행하는 '투-잡(Two-Job)' 형태로 운영될 수 있으며 두 명 이상의 책임자들로부터 명령을 받는다고 하여 이중지휘 시스템이라고도 한다.

04

정답 ①

매트릭스 조직의 성공여부는 이 조직에 관여하는 관리자들의 양보와 타협, 협동에 달려있으므로 리더들의 사고 혁신이 전제가 되어야 한다. 매트릭스 조직 운영은 난이도가 높기에 이에 걸맞은 기업문화와 인사제도, 성과측정, 전략수립 수단이 필요하며 매트릭스 최하단에 놓인 직원의 적절한 업무로드 배분을 감안해야 한다. 또한 함께 달성할 가치나 목표가 뚜렷해야 구성원들의 협력 의지를 동기부여 시킬 수 있고 기능 간에 커뮤니케이션과 정보 공유가 원활해지므로, 공동 목표를 명확히 설정하고 공유해야 한다. 이러한 조직의 전체적인 변화와 혁신을 일으키지 않으면 어설픈 관료제의 중첩이라는 위험에 빠지게 될 가능성이 높다.

05

정답 ③

영리조직의 사례로는 이윤 추구를 목적으로 하는 다양한 사기업을 들 수 있으며, 비영리조직으로는 정부조직, 병원, 대학, 시민단체, 종교단체 등을 들 수 있다.

출제유형분석 03 실전예제

01

정답 ②

영업부의 업무로는 판매 계획, 판매 예산의 편성(ㅅ), 견적 및 계약(ㅈ), 외상매출금의 청구 및 회수(ㅋ), 시장조사, 판매원가 및 판매가격의 조사 검토 등이 있다.

오답분석
① 총무부 : ㄱ, ㅁ, ㅊ
③ 회계부 : ㄷ, ㅂ, ㅇ
④ 인사부 : ㄴ, ㄹ, ㅍ

02

정답 ④

A팀장이 요청한 중요 자료를 가장 먼저 전송하고, PPT 자료를 전송한다. 점심 예약전화는 오전 10시 이전에 처리해야 하고, 오전 내에 거래처 미팅일자 변경 전화를 해야 한다.

01

정답 ①

두 사람이 걸은 거리의 합은 24km이므로 세화가 걸은 거리의 길이를 $x$km, 성현이가 걸은 거리의 길이를 $y$km라고 하면

$x+y=24 \cdots \textcircled{\scriptsize ㄱ}$

$\dfrac{x}{5}=\dfrac{y}{3} \cdots \textcircled{\scriptsize ㄴ}$

$3\times\textcircled{\scriptsize ㄱ}-15\times\textcircled{\scriptsize ㄴ}$으로 연립하면 $8y=72$이므로 $y=9$이다.

따라서 세화가 걸은 거리는 $24-9=15$km이다.

02

정답 ①

(길이 360m의 터널을 지날 때의 속력)=(길이 900m의 터널을 지날 때의 속력)=(길이 1.5km의 터널을 지날 때의 속력)이다.

기차의 전체 길이를 xm라 하면 $\dfrac{360+x}{45}=\dfrac{900+x}{90}$ 이므로

$2(360+x)=(900+x) \rightarrow x=180$이다.

기차의 전체 길이가 180m이므로 기차의 속력은 $\dfrac{900+180}{90}=\dfrac{1,080}{90}=12$m/s이다.

따라서 기차가 1.5km의 터널을 지날 때의 속력은 $\dfrac{1,500+180}{12}=\dfrac{1,680}{12}=140$초$=2$분 20초이다.

03

정답 ②

$a+b=600 \cdots \textcircled{\scriptsize ㄱ}$

$\dfrac{4}{100}a+\dfrac{7.75}{100}b=600\times\dfrac{6}{100}=36 \cdots \textcircled{\scriptsize ㄴ}$

$\textcircled{\scriptsize ㄴ}$에 $\textcircled{\scriptsize ㄱ}$을 대입하여 정리하면

$4a+7.75\times(600-a)=3,600$

$3.75a=1,050 \rightarrow a=280$

따라서 넣은 4% 소금물의 양은 280g이다.

04

정답 ②

한 주에 2명의 사원이 당직 근무를 하므로 3주 동안 총 6명의 사원이 당직 근무를 하게 된다.

• B팀의 8명의 사원 중 6명을 뽑는 경우의 수 : $_8C_6=_8C_2=\dfrac{8\times7}{2\times1}=28$가지

• 6명의 사원을 2명씩 3조로 나누는 경우의 수 : $_6C_2\times_4C_2\times_2C_2\times\dfrac{1}{3!}=\dfrac{6\times5}{2\times1}\times\dfrac{4\times3}{2\times1}\times1\times\dfrac{1}{6}=15$가지

• 한 주에 한 조를 배치하는 경우의 수 : $3!=3\times2\times1=6$가지

따라서 가능한 모든 경우의 수는 $28\times15\times6=2,520$가지이다.

05

B를 거치는 A와 C의 최단 경로는 A와 B 사이의 경로와 B와 C 사이의 경로를 나눠서 구할 수 있다.

- A와 B의 최단 경로의 경우의 수 : $\dfrac{5!}{3! \times 2!} = 10$가지

- B와 C의 최단 경로의 경우의 수 : $\dfrac{3!}{1! \times 2!} = 3$가지

따라서 B를 거치는 A와 C의 최단 경로의 경우의 수는 $3 \times 10 = 30$가지이다.

06

인터넷 쇼핑몰의 등록 고객 수를 x명이라 하면 여성의 수는 $\dfrac{75}{100} x$명, 남성의 수는 $\dfrac{25}{100} x$명이다.

- 여성 등록 고객 중 우수고객의 수 : $\dfrac{75}{100} x \times \dfrac{40}{100} = \dfrac{3,000}{10,000} x$명

- 남성 등록 고객 중 우수고객의 수 : $\dfrac{25}{100} x \times \dfrac{30}{100} = \dfrac{750}{10,000} x$명

그러므로 우수고객 중 여성일 확률은 $\dfrac{\dfrac{3,000}{10,000} x}{\dfrac{3,000}{10,000} x + \dfrac{750}{10,000} x} = \dfrac{3,000}{3,750} = \dfrac{4}{5}$이다.

따라서 등록 고객 중 한 명을 임의로 뽑았을 때 우수고객이 여성일 확률은 $\dfrac{4}{5} = 80\%$이다.

07

테니스 동아리 회원 수를 x명이라 하면, 테니스장 사용료에 대한 방정식은 다음과 같다.
$5,500x - 3,000 = 5,200x + 300$
$300x = 3,300 \rightarrow x = 11$
따라서 테니스 동아리 회원 수는 11명이므로 테니스장 이용료는 $5,500 \times 11 - 3,000 = 57,500$원이다.

08

나눈 찰흙의 한 변의 길이가 두 변의 길이의 최대공약수일 때, 나눈 찰흙의 수가 최소가 된다. 108, 180의 최대공약수는 36이므로 $108 = 36 \times 3$, $180 = 36 \times 5$이다. 따라서 나눈 찰흙의 수가 최소일 때, 그 개수는 $3 \times 5 = 15$개이다.

09

프로젝트를 완료하는 일의 양을 1이라 하면 A사원은 하루에 $\dfrac{1}{7}$, B사원은 하루에 $\dfrac{1}{9}$만큼 일할 수 있다.

3일 동안 A사원과 B사원이 함께 일한 양은 $3 \times \left(\dfrac{1}{7} + \dfrac{1}{9} \right) = 3 \times \dfrac{16}{63} = \dfrac{16}{21}$이다.

따라서 A사원이 혼자서 남은 프로젝트를 완료하는 데 걸리는 시간은 $\dfrac{1 - \dfrac{16}{21}}{\dfrac{1}{7}} = \dfrac{5}{3}$이므로 2일이다.

01

정답 ②

범죄유형별 체포 건수와 발생 건수의 비율이 전년 대비 가장 크게 증가한 것은 모두 2021년 절도죄로 각각 76.0−57.3=18.7%p, 56.3−49.4=6.9%p 증가했다. 따라서 증가량 차이는 18.7−6.9=11.8%p이다.

02

정답 ①

각 도시의 부동산 전세 가격지수 증가량은 다음과 같다.

도시	2023년 6월	2023년 12월	증가량	도시	2023년 6월	2023년 12월	증가량
A	90.2	95.4	5.2	F	98.7	98.8	0.1
B	92.6	91.2	−1.4	G	100.3	99.7	−0.6
C	98.1	99.2	1.1	H	92.5	97.2	4.7
D	94.7	92.0	−2.7	I	96.5	98.3	1.8
E	95.1	98.7	3.6	J	99.8	101.5	1.7

증가량이 가장 적은 도시는 D이므로 D의 증감률은 $\frac{92.0-94.7}{94.7} \times 100 ≒ -2.9\%$이다.

03

정답 ②

각 학년의 평균 신장 증가율은 다음과 같다

• 1학년 : $\frac{162.5-160.2}{160.2} ≒ 1.43\%$

• 2학년 : $\frac{168.7-163.5}{163.5} ≒ 3.18\%$

• 3학년 : $\frac{171.5-168.7}{168.7} ≒ 1.66\%$

따라서 평균 신장 증가율이 큰 순서는 2학년 − 3학년 − 1학년 순서이다.

04

정답 ④

• 변동 후 요금이 가장 비싼 노선은 D이므로 D가 2000번이다.
• 요금 변동이 없는 노선은 B이므로 B가 42번이다.
• 연장운행을 하기로 결정한 노선은 C이므로, C가 6번이다.
• A가 남은 번호인 3100번이다.

01

정답 ③

ㄴ. 자료에서 수출 증감률이 가장 높은 해는 2008년이고, 수입 증감률이 가장 높은 해는 2004년이다.

ㄹ. 2003년의 수출 금액의 4배는 143,685,459×4=574,741,836천 달러이고, 2023년 수출 금액은 542,232,610천 달러이므로 4배 미만 증가하였다.

오답분석

ㄱ. 자료에서 무역수지가 음의 값을 나타내는 해는 2012년뿐이다.

ㄷ. 자료에서 2006 ~ 2012년 전년 대비 증감률은 양의 값이므로 수출 금액과 수입 금액은 매년 증가했다는 것을 알 수 있다.

02

정답 ②

ㄱ. 설 연휴 전날과 평소 주말의 하루 평균 전체교통사고 건수·부상자 수의 차이를 구하면 다음과 같다.
  - 사고 건수 차이 : 822.0−581.7=240.3
  - 부상자 수 차이 : 1,178.0−957.3=220.7

  또한 평소 주말 하루 평균 사망자 수는 12.9명이다. 12.9×1.3=16.77이고, 설 연휴 전날 사망자 수는 17.3명이므로 설 연휴 전날 사망자 수는 평소 주말 하루 평균 사망자 수보다 30% 이상 많았다.

ㄷ. 설 연휴 하루 평균 졸음운전사고의 수는 7.8건으로 평소 주말 하루 평균 졸음운전사고 수인 8.2건보다 적었다. 하지만 설 연휴 하루 평균 졸음운전사고의 부상자와 사망자의 수는 각각 21.1명, 0.6명으로 평소 주말 하루 평균 졸음운전사고의 부상자와 사망자 수인 17.1명, 0.3명보다 많았다.

ㅁ. 어린이사고의 설 연휴와 평소 주말의 하루 평균 사고 건수·부상자 수·사망자 수의 차이를 구하면 다음과 같다.
  - 사고 건수 : 45.4−39.4=6.0건
  - 부상자 수 : 59.4−51.3=8.1명
  - 사망자 수 : 0.4−0.3=0.1명

오답분석

ㄴ. 설 당일과 설 전날의 전체교통사고 건당 부상자 수와 교통사고 건당 사망자 수를 구하면 다음과 같다.
  - 교통사고 건당 부상자 수
    - 설 당일 : 1,013.3÷448.0≒2.26명
    - 설 전날 : 865.0÷505.3≒1.71명
  - 교통사고 건당 사망자 수
    - 설 당일 : 10.0÷448.0≒0.02명
    - 설 전날 : 15.3÷505.3≒0.03명

  따라서 교통사고 건당 부상자 수는 설 당일이 설 전날보다 많지만 교통사고 건당 사망자 수는 설 당일이 설 전날보다 적다.

ㄹ. 사망자 증가율 : $\frac{0.6-0.3}{0.3}\times100=100\%$

  부상자 증가율 : $\frac{21.1-17.1}{17.1}\times100≒23.4\%$

  따라서 사망자의 증가율은 부상자의 증가율의 10배 미만이다.

03

정답 ③

2019 ~ 2023년 동안 전년 대비 투자액이 감소한 2023년을 제외한 나머지 해의 증가율은 다음과 같다.

- 2019년 : $\frac{125-110}{110} \times 100 ≒ 13.6\%$

- 2021년 : $\frac{250-70}{70} \times 100 ≒ 257\%$

- 2022년 : $\frac{390-250}{250} \times 100 = 56\%$

따라서 2021년도에 전년 대비 증가율이 가장 높다.

오답분석

① 제시된 자료에서 확인할 수 있다.

② 2018년과 2021년 투자건수의 합(8+25=33건)은 2023년 투자건수(63건)보다 적다.

④ 전년 대비 투자건수 증가율은 2023년에 $\frac{63-60}{60} \times 100 = 5\%$로 가장 낮다.

04

정답 ②

2020년과 2023년 처리 건수 중 인용 건수 비율은 각각 $\frac{3,667}{32,737} \times 100 ≒ 11.20\%$, $\frac{3,031}{21,080} \times 100 ≒ 14.38\%$로, 2023년과 2020년 처리 건수 중 인용 건수 비율의 차이는 $14.38-11.20=3.18\%$p이다. 따라서 처리 건수 중 인용 건수 비율은 2023년이 2020년에 비해 3%p 이상 높다.

오답분석

ㄱ. 기타처리 건수의 전년 대비 감소율은 다음과 같다.

- 2021년 : $\frac{12,871-16,674}{16,674} \times 100 ≒ -22.81\%$

- 2022년 : $\frac{10,166-12,871}{12,871} \times 100 ≒ -21.02\%$

- 2023년 : $\frac{8,204-10,166}{10,166} \times 100 ≒ -19.30\%$

ㄷ. 처리 건수 대비 조정합의 건수의 비율은 2021년은 $\frac{2,764}{28,744} \times 100 ≒ 9.62\%$로, 2022년의 $\frac{2,644}{23,573} \times 100 ≒ 11.22\%$보다 낮다.

ㄹ. 조정합의 건수 대비 의견표명 건수 비율은 2020년에는 $\frac{467}{2,923} \times 100 ≒ 15.98\%$, 2021년에는 $\frac{474}{2,764} \times 100 ≒ 17.15\%$, 2022 년에는 $\frac{346}{2,644} \times 100 ≒ 13.09\%$, 2023년에는 $\frac{252}{2,567} \times 100 ≒ 9.82\%$이다. 조정합의 건수 대비 의견표명 건수 비율이 높은 순서로 나열하면 2021년 → 2020년 → 2022년 → 2023년이다. 또한, 평균처리일이 짧은 순서로 나열하면 2021년 → 2023년 → 2020년 → 2022년이다. 따라서 평균처리일 기간과 조정합의 건수 대비 의견표명 건수 비율의 순서는 일치하지 않는다.

행운이란 100%의 노력 뒤에 남는 것이다.

- 랭스턴 콜만 -

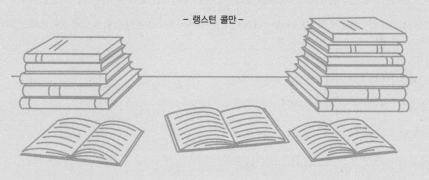

PART 2

전기 전공

CHAPTER 06 적중예상문제

01	02	03	04	05	06	07	08	09	10	11	12	13	14	15	16	17	18	19	20
④	③	①	②	④	②	④	①	④	③	③	②	①	③	④	③	②	③	②	③
21	22	23	24	25	26	27	28	29	30	31	32	33	34	35	36	37	38	39	40
④	④	③	②	②	④	②	②	①	②	②	②	②	④	①	④	③	②	④	④
41	42	43	44	45	46	47	48	49	50										
①	②	②	③	①	①	④	①	④	④										

01
정답 ④

$$P = \epsilon_0(\epsilon_s - 1) = E = D\left(1 - \frac{1}{\epsilon_s}\right)$$

$$\therefore P = 8 \times 10^{-6} \times \left(1 - \frac{1}{2}\right)$$

$$= 4 \times 10^{-6} \, \text{C/m}^2$$

02
정답 ③

진전하가 없는 점에서 패러데이관은 연속이다.

패러데이관

패러데이관은 1C의 양전하에서 −1C의 음전하를 향하는 전기력선 1개를 감싸는 가상의 관이며, 다음과 같은 특징이 있다.

- 패러데이관 내 전속수는 일정하다.
- 패러데이관 양단에는 단위정전하, 단위부전하가 있다.
- 진전하가 없는 점에서 패러데이관은 연속이다.
- 패러데이관 밀도는 전속밀도와 같다.
- 패러데이관에서 단위전위차 에너지는 0.5J이다.

03
정답 ①

회로의 접속점에서 볼 때, 접속점에 흘러 들어오는 전류의 합은 흘러 나가는 전류의 합과 같다는 법칙은 키르히호프 제1법칙이며 키르히호프의 전류 법칙이라고도 부른다.

오답분석

② 키르히호프 제2법칙 : 임의의 폐회로를 따라 한 바퀴 돌 때 그 회로의 기전력의 총합은 각 저항에 의한 전압 강하의 총합과 같다는 법칙으로 키르히호프의 전압 법칙이라고도 부른다.

③ 플레밍의 오른손 법칙 : 자기장 속에서 도선이 움직일 때 자기장의 변화는 방향이 유도기전력의 방향을 결정하는 규칙이다.

④ 앙페르의 오른나사 법칙 : 일정한 전류가 흐를 때 그 둘레에 만들어지는 자기장은 전류 둘레에 동심원형으로 생기고·전류의 방향을 오른나사의 진행 방향으로 하였을 때 자기장의 방향은 그 회전 방향과 같다는 법칙이다.

04

- C_1, C_2, C_3의 합성 정전용량(C_{tot})

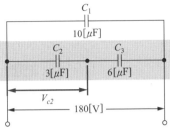

- C_2와 C_3의 합성 정전용량(C_0)

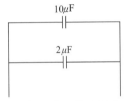

$$C_0 = \frac{C_2 \times C_3}{C_2 + C_3} = \frac{3 \times 6}{3 + 6} = \frac{18}{9} = 2\mu F$$

$$\therefore C_{tot} = C_1 + C_0 = 10 + 2 = 12\mu F$$

- C_2 양단 전압(V_{C_2})

$Q = C_{tot} V$이므로 $Q_2 = \frac{2}{10 + 2} Q = \frac{1}{6} Q$

$Q_2 = C_2 V_2$이고 $Q_2 = \frac{1}{6} Q$이므로

$$V_2 = \frac{Q_2}{C_2} = \frac{\frac{1}{6}Q}{C_2} = \frac{\frac{1}{6}C_{tot}V}{C_2} = \frac{\frac{1}{6} \times 12 \times 180}{3} = 120V$$

05

지면으로 들어가는 자계의 세기를 양의 값이라 하면

- a점에서의 자계의 세기

$$H_a = \frac{I}{2\pi a}$$

- b점에서의 자계의 세기

$$H_b = -\frac{8I}{2\pi b} \ (\because 8I에 \ 의해 \ 생기는 \ 자기장의 \ 방향은 \ 지면에서 \ 나오는 \ 방향)$$

$H_a + H_b = 0$이므로 $\frac{I}{2\pi a} = \frac{8I}{2\pi b}$

$$\therefore \frac{b}{a} = \frac{2\pi \cdot 8I}{2\pi \cdot I} = 8$$

06

정답 ②

패러데이의 법칙은 유도기전력의 크기는 코일을 지나는 자속의 시간당 변화율과 코일의 권수에 비례한다는 법칙이다.

$e = -N\dfrac{d\phi}{dt}$ (e : 유도기전력, N : 권수, ϕ : 자속)

07

정답 ④

$$E = -\nabla V$$
$$= -\left(\dfrac{\partial}{\partial x}\,\hat{i} + \dfrac{\partial}{\partial y}\,\hat{j} + \dfrac{\partial}{\partial z}\,\hat{k}\right)(5x - 4z^2)$$
$$= -\left\{\dfrac{\partial}{\partial x}(5x - 4z^2)\,\hat{i} + \dfrac{\partial}{\partial y}(5x - 4z^2)\,\hat{j} + \dfrac{\partial}{\partial z}(5x - 4z^2)\,\hat{k}\right\}$$
$$= -(5\hat{i} + 0 \cdot \hat{j} - 8z\,\hat{k})$$

따라서 점(0, 3, -2)에서의 전계의 방향은 $-5\hat{i} - 16\hat{k}$이다.

08

정답 ①

같은 성질의 전기력선은 반발하며, 도체 내부에는 전기력선이 존재하지 않는다.

09

정답 ④

$F = \dfrac{1}{4\pi\varepsilon}\dfrac{q_1 q_2}{r^2}$ 이고 공기에서의 비유전율 $\epsilon_s = 1$이므로,

$$F = \dfrac{1}{4\pi\varepsilon}\dfrac{q_1 q_2}{r^2} \fallingdotseq 9 \times 10^9 \times \dfrac{(10 \times 10^{-6}) \times (20 \times 10^{-6})}{1 \times 1^2} = 1.8\text{N}$$

10

정답 ③

나란한 두 도체(단위 길이)에 작용하는 힘은 다음과 같다.

$$F = \dfrac{2I_1 I_2}{r} \times 10^{-7} = \dfrac{2 \times 1 \times 1}{1} \times 10^{-7} = 2 \times 10^{-7}\,[\text{N/m}]$$

또한 전류의 방향이 같으므로 흡인력이 발생한다.

11

정답 ③

Peek의 코로나 손실식

$$P = \dfrac{241}{\delta}(f + 25)\sqrt{\dfrac{d}{2D}}(E - E_0)^2 \times 10^{-5}$$

- δ : 상대공기밀도($\delta = \dfrac{0.368b}{273 + t}$, b : 기압, t : 온도)
- D : 선간거리[cm]
- d : 전선의 지름[cm]
- f : 주파수[Hz]
- E : 전선에 걸리는 대지전압[kV]
- E_0 : 코로나 임계전압[kV]

12
정답 ②

코로나 현상이 발생하면 오존 기체(O_3)가 발생하며, 이 기체에 의해 생성된 초산(NHO_3)이 전선을 부식시킨다.

코로나 현상에 의한 영향
- 코로나 손실로 인한 송전용량 감소
- 오존 발생으로 인한 전선 부식
- 잡음으로 인한 전파 장해
- 고주파로 인한 통신선 유도 장해
- 소호리액터 접지 시 소호 능력 저하

13
정답 ①

$$[처짐정도(D)] = \frac{wS^2}{8T}$$
$$= \frac{20 \times 220^2}{8 \times \dfrac{50 \times 10^3}{2.5}}$$
$$\fallingdotseq 6\text{m}$$

14
정답 ③

침투깊이가 얕을수록 표피효과가 커진다.

표피효과
표피효과는 도체에 교류 전원을 인가하면 도체 표면의 전류밀도가 증가하고 중심부로 갈수록 감소하는 현상이다.
표피효과는 침투깊이가 얕을수록 크게 일어나며, 침투깊이는 주파수, 도전율, 투자율에 영향을 받는다.

$$\delta = \sqrt{\frac{1}{\pi f \sigma \mu}} \ (f : 주파수, \ \sigma : 도전율, \ \mu : 투자율)$$
$$= \sqrt{\frac{2}{\omega \sigma \mu}} \ (\omega : 각속도, \ \sigma : 도전율, \ \mu : 투자율)$$

15
정답 ④

송전선 안정도 향상 방법
- 전압변동률을 줄인다(속응여자방식, 중간 조상방식 등).
- 직렬 리액턴스를 작게 한다(병행 2회선 방식, 직렬 콘덴서 채택 등).
- 계통에 주는 충격을 작게 한다(고속차단기, 고속도 재폐로 방식 등).
- 고장 시 발생하는 발전기 입·출력의 불평형을 작게 한다.

16

합조도

구분	공진식	공진 정도	합조도
$I_L > I_C$	$\omega L < \dfrac{1}{3\omega C_s}$	과보상(10%) (일반식)	$(+)$
$I_L = I_C$	$\omega L = \dfrac{1}{3\omega C_s}$	완전보상 (공진)	0
$I_L < I_C$	$\omega L > \dfrac{1}{3\omega C_s}$	부족보상	$(-)$

합조도

공진점을 벗어난 정도이다.

$$P = \frac{I_L - I_C}{I_L} \times 100$$

일반적으로 직렬공진에 의한 이상전압 발생을 방지하기 위해 과보상을 택한다.

$$I_L > I_C, \ \omega L < \frac{1}{3\omega C_s}$$

17

배전방식별 전력 및 1선당 공급전력

구분	전력	1선당 공급전력
단상 2선식	$P = VI\cos\theta$	$0.5P$
단상 3선식	$P = 2VI\cos\theta$	$0.67P$
3상 3선식	$P = \sqrt{3}\ VI\cos\theta$	$0.58P$
3상 4선식	$P = 3VI\cos\theta$	$0.75P$

18

전원계통에 리액터분을 보상하는 법은 수용가측의 대책 방안이다.

플리커 방지대책
- 전력선측
  - 단락용량이 큰 계통에서 공급한다.
  - 공급전압을 승압한다.
  - 전용의 변압기로 공급한다.
  - 단독 공급계통을 구성한다.
- 수용가측
  - 전원계통에 리액터분을 보상한다.
  - 전압강하를 보상한다.
  - 부하의 무효전력 변동분을 흡수한다.
  - 플리커 부하 전류의 변동분을 억제한다.

19

정답 ②

랭킨 사이클은 기력발전소에서 가장 많이 사용하는 방식이다.

열 사이클의 종류
- 랭킨 사이클 : 가장 기본적인 사이클이며, 정압가열 → 단열팽창 → 정압방열 → 단열압축 과정을 반복한다.
- 재생 사이클 : 터빈에서 팽창하고 있는 증기 일부를 추출하여 보일러 급수를 가열하는 사이클
- 재열 사이클 : 랭킨 사이클 또는 재생 사이클의 고압터빈에서 팽창한 증기를 보일러로 되돌린 후 재열기를 통해 재가열하여 터빈으로 다시 보내는 사이클
- 카르노 사이클 : 가장 이상적인 사이클

20

정답 ③

$P = 9.8QH\eta_t\eta_G = 9.8 \times 25 \times 80 \times 0.87 \times 0.97 ≒ 16,540\text{kW}$

21

정답 ④

1kWh=860kcal이고 (전력)×(시간)×(부하율)=(발열량)×(석탄 소비량)×(효율)이므로

$$(\text{석탄 소비량}) = \frac{(\text{전력}) \times (\text{시간}) \times (\text{부하율})}{(\text{발열량}) \times (\text{효율})} = \frac{(25,000 \times 860) \times 24 \times 0.8}{(0.8 \times 0.35 \times 0.85 \times 0.75) \times 5,000} ≒ 462,520\text{kg} ≒ 462.5\text{ton}$$

22

정답 ④

발전기의 초당 회전수가 다르더라도 동기발전기의 극수에 의해 주파수가 같아지면 병렬로 운전할 수 있다.

동기발전기 병렬운전 시 필요조건
- 유기기전력의 주파수가 같을 것

  $[f = \dfrac{p}{2}n(f : \text{주파수}, \ p : \text{극수}, \ n : \text{초당 회전수})]$

- 유기기전력의 크기가 같을 것
- 유기기전력의 위상이 같을 것
- 유기기전력의 파형이 같을 것
- 유기기전력의 상회전의 방향이 같을 것

23

정답 ③

동기전동기의 장점과 단점

장점	단점
• 속도가 일정하다.	• 기동 시 토크를 얻기 어렵다.
• 역률이 좋다.	• 구조가 복잡하다.
• 효율이 좋다.	• 난조가 일어나기 쉽다.
• 출력이 크다.	• 가격이 고가이다.
• 공극이 크다.	• 직류전원 설비가 필요하다.

24

정답 ②

$N = (1-s)N_s = (1-0.03) \times N_s = 1{,}164\text{rpm}$이므로 $[$동기회전수$(N_s)] = \dfrac{1{,}164}{0.97} = 1{,}200\text{rpm}$이다.

따라서 $N_s = \dfrac{120f}{P} = \dfrac{120 \times 60}{P} = 1{,}200\text{rpm}$에서 $P = \dfrac{120 \times 60}{1{,}200} = 6$극이다.

25

정답 ②

전기자 반작용에서 감자작용이 발생할 경우 지상 전류 상태에서 리액턴스는 증가하여 유도되는 전류가 주자속을 감소시킨다.

26

정답 ④

보상권선은 자극편에 슬롯을 만들어 전기자 권선과 같은 권선을 하고 전기자 전류의 방향과 반대 방향으로 전류를 통하여 전기자의 기자력을 없애도록 한 것이다.

27

정답 ②

구분	단상 반파	단상 전파	3상 반파	3상 전파
직류전압	$E_d = 0.45E$	$E_d = 0.9E$	$E_d = 1.17E$	$E_d = 1.35E$
맥동주파수	f	$2f$	$3f$	$6f$
맥동률	121%	48%	17%	4%

단상 반파의 직류전압은 $E_d = 0.45E$이고, $I_d = \dfrac{E_d}{R}$이므로, $I_d = \dfrac{0.45 \times 100}{10\sqrt{2}} = 3.2\text{A}$이다.

28

정답 ②

$I = \dfrac{V}{R}$이고 10Ω에 걸리는 전압이 10V이므로 모든 저항이 직렬로 연결되어 있으므로 각 저항에 흐르는 전류의 세기는 전체 전류의 세기와 같고, $I = \dfrac{20}{10} = 2\text{A}$이다. 3Ω에 걸리는 전압은 $V_1 = 3 \times 2 = 6\text{V}$이므로 R에 걸리는 전압은 $V_2 = 30 - 20 - 6 = 4\text{V}$이다. 따라서 R의 크기는 $R = \dfrac{V}{I} = \dfrac{4}{2} = 2\Omega$이다.

29

정답 ①

과도 상태에서는 L, C 등의 회로 소자 또는 전원의 상태가 순간적으로 변화하는 경우에는 각 부분의 전압, 전류 등의 에너지가 순간적으로 정상 상태에 도달하지 못하고, 정상 상태에 이르는 동안 여러 가지 복잡한 변화를 하게 된다. 이러한 상태를 과도 상태라 하며 정상 상태에 도달하기까지의 일정한 시간을 과도 시간이라 한다. 시상수의 값이 클수록 정상 상태로 되는 데 시간이 오래 걸린다.

30

정답 ②

$f_0 = \dfrac{1}{2\pi\sqrt{LC}} = \dfrac{1}{2 \times \pi \times \sqrt{50 \times 10^{-3} \times 2 \times 10^{-6}}} \fallingdotseq 503\text{Hz}$

31

정답 ②

서셉턴스는 임피던스의 역수(어드미턴스)의 허수부분이다. 따라서 $Y = \dfrac{1}{Z} = \dfrac{1}{6+j8} = \dfrac{6-j8}{6^2+8^2}$ 이므로 서셉턴스의 크기는 $0.08\mho$ 이다.

32

정답 ②

$$X_c = \frac{1}{\omega C} = \frac{1}{2\pi f C} = \frac{1}{2\times\pi\times60\times(20\times10^{-6})} \fallingdotseq 132.63\,\Omega$$

$$I_C = \frac{V}{X_C} = \frac{100}{132.63} \fallingdotseq 0.75\text{A(이때, 전류는 전압보다 위상이 } \frac{\pi}{2}\text{rad 앞선다)}$$

33

정답 ②

3상 전력은 Y결선과 △결선에 관계없이 모두 같으므로 △결선에서 Y결선으로 바꾸어도 전력은 P로 같다.

34

정답 ④

위상차는 전류가 전압보다 30° 앞선 진상이다.

[오답분석]

① 전류의 파고율은 $\dfrac{(최대값)}{(실효값)} = \dfrac{I_m}{\dfrac{I_m}{\sqrt{2}}} = \sqrt{2}$ 이다.

② 전압의 파형률은 $\dfrac{(실효값)}{(평균값)} = \dfrac{\dfrac{V_m}{\sqrt{2}}}{\dfrac{2}{\pi}V_m} \fallingdotseq 1.11$ 이므로 1보다 크다.

③ 전압의 실효은 $\dfrac{V_m}{\sqrt{2}} = \dfrac{200\sqrt{2}}{\sqrt{2}} = 200\text{V}$이다.

35

정답 ①

전압과 전류의 위상차가 $\dfrac{\pi}{2}$ 이므로 역률은 $\cos\dfrac{\pi}{2} = 0$이다.

36

정답 ④

$P = VI\cos\theta = 100\times5\times0.9 = 450\text{W}$

37

정답 ③

피뢰등전위본딩(KEC 153.2)

등전위본딩의 상호 접속은 다음에 의한다.
- 자연적 구성부재의 전기적 연속성이 확보되지 않은 경우에는 본딩도체로 연결다.
- 본딩도체로 직접 접속할 수 없는 장소의 경우에는 서지보호장치를 이용한다.
- 본딩도체로 직접 접속이 허용되지 않는 장소의 경우에는 절연방전갭(ISG)을 이용한다.

38

정답 ②

접지극의 시설 및 접지저항(KEC 142.2)

접지극의 매설은 다음에 의한다.

- 접지극은 매설하는 토양을 오염시키지 않아야 하며, 가능한 다습한 부분에 설치한다.
- 접지극은 동결 깊이를 고려하여 시설하되 고압 이상의 전기설비를 시설하는 경우 접지극의 매설깊이는 지표면으로부터 지하 0.75m 이상으로 한다.
- 접지도체를 철주 기타의 금속체를 따라서 시설하는 경우에는 접지극을 철주의 밑면으로부터 0.3m 이상의 깊이에 매설하는 경우 이외에는 접지극을 지중에서 그 금속체로부터 1m 이상 떼어 매설하여야 한다.

39

정답 ④

전로의 절연저항 및 절연내력(KEC 132)

접지방식	최대사용전압	시험전압(최대사용전압 배수)	최저시험전압
비접지	7kV 이하	1.5배	
	7kV 초과	1.25배	10.5kV
중성점 접지	60k 초과	1.1배	75kV
중섬점 직접접지	60kV 초과 170kV 이하	0.72배	
	170kV 초과	0.64배	
중성점 다중접지	7kV 초과 25kV 이하	0.92배	

따라서 $23,000 \times 1.25 = 28,750V$이다.

40

정답 ④

지중약류전류전선의 유도장해 방지(KEC 334.5)

지중전선로는 기설 지중약전류전선로에 대하여 누설전류 또는 유도작용에 의하여 통신상의 장해를 주지 않도록 기설 약전류전선로로부터 이격시키거나 기타 보호장치를 시설하여야 한다.

41

정답 ①

고압 가공전선로 지지물 간 거리의 제한(KEC 332.9)

구분	표준경간
목주 / A종	150m
B종	250m
철탑	600m

42

정답 ②

발전기 등의 보호장치(KEC 351.3)

발전기에는 다음의 경우에 자동적으로 이를 전로로부터 차단하는 장치를 시설하여야 한다.

- 발전기에 과전류나 과전압이 생긴 경우
- 용량이 500 kVA 이상의 발전기를 구동하는 수차의 압유 장치의 유압 또는 전동식 가이드밴 제어장치, 전동식 니들 밸브 제어장치 또는 전동식 디플렉터 제어장치의 전원전압이 현저히 저하한 경우
- 용량이 100 kVA 이상의 발전기를 구동하는 풍차(風車)의 압유장치의 유압, 압축 공기장치의 공기압 또는 전동식 블레이드 제어장치의 전원전압이 현저히 저하한 경우
- 용량이 2,000 kVA 이상인 수차 발전기의 스러스트 베어링의 온도가 현저히 상승한 경우
- 용량이 10,000 kVA 이상인 발전기의 내부에 고장이 생긴 경우
- 정격출력이 10,000 kW를 초과하는 증기터빈은 그 스러스트 베어링이 현저하게 마모되거나 그의 온도가 현저히 상승한 경우

43

정답 ②

압축공기계통(KEC 341.15)

발전소 · 변전소 · 개폐소 또는 이에 준하는 곳에서 개폐기 또는 차단기에 사용하는 압축공기장치는 다음에 따라 시설하여야 한다.

• 공기압축기는 최고 사용압력의 1.5배의 수압을 연속하여 10분간 가하여 시험을 하였을 때에 이에 견디고 또한 새지 아니할 것
• 수압을 연속하여 10분간 가하여 시험을 하기 어려울 때에는 최고 사용압력의 1.25배의 기압을 연속하여 10분간 가하여 시험을 하였을 때에 이에 견디고 또한 새지 아니할 것
• 사용 압력에서 공기의 보급이 없는 상태로 개폐기 또는 차단기의 투입 및 차단을 연속하여 1회 이상 할 수 있는 용량을 가지는 것일 것
• 내식성을 가지지 아니하는 재료를 사용하는 경우에는 외면에 산화방지를 위한 도장을 할 것

44

정답 ③

피뢰기의 시설(KEC 341.13)

고압 및 특고압의 전로 중 다음에 열거하는 곳 또는 이에 근접한 곳에는 피뢰기를 시설하여야 한다.

• 발전소 · 변전소 또는 이에 준하는 장소의 가공전선 인입구 및 인출구
• 특고압 가공전선로에 접속하는 배전용 변압기의 고압측 및 특고압측
• 고압 및 특고압 가공전선로로부터 공급을 받는 수용장소의 인입구
• 가공전선로와 지중전선로가 접속되는 곳

45

정답 ①

나전선의 사용 제한(KEC 231.4)

옥내에 시설하는 저압전선에는 나전선을 사용하여서는 아니 된다. 다만, 다음 중 어느 하나에 해당하는 경우에는 그러하지 아니하다.

• 232.56의 규정에 준하는 애자공사에 의하여 전개된 곳에 다음의 전선을 시설하는 경우
  − 전기로용 전선
  − 전선의 피복 절연물이 부식하는 장소에 시설하는 전선
  − 취급자 이외의 자가 출입할 수 없도록 설비한 장소에 시설하는 전선
• 버스덕트공사에 의하여 시설하는 경우
• 라이팅덕트공사에 의하여 시설하는 경우

46

정답 ①

보호협조를 위한 개폐기의 설치순서

공통 중성선 다중접지방식인 계통에 있어서 사고가 생기면 정전이 되지 않도록 선로 도중이나 분기선에 보호장치를 설치하여 상호 보호협조로 사고 구간만을 국한하여 제거시킬수 있다.

이때, 보호협조를 위한 기기의 설치순서는 '변전소 차단기 → 리클로저 → 섹셔널라이저 → 라인퓨즈' 순서이다.

47

정답 ④

차단기 종류

• GCB(가스차단기) : SF_6 가스를 이용하여 소호
• OCB(유입차단기) : 절연유를 이용하여 소호
• MBB(자기차단기) : 전자력에 의하여 소호
• VCB(진공차단기) : 진공상태에서 소호
• ABB(공기차단기) : 수십 기압의 압축공기에 의해 소호

48

- 등가회로 : RLC 직렬회로

- 임피던스

$$Z = R + \left(j\omega L + \frac{1}{j\omega C} \right), \ s = j\omega \ \text{대입}$$

$$= R + \left(sL + \frac{1}{sC} \right) = R + \left(\frac{s^2 LC + 1}{sC} \right) = \frac{sCR + s^2 LC + 1}{sC}$$

- 어드미턴스

$$Y = \frac{1}{Z} = \frac{sC}{s^2 LC + sCR + 1}$$

$$= \frac{s(20 \times 10^{-3})}{s^2 (10 \times 10^{-3} \times 20 \times 10^{-3}) + s(20 \times 10^{-3} \times 2) + 1}$$

$$= \frac{s(2 \times 10^{-2})}{s^2 (2 \times 10^{-4}) + s(4 \times 10^{-2}) + 1}$$

$$= \frac{200s}{2s^2 + 400s + 10,000}$$

$$= \frac{100s}{s^2 + 200s + 5,000}$$

49

정답 ④

[오답분석]
① 전속밀도는 유전율이 큰 영역에서 크기가 커진다.
② 전계의 세기는 유전율이 작은 영역에서 크기가 커진다.
③ 경계면에서 전계 세기의 접선 성분은 유전체의 영향을 받지 않는다.

50

정답 ④

기동방법 중 기동토크를 크게 하려면 계자 저항을 최소로 해야 한다. 즉, 계자 저항을 0으로 하여 계자 전류와 자속을 최대로 하면 토크도 최대가 된다.

PART 3

최종점검 모의고사

최종점검 모의고사

01 직업기초능력평가

01	02	03	04	05	06	07	08	09	10	11	12	13	14	15	16	17	18	19	20
③	①	②	①	③	③	①	②	②	②	③	④	③	②	④	②	②	②	③	④
21	22	23	24	25	26	27	28	29	30	31	32	33	34	35	36	37	38	39	40
③	①	①	③	③	④	①	④	②	②	④	④	④	①	②	④	④	③	②	②
41	42	43	44	45	46	47	48	49	50										
①	①	④	④	③	④	③	①	③	②										

01

정답 ③

글쓴이는 현대인들이 사람을 판단할 때, 순간적으로 느껴지는 겉모습보다 자신의 내면적 가치를 소중히 해야 한다고 말하고 있다.

02

정답 ①

제시문에서는 사람들의 내면세계를 중요시하던 '과거를 향유했던 사람'과는 달리 내면보다는 겉모습의 느낌을 중시하는 '현시대를 살아가는 사람'을 비판하고 있다. 이 경우 보기 좋게 꾸며진 겉보다는 실속 있는 내면이 더 중요하다는 속담으로 비판할 수 있을 것이다. ①은 겉보기보다는 속이 더 중요하다는 말로, 이는 형식보다 내용이 중요함을 강조한 표현으로 이해할 수 있다. 따라서 '과거를 향유했던 사람'의 입장에서 '현시대를 살아가는 사람'을 비판할 수 있는 속담으로는 ①이 적절하다.

오답분석

②·③ 겉모습이 좋아야 내면도 좋을 수 있다는 것으로 겉모습의 중요성을 뜻하는 말이다.
④ 전체를 보지 못하고 자기가 알고 있는 부분만 가지고 고집함을 뜻하는 말이다.

03

정답 ②

글쓴이는 현대인들이 대중문화 속에서 '내가 다른 사람의 눈에 어떻게 보일까'에 대한 조바심과 공포감을 가지고 있으며, 이것은 특히 광고에 의해 많이 생겨난다고 말한다. 하지만 ②의 '극장에서 공포영화를 보고 화장실에 가기를 무서워한다.'는 단순한 공포심을 나타내고 있을 뿐이다.

오답분석

①·③·④ 대중매체를 통해 정보를 얻고, 그 정보대로 실행하지 않으면 남들보다 열등한 상태에 놓이게 될 것으로 여겨 대중매체가 요구하는 대로 행동하는 사례들이다.

04

정답 ①

제시문은 치매의 정의, 증상, 특성 등을 말하고 있으므로 '치매의 의미'가 글의 주제로 적절하다.

05

정답 ③

공식화 정도에 따라 (가) 공식조직과 (나) 비공식조직으로 구분된다.

06

정답 ③

조직은 목적을 가지고 있어야 하며, 구조가 있어야 한다. 또한 목적을 달성하기 위해 구성원들은 서로 협동적인 노력을 하고, 외부 환경과 긴밀한 관계를 가지고 있어야 한다. 따라서 야구장에 모인 관중들은 동일한 목적만 가지고 있을 뿐 구조를 갖추지 않았기 때문에 조직으로 볼 수 없다.

07

정답 ①

직원 수가 100명이므로 주문해야 할 치킨은 50마리이다. 방문 포장 시의 할인 금액이 유류비 및 번거로움 등의 비용보다 크므로 방문 포장을 선택한다.
- A치킨 : $15,000 \times 50 \times [1-(0.35+0.05)]+50,000=500,000$원
- B치킨 : $13,000 \times 50 \times [1-(0.2+0.03)]+15,000=515,000$원

따라서 A치킨에서 방문 포장으로 주문하는 것이 최소 비용으로 치킨을 먹을 수 있는 방법이다.

08

정답 ②

분류코드에서 알 수 있는 정보를 앞에서부터 순서대로 나열하면 다음과 같다.
- 발송코드 : c4 → 충청지역에서 발송
- 배송코드 : 304 → 경북지역으로 배송
- 보관코드 : HP → 고가품
- 운송코드 : 115 → 15톤 트럭으로 배송
- 서비스코드 : 01 → 당일 배송 서비스 상품

09

정답 ②

제품 A의 분류코드는 앞에서부터 순서대로, 수도권인 경기도에서 발송되었으므로 a1, 울산지역으로 배송되므로 062, 냉동보관이 필요하므로 FZ, 5톤 트럭으로 운송되므로 105, 배송일을 7월 7일로 지정하였으므로 02가 연속되는 'a1062FZ10502'이다.

10

정답 ②

제시된 사례에서 텀블러 블렌더는 음료를 보관하고 쉽게 휴대할 수 있는 텀블러의 기능과 내용물을 분쇄하여 취식할 수 있는 블렌더의 기능을 결합한 제품으로써 두 가지 기능을 하나의 상품에 결합한 것이다. 이는 SCAMPER 방법론 중 결합(Combine)에 해당한다.

11

정답 ③

다음의 논리 순서를 따라 주어진 조건을 정리하면 쉽게 접근할 수 있다.

• 두 번째 조건 : 홍보팀은 5실에 위치한다.
• 첫 번째 조건 : 홍보팀이 5실에 위치하므로, 마주보는 홀수실인 3실 또는 7실에 기획조정 1팀과 미래전략 2팀이 각각 위치한다.
• 네 번째 조건 : 보안팀은 남은 홀수실인 1실에 위치하고, 이에 따라 인사팀은 8실에 위치한다.
• 세 번째 조건 : 7실에 미래전략 2팀, 3실에 기획조정 1팀이 위치한다.
• 다섯 번째 조건 : 2실에 기획조정 3팀, 4실에 기획조정 2팀이 위치하고, 남은 6실에는 자연스럽게 미래전략 1팀이 위치함을 알 수 있다.

이 사실을 종합하여 주어진 조건에 따라 사무실을 배치하면 다음과 같다.

1실 보안팀	2실 기획조정 3팀	3실 기획조정 1팀	4실 기획조정 2팀
복도			
5실 홍보팀	6실 미래전략 1팀	7실 미래전략 2팀	8실 인사팀

따라서 기획조정 1팀(3실)은 기획조정 2팀(4실)과 3팀(2실) 사이에 위치한다.

오답분석

① 인사팀은 8실에 위치한다.
② 미래전략 2팀과 기획조정 3팀은 복도를 사이에 두고 위치한다.
④ 미래전략 1팀은 6실에 위치한다.

12

정답 ④

승진시험 성적은 100점 만점이므로 제시된 점수를 그대로 반영하고 영어 성적은 5를 나누어서 반영한다. 성과 평가는 2를 나누어서 합산하며, 그 합산점수가 가장 높은 사람을 선발한다. 이때, E와 I는 동료평가에서 하를 받았으므로 승진 대상자에서 제외된다. 이를 토대로 합산점수를 구하면 다음과 같다.

(단위 : 점)

구분	A	B	C	D	E	F	G	H	I	J	K
합산 점수	220	225	225	200	제외	235	245	220	제외	225	230

따라서 점수가 높은 2명인 F, G가 승진 대상자가 된다.

13

정답 ③

A ~ D직원의 성과급 점수를 계산하면

• A대리 : $85 \times 0.5 + 90 \times 0.5 = 87.5$점
• B과장 : $100 \times 0.3 + 85 \times 0.1 + 80 \times 0.6 = 86.5$점
• C사원 : $95 \times 0.6 + 85 \times 0.4 = 91$점
• D차장 : $80 \times 0.2 + 90 \times 0.3 + 85 \times 0.5 = 85.5$점

따라서 성과급 점수가 90점 이상인 S등급에 해당되는 직원은 C사원이다.

14

정답 ②

사람들은 마감 기한보다 결과의 질을 중요하게 생각하는 경향이 있으나, 어떤 일이든 기한을 넘겨서는 안 된다. 완벽에 가깝지만 기한을 넘긴 일은 완벽하지는 않지만 기한 내에 끝낸 일보다 인정을 받기 어렵다. 따라서 시간관리에 있어서 주어진 기한을 지키는 것이 가장 중요하다.

오답분석

① A사원 : 시간관리는 상식에 불과하다는 오해를 하고 있다.
③ C사원 : 시간관리는 할 일에 대한 목록만으로 충분하다는 오해를 하고 있다.
④ D사원 : 창의적인 일을 하는 사람에게는 시간관리가 맞지 않는다는 오해를 하고 있다.

15

정답 ④

주어진 조건에 따라 1팀, 2팀, 3팀은 팀별로 번갈아가며 모내기 작업을 한다. 이때, 팀별로 시간은 겹칠 수 없으며 한번 일을 하면 2시간 연속으로 해야 한다. 2팀의 경우 오전 9시 ~ 오후 12시, 오후 3 ~ 6시 중에서 일손을 도울 수 있는데, 오전 10시에서 오후 12시는 1팀이, 오후 2시에서 오후 4시는 3팀이 일을 하기 때문에 2팀이 일손을 도울 수 있는 시간은 오후 4시에서 오후 6시(16:00 ~ 18:00)이다.

시간	팀별 스케줄		
	1팀	2팀	3팀
09:00 – 10:00	상품기획 회의		시장조사
10:00 – 11:00	일손 돕기		
11:00 – 12:00			비품 요청
12:00 – 13:00	점심시간		
13:00 – 14:00			사무실 청소
14:00 – 15:00	업무지원	상품기획 회의	일손 돕기
15:00 – 16:00			
16:00 – 17:00	경력직 면접	일손 돕기	마케팅 전략 회의
17:00 – 18:00			

16

정답 ②

농도가 30%인 설탕물의 양을 xg이라 하면, 증발시킨 후 설탕의 양은 같으므로 $\frac{30}{100}x = \frac{35}{100} \times (x-50) \rightarrow x=350$

즉, 농도가 35%인 설탕물의 양은 300g이다.

여기에 추가할 설탕의 양을 yg이라 하면, $300 \times \frac{35}{100} + y = (300+y) \times \frac{40}{100} \rightarrow 10,500+100y=12,000+40y \rightarrow y=25$

따라서 25g의 설탕을 더 추가해야 한다.

17

정답 ②

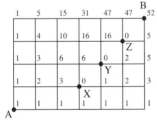

따라서 지점 X, Y, Z를 거치지 않고 A지점에서 B지점까지 가는 최단경로는 52가지이다.

18

정답 ②

• 흰 구슬, 흰 구슬, 검은 구슬 순서로 꺼내는 경우 : $\frac{3}{8} \times \frac{2}{7} \times \frac{5}{6} = \frac{5}{56}$

• 흰 구슬, 검은 구슬, 흰 구슬 순서로 꺼내는 경우 : $\frac{3}{8} \times \frac{5}{7} \times \frac{2}{6} = \frac{5}{56}$

• 검은 구슬, 흰 구슬, 흰 구슬 순서로 꺼내는 경우 : $\frac{5}{8} \times \frac{3}{7} \times \frac{2}{6} = \frac{5}{56}$

∴ 흰 구슬 2개, 검은 구슬 1개를 꺼낼 확률 : $\frac{5}{56} + \frac{5}{56} + \frac{5}{56} = \frac{15}{56}$

19

3호선과 4호선의 2024년 2월 승차인원이 같으므로 2023년 8월 ~ 2024년 1월의 승차인원을 비교하면 다음과 같다.

- 2023년 8월 : $1,692-1,664=28$만 명
- 2023년 9월 : $1,497-1,475=22$만 명
- 2023년 10월 : $1,899-1,807=92$만 명
- 2023년 11월 : $1,828-1,752=76$만 명
- 2023년 12월 : $1,886-1,802=84$만 명
- 2024년 1월 : $1,751-1,686=65$만 명

따라서 3호선과 4호선의 승차인원 차이는 2023년 10월에 가장 컸다.

오답분석

① 제시된 자료를 통해 확인할 수 있다.

② 8호선의 2023년 8월 대비 2024년 2월 승차인원의 증가율은 $\dfrac{566-548}{548}\times100 \fallingdotseq 3.28\%$이다.

④ · 2호선의 전월 대비 2023년 9월 ~ 2024년 2월의 증감 추이 : 감소 – 증가 – 감소 – 증가 – 감소 – 증가
　 · 8호선의 전월 대비 2023년 9월 ~ 2024년 2월의 증감 추이 : 감소 – 증가 – 감소 – 증가 – 감소 – 증가

20

조건을 정리하면 다음과 같다.

구분	월요일	화요일	수요일	목요일	금요일
A	○		×	○	
B	○	×	×	○	○
C	○		×	○	
D	○	×	○	○	×
E	○	○	×	○	×

이때, 수요일에 야근하는 인원은 1명이므로 A, C는 수요일에 야근을 할 수 없다.
따라서 수요일에 야근하는 사람은 D이다.

21

대표적인 직접비용으로는 재료비, 원료와 장비비, 시설비, 여행(출장)비, 잡비, 인건비가 있고, 간접비용으로는 보험료, 건물관리비, 광고비, 통신비, 사무비품비, 각종 공과금이 있다. 잡비는 직접비용에 해당하나 ①, ②, ④는 간접비용에 해당된다.

22

현재 갑의 부서배치는 갑의 성격을 고려하지 않은 배치로, 이는 갑의 업무 능력을 감소시킨다. 따라서 이에 팀의 효율성을 높이기 위해 팀원의 능력·성격을 고려해 배치하는 적재적소 배치 방법이 필요하다.

오답분석

② 능력 배치 : 개인에게 능력을 발휘할 수 있는 기회와 장소를 부여한 뒤, 그 성과를 바르게 평가하고 평가된 능력과 실적에 대해 상응하는 보상을 하는 원칙을 말한다.

③ 균형 배치 : 모든 팀원에 대한 평등한 적재적소, 즉 팀 전체의 적재적소를 고려하는 것으로 팀 전체의 능력향상, 의식개혁, 사기양양 등을 도모하는 의미에서 전체와 개체의 균형을 이루도록 하는 배치이다.

④ 양적 배치 : 작업량과 조업도, 여유 또는 부족 인원을 감안하여 소요 인원을 결정, 배치하는 것을 말한다.

23

정답 ①

갑돌의 성품이 탁월하다고 볼 수 있는 것은 그의 성품이 곧고 자신감이 충만하며, 다수의 옳지 않은 행동에 대하여 비판의 목소리를 낼 것이며 그렇게 하는 데에 별 어려움을 느끼지 않을 것이기 때문이다. 또한, 세 번째 문단에 따르면 탁월한 성품은 올바른 훈련을 통해 올바른 일을 바르고 즐겁게 그리고 어려워하지 않으며 처리할 수 있는 능력을 뜻한다. 따라서 아리스토텔레스의 입장에서는 엄청난 의지를 발휘하고 자신과의 힘든 싸움을 해야 했던 병식보다는 잘못된 일에 별 어려움 없이 비판의 목소리를 내는 갑돌의 성품을 탁월하다고 여길 것이다.

24

정답 ③

ⓒ의 앞에 있는 문장과 ⓒ을 포함한 문장은 여름철 감기 예방법을 설명한다. 따라서 나열의 의미를 나타내는 부사 '또한'이 적절하다. '그러므로'는 인과 관계를 나타내므로 적절하지 않다.

오답분석

① ㉠을 포함한 문단은 여름철 감기에 걸리는 원인을 설명하고 있다. 따라서 ㉠은 문단 내용과 어울리지 않아 통일성을 해치므로 ㉠을 삭제한다.
② ㉡의 '노출되어지다'의 형태소를 분석하면 '노출'이라는 어근에 '-되다'와 '지다'가 결합된 것이다. 여기서 '-되다'는 피동의 뜻을 더하고 동사를 만드는 접미사이다. '지다'는 동사 뒤에서 '-어지다' 구성으로 쓰여 남의 힘에 의해 앞말이 뜻하는 행동을 입음을 나타내는 보조 동사이다. 따라서 피동 표현이 중복된 것이다.
④ ㉣에서 '하다'의 목적어는 '기침'이며, '열'을 목적어로 하는 동사가 없다. '하다'라는 동사 하나에 목적어 두 개가 연결된 것인데, '열을 한다'는 의미가 성립되지 않는다. 따라서 '열이 나거나'로 고쳐야 한다.

25

정답 ③

제시문에서는 한국 사람들이 자기보다 우월한 사람들을 준거집단으로 삼기 때문에 이로 인한 상대적 박탈감으로 행복감이 낮다고 설명하고 있으므로, 이를 반증하는 사례를 통해 반박해야 한다. 만약 자신보다 우월한 사람들을 준거집단으로 삼으면서도 행복감이 낮지 않는 나라가 있다면 이에 대한 반박이 되므로 ③이 답이 된다.

26

정답 ④

제시문의 핵심 논지는 인간이 삶의 유한성을 깨닫고 목적으로서의 삶을 살아가야 한다는 것이다.

27

정답 ①

호텔별 맛과 음식 구성의 점수를 환산하면 다음과 같다.

구분	맛	음식 구성	합계
A호텔	3×5=15점	3×5+1×3=18점	33점
B호텔	2×5+1×3=13점	3×5=15점	28점
C호텔	2×5=10점	3×5+1×3=18점	28점
D호텔	3×5+1×3=18점	2×5+1×3=13점	31점

맛과 음식 구성의 합산 점수가 1위인 곳은 A호텔로 33점, 2위인 곳은 D호텔로 31점이므로 그 차(2점)가 3점 이하이다. 따라서 가격 점수를 비교하면 A호텔은 18점, D호텔은 15점이므로 점수가 더 높은 A호텔이 선택된다.

28

정답 ④

200만 원 내에서 25명의 식사비용을 내려면 한 사람당 식대가 200÷25=8만 원 이하여야 한다. 이 조건을 만족하는 곳은 A, D호텔이고 각 호텔에서의 총 식사비용은 다음과 같다.

- A호텔 : 73,000×25=1,825,000원
- D호텔 : 75,000×25=1,875,000원

가장 저렴한 A호텔과 D호텔의 가격 차이는 모두 10만 원 이하이므로 맛 점수가 높은 곳으로 선정한다. 27번 해설에 따라 D호텔의 맛 점수가 18점으로 가장 높으므로 D호텔이 선정된다.

29

정답 ②

주어진 조건을 종합하면 5명이 주문한 음료는 아메리카노 3잔, 카페라테 1잔, 생과일주스 1잔이다. 아메리카노 1잔의 가격을 a원, 카페라테 1잔의 가격을 b원이라고 할 때, 이를 식으로 나타내면 다음과 같다.

- 다섯 번째를 제외한 모든 조건 : $a×3+b+5,300=21,300 \rightarrow 3a+b=16,000 \cdots \bigcirc$
- 다섯 번째 조건 : $a+b=8,400 \cdots \bigcirc\!\!\bigcirc$

$\bigcirc$과 $\bigcirc\!\!\bigcirc$을 연립하면 $a=3,800$, $b=4,600$이므로 카페라테 한 잔의 가격은 4,600원이다.

30

정답 ②

레스토랑별 통신사 할인 혜택을 적용한 금액은 다음과 같다.

구분	A통신사	B통신사	C통신사
A레스토랑	143,300−5,000=138,300원	143,300×0.85≒121,800원	143,300−14,300=129,000원
B레스토랑	165,000원	165,000×0.8=132,000원	45,500 (∵ 65,000×0.7)+100,000 =145,500원
C레스토랑	174,500−26,100=148,400원	112,050 (∵ 124,500×0.9)+50,000 ≒162,050원	174,500×0.7=122,150원

따라서 K씨의 가족은 A레스토랑에서 B통신사 15% 할인으로 먹을 때 121,800원으로 가장 저렴하게 먹을 수 있다.

31

정답 ④

C부장은 목적지까지 3시간 내로 이동하여야 한다. 택시를 타고 대전역까지 15분, 열차대기 15분, KTX / 새마을호 이동시간 2시간, 환승 10분, 목포역에서 미팅장소까지 택시 20분이 소요된다. 따라서 총 3시간이 걸리므로 적절하다. 비용은 택시 6,000원, KTX 20,000원, 새마을호 14,000원, 택시 9,000원으로 총 49,000원이고, 출장지원 교통비 한도 이내이므로 적절하다.

오답분석

①·② 이동시간이 3시간이 넘어가므로 적절하지 않다.
③ 이동시간은 3시간 이내이지만, 출장지원 교통비 한도를 넘기 때문에 적절하지 않다.

32

ⓒ 이미 우수한 연구개발 인재를 확보한 것이 강점이므로, 추가로 우수한 연구원을 채용하는 것은 WO전략으로 적절하지 않다. 기회인 예산을 확보하면, 약점인 전력 효율성이나 국민적 인식 저조를 해결하기 위한 전략을 세워야 한다.

ⓔ 세계의 신재생에너지 연구(O)와 전력 효율성 개선(W)을 활용하므로 WT전략이 아닌 WO전략에 대한 내용이다. WT전략이 되기 위해서는 위협인 높은 초기 비용에 대한 전략이 나와야 한다.

33

2021년 출생아 수는 그 해 사망자 수의 $\frac{438,420}{275,895} \fallingdotseq 1.59$이므로 1.7배 미만이다.

오답분석

① 출생아 수가 가장 많았던 해는 2021년이므로 옳은 설명이다.

② 자료에 따르면 사망자 수가 매년 전년 대비 증가하고 있음을 알 수 있다.

③ 사망자 수가 가장 많은 2023년은 사망자 수가 285,534명이고, 가장 적은 2019년은 사망자 수가 266,257명으로, 두 연도의 사망자 수 차이는 285,534−266,257=19,277명으로 15,000명 이상이다.

34

오답분석

② 2015년 모든 연령대 흡연율이 자료보다 낮다.

③ 30 ~ 39세와 50 ~ 59세 흡연율이 바뀌었다.

④ 2023년 모든 연령대 흡연율이 자료보다 높다.

35

전체 쓰레기 중 종이컵이 차지하는 비율은 '(전체 쓰레기 중 일회용품이 차지하는 비율)×(일회용품 중 종이컵이 차지하는 비율)'로 구할 수 있다. 2021년 일회용품(28%) 중 종이컵(18.3%)이 차지하는 비율은 0.28×0.183×100 ≒ 5.1%이고, 2023년 일회용품(41%) 중 종이컵(16.9%)이 차지하는 비율은 0.41×0.169×100 ≒ 6.9%이다.

따라서 전체 쓰레기 중 종이컵이 차지하는 비율은 2021년이 2023년보다 약 6.9−5.1=1.8%p 더 낮다.

오답분석

① 일회용품 중 비닐봉투가 차지하는 비율은 31.5% − 30.2% − 29.8%로 매년 낮아지고 있고, 종이봉투가 차지하는 비율은 12.4% − 13.8% − 15.2%로 매년 높아지고 있다.

③ 일회용품 중 차지하는 비율이 가장 높은 상위 2개 항목은 매년 비닐봉투와 기저귀로 동일하며, 그 비율의 합은 2021년이 31.5+22.1=53.6%, 2021년이 30.2+20.2=50.4%, 2023년이 29.8+21.8=51.6%로 전체 일회용품 사용률의 절반 이상을 차지한다.

④ 일회용품 중 숟가락·젓가락의 비율이 가장 높은 연도는 2021년(8.7%), 가장 낮은 연도는 2022년(5.4%)으로 그 차이는 8.7−5.4=3.3%p이고, 접시·그릇의 비율이 가장 높은 연도는 2022년(3.9%), 가장 낮은 연도는 2023년(3.3%)으로 그 차이는 3.9−3.3=0.6%p이다. 따라서 전자는 후자의 3.3÷0.6=5.5배이다.

36

(라) 문단에서는 부패를 개선하기 위한 정부의 제도적 노력에도 불구하고 반부패정책 대부분이 효과가 없었음을 이야기하고 있다. 따라서 부패인식지수의 개선방안이 아닌 '정부의 부패인식지수 개선에 대한 노력의 실패'가 (라) 문단의 주제로 적절하다.

37

온실가스 감축에 대한 기업의 추가 부담은 기업의 글로벌 경쟁력 저하는 물론 원가 부담이 제품의 가격 인상으로 이어질 수 있다.

38

제시문에서는 인류의 발전과 미래에 인류에게 닥칠 문제를 해결하기 위해 우주 개발이 필요하다는 우주 개발의 정당성에 대해 논의하고 있다.

39

오답분석

ㄴ. 데이터의 중복을 줄여주며, 검색을 쉽게 해 준다.
ㄹ. 데이터의 무결성과 안정성을 높인다.

40

사용자 지정 형식은 양수, 음수, 0, 텍스트와 같이 4개의 구역으로 구성되며, 각 구역은 세미콜론(;)으로 구분된다. 즉 '양수서식;음수서식;0서식;텍스트서식'으로 정리될 수 있다. 문제에서 양수는 파란색으로, 음수는 빨간색으로 표현해야 하기 때문에 양수서식에는 [파랑], 음수서식에는 [빨강]을 입력해야 한다. 그리고 표시결과가 그대로 나타나야 하기 때문에 양수는 서식에 '+' 기호를 제외하며, 음수는 서식에 '-' 기호를 붙여 주도록 한다.

오답분석

① 양수가 빨간색, 음수가 파란색으로 표현되며, 음수의 경우 '-' 기호도 사라진다.
③ 양수에 '+' 기호가 붙게 된다.
④ 음수에 '-' 기호가 사라진다.

41

SUMPRODUCT 함수는 배열 또는 범위의 대응되는 값끼리 곱해서 그 합을 구하는 함수이다.
그러므로 「=SUMPRODUCT(B4:B10,C4:C10,D4:D10)」은 $(B4 \times C4 \times D4) + (B5 \times C5 \times D5) + \cdots + (B10 \times C10 \times D10)$의 값이 출력된다. 따라서 (가) 셀에 나타나는 값은 2,610이다.

42

WEEKDAY 함수는 일정 날짜의 요일을 나타내는 1에서 7까지의 수를 구하는 함수다. WEEKDAY 함수의 두 번째 인수에 '1'을 입력해주면 '일요일(1)~토요일(7)'숫자로 표시되고 '2'를 넣으면 '월요일(1)~일요일(7)'로 표시되며 '3'을 입력하면 '월요일(0)~일요일(6)'로 표시된다.

43

정답 ④

세 번째 조건에 따라 A팀장이 볶음밥을 시키므로, 짬뽕을 시키는 3명은 각각 직급이 달라야 한다. 즉, 과장, 대리, 사원이 각각 1명씩 반드시 시켜야 하는데, 다섯 번째 조건에 따라 D사원은 볶음밥이나 짜장면을 시켜야 한다. 각각의 경우를 살펴보면 다음과 같다.

• D사원이 볶음밥을 시키는 경우

네 번째 조건에 따라 J대리가 짬뽕을 시키므로 N대리가 짜장면을 시키고, 여섯 번째 조건에 따라 S과장이 짜장면을 시켜야 하므로 K과장이 짬뽕을 시키고, 일곱 번째 조건에 따라 P사원도 짬뽕을 시킨다. 따라서 S과장은 짜장면을 시킨다.

짜장면	짬뽕	볶음밥
N대리, S과장	J대리, K과장, P사원	A팀장, D사원

• D사원이 짜장면을 시키는 경우

일곱 번째 조건에 따라 K과장은 사원과 같은 메뉴를 시켜야 하는데, 만약 K과장이 짜장면이나 볶음밥을 시키면 S과장이 반드시 짬뽕을 시켜야 하므로 조건에 어긋난다. 따라서 K과장은 짬뽕을 시키고, P사원도 짬뽕을 시킨다. J대리는 짜장면을 싫어하므로 짬뽕이나 볶음밥을 시켜야 하는데, 만약 J대리가 짬뽕을 시키면 볶음밥을 싫어하는 N대리가 짜장면을, S과장은 볶음밥을 시켜야 하므로 다섯 번째 조건에 어긋나게 된다. 따라서 J대리가 볶음밥을, N대리는 짬뽕을, S과장은 짜장면을 시킨다.

짜장면	짬뽕	볶음밥
D사원, S과장	K과장, P사원, N대리	A팀장, J대리

따라서 A팀장은 과장과 같은 메뉴를 시킬 수 없으므로, ④는 옳지 않은 설명이다.

44

정답 ④

세레나데＆봄의 제전은 55% 할인된 가격인 27,000원에서 10%가 티켓 수수료로 추가된다고 했으므로 2,700원을 더한 29,700원이 최종 결제가격이다. 따라서 티켓 판매 수량이 1,200장이므로 총 수익은 35,640,000원이다.

오답분석

① 판매 자료에 티켓이 모두 50% 이상 할인율을 가지고 있어 할인율이 크다는 생각을 할 수 있다.

② 티켓 판매가 부진해 소셜커머스도 반값 이상의 할인을 한다는 생각은 충분히 할 수 있는 생각이다.

③ 백조의 호수의 경우 1월 20 ~ 25일까지 6일이라는 가장 짧은 기간 동안 티켓을 판매했지만 1,787장으로 가장 높은 판매량을 기록하고 있다. 설 연휴와 더불어 휴일에 티켓 수요가 늘 것을 예상해 일정을 짧게 잡아 단기간에 빠르게 판매량을 높인 것을 유추할 수 있다.

45

정답 ③

주어진 조건을 기호로 나타내면 민수 > 영희, 하연 > 현민, 현민 > 민수이므로 하연 > 현민 > 민수 > 영희 순서로 사진을 찍는다.

46

정답 ④

제시된 자료의 원자력 소비량 수치를 보면 증감을 반복하고 있는 것을 확인할 수 있다.

오답분석

① 2014년 석유 소비량을 제외한 나머지 에너지 소비량의 합을 구하면 54.8＋30.4＋36.7＋5.3＝127.2백만 TOE이다. 즉, 석유 소비량인 101.5백만 TOE보다 크다. 2015 ~ 2023년 역시 석유 소비량을 제외한 나머지 에너지 소비량을 구해 석유 소비량과 비교하면, 석유 소비량이 나머지 에너지 소비량의 합보다 적음을 알 수 있다.

② 석탄 소비량은 2014 ~ 2020년까지 지속적으로 상승하다가 2021년 감소한 뒤 2022년부터 다시 상승세를 보이고 있다.

③ 제시된 자료에 따르면 기타 에너지 소비량은 지속적으로 증가하고 있다.

47

정답 ③

삶의 만족도가 한국보다 낮은 국가는 에스토니아, 포르투갈, 헝가리이다. 세 국가의 장시간 근로자 비율 산술평균은 $\dfrac{3.6+9.3+2.7}{3}$ =5.2%이다. 그러나 이탈리아의 장시간 근로자 비율은 5.4%이므로 옳지 않은 설명이다.

오답분석
① 삶의 만족도가 가장 높은 국가는 덴마크이며, 덴마크의 장시간 근로자 비율이 가장 낮음을 자료에서 확인할 수 있다.
② 삶의 만족도가 가장 낮은 국가는 헝가리이며, 헝가리의 장시간 근로자 비율은 2.7%이다.
　2.7×10=27<28.1이므로 한국의 장시간 근로자 비율은 헝가리의 장시간 근로자 비율의 10배 이상이다.
④ 여가 · 개인 돌봄시간이 가장 많은 국가는 덴마크이고, 가장 적은 국가는 멕시코이다. 따라서 두 국가의 삶의 만족도 차이는 0.2점이다.

48

정답 ①

1,210×(1-0.535)=562.65명이므로, 문헌정보학과 졸업자 중 취업을 하지 못한 사람은 약 562명이다.

49

정답 ③

2023년 국내 고등학교 학력자의 인구수는 5천만 명×0.4=2천만 명이고, 그 중 취업률은 70%이다. 또한 그 가운데 여자는 40%이며, 이 중 30 ~ 39세는 24%이므로 2023년에 국내 고등학교 학력자의 30 ~ 39세 여성 취업자 수는 2천만 명×0.7×0.4×0.24=1,344,000명이다.

50

정답 ②

남성흡연율이 가장 낮은 연도는 50% 미만인 2019년이고, 여성흡연율이 가장 낮은 연도도 약 20%인 2019년이다.

오답분석
ㄱ. 남성흡연율은 2021년까지 증가하다가 그 이후 감소하지만, 여성의 흡연율은 매년 꾸준히 증가하고 있다.
ㄷ. 남성의 음주율이 가장 낮은 해는 80% 미만인 2022년이지만, 흡연율이 가장 낮은 해는 50% 미만인 2019년이다.
ㄹ. 2021년 남성의 음주율과 여성 음주율이 모두 80% 초과 90% 미만이므로 두 비율의 차이는 10%p 미만이다.

51	52	53	54	55	56	57	58	59	60	61	62	63	64	65	66	67	68	69	70
④	①	②	③	①	③	①	②	①	①	④	①	③	①	②	④	④	②	③	①
71	72	73	74	75	76	77	78	79	80	81	82	83	84	85	86	87	88	89	90
②	②	④	③	③	②	④	④	③	④	③	③	②	④	①	①	①	③	②	①
91	92	93	94	95	96	97	98	99	100										
④	③	④	②	④	③	②	③	③	③										

51　　　　　정답 ④

등전위면과 전기력선은 항상 수직이다.

오답분석

① 도체 표면은 등전위면이다.
② 도체 표면에만 존재하고 도체 내부에는 존재하지 않는다.
③ 전기력선은 등전위면 간격이 좁을수록 세기가 커진다.

전기력선의 성질
• 도체 표면에 존재한다(도체 내부에는 없다).
• 양전하(+)에서 음전하(−)로 향한다.
• 등전위면과 수직으로 발산한다.
• 전하가 없는 곳에는 전기력선이 없다(발생, 소멸이 없다).
• 전기력선 자신만으로 폐곡선을 이루지 않는다.
• 전위가 높은 곳에서 낮은 곳으로 이동한다.
• 전기력선은 서로 교차하지 않는다.
• 전기력선 접선방향은 그 점의 전계의 방향을 의미한다.
• 어떤 한 점의 전하량이 Q일 때, 그 점에서 $\dfrac{Q}{\varepsilon_0}$개의 전기력선이 나온다.
• 전기력선의 밀도는 전기장의 세기에 비례한다(전기력선의 세기는 등전위면 간격이 좁을수록 커진다).

52　　　　　정답 ①

일정한 속도로 운동하는 대전 입자가 균일한 자기장을 향해 자기장의 방향과 수직으로 입사하면 등속 원운동을 하며, 그 방향은 전하량에 따라 다르다.

53　　　　　정답 ②

$e=-N\dfrac{d\phi}{dt}=-\dfrac{d}{dt}(0.5\cos 200t)=0.5\times 200\times \sin 200t$ 이므로 유도기전력의 최댓값은 $0.5\times 200=100V$이다. 따라서 코일에 흐르는 전류의 세기의 최댓값은 $\dfrac{100}{20}=5A$이다.

54　　　　　정답 ③

감극성 $L_{eq}=L_1+L_2-2M=8+4-(2\times 4)=4H$

$W=\dfrac{1}{2}LI^2=\dfrac{1}{2}\times 4\times (5)^2=50J$

55

키르히호프의 제1법칙에 따르면 회로망 중의 임의의 접속점에 유입하는 전류의 총합과 유출하는 전류의 총합은 서로 같으므로, $\Sigma I = 0$이다. 따라서 $I_1 + I_2 + I_3 + I_4 + I_5 = 0$이다.

56

정답 ③

전력 $P = \dfrac{V^2}{R}$으로 저항에 반비례한다. 직렬일 때의 전체 저항은 $2R$이고, 병렬일 때의 전체 저항은 $\dfrac{R}{2}$이므로 직렬 전체 저항은 병렬 전체저항의 4배이다. 따라서 직렬일 때의 전력은 병렬일 때의 전력보다 $\dfrac{1}{4}$로 줄어든다.

57

정답 ①

전류가 일정하면 자기장도 일정하므로 $B = \mu_0 \mu_s H$이다. 따라서 자속밀도는 비투자율에 비례한다.

58

정답 ②

자속밀도 $B = \dfrac{\Phi_m}{A}$ 이므로 $\Phi_m = \dfrac{E_1}{4.44 f N_1} = \dfrac{60}{4.44 \times 60 \times 200} = 1.126 \times 10^{-3}$이다.

따라서 자속밀도 $B = \dfrac{1.126 \times 10^{-3}}{10 \times 10^{-4}} = 1.126 \text{Wb/m}^2$이다.

59

정답 ①

ㄱ. 렌츠의 법칙 : 유도전류에 의한 자기장은 자속의 변화를 방해하는 방향으로 진행한다.

ㄴ. 플레밍의 왼손법칙 : 전동기의 회전방향을 결정한다.

ㄷ. 패러데이의 유도법칙 : $e = -L\dfrac{di}{dt} = -N\dfrac{d\phi}{dt}$ 이다.

60

정답 ①

유도 기전력은 $e = L\dfrac{di}{dt}$ [V]이므로 $L = \dfrac{e \times dt}{di}$ [H] $= \dfrac{20 \times 0.1}{16} = 0.125$H이다.

61

정답 ④

전체 소선수 N=1+3n(n+1)이며, n은 층수를 의미한다. 따라서 전체 소선수는 N=1+3×3×(3+1)=37개이다.

62

정답 ①

Y결선 ⇒ △결선으로 변형 시

• 상전압 $V_p = \dfrac{V_l}{\sqrt{3}} = \dfrac{20}{\sqrt{3}}$ kV

• 선전류 $I_l = \sqrt{3}\, I_p = \sqrt{3} \times 6 = 6\sqrt{3}$ A

63

전압 변동률 $\epsilon = \dfrac{V_0 - V_n}{V_n} \times 100 = \dfrac{242\text{V} - 220\text{V}}{220\text{V}} \times 100 = 10\%$이다.

64

Y-Y결선에 중성점을 접지할 경우, 외부로 제3고조파 전류가 흐르고 이로 인해 통신 유도장해가 발생할 수 있다.

> **3상 결선 방식의 특징**
> • △-△결선 : 3대 중 1대가 고장나도 나머지 2대를 V결선하여 송전할 수 있다. 고조파 전압이 발생하지 않아, 통신선에 장애를 일으키지 않는다.
> • △-Y결선 : 낮은 전압을 높은 전압으로 올릴 때 사용한다.
> • Y-Y결선 : 중성점 접지가 가능하다. 권선전압이 선간전압의 $\dfrac{1}{\sqrt{3}}$ 이 되므로 절연이 쉽다. 고조파 전류가 흘러 통신선에 장애를 일으킨다.
> • Y-△결선 : 높은 전압을 낮은 전압으로 낮추는 데 사용한다.

65

우리나라의 22.9kV 배전선로에서는 3상 4선식 다중접지방식을 사용하며, 송전선로에서는 3상 3선식 중성점 접지 방식을 사용한다.

66

유입차단기(OCB; Oil Circuit Breaker)는 대전류를 차단할 때 생기는 아크가 절연유 속에서는 쉽게 사라지는 점을 이용한 장치이다. 오일차단기라고도 한다.

[오답분석]
① 진공차단기(VCB; Vacuum Circuit Breaker) : 진공 환경에서 절연 내력이 매우 높은 것에 착안하여 진공 속에서 전로를 차단하는 장치이다.
② 기중차단기(ACB; Air Circuit Breaker) : 압축공기를 사용하여 아크를 끄는 전기개폐장치이다.
③ 자기차단기(MBB; Magnetic Blow-out circuit Breaker) : 교류 고압 기중 차단기로, 소호에 자기 소호를 응용한 장치이다.

67

방향 계전기는 전류나 전력의 방향을 식별해서 동작하는 계전기로 사고점의 방향성을 가진 계전기이다.

68

수지식(가지식) 방식은 전압 변동이 크고 정전 범위가 넓다.

[오답분석]
① 환상식(루프) 방식은 전류 통로에 대한 융통성이 있어 전압 강하 및 전력 손실이 수지식보다 적다.
③ 뱅킹 방식은 전압 강하 및 전력 손실, 플리커 현상 등을 감소시킨다.
④ 망상식(네트워크) 방식은 무정전 공급이 가능하나, 네트워크 변압기나 네트워크 프로텍터 설치에 따른 설비비가 비싸다. 대형 빌딩가와 같은 고밀도 부하 밀집 지역에 적합한 방식이다.

69

정답 ③

역률개선의 효과에는 전력손실 감소, 전압강하 감소, 설비용량의 효율적 운용, 투자비 경감이 있다. 감전사고 감소는 접지의 효과에 해당한다.

70

정답 ①

패러데이의 전자 유도 법칙에 의하여 유도 기전력의 크기는 코일을 지나는 자속의 매초 변화량과 코일의 권수에 비례한다.

71

정답 ②

철심을 규소 강판으로 성층하는 주된 이유는 철손을 감소시키기 위함이며, 철손은 와류손(맴돌이전류손)과 히스테리시스손의 합을 말한다.

72

정답 ②

전기자 반작용은 전기자 전류에 의한 자속이 계자권선의 주자속에 영향을 주는 현상을 말한다.

73

정답 ④

균압환은 중권에서 공극의 불균일에 의한 전압 불평형 발생 시 흐르는 순환전류가 생기지 않도록 하려고 설치한다.

74

정답 ③

$$N = K(\text{기계정수}) \times \frac{E}{\Phi}, \ E = V - I_a R_a, \ N = K \times \frac{V - R_a I_a}{\Phi}$$

식에서 N을 $\frac{1}{2}$로 하기 위해서 Φ는 2가 되어야 하므로 계자 자속을 2배로 해야 한다.

75

정답 ③

$$E = 4.44 f w K_w \left(f = \frac{p N_s}{120} = 60 \text{Hz} \right) = 4.44 \times 60 \times 100 \times 1 \times 0.062 ≒ 1,652 \text{V}$$

76

정답 ②

동기 발전기의 병렬운전 시 기전력의 크기는 같아야 하지만 다를 경우 무효순환전류가 흐른다. 이 때문에 전기자 반작용으로 고압 측에 감자작용이 일어나고, 전기자 권선에 저항 손실만 증가하여 권선이 가열된다.

77

정답 ④

정특성이란 다이오드에 직류 전압을 가했을 때 걸리는 전압과 전류 사이의 관계를 말한다.

78

정답 ④

슬립 $s = \dfrac{N_s - N}{N_s} = \dfrac{1,200 - 1,176}{1,200} = 0.02$이므로 2%이다.

79

정답 ③

지락은 전기 회로를 동선 따위의 도체로 땅과 연결하는 것이다. 회로와 땅의 전위를 동일하게 유지함으로써 이상 전압의 발생으로부터 기기를 보호하여 인체에 대한 위험을 방지한다. 누전차단기는 지락을 통해 감전, 누전화재 등으로부터 전기설비와 전기기기를 보호한다.

80

정답 ④

그림은 단상 전파 정류 회로이므로, $E_d = 0.9E = 9$이다. 따라서 전류 $I_d = \dfrac{E_d}{R} = \dfrac{9}{5,000} = 1.8\text{mA}$이다.

81

정답 ③

테브난의 정리에 의하여 부하에 흐르는 전류는 $I = \dfrac{V_{ab}}{R_0 + R}$ 이므로, $I = \dfrac{50}{5+15} = 2.5\text{A}$이다.

V_{ab} : R을 제거하였을 때 a, b단자 간에 나타나는 기전력

R_0 : 회로망의 전기 전력을 제거 단락하고 A, B에서 본 회로망의 등가 저항

82

정답 ③

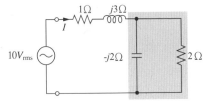

• 임피던스

$$Z = \left(\dfrac{(-j2) \times (2)}{(-j2) + (2)} \right) + (1 + j3)$$

$$= \left(\dfrac{-j4}{2 - j2} \right) + (1 + j3)$$

$$= \dfrac{2 + j6 - j2 + 6 - j4}{2 - j2}$$

$$= \dfrac{8}{2 - j2} \text{(분모, 분자공액)}$$

$$= \dfrac{8 \cdot (2 + j2)}{(2 - j2) \cdot (2 + j2)}$$

$$= 2 + j2 [\Omega]$$

$$\therefore |Z| = \sqrt{(2)^2 + (2)^2} = \sqrt{8} = 2\sqrt{2}\ \Omega$$

• 역률

$$\cos\theta = \dfrac{(\text{임피던스의 실수부})}{|Z|} = \dfrac{2}{2\sqrt{2}} = \dfrac{1}{\sqrt{2}} = \dfrac{\sqrt{2}}{2}$$

• 유효전력

$$P = I^2 R = \left(\dfrac{V}{Z} \right)^2 \times R$$

$$= \left(\dfrac{10}{2\sqrt{2}} \right)^2 \times 2$$

$$= 25\text{W}$$

83

정답 ②

전지의 용량은 10Ah이며, 6개를 직렬로 접속하면 전압은 높아지지만 전류는 일정하므로 전지의 용량은 같다.

84

정답 ④

$I_m = 3.14$A이므로 $I_{av} = \dfrac{2 \cdot I_m}{\pi} = \dfrac{2 \times 3.14}{3.14} = 2$A

85

정답 ①

병렬 연결 시 가장 적은 저항값을 얻는다.

같은 값의 저항 N개를 병렬 연결 시 합성 저항 $R_0 = \dfrac{R}{N} = \dfrac{150}{5} = 30\,\Omega$

86

정답 ①

$$Z = \dfrac{1}{\sqrt{\left(\dfrac{1}{R}\right)^2 + \left(\dfrac{1}{\omega L}\right)^2}} = \dfrac{1}{\sqrt{\left(\dfrac{1}{3}\right)^2 + \left(\dfrac{1}{4}\right)^2}}$$

$$A = \dfrac{1}{\sqrt{\dfrac{3^2 + 4^2}{3^2 \times 4^2}}} = 3 \times \dfrac{4}{\sqrt{3^2 + 4^2}} = \dfrac{12}{5} = 2.4\,\Omega$$

87

정답 ①

임피던스 $Z = \sqrt{R^2 + \left(X_L - X_C\right)^2}$ (X_L : 유도 리액턴스, X_C : 용량 리액턴스)

$Z = \sqrt{4^2 + (5-2)^2} = 5$

$\therefore$ 역률 $\cos\theta = \dfrac{R}{Z} = \dfrac{4}{5} = 0.8$

88

정답 ③

교류 파형에서 파고율은 최댓값을 실횻값으로 나눈 값이며, 파형률은 실횻값을 평균값으로 나눈 값이다. 파고율과 파형률 모두 1인 파형은 구형파이다.

89

정답 ②

평행판 콘덴서의 정전용량 $C = \dfrac{\varepsilon A}{d}\,[\text{F}]$

• 면적을 크게 하면 커패시턴스 증가
• 거리를 짧게 하면 커패시턴스 증가
• 병렬로 연결하면 커패시턴스 증가
• 유전율이 작으면 커패시턴스 감소

90

정답 ①

사인 함수에 대한 무한급수는 푸리에 급수이다.

91

정답 ④

전압의 구분
- 저압 : 직류 1.5kV 이하, 교류 1kV 이하
- 고압 : 직류 1.5kV 초과 7kV 이하, 교류 1kV 초과 7kV 이하
- 특고압 : 7kV 초과

92

정답 ③

전로의 절연 원칙(KEC 131)
전로는 다음 이외에는 대지로부터 절연하여야 한다.
- 저압 전로에 접지공사를 하는 경우의 접지점
- 전로의 중성점에 접지공사를 하는 경우의 접지점
- 계기용 변성기의 2차측 전로에 접지공사를 하는 경우의 접지점
- 저압 가공전선의 특고압 가공전선과 동일 지지물에 시설되는 부분에 접지공사를 하는 경우의 접지점
- 중성점이 접지된 특고압 가공선로의 중성선에 25kV 이하인 특고압 가공전선로의 시설에 따라 다중접지를 하는 경우의 접지점
- 저압 전로와 사용전압이 300V 이하의 저압 전로를 결합하는 변압기의 2차측 전로에 접지공사를 하는 경우의 접지점
- 저압 옥내직류 전기설비의 접지에 의하여 직류계통에 접지공사를 하는 경우의 접지점

93

정답 ④

가공전선로 지지물의 기초의 안전율(KEC 331.7)
가공전선로의 지지물에 하중이 가하여지는 경우에 그 하중을 받는 지지물의 기초의안전율은 2 이상이어야 한다.

94

정답 ②

지중전선로를 직접매설식에 의하여 시설하는 경우의 매설 깊이(KEC 334.1.2)

시설 장소	매설 깊이
차량, 기타 중량물의 압력을 받을 우려가 있는 장소	1m 이상
기타 장소	0.6m 이상

95

정답 ④

고압 가공전선로의 지지물을 철탑으로 사용하는 경우 경간은 600m 이하로 해야 한다.

> **지지물 종류에 따른 경간**
> - 목주, A종 철주 또는 A종 철근 콘크리트주 : 150m 이하
> - B종 철주 또는 B종 철근 콘크리트주 : 250m 이하
> - 철탑 : 600m 이하

96

전선의 접속(KEC 123)

두 개 이상의 전선을 병렬로 사용하는 경우에는 다음에 의하여 시설할 것.

- 병렬로 사용하는 각 전선의 굵기는 구리선 50mm^2 이상 또는 알루미늄 70mm^2 이상으로 하고, 전선은 같은 도체, 같은 재료, 같은 길이 및 같은 굵기의 것을 사용할 것
- 같은 극의 각 전선은 동일한 터미널러그에 완전히 접속할 것
- 같은 극인 각 전선의 터미널러그는 동일한 도체에 2개 이상의 리벳 또는 2개 이상의 나사로 접속할 것
- 병렬로 사용하는 전선에는 각각에 퓨즈를 설치하지 말 것
- 교류회로에서 병렬로 사용하는 전선은 금속관 안에 전자적 불평형이 생기지 않도록 시설할 것

97

저압 옥내배선의 사용전선(KEC 231.3)

저압 옥내배선의 전선은 다음 중 하나에 적합한 것을 사용하여야 한다.

- 단면적 2.5mm^2 이상의 연동선 또는 이와 동등 이상의 강도 및 굵기의 것

98

교통신호등(KEC 234.15)

교통신호등 회로의 사용 전압이 150V를 초과하는 경우에는 지락 발생 시 자동적으로 전로를 차단하는 장치를 시설해야 한다.

99

특고압용 변압기의 보호장치(KEC 351.4)

뱅크용량의 구분	동작 조건	장치의 종류
5,000kVA 이상 10,000kVA 미만	변압기 내부고장	자동차단장치 또는 경보장치
10,000kVA 이상	변압기 내부고장	자동차단장치
타냉식 변압기	냉각장치 고장, 변압기 온도가 현저히 상승	경보장치

100

교류 배전반에서 전류가 많이 흘러 전류계를 직접 주회로에 연결할 수 없을 때 사용하는 기기는 계기용 변류기로, 높은 전류를 낮은 전류로 바꾸기 위해 많이 사용한다.

오답분석

① 전류 제한기 : 미리 정한 값 이상의 전류가 흘렀을 때 일정 시간 내의 동작으로 정전시키기 위한 장치이다.

② 계기용 변압기 : 계측기와 같은 기기의 오작동을 방지하기 위해 높은 전압을 낮은 전압으로 변화시켜 공급하는 변압기이다.

④ 전류계용 절환 개폐기 : 1대의 전류계로 3선의 전류를 측정하기 위하여 사용하는 절환 개폐기이다.

한국전기안전공사 필기시험 답안카드

직업기초능력평가

1	① ② ③ ④
2	① ② ③ ④
3	① ② ③ ④
4	① ② ③ ④
5	① ② ③ ④
6	① ② ③ ④
7	① ② ③ ④
8	① ② ③ ④
9	① ② ③ ④
10	① ② ③ ④
11	① ② ③ ④
12	① ② ③ ④
13	① ② ③ ④
14	① ② ③ ④
15	① ② ③ ④
16	① ② ③ ④
17	① ② ③ ④
18	① ② ③ ④
19	① ② ③ ④
20	① ② ③ ④
21	① ② ③ ④
22	① ② ③ ④
23	① ② ③ ④
24	① ② ③ ④
25	① ② ③ ④
26	① ② ③ ④
27	① ② ③ ④
28	① ② ③ ④
29	① ② ③ ④
30	① ② ③ ④
31	① ② ③ ④
32	① ② ③ ④
33	① ② ③ ④
34	① ② ③ ④
35	① ② ③ ④
36	① ② ③ ④
37	① ② ③ ④
38	① ② ③ ④
39	① ② ③ ④
40	① ② ③ ④

41	① ② ③ ④
42	① ② ③ ④
43	① ② ③ ④
44	① ② ③ ④
45	① ② ③ ④
46	① ② ③ ④
47	① ② ③ ④
48	① ② ③ ④
49	① ② ③ ④
50	① ② ③ ④

직무수행능력평가

51	① ② ③ ④
52	① ② ③ ④
53	① ② ③ ④
54	① ② ③ ④
55	① ② ③ ④
56	① ② ③ ④
57	① ② ③ ④
58	① ② ③ ④
59	① ② ③ ④
60	① ② ③ ④
61	① ② ③ ④
62	① ② ③ ④
63	① ② ③ ④
64	① ② ③ ④
65	① ② ③ ④
66	① ② ③ ④
67	① ② ③ ④
68	① ② ③ ④
69	① ② ③ ④
70	① ② ③ ④
71	① ② ③ ④
72	① ② ③ ④
73	① ② ③ ④
74	① ② ③ ④
75	① ② ③ ④
76	① ② ③ ④
77	① ② ③ ④
78	① ② ③ ④
79	① ② ③ ④
80	① ② ③ ④
81	① ② ③ ④
82	① ② ③ ④
83	① ② ③ ④
84	① ② ③ ④
85	① ② ③ ④
86	① ② ③ ④
87	① ② ③ ④
88	① ② ③ ④
89	① ② ③ ④
90	① ② ③ ④

91	① ② ③ ④
92	① ② ③ ④
93	① ② ③ ④
94	① ② ③ ④
95	① ② ③ ④
96	① ② ③ ④
97	① ② ③ ④
98	① ② ③ ④
99	① ② ③ ④
100	① ② ③ ④

※ 본 답안지는 마킹연습용 모의 답안지입니다.

〈절취선〉

한국전기안전공사 필기시험 답안카드

성 명

지원 분야

문제지 형별기재란

( )형 Ⓐ Ⓑ

수험번호

감독위원 확인

인

직업기초능력평가

번호	답란	번호	답란
1	① ② ③ ④	21	① ② ③ ④
2	① ② ③ ④	22	① ② ③ ④
3	① ② ③ ④	23	① ② ③ ④
4	① ② ③ ④	24	① ② ③ ④
5	① ② ③ ④	25	① ② ③ ④
6	① ② ③ ④	26	① ② ③ ④
7	① ② ③ ④	27	① ② ③ ④
8	① ② ③ ④	28	① ② ③ ④
9	① ② ③ ④	29	① ② ③ ④
10	① ② ③ ④	30	① ② ③ ④
11	① ② ③ ④	31	① ② ③ ④
12	① ② ③ ④	32	① ② ③ ④
13	① ② ③ ④	33	① ② ③ ④
14	① ② ③ ④	34	① ② ③ ④
15	① ② ③ ④	35	① ② ③ ④
16	① ② ③ ④	36	① ② ③ ④
17	① ② ③ ④	37	① ② ③ ④
18	① ② ③ ④	38	① ② ③ ④
19	① ② ③ ④	39	① ② ③ ④
20	① ② ③ ④	40	① ② ③ ④
41	① ② ③ ④		
42	① ② ③ ④		
43	① ② ③ ④		
44	① ② ③ ④		
45	① ② ③ ④		
46	① ② ③ ④		
47	① ② ③ ④		
48	① ② ③ ④		
49	① ② ③ ④		
50	① ② ③ ④		

직무수행능력평가

번호	답란	번호	답란
51	① ② ③ ④	71	① ② ③ ④
52	① ② ③ ④	72	① ② ③ ④
53	① ② ③ ④	73	① ② ③ ④
54	① ② ③ ④	74	① ② ③ ④
55	① ② ③ ④	75	① ② ③ ④
56	① ② ③ ④	76	① ② ③ ④
57	① ② ③ ④	77	① ② ③ ④
58	① ② ③ ④	78	① ② ③ ④
59	① ② ③ ④	79	① ② ③ ④
60	① ② ③ ④	80	① ② ③ ④
61	① ② ③ ④	81	① ② ③ ④
62	① ② ③ ④	82	① ② ③ ④
63	① ② ③ ④	83	① ② ③ ④
64	① ② ③ ④	84	① ② ③ ④
65	① ② ③ ④	85	① ② ③ ④
66	① ② ③ ④	86	① ② ③ ④
67	① ② ③ ④	87	① ② ③ ④
68	① ② ③ ④	88	① ② ③ ④
69	① ② ③ ④	89	① ② ③ ④
70	① ② ③ ④	90	① ② ③ ④
91	① ② ③ ④		
92	① ② ③ ④		
93	① ② ③ ④		
94	① ② ③ ④		
95	① ② ③ ④		
96	① ② ③ ④		
97	① ② ③ ④		
98	① ② ③ ④		
99	① ② ③ ④		
100	① ② ③ ④		

※ 본 답안지는 마킹연습용 모의 답안지입니다.

2024 최신판 SD에듀 한국전기안전공사
NCS + 전공 + 최종점검 모의고사 4회 + 무료NCS특강

개정16판1쇄 발행	2024년 05월 20일 (인쇄 2024년 04월 12일)
초 판 발 행	2013년 12월 20일 (인쇄 2013년 12월 05일)
발 행 인	박영일
책 임 편 집	이해욱
편 저	SDC(Sidae Data Center)
편 집 진 행	김재희 · 문대식
표지디자인	조혜령
편집디자인	최미란 · 곽은슬
발 행 처	(주)시대고시기획
출 판 등 록	제10-1521호
주 소	서울시 마포구 큰우물로 75 [도화동 538 성지 B/D] 9F
전 화	1600-3600
팩 스	02-701-8823
홈 페 이 지	www.sdedu.co.kr
I S B N	979-11-383-7058-5 (13320)
정 가	26,000원

한국전기
안전공사

정답 및 해설

기업별 맞춤 학습 "기본서" 시리즈

공기업 취업의 기초부터 심화까지! 합격의 문을 여는 **Hidden Key!**

기업별 시험 직전 마무리 "모의고사" 시리즈

실제 시험과 동일하게 마무리! 합격을 향한 **Last Spurt!**

※도서의 이미지 및 구성은 변동될 수 있습니다.

SD에듀가 합격을 준비하는 당신에게 제안합니다.

성공의 기회! SD에듀를 잡으십시오.
성공의 Next Step!

결심하셨다면 지금 당장 실행하십시오.
SD에듀와 함께라면 문제없습니다.

기회란 포착되어 활용되기 전에는
기회인지조차 알 수 없는 것이다.
– 마크 트웨인 –